교육계열 ▶

교과세특
탐구주제
바이블

KB220945

저자 소개

강서희 ─ 안양문화고등학교 진로전담교사

- 2022 개정 교육과정 〈성공적인 직업생활〉 교과서 집필
- 〈10대를 위한 홀랜드 유형별 유망 직업 사전〉, 〈교과세특 탐구주제 바이블〉, 〈교과세특 추천 도서 300〉, 〈학생부 바이블〉 등 다수 집필
- 2022 개정 교육과정 〈직업계고 진로 워크북〉, 2022 개정 교육과정 〈중학교 창체 진로활동 워크북〉 집필
- 〈청소년을 위한 직업 카드〉, 〈미래 유망 신직업 카드〉, 〈MBTI 롤모델 카드〉, 〈드림온 스토리텔링 보드게임〉, 〈원하는 진로를 잡아라 보드게임〉 등 다수 개발

김강석 ─ 숭신여자고등학교 진로전담교사

- 한국교원연수원 고교학점제 대표강사
- UN청소년환경총회 자문 및 심사위원
- 前) 경기진로전담교사협의회 부회장
- 前) 교육과정평가원, 환경부, 교육부, 한국과학창의재단 자문위원
- 〈학과 바이블〉, 〈나만의 진로 가이드북〉, 〈학생부 바이블〉, 〈교과세특 탐구주제 바이블〉, 〈면접 바이블〉 집필
- 2009 ~ 2022 교육과정 환경 및 진로 교과서 등 총 10종의 교과서 집필
- 고등학교 진로 부교재 〈하이라이트〉 등 다수의 진로 관련 도서 집필
- 청소년 진로·직업 온라인 교육 콘텐츠 '초현실 세계가 온다, 메타버스의 세계' 개발
- KB은행 진로 영상 제작(교육부, 전국진로진학협의회)

한승배 ─ 양평 청운고등학교 진로전담교사

- 前) 청소년 사이버범죄예방 교과연구회, 정보통신윤리교육 교과연구회 회장
- 前) 전국선플교사협의회 회장
- 네이버 카페 '꿈샘 진로수업 나눔방' 운영자 ⌂https://cafe.naver.com/jinro77
- 2022 개정 교육과정 중학교, 고등학교 〈진로와 직업〉 교과서 집필
- 2015 개정 교육과정 중학교, 고등학교 〈진로와 직업〉, 〈성공적인 직업생활〉, 〈기술·가정〉 교과서 집필
- 〈10대를 위한 직업 백과〉, 〈미리 알려주는 미래 유망 직업〉, 〈직업 바이블〉, 〈10대를 위한 홀랜드 유망 직업 사전〉, 〈유 노 직업 퀴즈 활동북〉, 〈학습만화 직업을 찾아라〉 집필
- 〈학과 바이블〉, 〈학생부 바이블〉, 〈고교학점제 바이블〉, 〈교과세특 탐구주제 바이블〉, 〈교과세특 추천 도서 300〉, 〈면접 바이블〉, 〈학과연계 독서탐구 바이블〉, 〈특성화고 학생을 위한 진학 바이블〉, 〈미디어 진로탐색 바이블〉 집필
- 〈청소년을 위한 학과 카드〉, 〈청소년을 위한 직업 카드〉 개발
- 〈드림온 스토리텔링 보드게임〉, 〈원하는 진로를 잡아라 보드게임〉 개발

서수환 ─ 장곡고등학교 진로전담교사

- 주요 대학 교사자문위원 활동

- 주요 대학 교사자문위원 활동
- 2009 개정 교육과정 교과서 집필
- 〈성공적인 대입을 위한 면접 바이블〉, 〈학과연계 독서탐구 바이블〉 집필

유홍규 | 서신여자고등학교 진로전담교사

- 충남진학교육지원단, 충남진학지도협의회
- 2022 개정 교육과정 고등학교 〈진로와 직업〉 집필
- 〈성공적인 대입을 위한 면접 바이블〉, 〈학과연계 독서탐구 바이블〉 등 집필

안병선 | 광덕고등학교 진로전담교사

- 2022 개정 교육과정 고등학교 〈진로와 직업〉 교과서 집필
- 〈성공적인 대입을 위한 면접 바이블〉, 〈학과연계 독서탐구 바이블〉 집필

안준범 | 광주 중앙고등학교 진로전담교사

- 現) 건국대학교 진로진학상담전공 겸임교수
- 2022 개정 교육과정 고등학교 〈진로와 직업〉 교과서 집필

이남설 | 수원외국어고등학교 진로전담교사

- 주요 대학 교사자문위원, 한국교원연수원 고교학점제 대표강사
- 네이버 카페 '진로진학상담 무작정 따라하기', '1만시간의법칙으로 명문대학가기' 운영자
- 2022 개정 교육과정 고등학교 〈진로와 직업〉 교과서 집필
- 〈독서탐구 바이블〉, 〈직업 바이블〉, 〈면접 바이블〉, 〈학생부 바이블〉, 〈교과세특 탐구주제 바이블〉, 〈교과세특 기재 예시 바이블〉 등 다수 집필
- 진로 포트폴리오 〈하이라이트〉(고등학교) 개발
- 엑셀을 활용한 '교과세특 전문가', '진로 기반 학생부', '진로 진학 수시 상담', '1만 시간의 법칙 공부 시간 관리' 등 다수 프로그램 개발

김래홍 | 신평고등학교 진로전담교사

- 충청남도진학교육지원단
- 충청남도고교학점제전문지원단
- 주요 대학 교사자문위원

허정욱 · 의정부여자고등학교 영어교과교사

- 〈성공적인 대입을 위한 면접 바이블〉, 〈학과연계 독서탐구 바이블〉 집필

전소영 · 청학고등학교 영어교과교사

- 경기도교육청 학교생활기록부 강사요원
- 구리남양주교육청 학교생활기록부 현장지원단
- 디지털 기반 교육혁신 선도학교 터치교사단 및 현장지원단
- 경기도 미래교실연구회
- 창의인성영어수업디자인연구회
- 네이버 블로그 '꿈꾸는 영어쌤' 운영자 (학교생활기록부 업무 및 영어 수업) ⌂ https://bit.ly/46UO9Jr
- 유튜브 '꿈꾸는 영어쌤' 운영자 (학교생활기록부 및 에듀테크) ⌂ https://bit.ly/3Tmz0cT
- 〈학생부 바이블〉 집필

고재현 · 성남여자고등학교 국어교과교사

- 유튜브 '고재쌤' 운영
- 대입, 고입, 공부법, 학생부종합전형, 면접 관련 컨설팅 다수
- 한국외국어대학교 대입교사자문위원회 자문위원
- 〈성공적인 대입을 위한 면접 바이블〉, 〈학과연계 독서탐구 바이블〉 집필

은동현 · 대구 함지고등학교 국어교과교사

- 네이버 밴드 '고등학교 담임샘들의 시너지' 운영자 ⌂ https://band.us/@sorry95
- 대구가톨릭대학교 사범대학 국어교육과 산학협력 교수
- '주제 탐구활동 기획 및 기재 전략', '학교생활기록부 차별화 전략', '고교학점제와 28대입 전략' 등 중고등학교 대상 특강 다수 진행
- 고등학교 학교생활기록부 컨설팅 자문위원 활동
- 前) 국어과 연구 교사(대구시교육청)
- 前) '중등교사 특색 있는 수업 발표대회' 국어계열 1등급 수상(대구시교육청)
- 〈교과세특 추천 도서 300(공학계열)〉, 〈출제자의 시선〉 집필

차례

들어가기 전에

1. 교과 세부능력 및 특기사항(교과세특)이란

1 교과학습 발달상황이란?

학교생활기록부 중 교과 학습 발달상황에서는 학생의 학업능력을 확인할 수 있는 핵심 자료로 학업에 대한 수월성과 충실성을 살펴볼 수 있다. 이곳에서는 수강자 수, 등급, 원점수, 평균, 표준편차 등을 종합적으로 고려한 과목별 학업성취도와 선택교과 이수 현황을 통해 학업역량을 확인할 수 있으며, 전공 및 진로와 관련된 교과 이수 현황과 성취도를 통해 학업 우수성 및 전공(계열) 적합성을 확인할 수 있다. 이와 함께 학년별 성적 추이와 전반적인 교과에서 균형 잡힌 고른 성취 등을 통해 학생의 성장 잠재력과 발전 가능성, 그리고 학업에 임하는 성실성을 엿볼 수 있다.

교과 담당 선생님의 기록인 세부능력 및 특기사항은 학생의 수업태도, 수업활동 및 학습내용(발표, 토론, 실험 등), 과제 수행 과정 및 내용, 교사와의 상호작용 등 정량적인 수치에서 드러나지 않는 학생의 학업 역량 및 인성적 측면을 살펴볼 수 있는 의미 있는 자료이다. 더불어 학업에서 어려움을 극복하고 자신의 방식으로 발전하려는 모습을 통해 자기주도적 학습태도를 확인할 수 있다. 따라서 평소 학교 수업을 충실히 준비하고 적극적으로 참여하려는 것이 중요하다.

※ 대학에서는 이렇게 평가해요.

1. 학생부교과전형에서는 학업 성취도가 지원자의 학업 역량을 평가하는 주요 지표가 된다.
2. 학생부종합전형에서는 학업 역량, 진로 역량, 공동체 역량 등을 판단하는 여러 요소 가운데 하나로 활용되고 있다. 등급과 원점수뿐만 아니라 이수 과목, 이수자 수, 평균과 표준편차 등을 종합적으로 평가한다.
3. 종합적인 학업 성취도와 함께 학년의 변화에 따른 성적 변화를 함께 고려해 발전 가능성 등을 평가한다.
4. 다양한 과목 구분에 따라 학기별로 분석된 자료를 참고해 지원자의 학업 성취도를 평가하고 전 과목이나 주요 과목을 통해 전체적인 학업 능력을 평가하며, 지원자가 전공하고자 하는 분야와 관련된 교과목에 대한 개별적인 평가를 진행한다.
5. 세부능력 및 특기사항 기록 내용을 통해서 교과 수업에서 이루어진 학습 활동을 바탕으로 학생이 실제 습득한 학업 역량과 학업 태도를 종합적으로 평가한다.
6. 수업과 과제수행 과정에서 학생이 보여 준 주도적인 학업 노력, 열의와 관심, 성취 수준, 다양한 탐구 방법의 모색 등 의미 있는 지적 성취에 대한 교사의 관찰 결과에 주목한다.
7. 교과 관련 독서, 토론, 글쓰기, 탐구 활동, 실험 등 다양한 학습 경험에 대한 교사의 기록 내용을 참고로 학생의 학업 태도를 파악한다.
8. 교과 세부능력 및 특기사항을 통해 자기 주도적인 배움의 확장성, 토론이나 실험, 과제 수행, 집단 학습 같은 다양한

학습 경험과 창의성, 자기 주도성, 학업에 대한 열정 등을 평가한다.

9. 교과 수업 중 각종 탐구활동에 얼마나 자기 주도적으로 참여하였는지, 본인의 역량을 키우기 위해 어떤 프로그램에 관심을 갖고 참여하였는지를 평가한다.

② 교과 세부능력 및 특기사항

교과 세부능력 및 특기사항은 흔히 '교과 세특'이라고 줄여서 사용한다. 교과 세특은 과목 담당 교사가 한 학기 동안 수업 시간을 통해 관찰한 학생의 성장 과정과 탐구 모습을 기록하는 항목이다. 단순한 성취 결과 보다 과목별 성취 기준에 따른 성취 수준의 특성 및 참여도, 태도 등 특기할 만한 사항을 구체적이고 객관적으로 입력한다.

또한 교과 세특에 기재된 내용을 통해 수업 환경을 확인하고, 과목별 수업 시간에 나타난 학생의 자세, 태도, 교과 관련 활동, 탐구 과정, 성취와 결과, 개인의 우수성 등을 전체적으로 확인해 종합적으로 평가한다.

대학은 세특 항목을 통해 학업 역량 및 진로 역량 외에도 공동체 역량, 학습 태도, 성실성, 적극성, 창의성, 문제해결 능력 등 다양한 역량을 평가할 수 있다. 과제수행 과정 및 결과, 수업 시간 내 토론, 모둠활동, 발표의 주도성 등을 통해 드러난 모습을 통해 학생이 가진 대부분의 역량을 파악할 수 있다 해도 과언이 아니다. 따라서 세특 기록에 자신의 역량이 구체적으로 잘 나타나도록 적극적으로 수업에 참여한다면 긍정적인 평가를 받을 수 있다.

③ 교과 세부능력 및 특기사항의 중요성

교과 세부능력 및 특기사항이 중요한 이유는 과목의 수업 시수가 창의적 체험활동 전체 시수보다 많기 때문이다. 여러 과목의 평가가 모여 서술되기 때문에 물리적으로 시간이 더욱 많으며 내용도 창의적 체험활동보다 많아 지원자에 대한 정보가 풍성하다.

또한 학생에 대한 평가가 보다 객관적이다. 창의적 체험활동의 진로활동이나 행동특성 및 종합의견의 경우 담임교사가 기재하기 때문에 한 사람의 서술이지만, 교과 세특은 고교 3년 동안 여러 명의 교과 담당 교사가 한 학생을 평가하는 것이어서 상대적으로 더 높은 신뢰도를 가지게 된다.

2. 탐구활동 방법 및 결과물

① 탐구활동이란

탐구활동에 관하여 명확하게 정의된 내용은 없다. 하지만 고등학교에서 이루어지는 탐구활동은 '평소 의문을 가지고 있던 다양한 문제를 여러 가지 방법을 이용하여 해결해 가는 것으로, 학생 스스로 탐구주제를 정하고 주제에 맞게 탐구를 설계하며, 탐구를 통하여 문제를 해결해 가는 일련의 활동'이라고 할 수 있다.

즉 학생이 궁금하던 문제를 찾아 효과적인 방법을 스스로 모색하고, 그 방법으로 문제를 해결한 뒤 이를 다른 사람에게 알리는 과정을 의미한다.

❷ 탐구활동의 종류

이러한 탐구활동에는 관찰, 실험, 현장조사, 문헌조사 등이 있다.

1. 관찰	2. 실험	3. 현장조사	4. 문헌조사
식물의 재배나 동물의 사육, 에너지 사용 실태	다양한 기구 및 약품을 활용한 실험	수목원 또는 동물원 견학	전문 서적 또는 논문 조사

❸ 탐구활동 결과물 예시

탐구활동 후에는 발표 및 전시 이외에도 다음과 같은 다양한 결과물을 만들 수 있다.

탐구활동 결과물	예시
지필 결과물	연구보고서, 담화, 편지, 포스터, 계획서, 시, 브로슈어, 팸플릿, 질문지, 자서전, 에세이, 서평, 보고서, 사설, 영화 스크립트.
프레젠테이션 결과물	연설, 토론, 연극, 노래, 뮤지컬, 구두 보고, 패널 토론, 드라마 연극, 뉴스 방송, 토론, 춤, 제안서, 데이터 표현(차트 등), 전시, 사진
테크놀로지 결과물	컴퓨터 토론, 컴퓨터 그래픽, 프로그램, 웹사이트, 커뮤니티 맵핑 자료
미디어 결과물	오디오테이프, 슬라이드 쇼, 비디오테이프, 작도, 회화, 조각, 콜라주, 지도, 스크랩북, 역사적 증언, 사진 앨범
연습 결과물	프로그램, 매뉴얼, 작업 모형, 아이디어 노트, 통화 일지 등
계획 결과물	계획서, 예측, 입찰, 로드맵, 순서도, 일정표
구성 결과물	물리적 모형, 소비자 제품, 시스템, 과학적 실험, 음악회

3. 탐구주제 선정 방법

이러한 탐구활동을 위해 가장 먼저 해야 할 일은 바로 탐구주제를 선정하는 것이다.

"좋은 교과 학생부(세특)의 시작은 좋은 탐구주제 선정부터"

좋은 탐구활동 그리고 좋은 교과 세부능력 및 특기사항의 시작은 좋은 주제 선정부터라는 말이 있듯이 탐구활동을 하는 데 있어 가장 중요한 것이 바로 탐구주제 선정이다. 하지만 대부분 학생이 탐구주제 선정에 어려움을 겪고 있다.

그 이유 중 하나가 너무 큰 욕심으로 실현 불가능한 탐구주제를 선정하거나 주제에 대한 기본적인 이해가 없기 때문이다. 또한 모둠활동의 경우 모둠원과의 합의 과정에서 많은 시간과 열정을 소비하게 되면서 탐구 시작부터 너무 많은 에너지를 쓰기 때문에 주제 선정에 어려움을 겪게 된다.

그러므로 탐구주제를 선정할 때는 평소 교과 수업을 들을 때나 자신이 희망하는 전공(계열) 분야에 관련해서 품었던 호기심을 해결하기 위한 탐구주제를 선정해야 한다. 우리 주변의 아주 작고 사소한 소재라 할지라도 평소 무심히 지나쳤던 것들에 조금만 더 관심을 갖고 의문을 품어 본다면 좋은 탐구주제가 될 수 있다.

그 외에도 TV나 도서 그리고 매체를 통해 접했던 것들을 떠올려 보거나, 일상 속에서 불편함을 느꼈던 것들을 찾는 과정 중 내가 더 알고 싶은 것을 탐구주제로 선정할 수 있다.

1 탐구주제 선정 시 유의할 사항

1) 이 주제를 선정할 충분한 이유(동기)가 있는가?
2) 주제에 대한 충분한 흥미가 있고 나의 전공, 계열과 연계된 문제인가?
3) 고등학교 수준에 적합한 주제인가?
4) 새롭고 독창적인 문제인가?
5) 탐구 진행 시 충분한 시간과 기술을 가지고 있는가?
6) 고등학생으로서 필요한 자료의 수집이 가능한가?
7) 모둠원들의 능력과 지식으로 해결할 만한 주제인가?

선정 이유	흥미/관련성	난이도	독창성	시간	자료 수집	해결 가능성
주제 선정 시 충분한 이유(동기)가 있는가?	주제에 흥미, 희망 전공과의 관련성이 있는가?	고등학교 수준에 적합한 주제인가?	새롭고 독창적인 문제인가?	탐구활동 진행 시 충분한 시간이 있는가?	고등학생으로서 필요한 자료의 수집이 가능한가?	모둠원들의 능력과 지식으로 해결 가능한가?

tip 탐구활동의 독창성

이를 위해 탐구주제를 선정할 때 독창성을 고려해야 한다. 독창성은 탐구의 생명이자 가장 중요한 요소이다. 탐구의 독창성은 새로운 사실이나 소재의 발견, 새로운 이론의 발견을 통해 달성할 수 있다. 하지만 이미 다루어진 사실이나 소재를 대상으로 하더라도 그것을 다루는 원리나 방법이 새롭고, 이미 밝혀진 이론을 적용하더라도 결과물이 새로운 것이라면 이 또한 충분히 독창성이 있다고 볼 수 있다.

2 학교에서 배운 내용에서 탐구주제 찾아보기[1]

대학의 평가자들은 학생을 평가할 때 고교의 교육과정에 충실했는지에 관심이 있다. 예를 들어 지원자가 〈생명과학〉 과목을 이수했다면 '효소의 작용'을 제대로 이해했는지 확인하고 싶어 한다. 그래서 학교생활기록부에는 효소의 작용을 잘 이해했는지를 알 수 있게 특기사항을 기록한다. 그런데 우수한 학생을 선발하려고 하는 대입 과정에서는 교과 내용의 이해에만 그치면 좋은 평가를 받지 못한다. 그다음이 있어야 한다.

효소의 작용을 배울 때 활성화 에너지와 기질 특이성에 대해서도 배운다. 여기서는 적어도 세 개의 과학적 개념을 이해해야 한다. '효소', '활성화 에너지', '기질 특이성'이다. 이를 알게 되었다면, 이 개념들로 생명체의 다양한 기관에서 벌어지는 현상을 분석할 수 있어야 한다. 즉 적용할 수 있어야 한다. 쉽게 말해 학교에서 배운 내용을 써먹을 줄 알아야 한다는 것이다.

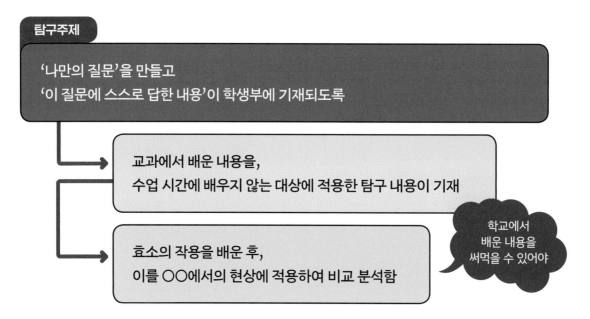

즉 교과 내용을 이해한 후, 그 내용에 관심을 가지고 궁금해 하는 호기심이 필요하다.

예를 들어 대기권의 층상 구조에는 대류권, 성층권, 중간권, 열권이 있다. 이 중 오존층이 있는 곳은 성층권으로 이는 수업 시간에 배우는 내용이다. 그런데 이 내용에 더 호기심을 가지게 된다면 다음과 같은 질문을 할 수 있으며, 이는 좋은 탐구주제가 된다.

"왜? 오존층은 성층권에만 있을까?"

또한 좋은 탐구주제를 위해서는 개념을 이용하여 어떤 현상을 이해할 수 있도록 심화 질문을 만들고 책이나 논문을 통해 그 답을 찾는 과정이 필요하다.

---

1. 의약 계열 특기사항은 이렇게 관리하세요(문성준, 〈조선에듀〉, 2023. 4. 28)

| 심화 질문을 만들고 책이나 논문을 통해 그 답을 찾아보기 |

- 효소의 작용에 문제가 있다면 어떤 질병을 앓게 될까?
- 그 질병은 어떻게 치료할 수 있을까?

책: 궁금한 내용을 큰 틀에서 여러 다른 개념과 현상을 연결 지어 이해할 수 있음 (탐구의 확장)
논문: 구체적인 데이터와 깊이 있는 설명과 분석을 얻을 수 있음 (새로운 지식 습득 가능)

그 외에도 학생 수준에 맞는 문제해결 과제를 설정하고 해결방안을 구상해 보는 것이 중요하다. 즉 효소의 내용을 배운 후 효소를 이용한 치료제 개발 가능성에 대해 학생 수준에 맞는 자료를 찾고 제시한다면 좋은 탐구주제와 세특이 될 수 있다.

다음은 〈생명과학〉 과목을 이수하고 '효소의 작용'을 주제로 진행한 탐구활동에 대한 교과 세부능력 및 특기사항의 예시이다.

학생부 예시 : 생명과학

> 효소의 작용을 배운 후, 인체에 소화기관에서 작용하는 립아제 효소의 활성 이상으로 발병하는 췌장암 질환의 치료 가능성을 책과 심화 자료를 참고하여 탐구함. 립아제 효소가 비활성 상태에서 ○○한 이유로 작용하지 못함을 알고, 비활성 상태에 대한 약물 실험에서 ○○한 과정으로 호전됨을 바탕으로 치료 가능성을 제시함.

> '○○'에는 매우 구체적인 내용이 기재되어야 탐구 과정도 드러나고 근거를 바탕으로 한 탐구 내용도 담을 수 있음.

마지막으로 대학은 지원자가 기본적으로 고교 교육과정에 충실했는지를 본다. 문학 과목에서 문학 비평 개념을 배웠다면 이를 교과서 외 문학 작품에 적용해서 분석하는 탐구활동을 해야 한다. 국어 교과에서 매체별 특징적인 언어 현상을 배웠다면 특정 매체의 언어 현상을 더 구체적으로 분석할 수 있어야 한다.

하지만 하나의 주제를 가지고 한 과목에서만 심화 탐구를 해서는 안 된다. 국어, 영어, 사회, 과학, 교양 등 다양한 과목과 연결 지어 탐구할 수 있다면 예시와 같이 관련 주제를 연결하여 탐구가 가능하다.

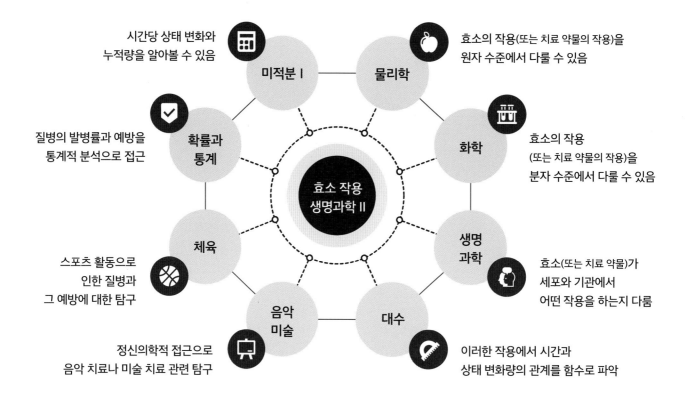

시간당 상태 변화와
누적량을 알아볼 수 있음

미적분 I

물리학

효소의 작용(또는 치료 약물의 작용)을
원자 수준에서 다룰 수 있음

질병의 발병률과 예방을
통계적 분석으로 접근

확률과
통계

화학

효소의 작용
(또는 치료 약물의 작용)을
분자 수준에서 다룰 수 있음

효소 작용
생명과학 II

생명
과학

체육

스포츠 활동으로
인한 질병과
그 예방에 대한 탐구

효소(또는 치료 약물)가
세포와 기관에서
어떤 작용을 하는지 다룸

음악
미술

대수

정신의학적 접근으로
음악 치료나 미술 치료 관련 탐구

이러한 작용에서 시간과
상태 변화량의 관계를 함수로 파악

❸ 선택 교육과정을 통한 탐구주제 선정하기

탐구주제를 선정하는 가장 좋은 방법은 학교 수업시간에 배운 내용에 호기심을 가지고 이를 심화·확장하는 것이다.

지금까지 배운 교과에서 자신이 진행한 교과활동의 목록을 확인하고 학교 교육과정을 살펴보아 올해 또는 다음 연도의 선택교과 중 심화 또는 확장할 수 있는 주제를 검토해 탐구 로드맵을 작성한다면 고등학교 과정 전체의 탐구주제를 명확히 할 수 있을 것이다.

이때 다음과 같이 질문을 통해 탐구주제를 구체화하면 좋은 탐구주제를 선정할 수 있다.

탐구주제 선정의 팁!

- 이전 연도 학생부 교과세특에서 나의 탐구 역량이 드러난 탐구주제 목록을 나열한 후, 그중에서 심화 또는 확장 가능한 주제를 추출하기
- 올해 교과 수업을 통해 호기심을 갖게 된 주제가 있는지 질문형으로 적어 보기
- 내년도 교육과정 편제표를 확인한 후, 자신의 전공 적합성이 드러날 과목을 선택하여, 이번 주제와 연계될 수 있는 탐구주제 로드맵을 구상하기(주제 심화, 확장, 융합)
- 사회적 또는 범세계적으로 최근 이슈가 되고 있는 내용이 무엇인지 키워드로 적어 보기
- DBpia, 국회전자도서관 등을 통해 기존 연구논문의 주제 및 제언에서 주제 참고하기
- 자신이 나열한 주제들 중에서 나의 진로, 적성 분야와 관련된 주제 선정하기

이를 위해 아래와 같이 자신이 배운 교과 중 기억에 남는 내용을 정리하고 2, 3학년 때 선택할 교과를 정리할 필요가 있다.

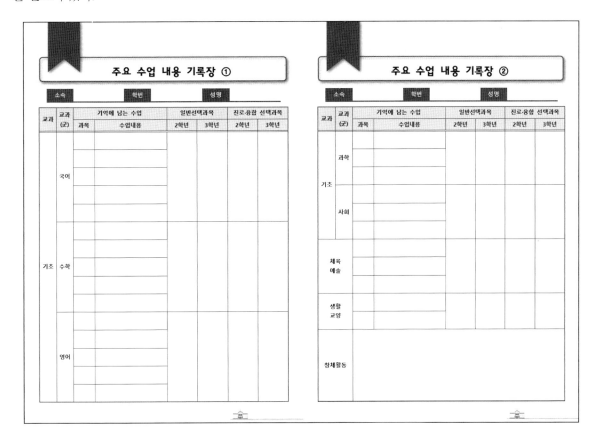

4 키워드를 활용한 탐구주제 선정하기

고등학교 교과수업 및 자신이 희망하는 학과에 대해 호기심이 크지 않다면 교과 세특을 위한 탐구주제를 단박에 선정하기란 어려운 일이다. 그런 경우 호기심을 가지고 있는 키워드를 먼저 생각하고 이 키워드를 활용해 탐구주제를 선정하는 것도 방법이 될 수 있다.

예를 들어 지속가능경영이 궁금하다면, 국립중앙도서관, 국회전자도서관, 국가전자도서관, 구글 학술 검색, 네이버 학술정보, DBpia 등에서 검색을 통해 선행연구를 확인할 수 있다. 선행연구를 통해 다음 과정을 이해하고 새로운 아이디어를 만들 수 있다.

1) 탐구하려고 하는 주제와 관련하여 어떤 이론들이 있고 얼마만큼 연구가 진행되었는지 파악

2) 선행연구에서 연구 문제 도출, 연구 가설 설정, 그리고 연구 방법 등을 포함한 다양한 측면에서 장애 요인이나 한계점은 없는지 확인

3) 선행연구에서 다루지 않은 변인들이 무엇이며 학생 수준에서 다룰 수 있는 변인이 무엇인지 추론

4) 선행연구 분석을 통해 자신이 탐구할 주제에 대한 새로운 아이디어 생산

국회전자도서관의 경우 '인포그래픽 → 연관어 분석'을 통해 최근 키워드와 연관된 단어들을 검색할 수 있어 이를 통해 탐구주제의 내용을 심화·확장할 수 있다.

5 탐구주제 아이디어 떠올리기[2]

탐구주제는 어떻게 선정해야 할까? 평소에 내가 관심을 가졌던 대상이나 하고 싶은 연구 분야가 있었다면 정리해 보자. 이 단계에서는 가능한 한 많은 아이디어를 떠올리는 것이 좋다. 브레인스토밍, 친구와의 논의, 자료 찾기 등 여러 방법을 통해 아이디어를 끌어내 보자. 아래 제시된 방법을 활용해도 좋다.

---

2. 〈자유 주제 탐구 학생 안내서〉, 김성원 외 5명, 한국과학창의재단(2020)

▶ 내가 관심 있는 주제(topic)를 선택한다. 평소에 더 알고 싶거나 궁금했던 주제가 있을 것이다. 주제를 선정하면 꽤 긴 시간 동안 그 주제에 관해 연구하게 된다. 그러니 신중하게 선택하자.

▶ 인터넷으로 검색해 보자. 이미 수행된 연구 프로젝트나 보고서를 포함하여 내가 수행하게 될 분야 전반에 대한 일반적인 정보를 수집해 보자.

▶ TV나 인터넷에서 내가 들어 본 적이 있는 주제를 떠올려 보자. 무엇이 있었는가?

▶ 내 가족과 관련된 이슈를 생각해 보자. 특정한 주제에 관심이 가는 개인적인 이유가 있을 수도 있다.

▶ 교과서나 잡지 또는 관련 도서 등을 펼쳐 보고 아이디어를 얻자.

▶ 최근 학교에서 배운 내용이 무엇이었나? 더 알아보고 싶은 것이 있었다면 무엇인가?

연구 주제를 결정했다면 이제 해야 할 일은 구체적인 형식의 질문을 만드는 것이다. 이때, '왜'보다는 '어떻게, 무엇이, 언제, 누가, 또는 어떤'을 이용해 질문을 만들어 보도록 하자. "왜 물고기의 수정체는 사람의 수정체와 다르게 생긴 걸까?"같은 질문은 범위가 너무 넓어서 실험을 통해 알아보기가 어렵다. 이 질문을 좀 더 구체적으로 쪼개어 다음과 같이 과학 실험이 가능한 질문으로 만들 수 있다. "물속 환경에서 잘 적응하기 위한 어류 수정체의 구조는 무엇일까?"

이러한 과정을 통해 연구 주제를 결정했다면 실제 연구를 수행할 수 있는 주제로 구체화해야 한다. 이를 위해 다음 그림을 활용하면서 연구 주제를 선정해 보자.

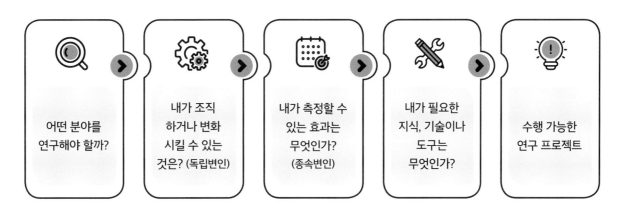

어떤 분야를 연구해야 할까? ▶ 내가 조직 하거나 변화 시킬 수 있는 것은? (독립변인) ▶ 내가 측정할 수 있는 효과는 무엇인가? (종속변인) ▶ 내가 필요한 지식, 기술이나 도구는 무엇인가? ▶ 수행 가능한 연구 프로젝트

4. 교과 세특 탐구활동 수행 방법

탐구주제가 선정되었다면 본격적으로 다음과 같이 탐구활동을 수행해야 한다.

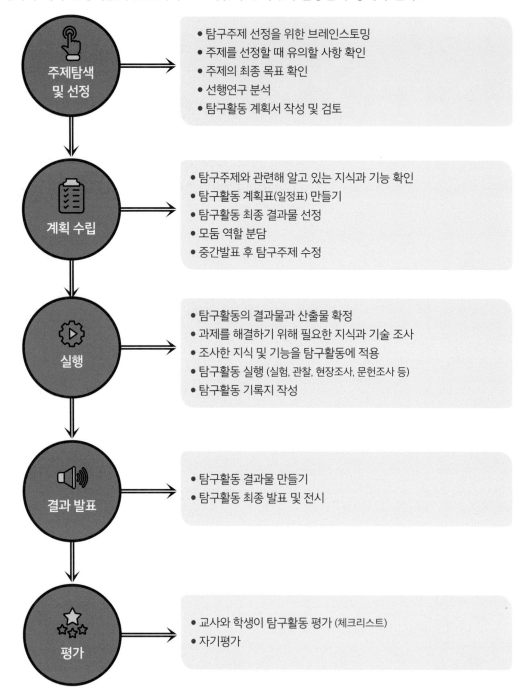

주제탐색 및 선정
- 탐구주제 선정을 위한 브레인스토밍
- 주제를 선정할 때 유의할 사항 확인
- 주제의 최종 목표 확인
- 선행연구 분석
- 탐구활동 계획서 작성 및 검토

계획 수립
- 탐구주제와 관련해 알고 있는 지식과 기능 확인
- 탐구활동 계획표(일정표) 만들기
- 탐구활동 최종 결과물 선정
- 모둠 역할 분담
- 중간발표 후 탐구주제 수정

실행
- 탐구활동의 결과물과 산출물 확정
- 과제를 해결하기 위해 필요한 지식과 기술 조사
- 조사한 지식 및 기능을 탐구활동에 적용
- 탐구활동 실행 (실험, 관찰, 현장조사, 문헌조사 등)
- 탐구활동 기록지 작성

결과 발표
- 탐구활동 결과물 만들기
- 탐구활동 최종 발표 및 전시

평가
- 교사와 학생이 탐구활동 평가 (체크리스트)
- 자기평가

무엇보다 탐구활동의 과정에서 예상했던 결과와 다르게 나올 경우 왜 예상과 다른 결과가 나오게 되었는지 분석하는 과정이 꼭 필요하다.

탐구활동은 탐구 과정을 통해 희망 전공 관련 또는 교과의 호기심을 채워나가는 것이다. 하지만 좋은 결과만 좋은 탐구활동이 되는 것은 아니다. 탐구활동을 수행하는 과정에서 다양한 문제 상황에 대처하는 과정, 탐구활동을 통해 모둠원과 의사소통하고 갈등을 해결하는 과정, 그리고 이 모든 과정을 통해 배우고 느낀 점을 통해 앞으로 탐구 과정에서 성장하는 모습이 탐구활동을 하는 더 큰 이유가 될 것이다.

국어 교과군

구분	교과(군)	공통 과목	선택 과목		
			일반 선택	진로 선택	융합 선택
보통 교과	국어	공통국어1 공통국어2	화법과 언어 독서와 작문 문학	주제 탐구 독서 문학과 영상 직무 의사소통	독서 토론과 글쓰기 매체 의사소통 언어생활 탐구

공통 과목	수능	공통국어1	절대평가	상대평가
	X		5단계	5등급

단원명 | 듣기·말하기

| 🔍 | 화자, 청자, 상황 맥락, 사회·문화적 맥락, 담화 공동체, 담화 관습, 대화, 토론, 쟁점, 논증

[10공국1-01-01]   • • •

대화의 원리를 고려하여 대화하고, 자신의 듣기·말하기 과정과 공동체의 담화 관습을 성찰한다.

➡ 교사와 학생이 진정으로 '만남'을 실천한다는 것은 원활한 대화를 통해 서로 존중하고 배려하는 자세를 전제로 한다. 사려 깊은 말 한마디를 전하는 것이 좋은 학습 내용을 전달하는 것보다 더 가치 있는 일일 수 있다. 자신이 교사가 된다면 어떤 대화의 자세로 학생을 대할 것인지, 특정한 상황 맥락과 사회적 맥락을 설정하여 가상의 시나리오를 작성하고, 이를 녹음하여 친구들에게 발표해 보자.

관련 학과 교육계열 전체

《교사의 말하기》, 이용환 외 1명, 맘에드림(2019)

[10공국1-01-02]   • • •

논제의 필수 쟁점별로 논증을 구성하고 논증이 타당한지 평가하며 토론한다.

➡ 준거 지향 평가(절대평가)와 규준 지향 평가(상대평가)는 역사적으로 각각의 장단점을 내포한 채 정책적 차원에서 대립해 왔던 평가 시스템이다. 평가의 목적과 의의, 방법적 차원에서 두 평가가 어떤 쟁점으로 토론의 논제가 될 수 있는지를 살펴보고, 이를 토대로 미래 사회의 평가가 지향해야 할 점에 대해서 토론해 보자.

관련 학과 교육계열 전체

《교육평가 용어사전》, 한국교육평가학회, 학지사(2023)

단원명 | 읽기

| 🔍 | 독자, 배경지식, 경험, 의미, 능동적 구성, 상황 맥락, 사회·문화적 맥락, 목적, 점검·조정, 문제 해결, 읽기 전략, 긍정적 정서, 사회적 독서 문화

[10공국1-02-01]   • • •

다양한 글이나 자료를 읽으며 논증의 타당성을 평가하고 자신의 관점을 바탕으로 논증을 재구성한다.

➡ 논증의 방법을 확실하게 배우지 않은 어린아이들은 자신의 생각이나 주장을 말할 때 '감정'에 의존하는 경향

국어 교과군

공통 교과군

수학 교과군

도덕 교과군

사회 교과군

과학 교과군

이 있다. 이러한 방식에서 탈피해서 '밥 먹기 싫다', '학교에 가기 싫다', '오늘은 놀이터에서 놀고 싶다' 등의 다양한 자기주장을 타당성 있게 펼칠 수 있도록 아이들의 눈높이에서 적절한 근거들을 목록화해 보고, 이를 토대로 '내 마음을 말해요'라는 초등학교 수업의 교안을 공동으로 작성해 보자.

관련 학과 교육학과, 국어교육과, 아동보육학과, 유아교육학과, 초등교육과

《언어능력 키우는 아이의 말하기 연습》, 신효원, 책장속북스(2021)

[10공국1-02-02] • • •

자신의 진로나 관심 분야와 관련한 다양한 글이나 자료를 찾아 주제 통합적으로 읽고, 읽은 결과를 공유한다.

➡ '학교에서 학생들은 행복한가?'라는 물음을 해결하기 위해 학교 사회와 관련된 다양한 책들을 찾아 읽어보고, 위의 문제를 구체화하는 질문 5개를 만들어보자. 나아가 그 질문들이 '행복'이라는 주제와 통합될 수 있는지를 점검하고, 각 질문을 체크리스트로 만들어서 학교 친구들에게 설문 조사를 시행해 보자. 이를 토대로 '학생 행복 리포트'를 작성하여 공유해 보자.

관련 학과 교육계열 전체

《행복의 기원》, 서은국, 21세기북스(2024)

단원명 | 쓰기

| 🔍 | 필자, 기호, 매체, 인간의 생각과 감정, 의미 구성, 상황 맥락, 사회·문화적 맥락, 의사소통 목적, 문제 해결, 쓰기 전략, 쓰기 경험, 쓰기 윤리, 의사소통 문화

[10공국1-03-01] • • •

내용 전개의 일반적 원리를 고려하여 사회적 쟁점에 대한 자신의 견해를 정교하게 표현하는 글을 쓴다.

➡ '절대평가와 상대평가 중 어떤 것이 고등학교에서의 평가 제도에 합당한가?'라는 주제에 대해 글을 쓰는 과정에서 두 평가의 목적, 방법 등을 비교하여 쟁점을 각각 1개씩 도출하고, 그 쟁점에 대한 자신의 생각을 '예시, 논증, 대조'의 방식을 모두 사용하여 한 편의 글로 작성해 보자. 이후 학생들 각자가 쓴 글을 서로 비교하면서 쟁점에 대해 상대방이 가진 생각을 읽어보고 그것이 타당한지 논의해 보자.

관련 학과 교육계열 전체

《그것은 교육이 아니다》, 최준우, 스토리닷(2023)

[10공국1-03-02] • • •

다양한 언어 공동체의 특성을 고려하며 필자의 개성이 드러나는 글을 쓴다.

➡ 교권과 학습권은 결국 교사, 학생이 모두 함께 교육 사회 속에서 살아갈 수 있게 하는 권리이다. 이를 지키기 위해 반드시 바뀌어야 할 것이 무엇인지를 고려하여 자신의 개성이 드러나는 글을 작성하되, 예상되는 다양한 추가 논의들을 미리 파악하여 예상 독자의 견해에 대한 자신의 생각을 밝히는 과정을 포함하여 작성해 보자. 특히 학부모, 학생, 교사들이 사용하는 행정적 언어가 서로 다름을 알고 이를 포괄할 수 있는 단어들도 찾아서 사용해 보자.

관련 학과 교육공학과, 교육학과, 유아교육학과, 초등교육과
《교사라는 세계》, 김민지 외 3명, 리더북스(2023)

단원명 | 문법

> |🔍| 규칙과 원리, 문법 탐구, 체계와 구조, 의미 생성 자원, 관습적 규약, 문화적 산물, 의사소통의 결과물,
> 언어 주체로서의 정체성, 국어 의식

[10공국1-04-01]   ●●●

언어 공동체가 다변화함에 따라 다양해진 언어 실천 양상을 분석하고 언어 주체로서 책임감을 가지며 국어 생활을 한다.

➡ 언어 교육은 반드시 언어 공동체에 대한 분석을 필요로 한다. 특히 신조어, 은어, 속어 등이 생겨나고 있는 환경을 중층적으로 분석하고, 이러한 언어가 어떠한 맥락에서 파생되었는지를 살펴볼 필요가 있다. 이러한 내용을 토대로, 특정 국가의 '신어(新語), 유행어'에 대한 공시적 분석을 해보자. 특히 정치, 경제, 사회, 문화, 역사, 예술 등에 대한 기존 이론도 충분하게 참고해 보자.

관련 학과 국어교육과, 영어교육과, 한문교육과
《말의 트렌드》, 정유라, 인플루엔셜(2022)

[10공국1-04-02]   ●●●

음운 변동을 탐구하여 발음과 표기에 올바르게 적용한다.

➡ '밥만[밤만]'이 '밤만[밤만]'과 실제 언어 사용 환경에서 구별되기 위해서는 우리의 인지 구조 속에 '비음화'에 대한 인식 체계가 갖추어져야 한다. 그러나 아이들은 이러한 인식이 아직 명확하게 확립되지 않았을 수 있다. 이 경우에 두 단어를 어떻게 구별할지를 생각해 보고, 비음화를 배우지 않고도 이 두 단어를 구별하도록 하기 위한 학습 목표와 관련된 학습지, 학습 내용을 만들어보자.

관련 학과 교육학과, 국어교육과, 아동보육학과, 영어교육과, 유아교육학과, 초등교육과, 특수교육과
《초등국어의 표기와 발음》, 황인권, 푸른사상(2016)

[10공국1-04-03]   ●●●

다양한 분야의 글과 담화에 나타난 문법 요소 및 어휘의 표현 효과를 평가하고 적절한 표현을 생성한다.

➡ '사고 도구어(academic vocabulary)'는 발화자, 글쓴이의 논리와 사고 전개 과정을 드러내는 용어로서, 주로 교과서, 학술적인 글, 담화 상황에서 사용된다. 예를 들어 '다르다'라는 것에 대한 사고 도구어로는 '편차, 차이, 오차, 상이하다, 판이하다' 등이 있을 수 있다. 이러한 사고 도구어는 모든 분야에서 사용되는데, 사고 도구어와 문해력의 관계에 대해 조사해 보고, 문해력 신장을 위해서는 어떠한 수업이나 학습이 필요할지에 대해 자신의 견해를 밝혀보자.

관련 학과 교육계열 전체
《수업에 바로 써먹는 문해력 도구》, 전보라, 학교도서관저널(2023)

국어 교과군

영어 교과군

수학 교과군

도덕 교과군

사회 교과군

과학 교과군

단원명 | 문학

> | 🔍 | 인간의 삶, 형상화, 타자와의 소통, 갈래, 작가와 독자, 사회와 문화, 문학사, 수용·생산, 해석, 감상, 비평, 창작, 향유, 자아 성찰, 공동체

[10공국1-05-01] •••

문학 소통의 특성을 고려하며 문학 소통에 참여한다.

➡ 전상국의 《우상의 눈물》은 교육 사회에서의 '교사-학생', '학생-학생'의 관계를 다루면서, 기득권이 어떠한 방식으로 폭력을 행사할 수 있는지를 이야기하는 작품이다. 이 소설 속에 나타나는 교육적 환경 및 현상들은 문학을 통해 교육의 한 측면을 본질적으로 바라볼 수 있는 힘을 가지게 한다. 이 소설에서 마주할 수 있는 '상징적 폭력'의 형태는 무엇이며, 이를 해결하기 위해 어떤 노력을 해야 할지 토론해 보자.

관련 학과 교육학과, 아동보육학과, 유아교육학과, 초등교육과, 특수교육과

《**우상의 눈물**》, 전상국, 새움(2017)

[10공국1-05-02] •••

갈래에 따른 형상화 방법의 특성을 고려하며 작품을 수용한다.

➡ 교육에서 '아이에게 개입하는 것이 옳을까, 아니면 내버려두는 것이 옳을까?'에 대한 문제는 모든 교육의 세부 계열을 통틀어 오랫동안 전개되어 온 논의이다. 그러나 이러한 논의를 더 명확하게 하기 위해서는 교육의 수혜자의 견해가 중요한데, 소설 문학에서 1인칭 주인공 혹은 관찰자 시점으로 자신의 교육 환경 등을 서술하는 것이 다른 갈래보다 어떤 이점이 있을지 사례를 조사하여 발표해 보자.

관련 학과 교육계열 전체

《**루소, 학교에 가다**》, 조상식, 탐(2013)

[10공국1-05-03] •••

작품 구성 요소의 유기적 관계와 맥락에 유의하여 작품을 수용하고 생산한다.

➡ 이문열의 소설 〈우리들의 일그러진 영웅〉의 구성 요소 중 하나인 플롯은 나름의 '알레고리' 형식을 지니고 있다. 표면적으로는 학교 사회를 보여주는 것 같지만 이면적으로는 우리의 현실 사회를 다루기 때문이다. 이 작품의 특정한 구성이 말하고자 하는 메시지가 무엇인지 토의해 보고, 문학 작품에서 이러한 구조의 설정이 갖는 의의에 대한 자신의 생각을 글로 정리해 보자.

관련 학과 교육공학과, 교육학과, 국어교육과, 사회교육과, 아동보육학과, 유아교육학과, 윤리교육과, 초등교육과, 특수교육과

《**우리들의 일그러진 영웅**》, 이문열, 알에이치코리아(2020)

단원명 | 매체

> | 🔍 | 소통을 매개하는 도구·기술·환경, 소통 방식, 소통 문화, 주체적인 수용과 생산, 정체성 형성, 사회적 의미 구성, 자신과 타인의 권리, 건강한 소통 공동체

사회적 의제를 다룬 매체 자료를 비판적으로 분석한다.

➡ 미국의 교육심리학자 벤저민 새뮤얼 블룸은 교육의 목표를 인지적으로 분류하는 기준을 '지식-이해-적용-분석-종합-평가'의 6단계로 설정하였다. 그러나 실제로는 '지식'의 단계에서 아무런 검증 없이 '평가'로 넘어가는 경향이 있기 마련이다. 우리는 사회적 의제를 다룬 인터넷 기사를 볼 때 곧바로 '평가'를 하지는 않는지 생각해 보고, 이러한 기사문을 올바르게 읽기 위하여 지식과 평가 사이에 거쳐야 하는 과정에 블룸의 6단계 원리를 적용하여 활동지를 작성해 보자.

관련 학과 교육계열 전체

《지식의 탄생》, 이상오, 한국문화사(2016)

[10공국1-06-02] • • •

소통 맥락과 매체 특성을 고려하여 다양한 목적의 매체 자료를 제작한다.

➡ 유튜브 '쇼츠'나 인스타그램 '릴스' 등은 자신이 전하고자 하는 말이나 생각을 짧은 영상으로 만들어야 하기 때문에 표현의 효과가 더욱 극대화될 수 있다. 자신이 세상에서 제일 사랑하는 사람에게 전하고 싶은 마음을 담아 음악과 함께 영상을 만들어보되, 각종 수사법을 통해 짧으면서도 감동적이게끔 만들어보자. 이후 이러한 시간이 자신에게 어떤 영향을 주었는지 친구들과 함께 이야기해 보자.

관련 학과 국어교육과, 영어교육과, 음악교육과, 초등교육과, 특수교육과

《초등음악수업, 질문에 답하다》, 주대창 외 6명, 박영스토리(2022)

공통 과목	수능	공통국어2	절대평가	상대평가
	X		5단계	5등급

단원명 | 듣기·말하기

🔍 청중 분석, 상호작용, 언어적 표현, 준언어적 표현, 비언어적 표현, 매체, 발표, 상황 맥락, 사회·문화적 맥락, 쟁점, 이해관계, 협상, 사회적 소통 윤리

[10공국2-01-01] •••

청중의 관심과 요구에 맞게 내용을 구성하여 발표하고 청중의 질문에 효과적으로 답변한다.

➜ 발표를 할 때 사진, 도표 등의 시각 매체와 음향, 음악 등의 청각 매체, 그리고 동영상, 애니메이션 등의 복합 매체를 적절히 활용하면, 청자의 흥미를 유발하고 청자가 내용을 쉽게 이해할 수 있도록 이끌 수 있다. 교수 학습 과정에서 교사와 학습자 간에 정보를 전달하는 데 활용되는 매개체를 교육 매체라고도 하는데, 정보 통신 기술의 발달에 따라 교육 매체의 개발을 위한 노력이 활발히 진행되고 있다. 교과별 또는 학습자 연령별로 활용되는 교육 매체의 특성을 비교·분석하며 교육 매체의 유형별 효과에 대해 탐구해 보고, 이를 바탕으로 교육 매체를 활용하여 교과 학습 내용을 이해시키기 위한 자료를 제작해 보자.

관련 학과 교육계열 전체

《교육매체 개발 및 활용의 이해》, 신재한, 교육과학사(2015)

[10공국2-01-02] •••

쟁점과 이해관계를 고려하여 문제를 해결할 수 있는 대안을 탐색하며 협상한다.

➜ 단계적 교원 감축을 포함한 교육부의 중장기 교원 수급 계획 발표로 인해 교육계가 시끌시끌하다. 현재 교사들은 학교 운영을 위한 행정 업무, 학생 생활 지도 업무, 교과 수업 및 평가 업무 등 많은 업무를 담당하고 있다. 이렇듯 교사의 업무는 과중하고 학교의 역할에 대한 사회적 기대는 갈수록 커지는 데 비해 학생 수는 지속적으로 감소하여 교원 선발을 축소하려 하자 교육부와 주요 교육 단체들 사이에 갈등이 빚어지고 있다. 교원 수급 문제와 관련한 협상이 앞으로 여러 차례 난항을 겪게 될 것으로 보이는데, 예상되는 쟁점 및 이해관계를 파악하여 문제를 해결할 수 있는 대안을 탐색해 보자.

관련 학과 교육계열 전체

《교사가 되기 전에는 몰랐습니다만》, 최문혁, 푸른향기(2020)

[10공국2-01-03] •••

사회적 소통 과정에서 말의 영향력을 고려하여 책임감 있게 듣고 말한다.

➜ 교사는 미성년인 학생들을 지도하는 직업이기 때문에, 다른 직업군에 비해 상대적으로 말의 힘이 강한 편이다.

교사의 말 한마디는 학생들에게 어려움을 이겨낼 힘을 불어넣어 주기도 하고, 더 나아가 학생들의 삶을 바꿔놓기도 한다. 하지만 불편한 말을 해야 할 때도 있는데, 이럴 경우 학생들의 자존감을 떨어뜨릴 수도 있고, 때로는 정서적 학대를 사유로 학부모의 민원이 발생하기도 한다. 따라서 교사는 학생에게 상처를 주지 않으면서도 할 말은 정확히 전할 수 있는 화법 전략을 익힐 필요가 있다. 상대방을 배려하고 존중하는 말하기 기술에 대해 조사하고, 이를 바탕으로 교실 속 상황에 적용할 수 있는 화법 전략을 탐구해 보자. 또한 '교실에서 필요한 화법 키워드'를 주제로 카드 뉴스를 제작하여 공유해 보자.

`관련 학과` 교육계열 전체

《**교사의 말 연습**》, 김성효, 빅피시(2023)

단원명 | 읽기

> |🔍| 내용의 타당성·신뢰성·공정성, 표현의 적절성, 비판적 읽기, 주제 통합적 읽기, 글 재구성하기, 사회·문화적 맥락, 읽기 목적 및 전략, 읽기 과정의 점검 및 조정

[10공국2-02-01] • • •

복합 양식으로 구성된 글이나 자료에 내재된 필자의 관점이나 의도, 표현 방법을 평가하며 읽는다.

➡ 교과서는 학교에서 교사와 학생의 수업 활동 과정에서 사용하기 위해 교과 교육과정의 내용을 토대로 편찬한 교재를 말한다. 교과서는 학습자가 교과 내용을 쉽게 이해할 수 있도록 문자뿐만 아니라 그림, 표, 그래프, 사진, 동영상 자료 등을 다양하게 활용하는 복합 양식의 성격을 갖고 있다. 이러한 목적성으로 인해 교과서는 전달하려는 내용에 적합한 양식을 선택했는지와 관련된 표현의 적절성, 그리고 교육과정의 내용을 충실히 반영하고 있는지와 관련된 내용의 타당성을 갖추어야 한다. 학교에서 사용하는 교과서를 표현의 적절성과 내용의 타당성을 기준으로 분석해 보고, 교과서의 부족한 부분을 찾아 직접 수정하거나 대안을 마련하는 등의 내용으로 보고서를 작성해 보자.

`관련 학과` 교육계열 전체

《**교사, 교과서를 말하다**》, 김선희 외 6명, 학지사(2022)

[10공국2-02-02] • • •

동일한 화제의 글이나 자료라도 서로 다른 관점과 형식으로 표현됨을 이해하며 읽기 목적을 고려하여 글이나 자료를 주제 통합적으로 읽는다.

➡ 2022년 말, 세종시의 한 고등학교에서 교원능력개발평가의 서술형 항목에 교사에 대한 다수의 성희롱 문구를 입력한 학생이 퇴학 처분을 받은 사건이 있었다. 교원능력개발평가는 교사의 전문성과 학생 및 학부모의 교육 만족도를 높이기 위한 목적으로 이명박 정부 시절에 도입된 이래로 끊임없이 논란이 되고 있다. 특히 서술형 평가에 대해 각종 교원 단체에서는 교사에 대한 인격 모독과 희롱의 장으로 전락하고 있기에 폐지해야 한다고 주장하고 있다. 교원능력개발평가에 대한 교원 단체의 입장 발표문을 찾아 읽으며 편향되지 않은 관점에서 내용의 타당성을 평가해 보고, 반대 입장의 주장과 비교·분석하며 교원능력개발평가의 실효성을 높일 수 있는 대안을 탐구하여 보고서를 작성해 보자.

`관련 학과` 교육계열 전체

《**미래 교육**》, 최우성, 성안당(2022)

국어 교과군

영어 교과군

수학 교과군

도덕 교과군

사회 교과군

과학 교과군

> **[10공국2-02-03]** ● ● ●
>
> 의미 있는 사회적 독서 활동에 참여함으로써 타인과 교류하고 다양한 지식이나 정보, 삶에 대한 가치관 등을 이해하는 태도를 지닌다.

●➔ 2023년 4월, 교육부가 교원의 전문성 신장 방안으로 교육전문대학원을 시범 운영하겠다는 개혁안을 발표한 지 석 달 만에 이를 유보하겠다고 발표했다. 현장성을 갖춘 예비 교원 양성, 교원양성기관의 질적 격차 및 교원 자격증 소지자 과다 문제 해결 등의 기대 효과에 근거한 찬성 의견도 있었지만, 교원 수 감축 의도, 지나친 교육 연한으로 인한 약한 진학 유인, 현장성 강화 자체에 대한 의문 등을 내세운 반대 의견과 강하게 대립했기 때문이다. 사실 교육전문대학원에 대한 논의는 2003년 노무현 정부 이래로 꾸준히 진행되었지만, 매번 반대에 부딪혀 미뤄지고 있는 상황이다. 교육전문대학원 도입에 대한 정부와 교육계의 입장을 비교·분석해 보고, 이를 포함하여 교육계에서 논란이 되고 있는 정책에 대한 탐구를 바탕으로 정책의 기대 효과와 우려 요인을 분석한 정책 자료집을 제작 및 공유하여 사회적 독서 활동에 참여해 보자.

〔관련 학과〕 교육계열 전체

《**교육정책 스포트라이트 vol. 1**》, 교육정책디자인연구소 정책팀, 테크빌교육(2019)

단원명 | **쓰기**

> **| 🔍 |** 언어 공동체, 쓰기 윤리, 작문 관습, 쓰기 과정 및 전략의 점검, 사회적 책임, 논증 요소, 논증하는 글쓰기, 신뢰할 수 있는 자료, 복합 양식 자료, 공동 보고서 쓰기

> **[10공국2-03-01]** ● ● ●
>
> 언어 공동체가 공유하는 작문 관습의 특성을 이해하고 쓰기 과정과 전략을 점검하며 책임감 있게 글을 쓴다.

●➔ 전 세계가 열광하고 있는 챗GPT는 인공지능의 특성상 방대한 데이터를 기반으로 정보를 제공하기 때문에 이미 여러 분야에서 두각을 드러내고 있다. 그런데 기술의 발달로 인한 변화를 가치관이나 규범의 변화가 따라가지 못하는 문화 지체 현상이 곳곳에서 발생하고 있다. 특히 교육계에서는 학생이 챗GPT를 활용해 수행평가의 내용을 작성해 제출하는 것을 어떻게 평가할 것인지, 챗GPT가 상용화되는 시대에 글쓰기 능력은 어떤 부분을 평가해야 하는지 등 많은 고민에 빠져 있다. 인공지능의 발달에 따른 언어 공동체 작문 관습의 변화는 당연한 수순일 수밖에 없는데, 이러한 흐름에 맞춰 학교 교육이 어떻게 변화해야 하는지에 대해 교수·학습 및 평가의 측면에서 탐구하여 발표해 보자.

〔관련 학과〕 교육계열 전체

《**챗GPT 교육혁명**》, 정제영 외 4명, 포르체(2023)

> **[10공국2-03-02]** ● ● ●
>
> 논증 요소에 따른 분석을 바탕으로 효과적으로 내용을 조직하여 논증하는 글을 쓴다.

●➔ 학교폭력을 소재로 한 드라마 〈더 글로리〉의 흥행으로 학교폭력에 대한 관심이 더욱 뜨거워졌다. 이에 정부는 제19차 학교폭력대책위원회를 개최해 '학교폭력 근절 종합 대책'을 심의·의결했고, 그 결과로 학교폭력 조치 사항 기록의 보존 기간 연장 및 대입 반영 등 가해 학생에 대한 처벌을 강화하는 방식의 엄정 조치를 예고했다.

정부는 이번 종합 대책을 통해 학생들이 학교폭력 없는 정의로운 학교에서 안전하게 생활할 수 있도록 노력하겠다고 했지만, 일각에서는 정부의 이번 대책에 실효성이 부족하다고 평가하기도 한다. 또한 학교폭력 처벌의 목적을 교육에 두지 않고 가해 학생에 대한 응징에 집착하게 될 경우 발생할 수 있는 여러 부작용에 대한 현실적인 고민들도 존재한다. 학교폭력 근절 종합 대책에 대한 다양한 반응을 찾아 분석하며 자신의 생각을 정립하고, 이를 바탕으로 정책에 대해 논증하는 글을 써보자.

`관련 학과` 교육계열 전체

《학교폭력, 그 새로운 이야기》, 김천기, 학지사(2021)

[10공국2-03-03]   •••

신뢰할 수 있는 정보를 종합하여 복합 양식 자료가 포함된 공동 보고서를 쓴다.

➡ 학생인권조례는 학생 인권 보호를 목적으로, 2010년 경기도교육청에서 최초로 제정된 후 17개 시도교육청 중 서울을 비롯한 6개 교육청에서 제정 및 시행되고 있다. 그런데 그동안 논란이 되어왔던 학생인권조례에 대해 보수 성향의 교육감들을 중심으로 폐지를 추진하기 위한 움직임이 나타나고 있고, 서울시의회 역시 폐지 청구인 명부 검증을 진행하면서 학생인권조례의 존폐 여부를 놓고 논란이 다시 뜨거워지고 있다. 찬반 양측 모두 학생인권조례로 인한 성과와 부작용이 공존한다는 사실은 인정하면서도, 성과와 부작용 중 어디에 더 무게를 싣느냐에 따라 입장 차가 발생하고 있다. 학생인권조례에서 논란이 되는 조항들을 찾아 각 입장의 의견을 조사해 보고, 학생인권조례 시행에 따른 학생 인권과 교권에 대한 학생, 학부모, 교사의 인식에 대해 직접 조사 및 결과 분석을 해보며 문제 상황을 구체적으로 이해해 보자. 더불어 학생인권조례의 시행으로 인한 성과와 부작용을 비교해 보면서 조례의 존폐에 대한 본인의 생각을 정리하고, 문제 해결을 위한 대안을 탐구하여 보고서로 발표해 보자.

`관련 학과` 교육계열 전체

《학생인권의 눈으로 본 학교의 풍경》, 조영선, 교육공동체벗(2020)

단원명 | 문법

🔍 국어의 변화, 국어의 역사성, 신조어, 언어의 사회 반영, 국어 문화 발전, 한글 맞춤법, 문제 해결적 사고, 국어 생활 성찰 및 개선, 국어 의식

[10공국2-04-01]   •••

과거 및 현재의 국어 생활에 나타나는 국어의 변화를 이해하고 국어 문화 발전에 참여한다.

➡ '반모', '어쩔티비', '킹리적 갓심', '알잘딱깔센', '깔미' 등의 신조어는 요즘 10대들 사이에서 자주 사용되는 단어들이다. 만약 위의 단어들을 부모 또는 조부모와의 대화 상황에서 사용한다고 가정하면, 그때 대화 상대방의 반응은 어떠할까? 물론 이런 신조어가 세대 간의 소통을 어렵게 하고, 국어를 파괴한다고만 볼 것은 아니다. 표현의 확장, 언어의 창조성 발휘 측면에서는 긍정적인 기능도 한다. 다만 아직은 온전히 성숙하지 못한 미성년자를 가르치는 교육자라면, 국어 문화의 발전을 위해 이러한 신조어를 바라보는 기준을 조금 더 엄격하게 할 필요가 있을 것이다. 국어 교육을 통해 국어 문화의 발전을 도모한다는 측면에서 볼 때 10대들의 국어 생활에서 나타나는 변화를 어떻게 받아들이고 교육해야 할지에 대해 고민하여 발표해 보자.

`관련 학과` 교육학과, 국어교육과, 유아교육학과, 초등교육과

**10대, 우리답게
개념 있게 말하다**

정정희, 맘에드림(2021)

책 소개 ....

이 책은 일상 언어생활의 의미와 가치에 대해 생각하게 만듦으로써, 언어 공동체 구성원들의 언어 감수성을 높이기 위한 목적으로 쓰였다. 또한 사회에서 유행하는 말들을 살펴보면 사회 분위기나 중요한 이슈를 추론할 수 있다는 관점에서 10대들의 언어를 분석하면서 오늘날 우리 사회의 모습을 살펴보고 성찰하고자 한다.

세특 예시 ....

과거 및 현재의 국어 생활에 나타나는 국어의 변화에 대해 학습한 후 국어의 변화를 통해 사회의 변화를 파악할 수도 있다고 생각하며, 10대들의 언어 사용 실태를 분석하기 위해 '10대, 우리답게 개념 있게 말하다(정정희)'를 찾아 읽음. 이를 통해 10대들의 언어가 편의성과 경제성이 높은 방향으로 진화하고 있는 것에 공감하면서도, 무분별하게 사용되는 차별과 혐오의 언어들이 10대들의 사고를 어둡게 물들이는 데 주목하며 우리 사회의 발전을 위해 10대들의 국어 사용에 대한 교육이 필요함을 역설함. 또한 10대들이 사용하는 신조어가 국어 문화의 발전에 이바지하는가에 대한 논제를 준비하여 학급 친구들과 토론 활동을 진행하면서, 10대들의 신조어에 대한 여러 입장을 이해해 보는 활동을 통해 타 학생들도 국어 문화 발전에 참여할 수 있도록 기획한 점이 인상적임.

[10공국2-04-02] • • •

한글 맞춤법의 원리를 적용하여 국어 생활을 성찰하고 문제를 해결한다.

➡ 최근 청소년들의 띄어쓰기와 맞춤법 능력이 현저히 떨어지고 있다는 기사가 자주 보도되고 있다. 다수의 논술 학원 강사와 대입 논술 채점 위원의 말에 따르면, 학생들이 500~600자 원고지 기준으로 많게는 8~10개의 오류를 범하는데 그중 띄어쓰기 오류가 가장 많다고 지적하였다. 또한 SNS 등 인터넷상에서는 '되/돼', '에/의'의 구분은 물론이고, '곱셈추위(꽃샘추위)', '장례희망(장래희망)' 등 심각한 맞춤법 오류도 수없이 발견된다. 이러한 현상에 대해 교육계와 국어학계 일부에서는 "한 세기 뒤면 맞춤법과 띄어쓰기가 없어질지도 모른다."라며 우려하고 있다. 더욱 큰 문제는 듣도 보도 못한 글을 쓰면서도 이를 대수롭지 않게 여기는 청소년들의 맞춤법 의식 결여 현상이다. 이러한 맞춤법 의식 결여 현상이 나타나게 된 원인이 무엇인지 탐구해 보자. 또한 한글 맞춤법의 중요성을 깨달을 수 있도록 청소년 대상의 맞춤법 학습 콘텐츠나 수업 계획서를 제작해 보자.

관련 학과 교육학과, 국어교육과, 유아교육학과, 초등교육과, 한국어교육과

《사춘기를 위한 맞춤법 수업》, 권희린, 생각학교(2021)

단원명 | 문학

🔍 한국 문학사, 작가 맥락, 독자 맥락, 사회·문화적 맥락, 문학사적 맥락, 문학의 수용과 생산, 작품의 가치 평가, 주체적 관점에서의 작품 해석, 해석의 다양성

[10공국2-05-01] • • •

한국 문학사의 흐름을 고려하여 작품을 수용한다.

➲ 국어 교과의 영역들 가운데 학생들이 어려워하는 것 중 하나가 고전 문학이다. 이는 현대 국어와는 다른 낯선 표기와 어법 때문에 학생들에게는 작품을 해석하는 것조차도 까다롭기 때문이다. 이런 상황에서 학생들이 고전 문학에 흥미를 느끼는 것은 매우 힘들 것이기에, 고전 문학 수업이 학생들에게 의미 있는 배움으로 이어지게 할 수 있는 방안에 대해 깊이 고민해 봐야 한다. 고전 문학은 생성과 변화를 거치며 현대 문학으로 이어져 왔기에 고전 문학과 현대 문학이 서로 밀접하게 연관되어 있다는 점, 한국 문학의 흐름을 통해 한국 문학이 창작되고 향유된 시대 상황을 보다 폭넓게 이해할 수 있다는 점 등을 고려할 때 고전 문학이 갖는 가치는 분명하다. 고전 문학 학습의 의의에 대한 탐구를 바탕으로 학생들에게 고전 문학 학습에 대한 동기를 유발할 수 있도록 수업의 도입 활동을 설계해 보자.

관련 학과 교육학과, 국어교육과, 유아교육학과, 초등교육과, 한국어교육과

《수업시작 5분을 잡아라》, 허승환, 테크빌교육(2010)

[10공국2-05-02] • • •

주체적인 관점에서 작품을 해석하고 평가하며 문학을 생활화하는 태도를 지닌다.

➲ 작품을 주체적인 관점에서 해석하고 능동적으로 평가할 수 있는 안목을 기르는 것은, 문학 작품 감상에서 더 나아가 사회 현상에 대한 주체적·능동적 이해를 바탕으로 가치관을 형성하도록 이끈다는 점에서 전 국어 교육의 중요한 과제이다. 따라서 학생들의 주체적·능동적 감상 및 해석을 유도하는 수업 기술에 대한 고민은 반드시 필요하다. 이런 맥락에서 보편적으로 사용되는 수업 모형 중 하나가 토의·토론 수업이다. 독서 후 토의·토론 활동을 하면 각 개인이 독서 과정에서 느낀 점을 다른 사람과 공유하는 과정에서 자신의 생각을 설득력 있게 표현하고, 동시에 다른 사람의 생각을 들으며 해석의 다양성에 대한 이해를 높이는 경험을 할 수 있다. 토의·토론 활동을 하기에 적합한 문학 작품을 선정하여 토의·토론 주제를 만들고, 학생들이 수업 과정에 쉽게 참여할 수 있도록 이끄는 동기 유발 자료와 발문을 포함한 활동지를 제작해 보자.

관련 학과 교육학과, 국어교육과, 유아교육학과, 초등교육과

《비판적 책 읽기를 위한 한 학기 한 권 읽기 토의, 토론 수업》, 김명순 외 10명, 미래엔(2020)

단원명 | 매체

| 🔍 | 매체 비평 자료, 비판적 수용, 주체적 수용과 생활화, 사회·문화적 맥락, 매체의 변화, 매체 기반 소통, 소통 문화, 성찰하기

[10공국2-06-01] • • •

매체 비평 자료를 비판적으로 수용하고 자신의 관점을 담아 매체 비평 자료를 제작한다.

➲ 토론 수업과 논술형 평가 등을 특징으로 하는 국제 바칼로레아(IB, International Baccalaureate) 교육과정이 공교육 혁신의 대안으로 떠오르면서 이에 대한 논의가 급증하고 있다. IB 교육과정은 학생들이 지식 습득에만 그치지 않고 스스로 문제를 해결하는 방법을 찾아가게 하는 데 초점을 둔다. 이는 교육과정이기도 하지만, 특히 채점

체계의 타당성과 신뢰성 측면에서 탁월한 제도라고 국제적으로 인정받고 있어 과정 중심 평가를 지향하는 최근 교육계의 흐름과도 맞닿아 있다. 그러나 일선 교육 현장에서는 IB 교육과정에 대한 우려의 목소리도 크다. 교육과정을 도입하는 데 투입되는 재정 부담이 매우 큰 것에 비해 가시적인 효과가 미미하며, IB 교육과정이 현재의 대학 입시와 연계가 가능한지도 미지수이고, 설사 대학 입시와 연계가 가능하다고 하더라도 IB의 도입으로 인해 오히려 사교육 시장을 팽창시킬 수 있다는 점에서 더욱 큰 문제를 야기할 것이라는 비판도 끊이지 않고 있다. IB 교육과정에 대한 비평 자료를 찾아 상반된 입장을 분석하고, 자신의 관점을 담은 비평 자료를 작성해 보자.

관련 학과 교육계열 전체

《뜨거운 감자 IB》, 최종홍, 에듀니티(2023)

[10공국2-06-02] ● ● ●

매체의 변화가 소통 문화에 끼치는 영향을 탐구한다.

● 디지털 시대의 필수 역량인 '미디어 리터러시(media literacy)'는 미디어에 대한 문해력, 즉 미디어의 정보를 비판적으로 해석하고 검토하는 능력을 의미한다. 과거에는 신문, TV, 라디오와 같은 매체로부터 얻는 정보가 전부였다면, 오늘날에는 매체의 발달로 인해 유튜브, 인터넷, SNS 등 다양한 플랫폼을 통해 방대한 정보를 접하고 있다. 그런데 매체 소통 문화가 급격히 바뀌어가는 상황에서 교육이 뒷받침되지 못하다 보니, 정보를 무비판적으로 수용하는 학생들이 많아진다는 문제가 발생하고 있다. 따라서 다양한 미디어 환경에서 정보에 대한 분별력을 갖추고, 비판적·창의적 안목으로 세상과 소통하는 능력을 키울 수 있도록 이끄는 미디어 리터러시 교육은 필수적이다. 현재 미디어 리터러시 교육의 수업 모형으로 제시된 사례들을 찾아서 수업에서 다루고 있는 매체의 유형은 어떤 것인지, 어떠한 소통 능력에 초점을 맞추어 교육하는지, 현실에서의 매체 변화를 제대로 반영하는지 등을 분석해 보고, 이를 바탕으로 자신이 생각하는 미디어 리터러시 교육의 수업 모형을 제시해 보자.

관련 학과 교육계열 전체

《미디어 리터러시 수업》, 김광희 외 4명, 휴머니스트(2019)

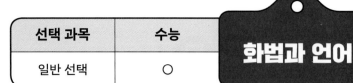

선택 과목	수능	**화법과 언어**	절대평가	상대평가
일반 선택	○		5단계	5등급

|🔍| 의사소통 목적과 맥락, 담화 참여자, 음성 언어, 의미 구성, 사고 행위, 언어적 실천, 소통 행위, 의미 기능, 맥락, 담화 수행, 비판적 사고, 능동적 참여, 언어생활 성찰, 문화 형성

[12화언01-01]

언어를 인간의 삶과 관련지어 이해하고, 국어와 국어 생활이 시간의 흐름에 따라 변화하는 양상을 분석한다.

➡ 문해력 교육의 목적은 아이들이 언어에 대해 친숙하게 접근하게 하는 것일 수도 있지만, 언어가 하나의 사회적 존재임을 알고 그 사회와 약속을 끊임없이 해나가는 것일 수도 있다. '언어는 하나의 약속'이라는 차원에서 초등학교 저학년에게 우리말 및 영어를 어떻게 가르쳐야 할지에 대해 자신만의 수업 모형을 설정하여 발표해 보자. 특히 어린이들이 쓰는 언어의 의미가 변화하는 양상에 주목하여, 동시대 언어문화와의 '약속'을 어떻게 재설정해야 할지에 대한 교수 전략을 상정해 보자.

`관련 학과` 국어교육과, 교육공학과, 교육학과, 영어교육과, 초등교육과
《**말꼬랑지 말꼬투리**》, 김경옥, 상상의집(2024)

[12화언01-02]

표준 발음을 이해하고 정확하게 발음하는 국어 생활을 한다.

➡ 어린아이가 말하는 소위 '혀 짧은 소리'는 구체적으로 '치조음-경구개음-연구개음' 간의 혼동 등으로 볼 수 있다. 예컨대 '할 수 있어'를 [할쭈이쩌] 등으로 발음하는 것이 그러하다. 이러한 아이들에게 적절한 우리말 발음 교육은 어떠한 형태로 해야 할지에 대해 가상의 수업 시나리오를 작성해 보자. 이 과정에서 '유아어'의 조음적 특성에 대해서도 탐색해 보고 이를 발표 내용에 반영해 보자.

`관련 학과` 국어교육과, 교육공학과, 교육학과, 아동보육학과, 영어교육과, 초등교육과, 특수교육과
《**아동의 조음음운장애 치료**》, Dennis M. Ruscello, 김수진 외 3명 역, 박학사(2011)

[12화언01-03]

품사와 문장 구조에 대한 지식을 활용하여 언어 자료를 분석하고 설명한다.

➡ '공유 결합을 이루고 있는 원자 사이의 결합 1몰을 끊는 데에 필요한 에너지를 결합 에너지라고 한다.'라는 문장에서 '데'는 의존 명사로 '일'이나 '것'의 뜻을 나타낸다. 또한 부사격 조사 '에'가 결합하여 부사어로 기능하고 있다. 이러한 방식으로 자신이 관심 있는 교과서의 한 문장을 골라 이 문장의 문장 성분과 품사를 모두 분석해 보고, 해당 문장의 의미가 얼마나 더 명확하게 이해되는지에 대해 모둠원끼리 토의해 보자.

`관련 학과` 가정교육과, 과학교육과, 기술교육과, 물리교육과, 생물교육과, 지구과학교육과, 컴퓨터교육과, 화학교육과, 환경교육과
《**현대국어 형태론**》, 황화상, 지식과교양(2018)

[12화언01-04]

단어의 짜임과 의미, 단어 간의 의미 관계를 중심으로 어휘를 이해하고 담화에 적절히 활용한다.

➡ 상위어와 하위어의 관계는 상대적일 수 있다. 예컨대 '조류'는 '동물'의 하위어이면서 '까치'의 상위어이다. 그렇다면 '인간'의 상위어는 무엇일까? 혹은 '인간'의 하위어라고 볼 수 있는 '흑인', '황인' 등에 대해 이를 하위 개념으로 보지 않는 시선에 대해서는 어떻게 생각하는가? '인간과 사회'와 관련하여 다양한 상위어-하위어 관계를 설정해 보고, 그 타당성에 대해 언어·사회적인 측면에서 다양한 방식으로 토의해 보자.

`관련 학과` 사회교육과, 역사교육과, 윤리교육과, 지리교육과

《**한국어의 의미와 의미 이론**》, 전영철, 박이정(2023)

[12화언01-05]

담화의 맥락에 적절한 어휘와 문법 요소를 선택하여 화자의 태도를 드러낸다.

➡ 상대 높임은 '청자를 높이기 위한' 표현이다. 실제로 공식적인 교육 현장에서 교사와 학생은 서로에게 높임 표현을 사용하고 있다. 그러나 비공식적 담화 상황에서는 낮춤 표현을 쓰는 경우도 분명 존재한다. 높임 표현이 교육 현장에서 어떠한 의의가 있는지, 교사와 학생이 어떤 상황에서 높임 표현을 사용해야 하는지에 대해 자신의 생각을 말해보자.

`관련 학과` 교육계열 전체

《**교사의 말**》, 마이크 앤더슨, 이석영 외 4명 역, 교육을바꾸는사람들(2021)

[12화언01-06]

담화의 구조를 고려하여 적절한 어휘와 문장으로 응집성 있는 담화를 구성한다.

➡ 응집성은 담화에서 내용 요소들이 적절한 표지에 의해 잘 연결되어 있는 성질을 의미한다. 이를 위한 내용 요소로는 대개 지시 표현과 대용 표현이 있는데, 이러한 두 표현은 대개 관형사나 대명사로 이루어진다. 교사들이 사용하는 공문서나 문건에서는 이러한 지시 표현이나 대용 표현이 구체적으로 어떻게 나타나는지 살펴보고, 그것의 효과에 대한 자신의 생각을 말해보자.

`관련 학과` 교육계열 전체

《**우아한 단어 품격있는 말**》, 박영수, 유노책주(2024)

[12화언01-07]

다양한 유형의 담화와 매체를 대상으로 언어의 공공성을 이해하고 평가한다.

➡ 온라인과 오프라인을 합한 '블렌디드 러닝(blended learning)'은 매체적 특성 때문에 교사의 공적인 언어 사용이 중시된다. 특히 불특정 다수에게 전달되는 것이기에 언어의 공공성을 추구하는 차원에서 '존중과 배려의 언어'는 필수적이다. 이를 반영하여 '교과서 점프 업!' 프로젝트의 일환으로 자신이 관심 있는 교과서의 내용을 수정·보완하기 위한 내용을 담아 유튜브 매체의 콘텐츠 시놉시스를 작성하여 친구들과 공유해 보자.

`관련 학과` 교육계열 전체

《**교사의 말**》, 마이크 앤더슨, 이석영 외 4명 역, 교육을바꾸는사람들(2021)

[12화언01-08]

자아 개념이 의사소통 방식에 미치는 영향을 인식하고 협력적인 관계 형성에 적절한 방식으로 대화한다.

➡ 교사의 '피드백'은 학생의 자아 개념에 큰 영향을 미칠 것이고, 학생은 이러한 자아 개념을 토대로 타인과 의사소통을 하게 될 것이다. 따라서 교사가 학생의 '긍정적 자아 개념 형성'을 위하여 어떠한 언어를 사용해야 하는지에 대해 '학생이 문제를 틀렸을 경우', '싸웠을 경우', '연인과 헤어졌을 경우', '성적을 잘 받았을 경우' 등의 다양한 상황을 설정하여 Q&A 형식으로 묻고 답하는 문답집을 제작해 보자. 이후 친구들에게 보여주고 피드백을 받아 수정해 보자.

관련 학과 교육계열 전체

《현장 교사를 위한 효과적인 피드백 방법》, Susan M. Brookhart, 손원숙 외 4명 역, 학지사(2020)

[12화언01-09]

정제된 언어적 표현 전략 및 적절한 준언어적·비언어적 표현 전략을 활용하여 발표한다.

➡ 수업 시간에 주고받는 '준언어적·비언어적' 메시지는 교사가 학생에게, 학생이 교사에게 줄 수 있는 가장 역동적인 메시지의 형태가 될 것이다. 이러한 메시지들을 다양한 수업 현장에서 조사하여 정리한 후, 각 메시지가 특정 환경에서 교실 사회나 그 사회 속 구성원들에게 어떠한 맥락으로 인식되는지 발표해 보자. 이후 교실 세미나 형태로 이러한 '준언어적·비언어적' 표현의 적절성에 대해 토의해 보자.

관련 학과 교육계열 전체

《마음과 마음을 잇는 교사의 말공부》, 천경호, 우리학교(2019)

[12화언01-10]

화자의 공신력을 이해하고, 효과적인 설득 전략을 활용하여 연설한다.

➡ 최근 교사들이 교실 속에서 도리어 '소외'당하는 경우가 많다. 교사의 말 한마디가 권위를 잃고 있고, 교사들 또한 가르침의 의미를 찾지 못하기도 한다. 교사의 말이 학생들 앞에서 '공신력'을 회복하기 위해서는 어떤 노력이 필요할까? 한마디 말의 힘을 강화하기 위한 학교, 교사, 학생, 학부모의 노력들을 조사하여 토론해 보자. 나아가 '협력적 의사소통'을 토대로 각 수업 시간에 들어오는 교사들의 말에 힘을 실어줄 수 있는 방법에 대해서도 의논하고 실천해 보자.

관련 학과 교육계열 전체

《교실 속 감정 수업》, 신건철 외 1명, 지식프레임(2022)

[12화언01-11]

토의에서 주제와 관련된 다양한 자료를 통해 공동체의 문제를 분석하고 합리적으로 해결한다.

➡ 과학적 의사소통은 과학과 관련된 생각을 말이나 글 등으로 주고받는 행위를 말하며, 과학적 지식을 토대로 특정한 현상을 다른 사람에게 설명하거나 자신의 견해를 뒷받침하기 위한 자료를 만드는 일련의 행위도 포함된다. 과학적 의사소통 역량을 키울 수 있게끔 소통하는 방법에 대한 여러 자료를 찾아보고, 이를 토대로 특정한 과학 주제 하나를 선택하여 과학적 의사소통 방법을 적용한 회의 시나리오를 작성해 보자.

관련 학과 과학교육과, 물리교육과, 생물교육과, 지구과학교육과, 화학교육과, 환경교육과

《미래 세대를 위한 과학 융합교육》, 남윤경, 부산대학교출판부(2022)

[12화언01-12]

주장, 이유, 근거를 비판적으로 검토하여 논증의 타당성, 신뢰성, 공정성에 대해 반대 신문하며 토론한다.

➔ 미국의 심리교육학자인 벤저민 새뮤얼 블룸은 교육 목표 분류(taxonomy)로 '기억, 이해, 적용, 분석, 평가, 창안'의 6단계를 제시하고 있다. 그러나 우리는 '기억-평가, 기억-창안'으로 직결되는 논리적 과정으로 사고하는 경우가 많다. 신뢰성, 타당성, 공정성을 여러 자료로 파악하는 것이 위의 분류 체계에서 어떤 의의가 있는지를 토의해 보고, 이러한 점을 학생들에게 제시하는 교육적 방법론에 대해서도 구체적으로 논의해 보자.

관련 학과 교육공학과, 교육학과, 국어교육과, 사회교육과, 유아교육학과, 윤리교육과, 초등교육과

교육과정 수업 평가를 위한 새로운 분류학

Lorin W. Anderson 외 4명,
강현석 외 7명 역,
아카데미프레스(2005)

책 소개

전통적으로 벤저민 새뮤얼 블룸의 교육 목표 분류 체계는 인지적 교수 학습 목표 설계 및 수업 모형 설계에 큰 도움을 주었다. 흔히 '지식, 이해, 적용, 분석, 종합, 평가'의 6단계로 이루어졌던 체계는 최근 '기억, 이해, 적용, 분석, 평가, 창안'으로 바뀐바, 이를 '영문학에서의 맥베스', '덧셈 활동', '역사학에서의 의회법' 등의 구체적인 사례를 통해 독자들에게 전달하고 있다.

세특 예시

'신뢰성, 타당성, 공정성'을 토대로 상대방의 주장 혹은 근거에 대해 논리적으로 비판하는 토론의 과정과 방법을 학습한 후, 평소 얼추 아는 사실만을 토대로 바로 평가를 했던 자신의 태도에 대한 반성적인 부분을 찾고자 '교육과정 수업 평가를 위한 새로운 분류학(Lorin W. Anderson 외 4명)'을 읽고 우리의 인지 구조에 해당하는 수업 목표와 방법이 다른 만큼, 각종 현상들에 대한 우리의 인식 과정도 세밀한 단계를 밟아야겠다는 자신의 견해를 역설함.

[12화언01-13]

상황에 맞는 협상 전략을 사용하여 서로 만족할 수 있는 대안을 찾아 의사결정을 한다.

➔ '타인과 의견이 상충하는 때'를 다양한 역사적·사회적 사건 속에서 찾아보고, 이를 시대별, 영역별 등의 기준을 세워 목록화해 보자. 이후 쟁점이 드러나는 현상들을 찾아 '국어 협상 프로젝트'를 통해 모둠별로 견해를 만들어 협상하고 '오늘의 협상왕 모둠'을 선정해 보자. 이 과정에서 '수용', '회피', '타협', '경쟁' 등 협상 전략들의 사용 여부와 적절성에 대해서 청중 입장에서도 평가해 보자. 나아가 이러한 수업의 의의에 대해서 예비 교사, 학생의 입장에서 자신의 의견을 말해보자.

관련 학과 국어교육과, 사회교육과, 역사교육과, 영어교육과, 유아교육학과, 윤리교육과, 지리교육과, 한문교육과

《**협상 가능**》, 개빈 케네디, 박단비 역, 위즈덤하우스(2021)

[12화언01-14]

기호를 활용한 사회적 행위로서의 국어 생활을 성찰하고 문제점을 개선하는 태도를 지닌다.

➔ 앨런 페이비오의 '이중 부호화 이론(dual-coding theory)'은 언어 정보와 시각 정보를 동시에 제공하면 기억과 파

지에 긍정적일 수 있다는 이론이다. 이러한 점을 토대로 '임진왜란'에 대해 언어 정보 및 시각 정보에서 더 나아가 음성 정보, 동작 정보까지 확장하는 방식의 자료 혹은 수업 프로그램을 제작해 보고, 이러한 과정을 통해 '교육에서의 기호'의 의미에 대해 토의해 보자.

관련학과 국어교육과, 미술교육과, 사회교육과, 아동보육학과, 역사교육과, 영어교육과, 유아교육학과, 윤리교육과, 음악교육과, 체육교육과, 초등교육과, 특수교육과, 한문교육과

《기억의 뇌과학》, 리사 제노바, 윤승희 역, 웅진지식하우스(2022)

[12화언01-15]   • • •

언어 공동체의 담화 관습을 이해하고, 다양성을 존중하는 의사소통 문화 형성에 기여하는 태도를 지닌다.

➡ 국립국어원의 '청소년 언어 실태·언어 의식 전국 조사'에 따르면 초·중·고등학생의 대부분이 은어를 사용한 적이 있다고 밝혔다. 특히 이러한 언어에는 인터넷 용어, 스포츠나 게임 관련 비속어 등이 섞인 표현이 많은데, 이러한 표현과 관련하여 친구들의 실제 사용 빈도, 단어의 의미에 대한 인식, 사용할 때와 들었을 때의 마음 등을 설문 조사해 보고, 이를 토대로 청소년 언어 사용의 장점을 반영한 개선 방안에 대해 세미나 형식으로 토의해 보자.

관련학과 가정교육과, 교육공학과, 교육학과, 국어교육과, 사회교육과, 아동보육학과, 유아교육학과, 초등교육과, 특수교육과

《욕 대신 말》, 도원영 외 3명, 마리북스(2022)

국어 교과군

영어 교과군

수학 교과군

도덕 교과군

사회 교과군

과학 교과군

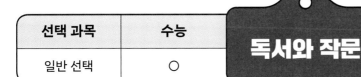

선택 과목	수능	독서와 작문	절대평가	상대평가
일반 선택	○		5단계	5등급

| 🔍 | 문어 의사소통, 사회·문화적 맥락, 독서 전략 및 관습, 사실적 읽기, 비판적 읽기, 추론적 읽기, 주제 통합적 읽기, 작문 전략 및 관습, 정보 전달 글쓰기, 논증하는 글쓰기, 성찰하는 글쓰기 |

[12독작01-01] ● ● ●

독서와 작문의 의사소통 방법과 특성을 이해하고 문어 의사소통 생활을 주도적으로 실천하고 성찰한다.

➡ 2022 개정 교육과정이 발표되면서 교육 현장에서는 새로운 교육과정을 받아들이기 위한 준비로 분주하다. 교육과정은 학교급별로 각 교과에서 어떤 교과목을 가르칠 것인지부터 각 교과목의 교수 학습 목적, 내용, 방법, 평가에 대한 전반적인 내용을 기술하기 때문에, 새로운 교육과정이 발표될 때면 학교 현장에는 늘 혼선이 생긴다. 그래서 교육부나 시도교육청에서는 새로운 교육과정에 대한 학교 현장의 이해를 돕기 위해 추가적인 자료를 제작하여 배포하고, 이외에도 교육과정 전문가들이 집필 활동을 통해 학교 현장에 교육과정을 어떻게 적용해야 하는지에 대한 정보를 제공한다. 이러한 일련의 과정에서 나타나는 작문 및 독서 활동은 모두 목적성을 띠는데, 이를 통해 독서와 작문의 의사소통으로서의 특성을 알 수 있다. 2022 개정 교육과정에 관한 자료를 찾아 읽고, 2015 개정 교육과정과의 주요 차이점을 바탕으로 2022 개정 교육과정의 의의를 탐구해 보자. 또한 시기별 교육과정에 따른 강조점의 변화에 대한 조사를 바탕으로 사회 변화와 교육과정의 상관관계에 대해 탐구해 보자.

관련 학과 교육계열 전체

《**2022 개정 교육과정 기반 교사 교육과정과 수업 디자인**》, 유영식, 테크빌교육(2023)

[12독작01-02] ● ● ●

독서의 목적과 작문의 맥락을 고려하여 가치 있는 글이나 자료를 탐색하고 선별한다.

➡ 사회심리학 이론의 하나인 '귀인(歸因) 이론'은 성공이나 실패의 원인을 찾는 방식에 대해 설명하고 있다. 결과에 대한 원인은 일반적으로 자기 자신 혹은 타인이 되기도 하고, 노력이나 능력과 같은 내적 요인 혹은 환경 등의 외적 요인이 되기도 한다. 귀인 이론은 학생들의 학습 동기 유발이나 문제 개선 의지와 관련해서도 중요한 시사점이 있기에 교육적으로도 큰 의미가 있다. 가령 학습 부진에 대해 운이나 지능, 과제 난이도 등 본인이 통제할 수 없는 것을 원인으로 추론하게 되면 학생의 노력 의지와 동기를 자극하기 어려울 것이다. 학교생활에서 학생들이 겪을 수 있는 문제 상황을 선정하여 그 원인이 될 수 있는 요소들을 분석해 보고, 귀인 이론에 대한 탐구를 바탕으로 예비 교사로서 어떠한 점에 초점을 맞추어 학생을 지도하는 것이 바람직할 것인지 자신의 의견을 작성해 보자.

관련 학과 교육계열 전체

《**원인과 결과의 법칙**》, 제임스 알렌, 안희탁 역, 지식여행(2020)

글에 드러난 정보를 바탕으로 글의 내용을 파악하고 글에 드러나지 않은 정보를 추론하며 읽는다.

➲ 교사 주도의 강의식 수업에서 학생이 주도하는 배움 중심 수업으로 교육의 패러다임이 전환되면서 교실의 풍경이 달라지기 시작했다. 교사를 향해 한 방향으로 앉아 있던 학생들은 모둠을 만들어 서로를 바라보았고, 수업 과정에서 학생이 말하는 시간이 점차 늘어나게 되었다. 정책적으로도 제7차 교육과정은 '학생 중심의 교육과정'을 주요 특징으로 표방하였으며, 이는 이후 개정된 교육과정에서도 이어져 학생을 수업의 중요한 주체로 고려하게 되었다. 2015 개정 교육과정에서는 아예 '학생 참여 중심 수업'이라는 용어를 총론에 제시할 정도로 수업에서 학생을 강조하고 있는데, 이러한 변화는 수업 개선의 노력으로 이어져 새롭고 다양한 교육 방법을 탄생시켰다. 2000년대 이후 많은 학교에서 시도하고 있는 문제 기반 학습, 프로젝트 기반 학습, 거꾸로 학습, 하브루타 수업 등은 모두 학생이 학습의 주체가 되는 교육 방법들이다. 이러한 학생 중심 또는 배움 중심 교육 방법에 대해 설명하는 글을 읽고, 각 교육 방법별로 핵심 키워드를 선정하여 다양한 교육 방법에 대해 탐구해 보자.

관련 학과 교육계열 전체

《**학생중심수업, 교육과정을 디자인하다**》, 최무연, 행복한미래(2020)

글의 내용이나 관점, 표현 방법, 필자의 의도나 사회·문화적 이념을 평가하며 읽는다.

➲ 최근 영재 교육이 명문대 진학의 수단으로 변질되고 사교육 조장의 주범이 되어 논란이 되고 있다. 영재 교육 본래의 취지에 따르면 영재 교육을 받는 학생들은 자신의 수준에 맞는 과제를 해결하며 성취감을 느낄 수 있고, 이로써 상위의 목표를 이루기 위한 동기를 자극할 수 있다. 또한 미래에 사회적·경제적으로 가치 있는 일을 할 우수한 인재를 양성할 수 있다는 점에서 국가적으로도 영재 교육은 그 필요성이 인정된다. 그러나 영재 학교에 진학한 학생들의 '의대 쏠림' 현상은 지속적으로 문제로 제기되고 있으며, 영재 학교 재학생의 85.3%가 입학을 위해 사교육을 경험했다는 통계는 영재 교육에 대한 사교육의 영향력을 방증한다. 결국 사교육을 받지 못하는 학생들은 영재 교육의 문턱을 넘기 어려워졌고, 사교육을 통해 '만들어진 영재'만 양산한다는 지적은 진정한 영재 교육의 의미에 대해 다시 생각해 보게 한다. 우리나라 현실에서의 영재 교육의 실효성에 대한 필자의 의견이 담긴 글을 읽고, 동의 또는 반박할 내용을 찾아 정리한 후 영재 교육에 대한 자신의 관점을 담은 글을 작성해 보자.

관련 학과 교육계열 전체

《**교육이 없는 나라**》, 이승섭, 세종서적(2023)

글을 읽으며 다양한 내용 조직 방법과 표현 전략을 찾고 이를 글쓰기에 활용한다.

➲ 현재 인공지능 분야의 가장 뜨거운 주제인 '챗GPT'는 교육계에도 큰 영향을 미치고 있다. 챗GPT에 대한 과도한 의존 가능성이 문제점으로 지적받고 있으나, 기술이 가진 장점이 매우 크기에 무작정 금지하기보다는 학생들이 이를 제대로 활용할 수 있도록 교육하는 것이 필요하다고 보는 의견도 많다. 가령 궁금한 점을 질문으로 명확하게 표현하는 능력, 정보를 비판적으로 수용할 수 있는 비판적 문해력 등을 키워주는 교육은 챗GPT 시대의 학교 교육이 나아가야 할 방향이라고 할 수 있다. 챗GPT로 인해 예상되는 학교 교육의 변화를 탐구해 보고, 이를 바탕으로 '챗GPT 시대의 바람직한 학교 교육'을 주제로 내용을 조직하고 설득을 위한 표현 전략을 활용하여 건의문을 작성해 보자.

관련 학과 교육계열 전체

《챗GPT 시대 교육, AI로 풀다》, 노명호 외 10명, BOOKK(2023)

[12독작01-06]　　　　　● ● ●

자신의 글을 분석적·비판적 관점으로 읽고, 내용과 형식을 효과적으로 고쳐 쓴다.

➲ 과학, 기술, 공학, 미술, 수학 등의 학문 간 통합, 협업을 강조하는 STEAM 교육은 급변하는 디지털 시대에 더욱 필요성이 대두되고 있다. 다양한 정보가 빠르게 전파되고 새로운 기술과 직업, 지식이 계속해서 생겨나는 요즘, 이러한 변화에 대응하기 위한 문제 해결 능력, 다양한 분야와의 협업 능력, 창의력 및 융합적 사고 등을 STEAM 교육을 통해 길러줄 수 있기 때문이다. 최근 많은 교육 기관에서는 이러한 STEAM 교육의 장점을 바탕으로 STEAM 교육의 시스템과 프로그램 등을 적극적으로 도입하고 있다. 현재 교육 기관 및 교과 수업에서 STEAM 교육을 활용하는 사례를 찾아 분석해 보고, STEAM 교육의 효과에 대해 설명하는 글을 작성한 후 독자의 수준과 흥미를 고려하여 글을 점검해 보자.

관련 학과 교육계열 전체

《융합 STEAM 교육의 이해》, 김진수 외 2명, 공감북스(2020)

[12독작01-07]　　　　　● ● ●

인간과 예술을 다룬 인문·예술 분야의 글을 읽고 삶과 예술에 대한 자신의 생각을 담은 글을 쓴다.

➲ 오늘날 교육의 근본정신은 오래전부터 탐구되어 온 인간과 교육에 대한 철학으로부터 이어져 왔다. 소크라테스는 상대방에게 계속 질문을 하여 자신의 무지를 깨닫게 하는 문답법으로 논쟁과 토론의 중요성을 일깨웠으며, 루소는 그의 저서 《에밀》을 통해 지식은 주입하는 것이 아니라 스스로 체험하여 얻을 수 있도록 유도해야 한다는 철학을 펼침으로써 오늘날의 학생 활동 중심 교육에 영향을 주었다. 미국 교육의 아버지로 불리는 존 듀이는 교육이 삶의 실용적 측면에서 도움이 되어야 한다는 생각을 바탕으로 기존의 교과 중심 교육을 교사-학습자 간 상호 소통 중심의 교육 방향으로 전환하였다. 교육학자의 이론과 철학에는 인간과 삶에 대한 가치관이 담겨 있다는 점을 바탕으로, 교육학자의 철학이 담긴 글을 읽고 인간과 삶을 바라보는 필자의 가치관과 교육 방법의 상관성에 대한 의견을 작성해 보자.

관련 학과 교육계열 전체

《교육을 읽다》, 정은균, 빨간소금(2023)

[12독작01-08]　　　　　● ● ●

사회적·역사적 현상이나 쟁점 등을 다룬 사회·문화 분야의 글을 읽고 사회·문화적 사건이나 역사적 인물에 대한 관점을 담은 글을 쓴다.

➲ 코로나19의 장기화가 가져온 변화는 셀 수 없이 많지만, 교육계의 큰 변화 중 하나는 학력 양극화 문제라고 해도 과언이 아니다. 정상적인 등교 수업이 어려워지면서 1년 이상 지속되었던 원격 수업은 학습 결손으로 이어졌고, 학력의 상위층 학생들은 개인 학습 또는 사교육으로 부족한 학습을 보충했지만 중간 이하 층의 학생들은 학업 수준이 더욱 낮아져 이른바 '모래시계형' 학력 구조를 형성하였다. 또한 학습 결손을 보완하기 위한 사교육 시장의 확대는 학력과 소득 수준의 상관관계를 높이는 역할을 하여, 소득의 양극화가 학력의 양극화로 이어지는 결과를 낳았다. 코로나19로 인한 학력 격차와 사교육 시장 확대 등에 대한 연구와 통계 자료를 분석하며 코로나19와 학력 양극화의 연관성 및 교육 격차 해소 방안에 대해 탐구해 보고, 이를 바탕으로 기사문을 작성해 보자.

관련 학과 교육계열 전체

《**재난은 평등하지 않다**》, 정용주 외 21명, 교육공동체벗(2020)

[12독작01-09] ● ● ●

과학·기술의 원리나 지식을 다룬 과학·기술 분야의 글을 읽고 과학·기술의 개념이나 현상을 설명하는 글을 쓴다.

➡ 코로나19로 인한 학생들의 학습 격차가 사회적 문제로 부상하면서, 인공지능 기술력을 활용해 비대면 맞춤형 교육을 제공하는 AI 학습기에 관심이 쏠리고 있다. AI 학습기는 음성 인식과 챗봇 등을 통해 학습자와 일대일 대화가 가능하며, AI가 학습 수준을 분석해 맞춤형 교육 콘텐츠를 제공함으로써 학생들의 자기 주도 학습을 도울 수 있다. 기존에는 사교육 시장에서 주로 활용되었던 AI 학습기를 최근 학교 현장에서도 활용할 수 있도록 활발히 연구가 진행되고 있어, AI 학습기를 통해 학습 격차의 문제를 해결할 수 있을지 귀추가 주목된다. AI 학습기의 원리와 효과에 대한 글을 읽고, 이를 바탕으로 학교 현장에서의 AI 학습기의 구체적인 활용 방안 및 활용 시 유의점에 대해 탐구해 보자.

관련 학과 교육계열 전체

《**미래의 온라인교육 AI 기반 e-러닝과 개인화 학습**》, Matthew Montebello, 임유진 외 3명 역, 박영스토리(2021)

[12독작01-10] ● ● ●

글이나 자료에서 가치 있는 정보를 수집하고 효과적으로 조직하면서 정보를 전달하는 글을 쓴다.

➡ 실패했을 때 좌절하더라도 다시 일어설 수 있는 능력을 말하는 '회복탄력성'이 포스트 코로나 시대의 학생들이 지녀야 할 역량으로 주목받고 있다. 코로나19로 인한 학력 저하, 심리적·신체적 문제 등 학생들이 학교 현장에서 마주하는 각종 위기를 극복할 수 있으려면 회복탄력성을 키울 필요가 있다는 것이다. 회복탄력성은 모두가 갖고 태어나며 어려서부터 반복과 연습을 통해 누구나 기를 수 있는데, 특히 긍정성과 자기 신뢰, 자기 조절 능력 등이 회복탄력성을 키우는 데 도움이 된다고 알려져 있다. 회복탄력성에 관한 연구 자료를 수집 및 분석하여, 회복탄력성의 핵심 원리를 키워드 중심으로 안내하고 학교 현장에서의 적용 방안에 대한 정보를 전달하는 팸플릿을 제작해 보자.

관련 학과 교육계열 전체

《**하버드 회복탄력성 수업**》, 게일 가젤, 손현선 역, 현대지성(2021)

[12독작01-11] ● ● ●

글이나 자료에서 타당한 근거를 수집하고 효과적인 설득 전략을 활용하여 논증하는 글을 쓴다.

➡ 게임 외적인 분야에 게임 요소를 접목하는 '게이미피케이션(Gamification)'이 교육계의 트렌드로 떠오르고 있다. 게임의 부정적인 면인 '중독성'을 학습에 대한 '몰입'으로 전환함으로써 교육의 효과를 높일 뿐만 아니라, 재미와 보상, 경쟁 등 게임의 흥미 요소들을 통해 학습을 지속하게 할 수 있다고 보는 것이다. 그러나 게임을 이용한 교육 방식이 초기 단계에서 시작을 독려하거나 집중력을 높이는 데에는 도움이 되지만, 장기적인 동기 부여에도 효과적인지에 대해서는 의문이 남아 있다. 특히 학습자의 내면적 동기를 자극해야 꾸준한 자기 주도적 학습으로 이어질 수 있다는 점을 생각해 볼 때, 게임의 요소로 인한 학습 효과는 일시적일 가능성이 높다는 의견도 많다. 게임 기반 학습의 효과와 문제점에 대해 탐구한 후, 쟁점을 중심으로 이에 대한 자신의 의견을 담은 칼럼을 작성해 보자.

관련 학과 교육계열 전체

《게임과 학습》, 이은택, 커뮤니케이션북스(2023)

[12독작01-12] ● ● ●

정서 표현과 자기 성찰의 글을 읽고 자신의 정서를 진솔하게 표현하거나 자신의 삶을 성찰하는 글을 쓴다.

● 수필이란 인생이나 자연 또는 일상생활에서의 체험, 느낌 등을 생각나는 대로 쓴 글을 말한다. 일정한 형식을 따르지 않고 자유롭게 쓴다는 특징 때문에 수필을 '붓 가는 대로 쓴 글'이라고도 하는데, 이로 인해 수필에는 필자의 감정과 생각, 삶의 태도와 가치관이 진솔하게 드러난다. 독자는 수필을 읽으며 필자의 삶과 생각으로부터 교훈과 깨달음을 얻을 수도 있고, 자신의 경험과 가치관을 되돌아보며 삶에 대한 성찰의 시간을 가질 수도 있기에 수필 읽기는 더욱 가치 있다. 교육자로서의 필자의 삶과 가치관, 경험이 나타난 글을 찾아 읽은 후, 필자의 교육관과 삶의 태도로부터 배운 점을 바탕으로 자신의 삶을 성찰하는 글을 써보자.

관련 학과 교육계열 전체

《가르칠 수 있는 용기》, 파커 J. 파머, 김성환 역, 한문화(2024)

[12독작01-13] ● ● ●

다양한 글을 주제 통합적으로 읽고 학습의 목적과 교과의 특성을 고려하여 학습을 위한 글을 쓴다.

● '주제 통합적 읽기'란 하나의 화제나 주제에 대해 다양한 관점 및 형식을 보이는 글을 읽고, 이를 바탕으로 글에 포함된 정보를 비판적으로 수용하고 재구성하는 것을 말한다. 이때 서로 다른 글이 갖는 관련성을 '상호 텍스트성'이라고 한다. 상호 텍스트성에 입각하여 독서를 한다는 것은 텍스트와 텍스트 사이의 '연결'에 주목하는 것이고, 주제 통합적 읽기는 주제라는 연결 고리에 초점을 두는 독서 행위이다. 주제 통합적 읽기의 사례를 찾아 분석하면서 주제 통합적 읽기의 목적 및 효과, 방법 등에 대해 탐구해 보고, 주제 통합적 읽기에 적합한 도서 목록을 그 이유와 함께 작성한 후 '주제 통합적 읽기의 가치와 방법'에 대한 글을 작성해 보자.

관련 학과 교육학과, 국어교육과, 유아교육학과, 초등교육과

《한 학기 한 권 읽기를 위한 주제 중심 독서》, 이경화 외 8명, 미래엔(2020)

[12독작01-14] ● ● ●

매체의 유형과 특성을 고려하며 글이나 자료를 읽고 쓴다.

● '경쟁 교육 실태 파악을 위한 설문 조사'에서 초·중·고등학생의 25%가 학업 성적 스트레스로 인해 자살이나 자해를 생각해 봤다는 결과가 발표되어 사회에 충격을 주고 있다. 특히 설문에 참여한 전체 학생의 절반 이상이 '학업이나 성적에 대해 스트레스를 받는다'고 응답하여 문제의 심각성을 확인할 수 있다. 학업 스트레스에 대한 국가별 통계 자료를 비교·분석해 보고, 비교적 학업 스트레스에서 벗어나 있는 다른 나라의 교육 환경에 대해 탐구해 보자. 그리고 학생들이 학업 스트레스에 휘말리지 않고 스트레스를 삶의 에너지로 활용할 수 있도록 안내하는 캠페인 활동을 위해 유튜브 영상, 팟캐스트, 기사문, 카드 뉴스 등 다양한 매체를 활용하여 각 매체의 특성에 적합한 방식으로 메시지를 전달하는 작문 활동을 해보자.

관련 학과 교육계열 전체

《잠깐 스트레스 좀 풀고 올게요》, 유혜리, 이담북스(2021)

독서와 작문의 관습과 소통 문화를 이해하고 공동체의 소통 문화 및 담론 형성에 책임감 있게 참여한다.

최근 학교 현장의 문제점을 다루는 기사가 많이 작성되고 있다. 이것은 현재 학교 교육이 위기에 처해 있고, 이에 대한 사회적 공감대가 형성되어 있다는 점을 방증한다. 현재 학교는 학생 인권 침해, 무너지는 교권, 학생들이 잠자는 교실, 모든 문제를 법으로 처리하려는 현실 등 다양한 문제 상황으로 인해 위기가 심각한 수준이다. 학교 현장에서 나타나고 있는 문제 현상들의 근본적인 원인 및 개선 방안에 대한 탐구를 바탕으로, '학교 교육의 혁신 방안'을 주제로 기사문을 작성해 보자.

관련 학과 교육계열 전체

《학교의 당연함을 버리다》, 구도 유이치, 정문주 역, 미래지향(2020)

국어 교과군

영어 교과군

수학 교과군

도덕 교과군

사회 교과군

과학 교과군

선택 과목	수능	**문학**	절대평가	상대평가
일반 선택	○		5단계	5등급

> 🔍 문학의 인식적·윤리적·미적 기능, 내용과 형식의 관계, 문학 감상의 맥락, 한국 문학의 역사와 성격, 문학의 공감적·비판적·창의적 수용, 문학의 수용과 창작, 문학의 가치, 문학의 생활화

[12문학01-01] ● ● ●

문학이 인간과 세계에 대한 이해를 돕고, 삶의 의미를 깨닫게 하며, 정서적·미적으로 삶을 고양함을 이해한다.

➡ 조선 후기 국문 소설은 작품의 분량에 따라 녹책(錄冊)과 전책(傳冊)으로 나뉘는데, 사대부 부녀자들에게 전책은 멀리해야 할 책으로 인식되어 비교적 하층 독자들에게 읽힌 반면, 녹책은 이보다 격조가 높다고 인정되어 권장할 만한 책으로 평가받았다. 이는 녹책의 내용과 문장이 모두 훌륭하기에 다르게 평가하고자 한 것이다. 특히 녹책의 전형에 속하는 조성기의 〈창선감의록〉은 '선(善)을 드러내어 의로움에 감동받는 이야기'라는 제목의 의미처럼 유교적 교훈을 담고 있어, 사대부들의 유교적 가치관 및 체제를 옹호하는 기능을 수행했다고 평가받기도 한다. 이처럼 바람직한 삶의 가치나 의미를 깨닫게 하는 문학의 윤리적 기능을 확인할 수 있는 작품을 찾아 감상하고, 문학의 기능과 관련하여 작품에 대한 서평을 작성해 보자.

관련 학과 교육학과, 국어교육과, 아동보육학과, 역사교육과, 유아교육학과, 윤리교육과, 초등교육과

창선감의록
조성기, 정길수 역, 돌베개 (2021)

책 소개

이 책은 조선 후기의 가부장제와 일부다처제 등 전통적 유교 체제하에 한 가문의 복잡하게 얽힌 다양한 갈등과 그 해소 과정을 통해 유교적 덕목을 강조한 작품이다. '선(善)을 드러내어 의로움에 감동받는 이야기'라는 제목의 의미처럼, 효(孝)와 형제간의 우애 같은 권선징악의 교훈을 핵심 주제로 전달하고 있다.

세특 예시

문학의 기능에 대한 수업에서 '라디오와 같이 사랑을 끄고 켤 수 있다면(장정일)'을 감상하며, 문학이 인간과 세계에 대한 이해를 돕는다는 문학의 인식적 기능에 대해 이해함. 문학의 다른 기능에 대한 호기심을 바탕으로 문학의 윤리적 기능에 대해 관심을 갖고, '성난 풀잎(이문구)'을 찾아 감상하며 인간 중심적인 사고와 가치관을 반성하면서 자연을 거스르지 않는 삶의 중요성을 강조하는 문학의 윤리적 기능을 확인함. 더 나아가 현대 문학뿐만 아니라 고전 문학에서 문학의 윤리적 기능을 확인할 수 있는 작품으로 '창선감의록(조성기)'을 찾아 읽고, 당시 작품이 문학을 통해 삶의 바람직한 가치를 전달하는 윤리적 기능을 수행했을 뿐만 아니라 당대 사대부의 유교 체제 및 가치관을 옹호하는 역할을 하기도 했다는 점에 초점을 맞추어 서평을 작성함.

[12문학01-02] •••

문학의 여러 갈래들의 특성과 문학의 맥락에 대해 이해한다.

⊙ 이문열의 〈우리들의 일그러진 영웅〉은 독재자의 횡포를 고발하면서도 그런 독재자를 따를 수밖에 없는 대중의 인간적인 고뇌를 '엄석대'와 '한병태'라는 등장인물들을 통해 묘사하여 권력과 대중의 속성, 그리고 우리나라의 현대사를 잘 드러냈다는 평가를 받는다. 그런데 이 작품에는 우리가 익히 알고 있는 한병태가 범죄자로 전락한 엄석대를 우연히 목격하는 결말 외에, 엄석대가 화려하게 성공하는 또 다른 결말도 존재한다. 두 가지 결말을 작가의 집필 당시와 현대의 사회적 상황과 관련지어 해석해 보고, 작가가 작품에서 그 결말을 선택한 이유에 대해 탐구하여 사회적 맥락 및 작가 맥락에서 작품에 대한 비평문을 작성해 보자. 그리고 '어떤 작품인가'보다 '작품을 어떻게 읽을 것인가'에 초점을 맞추어 감상하는 방법에 대해 탐구해 보고, 작품 감상을 위한 안내 자료를 제작해 보자.

관련 학과 교육계열 전체

《우리들의 일그러진 영웅》, 이문열, 알에이치코리아(2020)

[12문학01-03] •••

주요 작품을 중심으로 한국 문학의 범위와 갈래, 변화 양상을 탐구한다.

⊙ 현대의 문학은 주로 그 자체의 즐거움과 감동, 재미를 전달하는 데 목적이 있다면, 과거의 문학 작품들은 다양한 내용과 형식으로 독자들에게 교훈을 주는 수단으로서의 역할을 하기도 했다. 한국 최초의 창작 설화로 알려진 설총의 〈화왕계〉는 꽃을 의인화하여 임금에게 간신을 멀리하고 충신을 가까이할 것을 고하였다. 이어 고려 후기에 등장했던 가전체 문학 역시 〈화왕계〉와 같이 사물을 의인화하면서 우의적인 방식으로 교훈을 전달하였다. 대표적으로 돈을 의인화한 임춘의 〈공방전〉은 사리사욕을 위해 부정부패를 일삼는 '공방'의 모습을 통해 재물에 대한 탐욕을 경계하였다. 이처럼 우화의 형식을 빌려 독자들에게 교훈을 전하고자 하는 의도가 담긴 문학의 변화 양상을 탐구해 보고, 이러한 문학적 전통을 이어받은 현대 문학 작품을 선정하여 서평을 작성해 보자.

관련 학과 교육학과, 국어교육과, 유아교육학과, 초등교육과

《지금은 없는 이야기》, 최규석, 사계절(2011)

[12문학01-04] •••

한국 문학에 반영된 시대 상황을 이해하고 문학과 역사의 상호 영향 관계를 탐구한다.

⊙ 한국 전쟁의 상처와 고통을 묘사한 시 가운데 가장 대표적이라 할 수 있는 구상의 연작시 〈초토의 시〉에는 6·25 전쟁 당시 종군 기자로 활동했던 시인의 전쟁 경험이 고스란히 담겨 있다. 특히 연작 중 여덟 번째 작품인 〈초토의 시 8〉에는 적군의 묘지 앞에서 적군 병사의 죽음을 애도하거나 적군의 원한과 나의 원한을 동일시하는 부분이 나타나는 등, 전반적으로 전쟁에 대한 분노나 적개심보다는 분단 현실의 민족적 아픔과 이를 극복하기 위한 민족의 사랑과 화해가 강조되어 있다는 점에서 더욱 의미가 있다. 작품에 드러난 전쟁의 상황과 작가의 가치관에 대한 탐구를 바탕으로, 〈초토의 시〉를 학교 현장에서 통일 교육이나 안보 교육 등의 자료로 활용할 수 있는 방안을 조사하여 발표해 보자.

관련 학과 교육계열 전체

《초토의 시》, 구상, 답게(2000)

국어 교과군

영어 교과군

수학 교과군

도덕 교과군

사회 교과군

부록 교과군

[12문학01-05]   •••

한국 작품과 외국 작품을 비교하며 읽고, 한국 문학의 보편성과 특수성을 파악한다.

➡ 서양의 유명한 전래 동화인 〈신데렐라〉는 구체적 설정을 달리하며 여러 나라 및 문화권에서 재탄생되었다. 그
중 우리나라의 〈콩쥐팥쥐전〉은 전형적인 신데렐라형 이야기라 할 수 있는데, 여성 주인공, 부모의 이른 죽음과
계모의 학대, 조력자의 도움으로 고난을 극복하는 과정 등이 대표적인 특징이다. 다만 유럽의 신데렐라형 이야
기와는 달리, 〈콩쥐팥쥐전〉에서는 결말에서 팥쥐와 계모에 대한 징벌이 강조되는 등 권선징악과 같은 윤리의
식을 강조한다는 점에서 우리나라만의 독특한 이야기 구조를 형성했다고 보기도 한다. 〈신데렐라〉와 〈콩쥐팥
쥐전〉의 구조적 연관성과 공통점 및 차이점을 분석하고, 이를 바탕으로 〈콩쥐팥쥐전〉이 지닌 한국 문학의 보
편성과 특수성에 대해 탐구하여 보고서를 작성해 보자.

[관련 학과] 교육학과, 국어교육과, 유아교육학과, 윤리교육과, 초등교육과
《신데렐라 천년의 여행》, 주경철, 산처럼(2005)

[12문학01-06]   •••

문학 작품에서는 내용과 형식이 긴밀하게 연관됨을 이해하며 작품을 수용한다.

➡ 경제적 어려움으로 인해 여러 가지를 포기한 세대를 가리키는 'N포 세대'라는 말이 있을 정도로 청년층의 막
막한 현실과 그로 인한 무기력증이 심각하다. 《땀 흘리는 소설》(김혜진 외 7명)은 이러한 'N포'를 걱정하게 될, 사
회 진출을 앞둔 제자들을 위해 현직 교사들이 여덟 편의 소설 작품을 엄선하여 엮은 것이다. 각 단편은 카드사
콜센터 직원, 외국인 이주 노동자, 아르바이트생 등 사회에서 소위 '을'로 불리는 청년들의 애환과 좌절을 통해
노동의 가치에 대해 생각해 보게 하는데, 이러한 구조는 하나의 주제 아래 인물, 사건, 배경이 다른 독자적 이야
기들을 엮는 '옴니버스식 구성'과도 유사하다. 《땀 흘리는 소설》을 읽고 옴니버스식 구성 방식이 창작 의도를
전달하기에 적합한지 평가해 보고, 현직 교사들이 각 단편을 제자들에게 추천하고자 했던 이유를 탐구하여 이
를 바탕으로 서평을 작성해 보자.

[관련 학과] 교육계열 전체
《땀 흘리는 소설》, 김혜진 외 7명, 창비교육(2019)

[12문학01-07]   •••

작품을 공감적, 비판적, 창의적으로 감상하며, 다양한 방식으로 작품에 대해 비평한다.

➡ 김려령의 소설 〈완득이〉는 오로지 싸움에만 몰두하던 고등학생 '완득'이 담임 교사로 '동주 선생'을 만나 성장
하는 과정을 담았다. 학교에서 손꼽히는 문제아인 주인공 '완득'을 변화시키는 '동주 선생'은 멋대로 '완득'을
기초생활수급 대상자로 등록하고는 수급품을 자기 것처럼 쓰거나 '완득'의 가정사를 폭로하여 골탕을 먹이고,
심지어 욕설과 체벌을 일삼기도 하는 등 불량 선생처럼 보인다. 그러나 실제로는 '완득'이 생모를 찾고 꿈을
향해 나아갈 수 있도록 해주고, 쉼터를 만들어 사회적으로 소외된 외국인 노동자를 도와주는 등 진면목이 드러
나면서 독자에게 감동을 전해준다. 〈완득이〉에 나타난 '동주 선생'의 행동을 공감적으로 또는 비판적으로 감
상한 후, 교사로서 소외 계층의 학생을 지도할 때의 유의점과 지원 방안에 대한 고민을 바탕으로 독서 칼럼을
작성해 보자.

[관련 학과] 교육계열 전체
《완득이》, 김려령, 창비(2023)

[12문학01-08]

작품을 읽고 새로운 시각으로 재구성하거나 주체적인 관점에서 작품을 창작한다.

➡ 1980년대 자유를 억압하던 시대적 현실을 반영한 김명수의 〈하급반 교과서〉는 주체적인 판단 없이 독재 권력을 맹목적으로 따르는 당시의 세태를 비판한 시로 잘 알려져 있는데, 한 아이가 읽는 그대로 모든 아이들이 책을 따라 읽는 획일적인 교실의 풍경을 그려내고 있어 교육적 측면에서도 시사하는 바가 크다. 특히 의미도 생각하지 않고 한목소리로 글자를 읽는 아이들의 모습은 자기 주도적인 학습 태도를 지니기 어려운 일제식(一齊式) 교육을 떠오르게 함으로써, 바람직한 수업의 형태가 무엇인지 고민해 보게 한다. 〈하급반 교과서〉를 감상하며 오늘날 교육 현실의 여러 문제점에 대해 탐구해 보자. 또한 이를 바탕으로 작품에 사용된 풍자적 어조와 반어법을 활용하여 '오늘날 교육 현실에 대한 비판'을 주제로 모방시를 창작해 보자.

관련 학과 교육계열 전체

《하급반 교과서》, 김명수, 창비(1983)

[12문학01-09]

다양한 매체로 구현된 작품의 창의적 표현 방법과 심미적 가치를 문학적 관점에서 수용하고 소통한다.

➡ 영국의 아동문학가 멜빈 버지스의 〈빌리 엘리어트〉는 발레리노로서의 '빌리'의 재능을 발견하고 적극적으로 키워준 교사 '월킨슨'의 도움으로, 발레를 반대하던 아버지의 마음을 돌리며 마침내 꿈을 이루게 되는 소년 '빌리'의 성장 소설이다. 〈빌리 엘리어트〉는 동명의 영화와 뮤지컬이 세계적으로 유명한데, 소설을 원작으로 영화가 제작되는 대개의 경우와는 달리 이 작품은 영화의 인기에 힘입어 이를 원작으로 소설이 창작되었다는 점이 특이하다. 소설에서는 주요 등장인물들이 각자의 시점에서 이야기를 서술하는 다중 일인칭 시점이라는 독특한 방식을 선택하여, 영화에서는 확인할 수 없는 각 등장인물의 심리를 들여다볼 수 있다는 특징이 있다. 〈빌리 엘리어트〉의 소설과 영화를 감상하고 매체의 차이에 따른 내용과 표현, 심미적 가치를 비교·분석하여 소설의 서평을 작성해 보자.

관련 학과 교육계열 전체

《빌리 엘리어트》, 멜빈 버지스, 정해영 역, 프로메테우스(2012)

[12문학01-10]

문학을 통하여 자아를 성찰하고, 타자를 이해하며 상호 소통한다.

➡ 우리나라 청소년들의 행복 지수가 2017년 이후로 계속 하락하여 OECD 회원국 중 최하위를 기록하고 있다. 청소년들이 행복하지 않은 가장 큰 이유로 '학습 부담'과 '성적 압박'이 1, 2위를 다투는 것은 성적으로 인한 학생들의 정신적 고통이 상당하다는 것을 보여준다. 이러한 현실을 반영한 손현주의 소설 〈가짜 모범생〉은 꿈보다 학벌이 중시되는 사회에서 부모로부터 '교육 학대'를 받는 아이들이 가짜의 삶을 살아가는 모습을 통해, 청소년들이 자유롭게 자신만의 꿈을 꿀 수 없는 부조리한 현실을 비판하고 있다. 〈가짜 모범생〉을 읽으며 작가가 전달하고자 하는 메시지를 바탕으로 자신의 꿈과 학교생활에 대해 성찰해 보고, 더 나아가 우리나라 교육의 문제점에 대한 비판적 고찰을 바탕으로 탐구 내용과 연계하여 〈가짜 모범생〉을 소개하는 카드 뉴스를 제작해 보자.

관련 학과 교육계열 전체

《가짜 모범생》, 손현주, 특별한서재(2021)

[12문학01-11]   •••

문학을 통해 공동체가 처한 여러 문제들을 이해하고 문제 해결에 참여하는 태도를 지닌다.

➡ 문학은 당대 현실의 문제점에 대한 작가의 인식을 바탕으로 형상화되며, 동시에 우리가 추구해야 할 가치관의 방향을 제시한다. 이옥의 한문 소설 〈유광억전〉은 이익에 집착한 나머지 과거 시험지의 답안까지 팔았던 '유광억'의 불법적 행위를 통해 양심까지 파는 지경에 이른 당대 현실을 비판하는데, 이 작품은 최근 교육계의 이슈가 된 사건인 현직 고교 교사 130여 명이 대형 입시 학원으로부터 지난 10년간 5,000만 원 이상의 돈을 받으며 정보를 유출한, 소위 '사교육 카르텔'을 떠올리게 한다. 고전 문학 작품 중에서 공동체 문제의 인식 및 해결을 위해 창작된 작품을 찾아 감상하고, 감상한 내용을 현대 사회의 이슈와 연계하여 작품에 대한 비평문을 작성해 보자.

관련 학과 교육계열 전체

《**최생원전**》, 이옥, 구인환 편저, 신원문화사(2003)

[12문학01-12]   •••

주체적인 문학 활동을 생활화하여 지속적으로 문학을 즐기는 태도를 지닌다.

➡ 시에서 시적 화자와 시인의 관계는 소설에서 서술자와 작가의 관계보다 밀접하다. 왜냐하면 대개 시인이 보고, 듣고, 겪고, 느낀 것이 시 속에 오롯이 반영되기 때문인데, 이러한 점에서 교사가 창작한 시는 학교와 교실의 상황을 고스란히 담게 되어 더욱 현장감이 높다. 이봉환의 시집 《중딩들》은 30여 년간 국어 교사로 근무했던 시인이 아이들과 함께 부대끼며 생활했던 교단의 이야기를 시로 엮은 것이다. 또한 이삼남의 시집 《너와 떡볶이》도 교사로서의 경험을 바탕으로 교실의 풍경과 청소년들의 현실적인 고민을 시 속에 담았을 뿐만 아니라, 코로나 팬데믹 시대의 우울한 학교의 모습 또한 온전히 보여주어 현실을 그대로 반영하고 있다. 학교 현장의 이야기가 담긴 시집을 찾아 읽어보고, 현직 교사와의 인터뷰를 통해 교사와 학생들의 삶을 그린 시를 창작한 후 공유해 보자.

관련 학과 교육계열 전체

《**너와 떡볶이**》, 이삼남, 창비교육(2021)

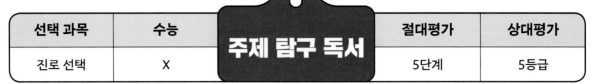

선택 과목	수능	주제 탐구 독서	절대평가	상대평가
진로 선택	X		5단계	5등급

> | 🔎 | 관심 분야, 책과 자료, 통합적 읽기, 주체적 탐구, 비판적·창의적 독서, 자신의 관점과 견해 형성, 주도적 독서, 삶의 성찰 및 계발

[12주탐01-01] ●●●

주제 탐구 독서의 의미를 이해하고 관심 있는 분야에서 탐구할 주제를 탐색한다.

➡️ 학교 자율 과정의 융합 탐구 프로젝트를 대비하여, 'AI와 인간, 그리고 교육'이라는 제목과 관련하여 자신이 관심 있는 주제로 인문학, 사회과학, 자연과학, 공학 중 하나를 택하여 그 이유를 설명해 보고, 구체적으로 그 분야에서 'AI와 인간, 교육'을 어떻게 탐구할지에 대한 프로젝트 활동 계획을 세워 친구들 앞에서 발표해 보자. 특히 이 과정에서 어떤 책을 읽을지에 대한 독서 계획을 포함하여 제시해 보자.

[관련 학과] 과학교육과, 교육공학과, 교육학과, 기술교육과, 물리교육과, 사회교육과, 생물교육과, 수학교육과, 윤리교육과, 컴퓨터교육과

《챗GPT 충격, 생성형 AI와 교육의 미래》, 김용성, 프리렉(2023)

[12주탐01-02] ●●●

학업과 진로 탐색을 위해 주제 탐구의 독서 목적을 수립하고 주제를 선정한다.

➡️ 학교폭력, 학생 인권 혹은 교권 침해가 만연하고 상호 존중과 배려가 결여된 교육 문화를 개선하는 교사 혹은 교육 전문가가 되는 진로 목적을 이루기 위해 '회복적 생활 교육'과 관련된 주제 탐구 독서 프로젝트를 모둠별로 진행해 보자. 나아가 회복적 생활 교육의 방법론을 익히기 위해 추가로 읽을 책들을 찾아 읽고, 회복적 생활 교육 방법론을 익히기 위한 학업 계획을 발표해 보자.

[관련 학과] 교육계열 전체

《그림책으로 펼치는 회복적 생활교육》, 황진희, 교육과실천(2021)

[12주탐01-03] ●●●

관심 분야의 책과 자료가 지닌 특성을 파악하며 주제 탐구 독서를 한다.

➡️ 《공부 중독》(엄기호 외 1명)은 모든 교육계열을 통틀어 '공부'라는 것이 어떤 의미가 있는지, 공부는 왜 하는지, 공부하는 사회는 어떤 사회인지에 대해 말하는 대담집이다. 주로 대화 형식으로 되어 있기 때문에, 시각적인 텍스트 정보를 실제 대화 상황을 상상하며 읽는 독서 방법을 통해 두 학자들이 교육에 대해 어떤 생각을 가지고 있는지 파악하여 정리해 보자.

[관련 학과] 교육계열 전체

《공부 중독》, 엄기호 외 1명, 위고(2015)

[12주탐01-04] ● ● ●

주제와 관련된 책이나 자료를 탐색하면서 신뢰할 수 있고 가치 있는 정보를 선정하여 분석하며 읽는다.

➡ 루소의 《에밀》은 현대 한국 교육의 방향성에 대해 주요한 메시지를 던지고 있다. '한국 사회에서의 교육의 필요성'이라는 주제와 관련하여 탐구하는 독서를 실행하기 위해, 《에밀》의 다양한 에피소드 중 유의미하다고 판단되는 에피소드를 찾아 의미를 도출해 보자. 나아가 분석한 내용을 토대로 '교육의 필요성'에 대한 자신의 생각을 정립하여 토의해 보자.

관련 학과 교육공학과, 교육학과, 아동보육학과, 유아교육학과, 초등교육과, 특수교육과

《에밀》, 장 자크 루소, 황성원 외 1명 역, 책세상(2021)

[12주탐01-05] ● ● ●

주제에 관련된 책과 자료를 종합하여 읽으며 자신의 관점과 견해를 형성한다.

➡ 교육 문제에서 '학벌'은 떼려야 뗄 수 없는 대상이지만, 최근 이러한 학벌 중시 사회에 조금씩 균열이 가고 있다. 그러나 전통적 교육 환경에서는 여전히 학벌을 중요시하는데, 학벌 문제에 대한 견해 차이를 비교·대조할 수 있도록 여러 학술 자료를 찾아 읽어보자. 나아가 학벌 문제에 대한 자신의 생각을 정리하여 이를 다양한 학생들에게 알리는 '캠페인'을 전개해 보자.

관련 학과 교육계열 전체

《채용 대전환, 학벌 없는 시대가 온다》, 손주은 외 6명, 우리학교(2022)

[12주탐01-06] ● ● ●

매체를 포함한 다양한 방법으로 주제 탐구 독서의 과정이나 결과를 사회적으로 공유하고 소통한다.

➡ '커피가 청소년 건강에 미치는 영향'을 주제로 의학, 생명과학과 관련된 학술 자료나 책, 인터넷 등의 정보 내용을 모둠별로 정리한 다음, 커피를 마셨을 때 식도, 위, 심장 등에 어떤 변화가 나타나는지를 인포그래픽 및 동영상으로 제작하여 친구들에게 알려보자. 특히 인체 기관의 색의 변화, 특정 물질이 들어오고 나가는 것 등을 표현하는 그래픽이 학술 자료의 내용을 최대한 반영하도록 하기 위해서는 어떻게 처리해야 하는지에 대해 모둠 구성원들끼리 심도 있게 의논해 보자.

관련 학과 가정교육과, 과학교육과, 교육공학과, 교육학과, 기술교육과, 물리교육과, 생물교육과, 지구과학교육과, 화학교육과, 환경교육과

《10대와 통하는 건강 이야기》, 권세원 외 9명, 철수와영희(2020)

[12주탐01-07] ● ● ●

주제 탐구 독서를 생활화하여 주도적으로 삶을 성찰하고 계발한다.

➡ '역지사지(易地思之)' 프로젝트의 일환으로, 교사와 학생의 동의를 얻어 국어 수업 시간을 촬영한 뒤 평소 국어 시간에 자신이 어떻게 교사와 의사소통하고 있는지를 분석해 보자. 이후 자신이 이 수업의 교사라면 어떤 마음일지, 어떻게 소통해야 할지에 대해 총체적으로 느낀 바를 정리하고, 이러한 점들을 종합하여 여러 선생님의 마음을 살피고 자신을 성찰하는 글쓰기를 하여 발표해 보자.

관련 학과 교육공학과, 교육학과, 사회교육과, 아동보육학과, 유아교육학과, 윤리교육과, 초등교육과, 특수교육과

《교사도 학교가 두렵다》, 엄기호, 따비(2013)

선택 과목	수능	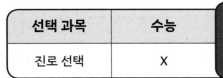 문학과 영상	절대평가	상대평가
진로 선택	X		5단계	5등급

| 🔍 | 형상화, 언어 예술, 영감, 상상력, 시각적 요소와 청각적 요소의 결합, 현실 세계, 상상의 세계, 변용과 창조

[12문영01-01] ● ● ●

문학과 영상의 형상화 방법과 그 특성을 이해한다.

➡ 〈보건교사 안은영〉은 동명의 소설을 원작으로 한 드라마이다. 특히 '구체적 갈등 상황과 극적인 전개'에서 원작과 드라마는 차이를 보이게 되는데, 그 차이가 무엇인지 원작과 드라마를 모두 보고 비교해 보고, 두 작품에서 갈등의 존재가 매체의 주제 구현 방식에 어떤 영향을 주는지에 대해서도 사례를 들어 설명해 보자.

관련학과 교육공학과, 교육학과, 사회교육과, 아동보육학과, 유아교육학과, 윤리교육과, 초등교육과, 특수교육과

《보건교사 안은영》, 정세랑, 민음사(2020)

[12문영01-02] ● ● ●

양식과 매체에 따른 특성과 효과를 고려하여 문학 작품과 영상물을 해석하고 비평한다.

➡ 전상국의 단편집 《우상의 눈물》에서는 교실 속 상황이 하나의 우화적 표현으로써 전개된다. '교사의 올바른 역할'이라는 주제 아래 각 작품은 어떠한 인물 설정을 하고 있는지를 살펴보고, 인쇄 매체의 소설 문학이 이 주제를 구현하는 데 적합한지를 중점 삼아 비평해 보자. 나아가 학생의 정서보다 교사의 정서가 더 두드러지게끔 매체를 변환하여 특정 장면을 영상으로 제작해 보고, 그 영상의 문학적·교육적 의미에 대해 친구들과 함께 토의해 보자.

관련학과 교육계열 전체

《문학·영상 콘텐츠 연구》, 가톨릭대학교 글로컬문화스토리텔링연구소, 소명출판(2019)

[12문영01-03] ● ● ●

문학 작품과 영상물 간의 영향 관계와 상호작용의 효과를 파악한다.

➡ 괴테의 〈마왕〉은 아버지가 아이를 말에 태우고 빗속을 뚫고 자신의 집으로 가지만 마왕에 의해 결국 아이가 죽는다는 내용을 다룬 시가 문학이다. 이 작품을 만약 애니메이션으로 표현하거나 짧은 영화로 만든다면, 최초의 시가 문학에서 슈베르트 악곡으로의 1차 매체 변환, 나아가 현대 영화 기법에 따른 영화화의 2차 매체 변환이 각각 작품의 비극성 및 '아이와 관련된 교육 철학'을 어떻게 형상화하는지에 대해 토의해 보자.

관련학과 교육공학과, 교육학과, 국어교육과, 사회교육과, 아동보육학과, 역사교육과, 영어교육과, 유아교육학과, 윤리교육과, 초등교육과, 특수교육과

《괴테 시선 2》, 괴테, 임우영 역, 지식을만드는지식(2016)

국어 교과군

영어 교과군

수학 교과군

도덕 교과군

사회 교과군

과학 교과군

[12문영01-04] ● ● ●

문학 창작과 영상 창작의 요소와 기법을 바탕으로 문학 작품과 영상물을 수용·생산한다.

➡ 자신의 관심사, 희망 계열, 취미, 특기 등에 대한 내용과 '교육 소외, 교권 침해, 수업 내용에 대한 고민, 진로·진학 지도, 학생과의 관계, 행사 덕분에 즐거웠던 일'을 연관 지어 동영상 콘텐츠를 만들어보자. 이 과정에서 문학적 수사법인 '비유(은유, 직유, 의인, 활유), 역설, 반어, 도치, 점층, 점강' 등의 다양한 기법들을 토대로 영상을 만들고, 이후 SNS 영상 매체가 이러한 문학적인 수사법을 실현하는 데 어떠한 어려운 점이 있었는지와, 이를 해결하기 위한 방법론에 대해 토의해 보자. 나아가 이와 관련된 미디어 리터러시 교육의 방향성에 대해서도 사례를 들어 자신의 생각을 말해보자.

관련학과 교육계열 전체

《미디어 리터러시, 교육과 만나다》, 박점희 외 1명, 애플북스(2022)

[12문영01-05] ● ● ●

소재가 유사한 문학 작품과 영상물을 비교하면서 통합적으로 수용한다.

➡ 철학 소설이자 청소년 소설인 《푸코, 감옥에 가다》(조상식)는 학교라는 사회가 하나의 통제 집단으로 작용하고, 이에 따라 한 개인의 주체 의식이 사라져가는 점을 꼬집고 있다. 이러한 '학교의 사회학적 측면'을 다룬 영상물이나 소설 등을 더 찾아보고, 이 작품들에서는 학교 사회를 어떤 관점에서 바라보는지를 조사하고, '자신이 생각하는 바람직한 학교 사회, 문화'에 대한 자신의 의견을 말해보자.

관련학과 교육공학과, 교육학과, 사회교육과, 아동보육학과, 역사교육과, 유아교육학과, 윤리교육과, 초등교육과

《푸코, 감옥에 가다》, 조상식, 탐(2013)

[12문영01-06] ● ● ●

문학 작품과 영상물을 효과적으로 전달할 수 있는 경로와 매체를 선택하여 공유한다.

➡ 흔히 난해하다고 알려진 이상의 〈오감도 시제 4호〉의 의미 및 주제에 관한 친구들의 생각을 다양하게 듣고 각자의 내용을 정리해 보자. 그리고 시를 대형 전지의 가운데에 배치하고, 친구들의 의견을 말풍선 형태로 처리하여 시를 둘러싸게 표현하는 방식의 '모둠 포스터'를 만들어보자. 이후 이 포스터를 게시하여 다양한 견해를 많은 사람들이 느끼게끔 해보자.

관련학과 교육공학과, 교육학과, 국어교육과, 미술교육과, 사회교육과, 아동보육학과, 역사교육과, 영어교육과, 유아교육학과, 윤리교육과, 초등교육과, 특수교육과, 한문교육과

《오감도》, 이상, 시인생각(2013)

[12문영01-07] ● ● ●

문학과 영상에 관련된 진로와 분야에서 요구하는 문화적 소양에 대해 탐구한다.

➡ 현대시 〈하급반 교과서〉(김명수)는 획일적인 교육, 전체주의 교육에 대한 비판적인 시각을 풍자의 방식으로 전개한 시이다. 이렇게 특정 문화에 '풍자'적으로 접근하기 위해서는 특유의 관찰력과 재치 있는 언어 표현 등을 구사할 수 있는 감각이 요구된다. 이러한 교육 사회의 모습을 보여주는 여러 풍자적 작품을 더 찾아보고, 작품에서 나타난 다양한 교육적 형태 및 철학에 대한 자신의 생각을 이야기해 보자. 또한 이러한 시 문학을 창작하

기 위한 소양에 대해서도 토의해 보자.

관련 학과 교육공학과, 교육학과, 국어교육과, 미술교육과, 사회교육과, 아동보육학과, 역사교육과, 영어교육과, 유아교육학과, 윤리교육과, 초등교육과, 특수교육과, 한문교육과

《**하급반 교과서**》, 김명수, 창작과비평사(1983)

[12문영01-08] ● ● ●

문학 작품과 영상물을 비판적으로 수용하며 자신의 삶을 성찰한다.

→ 헤르만 헤세의 《수레바퀴 아래서》에는 주입식 교육, 통제적 교육 시스템, 청소년기의 방황, 혼돈, 우정과 사랑의 생성 및 소멸 등 다양한 교육적 주제들이 담겨 있다. 이 소설에서 유의미하다고 생각하는 주제를 하나 선정하여 작중 인물과 자신의 삶을 비교하고, 이를 토대로 스스로의 삶을 성찰하는 '나의 교육 이야기'라는 작품을 만들어 친구들과 서로 읽어보는 방식으로 소통해 보자.

관련 학과 교육공학과, 교육학과, 국어교육과, 미술교육과, 사회교육과, 아동보육학과, 역사교육과, 영어교육과, 유아교육학과, 윤리교육과, 초등교육과, 특수교육과, 한문교육과

《**수레바퀴 아래서**》, 헤르만 헤세, 이순학 역, 더클래식(2021)

[12문영01-09] ● ● ●

문학 작품과 영상물을 통해 창의적 사고를 표현하고 세계와 적극적으로 소통하는 태도를 가진다.

→ '오늘은 내가 일일 교사' 시간에 자신이 가르치고자 하는 내용을 3차시에 걸쳐 영상으로 제작하고 발표해 보자. 1차시에는 가르치고자 하는 개념, 내용, 예시, 특성 등을 '요약, 분류, 분석' 등의 방법을 사용하여 시놉시스를 짜고, 2차시에는 영상 제작 매체 및 에듀테크의 기술 등을 이용하여 위의 방법이 잘 드러나도록 영상으로 만든 후, 3차시에는 발표 및 피드백을 하는 시간을 가져보자.

관련 학과 교육계열 전체

《**에듀테크의 미래**》, 홍정민, 책밥(2021)

[12문영01-10] ● ● ●

문학 작품과 영상물의 수용과 생산 활동에 따르는 윤리적 책임을 인식하면서 주체적이고 능동적으로 참여한다.

→ 에릭슨의 '심리 사회적 발달 이론'에 의하면 청소년기는 '자아 정체성 대 역할 혼동'의 시기이다. 자아 정체성이 성취되거나, 유예되거나, 유실되거나, 혼미해짐에 따라 학생들이 지니는 윤리적 책임감에도 차이가 있을 것이다. 자신의 진로를 심화하여 탐구하고, 그 과정에서 자신의 색깔을 드러낼 수 있는 영상을 만들어 발표하되, 자신의 자아 정체성에 대한 스스로의 성찰의 내용을 담아 발표해 보자.

관련 학과 가정교육과, 과학교육과, 국어교육과, 기술교육과, 물리교육과, 미술교육과, 사회교육과, 생물교육과, 수학교육과, 역사교육과, 영어교육과, 윤리교육과, 음악교육과, 지구과학교육과, 지리교육과, 체육교육과, 컴퓨터교육과, 한문교육과, 화학교육과, 환경교육과

《**당신의 마음은 몇 살입니까?**》, 이수경, 미다스북스(2023)

선택 과목	수능	직무 의사소통	절대평가	상대평가
진로 선택	X		5단계	5등급

> 🔍 직무 의사소통의 목적, 맥락, 매체, 표현 전략, 의사소통 역량, 공동체·대인 관계 역량, 직무 정보의 관리
> 및 활용과 조직 및 표현, 갈등 조정하기, 문제에 대한 대안 탐색 및 해결

[12직의01-01]

직무 의사소통의 목적과 맥락, 매체, 참여자 특성을 이해하고 적절한 표현을 사용하여 능동적으로 소통한다.

➡️ 최근 초등학교 교사의 자살 사건에서 해당 교사가 학부모 민원으로 고충을 겪었다는 사실이 보도되면서, 학교 현장에서 학부모 민원을 어떻게 다루어야 하는지에 대한 고민이 이어지고 있다. 소위 악성 민원이라고 불리는 터무니없는 요구나 항의도 있지만, 학생을 교육하고 성장시키는 데 교사가 반드시 알아야 하는 사항을 알리는 정당한 민원도 있기에 교사는 학부모와 항상 긴밀한 협력 관계를 유지할 필요가 있다. 최근 학부모 상담의 변화 원인에 대한 탐구를 위해 80년대생 학부모가 학창 시절에 경험한 학교 사회의 모습을 비판적으로 검토해 보고, 이로 인한 학부모의 학교에 대한 심리를 분석해 보자. 그리고 다양한 매체를 통해 학부모 민원 사례를 수집하여 특정 상황에서 교사가 학부모와의 갈등을 어떻게 해결할 수 있을지 토의해 보고, 학부모와의 바람직한 의사소통을 위한 매뉴얼을 작성해 보자.

관련 학과 교육계열 전체

《**지혜로운 교사는 어떻게 학부모 상담을 하는가?**》, 이상우, 지식프레임(2021)

[12직의01-02]

직무 공동체의 다양한 소통 문화와 직무 환경 변화에 적합하게 자기를 소개하고 면접에 참여한다.

➡️ 고교학점제의 전면 시행 시점이 2025년으로 확정되면서 교육계의 변화가 시작되었다. 고교학점제는 학생들이 자신의 진로 및 적성에 따라 원하는 과목을 선택하여 수업을 들을 수 있는 제도로, 이에 따라 학교 현장에서 다양한 교육이 이루어질 수 있을 것으로 전망된다. 학생들은 수강 신청 프로그램을 이용하여 자유롭게 과목을 신청하게 되는데, 자신이 선택할 과목의 특성과 수업의 운영 계획에 대해 제대로 숙지하고 신청해야 끝까지 책임감 있게 이수할 수 있을 것이다. 따라서 교사는 자신이 담당한 과목의 특성과 수업 방식 및 운영 방안에 대해 학생들에게 친절하고 자세하게 고지하는 것이 중요해질 것으로 보인다. 고교학점제 시행 전후 교사의 역할을 비교·분석해 보고, 자신이 담당할 과목의 특성과 수업 방식 및 운영 방안에 대한 설명을 포함한 강의 계획서를 직접 작성해 보자.

관련 학과 교육계열 전체

《**고교학점제, 어떻게 실천할 것인가?**》, 김삼향 외 4명, 맘에드림(2020)

[12직의01-03]

효과적인 진로 탐색 및 직무 수행을 위해 다양한 방법으로 정보를 수집하고 분석하여 내용을 이해하고 평가한다.

➡ 대학수학능력시험(이하 수능)에서 소위 '킬러 문항'을 철저히 배제하겠다는 한국교육과정평가원의 발표에 수험생들이 혼란을 겪고 있다. 공교육의 교육과정 범위와 수준을 벗어나지 않는 선에서 공정하고 타당한 문항을 출제하겠다는 교육부의 의지가 반영되어 있으나, 한편으로는 문항이 쉽게 출제되어 문항의 변별도가 낮아지는 것을 염려하는 목소리도 크다. 이에 킬러 문항이 없는 상태에서 만점이 속출하지 않도록 하되, 공정성과 타당도가 높은 문항을 출제하는 것이 출제자의 과제로 남아 있다. 문항 분석에 필요한 개념인 타당도, 난이도, 변별도 등에 대해 조사하고, 이를 활용하여 교육부에서 사례로 제시한 킬러 문항을 분석해 보며 수능에서의 킬러 문항 배제에 대한 자신의 의견을 작성해 보자.

관련 학과 교육계열 전체

《**국어과 선다형 시험 평가 문항 어떻게 만들어지나?**》, 이도영 외 6명, EBS BOOKS(2021)

[12직의01-04] ● ● ●

적절한 매체를 사용하여 직무에 필요한 정보를 체계적으로 관리하고 활용한다.

➡ 대학수학능력시험(이하 수능)은 대학 교육에 필요한 학업 능력인 논리적·통합적 사고력을 측정하려는 목적으로 도입되었다. 그러나 지금의 수능은 선다형, 단답형 문항으로 학생들의 서열화를 추구하다 보니, 도입의 목적에도 어긋날 뿐만 아니라 여러 문제점을 양산하고 있다. 이에 따라 수능의 문제점 개선, 학교 교육의 정상화, 고교학점제의 성공적인 정착을 위해 논술형 및 서술형 문항을 과감하게 도입하자는 목소리가 커지고 있다. 이와 같은 맥락으로 현재 학교 현장에서는 서답형 문항의 출제 비중을 늘리고 있지만, 한편에서는 이러한 평가 방식의 공정성 확보 가능성을 지적하고 있다. 서술형 및 논술형을 활용하고 있는 주요 시험의 사례에 대한 분석을 바탕으로, 평가의 공정성 확보 방안을 탐구해 보자. 또한 이러한 평가 방식에서의 인공지능 활용 가능성에 대해서도 탐구해 보자.

관련 학과 교육계열 전체

《**서술형·논술형 평가 문항 어떻게 만들어지나?**》, 박혜영 외 5명, EBS BOOKS(2021)

[12직의01-05] ● ● ●

정보를 효과적으로 조직하여 직무의 목적·대상·상황에 적합하게 표현한다.

➡ 교육 활동에서 발생하는 여러 문제 현상을 심리학적 측면에서 연구하고 방법을 제시함으로써 교육적 효과를 극대화하려는 학문을 교육심리학이라고 한다. 교사는 학습자의 단계별 발달 상황 및 특이 행동에 대한 이해, 학습자의 행동 수정을 위해 교육심리학 이론에 대해 이해하고 있어야 한다. 특히 학습 및 교수 상황과 관련된 이론인 행동주의 학습 이론, 인지주의 학습 이론에 대한 이해는 필수적이라고 할 수 있다. 행동주의와 인지주의 학습 이론을 조사하며, 각 이론의 핵심 내용 및 교육적 시사점에 대해 탐구해 보자. 또한 주위 학생들에게서 발견되는 구체적인 문제 행동 사례를 찾아 분석하고, 학습 이론에 대한 지식을 활용하여 문제 행동 수정을 위한 학생 지도 세부 계획서를 작성하고 토의·토론 활동을 해보자.

관련 학과 교육계열 전체

《**최신교육심리학**》, 이신동 외 2명, 학지사(2022)

[12직의01-06] ● ● ●

직무 수행 과정에서 발생하는 의사소통 문제와 대인 관계 갈등에 대해 대화와 협의로 대처하고 조정한다.

➡ 청소년 인구가 해마다 감소하는 가운데 다문화 학생의 증가 추세는 꾸준히 지속되어 지난 10년간 3배 이상 늘

국어 교과군

영어 교과군

수학 교과군

도덕 교과군

사회 교과군

과학 교과군

었다는 통계가 최근 발표되었다. 하지만 다문화 학생의 10명 중 7명이 교실 내에서 차별 또는 무시를 당한 경험이 있을 정도로, 다문화 학생과 비다문화 학생 간의 융화는 여전히 학교 현장의 과제로 남아 있다. 교실 내 다문화, 비다문화 학생 사이에서 발생하는 갈등의 주요 원인을 분석해 보고, 다문화 교육 정책이 시행된 지 10여 년이 지났음에도 다문화 학생에 대한 차별과 갈등이 이어지고 있는 이유가 무엇인지 탐구해 보자. 이를 바탕으로 상대의 처지와 관점에 대한 이해를 통해 갈등을 해결하는 교육 연극의 대본을 구성해 보자.

관련 학과 교육계열 전체

《**우리가 몰랐던 까칠한 다문화 이야기**》, 손소연, 테크빌교육(2018)

[12직의01-07] ● ● ●

직무 공동체의 의사결정 과정에 적극적으로 참여하여 대안을 탐색하고 합리적으로 문제를 해결한다.

⊙ 최근 학부모로부터 아동 학대 신고를 받고 직위 해제된 교사들의 사례가 연일 보도되며 교권 위축에 대한 우려의 목소리가 커지고 있다. 아동 학대는 증언만으로도 신고가 가능한 데다 판결이 나기도 전에 교사가 직위 해제 처분을 받는 경우도 적지 않아, 학생에 대한 정당한 지도임에도 불구하고 교사가 적극적으로 훈육을 하기 어려운 교육 환경이 된 것이다. 특히 '정서적 학대 행위'의 범위가 모호하고 포괄적인 탓에 학부모와 교사 간의 갈등이 더욱 촉발되고 있어 조율이 필요하다. 학교 현장에서 일어나는 정서적 학대 행위의 기준과 범위, 사례를 분석해 보고, 교사의 교권 및 생활 지도 권한을 보호하기 위한 현실성 있는 대안을 탐구해 보자.

관련 학과 교육계열 전체

《**교권, 법에서 답을 찾다**》, 박종훈 외 1명, 푸른칠판(2019)

[12직의01-08] ● ● ●

직무 상황에서 구성원들과 다양한 매체를 활용하여 적극적으로 협업하고 언어 예절을 갖추어 소통한다.

⊙ 공교육 경쟁력 제고 방안으로 2024년부터 '책임교육학년제'가 도입되었다. 책임교육학년제란 학생들의 학습과 성장에 결정적 시기인 초등학교 3학년과 중학교 1학년을 '책임교육학년'으로 지정하여, 컴퓨터 기반 학업 성취도평가 시행을 통해 학력 진단을 강화하고 진단 결과를 바탕으로 맞춤형 학습을 집중 지원하는 제도를 말한다. 미국이나 프랑스 등 해외에서도 책임교육학년제와 유사한 제도가 실시되고 있는데, 유사 제도와의 비교·분석을 통해 책임교육학년제가 다른 나라와 차이가 있는 이유에 대해 탐구해 보자. 또한 책임교육학년제를 통해 지원되는 내용을 조사해 보고, 제도의 성공적인 정착을 위해 추가되었으면 하는 지원책에 대한 토의·토론 활동을 바탕으로 건의문을 작성해 보자.

관련 학과 교육계열 전체

《**초3보다 중요한 학년은 없습니다**》, 해피이선생, 사람in(2020)

[12직의01-09] ● ● ●

개인의 권리와 정보 보안에 대한 책무를 인식하면서 직무 의사소통에 참여한다.

⊙ 최근 악성 민원으로 고통받는 학교 현장의 사례가 잇따르며, 교사의 업무 환경 개선이 필요하다는 목소리가 커지고 있다. 특히 교사가 휴대전화 번호를 공개하는 경우 근무 시간 외에도 전화가 이어질 뿐 아니라, 개인 SNS 계정이 노출되는 사례도 많아 교사 개인 정보 침해의 문제도 심각하다. 이러한 문제를 해결하기 위해 최근에는 '안심 번호 서비스'와 '투 넘버 서비스'를 도입하는 등 방안을 강구하고 있지만, 교사와 학생 및 학부모 사이의 유대 관계가 갈수록 소원해지고 있다는 측면에서 우려를 표기하기도 한다. 개인 정보 침해로 인한 교사의 피해

사례를 분석하며 대응 방안의 필요성에 대해 이해해 보고, 현재 교사의 개인 정보 보호를 위해 시행 중인 제도 및 방안을 탐구해 보자. 또한 학교 공동체 구성원 간의 관계 회복을 위한 '대화 원칙'에 대해 탐구하여 카드 뉴스로 제작해 보자.

관련 학과 교육계열 전체

《**선생님, 오늘은 안녕하신가요?**》, 신영환 외 1명, 메이드인(2023)

[12직의01-10] ●●●

직무 환경의 변화에 대응하여 지속적으로 자기를 계발하고, 직무 의사소통에 능동적이고 협력적으로 참여하는 태도를 지닌다.

➡ 교육부는 최근 '디지털 기반 교육 혁신 방안'을 통해 AI 등 첨단 기술을 활용하여 학생들의 학업 수준을 파악해 맞춤 교육을 제공하겠다고 발표했다. 이러한 사업의 일환으로 2025년부터 개인 맞춤형 학습이 가능한 AI 디지털 교과서의 도입을 함께 추진하면서, 학생들이 지식 습득에 대한 수동적 자세에서 벗어나 능동적으로 자기만의 질문을 할 수 있도록 학습 환경이 변화할 것으로 전망된다. 또한 AI 디지털 교과서가 보조 교사의 역할을 함으로써 학생들의 학습 격차가 해소될 수 있을 것으로 기대되기도 한다. 하지만 일부 학생들의 수업 고립 현상, 종이책 읽기 경험의 부재, 데이터 보안 문제 등을 우려하는 목소리도 있다. AI 디지털 교과서의 도입으로 예상되는 변화와 문제점을 분석해 보고, 디지털 기반 교육으로 변화될 학교 현장에서의 교사의 역할은 무엇인지 탐구해 보자.

관련 학과 교육계열 전체

《**바로 알고 따라하는 온배움 에듀테크**》, 이서영 외 14명, BOOKK(2023)

선택 과목	수능		절대평가	상대평가
융합 선택	X	**독서 토론과 글쓰기**	5단계	5등급

| 🔍 | 주체적·협력적 의미 발견 및 구성, 사회적 소통 행위, 개인과 공동체의 문제 해결, 능동적·협력적 참여, 존중, 유연한 자세 |

[12독토01-01] •••

개인이나 공동체의 관심사를 고려하여 읽을 책을 선정한 후 질문을 생성하고 주체적으로 해석하며 책을 읽는다.

➔ 낭만적인 교육, 이상적인 교육, 모두가 평등한 교육, 어린이가 진정으로 행복한 교육, 교사와 학생의 위계가 강하지 않은 교육적 환경과 관련하여 영국의 '서머힐 스쿨'을 생각할 수 있다. 이에 대한 책을 읽어본 후, 평소 자신이 가지고 있었던 교육에 대한 관심사가 어떻게 확장·전이·강화·축소되었는지에 대한 자기 성찰 보고서를 작성해 보자.

관련 학과 교육계열 전체

《서머힐》, A. S. 니일, 손정수 역, 산수야(2014)

[12독토01-02] •••

대화, 토의, 토론 등 적절한 방법을 활용하여, 서로 다른 생각과 관점을 존중하며 독서 토론을 한다.

➔ 체육 시간에 하는 여러 가지 운동 경기 등에 대해 '모든 아이들이 즐길 수 있는가?'라는 화두를 제시하여 '문제 해결식 포럼'의 형식으로 토의해 보자. 이 과정에서 체육 시간에 운동 경기를 색다르게 진행하는 사례가 담긴 책들을 읽고, 자신의 주장을 강화하는 근거로 삼아 타인을 설득하는 전략을 세워보자.

관련 학과 가정교육과, 교육공학과, 교육학과, 아동보육학과, 유아교육학과, 음악교육과, 체육교육과, 초등교육과, 특수교육과

《엉뚱한 체육 교과서》, 조종현 외 1명, 성안당(2021)

[12독토01-03] •••

독서 토론의 내용을 바탕으로 쓰기 목적, 독자, 매체를 고려하여 글을 쓰고 공유한다.

➔ 하워드 가드너의 '다중지능이론'을 읽고, 스스로 생각해 보았을 때 자신이 잘 갖추었다고 생각하는 지능과 그렇지 않은 지능을 소개하는 방식으로 학급 구성원끼리 이야기해 보자. 나아가 사회적 상호작용을 목적으로 자신의 뒷번호 친구에 대해 새롭게 알게 된 점을 정리하고, 이를 엮어서 '내 친구를 알고, 이해하고, 사랑하자'라는 문집을 만들어보자.

관련 학과 교육공학과, 교육학과, 아동보육학과, 유아교육학과, 음악교육과, 체육교육과, 초등교육과, 특수교육과

《다중지능》, 하워드 가드너, 문용린 외 1명 역, 웅진지식하우스(2007)

> **[12독토01-04]** • • •
>
> 인간의 삶에 대한 다양한 시각과 해석이 담긴 책을 읽고 독서 토론하고 글을 쓰며 자아를 탐색하고 타자와 세계를 이해한다.

➲ 독일 철학자 마르틴 부버는《만남의 교육철학》에서 '나와 너' 사이를 '나와 나' 사이로 재정립해 보아야 한다고 역설한다. 이 책을 읽은 후 우리 자신이 타인을 '타자화'해서 보았던 사례에 대해 토의해 보고, 이러한 과정에서 우리가 갖추어야 할 상대방에 대한 마음가짐이 무엇인지 성찰하는 글을 작성해 보자.

　　관련 학과　교육계열 전체

《만남의 교육철학》, 강선보, 박영스토리(2018)

> **[12독토01-05]** • • •
>
> 다양한 분야의 정보가 담긴 책을 읽고 독서 토론하고 글을 쓰며 학습이나 삶에 필요한 지식을 확장하고 교양을 함양한다.

➲ 《수업활동 100》(김성규)은 도구를 사용하는 수업, 게임 방식의 수업, 협동 수업 등 수많은 수업 방법을 모아둔 책이다. 이를 읽고 3~4차시에 걸쳐 자신이 가장 좋아하는 수업 방법을 실제로 자신이 친구들에게 수업하고자 하는 내용에 맞추어 실행해 보자. 이후 서로의 수업이 자신에게 어떤 영향을 주었는지 이야기를 나누어보자.

　　관련 학과　교육계열 전체

《수업활동 100》, 김성규, 학교도서관저널(2023)

> **[12독토01-06]** • • •
>
> 사회적인 현안이나 쟁점이 담긴 책을 읽고 독서 토론하고 글을 쓰며 공동체 문제를 해결하고 사회적 담론에 참여한다.

➲ 통합교육의 범위, 운영 방식, 장애 아동에 대한 개별화 교육의 형태, 특수학교의 설립 등은 해당 학급 학생, 학부모, 교육 관계자, 지역 사회 등에서 많은 이견을 낳는다. 특수교육에 대한 많은 책을 읽어보고, '평소 자신이 특수교육에 대해 가졌던 시각, 그리고 그 변화'라는 주제로 '심포지엄' 형태로 독서 토론을 해보자.

　　관련 학과　교육공학과, 교육학과, 아동보육학과, 유아교육학과, 초등교육과, 특수교육과

《누구를 위해 특수교육은 존재하는가》, 윤상원, 교육공동체벗(2023)

> **[12독토01-07]** • • •
>
> 독서 토론과 글쓰기의 특성을 이해하고 독서, 독서 토론, 글쓰기에 능동적으로 참여한다.

➲ 행복이란 무엇일까? 특히 교육 현장에서 행복은 어떤 의미를 지니는 것일까? 지금 우리가 살아가고 있는 학교라는 공간은 행복한 공간인가? 독서 토론을 통해 함께 삶의 의미를 찾고 힘을 합쳐 어려운 문제를 극복하기 위해《교사와 학생, 행복한 수업을 만나다》(함혜성 외 6명)를 읽고 우리 학교가 행복해지기 위한 작은 노력들에 대해 형식에 얽매이지 않는 '버즈 토의' 형태의 독서 토론을 진행해 보자.

　　관련 학과　교육계열 전체

《교사와 학생, 행복한 수업을 만나다》, 함혜성 외 6명, 북랩(2023)

선택 과목	수능	매체 의사소통	절대평가	상대평가
융합 선택	X		5단계	5등급

> 🔍 현실에 대한 재현물, 사회·문화적 맥락, 생산자의 의도 및 관점, 디지털 기술의 발전, 매체 자료의 표현 방식, 의미 구성, 의사소통 맥락, 소통 방식, 비판적 이해, 적극적인 참여와 공유, 디지털 시대의 시민, 매체 환경 조성

[12매의01-01] ●●●

매체의 기능과 역할에 대한 이해를 바탕으로 시대별 매체 환경과 소통 문화의 변화 과정을 탐색한다.

➡️ 초등학생들도 스마트폰을 지니고 다니는 시대가 되었다. 에듀테크 시대가 도래하고 관련 기술이 적용됨에 따라 '언어적 의사소통'의 문화 양상이 어떠한 방향으로 전개되고 있는지를 분석해 보자. 특히 전통적 학교 환경과 현재의 학교 환경에서 이루어지는 대화의 양상을 비교하여 살펴보기 위해 여러 자료를 찾거나 실제 아이들의 대화를 허락 후 녹음하여 분석하는 등, 매체의 발달에 따른 의사소통의 변화 양상을 자세히 분석해 보자.

관련 학과 교육계열 전체

《**우리 아이 스마트폰 처방전**》, 토머스 커스팅, 이영진 역, 예문아카이브(2020)

[12매의01-02] ●●●

소셜 미디어나 온라인 동영상 플랫폼 등의 디지털 매체 환경에서 청소년 문화가 지닌 문제와 가능성을 탐구한다.

➡️ 수학 문제에 접근하는 데 있어서 '주어진 정보, 알고 있는 개념, 구하고자 하는 것'을 조합하여 하나의 '퀘스트'를 해결하고자 하는 일련의 과정을 유튜브 매체로 많이 생산하고 공유하고 있다. 수학 교육의 측면에서 이러한 영상이 지니는 의의에 대해 논의해 보고, 청소년들이 영상을 통해 수학을 배우는 문화의 장단점에 대해 자신의 생각을 이야기해 보자.

관련 학과 과학교육과, 교육공학과, 교육학과, 물리교육과, 수학교육과, 아동보육학과, 체육교육과, 화학교육과

《**청소년을 위한 이야기 수학**》, 아드리안 파엔사, 최유정 역, 해나무(2023)

[12매의01-03] ●●●

영화, 게임, 웹툰 등의 매체 자료가 현실을 재현하는 방식을 분석하며 생산자의 의도나 관점을 파악한다.

➡️ 학교 사회를 다룬 영화, 웹툰, 애니메이션은 매우 많다. 그러나 대개 학생이 중심이기 때문에 교사의 삶을 다룬 작품은 상대적으로 적은데, 드라마 〈블랙독〉, 웹툰 〈쌤툰〉 등의 '교사 중심'의 작품에서 드러나는 학교 현장의 모습과 일상적인 학교 배경의 작품이 '시점, 표현, 주제 의식' 등에서 어떤 차이가 있는지를 비교하는 활동을 해보자.

관련 학과 교육계열 전체

《**교사, 수업에서 나를 만나다**》, 김태현, 좋은교사(2012)

[12매의01-04] • • •

디지털 매체 환경에서 매체 생산자의 관점을 파악하고 매체 자료의 신뢰성을 판단한다.

➲ 교권과 학습권, 학생 인권 등은 교육 현장에서 지켜져야 할 권리들이다. 이러한 권리 중 하나의 권리만을 주장
하는 것은 적절하지 않을 수 있는데, 이러한 교육 현장에서의 권리를 다룬 영상을 여러 편 찾아본 후, 각 매체
자료의 주장이 생산자의 주관적인 감정보다는 구체적이면서 공정성 있는 자료들로써 뒷받침되고 있는지 살펴
보고, 각각의 영상에 숨겨진 생산자의 의도 및 논리를 도출하여 이에 대해 토의해 보자.

관련 학과 교육계열 전체

《질서 있는 교실은 어떻게 만들어지는가》, 애덤 프랭크, 허성심 역, 한문화(2023)

[12매의01-05] • • •

사회적 규범과 규제가 매체 자료의 생산과 소통에 미치는 영향을 조사하고 그 의미를 탐구한다.

➲ '잠재적 교육과정'은 국가나 사회가 요구하는 바로서의 'top-down' 방식의 교육과정이 아니라, 학생이나 교
사가 실제로 느끼는 바로서의 'bottom-up' 방식의 교육과정이라고 볼 수 있다. 현재 우리가 마주하는 교육과
관련된 매체의 내용이 '공식적 교육과정'과 '잠재적 교육과정' 중 어디에 속하는지 분석해 보고, 매체 자료의
생산과 공유에서 두 교육과정이 균형점을 찾게끔 하기 위해서는 어떤 노력을 할 수 있을지에 대해 자신의 생
각을 이야기해 보자.

관련 학과 교육공학과, 교육학과, 국어교육과, 사회교육과, 아동보육학과, 역사교육과, 영어교육과, 유아교육학과, 윤리교육과,
초등교육과, 특수교육과, 한문교육과

《잠재적 교육과정의 이론과 실제》, 김대석 외 2명, 박영스토리(2020)

[12매의01-06] • • •

개인적·사회적 관심사에 대한 자신의 관점이 드러나는 주제를 선정하여 설득력 있는 매체 자료를 제작하고 공
유한다.

➲ '시험'이라는 시스템이 학생들에게 주는 여러 가지 영향에 대한 자신의 관심 및 가치관을 드러내는 활동의 일
환으로, '시험의 목적은 선발인가, 아니면 교육인가?'라는 주제에 대한 자신의 생각을 '오픈 채팅'에 공유해
보자. 특히 매체의 특성을 고려하여 신뢰성 있는 내용을 제시하고, 채팅 윤리를 준수하며 소통해 보자.

관련 학과 교육계열 전체

《경쟁을 넘어 발달 교육으로》, 현광일, 살림터(2015)

[12매의01-07] • • •

매체 자료의 생산자이자 수용자로서 권리와 책임을 인식하고 사회적 가치와 문제에 대해 소통한다.

➲ 우리는 평소에 교사를 '수단'으로서 만나는가, 아니면 '목적'으로서 만나는가? 교사와 학생의 관계에서 '목적-
수단'은 여러 교육적·사회적 문제를 만들기도 한다. 이러한 점에 관해 위의 화두에 대한 자신의 생각을 정리해
보고, 이에 관해 교사와 학생들이 함께 '영화 매체'를 제작하는 방식으로 논의해 보자. 이 과정에서 매체 제작
자로서 자신이 말하고자 하는 주제 의식에 대해 '모둠 토의'를 통해 수정·보완하는 과정을 거쳐보자.

관련 학과 교육계열 전체

교사와 학생 사이

하임 G. 기너트, 신홍민 역,
양철북(2003)

국어 교과군

영어 교과군

수학 교과군

도덕 교과군

사회 교과군

과학 교과군

책 소개

적절한 의사소통, 위험한 칭찬, 꾸지람과 가르침, 교사와 학생의 갈등 등 일반적인 교사-학생 간의 문제를 다루는 것처럼 보이는 이 책은 실은 철학적이며 인류학적이고, 사회학적인 시각으로 학생을 진정으로 '존중'하는 태도의 틀 속에서 여러 방법론을 말하고 있기 때문에, 교사와 학생 사이를 더욱 '인간적으로' 봐야 한다는 당위성을 드러내고 있다. 우리는 이 책을 통해 교사로서 학생을 그야말로 '한 인간으로서' 온전히 받아들일 준비를 할 수 있을 것이다.

세특 예시

매체 자료의 생산자로서 사회 문제에 대해 진단하고, 해결책을 제시할 수 있는 방법적 측면과 윤리의식을 학습한 후, '교사와 학생 사이(하임 G. 기너트)'를 읽고 교사와 학생이 가까워질 수 있는 방법 중 하나인 '현재에 주목하기'를 토대로 '우리 반의 현재'라는 학급 영화를 만들어 클래스룸에 올림. 특히 이 과정에서 '교사의 어려움과 학생의 어려움 중 어떤 것을 부각할 것인가?'에 대해 여러 의견이 있었으나, 3차례의 토의 끝에 '교사의 어려움'을 부각하는 방식으로 논의를 슬기롭게 좁혀간 부분이 특기할 만함.

선택 과목	수능		절대평가	상대평가
융합 선택	X	**언어생활 탐구**	5단계	5등급

| 🔍 | 언어 자료의 수집 및 분석, 주체적·능동적 언어문화, 언어생활에 대한 민감성 및 책임감, 언어를 통한 정체성 실현과 관계 형성 양상, 사회적 담론 형성의 맥락과 과정, 공공 언어 사용 |

[12언탐01-01] • • •

자신의 언어생활에서 의미 있는 탐구 주제를 발견하여 탐구 절차에 따라 언어 자료를 수집하고 비판적으로 분석한다.

➡ 국내 언론사들 사이에서 틱톡 플랫폼을 이용하여 숏폼 동영상 뉴스 콘텐츠를 제작 및 유통하는 곳이 늘어나면서 '숏폼 뉴스', '숏폼 저널리즘' 등의 표현이 등장하고 있다. 십대의 목소리가 소외된 경우가 많았던 기존의 뉴스와 달리, '숏폼 뉴스'에서는 십대와 맞닿은 사회 이슈에 대해 십대들의 목소리를 포함하여 뉴스를 생산함으로써 그들의 요구를 충족시키고 있다. 하지만 흥미 위주의 콘텐츠, 단순화로 인한 맥락의 생략, 허위 정보의 생산 및 유통 가능성 등 우려 섞인 시선도 있다. 십대와 관련된 사회 이슈를 다룬 '숏폼 뉴스'를 분석하며 같은 이슈에 대한 십대와 기성세대의 인식 차이를 탐구해 보고, 세대 통합의 측면에서 '숏폼 저널리즘'의 가치에 대한 보고서를 작성해 보자. 또한 '숏폼 뉴스'를 비판적으로 수용할 수 있도록 교육하기 위한 방안을 탐구해 보자.

관련 학과 교육학과, 국어교육과, 사회교육과, 윤리교육과, 일반사회교육과, 초등교육과

《언론 쫌 아는 10대》, 정민지, 풀빛(2023)

[12언탐01-02] • • •

언어 자료를 평가·해석하고 그 결과를 공유하며 자신과 공동체의 언어생활에 대한 민감성과 책임감을 지닌다.

➡ 성실과 모범의 상징이자 증표였던 개근상이 최근 초등학교를 중심으로 혐오적 표현으로 둔갑하여 큰 충격을 주고 있다. 학기 중 교외 체험 학습을 신청하여 해외여행을 가는 학생들이 증가하면서, 여행을 가지 않고 학교에 매일 등교하는 학생들을 가리켜 '개근 거지'라고 놀리며 낙인을 찍는다는 것이다. 극소수의 학부모와 학생들이 사용하는 표현이라고는 하지만, 우리 사회 전반에 퍼져 있는 혐오와 차별의 분위기가 교실 안에서도 고스란히 나타난 것으로 볼 수 있는 만큼 우려와 함께 반성의 목소리도 커지고 있다. 교육 현장에서 사용되는 혐오 및 차별적 표현의 사례를 찾아 이러한 표현들이 학교 및 교실에 미치는 영향을 탐구해 보자. 또한 이와 같은 혐오 및 차별적 분위기에서 벗어날 수 있도록 교육 현장에서 실천할 수 있는 방안을 탐구하여 카드 뉴스로 제작해 보자.

관련 학과 교육계열 전체

《혐오, 교실에 들어오다》, 이혜정 외 6명, 살림터(2019)

[12언탐01-03] • • •

글과 담화의 소통 맥락을 고려하여 다양한 분야 및 교과의 언어 자료에 나타난 표현 특성과 효과를 탐구한다.

➡ 교육기본법 제17조의2 '양성평등 의식의 증진'을 규정한 법령에 따라 학교 내 양성평등 문화 조성을 위한 다양한 노력이 이루어지고 있음에도 불구하고, 여전히 교과서 등 교육 자료에서 성차별적 요소가 지적되고 있다. 예컨대 작품의 어조를 설명할 때 흔히 사용하는 '여성적 어조' 또는 '남성적 어조' 등의 성 고정 관념적인 표현, '유모차'와 같은 평등 육아의 개념에 반대되는 단어, '도련님', '아가씨', '시댁'과 같이 남성의 가족을 높이는 단어 등은 아직도 교과서에서 흔히 발견되곤 한다. 교과서 및 참고서 등 교육 자료에 사용된 성차별적 표현을 찾아 각 표현이 지닌 문제점을 분석해 보고, 이러한 표현들을 평등한 용어로 바꾸어 사용할 때의 영향 및 효과에 대해 탐구해 보자.

관련 학과 교육계열 전체

《이야기로 풀어 가는 성평등 수업》, 변신원, BMK(2020)

[12언탐01-04]

가정, 학교, 사회의 언어 사용에 나타난 정체성의 실현 양상과 관계 형성의 양상을 탐구한다.

➡ 20세기 교육사회학자인 바실 번스타인은 계층의 문화적 차이가 언어와 화법에 녹아 있다고 주장한 바 있다. 가령 아이의 행동을 저지할 때 노동자 계급의 부모는 단순히 그만하라고 말하지만 중산층 계급의 부모는 행동을 저지하는 이유에 대해 말하는 경향이 있다는 것인데, 번스타인은 전자의 화법을 '제한된 언어', 후자의 화법을 '정교한 언어'로 구분했다. 문제는 학교에서 주로 사용하는 언어 및 화법이 정교한 언어이기에, 이에 익숙지 않은 노동자 계급의 자녀는 학업 성취도가 낮을 수밖에 없어 계급이 대물림된다는 것이다. 오늘날 여러 매체에 나타나는 담화 상황에서의 제한된 언어와 정교한 언어의 사례를 찾아 해당 언어 및 화법에 반영된 개인적·사회적 정체성을 탐구해 보자. 또한 교육적 관점에서 번스타인의 이론이 지니는 의의와 한계점을 탐구해 보고, 이론에 대한 자신의 의견을 작성해 보자.

관련 학과 교육계열 전체

《아비투스》, 도리스 메르틴, 배명자 역, 다산초당(2023)

[12언탐01-05]

다양한 매체 환경에서 사회적 담론이 형성되는 맥락과 과정을 탐구한다.

➡ 지난 2022년 개정된 법안에 따라 만 16세 이상 청소년부터 정당에 가입할 수 있게 되면서, 청소년들의 정치 참여 기회가 확대되는 추세이다. 청소년의 참정권을 보장하고 정치 주체로서의 역할을 인정하는 첫걸음이지만, 청소년의 건전한 정치 참여를 위한 제도적 장치의 미비와 정치 참여로 인한 학습권 침해 및 교육의 정치적 중립성 훼손 등을 우려하며 청소년의 정치 참여를 시기상조로 보는 시각도 있다. 다양한 매체를 통해 청소년의 정치 참여에 대한 의견 및 자료를 수집하여 각각의 관점을 파악하고, 이를 바탕으로 사회적 담론이 형성되는 과정에 대해 탐구해 보자. 또한 청소년의 정치 참여에 관한 다양한 사례를 분석하여 청소년의 건전한 정치 참여를 위해 교육 현장에서 해결해야 할 과제를 탐구해 보자.

관련 학과 교육계열 전체

《선거 쫌 아는 10대》, 하승우, 풀빛(2020)

[12언탐01-06]

품격 있는 언어생활의 특성을 이해하고 공공 언어 사용의 실제를 탐구한다.

➡ 경상남도교육청은 시도교육청 중 최초로 국어 전문가를 채용하여 공공 언어 감수 및 정비, 공공 언어 개선 지

침서 개발 등의 노력을 해왔는데, 그 결과 '2022년 국어 책임관 업무 평가'에서 우수 기관으로 선정되었다. '공공 언어'란 공공 기관에서 국민을 대상으로 공공의 목적을 위해 사용하는 언어로 보도 자료, 안내문 등에 주로 사용되는데, 교육청에서 올바른 공공 언어의 사용을 위해 앞장서는 것은 쉽고 정확한 공공 언어의 사용을 통해 학생 및 학부모와 원활하게 소통하고 교육 정책에 대한 이해도를 높이기 위해서라고 볼 수 있다. 공공 기관의 보도 자료나 안내문 등을 대상으로 공공 언어의 사용 실태를 직접 점검하여 오류 유형별 예시, 오류 유형 관련 유의 사항 등을 탐구해 보자. 또한 올바른 공공 언어 사용 문화의 정착을 위한 교육계의 역할에 대해 고민하여 관련 정책 제언을 포함한 보고서를 작성해 보자.

관련 학과 교육계열 전체

《**국어문법 언어규범 공공언어 강의**》, 임규홍, 박이정출판사(2017)

[12언탐01-07] •••

언어가 우리 삶에서 담당하는 역할을 이해하고, 주체적·능동적으로 바람직한 언어문화를 실천한다.

→ 교육 기관으로서 유치원이 갖는 위상을 정립하기 위해 유치원의 명칭을 '유아학교'로 변경하고자 하는 움직임이 계속되고 있다. 유아교육법상 유치원은 '유아의 교육을 위해 설립 및 운영되는 학교'로 명시되어 있고, 유·초등 교육의 연계라는 교육적 필요성과 유보통합의 교육적 위상을 위해서라도 '유치원'보다는 '유아학교'가 유치원의 본질에 보다 적합한 명칭이라는 주장이다. 뿐만 아니라 '유치원'은 일제강점기의 잔재 용어여서, 과거에 같은 이유로 '국민학교'가 '초등학교'로 바뀌었듯이 명칭을 바꿀 필요가 있다며 관련 법 개정을 촉구하고 있다. '유치원'에서 '유아학교'로의 명칭 변경이 가져올 사회적 변화에 대해 예측해 보고, 이와 유사한 용어들의 변경 사례를 통해 언어의 역할에 대해 탐구해 보자. 또한 유치원의 설립 목적 및 역할에 대한 이해를 바탕으로 '유아학교로의 명칭 변경'에 대한 칼럼을 작성해 보자.

관련 학과 교육계열 전체

《**미래사회와 유아교육**》, 김정숙 외 2명, 한국방송통신대학교출판문화원(2023)

영어 교과군

※관련 기사 목록 확인하기

구분	교과(군)	공통 과목	선택 과목		
			일반 선택	진로 선택	융합 선택
보통 교과	영어	공통영어1 공통영어2 기본영어1 기본영어2	영어I 영어II 영어 독해와 작문	직무 영어 영어 발표와 토론 심화 영어 영미 문학 읽기 심화 영어 독해와 작문	실생활 영어 회화 미디어 영어 세계 문화와 영어

공통 과목	수능	**공통영어1**	절대평가	상대평가
	X		5단계	5등급

단원명 | 이해

> 🔍 자율주행차, 도덕적 의사결정, 개별화 학습, 조기 진단, 저탄소 사회, 대안 연구, 사회적 격차, 반려동물, 정서적 발달, 사회적 발달, 환경 보호, 지역 커뮤니티, 지속가능성, 생애 주기, 후쿠시마 원전 사고, 사회적 영향

[10공영1-01-01] •••

말이나 글에 포함된 세부 정보를 파악한다.

➡ 자율주행 기술의 발전에도 불구하고 오늘날 100% 완전 자율주행 자동차는 아직 없다. 자율주행차의 이점은 노인과 장애인의 이동성 향상, 효율성과 편의성에 이르기까지 다양하지만, 동시에 갖가지 위험과 윤리적 문제가 따른다. 기사 'The moral dilemmas behind developing self-driving vehicles'를 검색하여 읽고 자율주행 자동차가 직면하게 되는 다양한 문제(소프트웨어 의존성과 해킹 문제, 관련 규제의 부재, 도덕적 의사결정 문제 등)에 대해 자세히 조사하여 영어로 발표해 보자.

관련 학과 교육계열 전체

《자율주행차와 반도체의 미래》, 권영화, 이코노믹북스(2023)

[10공영1-01-02] •••

말이나 글의 주제나 요지를 파악한다.

➡ 특수교육 분야에서 인공지능 기술을 활용하여 학습 장애 학생들의 학습을 돕는 여러 가지 방법이 제시되고 있다. 인공지능을 통한 개별화 학습, 언어 장애가 있는 학생들의 소통 지원을 위한 도구의 활용, 학습 장애의 조기 개입과 진단과 같은 다양한 방법에 관한 실제 사례를 조사해 보고, 특히 특수교육 분야가 더욱 발달한 국가의 사례를 함께 조사하여 비교해 보자.

관련 학과 교육계열 전체

《챗GPT 교육혁명》, 정제영 외 4명, 포르체(2023)

[10공영1-01-03] •••

말이나 글의 분위기나 화자나 인물의 심정 및 의도 등을 추론한다.

➡ 일부 경제학자들은 탄소 거래 시스템을 지구온난화 문제 해결의 핵심적인 도구로 꼽으며, 기업들이 자신들의 탄소 배출량에 대해 비용을 부담해야 한다는 점에서 이 시스템의 공정성과 효율성을 주장해 왔다. 그러나 이러한 방식이 실제로 저탄소 사회를 구현하고 지구온난화 문제를 해결하는 데 얼마나 효과적인지에 대해서는 여

전히 논란이 존재한다. 'Can Carbon Trading Stop Global Heating?'이라는 기사를 통해 탄소 거래의 한계와 문제점을 살펴보고, 탄소 거래에 대한 주장과 그 근거를 분석해 보자. 또한 탄소 거래와 대비되는 해결책으로 제시되는 '재생 에너지 생성'에 대한 글쓴이의 주장을 정리하여 발표해 보자.

`관련 학과` 교육계열 전체

《**진격의 재생에너지**》, 브루스 어셔, 홍준희 역, 아모르문디(2022)

[10공영1-01-04] • • •

말이나 글에 나타난 일이나 사건의 논리적 관계를 파악한다.

➡ 기후변화는 가장 취약한 사회 집단에 가장 큰 영향을 미치는 경향이 있다. 원주민, 아프리카계 여성이나 소녀, 노인 여성, 장애가 있는 여성이나 소녀 등이 이에 해당한다. 그들의 생계, 건강 및 안전에 대한 위협은 이미 기존의 성 불평등 문제를 악화시키고 있다. 식량, 물, 연료 등 필수적인 자원 확보에서의 부담 증가와 함께 재난 발생 시 이들 여성의 생존율 감소와 부상 위험 증가 등 사회적, 경제적 격차도 커지고 있다. 'How does climate change impact women and girls?'라는 글을 찾아 읽고, 이러한 문제의 원인과 결과를 분석해 보자.

`관련 학과` 교육계열 전체

《**기후 책**》, 그레타 툰베리, 이순희 역, 김영사(2023)

[10공영1-01-05] • • •

말이나 글에 포함된 표현의 함축적 의미를 추론한다.

➡ 동물과 인간 간의 정서적 교류의 이점은 잘 알려져 있다. 치료를 위한 처방으로 동물과 함께하는 것뿐 아니라, 단지 동물을 반려동물로서 키우는 것만으로도 십대의 긍정적인 정서적 관계, 연민, 공감 및 책임감을 키울 수 있다고 한다. 정신 건강에 장애가 있는 청소년들에게는 특히 팬데믹 기간이라는 슬픔과 고립의 시기에 반려동물이 친구가 되어주고, 마음을 치유하는 데 도움이 되었다고 한다. 반려동물과 함께하는 경험이 청소년들의 정서적·사회적 발달에 어떤 영향을 미치는지를 조사하여 발표해 보자.

`관련 학과` 교육계열 전체

《**반려동물을 생각한다**》, 이학범, 크레파스북(2019)

[10공영1-01-06] • • •

말이나 글의 전개 방식이나 구조를 파악한다.

➡ 탄소 포집 및 활용·저장(CCUS, Carbon Capture, Utilization, and Storage) 기술의 도입은 환경 보호와 지속가능한 미래를 위해 필수적이다. 이 기술의 도입에 따라 특정 지역 사회에 어떤 직업이 증가하거나 감소하게 될지 예측해 보고, 이러한 변화에 대비하여 학교나 지역 커뮤니티에서 어떤 교육 프로그램을 개발하고 실행하면 좋을지 전략을 모색해 보자.

`관련 학과` 가정교육과, 과학교육과, 교육공학과, 교육학과, 국어교육과, 기술교육과, 물리교육과, 미술교육과, 사회교육과, 생물교육과, 수학교육과, 역사교육과, 영어교육과, 지구과학교육과, 지리교육과, 컴퓨터교육과, 환경교육과

《**전의찬의 탄소중립 특강**》, 전의찬, 지오북(2023)

국어 교과군

영어 교과군

수학 교과군

도덕 교과군

사회 교과군

과학 교과군

[10공영1-01-07]

말이나 글의 이해를 위한 적절한 전략을 적용한다.

→ 배터리 전기차는 내연기관 차량과 비교했을 때 제품의 생애 주기 동안 배출하는 온실가스는 적지만, 제조 과정과 전기 생산 단계에서는 여전히 많은 양의 온실가스가 발생한다. 관련 기사 'Life Cycle Emissions: EVs vs. Combustion Engine Vehicles'를 활용하여 전기차 생산의 지속가능성을 향상시키는 방법을 알아보고 발표해 보자.

관련 학과 교육계열 전체

《**환경은 걱정되지만 뭘 해야 할지 모르는 사람들을 위한 과학과 기술**》, 한치환, 플루토(2022)

[10공영1-01-08]

말이나 글에 나타난 다양한 관점이나 의견을 포용적인 태도로 분석한다.

→ 후쿠시마 원전 사고를 중심으로 이런 큰 규모의 재난이 일어났을 때 개인, 지역 사회, 정부 및 전 세계가 어떻게 반응했고 또 어떻게 달라졌는지 살펴보며 다양한 관점에서의 원자력에 대한 인식 변화를 조사해 보자. 또한 이러한 정보와 인식 변화를 어떻게 교육에 포함시킬 수 있을지 고민해 보고, 단순히 원자력 발전의 기술적 측면만이 아니라 사회와 환경에 미치는 영향까지도 함께 교육할 수 있는 방법을 모색해 보자.

관련 학과 교육계열 전체

《**후쿠시마 원전 사고, 그 후**》, 마쓰타니 모토카즈, 배관문 역, 제이앤씨(2019)

단원명 | 표현

> | 🔍 | 인포그래픽, 교육 지표, 부와 교육, 상호작용 분석, 정보 공유, 수면 습관, 교육 계획, 딥페이크, 미디어 리터러시, 정보 신뢰성, 디지털 헬스케어, 의료 인력 교육, 프레이밍 이펙트, 미세 플라스틱, 스토리텔링, 스토리보드, 윤리적 이슈

[10공영1-02-01]

실물, 그림, 사진, 도표 등을 활용하여 내용을 설명한다.

→ 인포그래픽 기사 'How Much Does it Take to be the Top 1% in Each U.S. State?'를 활용하여 미국의 각 주에서 상위 1%가 되려면 얼마의 교육비가 필요한지 확인해 보고, 각 주의 교육 지출, 학생들의 학업 성취도와 같은 교육 지표와의 관계를 분석하여 부와 교육 간의 상호작용에 대해 탐구한 내용을 발표해 보자.

관련 학과 교육계열 전체

《**부자 되기를 가르치는 학교**》, 하금철 외 9명, 교육공동체벗(2023)

[10공영1-02-02]

사실적 정보나 지식을 말이나 글로 전달한다.

→ 해저 케이블은 전 세계적인 통신 및 정보 공유에 중추적인 역할을 한다. 관련 기사 'Information Warfare in the Depths: An Analysis of Global Undersea Cable Networks'를 읽고 해저 광섬유 케이블의 보안을 유지하는 데 필요한 전략과 기술을 조사하여 보고서를 작성해 보자.

관련 학과 교육계열 전체

《**해양·해저플랜트 공학**》, 신동훈 외 1명, 에이퍼브프레스(2022)

[10공영1-02-03] • • •

경험이나 계획 등을 말하거나 기술한다.

➜ 영문 자료 'Associations between sleep deficit and academic achievement'를 읽고 학생들의 수면 습관(잠자리에 드는 시간, 기상 시간, 수면 시간 등)이 학업 성취도와 어떤 관련이 있는지 탐구해 보고, 적절한 수면 습관 교육을 위한 일일 안내 계획을 세워보자.

관련 학과 교육계열 전체

《**The Science of Sleep 수면의 과학**》, 헤더 다월-스미스, 김은지 역, 시그마북스(2022)

[10공영1-02-04] • • •

자신의 생각이나 의견, 감정, 감상 등을 표현한다.

➜ 생성형 인공지능의 발전은 잘못된 정보와 가짜 뉴스가 더욱 신속하고 쉽게 확산되는 현상을 초래했으며, 이에 따라 생성형 인공지능이 제공하는 정보의 신뢰성을 판단하고 비판적으로 분석하는 능력은 21세기 핵심 역량 중 하나로 부상했다. 'Fostering media literacy in the age of deepfakes'라는 기사를 참고하여, 딥페이크를 포함한 다양한 소스에서 제공되는 정보를 비판적으로 분석하고 판단할 수 있는 미디어 리터러시 역량을 키우기 위한 새로운 교육 프로그램을 제안해 보자.

관련 학과 교육계열 전체

《**AI 시대 챗GPT 리터러시를 만나다**》, 김미진 외 1명, 광문각출판미디어(2023)

[10공영1-02-05] • • •

듣거나 읽은 내용을 요약하여 말하거나 기술한다.

➜ 디지털화가 진행되면서 의료 분야에서의 인간의 역할과 기술의 역할이 어떻게 변화하고 있는지, 이러한 변화가 환자와 의료진의 관계에 어떤 영향을 미치는지에 관한 관심이 높아지고 있다. 관련 자료 'Digital health must be better integrated into medical education'을 읽고 디지털 헬스케어 시대를 맞이하여 의료 인력 교육에 어떤 변화가 필요할지 핵심 내용을 요약해서 발표해 보자.

관련 학과 교육계열 전체

《**디지털 헬스케어 전쟁**》, 노동훈, 청춘미디어(2021)

[10공영1-02-06] • • •

어휘나 표현을 점검하여 내용을 명확하게 전달한다.

➜ 'Cultural Variability in the Attribute Framing Effect'를 찾아 읽고, 다양한 문화적 배경에서 발견되는 프레이밍 이펙트의 예를 분석해 보자. 특히 서로 다른 문화 배경을 가진 학생들이 같은 교육 내용을 어떻게 해석하고

이해하는지 비교하여 프레이밍의 역할을 조사해 보고, 이를 바탕으로 교육 콘텐츠 제작 시 고려해야 할 점과 효과적인 전달 방법에 대해서도 탐구하여 발표해 보자.

관련 학과 교육계열 전체

《**인지편향사전**》, 이남석, 옥당(2021)

[10공영1-02-07] ● ● ● ●

적절한 전략과 다양한 매체를 활용하여 상황과 목적에 맞게 말하거나 쓴다.

➡ 미세 플라스틱 노출이 인체 건강에 미치는 영향에 대한 연구는 꾸준히 진행되고 있으며, 실험동물을 대상으로 한 연구에서는 미세 플라스틱 노출이 인체에 다방면으로 심각한 영향을 미칠 수 있음이 밝혀졌다. 관련 기사 'Microplastics are in our bodies. Here's why we don't know the health risks'를 읽고 스토리텔링을 활용한 미세 플라스틱 문제 인식 교육 프로그램을 구상해 보자. 특히 복잡한 과학적 개념이나 사회적 이슈를 학생들이 쉽게 이해하고 기억할 수 있도록 돕는 스토리텔링 제작을 위한 스토리보드를 만들어 발표해 보자.

관련 학과 교육계열 전체

《**플라스틱 없는 삶**》, 윌 맥컬럼, 하인해 역, 북하이브(2019)

[10공영1-02-08] ● ● ● ●

상대방의 생각이나 관점을 존중하고 언어 예절을 갖추어 표현한다.

➡ AI는 교육 분야에서 개별화된 학습 경험을 제공하며, 교사와 학생의 역할 및 학습 방식에 변화를 가져오고 있다. 관련 자료 'Artificial intelligence in education: Addressing ethical challenges in K-12 settings'를 참고하여 AI가 교육 환경에 사용뇌면서 대누널 수 있는 윤리적 이슈를 분석하고, 이를 해결하기 위한 방안을 제시해 보자.

관련 학과 교육계열 전체

《**대학에 가는 AI VS 교과서를 못 읽는 아이들**》, 아라이 노리코, 김정환 역, 해냄(2018)

공통 과목	수능	**공통영어2**	절대평가	상대평가
	X		5단계	5등급

단원명 | 이해

> |🔍| 세부 정보, 배경지식, 주제, 요지, 분위기, 심정, 의도, 논리적 관계, 함축적 의미, 전개 방식, 적절한 전략, 구조, 관점, 의견, 포용적 태도, 이해, 비언어적 자료, 요약, 어휘, 표현, 소통

[10공영2-01-01] • • •

말이나 글에 포함된 세부 정보를 파악한다.

➡ 펫로스(Pet Loss)와 같은 감정적 경험은 교육의 중요한 부분이기도 하다. 학생들은 학업뿐만 아니라 다양한 감정적 경험을 통해서도 성장하고 성숙해 나간다. 펫로스를 겪은 후 이를 극복하고 회복하는 과정은 학생들의 감정교육에 중요한 역할을 한다. 예를 들어 반려동물을 잃은 학생들이 그 상실감에서 회복하지 못하면 학업에 집중하는 데도 영향을 받을 수 있다. 따라서 우리가 생활하는 교육 환경에서 이러한 감정적 문제를 다루고 극복하기 위한 방법을 영어로 연구해 보는 것이 필요하다. 펫로스와 관련된 영어 자료의 내용을 정리하고 보고서를 작성해 보자.

관련 학과 교육계열 전체

**어서 오세요,
펫로스 상담실입니다**
조지훈, 라곰(2023)

책 소개

이 책은 반려동물과의 이별로 힘든 사람들을 위한 심리상담서로, 심리치료사인 저자는 국내 최초로 펫로스 전문 심리상담실을 운영하고 있으며, 이 책을 통해 펫로스 증후군의 개념과 증상, 극복 방법 등을 소개하고 있다. 펫로스 증후군의 개념과 증상, 극복 방법 등을 체계적으로 정리하고, 실제 상담 사례를 통해 펫로스 증후군을 극복하는 과정을 보여주어 펫로스로 힘들어하는 사람들에게 실질적인 도움을 준다.

세특 예시

'어서 오세요, 펫로스 상담실입니다(조지훈)'를 교육학적 관점에서 분석하며 영어 독서 탐구 활동을 수행함. 정서 교육과 상담심리학의 교육적 적용에 중점을 두고, 상대방을 배려하고 존중하는 태도로 자신의 의견을 영어로 제시하는 능력을 함양함. 책의 주요 내용을 바탕으로 '정서 지능 발달을 위한 교육 프로그램'을 영어로 설계하고 발표함. 이 과정에서 상실감 극복과 공감 능력 향상을 위한 교육적 접근 방법을 제안하며, 교육심리학 관련 영어 전문 용어를 정확히 사용하는 능력을 향상시킴. 펫로스 경

험이 아동·청소년의 정서 발달에 미치는 영향에 대한 영어 에세이를 작성함. 이를 통해 생명 존중 교육과 정서 교육의 중요성을 강조하고, 교육과정 개발에 대한 창의적 아이디어를 제시함.

[10공영2-01-02] •••

말이나 글의 주제나 요지를 파악한다.

➡ 2023년 학원가에서 조직범죄 일당이 불특정 다수의 고등학생들에게 정체를 속인 채 마약이 함유된 음료를 마시게 하고 경찰에 신고하겠다고 협박한 이른바 '마약 음료수 사건'이 발생한 뒤로 마약 범죄에 대한 국민들의 불안감을 증폭시키고 있다. 한국의 마약류 사범 수는 2022년 기준으로 10만 명당 25.2명꼴로 마약 청정국 기준을 넘어섰고, 마약류 사범으로 단속된 청소년의 수가 481명에 이른다. 학교 교육을 중심으로 청소년 마약 관련 실태와 관련된 영어 자료를 찾아 요약하여 발표해 보자.

관련 학과 교육계열 전체

《펜타닐》, 벤 웨스트호프, 장정문 역, 소우주(2023)

[10공영2-01-03] •••

말이나 글의 분위기나 등장인물의 심정 및 의도 등을 추론한다.

➡ 다양한 교육 관련 웹사이트나 온라인 플랫폼(학교 홈페이지, 교육 블로그, 온라인 학습 커뮤니티 등)에서 인기 있는 게시물을 선정하여, 그 게시물의 전반적인 분위기, 작성자의 의도 및 감정 등을 분석해 보자. 특히 그 게시물이 학생들에게 어떤 교육적 메시지를 전달하려는 의도인지, 학습 동기를 부여하려는 것인지, 혹은 교육 방식을 개선하려는 목적이 있는지를 면밀히 살펴보고, 그 게시물이 다른 학생들에게 어떤 학습 동기 및 행동을 유발하는지를 탐색해 보자. 그룹 활동을 통해 서로의 분석 결과를 공유하며 영어로 발표해 보자.

관련 학과 교육계열 전체

《불안 세대》, 조너선 하이트, 이충호 역, 웅진지식하우스(2024)

[10공영2-01-04] •••

말이나 글에 나타난 일이나 사건의 논리적 관계를 파악한다.

➡ '더티 워크(Dirty Work)'란 사회에 꼭 필요하지만 육체적으로 힘들거나, 비위생적이거나, 사회적으로 낙인이 찍히는 등의 이유로 대다수 사람들이 꺼리는 노동을 의미한다. 더티 워크의 종류로는 청소, 하수 처리, 폐기물 처리 등의 환경 관련 노동, 군인, 경찰, 교도관 등의 치안 관련 노동, 장례지도사, 동물 사체 처리업 등의 죽음 관련 노동 등이 있다. 더티 워크를 하는 사람들은 사회의 궂은일을 감당하고 사회가 정상적으로 유지되는 데 기여하지만 사회적으로 지위가 낮으며, 많은 경우 열악한 근로 환경과 낮은 임금에 시달린다. 더티 워크 중 관심 있는 직종을 영어로 조사하여 학생들에게 안내할 방안을 탐구해 발표해 보자.

관련 학과 교육계열 전체

《더티 워크》, 이얼 프레스, 오윤성 역, 한겨레출판(2023)

[10공영2-01-05]

말이나 글에 포함된 표현의 함축적 의미를 추론한다.

➡ 책의 제목은 책의 내용을 함축적으로 표현하고 독자의 관심을 끌기 위한 중요한 요소이다. 《대량살상 수학무기: 어떻게 빅데이터는 불평등을 확산하고 민주주의를 위협하는가(Weapons of Math Destruction: How Big Data Increases Inequality and Threatens Democracy)》(캐시 오닐)의 제목은 수학에서 데이터가 잘못 쓰이면 얼마나 위험한지를 대량 살상 무기에 비유하며, 빅데이터가 어떻게 불평등을 확산하고 민주주의를 위협하는지에 대해 경고하고 있다. 저자는 빅데이터가 인간의 편견을 반영하여 소수자와 약자에 대한 차별을 강화하고, 민주주의의 근간인 투명성과 공정성을 위협한다고 주장한다. 자신이 관심 있는 교육계열 서적의 영어 제목을 찾아보고, 책의 제목과 내용을 비교하면서 제목이 가진 함축적 의미에 대해 발표해 보자.

관련 학과 교육계열 전체

《**대량살상 수학무기**》, 캐시 오닐, 김정혜 역, 흐름출판(2017)

[10공영2-01-06]

말이나 글의 전개 방식이나 구조를 파악한다.

➡ CNN의 'Opinion' 섹션에서는 전문가와 필자들이 정치, 경제, 사회, 문화 등 다양한 주제에 대한 의견을 활발히 공유한다. 이 섹션을 통해 글의 주요 메시지를 파악하고 자신의 생각을 정리해 발표하면, 논리적 사고력과 의견 전달 능력을 효과적으로 키울 수 있다. 특히 교육 관련 글을 읽으며 필자가 사용한 서론, 본론, 결론의 구조와 논리적 전개 방식을 분석한 후 이를 발표해 보자. 이러한 과정을 통해 다양한 시각을 접하는 동시에 자신의 비판적 사고와 표현력을 발전시킬 수 있을 것이다.

관련 학과 교육계열 전체

《**뉴스 영어의 결정적 표현들**》, 박종홍, 사람in(2021)

[10공영2-01-07]

다양한 매체의 말이나 글을 비판적으로 이해한다.

➡ 온라인 매체의 발달로 인해 짧고 즉흥적인 콘텐츠를 소비하는 성향이 학생들에게서 강해지고 있다. 이에 따라 매체를 비판적으로 이해하고 수용하는 능력은 더욱 중요해지고 있다. 출처의 타당성과 편견에 의문을 제기하고, 여러 관점을 조사하고, 다양한 관점의 잠재적 영향을 고려하는 미디어 리터러시 교육 활동을 학교 교육에서 어떻게 구현할 수 있을지에 관하여 자신이 희망하는 과목과 학교급을 정해서 수업을 설계해 보자.

관련 학과 교육계열 전체

《**미디어 리터러시, 세상을 읽는 힘**》, 강용철 외 1명, 샘터(2022)

[10공영2-01-08]

말이나 글의 이해를 위한 적절한 전략을 적용한다.

➡ 현대 사회에서는 교육 현장에서조차 혐오 표현과 차별적 발언이 문제로 대두되고 있다. 이러한 혐오는 교사와 학생 간, 학생들 간 또는 교육 제도와 관련된 구조적 문제에서 비롯될 수 있으며, 이는 교육 환경 전반에 부정적인 영향을 미친다. 자신이 관심 있는 교육 분야에서 혐오와 차별이 발생한 사례를 조사하고, 이에 대한 글을

읽기 전략을 활용해 분석한 후 문제 해결 방안을 포함한 내용을 발표해 보자.

[관련 학과] 교육계열 전체

《**혐오**》, 네이딘 스트로슨, 홍성수 외 1명 역, arte(아르테)(2023)

단원명 | 표현

| 🔍 | 목적, 맥락, 생각, 감정, 정보, 지식, 전달, 소통, 단어, 어구, 문장, 의사소통 기능, 어휘, 언어 형식, 이야기, 서사, 운문, 친교, 사회적 목적, 정보 전달, 의견 교환, 주장, 묘사, 설명, 요약

[10공영2-02-01]   • • •

실물, 그림, 사진, 도표 등을 활용하여 내용을 설명한다.

➡ 학교라는 공간, 학교 환경은 다른 조직과 마찬가지로 완벽하지 않다. 따라서 크고 작은 문제점을 발견하여 해결하는 것은 매우 중요하다. 작은 문제들이 모여서 큰 문제를 만들 수 있기 때문이다. 예를 들어 학교 화장실이 청결하지 않다면, 학생들은 불편함을 느끼고 집중력이 떨어질 수 있다. 우리가 생활하는 공간에서 내가 희망하는 전공과 학교생활을 연결시켜, 쉽게 지나칠 수 있으나 중요한 문제점을 조사하고 그 원인을 분석하여 해결하려는 노력을 해보자. 또 이를 사진, 도표, 그림 등을 활용하여 영어로 제시해 보자.

[관련 학과] 교육계열 전체

《**학교의 재발견**》, 더글러스 다우니, 최성수 외 1명 역, 동아시아(2023)

[10공영2-02-02]   • • •

사실적 정보나 지식을 말이나 글로 전달한다.

➡ 실패는 일반적으로 바람직하지 않은 결과를 가져온다고 여겨진다. 그러나 교육 분야에서 실패는 학생들에게 성장과 학습의 기회가 될 수 있다. 실패를 통해 자신의 학습 방식에서 부족한 점을 발견하고, 이를 보완하여 더 나은 학습 성과를 이끌어낼 수 있다. 또한 새로운 해결책을 찾고, 문제 해결 능력을 키우는 기회로 활용할 수 있다. 예를 들어 한국과학기술원(KAIST)은 2023년에 '실패 주간'을 개최하여 학생들이 실패 경험을 공유하고 이를 성장의 발판으로 삼을 수 있게 하는 다양한 행사를 진행했다. 자신이 관심 있는 교육 분야에서 실패가 성공의 밑바탕이 된 사례를 찾아보고, 이를 영어로 작성해 발표해 보자.

[관련 학과] 교육계열 전체

《**빠르게 실패하기**》, 존 크럼볼츠 외 1명, 도연 역, 스노우폭스북스(2022)

[10공영2-02-03]   • • •

경험이나 계획 등을 말하거나 기술한다.

➡ AI 기술이 발달하고, 저출산으로 출생 인구가 급감하는 상황에서 미래의 교사 역할은 크게 변화할 것이다. AI는 반복적인 학습을 자동화하고 맞춤형 학습을 제공하는 도구로 활용되고 있다. 이에 따라 교사는 지식 전달자보다는 학생들의 창의성, 문제 해결 능력을 키우는 멘토로서의 역할이 더 중요해질 것이다. 또한 학생 수가 줄어듦에 따라 교사는 소수의 학생에게 집중적인 교육을 제공하고, AI 데이터를 활용해 학생 개개인에게 맞춘 피

드백을 제공할 필요가 있다. AI와 함께할 미래 교육에서 교사의 역할을 영어로 발표해 보자.

관련 학과 교육계열 전체

《**다가온 미래 새로운 직업**》, 한국고용정보원 미래직업연구팀 외 7명, 드림리치(2022)

[10공영2-02-04] ● ● ●

자신의 생각이나 의견, 감정, 감상 등을 표현한다.

➡ 교육에서 'equality'는 모든 학생에게 동일한 자원과 기회를 제공하는 것을 의미하지만, 개별적인 필요를 반영하지 못해 실질적인 격차가 발생할 수 있다. 반면 'equity'는 각 학생의 상황에 맞춘 지원을 제공하여 모든 학생이 동등한 학습 기회를 가질 수 있도록 한다. 이는 단순히 자원을 균등하게 분배하는 것을 넘어, 학생 개개인의 잠재력을 발휘할 수 있도록 돕는 진정한 교육적 평등을 의미한다. 교육에서의 'equality'와 'equity'의 개념을 영어 자료를 통해 조사하고, 이에 대한 자신의 견해를 영어로 발표해 보자.

관련 학과 교육계열 전체

《**좋은 불평등**》, 최병천, 메디치미디어(2022)

[10공영2-02-05] ● ● ●

듣거나 읽은 내용을 요약하여 말하거나 기술한다.

➡ 한국 사회에는 오랫동안 학벌주의가 만연해 왔으며, 이는 스노비즘과 결합되어 심각한 교육 불평등을 초래하고 있다. 명문대 진학이 개인의 성공과 직결된다는 사회적 인식이 강화되면서, 학생들은 치열한 입시 경쟁에서 살아남기 위해 고액의 사교육에 의존하게 된다. 이러한 강박관념은 중등교육에서 사교육 열풍을 부추기며, 교육의 본질을 왜곡하고 학생과 가정에 큰 부담을 준다. 이처럼 학벌주의와 스노비즘이 결합된 교육 불평등 문제를 조사하고, 이를 영어로 요약하여 발표해 보자.

관련 학과 교육계열 전체

《**베블런의 과시적 소비**》, 소스타인 베블런, 소슬기 역, 유엑스리뷰(2019)

[10공영2-02-06] ● ● ●

다양한 소통의 목적에 맞게 말하거나 글로 표현한다.

➡ 편지 글쓰기는 교육적으로 여러 긍정적 효과를 제공한다. 타인의 입장에서 생각하며 감정을 표현함으로써 공감 능력과 이해를 높일 수 있으며, 논리적인 사고와 구조화된 글쓰기를 연습할 수 있다. 또한 편지를 통해 자아 성찰과 소통 능력을 키울 수 있다. 이러한 활동을 통해 자신의 생각을 명확하게 전달하는 법을 배우고, 영어로 편지를 써보자.

관련 학과 교육계열 전체

《**스크루테이프의 편지**》, C. S. 루이스, 김선형 역, 홍성사(2018)

[10공영2-02-07] ● ● ●

어휘나 표현을 점검하여 내용을 명확하게 전달한다.

➡ 학문 연구에서 연구 결과를 조작하는 행위는 역사적으로 꾸준히 발생해 왔는데, 이는 과학적 발견과 발전을 저

국어 교과군

영어 교과군

수학 교과군

도덕 교과군

사회 교과군

과학 교과군

해하고 사회에 부정적인 영향을 미칠 수 있는 심각한 문제이다. 생물학 분야에서의 유명한 연구 결과 조작 사례로는 황우석 줄기세포 논문 조작 사건이 있는데, 세계 최초로 인간 배아 줄기세포를 복제했다는 내용을 담았지만 연구 데이터를 조작했다는 사실이 밝혀졌다. 글 작성 시 명확한 내용 전달을 위해 고려해야 할 사항인 단순하고 명확한 어휘 사용, 필요 없는 표현 제거, 중복되는 표현 수정, 적절한 어조 사용, 대상 독자 고려, 동의어 및 유사한 표현 사용 등에 유의하며 연구 조작 사례와 관련된 사건을 설명하는 글을 영어로 작성해 보자.

`관련 학과` 교육계열 전체

《**연구윤리에 관한 100가지 질문 및 답변**》, Emily E. Anderson 외 1명, 유수정 역, 학지사메디컬(2022)

[10공영2-02-08] ●●●

적절한 전략과 다양한 매체를 활용하여 상황과 목적에 맞게 말하거나 쓴다.

➡️ 소셜 미디어는 다양한 정보를 제공하며 학습과 소통의 도구가 되기도 하지만, 동시에 비정상적인 기준을 확산시키는 부작용도 있다. 예를 들어 외모나 성공에 대한 비현실적인 기준이 반복적으로 노출되면서 학생들이 자신과 비교하며 열등감을 느끼거나 과도한 스트레스를 받을 수 있다. 이러한 비정상적 기준은 학습에도 영향을 미쳐, 학생들이 진정한 성취보다 외적인 평가에 집착하게 만들기도 한다. 교육에서는 학생들이 소셜 미디어의 긍정적·부정적 영향을 이해하고, 비판적 사고를 통해 건강한 자기 인식을 형성할 수 있도록 돕는 방법이 필요하다. 소셜 미디어가 학생들에게 미치는 영향을 조사하고, 교육적 해결책을 영어로 작성해 보자.

`관련 학과` 교육계열 전체

《**소셜 미디어 프리즘**》, 크리스 베일, 서미나 역, 상상스퀘어(2023)

[10공영2-02-09] ●●●

다른 사람과 의견을 조율하며 문제 해결을 위해 협력한다.

➡️ 미국의 어퍼머티브 액션(Affirmative Action)은 역사적으로 차별을 경험해 온 집단에게 교육과 고용의 기회를 제공해 평등과 다양성을 촉진하려는 정책이다. 예를 들어 일부 대학에서는 흑인이나 히스패닉 등 소수민족 학생들에게 입학 지원 시 가산점을 부여해 더 많은 기회를 가질 수 있도록 한다. 이 정책의 취지는 공정한 기회를 보장하려는 것이지만, 최근에는 이러한 조치가 오히려 역차별이라는 논란이 생기기도 한다. 다양한 시각을 바탕으로 어퍼머티브 액션의 문제점과 해결책을 도출하여 영어로 작성해 보자.

`관련 학과` 교육계열 전체

《**공정하다는 착각**》, 마이클 샌델, 함규진 역, 와이즈베리(2020)

국어 교과군

영어 교과군

수학 교과군

도덕 교과군

사회 교과군

과학 교과군

선택 과목	수능	영어 I	절대평가	상대평가
일반 선택	○		5단계	5등급

단원명 | 이해

> | 🔍 | 직업 트렌드, 글로벌 대응 방안, 잠재적인 영향, 모바일 헬스, 미술 치료, 가상현실, 정신 건강, 성별 간 격차, 사물인터넷, 고령화 사회, 인문학 교육, 가치와 역량

[12영I-01-01]

말이나 글의 세부 정보를 파악한다.

➡ 가상현실(VR)은 게임 산업뿐만 아니라 교육, 의료 등 다양한 분야에서 활용되며 새로운 가능성을 제시하고 있다. 관련 기사 'How Virtual Reality Is Changing Education'을 찾아 읽고, 가상현실이 교육에 어떻게 적용될 수 있는지와 학생들의 학습 경험에 어떤 변화를 가져오는지를 조사하고, 정리하여 영어로 발표해 보자.

관련 학과 교육계열 전체

《서울대 권영상 교수의 가상현실과 미래도시 수업》, 권영상, 메이트북스(2023)

[12영I-01-02]

말이나 글의 주제나 요지를 파악한다.

➡ 최근 몇 년 동안 교육 분야에서 STEM(Science, Technology, Engineering, Mathematics) 교육의 중요성이 강조되었다. 그러나 이런 트렌드 속에서도 인문학 교육의 중요성은 여전하다. 관련 글 'Why We Need the Humanities in Today's Career-Focused World'를 찾아 읽고, 인문학 교육이 학생들에게 어떤 가치와 역량을 제공하는지 주제와 요지를 파악하여 영어로 발표해 보자.

관련 학과 교육계열 전체

《AI는 인문학을 먹고 산다》, 한지우, 미디어숲(2021)

[12영I-01-03]

화자나 필자의 심정이나 의도를 추론한다.

➡ 최근 디지털 기술이 발달하면서 '플립 러닝(Flipped Learning)'이라는 교육 방법이 주목받고 있다. 학생들이 수업 전에 미리 학습 내용을 공부하고, 수업 시간에는 심화 학습과 토론을 하는 이 방법은 전통적인 교육 방식에 변화를 가져오고 있다. 관련 자료인 'A conceptual review of the effectiveness of flipped learning in vocational learners' cognitive skills and emotional states'를 찾아 읽어보고, 작성자가 플립 러닝에 대해 어떤 시각을 가지고 있는지 분석하며 그 의도를 파악하여 발표해 보자.

관련 학과 교육계열 전체

모든 학교를 위한 플립드러닝 가이드북

최욱, 교육과학사(2020)

책 소개 ·········

이 책은 거꾸로 학습, 즉 '플립 러닝'에 대한 체계적인 접근법을 제시한다. 학교에서 플립 러닝을 처음 도입하는 교사와 교육 설계자를 위한 실질적인 가이드라인을 제공하며, 이미 플립 러닝을 실행하고 있는 교사와 교육 설계자에게는 더 나은 접근을 할 수 있도록 돕는다. 수업을 설계하고 평가하는 교사와 교육 설계자를 위해 단계별로 활용할 수 있는 교수 체제와 전략을 제시하며, 각각의 수업 상황에 따라 선택적으로 구현할 수 있도록 실질적인 기법과 사례를 소개한다.

세특 예시 ·········

디지털 기술의 발달로 인한 교육 방식의 변화를 주제로 '플립 러닝'에 대한 탐구를 진행함. 이를 위해 '직업 교육 학습자들의 인지 능력과 감정 상태에 대한 플립 러닝의 효과에 대한 개념적 검토'라는 영문 자료를 찾아 읽으며 플립 러닝에 대한 작성자의 시각과 의도를 파악하였으며, 연계 독서로 '모든 학교를 위한 플립드러닝 가이드북(최욱)'을 찾아 읽음. 플립 러닝의 체계적인 단계와 교수 체제, 전략뿐 아니라, 교사가 특정 수업 상황에 따라 선택적으로 구현할 수 있는 실질적인 기법과 사례를 찾아 읽고 체계적으로 정리하여 발표 자료를 제작함. 이를 바탕으로 플립 러닝이라는 새로운 교육 방식에 대해 스스로 이해한 내용을 토대로 친구들에게 개념을 잘 설명하였으며, 플립 러닝 방식의 수업에서 학습자의 자기 주도성과 창의성을 높일 수 있다는 점을 강조함. 이를 바탕으로 모의 수업에서 새로운 교수 학습 방식을 적용해 보고 발전시켜 재구성해 보고 싶다는 포부를 밝힘.

[12영I-01-04] ● ● ●

말이나 글에서 일이나 사건의 논리적 관계를 파악한다.

➡ 코로나19 팬데믹의 영향으로 전 세계 학생들이 원격 학습을 경험하면서 디지털 기기의 사용량이 크게 증가하였다. 이러한 변화는 학생들의 학습 방식뿐만 아니라 건강에도 영향을 미치고 있다. 특히 오랜 시간 디지털 기기를 사용함으로써 눈 건강 문제가 발생하고 있으며, 이는 중장기적으로 학업 성적에도 영향을 미칠 수 있다. 관련 자료 'Screen time duration and timing: effects on obesity, physical activity, dry eyes, and learning ability in elementary school children'을 찾아 읽어보고, 디지털 기기의 사용량 증가가 학생들의 건강과 학업 성적에 어떤 영향을 미치는지 분석해 보자.

`관련 학과` 교육계열 전체

《**디지털, 잠시 멈춤**》, 고용석, 이지북(2021)

[12영I-01-05] ● ● ●

말이나 글의 맥락을 바탕으로 어구나 문장의 함축적 의미를 추론한다.

➡ 최근 디지털 미디어의 발달로 인해 온라인 게임이 젊은 세대 사이에서 큰 인기를 끌고 있다. 하지만 이러한 온

라인 게임은 중독성이 있어 과도하게 몰입할 경우 학업 성적이 저하되거나 신체 건강에 문제가 생길 수 있다. 특히 이러한 문제는 청소년들 사이에서 더욱 심각하다. 관련 자료 'Increased adolescent game usage and health-related risk behaviors during the COVID-19 pandemic'을 찾아 읽어보고, 온라인 게임의 과도한 사용이 청소년들의 정신적·신체적 건강에 어떤 영향을 미치는지 분석해 보자.

관련 학과 교육계열 전체

《모럴 컴뱃》, 패트릭 M. 마키 외 1명, 나보라 역, 스타비즈(2021)

[12영I-01-06] • • •

말이나 글의 전개 방식이나 구조를 파악한다.

➡ 최근 교육 분야에서는 게임화 학습(Gamification)이 주목받고 있다. 게임의 원리와 메커니즘을 학습에 접목함으로써 학습 동기를 높이고 효과를 증대시키려는 것이다. 'Gamification in Education: Unlocking the Power of Playful Learning'이라는 기사를 찾아 읽어보고, 게임화 학습의 장단점과 효과적인 활용 방안을 탐구해 보자.

관련 학과 교육계열 전체

《교실 게이미피케이션》, 조기성 외 5명, 테크빌교육(2020)

[12영I-01-07] • • •

적절한 전략을 활용하여 다양한 매체로 된 말이나 글의 의미를 파악한다.

➡ 모션 캡처 기술은 그래픽 처리 성능과 유연성 때문에 교육용 게임 개발에 널리 사용되고 있다. 이 엔진은 복잡한 3D 모델링과 애니메이션 작업도 손쉽게 처리할 수 있어, 다양한 교육 상황과 정보를 사실적으로 시각화하는 데 도움이 된다. 관련 글 'Innovating in the classroom with real-time tools'를 읽고 모션 캡처 기술이 교육 콘텐츠 개발에 어떤 이점을 제공하는지에 대해 정리하여 발표해 보자.

관련 학과 교육계열 전체

《매체 미학》, 유원준, 미진사(2022)

[12영I-01-08] • • •

우리 문화 및 타 문화의 다양한 관점에 대해 포용하고 공감하는 태도를 가진다.

➡ 다양한 배경을 가진 학생들에게 포용적인 교육 환경을 제공하는 것은 매우 중요한 과제이다. 'Embracing Diversity To Create An Inclusive School Community'라는 글을 참고하여 학교에서 다양성 인식 교육 프로그램을 구현하는 방법에 대해서 발표해 보자.

관련 학과 교육계열 전체

《교육자를 위한 다문화교육과 세계시민교육 방법론》, 김진희, 박영스토리(2022)

단원명 | 표현

| 🔍 | 비판적 사고, 정보화 시대, 접근법, 코딩 교육, 개인적 성장, 교육 효과, 요약, 인공지능, 멘토링 프로그램, 프로젝트 제안서, 윤리적 문제, 교육학적 관점, 뉴로피드백, 다중 매체, 스토리텔링, 증강현실, 도시 설계, 미래 교육, 토의

[12영I-02-01] • • •

사실적 정보를 말이나 글로 설명한다.

➡ 비판적 사고(Critical Thinking) 능력은 정보화 시대에 핵심적으로 길러야 하는 능력 중 하나이다. 관련 글 'Developing Critical Thinking Skills in the Information Age'를 참고하여 정보화 시대 속 비판적 사고 능력의 중요성을 탐구하고, 이러한 능력을 개발하고 강화하기 위한 다양한 전략과 접근법에 대해 발표해 보자.

관련 학과 교육계열 전체

《챗GPT·바드 인공지능이 바꿔놓을 핵심역량 4가지》, 윤석만, 가디언(2023)

[12영I-02-02] • • •

경험이나 계획 또는 일이나 사건을 말이나 글로 설명한다.

➡ 최근 코딩은 더 이상 선택이 아닌 필수 기술로 간주되고 있으며 초등교육에서도 중시되고 있다. 관련 글 'How coding helps children become creative problem solvers'을 참고하여 어린이들에게 코딩 교육을 실시함으로써 얻을 수 있는 학업 성취도 향상과 개인적 성장에 대해 탐구하여 발표해 보자.

관련 학과 교육계열 전체

《두렵지 않은 코딩교육》, 하이디 윌리엄즈, 곽소아 외 1명 역, 미디어숲(2019)

[12영I-02-03] • • •

상대방을 배려하고 존중하는 태도로 자신의 의견이나 감정을 표현한다.

➡ '기술 통합 교육(Technology-Integrated Education)의 효과 분석'이라는 주제로, 최근 교육 현장에서 점점 중요해지고 있는 디지털 기술의 활용에 관해 탐구해 보자. 특히 다양한 디지털 기술(예: 가상현실, 증강현실, 인공지능 등)이 학생들의 학습 동기와 성과에 어떤 영향을 미치는지 알아보고, 이를 바탕으로 기술 통합 교육의 장점과 한계를 분석해 보자.

관련 학과 교육계열 전체

《인공지능 활용교육》, 이동국 외 6명, 테크빌교육(2023)

[12영I-02-04] • • •

듣거나 읽은 내용을 말이나 글로 요약한다.

➡ TED 영상 'The single most important parenting strategy'를 시청한 뒤, 자녀와의 의사소통에서 더 나은 부모가 되기 위해 필요한 대화 유형의 모델에 대해서 베키 케네디(Becky Kennedy)가 제안하는 내용을 요약하여 발표해 보자.

관련 학과 교육계열 전체

《디지털 자녀와 아날로그 부모를 위한 대화법》, 박선미, 따스한이야기(2020)

[12영I-02-05]

서신, 신청서, 지원서 등의 서식을 목적에 맞게 작성한다.

➡ 교육의 효과성은 학습자 개개인의 요구와 능력에 얼마나 맞추어졌느냐에 따라 크게 좌우된다. 그러나 전통적인 교육 방식에서는 모든 학생이 같은 커리큘럼을 따르므로 이러한 개별화된 접근법을 적용하기 어렵다. 이 문제를 해결하기 위해 '인공지능 기반 온라인 멘토링 프로그램 개발'에 대한 프로젝트 제안서를 'Introduction / Objectives / Methodology or Approach / Timeline or Schedule / Budget / Expected Outcomes and Impact / Conclusion and Next Steps'의 내용을 모두 포함하여 영어로 작성해 보자.

관련 학과 교육계열 전체

《AI시대 개별맞춤 미래교육, 온리원 커리큘럼》, 백다은, 열린인공지능(2023)

[12영I-02-06]

글의 구조나 내용 및 표현을 점검하고 쓰기 윤리를 준수하여 고쳐 쓴다.

➡ 앞으로는 인공지능이 학생들의 감정을 인식하여 개인화된 교육 경험을 제공하는 것이 가능해진다고 한다. 관련 자료 'Ethical issues of the use of AI-driven mobile apps for education'을 읽고 이러한 기술이 교육에 어떤 영향을 미칠 것인지, 그리고 이에 따라 생길 수 있는 윤리적 문제는 무엇일지 교육학적 관점에서 생각해 보고 글로 작성해 보자.

관련 학과 교육계열 전체

《인공지능의 윤리학》, 정재현 외 8명, 한울아카데미(2019)

[12영I-02-07]

다양한 매체와 적절한 전략을 활용하여 정보를 창의적으로 전달한다.

➡ 뉴로피드백은 뇌파를 실시간으로 측정하고 분석하여 사용자에게 자신의 뇌 상태에 대한 피드백을 제공하는 기술이다. 뉴로피드백 기술과 그것이 학습 및 집중력 향상에 어떻게 도움이 될 수 있는지를 조사해 보고, 실제로 뉴로피드백 기술을 활용하여 학생들의 집중력을 향상시키는 교육 프로그램을 어떻게 개발할 수 있을지 탐구해 보자. 탐구한 내용을 다중 매체 스토리텔링(비디오, 오디오, 애니메이션, 인포그래픽 등과 같은 다양한 매체와 전략을 활용한 정보 전달)을 통해 창의적으로 전달해 보자.

관련 학과 교육계열 전체

《뇌파와 뉴로피드백의 이해》, 전경희 외 4명, 아카데미아(2023)

[12영I-02-08]

협력적이고 능동적으로 말하기나 쓰기 과업을 수행한다.

➡ 가상과 현실을 결합하여 새로운 환경을 만들어내는 증강현실(AR) 기술을 활용하여 도시 설계 개념을 학습하고, 실제 도시 환경에 어떻게 적용할 수 있는지를 체험하는 과정을 예측해 보자. 관련 글 'Virtual Reality Urban Planning'을 읽어보고, 증강현실 도구의 활용이 학습자들의 학습 동기, 참여도, 이해도를 어떻게 증진

국어 교과군

영어 교과군

수학 교과군

도덕 교과군

사회 교과군

과학 교과군

할 수 있는지를 분석해 보고, 이러한 방법이 미래의 교육 방법에 어떤 변화를 가져올지에 대해 토의해 보자.

관련 학과 교육계열 전체

《메타버스 교육백서 2권》, 김규섭 외 11명, 지오북스(2022)

국어 교과군

영어 교과군

수학 교과군

도덕 교과군

사회 교과군

부록 교과군

선택 과목	수능	영어 II	절대평가	상대평가
일반 선택	○		5단계	5등급

단원명 | 이해

> 🔍 세부 정보, 주제, 요지, 심정, 의도, 논리적 관계, 추론, 함축된 의미, 맥락, 전개 방식, 구조, 매체 자료, 전략, 문화, 관점, 포용, 공감, 태도, 어조, 목적, 소통 방식, 행동, 성격, 억양, 표현

[12영II-01-01] • • •

다양한 주제에 대한 말이나 글의 세부 정보를 파악한다.

➡️ 그린워싱은 기술 교육과 과학 교육에서 중요한 주제로 다뤄질 수 있다. 예를 들어 학생들은 환경 문제와 기술의 발전이 어떻게 연결되는지 배우며, 기술이 친환경적인 방식으로 활용될 수 있는 방안을 연구하게 된다. 기술 교육에서는 실제로 친환경적인 소재와 공정을 사용하는 방법을 학습하고, 과학 교육에서는 그린워싱을 과학적 데이터로 분석하는 능력을 키우는 것이 중요하다. 이를 통해 학생들은 기업의 환경 주장을 비판적으로 평가하고, 과학적 증거를 기반으로 지속가능한 기술 개발을 추구하는 방법을 배우게 된다. 그린워싱의 문제점을 분석하고, 이를 해결하기 위한 방안을 영어로 작성해 보자.

관련 학과 교육계열 전체

《**그린워싱 주의보**》, 이옥수, 스리체어스(2022)

[12영II-01-02] • • •

말이나 글의 주제나 요지를 파악한다.

➡️ TED는 영어 학습에 매우 유용한 학습 도구가 될 수 있다. 다양한 주제의 강연을 통해 학생들은 실생활에서 쓰이는 자연스러운 영어 표현을 배우고, 다양한 발음과 억양을 접하며 듣기 능력을 향상시킬 수 있다. 또한 흥미로운 강연 주제를 통해 비판적 사고와 토론 능력을 기르고, 자신의 의견을 영어로 표현하는 기회를 가질 수 있다. 대표적인 강연의 예로, 영국 교육학자 켄 로빈슨의 'Do schools kill creativity?(학교가 창의력을 없애는가?)'가 있다. 이 강연에서는 학교가 창의력을 억누르는 방식에 대해 이야기하고 있다. 해당 영상 또는 자신이 관심 있는 영상을 시청하고 요지를 정리하여 영어로 발표해 보자.

관련 학과 교육계열 전체

《**TED 프레젠테이션**》, 제레미 도노반, 김지향 역, 인사이트앤뷰(2020)

[12영II-01-03] • • •

말이나 글에 나타난 화자, 필자, 인물 등의 심정이나 의도를 추론한다.

➡️ 인터뷰 교육은 학생들이 효과적으로 자신의 생각을 표현하고, 타인의 의견을 경청하는 능력을 키우는 데 유용

한 교육 방법이다. 인터뷰는 단순한 질문과 답변을 넘어, 상대방의 생각과 경험을 깊이 이해하고 공감하는 과정을 포함한다. 이러한 활동은 학생들이 의사소통 능력, 비판적 사고, 공감 능력을 기르는 데 도움이 된다. 또한 인터뷰 준비 과정에서 논리적으로 질문을 구성하고 대화를 이끌어가는 방법을 익히게 되며, 이는 실생활에서도 중요한 소통 기술로 활용된다. 관심 있는 분야와 관련된 인터뷰를 선택해 전반적인 상황과 맥락을 이해하면서, 말이나 글에 명시적으로 드러나지 않은 화자의 심정이나 어조, 의도나 목적을 추론하여 발표해 보자.

`관련 학과` 교육계열 전체

《**지승호, 더 인터뷰**》, 지승호, 비아북(2015)

[12영II-01-04]   • • •

말이나 글에서 일이나 사건의 논리적 관계를 추론한다.

➡️ 신경학자 올리버 색스의 《아내를 모자로 착각한 남자》는 뇌의 이상으로 인해 독특한 인식 오류를 경험하는 환자들의 사례를 다루었다. 이 책은 교육적으로 중요한 시사점을 제공하는데, 특히 인간의 지각과 인지가 얼마나 다양하게 작용할 수 있는지를 이해하는 데 도움이 된다. 교육에서는 이러한 다양한 인지적 차이를 이해하고, 학생들이 각자 다른 방식으로 세상을 인식할 수 있음을 인지하는 것이 중요하다. 《아내를 모자로 착각한 남자》에서 보여주는 사례를 통해 인간 인지의 복잡성과 다양성에 대해 탐구하고, 이를 바탕으로 포용적 교육의 필요성을 영어로 작성해 보자.

`관련 학과` 교육계열 전체

《**아내를 모자로 착각한 남자**》, 올리버 색스, 조석현 역, 알마(2016)

[12영II-01-05]   • • •

말이나 글의 맥락을 바탕으로 함축된 의미를 추론한다.

➡️ 영어 문장에서 비유적 표현을 이해하는 능력은 교육에서 매우 중요한 역할을 한다. 특히 기사나 문학작품에서는 비유적 표현이 자주 사용되어 글의 깊이와 의미를 전달한다. 예를 들어 교육 관련 기사에서 "bridging the gap"이나 "leveling the playing field"와 같은 표현은 단순히 물리적인 의미가 아니라, 교육의 불평등을 해소하거나 기회를 균등하게 만드는 노력을 함축적으로 나타낸다. 학생들은 이러한 비유적 표현을 이해함으로써 영어 기사나 텍스트에서 전달하고자 하는 함축적 의미를 정확히 파악하고, 더 깊은 비판적 사고 능력을 기를 수 있다. 교육에서 비유적 표현의 의미를 추론하는 훈련의 중요성을 탐구하고 이를 영어로 작성해 보자.

`관련 학과` 교육계열 전체

《**문예 비창작: 디지털 환경에서 언어 다루기**》, 케네스 골드스미스, 길예경 외 1명 역, 워크룸프레스(2023)

[12영II-01-06]   • • •

다양한 유형의 말이나 글의 전개 방식이나 구조를 파악한다.

➡️ 경계선 지능이란 '경계선 지적 기능(Borderline intellectual functioning)'의 줄임말로, 표준화 지능 검사상 IQ 70~85 사이에 속하며 적응 능력 일부에 손상이 있지만, 그 정도가 IQ 74 이하의 지적장애에서 보이는 것처럼 심하지 않은 사람을 말한다. 전체 인구의 13.5%가 경계선 지능에 포함되며, 현실적으로 IQ 70~79의 사람들이 경계선 지능에 해당된다고 한다. 경계선 지능인 학생은 저마다 고유한 학습 스타일과 필요를 가지고 있기에, 학교는 각 학생의 강점과 약점을 파악해 그에 맞는 교육을 제공해야 하며, 학습에 어려움을 겪을 수 있으므로 교사, 부모 및 기타 전문가의 지원이 필요하다. 경계선 지능에 해당하는 학생의 교육과 관련된 영문의 글을 읽고 글의

구조를 파악하여 이를 설명해 보자.

관련 학과 교육계열 전체

《**경계선 지능 아동의 정서사회성**》, 정하나 외 5명, 이담북스(2021)

[12영II-01-07]   •••

적절한 전략을 적용하여 다양한 매체 자료의 말이나 글을 이해한다.

➔ 유럽의 중동계 이민자들은 교육에서 다양한 도전에 직면하고 있다. 언어 장벽, 문화적 차이, 경제적 어려움 등
이 이민자 학생들이 교육에 완전히 적응하는 데 장애가 될 수 있다. 이러한 문제로 인해 중동계 이민자 학생들
은 학업 성취도가 낮아지거나, 학교 내 차별과 편견을 경험하기도 한다. 또한 일부 교육 시스템에서는 이민자
배경의 학생들을 위한 맞춤형 지원이 부족하여 이들이 교육의 기회를 충분히 누리지 못하는 경우도 있다. 유럽
에서의 중동계 이민자 교육 문제와 이를 해결하기 위한 교육적 지원 방안을 조사하고, 이를 영어로 요약하여
작성해 보자.

관련 학과 교육계열 전체

《**연을 쫓는 아이**》, 할레드 호세이니, 왕은철 역, 현대문학(2022)

[12영II-01-08]   •••

다양한 문화와 관점에 대해 포용하고 공감하는 태도를 가진다.

➔ 교육 제도는 국가마다 역사적·문화적·정치적·경제적 요인 등에 의해 각기 다르게 형성되어 왔다. 각 국가마다
고유한 역사, 문화, 정치, 경제 상황이 존재하기 때문에, 그에 적합한 교육 제도가 발전할 수밖에 없다. 영국과
미국의 의무교육은 5~6세부터 16세까지이며, 국가가 운영하는 공립학교와 개인이 운영하는 사립학교가 있다.
독일의 교육 제도는 모든 학생들에게 평등한 교육 기회를 제공하는 것을 목표로 하고 있다. 관심 있는 국가의
교육 제도를 조사하고, 그 특징을 한국과 비교하여 영어로 작성해 보자.

관련 학과 교육계열 전체

《**"OECD 교육 2030" & "2022 개정 교육과정" 미래 교육 나침반**》, 지미정, 앤써북(2023)

단원명 | **표현**

🔍 의사소통, 목적, 맥락, 적절한 언어 사용, 표현, 효과적 정보 전달, 의견 교환, 표현 전략, 종합적 사고,
지식과 경험 융합, 상호 협력, 소통, 문제 해결 능력, 적극적 태도

[12영II-02-01]   •••

다양한 주제에 대한 사실적 정보를 말이나 글로 설명한다.

➔ 한국은 세계에서 출산율이 가장 낮은 국가로, 이는 여러 가지 사회적·경제적 요인에 기인한다. 고용 불안정, 주
거 문제, 여성의 경력 단절, 결혼과 출산에 대한 사회적 압박 등이 출산율 감소에 영향을 미치는 주요 요인으로
지적되고 있다. 이와 연관되어 한국의 교육체제는 매우 경쟁적이며, 학생들은 입시에 대한 과도한 학업 부담을
지고 있다. 이러한 교육 시스템은 학생들에게 큰 스트레스를 주며, 결국 젊은 세대가 결혼과 출산을 기피하는

요인 중 하나가 되고 있다. 저출산과 교육의 관계를 조사하여 이를 영어로 설명해 보자.

관련 학과 교육계열 전체

《K 저출산의 불편한 진실》, 최해범, 타임라인(2023)

[12영II-02-02] •••

지식과 경험을 활용하여 자신의 감상이나 느낌을 표현한다.

➜ 미국의 College application essay는 학생들이 대학에 지원할 때 작성하는 중요한 자기소개서로, 학생 개개인의 독창성, 열정, 인성과 같은 다양한 면모를 보여줄 수 있는 수단이다. 이는 단순한 성적이나 점수 외에 학생의 배경, 가치관, 삶의 경험 등을 평가하려는 미국 교육 시스템의 특징을 반영한다. 이 에세이를 통해 학생들은 자신의 경험과 목표를 논리적이고 창의적으로 표현하는 능력을 기르고, 비판적 사고 능력 함양과 자기 성찰의 기회를 갖게 된다. College application essay가 미국 교육에서 왜 중요한지, 그 교육적 효과를 분석하고 자신의 의견을 발표해 보자.

관련 학과 교육계열 전체

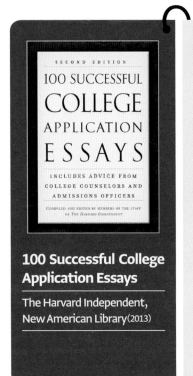

100 Successful College Application Essays

The Harvard Independent, New American Library(2013)

책 소개

이 책에는 하버드, 예일, 브라운, 컬럼비아, 웰슬리, 포모나 및 기타 우수한 학교에 입학하는 데 도움이 된 에세이와 미국 최고 교육기관의 입학, 진학 및 대학 상담 전문가들의 귀중한 코멘트가 담겨 있다. 그리고 전문가의 해설이 포함된 100편의 에세이, 일반적인 주제와 독특한 주제의 예시, 외국 태생 학생들의 이민자 경험에 관한 에세이 및 대학 입학처장의 조언 등이 실려 있다.

세특 예시

'지식을 활용하여 자신의 감상 표현하기' 활동에서 '100 Successful College Application Essays(The Harvard Independent)'를 읽고, 같은 고등학생의 입장에서 가장 감명 깊은 에세이 한 편을 선정하여 그 내용을 소개하는 활동을 진행함. 해당 내용을 설명하고 어떤 점에서 감명 깊었는지를 소개하는 북 트레일러를 제작하여 공유함. 해당 동영상이 탁월한 내용 선정 및 단순한 에세이 내용 요약에 그치지 않고, 자신의 경험과 연결하여 진솔한 감상을 표현하여 동료들의 공감과 감동을 얻어내는 데 성공함.

[12영II-02-03] •••

상대방을 배려하고 존중하는 태도로 자신의 의견이나 주장을 제시한다.

➜ '던바의 수(Dunbar's Number)'는 인간이 안정적인 사회적 관계를 유지할 수 있는 사람 수의 한계가 약 150명이라는 개념이다. 이 이론은 학교 교육에서도 중요한 시사점을 제공한다. 예를 들어 학급의 규모가 너무 커지면 학생들이 교사와 깊이 있는 관계를 형성하기가 어려워져서 학업 성취와 사회적 발달에 부정적 영향을 미칠 수 있다. 작은 학급은 학생들이 서로를 더 잘 이해하고, 교사와 학생 간의 상호작용을 강화하며, 안정적이고 포용적인 학습 환경을 조성하는 데 도움이 된다. '던바의 수'가 학교 교육에 미치는 영향을 탐구하고, 자신의 의견을 영어로 발표해 보자.

관련 학과 교육계열 전체

《**침팬지 폴리틱스**》, 프란스 드 발, 장대익 외 1명 역, 바다출판사 (2018)

[12영II-02-04] ● ● ●

다양한 주제에 대해 듣거나 읽은 내용을 재구성하여 요약한다.

➡ 홈스쿨링이란 부모가 자녀의 교육을 책임지고 가정에서 직접 가르치는 교육 방법을 말한다. 미국 전체 학생의 약 5%가 홈스쿨링을 하고 있으며 홈스쿨링 제도는 주마다 약간의 차이가 있지만, 일반적으로 부모의 자격 요건, 교육 계획, 교육 진도 확인 등의 요건이 있다. 이에 반해 독일은 홈스쿨링이 불법이며, 부모에 대한 형사 처벌에다 제도권 학교 강제 진학 명령까지 떨어진다. 관심 있는 국가의 대안 교육 제도를 조사하고 소개해 보자.

관련 학과 교육계열 전체

《**덴마크 행복교육**》, 정석원, 뜨인돌 (2019)

[12영II-02-05] ● ● ●

적절한 전략을 활용하여 논리적으로 대상을 설득한다.

➡ 메타분석과 AI의 발전은 교육 연구와 실천에 큰 변화를 가져오고 있다. 메타분석을 통해 교육 방법이나 정책의 효과성을 과학적으로 검증할 수 있으며, AI는 방대한 교육 데이터를 분석하여 보다 빠르고 정확하게 메타분석을 수행할 수 있도록 돕는다. 예를 들어 AI를 활용한 메타분석은 학생의 성취도와 학습 방식, 교육 환경과 같은 다양한 변수를 종합적으로 분석하여 최적의 교육 방안을 제시하는 데 유용하다. 관심 있는 교육 이론을 메타분석을 활용하여 분석하고 이를 발표해 보자.

관련 학과 교육계열 전체

《**쉽고 편하게 메타분석**》, 김지형, 북앤에듀 (2019)

[12영II-02-06] ● ● ●

자기소개서, 이력서, 보고서 등의 서식을 목적에 맞게 작성한다.

➡ 번아웃 증후군은 과도한 업무나 스트레스로 인해 일의 의미와 목적을 상실하고, 육체적·정신적·정서적으로 피로감을 느끼는 상태를 말한다. 번아웃 증후군의 증상으로는 업무에 대한 의욕과 동기 상실, 육체적·정신적·정서적 피로감, 집중력 저하, 의사결정력 저하, 우울감, 불안감, 수면 장애, 소화 장애 등이 있다. 학생들이 겪는 번아웃 증후군에 대해 조사하여 영문 보고서를 작성해 보자. 일반적인 영문 보고서는 제목 페이지(Title Page), 요약(Abstract)과 목차(Table of Contents), 주요 내용을 설명하는 본문(Body), 주요 내용을 요약하고 결론을 도출하는 결론(Conclusion)과 참고 문헌(References)의 서식에 맞춰 작성한다.

관련 학과 교육계열 전체

《**번아웃의 종말**》, 조나단 말레식, 송섬별 역, 메디치미디어 (2023)

[12영II-02-07] ● ● ●

글을 쓰는 과정에서 글의 내용과 형식을 점검하고 쓰기 윤리를 준수하여 고쳐 쓴다.

➡ 독도는 대한민국의 고유 영토이지만, 일본이 독도를 자국의 영토라고 주장하면서 국제 분쟁의 대상으로 인식

되고 있다. 대한민국 정부는 독도가 역사적·지리적·국제법적으로 명백한 대한민국 고유의 영토이며, 독도에 대한 영유권 분쟁은 존재하지 않고 외교 교섭이나 사법적 해결의 대상이 될 수 없음을 밝히고 있다. 그러나 일본은 다양한 방법으로 독도를 분쟁 대상으로 만들기 위한 시도를 해오고 있다. 영어 뉴스를 조사하여 이 현상을 살펴보고 자신의 전공 과목에서 학교 현장에 적용할 수 있는 방안을 탐구해 보자. 뉴스의 근거가 타당하지 않은 경우 또한 살펴보자.

관련 학과 교육계열 전체

《독도의 해양 생태계 및 국제관계》, 김기태, 희담(2023)

[12영II-02-08] • • •

다양한 매체를 활용하여 정보를 창의적이고 효과적으로 전달한다.

❯ 훈육은 아동의 잘못된 행동을 교정하고 바람직한 행동을 가르치는 것을 말한다. 이는 부모의 역할 중 하나이며, 아동의 성장과 발달에 중요한 영향을 미친다. 훈육 방식은 크게 체벌과 비체벌로 나눌 수 있는데 체벌은 신체적 고통을 가하는 방법으로, 때리기, 손찌검, 폭언 등이 해당된다. 비체벌은 신체적 고통을 가하지 않는 방법으로, 꾸중하기, 타임아웃, 대화하기 등을 예로 들 수 있다. 현재 체벌은 위법의 여지가 많고 장기적으로 부정적인 효과를 낼 수 있어 극히 제한된 경우가 아니면 고려되고 있지 않다. 자신이 관심 있는 훈육 방식에 대해 조사하여 이를 영어로 설명해 보자.

관련 학과 교육계열 전체

《우리 아이 기질 맞춤 양육 매뉴얼》, 정가은, 서사원(2023)

[12영II-02-09] • • •

원활한 의견 교환을 위해 협력적이고 능동적으로 의사소통 활동에 참여한다.

❯ 디지털 기기는 교육에 유용한 도구가 될 수 있지만, 지나치게 사용할 경우 학생들의 집중력을 저하시킬 수 있다. 디지털 기기의 과도한 사용은 짧은 시간에 다양한 정보를 제공해 주의 산만을 유발할 수 있으며, 이는 깊이 있는 학습과 사고를 방해할 수 있다. 반면 교육적으로 적절히 활용한다면 학생의 흥미를 높이고, 학습 자료에 쉽게 접근하게 하여 학습 효과를 높일 수 있다. 따라서 교육에서는 디지털 기기의 장점을 살리면서도 학생들의 집중력을 유지할 수 있도록 균형 잡힌 접근이 필요하다. 디지털 기기의 사용이 학생들의 집중력과 학습에 미치는 영향을 탐구하고, 해결 방안을 영어로 발표해 보자.

관련 학과 교육계열 전체

《도둑맞은 집중력》, 요한 하리, 김하현 역, 어크로스(2023)

선택 과목	수능	영어 독해와 작문	절대평가	상대평가
일반 선택	X		5단계	5등급

단원명 | 독해

| 🔍 | 세부 정보, 주제, 요지, 심정, 의도, 논리적 관계, 함축적 의미, 맥락, 배경지식, 전개 방식, 구조, 매체, 읽기 전략, 공감적 이해, 포용적 태도, 문화적 감수성, 자기 주도적 읽기, 의사소통 방식, 사고방식, 장르, 다양한 문화, 목적, 글의 의미 파악, 다양한 지식 습득, 다양한 정보 습득, 내용 파악, 추론, 비판적 수용, 지식 정보 활용, 문화의 다양성 |

[12영독01-01] ● ● ●

글의 세부 정보를 파악한다.

➔ 이그노벨상이 창의적이고 재미있는 접근을 통해 학문의 새로운 가능성을 조명하듯, 교육계에서도 창의성과 비판적 사고, 그리고 흥미와 학습의 조화가 중요하다. 교육계열에 진학하려는 학생들은 문제를 다각도로 바라보는 사고방식을 기르고, 학습자들에게 재미와 흥미를 유발하는 교육 방법을 고민하며, 다양한 학습 방식과 학생 개개인의 차이를 수용하는 폭넓은 시야를 갖추는 것이 필요하다. 이러한 태도는 단순히 지식을 전달하는 교육을 넘어, 학습자들에게 깊은 영감을 주는 창의적이고 효과적인 교육자로 성장하는 데 밑거름이 될 것이다. 교육에 활용할 수 있는 이그노벨상을 조사하고 이를 영어로 발표해 보자.

관련 학과 교육계열 전체

이그노벨상 읽어드립니다

김경일 외 2명, 한빛비즈(2022)

책 소개

이그노벨상은 전통적인 노벨상과는 달리, 일반적으로 특이하거나 특별한 연구와 발명에 주어지는 상이다. 이 책은 이그노벨상을 수상한 다양한 연구와 발명을 소개하고, 그 연구의 배경, 목적, 그리고 결과에 대해 깊이 있게 탐구하는 내용을 담고 있다. 각 챕터에서는 한 가지 주제에 대한 이그노벨상 수상 작을 소개한다. 예를 들어 1장에서는 '욕이 약이 될 수 있을까?'라는 주제로 욕이 스트레스를 해소하고 면역력을 높이는 데 도움이 될 수 있다는 연구를 소개하고 있다. 2장에서는 '저주 인형은 정말 효과가 있을까?'라는 주제로 저주 인형의 효과를 실험한 연구를 소개하는 등 독자가 독특한 관점을 가지고 세상을 바라볼 수 있도록 돕는다.

세특 예시

'이그노벨상 읽어드립니다(김경일 외 2명)'를 통해 독특하고 창의적인 교육 관련 연구들의 세부 내용을 영어로 탐구함. 특히 교육학 및 심리학 분야의 이그노벨상 수상 연구들에 큰 관심을 보이며, 각 연구의 방법론과 결과를

세밀히 분석함. 2000년 심리학상을 수상한 '아이들이 채소를 더 좋아하게 만드는 방법' 연구의 세부 내용을 파악하며, 교육심리학의 원리와 실제 교육 현장에서의 응용 가능성을 탐구함. 이 과정에서 학습 동기, 인지 발달, 행동 수정 등과 관련된 영어 전문 용어를 학습하고, 연구 결과를 요약하는 능력을 향상시킴. 또한 이 연구가 학교 급식 프로그램과 영양 교육에 미칠 수 있는 영향을 분석하며, 교육 정책적 시사점을 도출함.

[12영독01-02] ● ● ●

글의 주제나 요지를 파악한다.

➡ 딥러닝(Deep Learning)은 인공지능의 한 분야로, 대량의 데이터를 학습하여 패턴을 인식하고 예측하는 기술이다. 교육적인 차원에서 볼 때, 딥러닝은 대량의 데이터를 빠르게 처리하여 학생들의 학습 효율성을 높이고, 기존의 방식으로는 불가능했던 새로운 방식의 학습을 가능하게 한다. 또한 시간과 장소에 구애받지 않고 학습할 수 있다는 장점이 있는 반면, 학생들이 잘못된 정보를 학습하게 될 수 있다는 우려도 있다. 딥러닝과 관련된 글을 읽고, 이를 자신의 희망 전공 분야와 연관시켜 정리하여 발표해 보자.

관련 학과 교육계열 전체

《디지털 소양을 기르는 인공지능 수업디자인》, 박재찬, 테크빌교육(2023)

[12영독01-03] ● ● ●

화자나 필자의 심정이나 의도를 추론한다.

➡ 시적인 노래 가사로 화자의 심정이나 의도를 추론하는 경우, 노래 가사에는 다양한 어휘와 표현이 사용되므로 어휘와 표현의 의미를 이해하고 문맥을 파악하며, 화자의 과거 행동이나 발언을 살펴보는 것이 도움이 될 수 있다. 밥 딜런은 2016년에 미국 가요 전통 안에서 참신하고 시적인 표현들을 창조해 낸 공로를 인정받아 가수로서 최초로 노벨문학상을 수상했다. 그의 대표작으로는 〈Blowin' In The Wind〉가 있다. 이 곡의 가사를 바탕으로 화자의 심정을 추론해 보자.

관련 학과 교육계열 전체

《밥 딜런: 시가 된 노래들 1961-2012》, Bob Dylan, 황유원 역, 문학동네(2016)

[12영독01-04] ● ● ●

글의 구조를 고려하여 내용의 논리적 관계를 파악한다.

➡ 《평균의 종말》은 2018년에 출간된 토드 로즈의 책이다. 이 책은 평균이 모든 사람에게 적용되지는 않으며, 사람은 저마다 고유한 재능과 능력을 지녔다고 주장한다. 평균은 단지 한 집단 내 사람들의 평균적인 성능을 나타내는 지표일 뿐이며, 개인의 능력을 평가하는 데는 적합하지 않다는 것이다. 로즈는 평균의 종말이 교육, 비즈니스, 사회 등 다양한 분야에 영향을 미칠 것이라고 말한다. 평균에 맞추어 교육을 받으면 개인의 잠재력을 발휘할 수 없고, 평균에 맞추어 비즈니스를 운영하면 경쟁에서 뒤처질 수 있고, 평균에 맞추어 사회를 운영하면 불평등이 심화될 수 있다고 한다. 이 책의 한 챕터를 읽고 글의 논리적 관계를 파악하여 발표해 보자.

관련 학과 교육계열 전체

평균의 종말

토드 로즈, 정미나 역,
21세기북스(2021)

국어 교과군
영어 교과군
수학 교과군
도덕 교과군
사회 교과군
과학 교과군

책 소개

《평균의 종말: 평균이라는 허상은 어떻게 교육을 속여왔나》(토드 로즈)의 원제는 'The End Of Average'이다. 이 책은 '평균'이라는 개념이 우리 사회, 특히 교육 분야에서 어떻게 잘못된 기준으로 사용되어 왔는지를 중점적으로 다루며, 평균을 기반으로 한 표준화된 교육 시스템이 개개인의 독특한 능력과 잠재력을 억제하고 있다고 주장한다. 저자는 교육, 경력, 그리고 일상생활에서의 '평균'에 대한 잘못된 인식을 바로잡고, 각 개인의 독특한 가치와 잠재력을 인정하고 발휘할 수 있게 하는 새로운 접근 방식을 제시하고 있다.

세특 예시

'평균의 종말(토드 로즈)'을 읽고 평균 중심 사고의 한계와 개인화 접근법의 사회적 의미를 심도 있게 분석함. 특히 '재능의 비정규성'과 '맥락의 원칙' 개념을 현대 사회의 교육 불평등과 노동 시장 문제에 연결 지어 날카로운 통찰력을 드러냄. 영어로 작성한 정책 제안서에서는 개인화된 교육 시스템과 유연한 노동 정책을 제안하며, 이를 통해 사회적 형평성과 효율성을 동시에 제고할 수 있는 방안을 논리적으로 제시함.

[12영독01-05] ● ● ●

글의 맥락과 배경지식을 활용하여 함축적 의미를 추론한다.

➡ 명언은 깊은 의미를 담은 짧은 문장의 말로, 비유적인 표현으로 삶의 지혜를 제공하고 동기를 부여하며 위로를 전해주기도 한다. 그 예로 아리스토텔레스의 "The roots of education are bitter, but the fruit is sweet.(교육의 뿌리는 쓰지만, 열매는 달다.)"라는 명언이 있다. 교육의 과정은 때로는 지루하고 힘들 수 있다. 새로운 것을 배우기 위해서는 노력과 시간이 필요하기 때문이다. 하지만 교육을 통해 얻은 지식과 지혜는 큰 힘이 되어준다. 그것은 우리에게 더 나은 삶을 살 수 있는 기회를 제공하고, 세상을 더 넓게 볼 수 있게 한다. 또 다른 명언을 찾아 맥락과 배경지식을 활용하여 설명해 보자.

관련 학과 교육계열 전체

《나를 살리는 인생 영어 명언 100》, 필미필미TV, 넥서스(2022)

[12영독01-06] ● ● ●

글의 전개 방식이나 구조를 파악한다.

➡ 신문 사설(editorial)은 신문의 공식적인 입장을 나타내는 글로서, 그 내용은 해당 신문사의 편집 정책, 가치관, 그리고 관점을 반영한다. 신문 사설은 독자들에게 신문사의 관점을 분명히 전달하려는 목적으로 작성되기 때문에, 논리적 구조와 객관적 사실에 기반하여 설득력 있게 전달되어야 한다. 반면 독자의 입장에서는 항상 신문 사설이 해당 신문사의 입장을 대변하는 것임을 인식하고, 다양한 출처의 정보와 다른 관점을 참고하여 균형 잡힌 판단을 내려야 한다. 관심 분야의 신문 사설을 읽고 글의 전개 방식과 구조를 파악하여 글의 의도와 적절함을 밝혀보자.

관련 학과 교육계열 전체

《어나더미닝》, 김지성, 생각비행(2019)

다양한 매체로 표현된 정보를 파악한다.

➡️ 정보 통신 기술의 발달로 온라인 매체가 급부상하면서 소셜 미디어를 활용한 디지털 광고가 확산되고 개인화 광고가 주류를 이루고 있다. 특히 온라인 광고는 타기팅이 용이하고, 측정이 쉬우며, 효율성이 높다는 장점이 있다. 관심 있는 분야에서 온라인 광고가 어떻게 활용되는지를 조사하여 영어로 제공되는 온라인 광고를 제시하고, 그 효과와 타깃 등을 발표해 보자.

관련 학과 교육계열 전체

《**무기가 되는 스토리**》, 도널드 밀러, 이지연 역, 윌북(2018)

다양한 의견과 문화에 대한 공감적 이해와 포용적 태도를 가진다.

➡️ 문화는 교육 방식에 큰 영향을 미친다. 각 문화에는 고유한 가치관과 규범이 있으며, 이는 교육 방식에 반영된다. 서양 문화에서는 일반적으로 개인의 창의성과 독립성을 강조하는 교육 방식을 선호하는 반면에, 이슬람 문화에서는 종교적 가치관을 바탕으로 한 교육 방식을 통해 이슬람의 가르침을 배우고, 이슬람 사회에서 살아가는 데 필요한 지식을 습득하는 등 각 문화에 따라 교육 방식의 차이가 크다. 자신이 관심 있는 국가 또는 문화의 교육 방식과 그 배경 등을 해당 문화와 관점에 대한 공감적 이해를 바탕으로 조사하고 그 내용을 발표해 보자.

관련 학과 교육계열 전체

세계 종교의 교육적 독해

신창호, 우물이있는집(2019)

책 소개

이 책은 세계 6대 종교인 유교, 불교, 힌두교, 유대교, 기독교, 이슬람교의 교육의 이념과 가치를 정리한 책이다. 저자는 각 종교별로 자신의 입장에서 교육에 관한 이론과 이념을 정리하였고, 각 종교를 비교하면서 교육적인 가치를 높이려고 하였다. 한 종교에 매몰되지 않고 여러 종교를 두루 살펴보면서, 젊은 연구가들과 함께 각 종교의 교육적 장점과 특징을 연구하여 그 결과를 공유하고 있다.

세특 예시

주제 탐구 프로젝트에서 '교육과 종교'를 주제로 정하여 '세계 종교의 교육적 독해(신창호)'를 읽고 영어 독서 탐구활동을 수행함. 다양한 종교의 교육적 가치와 문화적 영향을 탐구하며, 영어로 비평적 서평을 작성하는 과정을 통해 언어 능력과 문화적 이해력을 증진시킴. 다양한 종교적 관점과 문화에 대한 공감적 이해와 포용적 태도를 기르는 데 중점을 둠. 책의 주요 내용을 영어로 요약하고 분석하는 과정에서 종교 관련 전문 용어와 개념을 영어로 정확히 표현하는 능력을 향상시킴. 각 종교의 교육 철학과 방법론을 비교·분석하여 영어로 체계적으로 정리하고, 이를 바탕으로 현대 교육에 대한 시사점을 도출하는 비평적 사고력을 보여줌.

[12영독01-09] • • •

적절한 읽기 전략을 적용하여 자기 주도적으로 읽기 활동에 참여한다.

➔ 하퍼 리(Harper Lee)의 소설 《앵무새 죽이기(To Kill a Mockingbird)》는 성장소설의 고전이며 미국의 인종차별과 정의에 대한 고전적인 작품으로 평가받고 있다. 이 작품은 1930년대 미국의 가상의 마을인 메이콤 카운티를 배경으로, 어린 소녀 스카웃이 아버지인 변호사 아티커스 핀치가 흑인 남성의 성폭행 혐의를 변호하는 과정을 통해, 인종차별과 정의에 대한 문제를 깨닫는 과정을 그리고 있다. 이 작품은 어린 소녀 스카웃의 성장과 성숙을 통해 인종차별과 정의에 대한 문제를 탐구하고 있어 교육 관련 작품으로 항상 추천되는 작품이다. 또한 해당 작품은 저작권이 만료되어 손쉽게 원문을 접할 수 있다. 한 학기 한 권 읽기 프로젝트로 해당 서적 또는 자신이 관심 있는 학과와 관련된 영어 원서를 매일 조금씩 읽고 서평을 써보자.

`관련 학과` 교육계열 전체

《**앵무새 죽이기**》, 하퍼 리, 김욱동 역, 열린책들(2015)

단원명 | 작문

|🔍| 다양한 정보, 효과적 표현, 글의 목적, 맥락, 글의 의미 구성, 효과적 정보 전달, 의견 교환, 쓰기 전략, 자기 주도적 태도, 작문, 문화의 다양성, 이해, 포용적 태도, 협력적 문제 해결

[12영독02-01] • • •

다양한 주제에 대한 사실적 정보를 글로 설명한다.

➔ R. J. 팔라시오의 《원더(Wonder)》는 교육적으로 큰 가치를 지닌 소설로, 특별한 외모 때문에 차별을 받는 소년의 이야기를 다루었다. 이 작품은 차별과 편견을 넘어서는 용기, 우정, 공감, 그리고 자기 수용의 중요성을 전해준다. 《원더》는 교육 현장에서 다양성과 포용성에 대한 논의를 촉진하며, 학생들이 타인의 고통과 차이를 이해하고 공감할 수 있도록 돕는다. 특히 주인공 '어거스트(어기)'의 이야기는 학생들이 다른 사람의 입장에서 생각해 보는 기회를 제공해 인성 교육에도 유용하다. 《원더》의 교육적 메시지와 활용 방안을 탐구하고, 이를 영어로 요약하여 작성해 보자. 한 학기 한 권 읽기 프로젝트로 해당 서적 또는 자신이 관심 있는 학과와 관련된 영어 원서를 매일 조금씩 읽고 서평을 써보자.

`관련 학과` 교육계열 전체

《**Wonder**》, R. J. Palacio, Random House USA Inc.(2014)

[12영독02-02] • • •

자신의 경험이나 계획, 사건을 글로 설명한다.

➔ 통합 학급은 다양한 배경과 능력을 가진 학생들이 함께 학습하는 학급으로, 학생들이 포용성과 협력의 중요성을 배울 수 있는 교육적 경험을 제공한다. 통합 학급에서는 특수교육이 필요한 학생과 일반 학생이 함께 생활하며 서로의 차이를 이해하고 존중하는 법을 배운다. 이러한 환경은 학생들이 공감 능력을 키우고, 개개인의 다양한 필요를 고려하는 학습 분위기를 조성하는 데 도움을 준다. 통합 학급과 관련된 직간접적인 경험을 영어로 표현해 보자.

관련 학과 교육계열 전체
《**함께 성장하는 통합교실 이야기**》, 천경호, 학교도서관저널(2024)

[12영독02-03] • • •

포용적 태도로 자신의 의견이나 감정을 제시한다.

⊙ 포용적 교육(inclusive education)은 모든 학생이 차별 없이 자신의 배경, 능력, 필요에 따라 학습할 수 있는 환경을 제공하는 것을 목표로 한다. 포용적 교육은 특수교육이 필요한 학생뿐만 아니라 다양한 문화적·사회적 배경을 가진 학생들이 함께 학습하며 서로의 차이를 존중하는 법을 배우는 데 중점을 둔다. 이를 통해 학생들은 공감 능력과 협력의 가치를 체득하며, 보다 평등한 사회를 위한 기반을 다질 수 있다. 포용적 교육의 개념과 실천 방안을 조사하고 자신의 의견을 영어로 발표해 보자.

관련 학과 교육계열 전체
《**프로페셔널 스튜던트**》, 김용섭, 퍼블리온(2021)

[12영독02-04] • • •

읽은 내용을 재구성하여 요약한다.

⊙ 디스토피아는 현실 세계와는 달리 인간의 자유와 권리가 제약되고, 삶이 고통스럽고 불행한 사회를 말한다. 디스토피아를 묘사하는 작가들은 현실 세계의 빈부 격차, 환경 오염, 전쟁, 정치적 독재 등과 같은 문제를 고발하고 사회의 변화를 촉구하거나, 인간의 본성, 자유와 억압, 희망과 절망 등의 주제를 탐구하고 독자들에게 사색의 기회를 제공한다. 자신이 전공하고자 하는 분야와 관련된 디스토피아 콘텐츠에서 나타나는 문화적 차이를 비교·분석하여 영어로 발표해 보자.

관련 학과 교육계열 전체
《**나는 왜 SF를 쓰는가**》, 마거릿 애트우드, 양미래 역, 민음사(2021)

[12영독02-05] • • •

자기소개서, 이력서, 이메일 등의 서식을 목적과 형식에 맞게 작성한다.

⊙ 대학 입시에서는 자기소개서가 폐지되었지만, 교육적 측면에서 자기소개서 작성은 여전히 중요한 의미가 있다. 자기소개서는 학생 자신의 경험과 성장을 돌아보고, 목표와 가치관을 정리하며, 자신만의 이야기를 구성하는 기회를 제공한다. 이를 통해 학생들은 자기 성찰과 표현 능력을 기를 수 있으며, 비판적 사고와 논리적 사고도 함께 발전시킬 수 있다. 따라서 입시의 도구를 넘어, 자기소개서 작성은 학생들이 자신의 정체성을 확립하고 미래를 계획하는 데 중요한 교육적 활동이라 할 수 있다. 자신의 구체적인 특성이 드러나는 영문 자기소개서를 작성해 보자.

관련 학과 교육계열 전체
《**영문자기소개서 ENGLISH SELF-INTRODUCTION**》, 김종훈, 양서원(송창섭)(2007)

[12영독02-06] • • •

내용이나 형식에 맞게 점검하고 쓰기 윤리를 준수하여 고쳐 쓴다.

국어 교과군

영어 교과군

수학 교과군

도덕 교과군

사회 교과군

과학 교과군

➔ 롱테일 법칙은 소수의 인기 있는 상품이나 서비스에 집중하는 대신, 다수의 틈새시장을 공략하는 것이 더 많은 수익을 창출할 수 있다는 법칙이다. 교육 분야에서 롱테일 법칙이 적용되는 대표적인 예는 개인 맞춤형 교육이다. 개인 맞춤형 교육은 학생의 학습 수준, 관심사, 목표 등을 고려하여 맞춤형 학습 프로그램을 제공하는 교육으로, 학습 효과를 높이고 학습 격차를 해소할 수 있다. 교육 분야에서 롱테일 법칙과 관련한 사례를 조사하고, 출처를 명시하여 글을 작성해 보자.

관련 학과 교육계열 전체

《롱테일 경제학》, 크리스 앤더슨, 이노무브그룹 외 역, 랜덤하우스코리아(2006)

[12영독02-07] • • •

다양한 매체를 활용하여 형식 및 목적에 맞게 정보를 전달한다.

➔ 빅데이터는 교육 분야에서 학생 개개인의 학습 경향, 성취도, 관심사를 분석하여 맞춤형 교육을 제공하는 데 중요한 역할을 하고 있다. 교사와 교육 기관은 빅데이터를 활용해 학생들이 어려움을 겪는 부분을 파악하고 학습 효율을 높이는 전략을 세울 수 있다. 예를 들어 온라인 학습 플랫폼은 빅데이터를 통해 학생들의 학습 속도와 이해도를 분석하여 개인화된 피드백을 제공한다. 빅데이터는 학습 성과 예측, 교육 자원 배분, 수업 방식 개선에도 도움을 줄 수 있어 보다 효율적이고 효과적인 교육 환경을 조성하는 데 기여하고 있다. 교육 활동에 빅데이터를 활용할 수 있는 방안을 조사하여 영어로 보고서를 작성해 보자.

관련 학과 교육계열 전체

《빅데이터 시대, 올바른 인사이트를 위한 통계 101×데이터 분석》, 아베 마사토, 안동현 역, 프리렉(2022)

[12영독02-08] • • •

적절한 쓰기 전략을 적용하여 자기 주도적으로 쓰기 활동에 참여한다.

➔ 학교 건축물은 학생들이 교육을 받는 공간으로, 학생들의 학습과 성장에 중요한 역할을 한다. 그렇기에 학교 건축물은 안전하고 쾌적한 환경을 조성하는 것이 중요하며, 학생들의 다양한 요구를 반영하고 미래 사회에 적합한 교육 환경을 제공할 수 있는 설계와 운영이 필요하다. 자신이 다니는 학교의 건물을 교육적 편의성의 기준으로 평가하고, 이에 대한 글을 작성해 보자.

관련 학과 교육계열 전체

《미래학교》, EBS 다큐프라임 [미래학교] 제작진, 그린하우스(2019)

선택 과목	수능	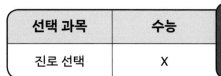	절대평가	상대평가
진로 선택	X	직무 영어	5단계	5등급

🔍	직무 의사소통, 목적, 맥락, 의미 구성, 의미 전달, 의사소통 전략, 배경지식, 진로, 문화의 다양성, 포용적 태도, 협력적 의사소통, 항생제 내성, 인포그래픽, 지속가능성, 탄소발자국, 노년기 교육, 보고서 작성, 디지털 리터러시, 개인정보 보호, 지구 친화적, 윤리적 패션, 녹색 라벨, 유기농 면, 박테리오파지

[12직영01-01] ●●●

진로 및 직무 관련 주제에 관하여 주요 내용을 파악한다.

➡️ 교육 관련 진로 및 직무는 다양한 분야에서 학생들에게 지식과 기술을 전달하고, 학습 환경을 조성하며, 교육의 질을 높이기 위해 노력하는 역할을 포함한다. 주요 직무로는 교사, 교육 행정가, 교육 컨설턴트, 교육 정책 분석가, 교육 프로그램 개발자, 학습 콘텐츠 디자이너 등이 있다. 또한 심리학적 지원을 제공하는 교육 상담사, 학습 기술을 연구하는 교육 연구자, 디지털 교육 자료를 개발하는 에듀테크 전문가 등도 교육 분야에서 중요한 역할을 한다. 이외에도 교육의 효과성을 평가하는 평가 전문가나 교육의 질을 향상시키기 위한 정책을 제안하는 교육 정책가 역시 중요한 직무이다. 각 직무의 역할과 필요 역량을 조사하고, 영어로 요약하여 작성해 보자.

`관련 학과` 교육계열 전체

《**나에게 꼭 맞는 직업을 찾는 책**》, 폴 D. 티거 외 2명, 이민철 외 1명 역, 민음인(2021)

[12직영01-02] ●●●

직무 수행과 관련된 말이나 대화를 듣고 상황 및 화자 간의 관계를 파악한다.

➡️ Coursera와 같은 MOOC(Massive Open Online Courses, 온라인 공개 강좌) 플랫폼은 교육에 대한 접근성을 크게 확장하며, 전 세계 누구나 수준 높은 강의를 무료 또는 저렴한 비용으로 수강할 수 있게 해준다. 이러한 온라인 강의는 특히 시간과 장소에 구애받지 않아 자율적인 학습을 원하는 사람들에게 유용하다. 교육 분야에서는 교사와 학생 모두 새로운 지식을 배우거나 최신 교육 트렌드를 따라잡는 데 MOOC를 활용할 수 있다. 예를 들어 교육학, 교육 기술, 심리학 등의 주제 강좌를 다양한 강사진으로부터 배우고, 이를 실제 교육 현장에 적용할 수도 있다. 관심 있는 교육 분야와 관련된 영어 강좌를 찾아보고, 이를 소개하는 글을 영어로 작성해 보자.

`관련 학과` 교육계열 전체

《**코세라: 무크와 미래교육의 거인**》, 박병기, 거꾸로미디어(2021)

[12직영01-03] ●●●

진로 탐색 및 직무 수행과 관련된 일이나 사건의 절차나 순서를 파악한다.

➡️ CareerOneStop은 미국 노동부에서 운영하는 종합적인 경력 개발 지원 사이트로, 학생과 구직자들이 다양한 직업 정보와 경력 경로를 탐색할 수 있도록 돕는다. 이 플랫폼은 교육 관련 직업에 대한 정보도 제공하여 교사,

교육 행정가, 상담사, 교육 기술 전문가 등 다양한 교육 직종의 역할, 요구되는 자격, 평균 연봉, 고용 전망 등을 자세히 안내한다. 또한 필요한 자격증과 교육 프로그램 정보, 교육비 지원 및 장학금 자료를 통해 사용자가 원하는 직업에 도달할 수 있도록 구체적인 지원을 제공한다. 관심 있는 교육 관련 직종을 조사하고, 미국에서 해당 직업을 얻기 위한 조건을 발표해 보자.

관련학과 교육계열 전체

《일자리 혁명 2030》, 박영숙 외 1명, 비즈니스북스(2017)

[12직영01-04] • • •

직무 수행과 관련된 정보에 대해 적절한 의사소통 전략을 적용하여 묻고 답한다.

➡ 두문자어(acronym)는 의사소통의 효율성과 정보 전달력 향상, 전문성 표현의 효과로 인해 사용이 증가하고 있다. 해당 분야를 공부하는 경우, 이러한 두문자어를 이해하는 것은 복잡한 개념이나 정보를 간결하게 표현하는 데 유용하며, 이를 통해 의사소통을 보다 효율적으로 할 수 있다. 교육과 관련된 대표적인 두문자어로는 ESL: 영어를 제2언어로 가르치는 프로그램(English as a Second Language), GPA: 학점 평균(Grade Point Average), SAT: 대학 입학시험(Scholastic Assessment Test), AP: 고급 수준(Advanced Placement), STEM: STEM 교육(Science, Technology, Engineering, Mathematics Education), K-12: 학령기(Kindergarten to 12th Grade), IEP: 개별 교육 계획(Individualized Education Program) 등이 있다. 자신이 관심 있는 분야의 두문자어를 조사하여 발표해 보자.

관련학과 교육계열 전체

《그림과 함께 걸어 다니는 어원 사전》, 마크 포사이스, 홍한결 역, 월북(2023)

[12직영01-05] • • •

직무 수행과 관련된 사실적 정보를 다양한 매체를 활용하여 재구성하여 전달한다.

➡ 항생제 내성 슈퍼버그와 기타 항생제 내성의 사례가 위기 수준으로 증가하고 있다. 관련 글 'Environmental pollution breeds deadly superbugs. Here's how we defeat them.'을 읽고, 교육과정에서 항생제 내성 문제를 어떻게 효과적으로 다룰 수 있는지, 그리고 이를 통해 학습자들이 이 문제를 심도 있게 이해하고 적절한 행동 변화를 이룰 수 있는지 탐구해 보자. 이를 통해 교육이 공중 보건 문제 해결에 어떻게 기여할 수 있는지 깊이 있게 탐구해 보고, 탐구한 내용을 토대로 짧은 영상, 인포그래픽, 발표 자료 등을 제작하여 발표해 보자.

관련학과 교육계열 전체

《슈퍼버그》, 맷 매카시, 김미정 역, 흐름출판(2020)

[12직영01-06] • • •

진로 탐색 및 직무 수행 상황이나 목적에 맞는 서식의 글을 작성한다.

➡ 디자이너 에이미 파우니(Amy Powney)의 다큐멘터리 영화에 관한 기사 'There is lots of talk and no action: designer Amy Powney's quest to make sustainability more than just a buzzword'를 읽고, 지속가능한 패션 제품의 생산 과정에서 발생하는 탄소발자국을 학생들에게 어떻게 교육하는 것이 효과적일지 고민해 보고, 환경 교육과 패션 디자인 교육이 결합될 경우, 학생들의 지속가능성에 대한 인식이 어떻게 변화할 수 있을지를 분석하는 보고서를 작성해 보자.

관련학과 교육계열 전체

《그러니까, 친환경이 뭔가요?》, 조지나 윌슨 파월, 서지희 역, 문예춘추사(2021)

직무와 관련된 문화의 다양성에 대해 공감하며 협력적으로 소통하는 태도를 가진다.

● 노년 인구의 증가로 인해 장수하는 인구를 위한 교육 프로그램과 방법에 대한 연구가 중요해지고 있다. 관련 글 'Want to live to 116? The secret to longevity is less complicated than you think'를 읽어보고, 현재 상황에서는 노년기 교육이 어떻게 이루어져야 하는지, 그리고 이러한 교육이 노년기의 삶에 어떤 긍정적인 영향을 미칠 수 있는지 탐구해 보자. 특히 교육 프로그램과 교육 플랫폼의 관점에서 다양한 의견을 수렴하여 보고서를 작성해 보자.

관련 학과 교육계열 전체

《80세의 벽》, 와다 히데키, 김동연 역, 한스미디어(2022)

직무 의사소통과 관련하여 개인의 권리와 정보 보안에 대한 책무성을 인식한다.

● 디지털 기술의 발전과 함께 우리의 일상이 점차 디지털화되고 있다. 이러한 변화는 학교 교육에도 큰 영향을 미쳤고, 디지털 리터러시를 갖춘 학생들을 육성하는 것이 중요한 교육 목표가 되었다. 그러나 이와 동시에, 디지털 환경에서의 개인정보 보호는 더욱 중요한 이슈가 되었다. 학생들이 온라인 공간에서 안전하게 활동하고, 자신의 개인정보를 적절하게 관리할 수 있도록 교육하는 것은 현재 교육계에서 중요한 과제이다. 관련 자료 'The Digital Literacy Imperative'를 읽고, 디지털 사용 환경에서 학생들이 직면하는 개인정보 보호 이슈와 이를 해결하기 위해 필요한 교육 내용과 방법은 무엇인지 분석해 보자. 또한 이러한 데이터 보호 교육이 학생들의 디지털 리터러시와 학업 성취에 어떤 영향을 미치는지 탐구하여 발표해 보자.

관련 학과 교육계열 전체

《AI 시대 챗GPT 리터러시를 만나다》, 김미진 외 1명, 광문각출판미디어(2023)

선택 과목	수능		절대평가	상대평가
진로 선택	X		5단계	5등급

영어 발표와 토론

단원명 | 발표

> | 🔍 | 발표 목적, 적절한 표현의 사용, 다양한 매체 활용, 명확한 전달, 의사소통 능력, 발표 전략, 배경지식, 논리적 구성, 비판적 사고력, 청중의 언어, 문화적 다양성, 상호 협력적 소통

[12영발01-01] ● ● ●

발표의 목적과 맥락에 맞게 정보를 수집하고 발표 개요를 준비한다.

➔ 교육 사조는 교육의 목적, 내용, 방법, 평가 등 교육의 다양한 측면에 대한 관점과 이론을 지칭한다. 교육 사조는 시대와 사회의 변화에 따라 발전해 왔으며, 오늘날에도 여전히 교육의 방향과 발전에 중요한 영향을 미치고 있다. 대표적인 교육 사조로는, 교육의 목적은 지식과 교양의 습득에 있으며 교육의 내용은 교과서와 교사의 지시에 따라 이루어진다는 관점인 교과 중심 교육, 학생의 경험과 활동을 통한 학습의 촉진을 목적으로 하며 교육의 내용은 학생의 관심과 흥미에 따라 이루어진다는 관점인 경험 중심 교육 등이 있다. 이 밖에도 인성 중심 교육, 사회 중심 교육 등이 있다. 자신이 관심 있는 교육 사조와 희망 학과의 연관성을 조사하여 개요를 작성하고, 이를 영어로 발표해 보자.

관련 학과 교육계열 전체

《**쉽게 풀어 쓴 교육철학 및 교육사**》, 신득렬 외 3명, 양서원(2020)

[12영발01-02] ● ● ●

자신이 경험한 일화나 듣거나 읽은 이야기를 이야기 구조에 맞게 소개한다.

➔ 멜빌 듀이(Melvil Dewey)는 미국의 문헌학자이자 도서관학자로, 듀이 십진분류법(Dewey Decimal Classification, DDC)을 개발하여 현대 도서관의 분류 체계를 확립한 것으로 유명하다. 그는 십진법을 사용하여 10개의 주제를 정하고, 각 주제를 다시 10개의 하위 주제로 나누는 방식으로 십진분류법을 개발했다. 십진분류법은 간단하고 체계적인 구조로 인해 전 세계적으로 빠르게 보급되었고, 오늘날에도 여전히 가장 널리 사용되는 도서관 분류 체계로 자리 잡고 있다. 또한 듀이는 도서관 교육의 발전에도 기여했으며 자선 활동에도 적극적으로 참여하였다. 멜빌 듀이 또는 자신이 관심 있는 인물을 조사하여 그의 생애를 이야기 구조에 맞게 영어로 소개해 보자.

관련 학과 교육계열 전체

《**한국십진분류법 제6판의 이해와 적용**》, 오동근 외 2명, 태일사(2021)

[12영발01-03] ● ● ●

사물, 개념, 방법, 절차, 통계 자료 등에 대한 사실적 정보를 설명한다.

➡ 80억에 이르는 전 세계 인구 속에서 교육 문제는 여전히 심각한 과제로 남아 있다. 많은 국가에서 경제적 어려움, 인프라 부족, 지역 간 격차, 성차별 등으로 인해 교육에 대한 접근이 제한적이며, 특히 개발도상국에서는 초등 교육조차 받지 못하는 아이들이 많다. 또한 현대 사회에서는 기술과 정보의 격차도 중요한 교육 문제로 떠오르고 있다. 인터넷과 디지털 기기를 이용한 학습이 가능해졌지만, 경제적 어려움으로 인해 여전히 많은 학생들이 이러한 자원에 접근하지 못하고 있다. 이와 같은 글로벌 교육 문제를 해결하기 위해 국제기구와 각국 정부는 공평한 교육 기회를 제공하고 디지털 접근성을 높이기 위한 정책을 추진하고 있다. 이러한 세계 교육 문제와 해결 방안을 영어로 요약하여 작성해 보자.

관련 학과 교육계열 전체

《**80억 인류, 가보지 않은 미래**》, 제니퍼 D. 스쿠바, 김병순 역, 흐름출판(2023)

[12영발01-04] ● ● ●

사실, 가치, 정책 등에 대한 자신의 관점을 설득력 있게 전달한다.

➡ 우생학은 특정한 유전적 특성을 개선하기 위해 인위적인 선택을 강조하는 학문으로, 교육에서 큰 윤리적 논란을 일으켜온 주제이다. 20세기 초에는 우생학이 교육과 결합되면서 학생들을 유전적 기준에 따라 구분하거나, 교육 기회에 차별을 두는 방식으로 악용되기도 했다. 이러한 우생학적 사고는 학습 능력이나 성과를 고정된 유전적 요소로 간주하여, 학생의 잠재력을 무시하고 특정 집단에 대한 편견을 심화하는 문제를 초래했다. 교육의 측면에서 우생학의 불합리성에 대한 글을 영어로 작성해 보자.

관련 학과 교육계열 전체

《**장애와 유전자 정치**》, 앤 커 외 1명, 김도현 역, 그린비(2021)

[12영발01-05] ● ● ●

다양한 매체를 활용하여 정보 윤리를 준수하며 발표한다.

➡ 타인을 뒤에서 험담하는 심리에는, 타인에 대한 부정적인 감정을 표현하는 방법 중 하나로 타인의 잘못이나 허물을 지적함으로써 자신의 감정을 해소하려는 목적이 있다. 또한 험담을 통해 타인과의 공통의 관심사를 찾거나, 타인의 관심을 끌기 위한 의도도 작용한다. 이로써 사회적으로 유리한 관계를 형성할 수도 있지만, 갈등을 유발하고 공동체의 결속을 약화시키는 등의 부작용도 존재한다. 타인을 험담하는 심리와 관련된 내용을 조사하고, 출처를 밝히고 저작권의 보호 범위를 지키면서 발표해 보자.

관련 학과 교육계열 전체

《**소문: 나를 파괴하는 정체불명의 괴물**》, 미하엘 셸레, 김수은 역, 열대림(2007)

[12영발01-07] ● ● ●

적절한 발표 기법 및 의사소통 전략을 적용한다.

➡ 'AI 지도책'은 인공지능을 활용한 학습 가이드로, 학생들의 학습 수준과 개별적 필요에 맞춘 교육 자료와 경로를 제시한다. 이는 학생들이 자기 주도 학습을 할 수 있도록 도우며, 교사에게는 각 학생의 강점과 약점을 데이터 기반으로 파악하여 맞춤형 수업을 계획할 수 있는 도구를 제공한다. 예를 들어 AI 지도책은 학습 진도를 추적하고, 이해가 부족한 부분에 대한 추가 학습 자료를 추천하며, 학생 개개인에게 최적화된 학습 환경을 만들어준다. 관심 있는 교육 분야에서의 AI의 역할에 대한 글을 영어로 작성하고 발표해 보자.

관련 학과 교육계열 전체

《AI 지도책: 세계의 부와 권력을 재편하는 인공지능의 실체》, 케이트 크로퍼드, 노승영 역, 소소의책(2022)

[12영발01-08] ● ● ●

발표 과정 및 결과에 대해서 평가하고 비판적으로 성찰한다.

➡ 미니멀리즘은 불필요한 요소를 제거하고 핵심적인 것에 집중하는 사고방식으로, 교육에서도 중요한 접근법이 될 수 있다. 미니멀리즘 교육은 과도한 정보와 복잡한 교육 방식을 줄이고, 학생들이 학습의 핵심 내용에 집중할 수 있도록 돕는다. 예를 들어 학습 자료와 과제를 간소화하여 학생들이 과부하 없이 깊이 있게 이해할 수 있게 하고, 과도한 시험이나 불필요한 활동을 줄여 진정한 학습 경험에 집중하게 한다. 이를 통해 학생들은 주어진 과제의 본질을 이해하고, 자신에게 정말 중요한 지식과 기술을 내면화할 수 있다. 미니멀리즘을 교육에 적용하는 방법과 그 효과를 영어로 요약하여 작성해 보자.

관련 학과 교육계열 전체

《단순한 열망》, 카일 차이카, 박성혜 역, 필로우(2023)

단원명 | 토론

|🔍| 디지털 금융 리터러시, 화폐 없는 사회, 정보 수집, 슈링크플레이션, 금융 리터러시, 디지털 유산, 자산 관리, 스포츠워싱, 알츠하이머, 문화 간 의사소통, 개인정보 보호, 디지털 리터러시, 의사소통 전략, 럭셔리 브랜드, 친환경 마케팅, 비판적 성찰

[12영발02-01] ● ● ●

토론의 목적과 맥락에 맞게 정보를 수집하고 토론 개요를 준비한다.

➡ 화폐 없는 사회에서는 디지털 금융 리터러시 교육이 매우 중요하다. 관련 글 'Cashless Economy Risks And Rewards'를 읽고 화폐 없는 사회에서의 디지털 금융 리터러시의 중요성, 현재의 교육 상황, 그리고 디지털 금융 리터러시 교육을 강화하기 위한 다양한 전략과 방법을 탐구해 보자. 또한 이러한 교육이 사회적, 경제적 격차 해소에 어떤 역할을 할 수 있는지 의견을 공유해 보자.

관련 학과 교육계열 전체

《스테이블코인: 디지털 금융의 미래》, 박예신, 더난출판사(2023)

[12영발02-02] ● ● ●

학술 자료, 통계, 사례 등 주장에 대한 근거를 설명한다.

➡ '슈링크플레이션'은 줄어든다는 뜻의 '슈링크(shrink)'와 물가 상승을 의미하는 '인플레이션(inflation)'을 합친 용어이다. 슈링크플레이션은 학생들의 금융 리터러시를 향상시키는 교육 콘텐츠로 활용될 수 있다. 특히 관련 글 'Products are getting smaller, and you're paying the same. The problem won't go away, even if the economy rebounds and inflation abates.'를 찾아 읽고 슈링크플레이션의 원리와 사회적 인식, 이에 대한 대응 방법을 교육 내용으로 구성하여 학생들의 금융 리터러시를 강화하는 방안을 모색해 보자. 또한 슈링크플레이션 교육이 학생들의 금융 의식 변화에 어떤 영향을 미칠 수 있는지에 관해서도 예측하고 발표해 보자.

관련 학과 사회교육과, 수학교육과, 영어교육과, 윤리교육과, 초등교육과

《**똑똑한 소비자 되기**》, 김경진, 지식공감(2019)

[12영발02-03] ● ● ●

토론 논제에 대한 자신의 관점을 설득력 있게 전달한다.

➲ 디지털 유산에 대한 교육과 인식이 사람들의 디지털 자산 관리에 어떤 영향을 미치는지 탐구해 보자. 관련 기사 'Navigating the Afterlife of Digital Assets: Managing Your Digital Legacy'를 찾아 읽어보고, 사람들의 디지털 유산에 대한 인식 수준을 조사하고, 교육이 이러한 인식을 향상시키는 데 어떻게 기여할 수 있는지를 분석해 보자. 또한 디지털 유산에 대한 인식 향상을 위한 교육 프로그램을 개발하고, 이를 통해 학생들이 디지털 자산을 어떻게 관리하고 보호해야 하는지를 이해하도록 돕는 방안을 모색해 보자.

관련 학과 교육계열 전체

《**새로운 시대의 부, 디지털 자산이 온다**》, 정구태, 미래의 창(2021)

[12영발02-04] ● ● ●

상대방 주장의 논리를 분석하여 반대 심문하며 토론한다.

➲ 스포츠워싱은 국제 정치와 스포츠의 상호작용을 이해하는 데 중요한 개념이며, 학생들이 글로벌 이슈에 대해 비판적으로 생각하고 이해하는 능력을 갖추는 데 도움이 될 수 있다. 관련 기사 'Looking Back on the Year of Sportswashing'을 찾아 읽고, 이런 스포츠워싱 개념을 교육과정에 어떻게 통합할 수 있는지, 또 학생들이 국제 정치와 스포츠의 상호작용에 대해 어떻게 이해하고 비판적으로 생각할 수 있는지를 탐구해 보자. 또한 이를 위한 교육 자료를 개발하고 시행하는 방법을 탐구하여 발표해 보자.

관련 학과 교육계열 전체

《**복지정치의 두 얼굴**》, 안상훈 외 4명, 21세기북스(2015)

[12영발02-05] ● ● ●

다양한 매체를 활용하여 정보 윤리를 준수하며 토론한다.

➲ 알츠하이머 질병 연구는 주로 노인을 대상으로 하지만, 이 질병의 초기 지표를 이해하는 것은 모든 연령대의 학습에 중요한 영향을 미칠 수 있다. 스웨덴의 카롤린스카 연구소에서 진행한 연구에서는 알츠하이머 질병의 초기 지표로 뇌의 해마 부위에서 미토콘드리아의 대사 활동이 증가하는 것이 발견되었다. 이는 학습과 기억 형성에 중요한 역할을 하는 해마의 기능 변화를 이해하는 데 중요한 단서를 제공한다. 관련 자료 'High metabolism is an early sign of Alzheimer's disease'를 찾아 읽고 알츠하이머 질병의 초기 지표와 뇌의 미토콘드리아 활동 간의 관계를 분석하고, 이를 바탕으로 학습 전략을 어떻게 개선할 수 있을지를 탐구해 보자. 또한 탐구 과정에서 수집되는 정보와 데이터를 안전하게 관리하고, 이를 활용하여 토론하고 분석하는 과정에서 정보 윤리를 어떻게 준수할 수 있는지도 함께 의견을 나눠보자.

관련 학과 교육계열 전체

《**치매에서의 자유**》, 안드레아스 모리츠, 이원기 역, 에디터(2023)

국어 교과군

영어 교과군

수학 교과군

도덕 교과군

사회 교과군

부록 교과군

[12영발02-06] ● ● ●

문화 간 다양한 언어적·비언어적 의사소통 방식을 이해하고 적용한다.

➡ 현대 사회는 다양한 문화적 배경을 가진 사람들이 함께 공존하는 글로벌 사회이다. 이러한 다양성은 교육 현장에서도 두드러지게 나타나며, 특히 학생들의 학습 성과와 행복 감각에 큰 영향을 미친다. 관련 자료 'Unveiling Cross-Cultural Communication Styles'를 찾아 읽고, 서양과 동양의 의사소통 스타일에 대해 알아보고, 이를 바탕으로 다양한 문화 배경을 가진 학생들과의 소통을 위한 교육 전략을 개발하는 방법을 탐구해 보자.

관련 학과 교육계열 전체

《**문화적 다양성과 소통하기**》, 패멀라 A. 헤이스, 방기연 역, 한울아카데미(2018)

[12영발02-07] ● ● ●

적절한 토론 기법 및 의사소통 전략을 적용한다.

➡ 현대의 디지털 시대에는 개인정보 보호를 위한 교육의 필요성이 점점 더 커지고 있다. 다양한 온라인 플랫폼에서 개인정보가 활용되는 만큼, 이를 이해하고 올바르게 대응하는 방법을 알려주는 교육이 중요하다. 관련 자료 'Privacy and data protection: Increasingly precious asset in digital era says UN expert'를 참고하여 개인정보 보호에 대한 교육이 어떻게 이루어져야 하는지를 탐구해 보자. 특히 기존의 개인정보 보호에 대한 교육 프로그램을 분석해 보고, 그 결과를 바탕으로 효과적인 교육 실행 전략을 고민하여 발표해 보자.

관련 학과 교육계열 전체

《**유럽연합의 개인정보보호법, GDPR**》, 김상현, 커뮤니케이션북스(2022)

[12영발02-08] ● ● ●

토론 과정 및 결과에 대해서 평가하고 비판적으로 성찰한다.

➡ 럭셔리 브랜드는 다양한 소비자 페르소나를 이해하기 위한 전략을 적용하고 있다. 이는 브랜드의 타깃 고객을 더욱 정확하게 이해하고 그에 맞는 맞춤형 서비스를 제공하기 위한 중요한 과정이다. 이러한 소비자 페르소나를 이해하기 위한 교육 전략이 어떻게 구성되는지, 그리고 이를 통해 어떤 학습 효과를 얻을 수 있는지 탐구해 보자. 관련 글 'How Luxury Fashion Brands Are Changing The Reputation Of The Industry Through Eco-Friendly Practices'를 읽고, 소비자 페르소나를 이해하기 위한 교육 전략이 브랜드 경험과 학습 효과에 어떤 영향을 미치는지를 탐구해 보자.

관련 학과 가정교육과, 사회교육과, 윤리교육과, 초등교육과

《**럭셔리 브랜드 인사이트**》, 박소현, 다반(2023)

선택 과목	수능		절대평가	상대평가
		심화 영어		
진로 선택	X		5단계	5등급

단원명 | 이해

> 🔍 인공 배아, 윤리적 문제, 이주민 교육, 심정 추론, 인공지능, 미래 전망 예측, 가치 기반 소비, 지속가능성, 소비 형태 변화, 우주 쓰레기, 함축적 의미, 횡재세, 의견 분석, 문화 갈등, 경쟁 중심 교육, 전략적 이해

[12심영01-01] ● ● ●

다양한 주제나 기초 학문 분야 주제의 말이나 글의 주요 내용을 파악한다.

➡ 영문 자료 'Structure Matters: Dynamic Models of Complete, Day 14 Human Embryos Grown from Stem Cells in a Weizmann Lab'에 따르면, 최근 이스라엘과 영국에서 공개된 인공 배아 연구는 난자, 정자, 자궁 없이 만들어진 합성 배아 모델을 다룬 것이다. 이 연구는 생명의 시작과 발달에 대한 우리의 이해를 바꿀 뿐만 아니라, 교육 분야에서도 새로운 가능성을 제시하고 있다. 인공 배아 연구를 교육에서 어떻게 활용할 수 있고, 또 어떤 새로운 교육 내용이나 방법이 가능해질지, 또는 이러한 과학적 발전을 학생들에게 가르칠 때 유의해야 할 윤리적·사회적 문제는 무엇인지를 탐구해 보자.

관련 학과 교육계열 전체

《**인간 배아는 누구인가**》, 후안 데 디오스 비알 코레아 외 1명, 가톨릭생명윤리연구소 역, 가톨릭대학교출판부(2018)

[12심영01-02] ● ● ●

다양한 장르의 말이나 글에서 화자, 필자, 등장인물 등의 심정이나 의도를 추론한다.

➡ 이주민의 교육은 현대 사회에서 중요한 이슈 중 하나이다. 이주민 가족, 특히 아이들이 새로운 문화와 언어 환경에 적응하는 과정은 쉽지 않으며, 이는 교육과정에서 중요한 역할을 한다. 영화 〈미나리〉는 이주민 아이들이 새로운 문화에 어떻게 적응하는지를 보여주며, 이를 통해 교육의 중요성을 강조한다. 이주민 학생들의 교육에 대해 분석해 보고, 이주민 아이들이 새로운 문화에 어떻게 적응하는지, 그리고 교육이 이 과정에 어떻게 도움이 되는지를 탐구해 보자.

관련 학과 가정교육과, 교육학과, 사회교육과, 영어교육과, 초등교육과

《**문화변용과 적응**》, 존 W. 베리, 이대희 역, 에코리브르(2020)

[12심영01-03] ● ● ●

다양한 장르의 말이나 글을 듣거나 읽고 이어질 내용을 예측한다.

➡ 영화 추천, 음성 비서, 자율주행, 의료 진단에 이르기까지 점점 더 사람들의 삶에 영향을 미치고 있는 AI에 대해 다룬 기사 'The present and future of AI'에 따르면, 아이들은 동영상 사이트에서 영상을 클릭하거나 사진

앨범을 탐색하는 순간 AI에 노출된다고 한다. 기사의 내용을 토대로 교육계열 직업의 미래를 예측해 보고 이에 대한 보고서를 작성해 보자.

관련 학과 교육계열 전체

《**인공지능 시대, 교사가 만드는 미래학교**》, 강은희 외 20명, 교육과학사(2022)

[12심영01-04] • • •

말이나 글의 구성 방식을 파악하여 내용의 논리적 관계를 추론한다.

➡ 현재 지속가능성과 환경 보호에 대한 인식이 높아지고 있다. 이는 소비자의 구매 행동에도 영향을 미치며, 특히 학생들에게 이러한 가치를 교육하는 것이 중요하게 여겨지고 있다. 학생들에게 가치 기반 소비에 대한 교육을 어떻게 제공할 수 있는지 탐구해 보자. 그리고 학생들이 지속가능성에 대한 가치를 어떻게 인식하게 하고, 이를 소비 행동에 어떻게 반영할 수 있는지에 대한 교육 방안을 모색해 보자. 또한 이러한 교육이 학생들의 소비 형태에 어떤 변화를 일으킬 수 있는지를 논리적으로 설명해 보자.

관련 학과 가정교육과, 교육학과, 사회교육과, 윤리교육과, 초등교육과, 환경교육과

《**지구를 살리는 옷장**》, 박진영 외 1명, 창비(2022)

[12심영01-05] • • •

말이나 글로 표현된 어휘, 어구, 문장의 함축적 의미를 맥락에 맞게 추론한다.

➡ 우주에서 비롯된 쓰레기, 우주 쓰레기가 지구의 위성과 우주선에 위협이 되고 있다. 우주 쓰레기 문제를 교육의 관점에서 접근하여, 어떻게 이 문제에 대한 인식을 높이고 학생들이 문제 해결에 참여하도록 교육 전략을 개발할 수 있는지를 탐구해 보자. 또한 관련 기사 'Space Junk: Tracking & Removing Orbital Debris'를 참고하여 우주 쓰레기의 위험성과 그 해결 방안을 분석하고, 이를 통해 인간의 우주 환경에 대한 책임에 관해 논의해 보자.

관련 학과 교육계열 전체

우주 쓰레기가 온다
최은정, 갈매나무(2021)

책 소개

이 책은 인류의 우주 활동이 가져오는 부작용 중 하나인 '우주 쓰레기' 문제에 대해 다룬다. 우주 개발 경쟁이 치열해지는 뉴 스페이스 시대가 도래하면서 우주 쓰레기 문제가 얼마나 심각해지고 있는지를 상세하게 분석한다. 또한 우주 쓰레기 문제를 과학기술의 관점뿐만 아니라 환경의 관점에서도 접근하며, 이 문제를 해결하기 위한 방향을 제시한다.

세특 예시

'우주 쓰레기: 궤도상의 잔해 추적 및 제거'라는 영문 기사를 읽고 우주 쓰레기 문제의 심각성을 인식하여, 이에 대한 우리의 인식을 높이기 위해서는 교육이 필요하다는 생각으로 탐구 활동을 진행함. 연계 독서로 '우주 쓰레기가 온다(최은정)'를 읽으며, 인류의 꿈을 지속하기 위한 인간의 우주 활동이 가져오는 부작용의 책임에 대해 깊이 생각해 보았으며, 학생들에게도 우주 환경 보호의 중요성을 알리고 우주 쓰레기 문제에 대한 해

결 전략을 스스로 모색하도록 하는 것이 우주 쓰레기 문제에 대한 학생들의 인식을 높이는 좋은 방안이 될 수 있다고 제안함. 우주 쓰레기 문제를 해결하고 우주 활동의 지속가능성을 확보하기 위해서는 우주 쓰레기를 수거하거나 제거하는 기술의 개발과 같은 '기술적인 접근'과, 우주 쓰레기를 방지하는 국제적인 법률과 규정을 마련하는 '제도적인 접근'이 모두 필요하다는 결론을 담아 탐구 보고서를 작성함.

[12심영01-06] ● ● ●

다양한 매체의 말이나 글에 표현된 의견이나 주장을 비판적으로 평가한다.

➡️ 최근의 글로벌 이슈 중 하나인 '횡재세'는 일정 기준 이상의 이익을 얻은 법인이나 자연인에 대하여 그 초과분에 보통 소득세나 법인세 외에 추가적으로 징수하는 조세로, '초과이윤세'라고도 한다. 다양한 매체에서 횡재세에 대한 정보를 수집하고, 수집한 정보와 자신이 직접 탐구한 결과를 바탕으로, 횡재세 이슈에 대한 다양한 의견이나 주장을 비판적으로 평가해 보자. 관련 글 'Windfall Profit Taxes in Europe, 2023'를 참고하여 자신의 주장을 명확히 표현하고 그 근거를 제시하며, 다른 사람의 의견에 대해 공정하고 객관적인 평가를 내릴 수 있도록 발표를 준비해 보자.

`관련 학과` 교육계열 전체

《세금의 흑역사》, 마이클 킨 외 1명, 홍석윤 역, 세종서적(2022)

[12심영01-07] ● ● ●

우리 문화 및 타 문화의 생활 양식, 사고방식, 의사소통 방식에 관한 말이나 글을 듣거나 읽고, 문화의 다양성에 대한 포용적인 태도를 기른다.

➡️ 한국과 중국 사이의 문화적 갈등을 다룬 기사 'Cultural Clashes Between Korea And China: Lost In Translation, History And Pride'에 따르면, 한·중 간의 문화 충돌에는 깊은 역사가 있으며 이는 번역과 오해에서 비롯된 것이다. 기사를 참고하여 두 나라 사이에 어떻게 이런 문화적 갈등이 발생하였는지, 그리고 이것이 어떻게 현재의 문제로 이어졌는지를 분석해 보자. 또한 이러한 문화적 갈등을 이해하고 해결하는 데 어떤 교육이 필요할지, 한·중 문화 충돌의 해결에 기여할 수 있는 방안을 모색하여 발표해 보자.

`관련 학과` 교육계열 전체

《문화의 시대 한중 문화충돌》, 임동욱 외 6명, 동북아역사재단(2022)

[12심영01-08] ● ● ●

적절한 전략을 적용하여 다양한 매체로 표현된 말이나 글을 이해한다.

➡️ TED의 영상 강의 'The deadly trap that could create an AI catastrophe'에서 과학 커뮤니케이터인 리브 보에리(Liv Boeree)는 "경쟁은 혁신과 성장을 이끌어내는 원동력이 될 수 있지만, 단기적 이익이 장기적 지속가능성을 앞선다면 파괴적인 결과를 초래할 수 있다."라고 말한다. '몰록(Moloch)의 함정'이 교육에 어떻게 영향을 미치는지를 분석해 보자. 특히 경쟁 중심의 교육 시스템이 어떻게 학생들의 장기적 학업 성취에 영향을 미치는지를 탐구하고, 이를 바탕으로 더 나은 교육 체계를 구축하는 방안을 제시하는 보고서를 작성해 보자.

국어 교과군

영어 교과군

수학 교과군

도덕 교과군

사회과 교과군

과학 교과군

관련 학과 교육계열 전체

《**교육이 없는 나라**》, 이승섭, 세종서적(2023)

단원명 | 표현

| 🔍 | 토론, 적절한 어휘와 표현, 의견 전달, 의사소통 능력, 토론 전략, 논리적 사고, 언어와 문화적 다양성, 비판적 사고력, 존중, 상호 협력적 소통

[12심영02-01]   • • •

사실적 정보를 기술하거나 설명한다.

➡ 교육 관련 학과는 교육의 다양한 측면에서 전문성을 기를 수 있도록 돕는 학과이다. 교육학 이론을 바탕으로 교육 현장의 문제를 분석하고 해결하는 능력을 키우며, 교사 양성은 물론 교육과정 개발, 평가, 상담 등 다양한 분야에서 활동할 수 있는 인재를 양성하는 것을 목표로 한다. 주요 학과로는 교육학과, 유아교육과, 초등교육과, 중등교육과, 특수교육과, 평생교육학과, 교육심리학과, 교육공학과 등이 있으며, 졸업 후에는 교사, 교육행정직, 교육 상담원, 교육 콘텐츠 개발자 등 다양한 분야로 진출할 수 있다. 자신이 관심 있는 교육계열 학과를 조사하여 영어로 설명해 보자.

관련 학과 교육계열 전체

《**학과 바이블**》, 한승배 외 2명, 캠퍼스멘토(2023)

[12심영02-02]   • • •

다양한 장르의 글을 읽고 자신의 감상이나 느낌을 표현한다.

➡ 복수는 감정적으로 복잡한 주제이며, 교육에서는 이를 건설적인 방식으로 다루는 것이 중요하다. 복수심은 갈등 상황에서 발생할 수 있는 자연스러운 감정이므로, 이를 해소하고 조절하는 방법을 배움으로써 학생들은 정서를 건강하게 관리할 수 있다. 복수 대신 갈등을 해결하는 대안적 방법, 예를 들어 공감, 소통, 용서를 교육하는 것은 학생들이 긍정적인 관계를 형성하고 사회적 기술을 기르는 데 도움이 된다. 복수심을 다루는 교육의 중요성과 방법을 조사하고, 이에 대한 자신의 의견을 영어로 발표해 보자.

관련 학과 교육계열 전체

《**복수의 쓸모**》, 스티븐 파인먼, 이재경 역, 반니(2023)

[12심영02-03]   • • •

상대방의 의사소통 방식을 고려하여 의견을 조정하며 토의한다.

➡ 중동 문제는 역사, 지리, 종교가 복잡하게 얽혀 갈등과 협력의 관계를 형성하는 대표적인 사례이다. 중동은 고대 문명의 발상지이자 종교적 성지로서 유대교, 기독교, 이슬람교의 교차점에 위치하며, 이러한 종교적 배경이 지역 갈등의 한 요소가 된다. 지리적으로는 석유, 천연가스와 같은 자원이 풍부하여 경제적·정치적 이익을 둘러싼 국제적 관심이 집중되어 있다. 역사적으로는 이 지역이 식민지화, 전쟁, 국경 분쟁 등을 겪으며 복잡한 경계를 형성하게 되었고, 이로 인해 현재의 정치적 갈등이 더욱 심화되고 있다. 중동 문제를 통해 역사적 사건, 지

리적 자원 분포, 종교적 갈등의 상호작용을 탐구하고, 이를 영어로 요약하여 작성해 보자.

관련 학과 교육계열 전체

《**중동전쟁**》, 임용한 외 1명, 레드리버(2022)

[12심영02-04] ● ● ●

듣거나 읽은 내용을 자신의 말이나 글로 요약한다.

➡ TED(www.ted.com)는 다양한 강연 영상을 제공한다. 체육과 관련된 영상의 예시로 '왜 사람들은 스포츠 관람을 좋아할까요?(Why people love watching sports?)'가 있다. ESPN의 스포츠 기자인 케이트 페이건은 이 강연에서 스포츠가 모든 계층의 사람들을 하나로 모을 수 있고 공유된 커뮤니티와 소속감을 만들 수 있다고 말하면서, 스포츠가 드라마와 흥분을 만드는 힘에 대해 이야기한다. 그리고 스포츠의 엄청난 긴장감과 예측 불가능성이 사람들이 스포츠를 보는 이유 중 하나라고 주장한다. 해당 강연 영상이나 자신이 관심 있는 체육 또는 예술 관련 영상을 보고 자신의 말로 요약하여 영어로 발표해 보자.

관련 학과 교육계열 전체

《**TED 프레젠테이션**》, 제레미 도노반, 김지향 역, 인사이트앤뷰(2020)

[12심영02-05] ● ● ●

말이나 글의 내용을 비교·대조한다.

➡ 미국의 교육 양극화는 교육의 질과 접근성에 큰 차이가 발생하는 현상을 의미한다. 이 문제에는 여러 요인이 복잡하게 얽혀 있으며, 그 원인과 영향과 관련해서는 다양한 접근이 가능하다. 예를 들어 미국의 공립학교는 주정부와 지방정부의 재정 지원을 받는데, 부유한 지역의 공립학교는 재정이 풍부하여 우수한 교사와 시설을 확보할 수 있다. 반면 가난한 지역의 공립학교는 재정이 부족하여 열악한 교육 환경에 놓여 있다. 이와 같이 교육 분야에서 대립되는 주장에 대한 글을 읽고 비교하여 발표해 보자.

관련 학과 교육계열 전체

《**학교의 재발견**》, 더글러스 다우니, 최성수 외 1명 역, 동아시아(2023)

[12심영02-06] ● ● ●

다양한 매체의 정보를 재구성하여 발표한다.

➡ 학교 교육에서 음모론을 다루는 것은 학생들의 비판적 사고 능력을 기르고 정보의 신뢰성을 평가하는 데 중요한 교육적 기회를 제공한다. 음모론은 사실이 아닌 정보가 확산되면서 발생하는 경우가 많기 때문에, 학생들은 이러한 정보를 비판적으로 분석하고 정보 출처의 신뢰성을 평가하는 능력을 길러야 한다. 또한 음모론이 사회에 미치는 영향을 탐구하면서, 학생들은 미디어 리터러시와 논리적 사고 능력을 함께 키울 수 있다. 학교 교육에서 음모론을 다루며 학생들이 건강한 정보 해석 능력을 기를 수 있도록 하는 방법을 탐구하고, 이를 영어로 요약하여 작성해 보자.

관련 학과 교육계열 전체

《**음모론**》, 얀-빌헬름 반 프로이엔, 신영경 역, 돌배나무(2020)

국어 교과군

영어 교과군

수학 교과군

도덕 교과군

사회 교과군

과학 교과군

> **[12심영02-07]** ● ● ●
>
> 글의 내용과 형식을 점검하여 정보 윤리에 맞게 고쳐 쓴다.

➡️ 세계의 다양한 축제와 행사는 교육적으로 중요한 학습 기회를 제공한다. 축제와 행사를 통해 학생들은 각 나라의 문화, 전통, 역사적 의미를 배울 수 있으며, 문화적 다양성을 이해하고 세계를 바라보는 시야를 넓히게 된다. 예를 들어 브라질의 카니발, 일본의 오봉 축제, 독일의 옥토버페스트 등을 학습하면서 각 문화의 독특한 가치와 관습을 탐구할 수 있다. 이러한 학습은 학생들이 세계 여러 문화를 존중하고 공감하는 능력을 기르는 데 기여한다. 세계 축제와 행사를 교육에 활용하는 방안을 탐구하고, 이를 영어로 요약하여 작성해 보자.

관련 학과 교육계열 전체

《**세계의 축제와 문화**》, 김용섭, 새로미(2019)

선택 과목	수능	영미 문학 읽기	절대평가	상대평가
진로 선택	X		5단계	5등급

| 🔎 | 다양한 장르, 다양한 주제, 문학 작품, 이해, 표현, 감상, 비평, 비판적 사고력, 창의적 사고력, 예술성, 심미적 가치, 독자와 소통 |

[12영문01-01] • • •

다양한 장르와 주제의 문학 작품을 읽고 주요 내용을 요약한다.

➡ 교육과 관련된 문학 작품을 감상하는 것은 교육에 대한 이해를 넓히고, 교육에 대한 새로운 시각을 얻을 수 있는 좋은 기회이다. 특히 작품이 교육에 대한 어떤 이해를 바탕으로 하고 있는지, 어떠한 교육적 관점에서 메시지를 전달하고 있는지를 생각하면서 감상할 필요가 있다. 예시로 미국 소설가 하퍼 리의 《앵무새 죽이기(To Kill a Mockingbird)》는 교육의 차별 및 선입견과 기회에 대한 이야기를 묘사하며 교육이 사회 변화에 기여할 수 있는 가능성을 보여준다. 자신이 관심 있는 작품을 읽고 주요 내용을 요약해 보자.

관련 학과 교육계열 전체

《앵무새 죽이기》, 하퍼 리, 김욱동 역, 열린책들(2015)

[12영문01-02] • • •

문학 작품을 읽고 필자나 인물의 의도나 목적을 파악한다.

➡ 문학 작품 속 작가의 메시지는 교육적으로 중요한 역할을 한다. 작가가 작품을 통해 전달하는 메시지를 분석함으로써, 학생들은 작품에 담긴 가치와 주제를 깊이 있게 이해하고, 이를 바탕으로 자신의 사고를 넓힐 수 있다. 이러한 과정에서 학생들은 비판적 사고를 기르고, 도덕적·사회적 문제에 대한 관점을 형성하며, 타인의 경험을 통해 공감 능력을 키우게 된다. 자신이 관심 있는 영어 작품을 선정하여 읽고, 작가의 의도와 교육적 효과를 분석하여 발표해 보자.

관련 학과 교육계열 전체

《스토리의 유혹》, 피터 브룩스, 백준걸 역, 앨피(2023)

[12영문01-03] • • •

문학 작품을 읽고 자신의 느낌이나 감상을 공유하고 표현한다.

➡ 문학 작품을 읽고 자신의 감상을 공유하는 것은 교육적으로 중요한 의미를 가진다. 감상을 공유하는 과정을 통해 학생들은 작품에 대한 자신만의 해석을 발전시키고, 다른 사람들과 생각을 나누며 다양한 시각을 이해하게 된다. 이러한 활동은 비판적 사고를 촉진하고, 언어 표현 능력과 공감 능력을 키우는 데 도움을 준다. 또한 작품을 깊이 있게 탐구하고 이를 바탕으로 감정을 표현하는 능력을 기를 수 있게 해주며, 학습자의 정서적 성장에도 긍정적인 영향을 미친다. 문학 작품을 읽고 자신의 감상을 공유하는 과정의 교육적 효과를 분석하고, 이를

영어로 요약하여 작성해 보자.

관련 학과 교육계열 전체

《데이비드 댐로쉬의 세계문학 읽기》, 데이비드 댐로쉬, 김재욱 역, 앨피(2022)

[12영문01-06] • • •

다양한 매체를 활용하여 문학 작품의 내용을 다양한 관점으로 분석·비평한다.

➡ 문학 작품을 소개하는 유튜브 영상을 활용하면, 학생들이 작품을 다양한 관점에서 해석하는 데 큰 교육적 효과를 얻을 수 있다. 문학 작품 소개 영상은 작품의 배경과 주제, 주요 해석을 간결하게 제시하여 학생들이 작품을 더 쉽게 이해할 수 있도록 돕는다. 또한 다른 독자들이 작품을 어떻게 바라보고 해석하는지를 알 수 있어 다양한 시각과 접근 방식을 접하게 되며, 이는 비판적 사고와 분석 능력 향상에 기여한다. 학생들은 이러한 영상을 바탕으로 자신의 생각을 확장하고, 영상에서 다루는 관점과 자신의 해석을 비교하며 표현력과 토론 능력도 함께 키울 수 있다. 영어 작품을 선정하여 자신의 해석과 다른 매체에서의 해석을 비교하여 발표해 보자.

관련 학과 교육계열 전체

《낭만적 거짓과 소설적 진실》, 르네 지라르, 김치수 외 1명 역, 한길사(2022)

[12영문01-07] • • •

문학 작품을 읽고 우리 문화와 타 문화의 생활 양식, 사고방식, 의사소통 방식의 차이와 다양성에 대해 비교·분석한다.

➡ 소설 《Pachinko》(Min Jin Lee)는 역사적 사건과 인물의 경험을 통해 독자들에게 깊이 있는 교육적 가치를 제공한다. 이민과 차별, 가족의 의미를 다룬 이 작품을 통해 독자들은 한국과 일본의 역사적 관계와 재일 한국인들의 삶에 대한 이해를 넓힐 수 있다. 학생들은 《Pachinko》를 통해 정체성, 인종적 편견, 경제적 격차와 같은 주제를 탐구하며, 타인에 대한 공감과 역사적 관점을 형성할 수 있다. 또한 문학적 해석과 비판적 사고 능력을 기르는 데도 유익하며, 복잡한 사회적 문제를 다각도로 생각해 볼 기회도 가질 수 있다. 《Pachinko》의 교육적 역할을 분석하고, 영어로 요약하여 작성해 보자.

관련 학과 교육계열 전체

《파친코》, 이민진, 신승미 역, 인플루엔셜(2022)

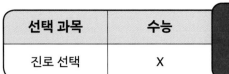

단원명 | 독해

🔍	플라스틱 변환 식품, 환경 인식, 감정 변화, 가치관 변화, 의도 파악, 펨테크, 논리적 관계, 함축적 의미, 지구 친화적 식품, 맥락 활용, 교육 격차, 문학적 표현, 현대 사회 문제, 설득 기법, 글의 구조, 마이데이터, 정보 리터러시, 비판적 평가, 블랙 라이브즈 매터, 포용적 태도, 드론 기술, 읽기 전략

[12심독01-01] ● ● ●

다양한 분야의 기초 학문 주제에 관한 글을 읽고 주요 내용을 파악한다.

➔ 플라스틱을 식품으로 변환하는 기술이 인체 건강에 어떠한 영향을 미칠 수 있는지를 탐구해 보자. 관련 영문 자료 'The Incredible, Edible Plastic?'을 참고하여, 변환된 식품의 영양학적 가치와 안전성, 그리고 장기적으로 이러한 식품을 섭취했을 때의 건강에 대한 영향을 탐구해 보고, 이를 바탕으로 학생들의 환경 인식을 높이는 방법에 대해 탐구해 보자.

관련 학과 교육계열 전체

《**플라스틱 수프**》, 미힐 로스캄 아빙, 김연옥 역, 양철북(2020)

[12심독01-02] ● ● ●

이야기나 서사 및 운문을 읽고 필자나 등장인물의 심정이나 의도를 추론한다.

➔ 오 헨리의 〈20년 후에〉라는 작품을 읽고 주요 등장인물들의 감정 변화를 분석하고, 20년이라는 시간 동안 주인공들이 어떤 경험을 했는지, 그 경험이 각자의 가치관에 어떤 변화를 가져왔는지, 그리고 그 변화가 마지막 선택에 어떻게 반영되었는지를 탐구해 보자. 특히 작품 속 주요 등장인물들의 감정 변화와 그에 따른 의도를 분석하고, 이를 자신의 감정 변화와 의도 파악에 어떻게 활용할 수 있는지를 탐구해 보자.

관련 학과 교육계열 전체

《**가치 있는 삶**》, 미로슬라브 볼프 외 2명, 김한슬기 역, 흐름출판(2023)

[12심독01-03] ● ● ●

글의 구성 방식을 고려하여 논리적 관계를 추론한다.

➔ 현재 펨테크(FemTech)는 여성의 건강과 복지에 초점을 맞춘 기술 분야로서 빠르게 성장하고 있다. 그러나 여전히 많은 사람들이 펨테크에 대해 잘 알지 못하여, 펨테크의 효과적인 활용에 걸림돌이 되고 있다. 이러한 문제를 해결하기 위해 펨테크에 대한 교육 자료와 교육 프로그램의 필요성이 대두되고 있다. 펨테크에 대한 교육 자료와 교육 프로그램의 개발을 위해, 펨테크가 여성의 건강과 복지에 어떤 영향을 미치는지에 대한 기본적인

정보를 조사하고 분석해 보자. 또한 이러한 정보를 효과적으로 전달할 수 있는 교육 자료와 교육 프로그램을 어떻게 개발하고 배포할 수 있는지도 탐구해 보자.

관련 학과 교육계열 전체

《**국내외 펨테크 산업분석보고서**》, 비피기술거래·비피제이기술거래, 비티타임즈(2022)

[12심독01-04] • • •

글의 맥락과 배경지식을 활용하여 함축적 의미를 추론한다.

➡️ 지구 친화적인 식품에 대한 관심이 높아지고 있지만, 많은 소비자들은 자신이 선택하는 식품이 환경에 어떤 영향을 미치는지를 알기 어렵다고 느끼고 있다. 이는 식품의 라벨링이 복잡하거나, 원산지 정보가 불투명하거나, 탄소 영향 정도가 명확하지 않기 때문이다. 이러한 문제를 해결하기 위해서는 소비자 대상의 친환경 식품 교육이 중요하다고 할 수 있다. 관련 영문 자료 'Can you eat to save the climate?'를 참고하여 '지구 친화적인 식품에 대한 교육이 환경 보호에 어떤 영향을 미치는가?'를 주제로 탐구해 보자. 이 과정에서 학교 교육과정, 가정 교육, 사회 교육 등 다양한 교육 형태를 고려하고, 이를 통해 지구 친화적인 식품에 대한 인식을 높이고, 실제 식품 선택의 행동을 변화시키는 방안을 제시해 보자.

관련 학과 교육학과, 유아교육학과, 초등교육과, 환경교육과

《**저녁 식탁에서 지구를 생각하다**》, 제시카 판조, 김희주 역, 사람in(2021)

[12심독01-05] • • •

다양한 문학 작품을 읽고 문학적 표현과 의미를 파악한다.

➡️ 조지 오웰의 《동물농장》에서는 동물들 사이의 학력 격차가 어떻게 사회 불평등을 초래하는지를 보여준다. 이는 교육의 중요성과 그 한계를 보여주는 주제로, 현대 사회에서도 교육 격차와 그로 인한 사회적 문제가 화두가 되고 있어 매우 관련성이 높다. 《동물농장》을 통해 교육의 중요성을 인식하고, 교육 격차가 어떻게 권력 격차를 초래하는지 분석하며, 현대 사회에서의 학력 격차 문제를 어떻게 해결할 수 있는지를 탐구해 보자.

관련 학과 교육계열 전체

《**격차를 넘어**》, 서울대학교 사범대학 부설학교 교사들, 휴머니스트(2022)

[12심독01-06] • • •

다양한 유형의 글의 구조와 형식을 비교·분석한다.

➡️ 현대 교육은 단순한 지식 전달의 과정을 넘어서, 학생들의 창의적 사고력과 문제 해결 능력을 키우는 방향으로 발전하고 있다. 효과적인 설득 기법과 정보 제공 방식이 학습 효과에 어떤 영향을 미치는지 분석해 보자. 영문 자료 'Persuasive vs Informative: Meaning And Differences'를 참고하여 교육과정에서의 설득 기법과 정보 제공 방식이 어떻게 개선되어야 할지를 탐구해 보자.

관련 학과 교육계열 전체

《**설득의 심리학 4**》, 로버트 치알디니 외 2명, 김은령 외 1명 역, 21세기북스(2023)

[12심독01-07] • • •

다양한 매체의 글의 내용 타당성을 평가하며 비판적으로 읽는다.

➔ 디지털화와 정보화 시대에는 개인이 자신의 정보를 통제하고 활용하는 마이데이터('My HealthWay')의 중요성이 강조된다. 이러한 배경 속에서, 마이데이터를 교육에 어떻게 활용할 수 있을지 탐구해 보자. 특히 데이터 기반의 정보 관리를 교육과정에 어떻게 통합할 수 있을지를 고민해 보고, 마이데이터를 활용한 교육이 학습 효과를 어떻게 개선할 수 있는지, 그리고 이러한 방식의 교육이 학생들의 정보 리터러시에 어떤 영향을 미치는지에 대해 심화 탐구를 진행해 보자.

관련 학과 과학교육과, 교육공학과, 교육학과, 수학교육과, 초등교육과, 컴퓨터교육과, 특수교육과

《**마이데이터 레볼루션**》, 이재원, 클라우드나인(2022)

[12심독01-08] • • •

우리 문화 및 타 문화의 생활 양식, 사고방식, 의사소통 방식에 관한 글을 읽고, 문화 간 차이에 대해 포용적인 태도를 갖춘다.

➔ '블랙 라이브즈 매터(Black Lives Matter, BLM)' 운동은 흑인 대상의 경찰 폭력 및 인종차별을 반대하는 인권 운동으로, 미국을 비롯한 전 세계에서 큰 영향력을 끼치고 있다. 이 운동은 사회의 다양한 분야에 영향을 끼치는데, 그중 하나가 바로 교육계이다. 블랙 라이브즈 매터 운동이 어떻게 교육의 내용과 방식, 그리고 교육의 평등성에 변화를 가져왔는지를 탐구해 보자. 또한 이 운동이 어떻게 학생들의 사고방식에 영향을 끼치고 의사소통 스타일을 변화시키는지도 탐구하여 발표해 보자.

관련 학과 교육학과, 사회교육과, 역사교육과, 영어교육과, 윤리교육과, 초등교육과

《**편견**》, 제니퍼 에버하트, 공민희 역, 스노우폭스북스(2021)

[12심독01-09] • • •

석설한 읽기 전략을 적용하여 스스로 읽기 과정을 점검하며 읽는다.

➔ 드론 기술은 교육 분야에서 새로운 가능성을 제시한다. 드론 기술은 학습자의 참여도를 높이고, 현실적이면서도 안전한 학습 환경을 제공함으로써 교육의 질을 향상시킬 수 있다. 예를 들어 학생들이 직접 드론을 조립하고 프로그래밍하여 비행시키는 과정을 통해 기계학습, 코딩, 물리학 등에 대한 이해를 심화시킬 수 있다. 또한 드론을 이용하여 지리, 생태학, 기상학 등을 배울 수도 있다. 드론으로 촬영한 고해상도 이미지를 활용하면 학생들이 실제로 방문하기 어려운 장소나 현상을 직접 관찰하며 학습할 수 있다. 학습자의 반응과 성취도 변화, 그리고 기술 활용에 따른 교육 환경의 변화 등을 고려하여 드론 기술을 결합한 새로운 교육 방법을 모색한 뒤 공유해 보자.

관련 학과 교육계열 전체

《**모빌리티의 미래**》, 서성현, 반니(2021)

단원명 | 작문

|♀| 로봇 도입, 직업 교육 변화, 미래 인재 양성, 비판적 사고, 인권 문제, 차별 인식 개선, 자율주행 택시, 설득 전략, 우주 식물 재배, 창의적 사고, 다문화가정, 평생학습, 비평적 평가, 강제징용, 정보 윤리, 아스파탐, 사회적 이슈, 교육 프로그램 설계

[12심독02-01]

다양한 분야의 기초 학문 주제에 관하여 사실적 정보를 기술하거나 설명하는 글을 쓴다.

➡ 로봇의 도입은 직업 교육에 큰 영향을 미칠 것이다. 로봇 도입과 건설업계의 변화가 미래의 직업 교육에 어떤 심화된 영향을 미칠 수 있는지를 탐구해 보자. 로봇 기술의 발전이 직업 교육의 내용과 방식에 어떤 변화를 가져올 수 있는지, 또 이러한 변화가 미래의 인재 양성에 어떤 영향을 미칠 것인지 깊이 있게 탐구해 보자. 특히 로봇 도입에 따른 직업 교육의 변화를 분석하고, 이와 함께 미래의 인재가 갖추어야 할 기술과 능력, 태도에 대해서도 탐구해 보자.

관련 학과 교육계열 전체

《**로봇은 교사를 대체할 것인가?**》, 닐 셀윈, 정바울 외 3명 역, 에듀니티(2022)

[12심독02-02]

이야기나 서사 및 운문에 대해 자신의 감상이나 느낌을 표현하는 글을 쓴다.

➡ 현대 사회에서 차별과 인권 문제는 여전히 중요한 이슈이다. 인권에 대한 중요한 메시지를 전달하는 마야 앤절로의 시 〈Still I Rise〉는 비판적 사고를 키우고 차별에 대한 인식을 개선하는 교육 자료로 활용될 수 있다. 관련 영문 자료 'Still I Rise Summary & Analysis'를 참고하여 이 시를 분석하고, 이 시가 어떻게 비판적 사고를 키우고 차별에 대한 인식을 개선하는 교육 도구로 활용될 수 있는지를 탐구해 보자. 또한 자신의 개인적인 감상과 느낌을 바탕으로 이 시의 의미를 더 깊이 이해하고, 그것이 자신의 생각과 감정에 어떠한 영향을 미쳤는지에 대한 글을 작성해 보자.

관련 학과 교육계열 전체

《**피셔의 비판적 사고**》, 알렉 피셔, 최원배 역, 서광사(2018)

[12심독02-03]

다양한 주제에 관하여 상대방을 설득하는 글을 쓴다.

➡ 자율주행 택시의 도입은 새로운 학습 경험뿐 아니라, 학생들의 창의적 사고를 촉진하는 기회도 제공할 수 있다. 자율주행 택시와 관련된 다양한 과제를 통해 기술과 사회에 대해 더 깊이 있게 이해할 수 있다. 관련 영문 기사 'Waymo's driverless taxi launch in Santa Monica is met with excitement and tension'을 참고하여, 자율주행 택시를 활용한 교육 프로그램 설계를 통해 현실적인 문제를 해결하고 창의적 사고를 발전시키는 방법에 대해 탐구해 보자.

관련 학과 교육계열 전체

《**AI로 일하는 기술**》, 장동인, 한빛미디어(2022)

[12심독02-04]

다양한 기초 학문 분야의 주제에 관하여 듣거나 읽고 주요 정보를 요약한다.

➡ 우주에서의 식물 재배는 교육적 측면에서 활용 가능성이 많다. 식물의 성장 과정을 관찰하고, 이를 통해 생태계, 생명과학, 우주과학 등에 대해 학습하는 교육 프로그램을 기획해 보자. 또한 학생들이 이론적인 지식뿐 아니라 실제 생명과학의 이해, 문제 해결 능력, 창의적 사고 등을 향상시킬 수 있는 방안을 모색하여 발표해 보자.

관련 학과 과학교육과, 교육공학과, 교육학과, 사회교육과, 생물교육과, 영어교육과, 윤리교육과, 음악교육과, 초등교육과, 컴퓨터교육과

《**씨앗, 미래를 바꾸다**》, 진중현 외 1명, 다림(2022)

[12심독02-05] ●●●

우리 문화 및 타 문화의 생활 양식, 사고방식, 의사소통 방식에 관한 글을 읽고 문화 간 차이에 대해 비교·대조하는 글을 쓴다.

➡ 다문화가정 아동에게는 그들의 문화적 배경을 반영한 교육이 필요하다. 서양과 동양 문화에서의 다문화가정 아동을 위한 교육 방안을 비교·분석하고, 이를 통해 다문화가정 아동의 교육에 어떤 방식이 효과적인지 탐구해 보자. 특히 문화적 배경이 이런 교육 방안에 어떠한 차이를 가져오는지를 비교해 보며, 그 차이가 각 문화의 생활 양식, 사고방식, 의사소통 방식과 어떻게 연결되는지를 탐구해 보자. 또한 이렇게 얻은 지식을 종합하여, 다문화가정 아동을 위한 새로운 이론적 교육 모델을 개발하여 발표해 보자.

관련 학과 교육계열 전체

교육자를 위한 다문화교육과 세계시민교육 방법론

김진희, 박영스토리(2022)

책 소개

이 책은 다문화 교육과 세계시민 교육에 대한 복합적인 이론과 실천 전략을 다룬다. '정답'을 제시하기보다는 교육자의 시각에서 끊임없이 성찰하고, 다문화 교육과 세계시민 교육의 실천에서 나타나는 고민과 난관을 공감하면서 해결책을 제안한다. 이와 함께 다문화 교육과 세계시민 교육의 복잡성을 감안하여, 실제 교육 현장에서의 적용을 위한 이론적 기반을 제공한다. 또한 저자의 국내외 교육 현장 경험을 바탕으로 실제 교사들이 직면하는 문제를 이해하고, 그에 대한 해결책을 제시하는 데 중점을 둔다.

세특 예시

'교육자를 위한 다문화교육과 세계시민교육 방법론(김진희)'을 읽고 다문화가정 아동을 위한 교육 방안을 탐구함. 이 책을 통해 다문화 교육과 세계시민 교육의 중요성과 실천 전략에 대해 알아보고, 서양과 동양 문화에서의 다문화가정 아동을 위한 교육 방안을 비교 분석함. 특히 문화적 배경이 교육 방안에 어떠한 차이를 가져오는지 비교하며, 그 차이가 각 문화의 생활 양식, 사고방식, 의사소통 방식과 어떻게 연결되는지를 탐구하여 발표함.

[12심독02-06] ●●●

다양한 매체 정보를 분석·종합·비평하여 재구성한다.

➡ 평생학습은 지속적인 자기 계발과 더불어 사회와 기술의 변화에 대응하는 데 중요한 역할을 한다. 관련 영문 자료 'Technology and the Curriculum: Summer 2022'를 참고하여 평생학습의 필요성을 분석하고, 기술의 발전이 어떻게 평생학습의 방식과 전략을 변화시키는지를 살펴보자. 또한 특정 직업군(예: IT, 의료, 교육 등)에서의 평생학습 방식과 그 변화를 분석하고, 이를 통해 미래의 학습 방향에 대해 논의해 보자.

관련 학과 교육계열 전체

《평생학습, 니체는 이렇게 말했다》, 최수연, 학지사(2021)

[12심독02-07] ● ● ●

사회적으로 이슈가 되는 주제에 관하여 정보 윤리를 준수하며 비판적이고 독창적인 글을 쓴다.

➡ 최근 국제사회에서는 일본의 강제징용 피해자에 대한 배상 문제가 화두로 떠오르고 있다. 이 문제는 역사 교육의 복잡성과 중요성을 강조한다. 이를 통해 역사 교육 방법론에 대해 깊이 있게 탐구하고, 특히 논란의 여지가 있는 역사적 사건을 어떻게 가르치고 이해하는 것이 가장 효과적인지를 고민해 보자. 그리고 논란의 여지가 있는 역사적 사건(예: 강제징용)을 어떻게 중립적이고 공정하게 가르칠 수 있는지도 탐구해 보자.

관련 학과 사회교육과, 역사교육과, 윤리교육과, 초등교육과

《함께 쓰는 역사 일본군 '위안부'》, 박정애, 동북아역사재단(2020)

[12심독02-08] ● ● ●

다양한 분야의 주제에 관하여 적절한 쓰기 전략을 적용하여 글을 점검하고 고쳐 쓴다.

➡ 최근 세계보건기구(WHO)가 아스파탐을 '암 유발 가능성이 있는 물질'로 분류한 것이 사회적 이슈로 대두되었다. 인공감미료인 아스파탐이 일상생활에서 널리 사용되고 있음을 고려하면, 이 문제에 대한 일반 대중의 이해와 인식을 높이는 것이 중요하다. 관련 영문 기사 'Aspartame hazard and risk assessment results released'를 참고하여, 아스파탐에 대한 이해를 높이기 위한 교육 프로그램을 설계해 보자. 이 프로그램에는 아스파탐의 화학적 성질, 인체에 미치는 영향, 그리고 안전한 섭취량에 대한 정보가 포함되어야 한다. 또한 이 정보를 일반 대중이 이해하기 쉬운 형태로 전달하는 방법에 대해 고민한 뒤 공유해 보자.

관련 학과 교육계열 전체

《우리 주변의 화학물질》, 우에노 게이헤이, 이용근 역, 전파과학사(2019)

선택 과목	수능	실생활 영어 회화	절대평가	상대평가
융합 선택	X		5단계	5등급

🔍	AI 튜터, 개별화 학습, 개인정보 보호, 먹는 플라스틱, 환경 인식, 에듀테크, 학습 효과, 의견 표현, 딥러닝, 개인화 학습, 사례 분석, 다문화 교육, 사회적 책임, 분석 보고서, 1인 가구, 주거 공간, 교육 정책, 사회적 지원

[12실영01-01] • • •

실생활에 관한 말이나 대화를 듣고 핵심 정보를 파악한다.

➔ AI 튜터는 현대의 교육 방식에 큰 변화를 가져오고 있다. AI 튜터의 원리와 그로 인한 교육 방식의 변화에 대해 탐구해 보자. 특히 AI 튜터가 개별화, 유연성, 참여도가 높은 학습 경험을 제공하고 데이터와 증거 기반의 의사 결정을 지원함으로써 교육의 질과 효과를 향상시키는 방법을 분석해 보자. 또한 AI 튜터를 사용할 때 발생할 수 있는 도전과 한계, 예를 들어 신뢰성, 타당성, 공정성, 윤리성을 확보하는 방법과 개인정보, 보안, 오용의 위험을 해결하는 방법에 대해서도 발표해 보자.

〔관련 학과〕 교육계열 전체
《**인공지능 시대, 교사가 만드는 미래학교**》, 강은희 외 20명, 교육과학사(2022)

[12실영01-02] • • •

실생활에 관한 말이나 대화를 듣고 화자의 의도나 목적을 추론한다.

➔ 먹는 플라스틱은 신기술로서 환경 보호에 크게 기여할 수 있다. 플라스틱 오염 문제 해결을 위해 이러한 신기술을 적극적으로 도입하고 활용하는 것이 중요하다. 그러나 이 기술을 효과적으로 활용하기 위해서는 사람들이 먹는 플라스틱에 대해 정확히 이해하고 그 중요성을 인지해야 한다. '먹는 플라스틱에 대한 교육이 환경 보호에 어떤 영향을 미치는가?' 그리고 '학생들의 환경 인식과 행동 변화를 이끌어낼 수 있는 교육 전략은 무엇인가?'에 대한 의견을 발표해 보자.

〔관련 학과〕 교육계열 전체
《**플라스틱 다이어트**》, 호세 루이스 가예고, 남진희 역, 우리교육(2022)

[12실영01-03] • • •

자신이나 주변 사람 또는 사물을 자신감 있게 소개한다.

➔ 에듀테크가 교육의 혁신을 주도하고 있다. 많은 사람들이 어떤 에듀테크 서비스를 활용하고 있는지 조사하고, 그 서비스가 학습에 어떤 변화를 가져왔는지 탐구해 보자. 그리고 성공적으로 에듀테크를 활용하는 교육기관이나 개인을 소개하고, 그들의 경험을 공유해 보자. 또한 주변 사람들을 대상으로 인터뷰를 진행해 보고, 에듀테크 서비스를 직접 사용하여 그 효과를 체험해 봄으로써 '에듀테크 서비스가 학습 방식에 미친 영향과 그 결

과는 어떠한가?'를 주제로 심화 탐구 활동을 진행해 보자.

`관련 학과` 교육계열 전체

《**에듀테크 활용 레시피**》, 정지영, 내하출판사(2022)

[12실영01-04]   ● ● ●

존중과 배려의 자세로 상대방의 말을 경청하고 자신의 의견이나 감정을 표현한다.

➡ 학습 스타일의 이해와 존중은 효과적인 교육을 위해 필수적이다. 다양한 학습 스타일을 조사하고, 이를 반영하여 교육 콘텐츠를 개발해 보자. 이를 통해 다양한 학습 스타일을 존중하고 이해하는 방법을 경험하고, 개발된 교육 콘텐츠는 다른 학생들과 공유하며 그들의 피드백을 수용하고 반영해 보자. 더불어 학습 스타일에 따른 교육 전략을 비교·분석하고, 더 효과적인 교육 방안을 제시해 보자.

`관련 학과` 교육학과, 유아교육학과, 초등교육과, 환경교육과

《**AI 시대 개별맞춤 미래교육, 온리원 커리큘럼**》, 백다은, 열린인공지능(2023)

[12실영01-05]   ● ● ●

실생활에 관한 경험이나 사건 또는 간단한 시각 자료를 묘사한다.

➡ 인공지능의 한 분야인 딥러닝은 교육에도 점점 더 활용되고 있다. 이는 개인화된 학습 경험을 제공하며, 교육의 효율성을 높이는 데 기여한다. 딥러닝이 교육에 미치는 영향을 조사하고, 특정한 딥러닝 기반 교육 도구의 활용 사례를 중심으로 이를 설명하는 보고서를 작성해 보자.

`관련 학과` 교육계열 전체

《**알고리즘으로 배우는 인공지능, 머신러닝, 딥러닝**》, 김의중, 미리어드스페이스(2023)

[12실영01-06]   ● ● ●

실생활에 필요한 일의 방법이나 절차를 설명한다.

➡ 최근 세계화가 가속화되면서 다문화 교육의 중요성이 강조되고 있다. 다문화 교육이란 다양한 문화 배경을 가진 학생들에게 교육을 제공하며, 그들의 문화적 특성을 이해하고 존중하는 교육 방식을 말한다. 이에 대해 영어로 탐구하고, 다문화 교육의 중요성과 효과적인 다문화 교육 방법을 상세히 설명하는 보고서를 작성해 보자. 또한 '다문화 교육이 학생들의 문화적 이해에 어떤 영향을 미치는가?'를 주제로 심화 탐구 활동을 해보자.

`관련 학과` 교육계열 전체

《**다문화사회 대한민국 아이들에게 무엇을 가르쳐야 할까?**》, 장한업, 아날로그(2023)

[12실영01-07]   ● ● ●

실생활에서 상황이나 목적에 맞게 대화를 이어간다.

➡ 기업의 사회적 책임 활동은 기업이 사회와 환경에 미치는 영향을 고려하고 이에 대한 책임을 다하는 활동을 말한다. 기업의 사회적 책임 활동이 기업 이미지와 소비자 인식에 어떤 영향을 미치는지를 상세히 분석하는 보고서를 작성해 보자. 그리고 '기업의 사회적 책임 활동이 기업 이미지와 소비자 행동에 어떤 영향을 미치는가?'를 주제로 심화 탐구 활동을 해보자.

**ESG를 생각하는
소비와 소비자**

서여주, 백산출판사(2023)

책 소개

이 책은 최근에 크게 주목받고 있는 ESG에 대해 깊이 있게 다루고 있다. ESG에 대한 이해가 필요한 요즘, 이 책은 기업의 ESG 활동이 소비자의 소비 의사 결정에 어떻게 영향을 미치는지를 중점적으로 살펴본다. 코로나로 변화된 '삶의 문법'에 맞춰 '기업의 삶의 문법' 또한 달라져야 함을 강조하며, 기업이 ESG를 통해 어떻게 소비자와의 신뢰를 구축하고, 사회적 책임을 다하는지에 대해 설명한다. 또한 소비자의 시선으로 ESG를 바라보는 방법을 쉽게 이해할 수 있도록 돕는다.

세특 예시

'ESG를 생각하는 소비와 소비자(서여주)'를 통해 ESG 경영과 교육의 연관성을 심도 있게 탐구함. 다양한 매체 자료를 활용하여 ESG와 관련된 교육적 이슈를 분석하고, 이를 교육학적 시각에서 적용할 수 있는 방안을 모색하는 능력을 보여줌. 매체 자료를 비교 분석하여 ESG 요소가 학교 교육과 학생들의 가치관 형성에 미치는 영향을 파악하였으며, 이를 바탕으로 논리적이고 체계적인 글쓰기 능력을 발휘함. 책의 내용을 바탕으로 ESG 교육의 필요성과 방법에 대한 논리적이고 체계적인 에세이를 작성하였으며, 다양한 전략을 적용하여 매체 자료의 주제와 요지를 정확히 이해하고 분석하는 과정을 통해 비판적 사고와 문제 해결 능력을 향상시킴. ESG 관련 교육 프로그램을 직접 구상하고 제안하는 창의적 사고력을 보여주었으며, ESG 교육이 미래 사회와 교육에 미칠 영향에 대한 심층적인 고찰을 통해 교육학적 통찰력을 드러냄.

[12실영01-08] ● ● ●

의사소통 상황이나 목적에 맞게 언어적·비언어적 표현을 사용하여 반응한다.

➡ 사회적 변화와 함께 1인 가구의 수가 늘어나는 추세이다. 이러한 변화 속에 1인 가구의 주거 공간에 대한 연구가 활발히 진행되고 있으며, 그들의 주거 공간이 삶의 질에 어떤 영향을 미치는지에 대한 이해가 중요해지고 있다. 1인 가구의 주거 공간이 그들의 삶의 질에 어떤 영향을 미치는지를 상세히 분석하고, '1인 가구의 주거 공간을 개선하기 위한 방안은 무엇일까?'를 주제로 논의해 보자. 이에 대한 자신의 견해를 표현하는 활동도 진행해 보자.

관련 학과 가정교육과, 교육학과, 사회교육과, 초등교육과

《1인 가구 사회》, 후지모리 가츠히코, 김수홍 역, 나남(2018)

[12실영01-09] ● ● ●

의사소통 상황이나 목적에 맞게 적절한 전략을 적용하여 대화에 참여한다.

➡ 현재 우리 사회에서 교육 불평등은 중요한 사회 문제로 자리를 잡고 있다. 가정의 경제적 상황, 지역적 차이, 학

교의 교육 수준 등 다양한 요인이 작용하며, 이로 인해 학생들 사이에 교육의 기회가 불평등하게 분배되고 있다. 우리나라의 교육 불평등 현상을 상세히 분석하고, 그 해결 방안을 깊이 있게 탐구해 보자. 또한 '교육 불평등을 해결하기 위해 가장 중요하게 고려해야 할 요소는 무엇인가?' 그리고 '이를 위한 교육 정책과 사회적 지원의 방향은 어떠해야 하는가?'를 주제로 심화 탐구를 진행해 보자.

관련 학과 교육계열 전체

《**교육 불평등**》, 오욱환, 교육과학사(2021)

국어 교과군

영어 교과군

수학 교과군

도덕 교과군

사회 교과군

과학 교과군

🔍 미디어 콘텐츠, 감상, 활용, 미디어의 특성, 비판적 사고력, 융합적 활용, 창의적 전달, 효과적 전달, 디지털 상호작용, 디지털 리터러시

[12미영01-01]

영어 검색 엔진을 활용하여 필요한 정보를 찾아낸다.

➡ 다양한 나라에서 다양한 대입 제도를 운영하고 있고, 각 나라의 대입 제도는 그 나라의 교육 제도, 문화, 사회 경제적 상황 등 다양한 요소에 따라 달라진다. 영어로 표현된 많은 정보 중에서 필요한 정보를 찾기 위해 적절한 검색어를 생각해 내고, 영어 기반 검색 엔진을 활용하여 관심 있는 국가의 대입 제도와 특징 및 장단점을 검색하자. 그리고 검색어에 따른 검색 결과를 조사하여 원하는 결과를 찾기에 가장 효율적인 검색어를 정리하여 발표해 보자.

관련 학과 교육계열 전체

《검색의 즐거움》, 대니얼 M. 러셀, 황덕창 역, 세종서적(2020)

[12미영01-02]

다양한 주제에 대한 창의적 문제 해결을 위해 미디어를 활용하여 협업한다.

➡ 수명 연장은 평생교육의 필요성을 더욱 부각시키고 있다. 현대 사회에서는 평균수명이 길어지면서 인생 전반에 걸쳐 배우고 성장할 수 있는 교육 시스템이 중요해지고 있다. 평생교육은 단순히 직업 기술을 습득하는 것을 넘어, 은퇴 후에도 새로운 지식을 배우고 삶의 질을 향상시키는 역할을 한다. 또한 기술과 정보가 빠르게 변화하는 시대에 적응하고 사회적 역할을 지속할 수 있도록 돕는다. 수명 연장과 함께 높아지는 평생교육의 중요성을 탐구하고, 그 필요성에 대해 영어로 요약하여 작성해 보자.

관련 학과 교육계열 전체

《챗GPT에게 묻는 인류의 미래》, 김대식·챗GPT, 동아시아(2023)

[12미영01-03]

미디어 정보에서 핵심어를 추출하여 내용을 요약하거나 재구성한다.

➡ 숏폼(short-form) 콘텐츠는 교육에서 새로운 학습 도구로 자리 잡고 있다. 짧고 집중적인 영상이나 글을 통해 핵심 정보를 전달함으로써, 학생들의 흥미를 끌고 학습 내용을 효과적으로 요약할 수 있다는 장점이 있다. 특히 주의 집중 시간이 짧은 학습자들에게 적합하며, 반복 학습을 통해 기억에 오래 남을 수 있다. 그러나 숏폼은 깊이 있는 학습에는 한계가 있으므로, 이를 보완하기 위해 다른 학습 방식과 함께 활용하는 것이 중요하다. 숏폼을 교육에 적용할 때의 장단점을 분석하고, 영어로 요약하여 작성해 보자.

국어 교과군

영어 교과군

수학 교과군

도덕 교과군

사회 교과군

과학 교과군

관련 학과 교육계열 전체

《작문 문단쓰기로 익히기》, 캐슬린 E. 설리번, 최현섭 역, 삼영사(2000)

[12미영01-04]　　　　　　　　　　　　　　　　　　　　　　　　　　　● ● ●

미디어 정보를 비판적 태도로 검색, 선정, 비교 및 분석한다.

➡ 학벌주의는 학력이나 학교의 명성에 따라 개인의 사회적 지위나 기회가 달라진다고 여기는 입장이나 태도를 말한다. 한국은 학벌주의가 심한 사회로 알려져 있으며, 학벌은 취업, 결혼, 승진 등 개인의 삶 전반에 걸쳐 중요한 영향을 미친다. 다양한 미디어에서 학벌주의의 해외 사례에 관한 영어 정보를 검색하고, 핵심 정보를 선별하여 주요 해외 사례를 정리해 보자. 이를 한국의 학벌주의와 비교하고, 원인과 해결 방안 등에 대한 내용을 비판적으로 분석하여 발표해 보자.

관련 학과 교육계열 전체

《10대를 위한 공정하다는 착각》, 마이클 샌델, 신현주 글, 미래엔아이세움(2022)

[12미영01-05]　　　　　　　　　　　　　　　　　　　　　　　　　　　● ● ●

목적이나 대상에 적합한 미디어를 활용하여 의견이나 정보를 공유한다.

➡ 교육계열 학과를 졸업한 후에는 중등 및 초등학교 교사로 진출하거나, 교육청과 교육부 같은 교육 행정기관에서 일할 수 있다. 또한 교육 연구소, 평생교육 기관, 출판사 등에서 교육 연구, 콘텐츠 개발, 성인 교육 등의 업무를 맡을 수 있다. 사교육 분야로는 학원 강사나 과외 교사로 활동하거나, 학원 운영 및 교육 컨설팅에 참여할 수 있다. 교육계열 학과 졸업생들은 전공과 관심 분야에 따라 교사 외에도 다양한 교육 관련 직업으로 진출할 수 있다. 자신이 희망하는 직업의 SNS 프로필을 영어로 작성하여 발표해 보고 서로 평가하고 피드백을 주자.

관련 학과 교육계열 전체

《링크드인 취업 혁명》, 김민경, 라온북(2022)

[12미영01-06]　　　　　　　　　　　　　　　　　　　　　　　　　　　● ● ●

미디어 정보를 융합하고 적절한 도구를 활용하여 콘텐츠를 제작한다.

➡ 지방 인구의 급감은 교육 분야에 큰 영향을 미치고 있다. 학생 수가 줄어들면서 지방의 학교들은 폐교 위기에 처하거나 교육 자원이 축소되고 있다. 이는 교육 기회의 불균형을 초래하며, 지역 간 교육 격차를 더욱 심화할 위험이 있다. 또한 교사와 교육 인프라의 부족으로 교육의 질 저하가 우려되고, 이로 인해 학생들이 양질의 교육을 받기 위해 대도시로 이동하는 현상도 가속화되고 있다. 지방의 교육을 활성화하고 지역 내 교육 기회를 보장할 수 있는 해결책을 모색하고, 이를 영어로 요약하여 작성해 보자.

관련 학과 교육계열 전체

《소멸 위기의 지방도시는 어떻게 명품도시가 되었나?》, 전영수 외 4명, 라의눈(2022)

[12미영01-07]　　　　　　　　　　　　　　　　　　　　　　　　　　　● ● ●

미디어에서 접하는 다양한 시청각 단서를 이해하거나 적절하게 표현한다.

➡ 청소년 등급제는 미디어 콘텐츠에 대한 접근을 연령에 따라 제한하여 청소년을 보호하려는 제도이지만, 교육

적으로 다양한 시사점이 있다. 등급제는 청소년들이 나이에 맞는 적절한 콘텐츠를 접할 수 있도록 돕는 반면, 정보 접근을 과도하게 제한할 경우 비판적 사고와 다양한 시각을 기를 기회를 잃을 수 있다는 한계도 있다. 또한 미디어 리터러시 교육을 통해 청소년 스스로 콘텐츠의 영향을 판단하고 건강한 소비 습관을 형성하는 것이 중요하다. 청소년 등급제와 관련된 교육적 장단점을 분석하고, 영어로 요약하여 작성해 보자.

`관련 학과` 교육계열 전체

《손 안에 갇힌 사람들》, 니컬러스 카다라스, 정미진 역, 흐름출판(2023)

[12미영01-09] • • •

미디어 정보를 창의적·비판적으로 처리하기 위해 정보의 출처를 확인하고 정보 보안을 준수한다.

➡ 가짜 뉴스는 청소년을 포함한 대중의 올바른 판단을 저해하고 사회적 혼란을 초래할 수 있으므로, 교육에서 중요한 주제로 다뤄져야 한다. 가짜 뉴스에 대한 교육은 학생들이 정보를 비판적으로 분석하고 진위를 판별하는 능력을 키우는 데 도움을 준다. 이를 통해 학생들은 뉴스의 출처와 신뢰성을 평가하며, 온라인에서 접하는 정보의 영향을 스스로 판단할 수 있는 미디어 리터러시를 기르게 된다. 가짜 뉴스에 대한 교육적 접근 방안을 탐구하고, 영어로 된 가짜 뉴스의 예시를 찾아 발표해 보자.

`관련 학과` 교육계열 전체

《CIA 분석가가 알려주는 가짜 뉴스의 모든 것》, 신디 L. 오티스, 박중서 역, 원더박스(2023)

[12미영01-10] • • •

오류 수정을 위해 디지털 도구를 적절히 활용한다.

➡ 혐오 표현은 학생들의 정서와 사회적 관계에 부정적인 영향을 미칠 수 있어 교육에서 반드시 다뤄야 할 주제이다. 혐오 표현에 대한 교육은 학생들이 타인에 대한 존중과 이해를 배우고, 차별적 언어의 문제점을 인식하는 데 도움을 준다. 이를 통해 학생들은 다양한 문화와 배경을 수용하고, 건전한 의사소통 방식을 익히게 된다. 혐오 표현을 예방하고 포용적 태도를 기르는 방안을 탐구하여 영어로 발표해 보자.

`관련 학과` 교육계열 전체

《혐오와 수치심》, 마사 너스바움, 조계원 역, 민음사(2015)

선택 과목	수능	세계 문화와 영어	절대평가	상대평가
융합 선택	X		5단계	5등급

국어 교과군

영어 교과군

수학 교과군

도덕 교과군

사회 교과군

과학 교과군

🔍 식품 과학, 사회적 유대, 다문화가정, 교육 전략, VR 기술, 체험 프로그램, 다문화 교육, 보편성, 특수성, 정보 도덕성, 보이스피싱, 사이버 범죄, 디지털 봉사활동, 협업 능력, 디지털 기술 활용, 협력적 학습, 미니멀리즘 패키지, 디지털 트윈, 미래 교육, 교육 시스템, 사회적 영향, 정보 윤리

[12세영01-01] ● ● ●

적절한 전략을 사용하여 다양한 장르와 매체의 문화 정보나 문화적 산물의 핵심 내용을 파악한다.

➡ 친숙한 요리는 세대 간의 유대감을 형성하고, 난민들이 새로운 나라에 정착하도록 돕고, 우정을 다지거나 버려진 부분과 다시 연결되는 훌륭한 도구로 알려져 있다. 관련 기사 'Sharing food and recipes has the power to bring people together'를 읽고, 서로 다른 문화 배경에서 온 학생들과 함께 음식에 대해 학습하는 수업 활동(요리 수업, 식품 과학 실험 등) 계획을 세워보고, 다양한 문화의 음식 교육이 학생들의 정서 상태와 사회적 유대감에 어떤 영향을 미치는지 발표해 보자.

관련 학과 교육계열 전체

《**오감 멀티테라피**》, 장석종, 서교출판사(2019)

[12세영01-02] ● ● ●

문화 관련 주요 개념을 적용하여 문화 현상을 분석하고 새로운 관점으로 설명한다.

➡ 한국에서 증가하고 있는 다문화가정 출신 학생들에게 초점을 맞추어, 이들이 보다 효과적으로 학교생활에 적응하고 참여할 수 있게 하려면 어떻게 학교 내에서 다양성 인정과 포용 활동을 추진할 수 있을지 알아보자. 관련 글 'The Benefits of Inclusion and Diversity in the Classroom'을 참고하여, 성공 사례와 실패 사례를 분석하고 '다문화가정' 문제를 해결하는 데 도움이 될 수 있는 교육 전략 및 방법을 찾아보고 발표해 보자.

관련 학과 교육계열 전체

《**다문화사회 대한민국 아이들에게 무엇을 가르쳐야 할까?**》, 장한업, 아날로그(2023)

[12세영01-03] ● ● ●

타 문화 및 언어에 대한 존중을 바탕으로 문화 정보를 수용하고 자신의 의견을 표현한다.

➡ AI와 VR 기술을 결합하여 사용자에게 더욱 실감 나는 문화유산 체험을 제공하는 최신 기술이 혁신적인 변화를 일으키고 있다. 이러한 최신 교육 기술이 전통문화 체험 및 보전의 측면에서 어떤 역할을 할 수 있는지 탐구해 보자. 관련 글 'The Key Role Of VR In Preserving Cultural Heritage'를 읽고, 우리나라 문화유산을 체험할 수 있는 프로그램을 직접 기획하고 발표해 보자.

관련 학과 교육계열 전체

《**스토리 유니버스**》, 이동은, 사회평론아카데미(2022)

[12세영01-04]

문화 현상이나 문화적 산물을 비교·대조하여 문화의 보편성과 특수성을 파악한다.

➡ 다문화 교육은 최근 세계 여러 나라의 이슈로, 학교 교육과 사회 전반에 걸쳐 그 교육적 필요성이 강조되고 있다. 관련 자료 'Educating Language Minority Students in South Korea: Multilingual Sustainability and Linguistic Human Rights'를 읽고, 다양한 배경을 가진 여러 국가의 다문화 교육 시스템을 비교해 보고, 이러한 차이가 어떻게 학생들의 학습 경험에 영향을 미치는지 분석해 보자.

[관련 학과] 교육계열 전체

《**다문화사회와 다문화교육**》, 김경식 외 7명, 신정(2022)

[12세영01-05]

문화적 산물이나 문화 현상에 내재된 문화적 전제, 관점 또는 가치관을 추론한다.

➡ 디지털 시대에 학생들에게 필요한 정보 도덕성 교육의 중요성이 높아지고 있다. 관련 기사 'The Importance of Ethics in The Digital Age'를 읽고, 보이스피싱 같은 사이버 범죄를 예방하기 위해 어떤 윤리적 가치와 기술적 지식을 학생들에게 가르쳐야 하는지를 탐구해 보자.

[관련 학과] 교육계열 전체

《**보이스피싱 예방과 대처법**》, 이창범, 법문북스(2018)

[12세영01-06]

다른 문화권의 관습, 규범, 가치, 사고방식, 행동 양식 또는 의시소통 방식을 이해하고, 자신의 문화 인식 및 관점을 비판적으로 성찰한다.

➡ 디지털 봉사활동이 증가함에 따라 이를 교육에 적용하려는 시도가 이루어지고 있다. 디지털 봉사활동이 교육 방법에 어떠한 변화를 가져왔는지, 그리고 이러한 변화가 학습자의 학습 효과에 어떠한 영향을 미치는지를 탐구해 보자. 특히 디지털 봉사활동을 통해 학습자의 문제 해결 능력, 협업 능력, 디지털 기술 활용 능력 등이 어떻게 향상되었는지를 분석해 보고, 디지털 봉사활동을 교육에 통합하는 구체적인 방법을 발표해 보자.

[관련 학과] 교육계열 전체

《**디지털 시대의 메타버스와 교육**》, 류지현 외 7명, 박영스토리(2023)

[12세영01-07]

자발적·지속적 관심과 흥미를 가지고 다양한 문화적 산물을 감상하고 표현한다.

➡ 디지털 시대는 다문화에 대한 이해를 증진하고, 문화 간의 격차를 줄이는 새로운 기회를 제공한다. 관련 영문 자료 'Learning in digital environments: a model for cross-cultural alignment'를 읽고, 디지털 환경에서의 교육 시스템, 학습자, 교육자들의 역할과 영향력에 대해 탐구해 보고, 이를 통해 디지털 시대의 교육에서 다문화적 조정을 위한 교육 방법론을 탐색해 보자. 특히 디지털 기술이 어떻게 다문화적 환경에서 협력적 학습을 가능하게 하는지, 그리고 어떻게 이러한 기술이 이주민, 소수민족, 그리고 소외된 집단들이 새로운 언어와 문화를 배우고 탐색하는 데 도움이 되는지를 탐구하여 발표해 보자.

[관련 학과] 교육계열 전체

《**대면 비대면 외면**》, 김찬호, 문학과지성사(2022)

공통국어1

공통영어

수학교과군

국어교과군

사회교과군

과학교과군

> [12세영01-08] ● ● ●
>
> 세계 영어에 대한 이해를 바탕으로 적절한 전략과 태도를 갖추어 의사소통에 참여한다.

➜ 미니멀리즘 패키지 디자인에 대한 소비자 교육은 소비자들이 정보 면에서 더욱 합리적인 구매 결정을 내릴 수 있도록 돕는 중요한 요소이다. 관련 기사 'Why more food, toiletry and beauty companies are switching to minimalist package designs'를 참고하여, 미니멀리즘 패키지 디자인에 대한 소비자 교육이 소비자의 구매 결정에 어떤 영향을 미치는지 분석해 보자. 구체적으로 교육 전후의 구매 패턴을 비교하고, 미니멀리즘 패키지 디자인에 대한 교육이 소비자의 가치 인식에 어떤 변화를 가져오는지 탐구해 보자.

관련 학과 교육계열 전체

《**미니멀리즘 디자인의 새로운 트렌드**》, 편집부, 이일(2021)

> [12세영01-09] ● ● ●
>
> 다양한 장르와 매체에서 검색·수집한 문화 정보를 요약하거나 목적에 맞게 재구성한다.

➜ '디지털 트윈'은 특정한 물리적 대상, 시스템 또는 프로세스의 가상 모델을 만드는 기술로, 실시간 데이터와 연동되어 실제 환경에서의 변화를 실시간으로 반영한다. 이 기술은 제품 설계, 생산 공정, 건물 관리 등 다양한 분야에서 활용되는데, 교육 분야에서도 큰 가능성을 보여주고 있다. 영문 자료 'Digital twins: The art of the possible in product development and beyond'를 참고하여 '디지털 트윈 기술을 활용한 가상 실험실이 과학 교육에 미치는 영향은 무엇일까?'를 주제로 탐구해 보자. 디지털 실험실이 일반 실험실에 비해 가지는 장단점을 비교·분석해 보고, 가상 실험실이 과학 교육의 미래에 어떤 역할을 할 수 있을지를 탐구하여 발표해 보자.

관련 학과 교육계열 전체

《**디지털 트윈 개발 및 클라우드 배포**》, 나심 칼레드 외 2명, 최만균 역, 에이콘출판사(2022)

> [12세영01-10] ● ● ●
>
> 정보 윤리를 준수하여 다양한 목적의 문화 콘텐츠를 제작하여 공유한다.

➜ 현재 세계적으로 교육의 중요성과 그 방향성에 대한 고민이 깊어지고 있다. 이런 상황에서 세계의 다양한 교육 시스템을 비교하는 것은 각 나라의 교육 철학과 방향성을 이해하고, 또 각 나라의 문화와 사회에 대한 이해를 높이는 데도 중요한 역할을 한다. 각 나라의 교육 시스템에 대해 탐구하며 교육의 다양성을 이해하고, 각 나라의 교육이 사회와 문화에 어떤 영향을 미치는지를 비교·분석한 콘텐츠를 영어로 작성하여 공유해 보자.

관련 학과 교육계열 전체

《**세계의 학교교육**》, 정용교 외 1명, 교육과학사(2022)

수학 교과군

구분	교과(군)	공통 과목	선택 과목		
			일반 선택	진로 선택	융합 선택
보통 교과	수학	공통수학1 공통수학2 기본수학1 기본수학2	대수 미적분I 확률과 통계	미적분II 기하 경제 수학 인공지능 수학 직무 수학	수학과 문화 실용 통계 수학과제 탐구

단원명 | 다항식

🔍 오름차순, 내림차순, 다항식, 다항식의 덧셈, 다항식의 뺄셈, 다항식의 곱셈, 다항식의 나눗셈, 조립제법, 교환법칙, 결합법칙, 분배법칙, 항등식, 다항식의 전개

[10공수1-01-01]

다항식의 사칙연산의 원리를 설명하고, 그 계산을 할 수 있다.

➡ 대수학에서 군, 환, 체는 기본적이면서 가장 중요한 개념으로 여겨진다. 군은 집합의 덧셈연산에 대해 닫혀 있고 결합법칙, 항등원과 역원의 존재 여부를 갖춘 대수 구조이다. 환은 가환군(교환법칙이 성립하는 군)이면서 곱셈연산에 대해 닫혀 있고 결합법칙, 분배법칙이 성립하는 대수 구조이다. 마지막으로 체는 가환환(교환법칙이 성립하는 환)이면서 곱셈에 대한 단위원을 가지고 나눗셈 구조, 정역 조건을 만족하는 이상적인 대수 구조이다. 실수와 복소수는 체에 해당하는 완전한 대수 구조이지만, 다항식은 환에 속하는 상대적으로 불완전한 대수 구조이다. 실수와 복소수에서는 성립하지만 다항식에서는 성립하지 않는 특징을 탐구해 보자.

관련 학과 수학교육과

수학교사를 위한 현대대수학

박종률, 지오아카데미(2021)

책 소개

이 책은 오랜 기간 대학에서 현대대수학을 강의했던 노하우를 바탕으로 명료하게 이론을 전개하며 적절한 예제와 풍부한 연습 문제들을 제공하고 있다. 현대대수학의 내용을 군, 환, 체의 3부로 나누어 수학 교사를 위한 《현대대수학》을 간행하였다. 여러 가지 연산에 대한 대수적 체계가 가진 성질을 연역적으로 규명하였고, 대수학에 쉽게 접근할 수 있도록 만들었다.

세특 예시

다항식의 사칙연산을 학습한 이후 다항식의 연산이 실수의 연산과 어떻게 다른지 궁금증이 생겨 그 특징을 분석함. '수학 교사를 위한 현대대수학(박종률)'을 참고하여 군, 환, 체가 되기 위한 조건을 정리하고, 이를 바탕으로 그동안 학습한 대수 체계가 어디에 속하는지 분류함. 체의 대표적인 예로 실수 집합을 설명하고, 이와 비교하여 다항식의 연산을 실수 연산과 비교함. 다항식이 환이 되는 이유를 수업 시간에 배운 다항식 연산에 적용하고, 다항식이 체가 되지 못하는 이유는 나눗셈 구조를 만족시키지 못하기 때문이라고 설명함.

[10공수1-01-02] ● ● ●

항등식의 성질과 나머지정리를 이해하고, 이를 활용하여 문제를 해결할 수 있다.

● 대수학의 기본 정리는 대수방정식의 근의 존재에 관한 정리로, 복소 계수까지 확장된 n차의 대수방정식은 n개의 근을 갖는다는 의미이다. 이 정리를 통해 n차의 방정식 $f(x)=0$이 아래와 같이 n개의 일차식으로 분해되며, '복소수체는 대수적 폐체이다'라는 사실을 확인할 수 있다.

$$f(x)=a(x-\alpha_1)(x-\alpha_2)\cdots(x-\alpha_n)$$

대수방정식에서 가장 기본이 된다는 의미에서 명명된 '대수학의 기본 정리'를 탐구해 보자.

관련 학과 수학교육과

《**대수학에 관한 연구**》, 조지 피콕, 최윤철 역, 아카넷(2023)

[10공수1-01-03] ● ● ●

다항식의 인수분해를 할 수 있다.

● '말이 필요 없는 증명(Proof Without Words)'은 수학 공식을 수식으로 설명하거나 증명하는 대신 직관적인 그림으로 성립한다는 사실을 보여주는 증명 방법이다. 그림을 이용해 두 식이 같다는 사실을 직관적으로 한눈에 이해할 수 있다는 장점이 있다. '말이 필요 없는 증명'을 활용하여 다항식의 인수분해 공식이 성립하는 사례를 찾아보고, 이를 활용한 수학 모의 수업을 설계해 보자.

관련 학과 수학교육과

《**말이 필요 없는 증명**》, 로저 넬슨, 조영주 역, W미디어(2010)

단원명 | **방정식과 부등식**

> | 🔍 복소수, 허수, 실수 부분, 허수 부분, 복소수의 사칙연산, 판별식, 이차방정식의 근과 수의 관계, 두 근의 합, 두 수의 곱, 두 수를 근으로 하는 이차방정식, 이차방정식과 이차함수, 이차방정식의 해, 이차함수의 그래프, 직선의 위치 관계, 이차함수의 최대와 최소, 최댓값과 최솟값, 삼차방정식, 사차방정식, 연립이차방정식, 연립일차부등식, 절댓값을 포함한 일차부등식, 이차부등식, 연립이차부등식

[10공수1-02-01] ● ● ●

복소수의 뜻과 성질을 설명하고, 사칙연산을 수행할 수 있다.

● 제곱하여 –1이 되는 세 허수를 각각 i, j, k로 나타낼 때, $p=a+bi+cj+dk(a,b,c,d$는 실수) 꼴을 사원수(해밀턴수)라고 한다. 아일랜드 수학자 해밀턴은 자신이 살던 마을의 브룸 다리를 걷다가 불현듯 사원수를 생각하게 되었고 $i^2=j^2=k^2=ijk=-1$을 다리 난간에 새겨놓았다. 복소수는 교환법칙이 성립하지만, 사원수들의 집합은 교환법칙이 성립하지 않는다는 특징이 있다. 허수 개념을 확장한 사원수의 성질을 복소수와 비교하여 탐구해 보자.

관련 학과 과학교육과, 물리교육과, 수학교육과

《**수학교사를 위한 현대대수학**》, 박종률, 지오아카데미(2021)

[10공수1-02-02]　　　　　　　　　　　　　　　　　　　　　　　● ● ●

이차방정식의 실근과 허근을 이해하고, 판별식을 이용하여 이차방정식의 근을 판별할 수 있다.

➡ 기약다항식이란 더 이상 인수분해되지 않는 다항식이며, 가약다항식은 인수분해가 가능한 다항식을 의미한다. 이때 다항식의 계수가 속한 집합이 중요한 역할을 하는데, '유리수에서 기약다항식' 또는 '실수에서 가약다항식'과 같이 계수가 속한 집합을 구체적으로 지칭해야 한다. 다항식 x^2-2는 유리수 계수에서는 인수분해가 되지 않지만, 실수 계수에서는 인수분해된다. 반면 다항식 x^2+2는 실수 계수에서는 인수분해가 되지 않지만, 복소수 계수에서는 인수분해된다. 계수가 속하는 집합에 따라 이차방정식을 기약다항식과 가약다항식으로 분류하는 기준을 탐구해 보자.

　관련 학과　과학교육과, 물리교육과, 수학교육과

허수란 무엇인가?

뉴턴프레스, ㈜아이뉴턴(2020)

　책 소개　⋯⋯⋯⋯⋯⋯⋯⋯⋯⋯⋯⋯⋯⋯⋯⋯⋯⋯⋯⋯⋯⋯

이 책은 허수에 이르기까지의 수 확장의 역사와 허수의 성질, 그리고 허수를 인류가 어떻게 활용하는지 알기 쉽게 소개하고 있다. 처음에는 그 존재를 인정받지 못한 '상상의 수'였던 허수가 지금은 수학뿐만 아니라 물리학, 경제 분석 등에서 어떻게 활용되는지 사례를 중심으로 설명하고 있다. 또한 기존의 책에 특집 기사를 덧붙이는 대대적인 개정을 통해 더욱 재미있고 읽기 쉬운 내용으로 구성되었다.

　세특 예시　⋯⋯⋯⋯⋯⋯⋯⋯⋯⋯⋯⋯⋯⋯⋯⋯⋯⋯⋯⋯⋯⋯

판별식을 활용해 이차방정식이 실근과 허근을 가질 조건을 분류하고 실근과 허근을 구하는 방법을 설명함. 근이 복잡한 형태인 경우 근을 통해 인수분해하는 방법을 소개하고, 계수의 범위에 따라 인수분해 가능 여부가 결정된다고 설명함. '허수란 무엇인가?(뉴턴프레스)'를 활용하여 이차방정식을 기약다항식과 가약다항식으로 나누고, 동일한 방정식도 계수 범위에 따라 기약과 가약으로 분류된다고 사례를 중심으로 설명함. 또한 방정식의 인수분해 여부가 수학에서 중요한 분야이기에 인수분해에 대한 자신의 관심을 드러냄.

[10공수1-02-03]　　　　　　　　　　　　　　　　　　　　　　　● ● ●

이차방정식의 근과 계수의 관계를 설명할 수 있다.

➡ 이차곡선은 이차방정식으로 나타내는 곡선을 총칭하는 용어로, 이차식의 계수가 취하는 값에 따라 원, 타원, 포물선, 쌍곡선이 된다. 직원뿔을 꼭짓점을 지나지 않는 평면으로 잘랐을 때 생기는 단면의 형태와 같아 원추곡선이라고도 한다. 단면이 이루는 기울기를 모선의 기울기와 비교해 크기에 따라 각각 쌍곡선, 타원, 포물선이 된다. 이차방정식과 관련한 이차곡선(원, 타원, 포물선, 쌍곡선)의 특징을 탐구해 보자.

　관련 학과　과학교육과, 물리교육과, 수학교육과

《**유난히 설명이 잘된 수학: 이차곡선과 곡선의 해석**》, 김경환, 사피엔스21(2011)

[10공수1-02-04] ● ● ●

이차방정식과 이차함수를 연결하여 그 관계를 설명할 수 있다.

➡ 자전거의 바퀴에 점을 찍어 자전거가 굴러갈 때 그 점이 그리는 곡선을 '사이클로이드'라고 한다. 사이클로이드 곡선은 공이 가장 빠르게 내려오는 곡선 형태라는 의미에서 '최속강하곡선'이라고도 불리며, 실제 낙하와 관련한 영상을 통해 확인할 수 있다. 이런 이유로 롤러코스터, 지붕의 기와, 독수리의 낙하 등에서 사이클로이드를 찾아볼 수 있다. 이차곡선과 비슷하면서도 형태가 다른 사이클로이드 곡선의 특징과 활용 사례를 탐구해 보자.

관련 학과 과학교육과, 기술교육과, 물리교육과, 수학교육과, 초등교육과

《사이클로이드》, 황운구, 지오북스(2017)

[10공수1-02-05] ● ● ●

이차함수의 그래프와 직선의 위치 관계를 판단할 수 있다.

➡ 포물선의 광학적 성질로 임의의 위치에서 포물면 안쪽(내부)에 광선을 비추면, 그 광선은 포물면에 반사되어 포물선의 초점을 반드시 지난다. 반대로 초점에서 광선을 비추면 포물선에 반사되어 직선 형태로 나아가게 된다. 이런 성질은 자동차의 전조등이나 태양광 발전, 야구장의 조명뿐만 아니라 다양한 분야에서 활용되고 있다. 포물선에 빛을 비추었을 때 나타나는 광학적 성질이 성립하는 이유를 증명하고, 포물선에서의 빛의 성질이 활용된 사례를 탐구해 보자.

관련 학과 과학교육과, 기술교육과, 물리교육과, 수학교육과, 지구과학교육과

《아폴로니우스가 들려주는 이차곡선 2 이야기》, 송정화, 자음과모음(2009)

[10공수1-02-06] ● ● ●

이차함수의 최대, 최소를 탐구하고, 이를 실생활과 연결하여 유용성을 인식할 수 있다.

➡ 아치(Arch)는 작은 조각으로 다듬은 돌이나 벽돌을 곡면 형태로 쌓아 올려 만든 구조로, 휨이나 전단이 거의 없고 압축응력이 좋아 튼튼하다. 아치 형태에 사용되는 아치이맛돌은 아치의 수직거리 최상단에 있는 쐐기 형태의 돌이다. 홍예돌은 홍예를 구성할 때 사용하는 사다리꼴의 돌로, 한쪽은 넓고 다른 쪽은 좁은 아치돌이다. 이차함수의 꼭짓점에 해당하는 아치이맛돌의 형태와 특성을 탐구해 보자.

관련 학과 과학교육과, 기술교육과, 물리교육과, 수학교육과

《다리 구조 교과서》, 시오이 유키타케, 김정환 역, 보누스(2017)

[10공수1-02-07] ● ● ●

간단한 삼차방정식과 사차방정식을 풀 수 있다.

➡ 방정식 $x^3 = 1$의 한 근인 $w = \dfrac{-1+\sqrt{3}i}{2}$ 에 대하여 집합 $Z(w) = \{a+bw \,|\, a, b는 \ 정수\}$의 원소를 '아이젠슈타인 정수'라고 한다. 독일 수학자 고트홀트 아이젠슈타인의 이름이 붙여진 수로, 복소평면에서 삼각격자 형태를 이룬다. 또한 아이젠슈타인 정수의 부분집합인 $\{1, -1, w, -w, w^2, -w^2\}$는 순환군(하나의 원소의 거듭제곱의 형태로 다른 모든 원소들이 표현되는 군) 형태를 가진다. 방정식 $x^3 = 1$의 한 근인 w와 관련된 아이젠슈타인 정수에 대해 탐구해 보자.

관련 학과 수학교육과
《**원리로 배우는 수학: 수의 원리 편**》, 아이뉴턴 편집부, 아이뉴턴(2018)

[10공수1-02-08] • • •

미지수가 2개인 연립이차방정식을 풀 수 있다.

➜ 2개 이상의 미지수를 가진 2개 이상의 방정식이 쌍으로 존재할 때 이를 연립방정식이라고 한다. 특히 미지수의 개수가 n이고, 최고 차수가 m인 연립방정식을 연립 n원 m차 방정식이라고 한다. 미지수가 n개인 연립방정식은 보통 n개의 방정식이 주어졌을 때, 하나의 근으로 결정된다. 미지수가 n개인 연립방정식에 대해 방정식의 수가 $n-1$개 이하인 경우와 n개인 경우, $n+1$개 이상인 경우 해의 수가 어떻게 되는지 탐구해 보자.

관련 학과 과학교육과, 물리교육과, 수학교육과, 컴퓨터교육과
《**세상을 이해하는 52가지 방정식**》, 존 M. 헨쇼, 이재경 역, 반니(2020)

[10공수1-02-09] • • •

미지수가 1개인 연립일차부등식을 풀 수 있다.

➜ 디오판토스 방정식은 부정방정식의 일종으로, 미지수가 2개 이상인 정수 계수 방정식에서 정수해를 찾는 방정식을 의미한다. 정수 계수 방정식 $ax+by=c$에서 정수 계수 a, b, c의 조건에 따라 해가 무수히 많거나 존재하지 않을 수 있다. 미지수가 2개 이상인 정수 계수 방정식과 관련한 디오판토스 방정식에 대해 탐구해 보자.

관련 학과 과학교육과, 물리교육과, 수학교육과
《**디오판토스가 들려주는 방정식 이야기**》, 정완상, 자음과모음(2010)

[10공수1-02-10] • • •

절댓값을 포함한 일차부등식을 풀 수 있다.

➜ 과일 농가에서는 수확한 과일을 판매하기 위해 과일의 크기와 무게에 따라 상품을 분류하게 된다. 과일을 선별하는 과일 선별기는 과일 모양의 구멍을 만들거나 이미징 스캐너를 통해 분석하여 분류한다. 예를 들어 참외의 경우, 보통 250g 미만, 250g 이상 300g 미만, 300g 이상으로 분류한다고 한다. 가장 많이 사용되는 선별기는 선별 접시에 올려놓은 참외가 무거우면 그릇의 높이가 낮아지는 용수철의 원리를 이용한다. 부등식과 관련성이 있는 과일 선별기의 원리를 탐구해 보자.

관련 학과 수학교육과
《**콕! 찝어 알려주는 실험이야기: 무게**》, 윤여형, 과학기술교육연구센터(2013)

[10공수1-02-11] • • •

이차부등식과 이차함수를 연결하여 그 관계를 설명하고, 이차부등식과 연립이차부등식을 풀 수 있다.

➜ 이차부등식의 근의 범위는 이차방정식의 두 근을 기준으로 결정된다. 이를 확장하면 일반적인 n차 부등식의 근 역시 n차 방정식의 근을 기준으로 생각할 수 있다. 삼차부등식 $y \leq x^3 - 6x^2 + 11x - 6$과 $y > x^3 - 6x^2 + 11x - 6$의 근은 삼차방정식 $y = (x-1)(x-2)(x-3)$을 이용해 구할 수 있다. 삼차방정식의 근으로부터 삼차부등식의 근의 범위를 구할 수 있는 방법을 생각해 보자.

관련 학과 　과학교육과, 수학교육과
《부등식 창고: 이론과 기법》, 신용섭, 수담(2019)

단원명 ┃ 경우의 수

> 🔍 합의 법칙, 곱의 법칙, 경우의 수, 순열, 순열의 수, 조합, 조합의 수

[10공수1-03-01]　　　　　　　　　　　　　　　　　　　　　•••

합의 법칙과 곱의 법칙을 이해하고, 적절한 전략을 사용하여 경우의 수와 관련된 문제를 해결할 수 있다.

➔ 지도를 색칠하여 나라를 구분할 때 서로 인접한 두 나라는 다른 색으로 칠해야 구분할 수 있다. 이때 모든 지도는 경험적으로 4색만으로 구분할 수 있다고 믿어왔는데 이를 '4색 정리'라고 한다. 이 문제는 1852년 영국 식물학자이자 수학자인 프랜시스 거스리가 제기한 뒤 증명이 쉽지 않아 수학의 난제로 유명해졌고, 결국 1976년 미국 일리노이 대학교의 K. 아펠과 W. 하켄 교수가 증명하였다. 이들은 지도를 특징에 따라 약 1,936개의 경우로 분류하고, 전자계산기를 1,200시간 가동시켜 수학적 귀납법으로 증명을 완성하였다. 지도를 색칠하는 경우에 관한 4색 정리에 대해 탐구해 보자.

관련 학과 　수학교육과, 지리교육과, 컴퓨터교육과
《위대한 수학문제들》, 이언 스튜어트, 안재권 역, 반니(2013)

[10공수1-03-02]　　　　　　　　　　　　　　　　　　　　　•••

순열의 개념을 이해하고, 순열의 수를 구하는 방법을 설명할 수 있다.

➔ 포커(Poker)는 대표적인 카드 게임으로, 가장 높은 카드 조합을 가진 플레이어가 승리하는 게임이다. 카드는 2부터 10까지의 9개 숫자와 A, K, Q, J의 4개 문자, 그리고 각각 4개의 모양(스페이드, 다이아몬드, 하트, 클로버)으로 이루어진다. 52개의 카드 중에서 7장의 카드를 나누어 가지게 되는데 풀하우스(같은 숫자 3장과 같은 숫자 2장을 들고 있는 조합)와 플러시(숫자 조합과는 상관없이 동일한 모양의 카드 5장) 중 경우의 수가 적은 것은 무엇인지 구해보자.

관련 학과 　수학교육과
《지식 제로에서 시작하는 수학 개념 따라잡기: 확률의 핵심》, Newton Press, 청어람e(2020)

[10공수1-03-03]　　　　　　　　　　　　　　　　　　　　　•••

조합의 개념을 이해하고, 조합의 수를 구하는 방법을 설명할 수 있다.

➔ 고교학점제는 학생들이 진로에 따라 다양한 과목을 선택하여 이수하고, 누적 학점이 기준에 도달할 경우 졸업을 인정받는 제도를 말한다. 고교학점제에서는 미리 정해진 시간표대로 수업을 운영하는 것이 아니라, 학교가 개설한 과목들 중에서 학생이 진로나 관심에 따라 과목을 선택하게 된다. 자신이 재학 중인 학교의 교육과정을 확인하여 2학년에 개설된 선택 과목을 정리해 보자. 또한 조합을 활용하여 2학년(또는 3학년) 개설 과목에서 선택할 수 있는 모든 경우의 수를 구해보자.

관련 학과 　교육계열 전체

**고교학점제를 완성하는
계열별 진로 로드맵**

정유희 외 1명, 미디어숲(2023)

책 소개

이 책은 2025학년도부터 전국 고등학교에 전면 도입되는 고교학점제에 대비해 계열과 학과에 따라 어떤 과목을 선택하면 좋을지 알려주어 진로와 진학 준비에 도움을 주고 있다. 2022 개정 교육과정에 맞추어 교과 내용의 양과 난이도를 적정화하였으며, 지식을 깊이 있게 탐구하고 심층적으로 이해할 수 있도록 구성하였다. 학생들의 진로에 대한 폭넓은 이해를 돕고자 시리즈로 구성하고, 보다 전문적인 내용과 학과별 사례를 반영하였다.

세특 예시

순열과 조합의 개념을 학습한 뒤, 조합을 순열과 비교하여 경우의 수의 차이를 정확하게 설명함. 조합의 사례로 학교의 교육과정 편제표를 바탕으로 학급원들이 2학년에 선택할 수 있는 모든 경우의 수를 정확하게 계산함. 그중 졸업 조건이나 탐구 과목 선택 등의 제약 조건을 고려하여 실질적인 경우의 수를 조합 개념으로 설명함. 이어 '고교학점제를 완성하는 계열별 진로 로드맵(정유희 외 1명)'을 바탕으로, 대표적인 학과 15개를 기준으로 추천하는 교과별 선택 과목을 표로 작성하여 학급에 게시하여 학급원들에게 공유함.

단원명 | 행렬

| 🔍 | 행렬, 행, 열, 성분, $m \times n$ 행렬, 정사각행렬, 영행렬, 단위행렬, 행렬의 덧셈·뺄셈·곱셈·실수배

[10공수1-04-01] ●●●

행렬의 뜻을 알고, 실생활 상황을 행렬로 표현할 수 있다.

➡️ 컴퓨터는 이미지를 인식하기 위해 행렬을 활용하게 되는데, 이미지의 확대와 축소, 대칭, 회전 등에 일차변환(또는 선형변환)을 이용할 수 있다. 예를 들어 이미지의 크기를 조절하는 데는 닮음변환이 이용되고, 점이나 직선에 대한 대칭 표현을 위해서는 대칭변환이 이용되며, 이미지의 회전을 위해서는 회전변환이 이용된다. 일차변환(또는 선형변환)의 의미를 정리하고, 일차변환의 대표적인 예로 닮음변환, 대칭변환, 회전변환에 대해 탐구해 보자.

관련 학과 과학교육과, 기술교육과, 물리교육과, 수학교육과, 초등교육과, 컴퓨터교육과
《수리논술의 기초 논증노트 4: 이차곡선과 일차변환》, 김철한, 김철한대입수학연구소(2014)

[10공수1-04-02] ●●●

행렬의 연산을 수행하고, 관련된 문제를 해결할 수 있다.

➡️ 길이가 동일한 두 단어를 행렬 형태로 표현한 뒤 각 자리를 비교하여 동일하지 않은 수를 '해밍거리'라고 한다. 예를 들어 'like'와 'love'라는 두 단어는 다른 문자가 2개이므로 둘의 해밍거리는 2이다. 컴퓨터는 문자를

직접 인식할 수 없어 알파벳 순서에 따라 번호를 부여해 'like'와 'love'를 각각 행렬 형태인 (12, 9, 11, 5)와 (12, 15, 22, 5)로 표현한 뒤 해밍거리를 구하게 된다. 또한 해밍거리는 한 문자열을 다른 문자열로 변경하는 데 필요한 최소 대체 문자수(또는 최소 오류수)를 측정할 때도 활용된다. 크기가 같은 두 행렬에서 정의되는 행렬의 해밍거리에 대해 탐구해 보자.

관련 학과 기술교육과, 물리교육과, 수학교육과, 컴퓨터교육과

《인공지능 바이블》, 조민호, 정보문화사(2022)

교육계열

인문계열

수학계열

공학계열

사회계열

자연계열

공통 과목	수능	공통수학2	절대평가	상대평가
	X		5단계	5등급

단원명 | 도형의 방정식

> | 🔍 | 두 점 사이의 거리, 내분점, 외분점, 중점, 직선의 방정식, 두 직선의 평행 조건과 수직 조건, 점과 직선 사이의 거리, 원의 방정식, 반지름, 원의 중심, 원과 직선의 위치 관계, 접선, 접점, 접한다, 두 점에서 만난다·만나지 않는다, 접선의 방정식, 평행이동, 원점, x축, y축, 직선 $y=x$에 대한 대칭이동

[10공수2-01-01]

선분의 내분을 이해하고, 내분점의 좌표를 계산할 수 있다.

➡ EPSG(European Petroleum Survey Group) 코드는 세계 좌표계에 대한 고유한 명칭으로, 보통 4자리 숫자 코드를 사용한다. 정보기관에서 받을 수 있는 데이터는 GRS80과 Bessel1841을 많이 활용한다. GRS80은 국토지리정보원(수치지도), 환경주제도(생태자연도, 국토환경성평가지도 등) 등에 활용되며, Bessel1841은 국가공간정보포털(지적도, 용도지역 등)에 활용된다. 구 형태의 지구에서 좌표를 설정하는 방법으로 구글 맵 등에서 사용되는 EPSG 코드에 대해 탐구해 보자.

관련 학과 수학교육과, 지리교육과
《지리 정보 분석 원리》, 데이비드 오설리번 외 1명, 김화환 외 1명 역, 푸른길(2022)

[10공수2-01-02]

두 직선의 평행 조건과 수직 조건을 탐구하고 이해한다.

➡ 보로노이 다이어그램은 주어진 생성점에 대해 평면을 가장 가까운 생성점을 기준으로 분할하는 방법이다. 인접한 두 생성점을 선택해 수직이등분선을 그리면 다각형이 만들어지고, 평면은 다각형으로 분할된다. 주어진 점의 좌표가 설정되면 두 점에 대한 수직이등분선의 방정식을 구할 수 있고, 이는 보로노이 다각형을 이루는 각 변에 대한 직선의 방정식이 된다. 10개의 점을 기준으로 보로노이 다이어그램을 직접 그려보고, 보로노이 다이어그램에서 나타나는 특징을 탐구해 보자. 또한 주어진 점의 좌표를 설정하여 보로노이 다각형을 이루는 각 선분에 대한 직선의 방정식을 구해보자.

관련 학과 과학교육과, 수학교육과, 지리교육과, 초등교육과, 컴퓨터교육과
《알고리듬 세계에 뛰어들기》, 브래드포드 턱필드, 이재익 역, 에이콘출판사(2023)

[10공수2-01-03]

점과 직선 사이의 거리를 구하고, 관련된 문제를 해결할 수 있다.

➡ 택시거리(맨해튼거리, 시가지거리)는 19세기의 수학자 헤르만 민코프스키가 고안한 개념으로, 비유클리드기하학

으로 분류된다. 미국 뉴욕의 맨해튼처럼 바둑판 격자 모양의 도로를 따라 이동할 때 이동 거리는 두 점 사이의 거리가 된다. 예를 들어 일반적인 유클리드거리에서는 원점과 (3, 4)의 거리는 5이지만 택시거리는 7이 된다. 유클리드거리에서 한 점을 중심으로 거리가 1인 점의 집합은 원이지만, 택시거리는 정사각형이 된다. 우리가 알고 있는 유클리드거리와 비교하여 택시기하의 특징을 탐구해 보자.

관련 학과 과학교육과, 물리교육과, 수학교육과, 지구과학교육과, 지리교육과, 초등교육과, 컴퓨터교육과

택시기하학

Eugene F. Krause,
황운구 외 4명 역, 지오북스(2020)

책 소개

이 책은 우리가 알고 있는 유클리드기하가 아닌 비유클리드기하의 대표적인 택시기하에 대해 소개한다. 택시기하의 기본적인 원리와 성질을 바탕으로 실제 응용되는 분야를 제시하면서 정형화된 우리의 생각을 깨고 있다. 관공서나 병원, 경찰서의 최적의 위치 결정과 대중교통 시스템을 위한 효율적인 경로 결정 과정에 앞서 제시한 개념을 적용하고 있다.

세특 예시

두 점 사이의 거리를 학습한 뒤 개념 확장 활동으로 비유클리드기하에 해당하는 택시기하에서 두 점 사이의 거리를 조사함. '택시기하학(Eugene F. Krause)'을 참고해 택시기하에서 두 점 사이의 거리에 대한 정의가 어떻게 달라지는지 유클리드기하와 비교함. 또한 이로 인해 원과 삼각형, 직각삼각형의 개념이 어떻게 달라지는지 비교하고, 삼각형의 합동, 타원, 포물선의 형태 역시 다를 수밖에 없다고 설명함. 유클리드기하와 비유클리드기하의 차이를 통해 우리의 일반적인 상식과 다른 사고의 전환이 필요하다는 자신의 의견을 논리적으로 제시함.

[10공수2-01-04] ● ● ●

원의 방정식을 구하고, 그래프를 그릴 수 있다.

→ 논증기하는 좌표계를 이용하지 않고 순수한 기하적 공리(공준)만을 이용해 도형에 관한 공식을 증명하는 기하학이다. 대표적으로 유클리드기하가 있으며 중학교 과정의 합동, 닮음, 원의 성질 등을 떠올릴 수 있다. 이후 17세기에 페르마와 데카르트에 의해 기호의 학문인 대수학과 도형의 학문인 기하학을 하나로 연결한 해석기하가 등장하게 된다. 좌표 개념이 도입되면서 해석기하가 더욱 발전하였고, 18세기 미적분으로 이어져 수학 분야는 눈부시게 발전했다. 좌표계의 사용 여부에 따라 논증기하와 해석기하를 나누고 각각의 특징을 비교해 보자.

관련 학과 과학교육과, 물리교육과, 수학교육과, 지구과학교육과, 초등교육과

《데카르트가 들려주는 좌표 이야기》, 김승태, 자음과모음(2008)

[10공수2-01-05] ● ● ●

좌표평면에서 원과 직선의 위치 관계를 판단하고, 이를 활용하여 문제를 해결할 수 있다.

→ 인공위성이나 국제 우주 정거장은 지구로 떨어지지 않고 우주에 머물면서 계속해서 원운동을 한다. 인공위성의 원운동은 속력은 일정하지만 방향이 끊임없이 변하기 때문에 힘을 받는 가속도운동을 하게 된다. 인공위성

이 지구를 도는 원리는 지구에서 당겨지는 힘(구심력)과 인공위성이 앞으로 나가려는 힘(원심력)으로 설명할 수 있다. 인공위성이 원운동을 하는 원리를 원심력과 구심력으로 설명하고 그 특징을 탐구해 보자.

관련 학과 과학교육과, 물리교육과, 지구과학교육과, 초등교육과

우주궤도를 선점하는 글로벌 리더 인공위성개발자

김명길, 토크쇼(2022)

책 소개

이 책은 나로호와 최근 발사에 성공한 누리호 등 우리나라의 인공위성에 대한 이야기와 함께 앞으로 우주 강국으로 성장하게 될 미래의 모습을 소개하고 있다. 인공위성의 의미와 궤도, 과학적 원리를 바탕으로 인공위성에 필요한 기술과 장비, 제작 과정 등을 알려준다. 또한 인공위성이 하는 일과 용도뿐만 아니라 국제 협약, 관련 기관 등 인공위성에 대한 모든 내용이 담겨 있다.

세특 예시

교과 융합 활동으로 수학 시간에 학습한 원의 방정식을 과학의 인공위성과 연계하여 탐색함. '우주궤도를 선점하는 글로벌 리더 인공위성개발자 (김명길)'를 참고하여 인공위성의 의미와 필요한 기술과 장비, 제작 과정을 소개하고, 인공위성에 담긴 과학적 원리를 설명함. 인공위성이 지구의 궤도를 일정하게 원운동 하는 원리로 구심력과 원심력이 균형을 이루고 있음을 그림을 통해 설명함. 또한 가상적인 관성력의 일종인 원심력과는 달리 구심력은 실재하는 힘으로 중력을 의미한다고 부연 설명함. 인공위성의 운동 방향을 원의 접선의 방정식으로 설명하면서 융합적 사고력을 확인할 수 있었음.

[10공수2-01-06] ● ● ●

평행이동을 탐구하고, 실생활과 연결하여 문제를 해결할 수 있다.

➡ 테셀레이션(tessellation)은 여러 가지 도형이나 사물을 같은 모양으로 반복해서 평면 전체를 빈틈없이 채우는 것으로 밀기, 뒤집기, 돌리기 방법을 이용한 무늬 만들기이다. 처음에는 정삼각형, 정사각형, 정육각형 등과 같은 정다각형만을 사용하여 만들었지만, 네덜란드 예술가 M. C. 에셔에 의해 예술의 한 장르가 되면서 어떤 모양이나 도형으로도 테셀레이션을 만들 수 있게 되었다. 또한 현대의 테셀레이션은 같은 도형의 단순한 반복이 아니라 대칭이나 회전, 평행이동 등의 수학적 원리를 사용하여 다양한 반복을 시도하고 있다. 테셀레이션을 적용한 작품을 찾아보고 이를 평행이동과 관련하여 설명해 보자.

관련 학과 미술교육과, 수학교육과, 초등교육과, 유아교육학과

《**수학이 보이는 에셔의 판화 여행**》, 문태선, 궁리(2022)

[10공수2-01-07] ● ● ●

원점, x축, y축, 직선 $y = x$에 대한 대칭이동을 탐구하고, 실생활과 연결하여 문제를 해결할 수 있다.

➡ 수학의 매듭이론에서는 매듭을 끊지 않고 매끄럽게 움직여 다른 매듭으로 옮겨 갈 수 있을 때 두 매듭을 같은 종류라고 한다. 매듭이론은 DNA의 구조나 바이러스의 행동 방식 등 다양한 분야에 활용되며, 매듭을 연구한 많은 수학자들이 필즈상을 받았다. 과거 유럽에서 '탈리도마이드'라는 분자를 이용해 입덧 방지제를 만들었는

데, 1만 명 이상의 많은 기형아를 낳는 원인이 되었다. 분자의 내부 구조는 같지만 거울대칭인 분자가 존재하였고, 이 거울대칭인 탈리도마이드 분자로 만든 입덧 방지제가 문제가 되었다. 매듭이론을 탈리도마이드 사건과 관련하여 탐구해 보자.

> **관련 학과** 과학교육과, 물리교육과, 생물교육과, 수학교육과, 화학교육과
>
> 《매듭이론》, 콜린 아담스, 진교택 외 1명 역, 경문사(2015)

단원명 | 집합과 명제

> | 🔍 | 집합, 원소, 공집합, 집합의 포함관계, 부분집합, 진부분집합, 서로 같은 집합, 교집합, 합집합, 차집합, 여집합, 명제, 조건, 진리집합, 결론, 부정, 모든, 어떤, 역, 대우, 참과 거짓, 충분조건, 필요조건, 포함관계, 정의, 증명, 정리, 반례, 절대부등식

[10공수2-02-01] • • •

집합의 개념을 이해하고, 집합을 표현할 수 있다.

➡️ 2022 개정 교육과정은 교육부가 2021년 말에 고시한 국가 교육과정으로, 11번째 교육과정이자 7차 교육과정 이래 4번째 수시 개정 교육과정이다. 2022년에 총론이 고시되어 초등학교 교육과정은 2024년, 중등 교육과정은 2025년부터 단계적으로 적용된다. 고등학교는 고교학점제와도 직접적인 관련성이 있는데, 학생들은 자신의 진로와 흥미에 따라 과목을 선택하게 된다. 2022 개정 교육과정의 과목은 일반 선택 과목과 진로 선택 과목, 융합 선택 과목으로 나뉘는데, 각 교과별로 일반 선택 과목과 진로 선택 과목, 융합 선택 과목을 정리해 보자.

> **관련 학과** 교육계열 전체
>
> 《고교학점제, 교육과정을 다시 디자인하다》, 정미라 외 4명, 맘에드림(2022)

[10공수2-02-02] • • •

두 집합 사이의 포함관계를 판단할 수 있다.

➡️ 인공지능 챗봇은 머신러닝, 자연어 처리, 자동화된 규칙을 기반으로 음성 명령이나 텍스트 채팅을 통해 사람과 대화할 수 있다. 또한 사람이 사용하는 언어 자료를 스스로 학습하며 해마다 그 발전 속도가 비약적으로 빨라지고 있다. 인공지능 챗봇은 대화형 챗봇, 트리형 챗봇, 추천형 챗봇, 시나리오형 챗봇 등이 있다. 최근 많이 사용하는 인공지능 챗봇(예: 챗GPT, Jasper, 빙챗 등)의 사례를 제시하고 그 특징을 비교해 보자.

> **관련 학과** 과학교육과, 교육공학과, 기술교육과, 물리교육과, 수학교육과, 컴퓨터교육과
>
> 《인공지능의 편향과 챗봇의 일탈》, 정원섭 외 8명, 세창출판사(2022)

[10공수2-02-03] • • •

집합의 연산을 수행하고, 벤다이어그램을 이용하여 나타낼 수 있다.

➡️ 인생의 표를 찾기 위한 방법으로 해야 하는 일, 하고 싶은 일, 할 수 있는 일을 먼저 생각할 수 있다. 세 가지를 모두 만족하는 삶은 자신의 능력을 발휘하면서 자아실현을 이루는 이상적인 모습이 될 수 있다. 그러나 많은 사람들이 세 가지를 모두 충족하지 못하는 경향이 있다. 해야 하는 일, 하고 싶은 일, 할 수 있는 일을 벤다이어

그램으로 표현하고, 교사가 되어 학생을 지도하는 과정에서 어느 한 영역이 부족한 학생에게 어떤 조언을 할지 고민해 보자.

관련학과 교육계열 전체

《**10대, 인생을 바꾸는 진로 수업**》, 김은희, 미다스북스(2022)

[10공수2-02-04] • • •

명제와 조건의 뜻을 알고 '모든', '어떤'을 포함한 명제를 이해하고 설명할 수 있다.

➔ 역설은 참된 명제와 모순되는 결론을 낳는 추론을 의미한다. 러셀의 역설은 집합론에서 발견할 수 있는 대표적인 역설로, 버트런드 러셀이 1901년 처음 제기하였다. 러셀의 역설을 보면 $A = \{u|u \notin u\}$로 $X \in X$이면 $X \notin X$이고 $X \notin X$이면 $X \in X$가 되는 모순이 생긴다. 이러한 역설을 배제하기 위해 집합을 단순하지 않게, 엄밀하게 정의해야 한다는 교훈을 얻게 된다. 이후 현대 집합론에서는 집합을 공리적으로 구성하면서 역설 문제를 해결하게 되었다. 러셀의 역설과 비슷한 역설 사례를 찾아보고 역설의 의미를 탐구해 보자.

관련학과 과학교육과, 수학교육과

《**궁금한 수학의 세계**》, 달링, 황선욱 외 3명 역, 교문사(2015)

[10공수2-02-05] • • •

명제의 역과 대우를 이해하고 설명할 수 있다.

➔ 무어의 법칙은 마이크로 칩 기술의 발전 속도에 관한 것으로, 마이크로 칩의 밀도가 24개월마다 2배로 늘어난다는 법칙이다. '인터넷은 적은 노력으로도 커다란 결과를 얻을 수 있다.'라는 메트칼프의 법칙, '조직은 거래 비용이 적게 드는 쪽으로 변화한다.'라는 가치사슬을 지배하는 법칙과 함께 인터넷 경세 3원칙으로 불린다. 디지털 혁명 이후 컴퓨터의 처리 속도와 메모리의 양이 2배로 증가하고, 비용은 상대적으로 떨어지는 효과가 나타났다. 무어의 법칙을 명제로 표현하여 분석하고, 무어의 법칙이 교육 분야에 미칠 변화를 탐구해 보자.

관련학과 교육계열 전체

《**웹3.0과 메타버스가 만드는 디지털 혁명**》, 윤영진 외 1명, 제이펍(2022)

[10공수2-02-06] • • •

충분조건과 필요조건을 이해하고 판단할 수 있다.

➔ 자신의 목표나 활동을 수행하는 과정에서 시간을 계획적으로 배분하고 관리하는 것은 매우 중요하다. 미국의 34대 대통령인 아이젠하워가 제시한 아이젠하워 법칙과 시간 매트릭스는 효과적인 시간 관리에 도움을 준다. 아이젠하워는 일을 긴급도와 중요도를 기준으로 크게 4가지로 분류하였고, ABC 분석의 원칙을 제시하였다. 아이젠하워 법칙을 참고하여 효율적인 시간 관리를 위해 필요한 요소를 정리해 보고, 교사가 되어 학생들의 학습 지도에 어떻게 활용할 수 있을지 방안을 제시해 보자.

관련학과 교육계열 전체

《**일 잘하는 사람의 시간은 다르게 흘러간다**》, 이윤규, 위즈덤하우스(2022)

[10공수2-02-07] • • •

대우를 이용한 증명법과 귀류법을 이해하고 관련된 명제를 증명할 수 있다.

➡️ 과학철학자 임레 라카토스(1922~1974)는 준경험주의에 입각하여 수학적 지식은 반증 가능하며 반증될 때까지만 잠정적으로 참이라고 주장하였다. 이는 오류주의라고 불리기도 하는데, 증명과 반박의 논리에 의해 추측이 끊임없이 개선되는 변증법적 과정을 통해 성장한다고 주장한다. 라카토스는 오일러의 다면체 정리의 발전 과정을 제시하면서 반례에 의해 추측이 비판될 때, 괴물배제법과 예외배제법, 보조정리합체법을 활용하였다. 오일러의 다면체 정리와 관련해 괴물배제법과 예외배제법, 보조정리합체법을 탐구해 보자.

관련 학과 과학교육과, 수학교육과, 초등교육과

《**예비교사와 현직교사를 위한 수학교육과정과 교재연구**》, 김남희 외 4명, 경문사(2024)

[10공수2-02-08]   ● ● ●

절대부등식의 뜻을 알고, 간단한 절대부등식을 증명할 수 있다.

➡️ '말이 필요 없는 증명(Proof without words)'은 수학의 증명 과정에서 문장으로 설명하는 대신 직관적인 그림으로 식이 성립한다는 사실을 보여주는 방법이다. 산술평균과 기하평균, 조화평균 사이에는 절대부등식이 성립하는데, 수식을 이용해 직접 증명하는 방법 외에도 '말이 필요 없는 증명'을 이용해 증명할 수 있다. 대표적으로 반원 위의 선분 길이를 비교하는 방법, 사각형의 넓이를 이용하는 방법 등이 있다. '말이 필요 없는 증명'을 이용해 산술평균과 기하평균, 조화평균 사이의 관계를 증명하고, '말이 필요 없는 증명'을 이용해 증명할 수 있는 다른 사례를 탐구해 보자.

관련 학과 과학교육과, 기술교육과, 물리교육과, 수학교육과, 초등교육과

말이 필요 없는 증명
로저 넬슨, 조영주 역,
W미디어(2010)

책 소개

이 책은 미국 수학회에서 발간하는 저널인 《수학 매거진》과 《대학 수학 저널》에 정기적으로 실린 내용을 정리하였다. 수학책에서 보게 되는 복잡한 수식이 없어 부담이 적고 그림으로 증명을 이해하면서 수학을 즐길 수 있다. 또한 수학적 사고를 자극하는 시각적 단서를 제공하여 수학적 원리 이해에 큰 도움이 된다. 고대 중국부터 아랍, 르네상스 시대의 '말이 필요 없는 증명'에 대한 현대적인 해석을 찾아볼 수 있다.

세특 예시

절대부등식의 증명 방법을 포함한 다양한 증명 방법을 학습한 뒤, 이와 연계하여 또 다른 증명의 방법으로 말이 필요 없는 증명(Proof without words)을 조사하여 발표함. '말이 필요 없는 증명(로저 넬슨)'을 참고하여 말이 필요 없는 증명의 의미와 사례를 제시하고, 누구나 직관적으로 이해할 수 있는 증명 방법이라고 소개함. 산술평균과 기하평균, 조화평균의 관계를 말이 필요 없는 증명으로 설명하고, 피타고라스 정리부터 자연수의 합, 다양한 부등식 등이 성립함을 시각적으로 제시. 이를 통해 학급원들에게 두 식의 관계, 수나 도형의 성질, 다양한 정리 결과를 각인시켜 줌.

단원명 | 함수와 그래프

| 🔍 | 함수, 함수의 뜻, 그래프, 정의역, 공역, 치역, 일대일함수, 일대일대응, 합성함수, 합성함수의 성질, 역함수, 역함수의 성질, 유리식의 덧셈과 뺄셈, 유리함수, 무리식의 덧셈과 뺄셈, 무리함수

[10공수2-03-01]

함수의 개념을 설명하고, 그 그래프를 이해한다.

➡️ 변수 x와 y 사이에 x의 값이 정해지면 y 값이 정해진다는 관계가 있을 때, 이를 y는 x의 함수라고 한다. 함수라는 용어를 처음 사용한 것은 라이프니츠이지만, 함수 개념은 그전부터 활용되고 있었다. 함수는 역사적으로 크게 5단계의 과정을 거쳐 발전하였는데 전함수 단계, 기하적 함수 단계, 대수적 함수 단계, 논리적 함수 단계, 집합적 함수 단계로 나눌 수 있다. 각각의 단계에서 나타난 함수의 의미와 특징을 탐구해 보자.

관련 학과 과학교육과, 수학교육과, 초등교육과

《예비교사와 현직교사를 위한 수학교육과정과 교재연구》, 김남희 외 4명, 경문사(2024)

[10공수2-03-02]

함수의 합성을 설명하고, 합성함수를 구할 수 있다.

➡️ 사다리 타기는 사람 수만큼 세로줄을 긋고 한쪽에는 사람의 이름을 쓰고 반대쪽에는 상품이나 물건의 이름을 쓴 뒤 세로줄 사이사이에 가로줄을 무작위로 그어 사람과 물건 등을 매칭하는 게임의 일종이다. 세로줄을 타고 아래로 내려가다 가로줄을 만날 때마다 가로줄로 연결된 다른 세로줄로 옮겨 가게 된다. 사다리 타기에서 다른 곳에서 시작하면 한곳에 모일 수 없으며, 각각 하나의 결과와 대응된다. 사다리 타기에는 일대일대응과 합성함수의 개념이 적용되는데, 일대일대응과 합성함수의 개념을 사다리 타기 게임에 적용해 설명해 보자.

관련 학과 과학교육과, 수학교육과, 초등교육과

《어서 오세요, 이야기 수학 클럽에》, 김민형, 인플루엔셜(2022)

[10공수2-03-03]

역함수의 개념을 설명하고, 역함수를 구할 수 있다.

➡️ 암호학은 암호 기법과 암호 해독을 연구하는 학문이다. 평문은 해독 가능한 형태를 의미하며, 암호문은 해독 불가능한 형태를 의미한다. 암호화는 평문을 암호문으로 변환하는 과정이며, 복호화는 암호문을 평문으로 변환하는 과정이다. 예를 들어 컴퓨터 자판에서 평문인 '사랑'을 암호문 'tkfkd'로 암호화하고, 암호문 'tkfkd'를 평문인 '사랑'으로 복호화할 수 있다. 암호화와 복호화를 역함수와 관련하여 설명하고, 대표적인 암호학의 종류를 조사해 보자.

관련 학과 과학교육과, 기술교육과, 물리교육과, 수학교육과, 초등교육과, 컴퓨터교육과

《리얼월드 암호학》, 데이비드 웡, 임지순 역, 제이펍(2023)

[10공수2-03-04]

유리함수 $y = \dfrac{ax+b}{cx+d}$ 의 그래프를 그릴 수 있고, 그 그래프의 성질을 탐구할 수 있다.

➲ 보일의 법칙은 일정한 온도에서 기체의 압력과 부피의 곱은 항상 일정하게 유지된다는 법칙이다. 다시 말해 같은 온도에서 기체의 압력을 2배, 3배, 4배로 증가시키면 그 부피는 1/2배, 1/3배, 1/4배로 줄어들게 되고, 기체의 압력과 부피 사이에는 반비례 관계가 성립한다. 이를 식으로 표현하면 $P = \dfrac{k}{V}$ 가 된다(P는 압력, V는 부피, k는 비례상수). 유리함수와 관련하여 보일의 법칙에 대해 탐구해 보자.

관련 학과 과학교육과, 기술교육과, 물리교육과, 미술교육과, 생물교육과, 수학교육과, 지구과학교육과, 초등교육과, 화학교육과

《**보일이 들려주는 기체 이야기**》, 정완상, 자음과모음(2010)

[10공수2-03-05] ●●●

무리함수 $y = \sqrt{ax+b}+c$의 그래프를 그릴 수 있고, 그 그래프의 성질을 탐구할 수 있다.

➲ 단진동운동은 그네나 시계추의 운동, 용수철에 매달린 추의 운동과 같이 일직선상에서 왕복하는 운동을 말한다. 이때 진동 주기는 어떤 상태에서 다음의 동일한 상태에 도달할 때까지 걸린 시간을 의미한다. 용수철에 물체를 매달아 당겼을 때 용수철 진자의 단진동 주기를 구하면 $T = 2\pi\sqrt{\dfrac{m}{k}}$ (m은 질량, k는 용수철 상수)이다. 또 한 줄에 물체를 매달고 흔들어놓았을 때 단진자의 주기는 $T = 2\pi\sqrt{\dfrac{l}{g}}$ (l은 줄의 길이, g는 중력가속도)이다. 무리함수와 관련하여 단진동운동의 주기에 대한 함수식을 분석해 보자.

관련 학과 과학교육과, 기술교육과, 물리교육과, 미술교육과, 생물교육과, 수학교육과, 지구과학교육과, 초등교육과, 화학교육과

물리의 기본: 힘과 운동 편

뉴턴프레스, ㈜아이뉴턴(2019)

책 소개

이 책은 중고등학교에서 배우는 과학과 수학의 내용을 주제별로 나누어 핵심 내용과 원리를 그림과 사진으로 전달하는 학습서이다. 과학의 법칙에 담긴 원리를 차근차근 설명하고, 기초 지식부터 탄탄하게 다양한 정보를 제공한다. 사람들이 관심을 가질 만한 주제 위주로 선정하고 일러스트레이션과 사진을 배치하여 시각적으로 이해할 수 있도록 구성하였다.

세특 예시

무리함수를 학습한 뒤 교과 융합 활동으로, 무리함수를 적용한 사례로 평소 관심을 가지고 있는 물리 단진동운동의 주기를 주제로 선정함. '물리의 기본: 힘과 운동 편(뉴턴프레스)'을 참고하여 힘과 운동에 대한 이론을 정리하고 중력과 관련지어 단진동운동을 설명함. 운동 지점에 따라 나타나는 특징을 비교하고 주기운동 하는 물체의 특징을 분석함. 또한 용수철 진자의 단진동 주기와 단진자의 주기에서 나타나는 주기 공식의 공통점을 무리함수와 관련지어 설명하고, 공식에 포함된 요소가 각각 의미하는 바를 일목요연하게 설명함.

선택 과목	수능	대수	절대평가	상대평가
일반 선택	○		5단계	5등급

단원명 | 지수함수와 로그함수

| 🔍 | 거듭제곱근, 지수, 로그, (로그의) 밑, 진수, 상용로그, 지수함수, 로그함수, $\sqrt[n]{a}$, $\log_a N$, $\log N$

[12대수01-01] ● ● ●

거듭제곱과 거듭제곱근의 뜻을 알고, 그 성질을 이용하여 계산할 수 있다.

➡️ 과학 현상을 나타내는 운동학, 열역학, 전자기학 등의 개념을 설명하는 과정에서 다양한 수식을 만나볼 수 있다. 각 현상의 여러 요인 간의 관계를 이해하는 데 거듭제곱과 거듭제곱근은 주요하게 활용된다. 과학에서 활용되는 여러 가지 수식에서 나타나는 거듭제곱과 거듭제곱근의 의미를 조사하고, 자연 현상을 수학적으로 모델링하고 분석하는 것의 중요성에 관한 탐구 보고서를 작성해 보자.

관련 학과 과학교육과, 기술교육과, 물리교육과, 생물교육과, 수학교육과, 지구과학교육과, 컴퓨터교육과, 화학교육과, 환경교육과

《**정재승의 과학콘서트**》, 정재승, 어크로스(2020)

[12대수01-03] ● ● ●

지수법칙을 이해하고, 이를 이용하여 식을 간단히 나타낼 수 있다.

➡️ 우리 주변에서 일어나는 여러 가지 현상을 설명할 때 지수 개념이 많이 활용된다. 방사성 물질의 반감기, 전자기파의 감쇠 현상과 같은 과학적인 현상뿐 아니라 인구 증가율이나 이자 계산과 같은 사회현상에서도 지수법칙을 찾아볼 수 있다. 우리 주변의 여러 현상에서 살펴볼 수 있는 지수 개념을 조사하고, 이를 활용하여 학생들에게 수학과 각 교과 간의 이해를 돕는 지도 방법을 탐구해 보자.

관련 학과 교육계열 전체

《**피타고라스 생각 수업**》, 이광연, 유노라이프(2023)

[12대수01-06] ● ● ●

지수함수와 로그함수의 뜻을 알고, 이를 설명할 수 있다.

➡️ 수학 교과에서 배우는 여러 가지 함수 중에서 지수함수와 로그함수는 대표적인 역함수 관계의 함수이다. 지수함수와 로그함수의 정의와 성질, 역함수 관계의 특징, 학생들의 오개념 및 어려움, 시각적 표현과 직관적 이해를 돕는 방법, 문제 해결 전략 등을 바탕으로 학생들의 학습 향상을 위한 효과적인 지도 방안을 탐구하여 보고서로 작성해 보자.

관련 학과 수학교육과

《**수학을 배워서 어디에 써먹지?**》, 루돌프 타슈너, 김지현 역, 아날로그(2021)

> **[12대수01-07]** ● ● ●
>
> 지수함수와 로그함수의 그래프를 그릴 수 있고, 그 성질을 설명할 수 있다.

➲ 최근 우리나라의 인구 구조 변화에 따라 학령 인구 규모가 지속적으로 감소하고 있다. 이러한 변화는 교육 정책에 많은 영향을 미치게 된다. 최근 변화하고 있는 학령 인구 구조를 살펴보고 그래프로 나타내보자. 또한 학령 인구 감소에 대응하기 위해 현재 시행되고 있는 교육 정책을 살펴보고, 각 정책의 의미와 장단점을 조사해 보자. 그리고 앞으로의 교육 정책의 방향성에 관해 탐구하는 보고서를 작성하여 발표해 보자.

관련 학과 교육계열 전체

《**축소되는 세계**》, 앨런 말라흐, 김현정 역, 사이(2024)

단원명 | 삼각함수

> | 🔍 | 시초선, 동경, 일반각, 호도법, 라디안, 주기, 주기함수, 삼각함수, 사인함수, 코사인함수, 탄젠트함수, 사인법칙, 코사인법칙, $\sin x$, $\cos x$, $\tan x$

> **[12대수02-02]** ● ● ●
>
> 삼각함수의 개념을 이해하여 사인함수, 코사인함수, 탄젠트함수의 그래프를 그리고, 그 성질을 설명할 수 있다.

➲ 삼각함수는 수학의 기본적인 개념이지만, 실제 사회현상을 설명하고 이해하는 데 다양하게 활용될 수 있다. 특히 주기적이고 반복적인 사회현상을 모델링하고 분석하는 데 유용하다. 주식 가격의 변동, 물가 변동, 경기 순환 등의 경제 분야, 출생률, 사망률, 인구 이동 등의 사회학 분야 등에서 다양한 변화를 삼각함수로 모델링하는 과정과 이를 바탕으로 만들어지는 여러 가지 정책에 관해 조사해 보자. 그리고 수학과 사회과학의 통합적 이해를 높이는 학습 지도법에 관해 탐구해 보자.

관련 학과 가정교육과, 교육학과, 사회교육과, 수학교육과, 아동보육학과, 지리교육과, 초등교육과

《**청소년을 위한 행동경제학 에세이**》, 한진수, 해냄(2021)

> **[12대수02-03]** ● ● ●
>
> 사인법칙과 코사인법칙을 이해하고, 실생활 문제를 해결할 수 있다.

➲ 항공기나 선박, 인공위성 등을 운항하거나 조종하는 과정에서 자동 항법 장치와 같은 시스템을 활용하여 원하는 장소로의 이동을 원활하게 하고 있다. 운항 중인 항공기의 위치, 속도, 거리를 계산하고 고도와 각도, 출발지나 도착지까지의 거리 등을 구하고, 여러 장소에서 운항 중인 항공기, 선박, 인공위성 등을 제어하는 방법에 관해 탐구하는 교육 활동을 계획해 보자.

관련 학과 과학교육과, 기술교육과, 물리교육과, 수학교육과

《**하늘에 도전하다**》, 장조원, 중앙북스(2012)

단원명 | 수열

🔍 수열, 항, 일반항, 공차, 등차수열, 등차중항, 공비, 등비수열, 등비중항, 귀납적 정의, 수학적 귀납법, $a_n, \{a_n\}, S_n, \sum_{k=1}^{n} a_k$

[12대수03-03] • • •

등비수열의 뜻을 알고, 일반항, 첫째 항부터 제n항까지의 합을 구할 수 있다.

➡️ 금융 기관에는 다양한 금융 상품이 존재한다. 사람들은 금융 기관을 통해 조금씩 돈을 모으기도 하고, 목돈을 맡겨놓기도 하고, 돈을 빌리기도 한다. 학생들이 사회에 나가 마주하게 되는 다양한 금융 상황에서 빠른 이해와 판단을 할 수 있도록 돕기 위한 교육 활동은 중요하다. 다양한 금융 상품의 금리에 따른 자산의 변화를 살펴보고, 각 상황에 따라 금융 상품을 선택할 수 있는 교육 활동을 계획해 보자.

`관련 학과` 가정교육과, 교육학과, 사회교육과, 수학교육과, 초등교육과

《청소년을 위한 돈이 되는 경제 교과서》, 신동국, 처음북스(2023)

[12대수03-05] • • •

여러 가지 수열의 첫째 항부터 제n항까지의 합을 구하는 방법을 설명할 수 있다.

➡️ 우리 일상생활에서 각자의 일상을 휴식 시간, 여가 생활 시간, 공부 시간 등 일정한 영역으로 구분해 볼 수 있다. 하루, 한 주, 또는 한 달 동안 히루히루 각 영역의 시간 비중이 얼마나 되었는지 기록해 보고, 영역별 시간의 합을 구할 수 있다. 자신의 한 주간의 일상을 시간으로 구분하여 나타내보고, 미래의 시간 계획을 세워보는 탐구 활동을 해보자.

`관련 학과` 교육계열 전체

인생이 바뀌는 시간관리의 비밀

리치 노튼, 신용우 역, 동양북스(2023)

`책 소개`

수많은 시간 관리법을 시도했지만 계속 시간에 쫓긴다면, 시간에 대한 근본적인 질문부터 바꿔야 한다. 우리가 시간을 얻고 싶은 이유는 시간 그 자체의 가치 때문이 아니라, 시간의 자유로 행복한 삶을 누리기 위해서이다. 저자는 최종 목적과 삶의 주요한 영역인 개인, 경력, 사람, 여가 중에서 4가지 우선순위에 따라 일과 일상을 정돈하도록 돕고 있다.

`세특 예시`

자신의 하루, 한 주, 한 달 동안의 일상을 되돌아보며 시간 관리의 중요함을 깨닫고, 시간 관리를 다룬 도서인 '인생이 바뀌는 시간관리의 비밀(리치 노튼)'을 읽고 시간 관리법의 새로운 관점과 방향을 갖고자 노력함. 독서 활동 후 시간 관리에서 목표 설정이 중요함을 알고, 자신의 꿈인 교사로서 필요한 역량과 현재 실현해 나갈 수 있는 활동을 설정하여 실천해 나가고 있음을 친구들 앞에서 발표함.

국어 교과군

영어 교과군

수학 교과군

도덕 교과군

사회 교과군

과학 교과군

[12대수03-06] ● ● ●

수열의 귀납적 정의를 설명할 수 있다.

➡ 과학 연구 과정에서는 기존 실험이나 정보를 바탕으로 새로운 추론을 하는 귀납법이 많이 활용된다. 이렇게 흩어져 있는 작은 정보들을 바탕으로 더 큰 결과를 찾아가는 과정은 학습에도 적용해 볼 수 있다. 학교 교육이나 학생들의 학습 과정에서 '귀납법'이 활용되는 예를 바탕으로 학습자의 성장을 이끄는 교육 방법이나 학습 방법에 관해 탐구해 보자.

관련 학과 교육계열 전체

《**틀리지 않는 법**》, 조던 엘렌버그, 김명남 역, 열린책들(2016)

[12대수03-07] ● ● ●

수학적 귀납법의 원리를 이해하고, 이를 이용하여 명제를 증명할 수 있다.

➡ 수학적 귀납법은 명제를 증명하는 하나의 방법이다. 수학에서는 공리와 정의를 바탕으로 여러 정리를 증명하고 활용하여 문제를 해결해 간다. 하지만 많은 학생들이 이러한 논리적 과정을 통해 정리나 명제를 증명해 가는 과정을 매우 어려워하고 포기하기까지 한다. 학교 수학 교육에서 명제를 증명하는 과정이 학습의 과정으로 필요한 이유를 탐구해 보자.

관련 학과 수학교육과

《**파스칼이 들려주는 수학적 귀납법 이야기**》, 김정하, 자음과모음(2008)

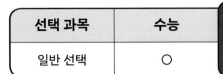

선택 과목	수능	미적분 I	절대평가	상대평가
일반 선택	○		5단계	5등급

단원명 | 함수의 극한과 연속

| 🔍 | 함수의 극한, 수렴, 발산, 극한값, 좌극한, 우극한, 함수의 극한 성질, 함수의 극한 대소 비교, 함수의 연속, 구간, 연속함수의 성질, 최대와 최소 정리, 사잇값 정리

[12미적I-01-01]   •••

함수의 극한의 뜻을 알고, 이를 설명할 수 있다.

➡️ 원주율은 원의 지름에 대한 원주(원의 둘레)의 비율로, 근삿값으로 3.14를 사용하고 있지만 실제로는 순환마디 없이 무한히 계속되는 비순환소수이다. 고대 그리스의 수학자 아르키메데스는 '원에 내접하는 정다각형은 변의 개수를 점점 늘려나가면 원에 한없이 가까워진다.'라는 사실에 착안해 원주율의 어림수를 구했고, 정구십육각형을 이용해 π의 근삿값 3.1416을 제시하였다. 원주율의 실젯값을 바탕으로 무리수인 π를 극한의 개념과 관련하여 설명해 보자.

관련 학과 과학교육과, 물리교육과, 수학교육과, 초등교육과

원주율 π (파이)
뉴턴프레스, 아이뉴턴(2019)

책 소개

'뉴턴 라이트 시리즈'는 중고등학교에서 배우는 과학과 수학의 내용을 각 주제별로 나누어 핵심 내용과 원리를 설명하고 있다. 원주율 편에서는 원주율과 관련하여 구와 원의 성질에 대해 정리하고 물방울, 태양과 행성, 행성의 궤도에 관련된 내용들을 설명한다. 무한급수를 이용하여 원주율을 표현하는 방법부터 소수점 아래 22.4조 자리까지 계산한 내용 등을 담고 있다.

세특 예시

함수의 극한을 학습한 뒤 교과 연계 활동으로 무한소수인 원주율 π의 성질을 탐구하는 활동을 진행함. '원주율 π(뉴턴프레스)'를 참고하여 원주율에 관한 수학적 사실을 정리하고, 원주율을 주로 사용하는 구와 원에 담겨 있는 신기한 수학적 성질을 소개함. 또한 무한급수를 이용해 원주율을 소수점 아래 22조 자리까지 구할 수 있는 방법을 소개하고 원주율이 무한소수임을 설명함. 수열이 일종의 함수임을 이용해 원주율에 수렴하는 수열을 제시하고, 함수와 수열의 극한 개념을 적용하여 무한급수의 극한이 원주율임을 설명함.

[12미적I-01-02] • • •

함수의 극한에 대한 성질을 이해하고, 함수의 극한값을 구할 수 있다.

➡ 점근선은 곡선에서 거리가 한없이 0에 접근하는 직선으로 수평점근선, 수직점근선, 사점근선(사선점근선)으로 구분할 수 있다. 주어진 함수의 그래프 $y = f(x)$에 대하여 $x \to \infty$ 또는 $x \to -\infty$일 때 함수의 그래프가 수평선에 가까워지면 수평점근선이라 한다. 또한 y축에 평행한 수직선에 가까워지면 수직점근선이라 하며, x축이나 y축에 평행하지 않을 때 사점근선이라고 한다. 함수의 극한과 관련하여 점근선의 의미와 점근선의 사례를 탐구해 보자.

[관련 학과] 과학교육과, 물리교육과, 생물교육과, 수학교육과, 지구과학교육과, 화학교육과, 환경교육과

《잡아라 식과 그래프》, 유키 히로시, 박은희 역, 영림카디널(2021)

[12미적I-01-03] • • •

함수의 연속을 극한으로 탐구하고 이해한다.

➡ 해석학에서 활용되는 '엡실론-델타 논법'은 함수의 극한, 연속, 미분 등을 수학적으로 명확하게 정의하는 방법이다. 고등학교 교육과정에서 극한은 '어떤 양이 일정한 규칙에 따라 특정 값에 한없이 가까워지는 것'으로 정의한다. 하지만 대학교 교육과정에서는 '한없이 가까워진다(다가간다)'라는 직관적이고 모호한 표현 대신, 엄밀한 엡실론-델타 논법을 통해 극한과 연속을 정의하게 된다. 엡실론-델타 논법을 통해 함수의 극한과 연속을 정의하는 방법을 탐구해 보자.

[관련 학과] 수학교육과

《해석학 입문》, 김종진 외 1명, 경문사(2020)

[12미적I-01-04] • • •

연속함수의 성질을 이해하고, 이를 활용하여 문제를 해결할 수 있다.

➡ '햄샌드위치 정리'는 n차원의 닫히고 제한된 집합에 대해 부피를 정확히 이등분하는 초평면이 항상 존재한다는 정리이다. 이때 $n=2$인 평면으로 제한해도 정리가 동일하게 성립하는데, 이를 '팬케이크 정리'라고도 한다. 이를 이용하면 불규칙적이고 복잡한 형태의 평면도형도 도형의 넓이를 반드시 이등분하는 직선이 존재함을 설명할 수 있다. 사잇값 정리와 관련하여 햄샌드위치 정리가 성립함을 설명해 보자.

[관련 학과] 과학교육과, 수학교육과

《이상한 나라의 미적분》, 김성환, 오르트(2022)

단원명 | 미분

🔍 평균변화율, 순간변화율, 미분계수, 접선의 방정식, 함수의 미분 가능성과 연속성의 관계, 도함수, 함수의 실수배·합·차·곱의 미분법, 다항함수의 도함수, 상수함수의 도함수, 접선의 기울기, 평균값 정리, 롤의 정리, 함수의 증가와 감소, 함수의 극대와 극소, 함수의 그래프, 그래프의 개형, 증감표, 최댓값과 최솟값, 방정식과 부등식, 실근의 개수, 속도와 가속도, 거리

[12미적I-02-01] ● ● ●

미분계수를 이해하고, 이를 구할 수 있다.

● 미적분학을 본격적으로 정립한 것은 17세기의 뉴턴과 라이프니츠였다. 뉴턴은 물체의 운동과 그 변화를 나타내기 위한 역학적인 관점에서, 라이프니츠는 곡선에 접선을 긋는 기하학적인 관점에서 미분의 아이디어를 떠올렸는데, 두 관점은 미분 개념의 기본이 된다. 이후 18세기에는 미분과 방정식을 결합한 미분방정식이 등장하였고, 18세기 말에는 미분을 기하학에 적용한 미분기하학이 등장하여 곡선과 곡면의 성질을 미적분의 관점에서 연구하게 되었다. 미적분의 등장과 정립, 발전 과정 등 미적분의 역사에 대해 탐구해 보자.

관련 학과 과학교육과, 기술교육과, 물리교육과, 수학교육과
《**미적분의 역사**》, C. H. Edwards Jr, 류희찬 역, 교우사(2012)

[12미적I-02-02] ● ● ●

함수의 미분 가능성과 연속성의 관계를 설명하고, 이를 활용할 수 있다.

● 함수 $y = f(x)$가 $x = a$에서 연속임을 설명하는 방법의 하나로 $x = a$로 수렴하는 모든 수열 $\{x_n\}$에 대하여 $\{f(x_n)\}$이 $f(a)$로 수렴한다는 사실을 증명하면 된다. 반대로 함수 $y = f(x)$가 $x = a$에서 불연속임을 설명하는 방법으로 $x = a$로 수렴하는 수열 $\{x_n\}$ 중에서 $\{f(x_n)\}$이 $f(a)$로 수렴하지 않는 수열 $\{x_n\}$을 찾으면 된다. 이런 사실을 이용해 디리클레함수로 알려진 $f(x) = \begin{cases} 1 & (x\text{가 유리수}) \\ 0 & (x\text{가 무리수}) \end{cases}$은 모든 실수에서 불연속인 함수가 된다는 사실을 설명해 보자.

관련 학과 수학교육과
《**디리클레가 들려주는 함수 1 이야기**》, 김승태, 자음과모음(2008)

[12미적I-02-03] ● ● ●

함수 $y = x^n$(n은 양의 정수)의 도함수를 구할 수 있다.

● 영국의 수학자 아이작 배로는 곡선 위의 두 점을 잇는 직선의 극한을 이용해 곡선 위의 점에 대한 접선의 방정식을 구했다. 그는 미분 삼각형을 이용해 곡선 위의 한 점에서의 접선의 기울기를 구했는데, 이는 오늘날의 미분과 매우 유사한 방법이다. 또한 배로는 케임브리지 대학에서 기하학의 독자적인 연구와 강의로 제자인 뉴턴에게 큰 영향을 주어 미적분의 발전에 기여했다. 배로가 삼각형을 이용해 접선의 기울기와 접선의 방정식을 구한 방법에 대해 탐구해 보자.

관련 학과 과학교육과, 물리교육과, 수학교육과
《**하루 한 권, 미적분**》, 곤노 노리오, 일본콘텐츠전문번역팀 역, 드루(2023)

[12미적I-02-04] ● ● ●

함수의 실수배, 합, 차, 곱의 미분법을 알고, 다항함수의 도함수를 구할 수 있다.

● 인수분해가 되지 않는 3차 이상의 다항식은 이차방정식의 근의 공식과 같이 근을 구하는 일반적인 해법이 없다. 대신 미분을 활용하여 방정식 실근의 어림값을 구할 수 있는데, 대표적인 방법이 뉴턴의 방법이다. 방정식 $f(x) = 0$의 실근을 구하기 위하여 적당한 x_0을 잡는다. 곡선 $y = f(x)$ 위의 점 $(x_0, f(x_0))$에서의 접선의 방정식

은 $y - f(x_0) = f'(x_0)(x - x_0)$이고, 이 접선의 x절편을 x_1이라고 하면 $x_1 = x_0 - \dfrac{f(x_0)}{f'(x_0)}$ 이 된다. 이런 과정을 반복하여 $x_2, x_3, x_4, x_5 \cdots$를 구하면 방정식 $f(x) = 0$의 실근의 어림값을 구할 수 있다. 미분을 활용하여 실근의 위치를 찾는 뉴턴의 방법에 대해 탐구해 보자.

관련 학과 과학교육과, 물리교육과, 수학교육과

《**미분과 적분**》, 뉴턴프레스, 아이뉴턴(2023)

[12미적I-02-05] ● ● ●

미분계수와 접선의 기울기의 관계를 이해하고, 접선의 방정식을 구할 수 있다.

➡ 중학교 교과서에서는 접선을 '한 점에서 만나는 직선'으로 소개하고 있으나 그에 대한 반례가 있어 고등학교 1학년 교과서에서는 '곡선과 스치면서 만나는 직선'으로 재정의하고 있다. 그러나 극한과 미분을 배우고 나면 '할선의 극한'과 '곡선 위의 한 점을 지나며 기울기가 그 점에서의 미분계수와 같은 직선'으로 개념을 수정하여 이해하게 된다. 접선의 본질적인 의미를 극한 및 미분 개념과 관련하여 탐구해 보자.

관련 학과 수학교육과

《**개미가 알려주는 가장 쉬운 미분 수업**》, 장지웅, 미디어숲(2021)

[12미적I-02-06] ● ● ●

함수에 대한 평균값 정리를 설명하고, 이를 활용할 수 있다.

➡ 롤의 정리에 따르면, 함수 $f(x)$가 구간 $[a, b]$에서 연속이고 구간 (a, b)에서 미분 가능하며 $f(a) = f(b)$이면 $f'(c) = 0$인 $x = c$가 구간 (a, b) 사이에 적어도 하나 존재한다. 롤의 정리는 평균값 정리와 직접적인 관련성이 있어, 두 정리는 서로 다른 정리가 성립함을 보장해 준다. 롤의 정리를 통해 평균값 정리를 증명하고, 반대로 평균값 정리를 통해 롤의 정리를 증명해 보자.

관련 학과 물리교육과, 수학교육과

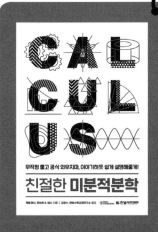

친절한 미분적분학

캐럴 애시 외 1명,
한빛수학교재연구소 외 1명 역,
한빛아카데미(2021)

책 소개 ⋯⋯⋯⋯⋯⋯⋯⋯⋯⋯⋯⋯⋯⋯⋯⋯

이 책은 미적분과 관련한 다양한 이론을 바탕으로 함수의 극한, 미분의 의미와 방법, 적분의 의미와 심화 이론, 활용 사례를 제시하고 있다. 다항함수뿐만 아니라 초월함수의 미분법과 로피탈 법칙, 뉴턴의 방법, 미분방정식 등 심화 이론도 소개하고 있다. 또한 미적분학의 기본 정리와 적분을 이용한 넓이·부피 계산 방법을 제시하고 있어 미적분의 이해에 큰 도움이 된다.

세특 예시 ⋯⋯⋯⋯⋯⋯⋯⋯⋯⋯⋯⋯⋯⋯⋯⋯

수업 시간에 평균변화율과 미분 개념을 적용한 평균값 정리를 이해하고, 이와 관련한 실생활 문제를 정확하게 해결함. 개념 확장 활동으로 평균값 정리의 특별한 경우인 롤의 정리를 소개하고 두 정리의 관계를 설명함. '친절한 미분적분학(캐럴 애시 외 1명)'을 참고하여 그래프를 통해 두 정리의 의미를 직관적으로 설명한 뒤 각각 성립하는 이유를 수식으로 증명함. 롤의 정리를 전제로 평균값 정리가 성립함을 증명하면서 기발한 함수식을

제시하고, 함수식을 설정하게 된 이유를 논리적으로 설명함. 롤의 정리를 활용한 사례를 추가로 제시하면서 정리의 의미를 쉽게 전달함.

[12미적I-02-07] ● ● ●

함수의 증가와 감소, 극대와 극소를 판정하고 설명할 수 있다.

➡ 교권은 교직에 종사하는 교원의 권리로, 교원의 권위라는 의미로도 사용된다. 일반적으로 교권은 가르치는 일에 대한 권리, 신분상의 권리, 재산상의 권리, 교직단체활동권 등이 있다. 반면 '학생인권조례'는 학생의 존엄과 가치가 보장되고 실현될 수 있도록 제정한 조례로, 차별받지 않을 권리, 표현의 자유, 교육 복지에 관한 권리 등이 포함되어 있다. 최근 연도별 교권 침해와 관련한 그래프를 찾아 증가와 감소 개념을 이용해 그래프를 분석해 보자.

`관련 학과` 교육계열 전체

《**교사라는 세계**》, 김민지 외 3명, 리더북스(2023)

[12미적I-02-08] ● ● ●

함수의 그래프의 개형을 그릴 수 있다.

➡ 학령 인구는 정해진 교육과정을 이수하거나 특정 교육기관에 다닐 수 있는 연령의 아동과 청소년을 의미한다. 보통 6~21세까지로, 통계청에서는 매년 학령 인구 통계 자료를 발표하고 있다. 최근 장기화하는 저출산으로 학령 인구가 급격히 감소하고 있어 사회적 문제가 되고 있다. 학령 인구와 관련한 자료를 찾아 그래프로 표현하고 그래프에 나타나는 특징을 분석해 보자.

`관련 학과` 교육계열 전체

《**인구 위기**》, 알바 뮈르달 외 1명, 홍재웅 외 1명 역, 문예출판사(2023)

[12미적I-02-09] ● ● ●

방정식과 부등식에 대한 문제를 해결할 수 있다.

➡ 반응 속도란 반응물의 농도가 줄어드는 속도로, 반응 차수에 따라 0차 반응, 1차 반응, 2차 반응 등이 있다. 화학 반응에서 반응의 속도가 반응물의 농도와 관계없이 진행되는 반응을 0차 반응이라 하며 대표적으로 체내의 알코올 분해 반응, 포스핀의 촉매 분해 반응 등이 있다. 반면 반응 속도가 농도에 비례하는 반응과 제곱에 비례하는 반응을 각각 1차 반응, 2차 반응이라 한다. 0차 반응, 1차 반응, 2차 반응 그래프에서 나타나는 특징을 미분과 관련하여 설명해 보자.

`관련 학과` 과학교육과, 물리교육과, 생물교육과, 지구과학교육과, 화학교육과

《**미적분의 힘**》, 스티븐 스트로가츠, 이충호 역, 해나무(2021)

[12미적I-02-10] ● ● ●

미분을 속도와 가속도에 대한 문제에 활용하고, 그 유용성을 인식할 수 있다.

➡ 가속도계는 물체의 가속도나 충격의 세기를 측정하는 장치이며, 가속도센서가 활용된다. 스마트폰 앱에 사용

되는 가속도센서는 피에조 저항 방식과 정전 용량 방식이 활용되고 있다. 한편 움직임의 변화를 측정하는 또 다른 장치인 자이로센서는 각속도(시간당 회전하는 각도)를 측정할 때 사용한다. 자이로센서는 가속도센서와 함께 물체의 동작 인식을 위한 핵심적인 역할을 담당하고 있다. 속도와 가속도를 통해 동작을 인식하는 가속도센서와 자이로센서에 대해 탐구해 보자.

관련 학과 과학교육과, 기술교육과, 물리교육과, 생물교육과, 지구과학교육과, 컴퓨터교육과, 화학교육과

《1분 물리학》, 중국과학원 물리연구소, 정주은 역, 책밥(2021)

단원명 | 적분

> | 🔎 | 부정적분, 적분상수, 함수의 실수배·합·차의 부정적분, 다항함수 부정적분, 정적분, 미분과 적분의 관계, 정적분의 성질, 부정적분과 정적분의 관계, 다항함수 정적분, 도형의 넓이, x축으로 둘러싸인 도형의 넓이, 두 곡선 사이의 넓이, 속도, 속력, 이동 거리, 위치의 변화량, 가속도

[12미적I-03-01]   •••

부정적분의 뜻을 알고, 이를 설명할 수 있다.

➡️ 물체에 힘의 방향으로 변위가 발생했을 때 일을 했다고 하며, 일과 에너지의 단위는 J(줄)이다. 힘의 크기가 일정하게 작용한다면 일은 (힘)과 (힘의 방향으로 이동한 거리)의 곱으로 나타낼 수 있다. 반면 힘의 크기가 일정하지 않고 위치마다 변하는 상황이라면 적분을 통해 구할 수 있는데, 이를 식으로 표현하면 $W = \int_a^b F \cdot ds$가 된다. 에너지의 한 형태인 일을 적분과 관련하여 탐구해 보자.

관련 학과 과학교육과, 물리교육과, 수학교육과, 지구과학교육과, 화학교육과

《미분과 적분》, 뉴턴프레스, 아이뉴턴(2023)

[12미적I-03-02]   •••

함수의 실수배, 합, 차의 부정적분을 알고, 다항함수의 부정적분을 구할 수 있다.

➡️ 실진법이란 구하려는 도형의 넓이를 삼각형 등 넓이를 알고 있는 도형으로 쪼갠 뒤 원래 도형의 넓이를 구하는 방법이다. 그리스 수학자 아르키메데스는 포물선과 한 직선으로 이루어진 활꼴의 넓이를 실진법으로 구했다. 그는 삼각형의 수를 늘려 활꼴을 완전히 덮겠다는 아이디어로 대략적인 값을 구했는데, 여기에는 극한과 정적분의 개념이 포함되어 있다. 아르키메데스의 실진법을 통해 포물선의 활꼴의 넓이를 구해보자.

관련 학과 과학교육과, 수학교육과

**리만이 들려주는
적분 1 이야기**

차용욱, 자음과모음(2007)

책 소개

이 책은 도형의 넓이를 구하려는 열망에서 탄생한 적분에 얽힌 역사적 사실을
재미있는 이야기로 풀어가고 있다. 적분은 2천 년이라는 긴 역사 속의 수많은
수학자들의 노력이었음을 보여주며, 딱딱한 미적분을 거부감 없이 바라볼 수
있도록 구성하였다. 적분의 필요성과 적분 기호 속에 담겨 있는 적분의 의미,
포물선의 넓이, 카발리에리의 원리 등 다양한 소재로 적분을 소개하고 있다.

세특 예시

수학 융합 교과 활동으로 적분의 2천 년 역사를 주제로 선정하여 적분의
탄생에 대해 탐구함. '리만이 들려주는 적분 1 이야기(차용욱)'를 참고하여
적분의 시초가 되는 구분구적법의 의미와 사례를 소개하고, 극한과 정적
분의 개념을 담고 있는 아르키메데스의 실진법을 소개함. 포물선의 활꼴
넓이를 삼각형으로 쪼개 근사적으로 구하는 과정을 통해 정적분의 정의
를 관련짓고 구분구적법의 아이디어와 같이 설명함. 정적분이 복잡함을
이해하면서 부정적분과 미적분학의 기본 정리를 이용하는 과정의 역사적
으로 놀라운 성과라고 설명함.

[12미적I-03-03] • • •

정적분의 개념을 탐구하고, 그 성질을 이해한다.

➡ 충격량은 물체에 힘이 작용하여 운동 상태가 바뀔 때까지 가한 충격의 정도로, 힘(충격력)과 시간을 곱한 벡터
량이다. 시간 t에서 어떤 물체에 작용한 힘을 $f(t)$라고 하면, 함수 $y = f(t)$의 그래프로 둘러싸인 도형의 넓이는
물체에 힘이 작용하는 시간 동안 물체에 가해진 충격량의 크기와 같다. 미분과 적분을 이용하여 충격량과 힘의
관계를 설명해 보자.

관련 학과 과학교육과, 기술교육과, 물리교육과, 생물교육과, 수학교육과, 지구과학교육과, 화학교육과
《**역학으로 물리를 말하다**》, 켄 쿠와코, 강현정 역, 지브레인(2021)

[12미적I-03-04] • • •

부정적분과 정적분의 관계를 이해하고, 다항함수의 정적분을 구할 수 있다.

➡ '역사 발생적 원리'는 수학을 발생된 것으로 보는 관점으로, 학습자가 학습 과정에서 수학의 발생을 경험하도
록 지도하는 원리이다. 수학교육자 프로이덴탈은 수학의 역사 발달 과정을 그대로 재현하는 것이 아니라 학습
자의 현실적 문맥을 통해 재구성하고, 교사의 적절한 안내에 따라 학습자의 현실로부터 수학화하는 과정을 거
쳐야 한다고 설명한다. 미적분의 역사를 보면 적분이 먼저 발생했고, 17세기 이후 미분의 등장과 미적분학의
기본 정리를 통해 눈부신 발전을 하게 된다. 역사 발생적 원리의 의미를 정리하고, 미적분을 역사 발생적 원리
와 관련하여 탐구해 보자.

관련 학과 수학교육과
《**예비교사와 현직교사를 위한 수학교육과정과 교재연구**》, 김남희 외 4명, 경문사(2017)

[12미적I-03-05] • • •

곡선으로 둘러싸인 도형의 넓이에 대한 문제를 해결할 수 있다.

➡ 정적분의 평균값 정리는 닫힌 구간에서 연속함수는 반드시 적분의 평균값을 적어도 한 번 가진다는 의미이다. 즉 $f(x)$가 닫힌 구간 $[a,b]$에서 연속이면 $[a,b]$의 한 점 $x=c$에 대해 $f(c)=\dfrac{1}{b-a}\displaystyle\int_a^b f(x)dx$가 성립한다. 이를 확장하면 $f(x),g(x)$가 닫힌 구간 $[a,b]$에서 연속이고 $g(x)>0$이면 $[a,b]$의 한 점 $x=c$에 대해 $\displaystyle\int_a^b f(x)g(x)dx=f(c)\int_a^b g(x)dx$가 성립한다. 미분의 평균값 정리와 대응되는 정적분의 평균값 정리에 대해 탐구해 보자.

관련 학과 수학교육과

《**더 이상한 수학책**》, 벤 올린, 이경민 역, 북라이프(2021)

[12미적I-03-06] • • •

적분을 속도와 거리에 대한 문제에 활용하고, 그 유용성을 인식할 수 있다.

➡ 호흡 운동은 호흡 기관에서 숨을 들이마시고 내쉬는 과정으로, 횡격막과 갈비뼈에 의해 일어난다. 숨을 들이마시면 갈비뼈는 올라가고 횡격막은 내려가 폐가 공기로 가득 차게 되며, 반대로 숨을 내쉬면 갈비뼈는 내려가고 횡격막은 올라가 폐에서 공기가 빠져나간다. 성인의 경우 보통 1분에 18번 숨을 쉬는데, 한 번 숨 쉴 때마다 약 500mL의 공기를 마시고 내보낸다. 한편 운동을 하다 보면 산소의 양이 줄어들고 줄어든 산소를 보충하기 위해 숨을 자주 쉬게 되면서 호흡이 빨라진다. 운동 경기와 관련해 호흡의 변화를 탐구해 보자.

관련 학과 물리교육과, 체육교육과, 초등교육과

《**스포츠 스타와 만나는 운동생리학**》, 김태욱, 라이프사이언스(2023)

선택 과목	수능	확률과 통계	절대평가	상대평가
진로 선택	○		5단계	5등급

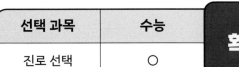

단원명 | 경우의 수

|🔎| 중복순열, 중복조합, 이항정리, 이항계수, 파스칼의 삼각형, $_n\Pi_r$, $_n H_r$

[12확통01-02]

중복조합을 이해하고, 중복조합의 수를 구하는 방법을 설명할 수 있다.

➡ 고교학점제는 학생들이 자신의 진로와 적성에 맞는 과목을 선택하여 이수하도록 한 뒤 누적 학점에 따라 고등학교 졸업 여부를 결정하는 제도이다. 이에 따라 학교에서는 학생들이 원하는 다양한 수업을 개설하고 수강할 수 있도록 지원하고 있다. 자신이 다니는 학교의 각 학년에 개설된 과목들을 조사하여 신청할 수 있는 경우의 수를 구해보고, 자신의 진로에 맞는 과목을 선택하는 방법에 관해 탐구해 보자.

관련 학과 교육계열 전체

《고교학점제, 어떻게 실천할 것인가》, 김삼향 외 4명, 맘에드림(2020)

[12확통01-03]

이항정리를 이해하고, 이를 활용하여 문제를 해결할 수 있다.

➡ '파스칼의 삼각형'은 이항정리를 학습하는 과정에서 자주 언급된다. '파스칼의 삼각형'은 이항정리의 원리가 적용되어 나타난 결과물이지만, 학습자는 개념과 과정보다는 결과물만을 적극적으로 활용하곤 한다. 여러 수학 공식 중 한 가지를 선정하여 공식과 함께 효과적으로 원리와 개념을 학습자에게 전달하는 방법에 관해 탐구해 보자.

관련 학과 수학교육과

《법칙, 원리, 공식을 쉽게 정리한 수학 사전》, 와쿠이 요시유키, 김정환 역, 그린북(2017)

단원명 | 확률

|🔎| 시행, 통계적 확률, 수학적 확률, 여사건, 배반사건, 조건부확률, 종속, 독립, 독립시행, $P(A)$, $P(B|A)$

[12확통02-02]

확률의 덧셈정리를 이해하고, 이를 활용하여 문제를 해결할 수 있다.

➲ 많은 대학이 학과나 학부 단위로 학생들을 모집하여 지도하고 있다. 이러한 학과나 학부는 단과대학으로 구분되기도 하고 계열로 구분되기도 한다. 관심 있는 대학의 정원을 모집 단위별로 조사하여 전체 모집 인원 대비 비율, 전체 모집 인원 대비 단과대학이나 계열별 모집 인원 비율을 구해보고, 모집 인원 비율로 살펴본 해당 대학의 특성에 관해 탐구해 보자.

관련 학과 교육계열 전체

《우리 아이의 입시는 공정한가》, 이현 외 2명, 지식의날개(2023)

[12확통02-03] • • •

여사건의 확률을 이해하고, 이를 활용하여 문제를 해결할 수 있다.

➲ 2022 개정 교육과정에 따라 시행되는 고교학점제에서는 학생의 학습 평가 결과가 성취 기준에 도달하지 못했을 경우 해당 과목을 보충학습 등을 통해 다시 이수하도록 하고 있다. 학생들이 이수하는 과목의 성취도가 성취 기준에 도달하게 하는 다양한 수업과 평가 방법에 관해 탐구해 보자.

관련 학과 교육계열 전체

《고교학점제, 교육과정을 다시 디자인하다》, 정미라 외 4명, 맘에드림(2022)

[12확통02-04] • • •

조건부확률을 이해하고, 이를 실생활과 연결하여 문제를 해결할 수 있다.

➲ 학생들이 학습하기 전이나 학습하는 중에 어떤 환경이나 상황에 있었느냐에 따라 집중도의 차이가 발생한다. 다양한 조건에서 학생들의 학습 집중도의 차이를 여러 자료를 활용하여 조사해 보고, 그 결과를 바탕으로 학교 수업 상황에서 학습 효과를 높이는 방안에 관해 탐구해 보자.

관련 학과 교육계열 전체

《학습부진, 이렇게 극복한다 1》, 에릭 젠슨, 이찬승 외 1명 역, 교육을바꾸는사람들(2023)

단원명 | 통계

🔎 확률변수, 이산확률변수, 확률분포, 연속확률변수, 기댓값, 이항분포, 큰 수의 법칙, 정규분포, 표준정규분포, 모집단, 표본, 전수조사, 표본조사, 임의추출, 모평균, 모분산, 모표준편차, 표본평균, 표본분산, 표본표준편차, 모비율, 표본비율, 추정, 신뢰도, 신뢰구간, $P(X=x)$, $E(X)$, $V(X)$, $\sigma(X)$, $B(n, p)$, $N(m, \sigma^2)$, $N(0, 1)$, $\overline{X}$, S^2, S, $\hat{p}$

[12확통03-02] • • •

이산확률변수의 기댓값(평균)과 표준편차를 구할 수 있다.

➲ 학생들의 학업성취도를 통해 각 교과의 전반적인 이해 정도를 판단할 수 있다. 또한 집단의 학업성취도 평균을 활용하여 해당 집단의 학업 성향을 판단하고 이후의 수업 계획을 수립하게 된다. 하지만 교과의 특성에 따라 평균이 전체의 모습을 대표하지 못하기도 한다. 최근 실시된 평가에서 각 교과 성적의 확률분포와 평균을 살펴보고, '중간값', '최빈값' 등과 비교하여 교과 성적을 분석해 보자.

관련 학과 교육학과, 수학교육과, 초등교육과

《숫자는 거짓말을 한다》, 알베르토 카이로, 박슬라 역, 웅진지식하우스(2020)

[12확통03-03] • • •

이항분포의 뜻과 성질을 이해하고, 평균과 표준편차를 구할 수 있다.

➡ 4차 산업혁명 시대에는 창조적인 인재를 필요로 한다. 하지만 많은 교육 시스템은 '평균'적인 학생들을 대상으로 하는 교육에 맞춰져 있다. 학생들은 저마다 '평균'적이지 않은 영역을 가지고 있기에 평균에 맞춘 교육 시스템은 결국 학생들 각자의 개성을 살리지 못한다. '평균'에 맞추어 이루어지는 교육의 문제점을 찾아보고, 미래 사회의 학생들을 위한 교육에 관해 탐구해 보자.

관련 학과 교육계열 전체

평균의 종말

토드 로즈, 정미나 역,
21세기북스(2021)

책 소개 ·······

저자는 어린 시절 성적 미달과 ADHD 장애로 학교를 중퇴했으나, 학교에서는 인정받지 못했던 자신만의 '고유한 재능'을 발견해 스스로 공부했던 경험을 바탕으로, 저마다 타고난 재능이 다르다는 것을 강조한다. 교육에서 평균적 지능을 기준으로 학생들을 평가하는 것을 지적하며, 학교를 지배하는 '평균주의'의 함정에서 벗어나 아이들 각자를 창조적 인재로 키울 수 있도록 혁신적인 교육법과 평가법을 제안한다.

세특 예시 ·······

진로 관련 독서 활동에서 '평균의 종말(토드 로즈)'을 읽고, 현재 우리 교육 시스템의 문제점과 개선 방향에 관해 고민해 보는 시간을 가짐. 학생들이 가진 개성과 재능이 모두 다름에도 전체 학생들의 '평균'에 맞추어 교육 시스템이 설계되고 교육이 진행되고 있음을 지적하며, 4차 산업혁명 시대에 맞추어 학생 개개인의 성장을 돕는 교육 시스템이 필요함을 강조하는 보고서를 작성함.

[12확통03-05] • • •

모집단과 표본의 뜻을 알고, 표본추출의 방법을 설명할 수 있다.

➡ 대학수학능력시험이나 모의평가, 전국연합학력평가 등이 종료되고 나면 여러 입시 기관에서 시험 결과를 예측하곤 한다. 최근 실시된 시험에 대한 각 입시 기관의 시험 결과 예측을 비교하며, 각 입시 기관이 학생의 표본을 추출하는 방법 등을 조사해 보자. 또한 그 예측 결과가 실제 결과와 어떤 차이를 보였는지 탐구하여 발표해 보자.

관련 학과 교육계열 전체

《수학보다 데이터 문해력》, 정성규, EBS BOOKS(2022)

[12확통03-07] • • •

공학 도구를 이용하여 모평균 및 모비율을 추정하고 그 결과를 해석할 수 있다.

➜ 팬데믹 상황은 교육 방식에도 많은 변화를 가져왔다. 그중 뚜렷한 변화의 모습을 가져온 것의 예로 온라인 교육 플랫폼의 활용을 들 수 있다. 온라인 교육 플랫폼을 활용한 학생들의 학습 효과, 학습 활동 변화 등을 다양한 자료에서 찾아볼 수 있다. 이를 참고하여 온라인 교육 플랫폼의 효과와 성과를 분석하고, 개선의 대안을 모색하는 탐구 활동을 해보자.

관련 학과 교육계열 전체

《**코로나 시대의 교육**》, 실천교육교사모임, 우리학교(2020)

선택 과목	수능	미적분 II	절대평가	상대평가
진로 선택	X		5단계	5등급

단원명 | 수열의 극한

| 🔍 | 급수, 부분합, 급수의 합, 등비급수, $\lim\limits_{n \to \infty} a_n$, $\sum\limits_{n=1}^{\infty} a_n$

[12미적II-01-01] • • •

수열의 수렴, 발산의 뜻을 알고, 이를 판정할 수 있다.

➡️ 산업화 이전 대비 지구 평균기온의 상승 폭이 1.5℃를 넘어서게 되면 인류에게 큰 재앙이 닥칠 거라는 경고가 나오고 있다. 지구의 평균기온 상승 폭이 지구의 생물과 인류에게 중요한 이유를 조사해 보고, 지구의 온도 상승 폭을 줄이기 위해 학생들 각자가 할 수 있는 노력을 찾아보는 교육 활동을 계획해 보자.

관련 학과 교육계열 전체

《**인류세의 인문학**》, 캐럴린 머천트, 우석영 역, 동아시아(2022)

[12미적II-01-02] • • •

수열의 극한에 대한 성질을 이해하고, 이를 활용하여 극한값을 구하는 방법을 설명할 수 있다.

➡️ 피보나치 수열에서 이웃하는 두 항의 비로 새로운 수열을 만들면 그 수열은 하나의 수에 점점 가까워진다. 이때 이 수열이 수렴하는 값을 '황금비'라 부르기도 한다. 우리 주변에서 살펴볼 수 있는 '황금비'와 관련된 여러 가지 정보와 이를 해석하는 다양한 관점을 찾아보고, 다양한 관점에서 해석되는 정보를 전달하는 방법에 관해 탐구해 보자.

관련 학과 교육계열 전체

《**수와 문자에 관한 최소한의 수학지식**》, 염지현, 가나출판사(2017)

[12미적II-01-04] • • •

급수의 수렴, 발산의 뜻을 알고, 이를 판정할 수 있다.

➡️ 학교는 학생들이 경험해 볼 수 있는 대표적인 사회이다. 학교 내의 다양한 사회적 현상들에서 수학적 모델을 관찰할 수 있다. 학생들 사이에서 유행하는 패션, 음악, 게임 등의 확산 과정, 학생들 간 정보 전달 과정, 학교 행사 참여자 수의 증가 추이 등에서 급수를 활용하여 확산 속도와 규모 등을 모델링하는 탐구 활동을 해보자. 또한 수학적 개념이 실제 사회현상에 적용된 사례를 조사하여 보고서로 작성해 보자.

관련 학과 교육계열 전체

《**수학으로 생각하기**》, 스즈키 간타로, 최지영 역, 포레스트북스(2022)

단원명 | 미분법

자연로그, 덧셈정리, 매개변수, 음함수, 이계도함수, 변곡점, e, e^x, $\ln x$, $\sec x$, $\csc x$, $\cot x$, $f''(x)$, y'', $\dfrac{d^2y}{dx^2}$, $\dfrac{d^2}{dx^2}f(x)$

[12미적II-02-01]

지수함수와 로그함수의 극한을 구하고 미분할 수 있다.

➡ 무리수 e는 지수함수의 극한을 이용하여 그 값을 정의한다. 무리수 e는 여러 가지 자연현상과 사회현상을 설명하는 과정에서 자주 활용되지만, 값이 정의되는 과정이 낯설어 학생들이 학습하는 과정에서 이해하기 어려워한다. 실생활에서 발견할 수 있는 무리수 e를 찾아보고, 이를 활용하는 학습 방법을 탐구해 보자.

관련 학과 수학교육과

《**수학은 어떻게 문명을 만들었는가**》, 마이클 브룩스, 고유경 역, 브론스테인(2022)

[12미적II-02-04]

함수의 몫을 미분할 수 있다.

➡ 우리나라의 교육과정이 계속 바뀌면서 수학의 내용 구성도 바뀌어왔다. 그중 미적분과 관련한 내용과 지도 방법도 교육과정과 함께 계속 변화해 왔다. 과거부터 현재까지 교육과정이 변화하는 과정에서 고등학교 미적분의 내용 구성과 지도 방법이 어떻게 변화했는지 조사하고, 그 의미에 관해 탐구해 보자.

관련 학과 교육학과, 수학교육과

《**이해하는 미적분 수업**》, 데이비드 애치슨, 김의석 역, 바다출판사(2020)

[12미적II-02-05]

합성함수를 미분할 수 있다.

➡ 지구의 평균기온 상승으로 인한 기후 위기에 관한 뉴스가 끊임없이 전달되고 있다. 인간의 활동으로 대기 중 온실가스 농도가 높아지며 지구의 평균기온 상승이 나타나고 있고, 이로 인해 인류의 주식인 옥수수, 밀, 쌀 등의 생산량이 감소하고 있다. 온실가스 농도의 변화에 따른 주요 식량 생산량의 변화를 조사해 보고, 식량 자원을 확보하기 위한 여러 나라의 활동을 탐구해 보자.

관련 학과 가정교육과, 과학교육과, 사회교육과, 생물교육과, 윤리교육과, 지구과학교육과, 화학교육과, 환경교육과

《**6번째 대멸종 시그널, 식량 전쟁**》, 남재철, 21세기북스(2023)

[12미적II-02-06]

매개변수로 나타낸 함수를 미분할 수 있다.

➡ 우리나라 해안에서는 지역과 국가의 발전을 위해 매립으로 영토를 확장하는 개발 사업이 여러 곳에서 진행되었거나 진행 중이다. 해안의 매립을 통해 국토를 개발한 사례를 찾아 확장된 영토의 크기와 해안선 길이의 변화를 수학적으로 분석해 보고, 해안을 매립하여 영토를 확장하는 과정에서 필요한 다양한 공학적 기술 등에 관

해 탐구해 보자.

관련 학과 과학교육과, 기술교육과, 물리교육과, 사회교육과, 생물교육과, 수학교육과, 역사교육과, 지구과학교육과, 지리교육과, 환경교육과

《**만델브로트가 들려주는 프랙털 이야기》**, 배수경, 자음과모음(2008)

[12미적II-02-07]   • • •

음함수와 역함수를 미분할 수 있다.

➡️ 우리의 삶 속에서 물은 매우 중요한 역할을 한다. 물은 밀도에 따라 성질이 조금씩 다르게 나타나는데, 물의 밀도는 온도에 따라 달라진다. 물은 4도에서 가장 높은 밀도를 보여준다. 미분을 이용하여 온도에 따른 물의 밀도의 변화를 조사해 보고, 여러 가지 상황에서 최적의 물의 밀도에 관해 탐구해 보자.

관련 학과 과학교육과, 물리교육과, 수학교육과, 지구과학교육과, 화학교육과, 환경교육과

《**한 번 읽으면 절대 잊을 수 없는 화학 교과서》**, 사마키 다케오, 곽범신 역, 시그마북스(2023)

[12미적II-02-08]   • • •

다양한 곡선의 접선의 방정식을 구할 수 있다.

➡️ 우리 사회는 경제, 인구, 정치, 문화 등 다양한 분야에서 끊임없이 변화가 일어나고 있으며, 이러한 변화를 이해하고 이에 대응하는 것은 매우 중요하다. 이를 위해서는 사회 지표의 변화 양상을 면밀히 분석해야 하며, 특히 변화의 주요 지점을 정확히 파악하는 것이 중요하다. GDP나 실업률 등 다양한 사회 지표의 변화를 미분을 활용해 파악하는 과정을 조사해 보고, 변화에 대응하는 효과적인 방안에 관해 탐구해 보자.

관련 학과 교육학과, 사회교육과, 수학교육과, 역사교육과, 지리교육과, 초등교육과

《**경제가 쉬워지는 최소한의 수학》**, 오국환, 지상의책(2024)

단원명 | 적분법

🔍 치환적분법, 부분적분법

[12미적II-03-03]   • • •

부분적분법을 이해하고, 이를 활용할 수 있다.

➡️ 고등학교 교육과정에서 미적분의 이론은 수학 과목에서 배우고 있다. 하지만 미적분은 물리학이나 화학 등 다른 과목에서 그 내용이 활용되고 있다. 다른 과목에서는 미적분을 설명하지 않고 공식을 통해 필요한 내용을 배우게 되어 이를 학습하는 데 어려움이 나타나기도 한다. 다른 과목에서 활용되는 미적분의 예를 찾아보고, 미적분을 이용하여 해당 내용을 탐구하여 발표해 보자.

관련 학과 과학교육과, 교육공학과, 기술교육과, 물리교육과, 사회교육과, 생물교육과, 수학교육과, 지구과학교육과, 체육교육과, 화학교육과, 환경교육과

《**하루 한 권, 미적분》**, 곤노 노리오, 일본콘텐츠전문번역팀 역, 드루(2023)

[12미적II-03-04] •••

정적분과 급수의 합 사이의 관계를 탐구하고 이해한다.

⊙ 정적분과 급수의 합 사이의 관계를 살펴볼 때, 고대 그리스의 수학자 아르키메데스가 도형의 면적이나 부피를 구하기 위해 사용했던 방법이 자주 언급된다. 적분 등 수학의 개념을 학생들에게 지도하는 과정에서 역사적 사건을 활용하는 방법에 관해 탐구해 보자.

관련 학과 교육학과, 수학교육과, 역사교육과, 초등교육과

《**처음 읽는 수학의 세계사**》, 우에가키 와타루, 오정화 역, 탐나는책(2023)

[12미적II-03-05] •••

곡선으로 둘러싸인 도형의 넓이에 대한 문제를 해결할 수 있다.

⊙ 문화체육시설은 많은 시민이 필요로 하지만, 그중에서도 축구장이나 야구장 같은 시설은 넓은 공간이 있어야 한다. 이러한 시설의 건설은 많은 공사비와 운영비, 그에 따르는 수익 등을 고려해서 결정하게 된다. 지도 등을 활용하여 주변의 축구장이나 야구장과 같은 넓은 시설을 찾아 그 넓이를 구해보고, 우리 지역에 필요한 시설과 운영 방안 등에 관해 탐구해 보자.

관련 학과 교육학과, 미술교육과, 사회교육과, 수학교육과, 음악교육과, 지리교육과, 체육교육과

《**이런 수학이라면 포기하지 않을 텐데**》, 신인선, 보누스(2021)

선택 과목	수능	**기하**	절대평가	상대평가
진로 선택	X		5단계	5등급

단원명 | 이차곡선

> 🔍 이차곡선, 포물선(축, 꼭짓점, 초점, 준선), 타원(초점, 꼭짓점, 중심, 장축, 단축),
> 쌍곡선(초점, 꼭짓점, 중심, 주축, 점근선)

[12기하01-02]   ● ● ●

타원의 뜻을 알고, 타원을 방정식으로 표현할 수 있다.

➡ 우리는 일상생활에서 당연한 사실로 알고 있던 것을 여러 가지 배움의 기회를 통해 잘못 알고 있었음을 깨닫
곤 한다. 예를 들면, 지구과학을 배우기 전까지는 당연히 지구가 동그란 '구'라고 생각하지만, 지구는 적도반지
름이 극반지름보다 더 긴 타원형이라는 사실을 알게 된다. 지구가 타원의 형태인 이유를 조사해 보고, 학교 교
육을 통해 알게 되는 다양한 일상생활 속의 사실에 관해 탐구해 보자.

　관련 학과 과학교육과, 교육학과, 물리교육과, 수학교육과, 지구과학교육과
《**학교, 미래교육을 디자인하다**》, 김현섭, 수업디자인연구소(2023)

[12기하01-04]   ● ● ●

이차곡선의 접선의 방정식을 구할 수 있다.

➡ 스트링 아트(String Art)는 여러 개의 직선을 이용하여 곡선을 표현하는, 선을 이용한 예술이다. 스트링 아트에서
찾아볼 수 있는 수학적 원리를 조사하며 교과 수업에서의 활용 방법을 탐구해 보자. 또한 스트링 아트와 같은
체험을 통한 수업 활동에서 얻을 수 있는 효과 등을 탐구해 보자.

　관련 학과 교육학과, 미술교육과, 수학교육과, 초등교육과
《**다함께 체험수학**》, 이동화, 경문사(2021)

단원명 | 공간도형과 공간좌표

> 🔍 교선, 삼수선 정리, 이면각(변, 면, 크기), 정사영, 좌표공간, 공간좌표, $P(x, y, z)$

[12기하02-04]   ● ● ●

좌표공간에서 두 점 사이의 거리와 선분의 내분점의 좌표를 구할 수 있다.

➔ 자율주행 자동차는 주위 환경을 인식하고 판단하여 스스로 운전하는 기능을 갖추고 있다. 자율주행 자동차의 라이다(LiDAR) 센서는 자동차의 주변 환경을 스캔하고, 자동차와 다른 객체 간의 거리를 측정하게 된다. 자동차와 다른 객체 간의 거리를 측정하는 방법을 찾아보고, 자율주행 자동차의 라이다 센서의 기능, 작동 원리 등에 관해 탐구해 보자.

관련 학과 과학교육과, 기술교육과, 물리교육과, 수학교육과, 컴퓨터교육과

《기계는 어떻게 생각하는가?》, 숀 게리시, 이수겸 역, 이지스퍼블리싱(2024)

단원명 | **벡터**

| 🔍 | 벡터, 시점, 종점, 벡터의 크기, 단위벡터, 영벡터, 실수배, 평면벡터, 공간벡터, 위치벡터, 벡터의 성분, 내적, 방향벡터, 법선벡터, $\overrightarrow{AB}$, $\vec{a}$, $|\vec{a}|$, $\vec{a} \cdot \vec{b}$

[12기하03-03]   ● ● ●

내적의 뜻을 알고, 두 벡터의 내적을 구할 수 있다.

➔ 학교의 교육과정에서 벡터는 수학 교과뿐 아니라 물리학에서도 다루는 개념이다. 고등학교 수학과 물리 교육과정에서 '벡터의 내적'의 내용을 각각 어떻게 다루고 있는지 비교하는 탐구 활동을 하며, 더불어 또 다른 수학 개념이 다른 교과에서 다루어지는 예를 조사해 보자.

관련 학과 교육계열 전체

《이상한 수학책》, 벤 올린, 김성훈 역, 북라이프(2020)

[12기하03-05]   ● ● ●

좌표공간에서 벡터를 이용하여 평면의 방정식과 구의 방정식을 구할 수 있다.

➔ 증강현실(AR)은 교육 분야에서 많은 잠재력을 가지고 있다. 증강현실을 통해 재현된 역사적 사건이나 문학 작품의 장면을 학습자들은 더욱 현실적으로 이해할 수 있고, 가상의 실험 환경에서 실습 경험을 할 수도 있다. 증강현실 기술을 조사해 보고, 증강현실을 활용한 미래 교육 환경의 변화에 관해 탐구해 보자.

관련 학과 교육계열 전체

《미래학교》, 정현숙 외 2명, 그린하우스(2019)

선택 과목	수능		절대평가	상대평가
진로 선택	X	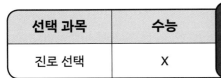 경제 수학	5단계	5등급

단원명 | 수와 경제

| 🔍 | 경제 지표, 퍼센트포인트, 환율, 물가지수, 주식지수, 취업률, 실업률, 고용률, 경제성장률, 금융 지표, 무역수지 지표, 노동관계 지표, 주식 지표, 세금, 소득, 세금부과율, 소비세, 부가가치세, 누진세, 근로소득 연말정산, 종합소득세, 단리, 복리, 이자율, 연이율, 분기이율, 월이율, 할인율, 원리합계, 현재 가치, 미래 가치, 연속복리, 연금, 기말급 연금, 기시급 연금, 영구 연금, 미래 가격, 현재 가격

[12경수01-01] ●●●

통계 자료를 활용하여 경제 지표의 의미를 이해하고, 경제 지표의 변화를 설명할 수 있다.

➡ 경제협력개발기구(OECD)는 1992년부터 매년 9월마다 다양한 교육 지표를 통해 각국의 교육 현황을 보여주는 〈OECD 교육 지표〉를 발간하고 있다. 총 46개국의 학생, 교원, 재정, 교육 참여 및 성과 등 교육 전반을 대상으로 하며 고등교육 이수율, 연령별 취학률, 교육 단계별 상대적 임금 격차, GDP 대비 공교육비, 학생 1인당 공교육비, 대학 등록금, 교사 1인당 학생 수, 학급당 학급 수 등을 수치화하여 발표하고 있다. 최근 우리나라의 OECD 교육 지표를 조사하여 연도별 변화를 분석하고, 통계 자료를 근거로 교육 여건을 향상시킬 수 있는 방안을 제안해 보자.

관련 학과 교육계열 전체

《교육을 교육하다》, 임종근, 에듀니티(2019)

[12경수01-02] ●●●

환율과 관련된 실생활 문제를 해결할 수 있다.

➡ 환율은 자국 화폐와 외국 화폐의 교환 비율로, 외국환 시세에 의해 결정된다. 환율의 변화는 해외 거주자나 유학생, 자녀를 해외 어학연수를 보낸 학부모에게 큰 영향을 줄 수 있다. 국내에 유학 중인 외국인 학생 또한 자국과 체류 국가의 환율에 직접적인 영향을 받게 된다. 환율에 영향을 주는 국내외 요인을 찾아 탐구해 보자. 또한 환율이 상승했을 때 해외 유학생과 국내에 유학 중인 외국인에게 미치는 영향을 정리하여 발표해 보자.

관련 학과 교육계열 전체

《저도 환율은 어렵습니다만》, 송인창 외 2명, 바틀비(2021)

[12경수01-03] ●●●

세금과 관련된 실생활 문제를 해결할 수 있다.

➡ 교육세는 교육의 질적 향상을 위해 필요한 교육 재정의 확충에 소요되는 재원을 확보하기 위해 만들어졌다. 등

록면허세, 레저세, 담배소비세, 주민세 균등분, 재산세 등 일정한 지방세에 부가하여 과세하는 목적세로서, 특별시세·광역시세·도세로 구분된다. 자동차를 취득할 경우 세금의 상당 부분을 교육세로 납부하게 되는데, 자동차 취득 시 납부하게 되는 세금을 알아보자. 또한 자동차나 담배를 구입할 때 교육세를 납부하는 것에 대한 자신의 생각을 정리하여 발표해 보자.

`관련 학과` 교육계열 전체

《**오늘의 교육 내일의 교육정책**》, 박수정 외 6명, 학지사(2021)

[12경수01-04]   ● ● ●

단리와 복리를 이용하여 이자와 원리합계를 구하고, 미래에 받을 금액의 현재 가치를 구할 수 있다.

➡ 정기예금은 일정한 금액을 약정 기간까지 예치하고 그 기간이 만료될 때까지는 원칙적으로 환급해 주지 않는 예금을 의미한다. 정기적금은 일정한 기간 후에 일정한 금액을 지급하기로 약정하고 매월 특정일에 일정액을 적립하는 적금을 의미한다. 연이율 5%의 1,000만 원 정기예금에 가입할 경우 10년 후 미래 가치를 계산해 보자. 또한 연이율 5%인 정기적금에 매년 1,000만 원씩 납입할 경우 10년 후 미래 가치를 계산해 보자.(계산기 활용)

`관련 학과` 교육계열 전체

《**나는 노후에 가난하지 않기로 결심했다**》, 서대리, 세이지(2022)

[12경수01-05]   ● ● ●

연금의 뜻을 알고, 연금의 현재 가치를 구할 수 있다.

➡ 공무원 연금은 공무원과 그 유족을 위한 종합 사회보장 제도로, 공무원 본인이 납부하는 기여금과 국가 및 지방자치단체가 부담하는 연금 부담금을 재원으로 한다. 매년 기여금과 연금 부담금으로 해당 연도 급여비를 충당하지 못할 경우 부족분은 정부가 내도록 하고 있다. 또한 장해연금이나 유족보상금 등 재해보상 급여 및 퇴직수당에 대해서는 전액 사용자로서 정부나 지자체가 부담한다. 공무원 연금과 국민연금의 차이를 알아보고, 앞으로 교사가 되어 정년이 되었을 때 받게 될 연금액을 조사해 보자.

`관련 학과` 교육계열 전체

《**공무원 연금법: 법령, 시행령, 시행규칙**》, 법제처 국가법령정보센터, 해광(2022)

단원명 | **함수와 경제**

> 🔍 함수, 정의역, 공역, 치역, 비례함수, 반비례함수, 비용, 비용함수, 이윤, 생산함수, 수요, 공급, 수요량, 공급량, 수요함수, 공급함수, 수요곡선, 공급곡선, 효용함수, 한계효용, 총효용곡선, 한계효용곡선, 한계효용 체감의 법칙, 한계효용 균등의 법칙, 기대효용, 균형가격, 가격, 세금, 소득, 부등식의 영역, 제약조건, 최대와 최소, 이차함수, 효용

[12경수02-01]   ● ● ●

여러 가지 경제 현상을 함수로 나타낼 수 있다.

➡ 교육과 관련한 현황을 함수로 표현하면 최근 변화 양상을 쉽게 파악할 수 있고, 앞으로의 교육 정책 수립에 큰

도움이 된다. 학령 인구의 변화를 미리 파악하여 교원 수급이나 학급당 학생 수 조절에 활용하며, 전년도 교육 재정 그래프를 이용해 다음 해의 재정 계획 수립에 반영하기도 한다. 자신의 진로 분야에서 관심 주제를 선정하여 최근 변화를 함수(또는 표나 그래프)로 표현하고 이를 분석하여 앞으로 예상되는 변화를 예측해 보자.

관련 학과 교육계열 전체

대한민국 인구 트렌드
2022-2027

전영수, 블랙피쉬(2022)

책 소개

이 책은 인구절벽 위기가 경제와 일자리부터 도시 정책과 사회, 주거 생활, 교육, 복지, 기술 등 한국 사회의 거시적인 변화에 미칠 영향을 분석하고 있다. 저자는 앞으로 인구절벽에 맞서 현실을 정확히 파악하고 장기적인 관점에서 대안을 모색할 필요가 있다고 설명한다. 또한 크게는 국가의 정책 방향부터, 작게는 개인의 노후 대비, 기업의 소비 트렌드의 흐름을 파악해 발 빠르게 시장에 적용해야 한다고 설명한다.

세특 예시

'생활 속 함수 찾기 활동'에서 연도별 출생아 수를 바탕으로 최근 우리나라의 연도별 인구 변화를 함수와 그래프로 표현함. 그래프의 변화를 바탕으로 앞으로 10년 이후 출생률을 예측하고, 출생률 감소로 앞으로 초등학교의 통폐합과 초등학교 교실에서 나타날 변화를 예측함. '대한민국 인구 트렌드(전영수)'를 바탕으로, 앞으로 예상되는 사회의 변화와 함께 초등학교에서 필요한 교육의 방향을 제시함. 이를 바탕으로 사범/교육대학 입학 정원 감축과 교원 수급 정책에 대한 자신의 견해를 정리하여 인포그래픽으로 표현함.

[12경수02-02] ● ● ●

함수와 그래프를 활용하여 수요곡선과 공급곡선의 의미를 탐구하고 이해한다.

➡ 교육부는 '중장기(2024~2027년) 초·중등 교과 교원 수급 계획'으로 2027년까지 초·중·고교 신규 교원 선발 규모를 지금보다 20~30%가량 줄이고 있다. 최근 학령 인구의 급격한 감소로 교사 신규 채용을 축소하면서 2026~2027학년도 신규 채용은 2,900~2,600명으로 최대 27.0% 감소한다고 전했다. 최근 임용고사 선발 인원에 대한 통계 자료를 조사하고, 교원 수급 문제를 수요곡선과 공급곡선과 관련지어 설명해 보자.

관련 학과 교육계열 전체

《한국 교사교육: 성찰과 미래 방향》, 박남기, 학지사(2019)

[12경수02-03] ● ● ●

효용의 의미를 이해하고, 효용을 함수와 그래프로 나타낼 수 있다.

➡ 2000년에는 초·중·고의 학급당 학생 수가 40명 내외였으나, 해마다 꾸준히 감소하여 지금은 절반 가까이 줄어들었다. 교육통계서비스(https://kess.kedi.re.kr/index)를 직접 검색하여 연도별 초·중·고의 학급당 학생 수를 조사하고, 앞으로의 학급당 학생 수의 변화 추이를 예상해 보자. 또한 교육의 질적인 향상을 위해 자신이 생각하는 적정한 학급당 학생 수를 논리적인 근거와 함께 제시해 보자.

관련 학과 교육계열 전체

《핀란드 교육에서 미래 교육의 답을 찾다》, 키르스티 론카, 이동국 외 5명 역, 테크빌교육(2020)

[12경수02-04] • • •

수요와 공급의 상호작용에 의해 균형가격이 결정되는 경제 현상을 설명할 수 있다.

➡ 학령 인구란 정해진 교육과정을 이수하거나 특정 교육기관에 다닐 수 있는 연령에 해당하는 학생 수를 의미한다. 최근 대학의 입학 정원에 비해 학령 인구가 감소하여 일부 대학이 정원을 채우지 못하는 현상이 벌어지고 있다. 최근 3개년의 대학 입학 정원과 학령 인구에 대한 통계 자료를 조사하여 수요와 공급의 개념으로 설명하고, 자신이 생각하는 적정한 대학 교육의 방향을 논리적인 근거와 함께 제시해 보자.

관련 학과 교육계열 전체

《대한민국 교육 트렌드 2023》, 교육트렌드2023 집필팀, 에듀니티(2022)

[12경수02-05] • • •

세금과 소득의 변화가 균형가격에 미치는 영향을 탐구하고 이해한다.

➡ 수요곡선과 공급곡선이 만나는 점은 시장의 수요량과 공급량이 일치하는 점으로 이때의 가격을 균형가격이라고 하고, 거래량을 균형거래량이라고 한다. 그런데 어떤 상품의 수요량보다 공급량이 많으면 초과공급이 발생하고, 반대로 수요량보다 공급량이 적으면 초과수요가 발생한다. 사교육 시장이 확대되는 상황을 초과수요의 관점에서 분석하고, 사교육에 대한 부담을 줄일수 있는 방법을 탐구해 보자.

관련 학과 사회교육과, 수학교육과, 초등교육과

《어머니, 사교육을 줄이셔야 합니다》, 정승익, 메이트북스(2023)

[12경수02-06] • • •

부등식의 영역의 개념을 이해하고, 이를 활용하여 경제 현상의 문제를 해결할 수 있다.

➡ 부등식의 영역은 주어진 부등식의 조건을 만족하는 점의 집합으로, 방정식과 달리 보통 영역으로 표현된다. 좌표평면에서 부등식 $y > x+1$과 $y < x+1$이 나타내는 영역을 표현하고, 방정식 $y = x+1$과 비교하여 수학적 의미의 차이를 설명해 보자. 또한 부등식 $y \geq x+1$과 $y \leq x+1$은 앞의 부등식과 어떤 차이가 있는지 설명해 보자.

관련 학과 과학교육과, 수학교육과

《눈으로 보며 이해하는 아름다운 수학》, 클라우디 알시나 외 1명, 권창욱 역, 청문각(2019)

단원명 | 행렬과 경제

🔍 행렬, 행, 열, 성분, $m \times n$ 행렬, 정사각행렬, 영행렬, 단위행렬, 행렬의 덧셈·뺄셈·실수배·곱셈, 역행렬, 행렬식, 연립일차방정식, 행렬의 성질, 행렬의 활용

여러 가지 경제 현상을 행렬로 나타내고, 연산할 수 있다.

➔ 길이가 동일한 2개의 이진 단어에서 각 자리를 비교해 동일하지 않은 수를 해밍거리라고 한다. 예를 들어 01011100과 11011111을 비교하면 다른 숫자가 3개이므로 둘의 해밍거리는 3이다. 이는 한 문자열을 다른 문자열로 변경하는 데 필요한 최소 대체 개수 또는 최소 오류 수를 측정하는 데 활용된다. 크기가 같은 두 행렬 사이에서도 정의할 수 있는데 행렬의 해밍거리에 대해 탐구해 보자.

관련 학과 기술교육과, 물리교육과, 수학교육과, 컴퓨터교육과
《**이토록 쉬운 딥러닝을 위한 기초 수학 with 파이썬**》, 마스이 도시카츠, 이중민 역, 루비페이퍼(2019)

역행렬의 뜻을 알고, 2×2행렬의 역행렬을 구할 수 있다.

➔ 행렬은 연립일차방정식의 해를 구하는 과정에서 시작되었다. 영국 수학자 아서 케일리가 방정식을 연구하던 중 행렬식의 값에 따라 연립방정식의 해의 존재 여부가 결정된다는 것을 알게 되었다. 연립일차방정식 $\begin{cases} ax+by=p \\ cx+dy=q \end{cases}$ 를 행렬을 이용하여 표현하고, 연립일차방정식의 해가 존재할 조건을 행렬식 $ad-bc$ 와 관련지어 설명해 보자.

관련 학과 과학교육과, 물리교육과, 생물교육과, 수학교육과, 지구과학교육과, 컴퓨터교육과, 화학교육과
《**경제 경영을 위한 수학**》, 강혜정, 경문사(2016)

행렬의 연산과 역행렬을 활용하여 경제 현상의 문제를 해결할 수 있다.

➔ 행렬을 이용하면 현재 상황으로부터 미래를 예측할 수 있어 다양한 분야에 활용되고 있다. 가령 두 도시 A, B에는 각각 10만 명과 5만 명이 거주하고 있다. 그런데 해마다 A 도시에서는 인구의 5%가 B 도시로 이주하고 있는 반면, B 도시에서는 인구의 3%가 A 도시로 이주하고 있다고 한다. 두 도시의 전체 인구가 일정하다는 전제 아래 4년 이후의 인구 변화를 예측하고, 이런 변화가 오랜 시간 지속된다면 두 도시의 인구가 어떻게 변화할지 행렬을 활용하여 탐구해 보자.

관련 학과 수학교육과, 컴퓨터교육과
《**수학의 쓸모**》, 닉 폴슨 외 1명, 노태복 역, 더퀘스트(2020)

단원명 | 미분과 경제

| 🔍 | 평균변화율, 극한, 순간변화율, 미분계수, 접선의 기울기, 도함수, 합과 차의 미분법, 생산비용, 효용함수, 한계효용, 한계수입, 한계비용, 한계이윤, 평균효용, 평균수입, 평균비용, 평균이윤, 증가, 감소, 극대, 극소, 극댓값, 극솟값, 최대, 최소, 그래프 개형, 평균생산량(AP), 한계생산량(MP), 최적생산량, 총수입, 총생산, 이윤, 탄력성

[12경수04-01] ●●●

미분의 개념을 이해하고 경제 현상을 나타내는 함수를 미분할 수 있다.

➡ 제품을 Q개 생산하는 과정에서 필요한 비용을 $C(Q)$라 할 때, 한계비용(MC)은 제품을 한 단위 더 생산할 때 늘어나는 비용의 증가량으로 정의한다. 만약 제품의 생산량을 아주 작은 양만큼씩 늘려나갈 수 있다면, 한계비용(MC)은 평균변화율의 극한인 $C'(Q) = \lim\limits_{\Delta Q \to 0} \dfrac{C(Q + \Delta Q) - C(Q)}{\Delta Q}$로 나타낼 수 있다. 이때 Q가 큰 자연수이고 $\Delta Q = 1$이라 할 때, $C'(Q) = C(Q+1) - C(Q)$가 성립하는 이유를 설명해 보자. 또한 평균비용(AC)을 $AC = \dfrac{C(Q)}{Q}$ 라 할 때, 한계비용과 평균비용의 의미 차이를 변화율과 관련하여 설명해 보자.

관련 학과 수학교육과, 컴퓨터교육과

《미적분의 쓸모》, 한화택, 더퀘스트(2022)

[12경수04-02] ●●●

미분을 이용하여 그래프의 개형을 탐구하고 해석할 수 있다.

➡ 사이클로이드(cycloid)는 '바퀴'라는 의미의 고대 그리스어에서 유래된 말로, 회전하는 바퀴상의 한 점의 궤적을 의미한다. 즉 사이클로이드 곡선은 원을 한 직선 위에서 굴렸을 때 원 위의 한 점이 그리는 곡선의 자취라 할 수 있다. 또한 사이클로이드 곡선은 최속강하곡선(가장 빠르게 낙하하는 곡선)으로, 사이클로이드 곡선 위의 구슬은 다른 어떤 형태(직선, 원, 포물선 등)보다 빠르게 내려온다. 사이클로이드 곡선을 수학식으로 표현하고 그 성질을 탐구해 보자.

관련 학과 과학교육과, 기술교육과, 물리교육과, 수학교육과, 체육교육과, 화학교육과

사이클로이드

황운구, 지오북스(2017)

책 소개

이 책은 사이클로이드와 그 성질을 연구한 수학자들에 대한 소개와 함께 사이클로이드 곡선에 대해 안내하고 있다. 이와 더불어 카발리에리의 불가분량법의 원리를 활용하여 사이클로이드 곡선과 수직선 사이의 면적을 구한 로베르발과 페르마, 데카르트도 소개한다. 또한 호이겐스가 등시곡선을 발견하고, 베르누이 형제가 최속강하곡선임을 밝히는 과정, 그리고 수학자 사이의 논쟁과 언쟁까지 사이클로이드를 재미있게 풀어내고 있다.

세특 예시

주어진 함수식을 미분을 이용하여 분석하고, 전반적인 그래프 개형을 정확하게 제시함. 이후 수학 독서 소개 활동으로 '사이클로이드(황운구)'를 참고하여 사이클로이드의 궤적의 그래프 개형을 소개하고 곡선의 특징을 미분을 이용해 분석함. 사이클로이드와 관련한 수학자의 이야기를 통해 학급원들의 흥미를 높이고, 사이클로이드가 최속강하곡선임을 보여주는 실험 영상을 직접 보여줌. 또한 사이클로이드 곡선의 길이와 수직선 사이의 면적을 구하는 방법을 제시하면서 적분 개념과도 연계하는 융합적 사고를 보여줌.

미분을 활용하여 탄력성의 의미를 탐구하고 이해한다.

➜ 가격의 변화에 따라 수요량이 얼마나 변하는지 파악하기 위해 탄력성의 개념을 활용한다. 수요의 가격탄력성 크기가 중요한 이유는 상황에 따라 해당 상품에 대한 소비자들의 지출액이 변화하기 때문이다. 일반적으로 대체재가 없는 생활필수품은 탄력성이 낮은 반면, 일상생활에 필수적이지 않고 대체재가 있는 상품들은 탄력성이 높다. 경제와 물가의 변화를 사교육과 관련지어 본다면 사교육은 탄력성이 높다고 생각하는지 또는 낮다고 생각하는지, 근거 자료를 바탕으로 자신의 생각을 발표해 보자.

관련 학과 교육계열 전체

어머니, 사교육을 줄이셔야 합니다
정승익, 메이트북스(2023)

책 소개

이 책은 사교육에 의존하는 대한민국 대다수 부모의 마음에는 확신보다 불안의 감정이 더 많음을 지적한다. 사교육의 병폐를 알면서도 다수가 가지 않는 길을 선택할 때의 불안감 때문에 사교육에서 벗어나지 못하는 부모들에게 구체적인 지침을 준다. 저자는 경제적인 어려움 속에서 사교육비가 부담이 된다는 것을 알면서도 사교육에 의존하는 부모의 마음에 공감하며 현실적인 제안을 보여준다.

세특 예시

탄력성의 의미를 종합적으로 이해하고 그 개념을 직관적인 언어, 수식, 그래프를 통해 정확하게 설명함. 수요함수가 주어졌을 때 탄력성을 계산하고 수요함수의 개형으로부터 단력성을 예측하는 과정에서 총수입과 탄력성의 관계를 명확하게 설명함. 수학 개념 적용 활동으로 '어머니, 사교육을 줄이셔야 합니다(정승익)'에 제시된 사교육 심리를 설명하고 사교육 분야가 가격탄력성이 낮다고 판단함. 경제적 불황 속에서도 사교육이 줄지 않았다는 통계 자료를 바탕으로 자신의 근거를 논리적으로 설명함.

미분을 활용하여 경제 현상의 최적화 문제를 해결할 수 있다.

➜ 갈증 상태에서 물을 한 컵 마실 때는 물이 무척 시원하고 소중하게 느껴진다. 그러나 이후 마시는 물이 두 컵, 세 컵, 네 컵으로 늘어남에 따라 배는 부르고 물에 대해 느끼는 소중함도 줄어들게 되는데, 이를 한계효용 체감의 법칙이라고 한다. 하지만 한계효용 체감의 법칙이 적용되지 않는 사례로 게임중독, 알코올중독 등의 중독 현상이 있다. 청소년들의 중독 현상에 대한 심리를 분석하고, 중독 현상이 나타나는 이유를 탐구해 보자.

관련 학과 교육계열 전체

《**우리 아이 중독 심리 백과**》, 김영한 외 4명, 스토어하우스(2021)

국어 교과군

영어 교과군

수학 교과군

도덕 교과군

사회 교과군

과학 교과군

선택 과목	수능	 인공지능 수학	절대평가	상대평가
진로 선택	X		5단계	5등급

단원명 | 인공지능과 빅데이터

| 🔍 | 인공지능, 기계학습, 지도학습, 강화학습, 딥러닝, 사물인터넷, 빅데이터, 데이터베이스, 논리합(OR), 논리곱(AND), 배타적 논리합(XOR), 논리 연산, 진리표, 알고리즘, 순서도, 다층퍼셉트론, 전문가 시스템, 추론, 데이터 활용, 편향성, 공정성, 퍼셉트론, 가중치, 활성화함수

[12인수01-01] ● ● ●

인공지능의 개념을 이해하고, 학습 방식을 수학적으로 해석할 수 있다.

➡ 교육 분야에 인공지능이 도입되면서 디지털 교육 격차에 따른 교육 불평등이 학업 성적의 차이로 이어질 수 있다는 견해가 있다. 특히 온라인 학습의 확대로 열악한 환경에 있는 학생들의 학습 효율성과 이해도가 떨어지고 있어, 학습 중간층이 얇아지고 교육 양극화 현상이 심화될 수 있다는 의견이다. 반면 인공지능 기술을 교육에 접목하는 에듀테크(Edutech)를 통해 저소득층의 교육 기회를 늘리고 다양한 학습 콘텐츠를 제공할 수 있다는 견해도 있다. 인공지능의 발달이 교육의 격차를 심화시킨다는 의견과 교육의 격차를 줄일 수 있다는 반대 의견의 근거를 정리하고, 인공지능으로 인한 교육 격차 문제에 대한 자신의 의견을 발표해 보자.

관련 학과 교육계열 전체

에듀테크의 미래

홍정민, 책밥(2021)

책 소개

이 책은 교육과 기술을 결합한 에듀테크가 확대됨에 따라 앞으로의 교육과 교육 산업이 어떻게 변화해 나갈 것인가에 대한 내용을 담고 있다. 포스트 코로나 시대에 우리의 교육 패러다임은 어떻게 변화할 것인지, 교사의 역할과 미래는 어떠한 모습일지 예측하고 있다. 이에 따라 교육 내용과 방법에는 어떠한 변화가 뒤따라야 하는지, 에듀테크의 미래는 어떠할지, 다양한 통계 자료와 사례를 들어 설명하고 있다.

세특 예시

인공지능 연계 진로 탐색 활동으로 에듀테크의 개념을 제시하고, 앞으로의 교육 패러다임과 교사의 역할에 대해 설명함. '에듀테크의 미래(홍정민)'를 인용하여 미래 교육의 변화 양상과 에듀테크의 미래에 대한 통계 자료와 사례를 제시함. 과거에는 경제적 불평등이 교육 불평등으로 이어졌으나, 에듀테크의 활용도가 높아지면 교육의 기회가 제공되어 양극화 현상이 줄어들 것이라고 설명함. 학습자의 의지가 전제된다면 다양한 인

공지능을 활용한 콘텐츠 학습으로 저소득층의 교육 기회가 확대될 것이라고 설명함.

[12인수01-02] ● ● ●

인공지능에서 수학을 활용한 역사적 사례를 탐구하고 설명할 수 있다.

➔ 1950년 인공지능 탄생의 신호탄을 쏘아 올린 '튜링 테스트' 이후, 1956년 미국 다트머스 대학에서 열린 학회에서 '인공지능'이라는 말이 처음 사용되면서 인공지능이 하나의 학문 분야로 인정받게 되었다. 이후 1958년 코넬 대학의 프랭크 로젠블랫이 컴퓨터도 인간의 뇌에 있는 신경망처럼 학습시켜 결과를 출력할 수 있다는 퍼셉트론을 개발하였고, 이를 계기로 신경망 기반의 인공지능 연구가 본격적으로 발전하였다. 하지만 1969년 마빈 민스키와 시모어 페퍼트가 XOR(배타적 논리합) 문제에는 퍼셉트론을 적용할 수 없다는 것을 수학적으로 증명하면서, 인공지능과 관련한 대규모 연구가 중단되는 등 인공지능은 암흑기에 접어들게 된다. 신경망 기반의 인공지능 연구를 발전시킨 퍼셉트론과 암흑기를 가져온 XOR 문제의 수학적 증명에 대해 탐구해 보자.

〔관련 학과〕 과학교육과, 기술교육과, 물리교육과, 생물교육과, 수학교육과, 컴퓨터교육과

《Do it! 딥러닝 교과서》, 윤성진, 이지스퍼블리싱(2021)

[12인수01-03] ● ● ●

빅데이터의 개념과 특성을 알고, 인공지능에서 빅데이터를 활용한 사례를 찾을 수 있다.

➔ 대표적인 챗봇인 챗GPT는 실수 기반의 강화학습으로 시행착오를 거쳐 작업을 습득하는 방식이다. 그런데 최근 학생들이 인공지능 챗봇을 이용하여 대학의 과제나 에세이를 작성하는 경우가 발생하고 있다. 챗봇을 활용하면 학생의 학업 역량을 기를 수 없고, 평가의 공정성을 해칠 수 있다. 또한 챗봇은 인용 구절이나 출처를 밝히지 않은 답변을 내놓고 있어 표절 문제가 발생할 수 있으며, 학회지나 논문 작성이 가능한 수준이기에 자칫 악용될 가능성이 높다. 빅데이터의 개념과 특성을 정리하고, 챗봇의 활용을 허용하는 부분에 대한 찬반 의견을 바탕으로 자신의 입장을 발표해 보자.

〔관련 학과〕 과학교육과, 기술교육과, 물리교육과, 생물교육과, 수학교육과, 컴퓨터교육과

《챗GPT에게 묻는 인류의 미래》, 챗GPT·김대식, 동아시아(2023)

단원명 ┃ 텍스트 데이터 처리

┃🔍┃ 텍스트 데이터, 텍스트 마이닝, 불용어, 집합, 벡터, 빈도수, 단어 가방(Bag of Words), 용어빈도(TF), 문서빈도(DF), 역문서빈도(IDF), 감성 정보 분석, 텍스트의 유사도 분석, 유클리드 유사도, 코사인 유사도, 자카드 유사도

[12인수02-01] ● ● ●

집합과 벡터를 이용하여 텍스트 데이터를 목적에 맞게 표현할 수 있다.

국어 교과군

영어 교과군

수학 교과군

도덕 교과군

사회 교과군

과학 교과군

➡ 전문가 시스템은 인공지능 기술의 응용 분야 중 가장 활발하게 응용되는 분야로, 특정 영역에 대해 전문가 수준의 해법을 제공한다. 전문가 시스템의 규칙을 사용해 결과를 추론하는 프로그램을 '추론엔진'이라고 하는데, 추론엔진은 컴퓨터에서 규칙을 해석해 처리할 때 수리논리를 이용한다. 이때 많이 사용되는 것이 집합과 명제로, 여러 명제를 결합할 때 논리연산자를 이용한다. 합성명제에서 논리연산자로 많이 사용되는 부정, 논리곱(AND), 논리합(OR), 배타적 논리합(XOR) 등에 대해 탐구해 보자.

관련 학과 과학교육과, 기술교육과, 물리교육과, 생물교육과, 수학교육과, 컴퓨터교육과
《**인공지능 논리 입문**》, 이은정, 한빛아카데미(2021)

[12인수02-02] • • •

빈도수 벡터를 이용하여 텍스트 데이터를 요약하고 유용한 정보를 추출할 수 있다.

➡ 딥러닝을 이용한 자연어 처리 방법의 하나로, '워드투벡터(Word2Vec)'는 벡터를 활용하여 단어 간 유사도를 구하는 방법이다. 이 과정에서 단어를 밀집벡터 형태로 표현하는 방법을 '워드 임베딩'이라 하고, 워드 임베딩을 통해 나온 결과를 '임베딩 벡터'라고 한다. 워드투벡터는 주변 단어들을 입력하여 중간에 있는 단어를 예측하는 CBOW(Counting Bags Of Words) 방식과 중간에 있는 단어들을 입력하여 주변 단어를 예측하는 Skip-gram 방식이 있다. 워드투벡터를 CBOW 방식과 Skip-gram 방식으로 나누어 탐구해 보자.

관련 학과 과학교육과, 기술교육과, 물리교육과, 생물교육과, 수학교육과, 컴퓨터교육과, 화학교육과
《**파이썬 텍스트 마이닝 완벽 가이드**》, 박상언 외 1명, 위키북스(2023)

[12인수02-03] • • •

인공지능이 텍스트를 특성에 따라 분석하는 수학적 방법을 설명할 수 있다.

➡ 자카드 유사도(Jaccard Similarity)는 두 문장 A, B를 각각 단어 집합으로 만든 뒤 두 집합을 비교하여 유사도를 측정하는 방식이다. 두 집합의 교집합인 공통된 단어의 개수를 두 집합의 합집합의 단어의 수로 나눈 값을 의미한다. 즉 자카드 유사도를 수식으로 표현하면 $\frac{|A \cap B|}{|A \cup B|}$이다. 실제 문장을 사례로 자카드 유사도를 구하는 방법을 제시하고, 자카드 유사도가 활용되는 사례를 탐구해 보자.

관련 학과 과학교육과, 기술교육과, 물리교육과, 생물교육과, 수학교육과, 지구과학교육과, 컴퓨터교육과, 화학교육과
《**중·고등학생을 위한 인공지능 교과서**》, 천위쿤, 사이언스주니어인공지능연구회, 광문각(2020)

단원명 | 이미지 데이터 처리

🔍 이미지 데이터, 픽셀 위치, 색상 정보(RGB), 행렬, 전치행렬, 이미지 구도, 색상, 휘도, 밝기, 선명도, 행렬의 연산, 행렬의 덧셈과 뺄셈, 변환, 분류와 예측, 사진 구별, 손글씨 인식, 감정 분석, 행렬의 유사도, 해밍거리(Hamming distance)

[12인수03-01] • • •

행렬을 이용하여 이미지 데이터를 목적에 맞게 표현할 수 있다.

➡ 이미지를 인공지능이 인식 가능한 데이터로 변환하는 과정에서 행렬이 이용된다. 특히 두 이미지를 겹쳐 합성해야 하는 경우, 한 이미지가 다른 이미지를 완전히 덮지 않으면서 두 이미지의 픽셀값을 어느 정도 반영해야 한다. 이때 활용되는 개념이 행렬의 합과 차, 실수배로, 예를 들어 두 이미지를 $a : 1 - a$의 비율로 합성하려면 행렬로 표현한 두 이미지에서 각각의 행렬에 a와 $1 - a$를 곱한 뒤 두 행렬을 더하면 된다. 인물 사진의 선명도는 1.5배 높이고 배경 사진의 선명도는 절반으로 줄이면서 인물 사진과 배경 사진을 70%와 30%로 합성하는 방법을 탐구해 보자.

관련 학과 과학교육과, 기술교육과, 물리교육과, 생물교육과, 수학교육과, 지구과학교육과, 컴퓨터교육과, 화학교육과

《**처음 배우는 머신러닝**》, 김승연 외 1명, 한빛미디어(2017)

[12인수03-02] • • •

행렬의 연산을 이용하여 이미지 데이터를 다양하게 변환할 수 있다.

➡ 이미지를 확대하거나 축소하고 직선에 대칭시키거나 회전시켜야 하는 경우가 있다. 컴퓨터가 이미지를 인식하게 하는 데 행렬을 활용하게 되는데 이미지의 확대와 축소, 대칭, 회전 등에 일차변환을 이용할 수 있다. 예를 들어 이미지의 크기를 조절하는 데는 닮음변환이 이용되고, 점이나 직선에 대한 대칭 표현을 위해서는 대칭변환이 이용되며, 이미지의 회전을 위해서는 회전변환이 이용된다. 일차변환의 의미를 정리하고 일차변환의 대표적인 예로 닮음변환, 대칭변환, 회전변환에 대하여 탐구해 보자.

관련 학과 과학교육과, 기술교육과, 물리교육과, 생물교육과, 수학교육과, 지구과학교육과, 컴퓨터교육과, 화학교육과

《**실베스터가 들려주는 행렬 이야기**》, 신경희, 자음과모음(2009)

[12인수03-03] • • •

인공지능이 이미지를 자동으로 분류하는 수학적 방법을 설명할 수 있다.

➡ 크기가 같은 두 행렬 사이에서 각 자리를 비교해 동일하지 않은 수를 해밍거리라고 한다. 예를 들어 $\begin{bmatrix} 2 & 2 & 1 \\ 1 & 1 & 3 \\ 1 & 0 & 2 \end{bmatrix}$와 $\begin{bmatrix} 1 & 2 & 2 \\ 1 & 1 & 1 \\ 1 & 0 & 1 \end{bmatrix}$을 비교하면 다른 숫자가 4개이므로 해밍거리는 4이다. 해밍거리가 작을수록 유사한 이미지일 가능성이 높은 점을 이용해 유사한 이미지 검색에 활용할 수 있다. 3×3행렬 $\begin{bmatrix} 1 & 0 & 0 \\ 0 & 1 & 0 \\ 0 & 0 & 1 \end{bmatrix}$과 해밍거리가 3인 행렬을 찾고, 행렬의 유사도를 판단하는 해밍거리에 대해 조사해 보자.

관련 학과 과학교육과, 기술교육과, 물리교육과, 생물교육과, 수학교육과, 지구과학교육과, 컴퓨터교육과, 화학교육과

《**딥러닝을 위한 수학**》, 아카이시 마사노리, 신상재 역, 위키북스(2020)

단원명 I 예측과 최적화

🔍 확률의 계산, 상대도수, 자료의 경향성, 추세선, 예측, 손실함수, 경사하강법, 함수의 극한, 이차함수의 미분계수, 최솟값

[12인수04-01] • • •

데이터를 분석하여 사건이 일어날 확률을 구하고 이를 예측에 이용할 수 있다.

⊙ 나이브 베이즈 분류는 특성들 사이의 독립을 가정하는 베이즈정리를 적용한 확률 분류의 일종이다. 측정 데이터가 여러 가지 속성을 가지고 있을 때 어느 분류에 속할지 판단하는 조건부확률 모델 $P(B|A) = \dfrac{P(A \cap B)}{P(A)}$ 를 이용한 분류 알고리즘이다. 데이터 분석에 활용되는 베이즈정리와 조건부확률에 대해 조사하고, 나이브 베이즈 분류에 어떻게 활용되는지 탐구해 보자.

관련 학과 과학교육과, 기술교육과, 물리교육과, 생물교육과, 수학교육과, 지구과학교육과, 컴퓨터교육과, 화학교육과

《Do it! 첫 통계 with 베이즈》, 사사키 준, 안동현 역, 이지스퍼블리싱(2021)

[12인수04-02]

공학 도구를 사용하여 데이터의 경향성을 추세선으로 나타내고 이를 예측에 이용할 수 있다.

⊙ 통계청에서 실시한 사회 조사에 따르면, 조사 대상의 60% 정도가 교육비에 부담을 느끼며, 그 이유로 사교육을 꼽았다. 정부와 교육부에서도 사교육을 줄이기 위한 다양한 정책을 제시하고 있으나, 사교육비는 해마다 꾸준히 늘고 있다. 학생 수가 계속해서 줄고 있는 상황에서도 사교육비 총액은 늘고 있으며, 초등학생의 사교육비 증가율이 높다고 한다. 사교육비와 관련한 통계청 자료를 찾아 데이터의 경향성을 추세선으로 나타내고, 앞으로의 경향을 예측해 보자. 또한 사교육이 늘고 있는 원인을 분석하고 이에 대한 대안을 탐구해 보자.

관련 학과 교육계열 전체

《학원 없이 살기》, 사교육걱정없는세상 노워리 상담넷, 비아북(2013)

[12인수04-03]

손실함수를 이해하고 최적화된 추세선을 찾을 수 있다.

⊙ '외판원 문제'란 본사가 있는 도시에서 출발하여 다른 도시들을 순서에 관계없이 순회 방문하고 돌아오는 외판원의 상황에서 그 이름이 붙었다. 외판원은 같은 도시를 다시 방문하지 않고 최단 이동 시간으로 순회해야 하는데, 이를 수학적으로 해결하기 쉽지 않다. 외판원 문제를 해결하기 위한 알고리즘이 없어 실제로 오차를 줄이면서 가장 짧은 경로를 찾을 수밖에 없다. 손실함수와 관련지어 외판원 문제에 대해 탐구해 보자.

관련 학과 수학교육과, 컴퓨터교육과

《통계가 빨라지는 수학력》, 나가노 히로유키, 위정훈 역, 비전코리아(2023)

[12인수04-04]

경사하강법을 이해하고 최적화된 예측을 위한 인공지능의 학습 방법을 설명할 수 있다.

⊙ 인수분해나 근의공식 등을 사용하여 $f(x) = 0$의 해를 구하기 힘든 경우, 반복적인 방법으로 방정식의 해를 구하는 뉴턴의 방법이 있다. 경사하강법의 원리를 이용해 단계적으로 오차를 조금씩 줄여가면서 방정식의 해의 위치를 찾을 수 있다. 뉴턴의 방법은 방정식의 해를 추측하여 이를 x_0에 두고 $x_1 = x_0 - \dfrac{f(x_0)}{f'(x_0)}$ 을 이용해 다음 근사해 x_1을 찾을 수 있다. 이를 확장하여 $n+1$번째 근사해 x_{n+1}을 $x_{n+1} = x_n - \dfrac{f(x_n)}{f'(x_n)}$ 을 이용해 구하고, 그에 대한 극한으로 해를 구할 수 있다. 인수분해나 근의공식 등을 이용해 해를 구할 수 없는 함수를 설정하여 뉴턴의 방법을 적용해 보자.

관련 학과 과학교육과, 기술교육과, 물리교육과, 생물교육과, 수학교육과, 지구과학교육과, 컴퓨터교육과, 화학교육과

《딥러닝을 위한 수학》, 로널드 크노이젤, 류광 역, 제이펍(2022)

단원명 | 인공지능과 수학 탐구

> | 🔍 | 데이터의 경향성, 최적화, 합리적 의사결정, 비합리적 의사결정, 의사결정의 윤리성, 인공지능, 수학적
> 아이디어, 탐구 학습, 프로젝트 학습

[12인수05-01] ● ● ●

수학적 원리를 이용하여 인공지능이 실생활 문제를 합리적으로 해결하는 사례를 찾을 수 있다.

➡ 인공지능은 데이터를 통해 사용자의 학습 상태를 예측하고, 개인별 맞춤형 서비스를 제공한다. 최근 인공지능 기술을 교육에 접목해 새로운 학습 경험을 제공하는 에듀테크(EduTech)가 관심을 받고 있다. 에듀테크에는 학습 자료의 개발부터 학생들의 학습 지원, 대학생들의 취업과 경력 관리, 토플과 SAT 같은 각종 시험 준비까지 다양한 영역이 포함된다. 이에 에듀테크 기업들은 지능형 튜터링 시스템(ITS), 탐색형 학습 환경(ELE) 등 새로운 학습 시스템을 만들어내고 있다. 에듀테크를 활용한 교육 사례를 제시하고, 앞으로 에듀테크가 교육에 미칠 영향을 탐구해 보자.

[관련 학과] 교육계열 전체

《**에듀테크야, 학교 가자!**》, 고영성 외 1명, 살림터(2021)

[12인수05-02] ● ● ●

인공지능과 관련된 수학 주제를 선정하여 탐구할 수 있다.

➡ 인공지능에 대한 관심이 높이지면서 2022 개정 교육과정에서는 미래 사회가 요구하는 역량 강화를 위한 인공지능과 소프트웨어 교육을 강조하고 있다. 이를 위해 디지털과 AI 교육 환경에 맞는 교수 학습 및 평가 체계를 강조하면서 에듀테크의 활용을 권장하고 있다. 또한 디지털 소양과 더불어 'AI 소양'이란 말이 등장하였고, 디지털 리터러시와 컴퓨팅 사고력에 대한 관심도 증가하고 있다. 여기서 디지털 리터러시는 디지털 정보 중에서 보다 명확한 정보를 찾고 조합하고 평가하는 능력이며, 컴퓨팅 사고력은 실생활에서 문제를 인식하고 해결하기 위해 활용되는 능력을 의미한다. 2022 개정 교육과정에서 인공지능 교육에 대한 내용을 정리하고, 앞으로의 교육 방향을 제시해 보자.

[관련 학과] 교육계열 전체

《**선생님들을 위한 인공지능 활용교육과 실제**》, 김상연 외 7명, 바로세움(2023)

국어 교과군

영어 교과군

수학 교과군

도덕 교과군

사회 교과군

부록 교과군

선택 과목	수능	직무 수학	절대평가	상대평가
진로 선택	X		5단계	5등급

단원명 | 수와 연산

🔍 직무 상황, 수 개념, 사칙연산, 실생활 활용, 유용성, 어림값, 재무 관리, 올림, 버림, 반올림, 표준 단위, 시간, 길이, 무게, 들이, 인치(in), 피트(ft), 파운드(lb), 온스(oz)

[12직수01-01] •••

직무 상황에서 수 개념과 사칙연산의 문제를 해결하고 그 유용성을 인식할 수 있다.

➡️ 학령 인구란 정해진 교육과정을 이수하거나 특정 교육기관에 다닐 수 있는 연령에 해당하는 아동과 청소년의 총인원을 의미한다. 보통 6세부터 21세까지로, 저출산 문제가 계속되면서 해마다 학령 인구가 감소하여 앞으로 큰 문제가 될 수 있다. 통계청에 따르면, 학령 인구는 2012년 959만 명에서 2021년 763.8만 명까지 줄어들었다고 한다. 학령 인구와 관련한 통계 자료를 찾아 지금의 추세를 바탕으로 앞으로의 학령 인구를 예측해 보자.

관련 학과 교육계열 전체

대한민국의 붕괴
코나아이㈜ 시스템다이내믹스팀,
양서원(2022)

책 소개

이 책은 대한민국에서 일어나고 있는 인구와 관련된 각종 사회현상과 문제를 들여다보고, 다양한 미래 시나리오를 기반으로 미래 이야기를 데이터로 풀어 냈다. 경제, 교육, 산업, 부동산, 직업 수요, 인구 이동, 자산과 소득, 복지 등에 관한 분석을 통해 대한민국의 문제를 되짚어본다. 인구 시스템과 사회 인식, 가족 문화 등 다양한 관점에서 인구 문제를 다루면서, 이전의 인구 관련 서적의 내용과는 차별화된 결과를 제시한다.

세특 예시

진로 연계 시사 활동으로 '대한민국의 붕괴(코나아이㈜ 시스템다이내믹스팀)'를 활용해 학령 인구의 급격한 감소가 사회 전반과 교육 분야에 미칠 영향을 예측함. 통계청에서 발표한 연도별 학령 인구에 대한 자료를 표와 그래프로 나타내고 인구 변화 추이를 해석함. 최근 결혼과 자녀 출산에 대한 부정적인 사회 분위기가 교육 환경과 학교 교육에 영향을 미칠 것으로 예상하며, 그 사례로 서울 지역의 폐교에 관한 기사를 제시함. 앞으로 지방으로 갈수록 인구 감소가 심화될 것이며 대학 정원의 축소로 이어질 것으로 예상하면서 미래 지향적이고 거시적인 관점을 드러냄.

[12직수01-02] •••

큰 수를 어림하여 문제를 해결하고, 어림값을 이용하여 수의 크기를 비교할 수 있다.

➡ 교육부의 연간 예산은 100조 원 규모로, 우리나라 예산에서 보건·고용, 일반·지방행정 다음으로 세 번째로 많은 액수에 해당한다. 교육부는 교육비를 크게 유아 및 초·중등교육, 고등교육, 평생·직업 교육, 기초생활보장, 공적 연금 등의 항목으로 사용하고 있다. 올해 우리나라 교육비의 항목별 액수에 관한 통계 자료를 찾아 예산 규모와 비율을 정리해 보자. 또한 교육부의 입장이 되어 앞으로 교육비의 지출 방향에 대한 자신의 생각을 정리하여 발표해 보자.

관련 학과 교육계열 전체

《**리바이어던 재정**》, 박정수, 이화여자대학교출판문화원(2023)

[12직수01-03] •••

시간, 길이, 무게, 들이의 표준 단위를 알고, 단위를 환산할 수 있다.

➡ 도량형은 길이·부피·무게 등의 물리량을 측정하기 위한 표준 단위로 단위계, 도량법이라고도 한다. 도량형은 인간의 공동생활을 유지하기 위한 중요한 기준으로 선사시대부터 사용되었을 것으로 추정된다. 우리나라의 경우 문헌 기록을 통해 삼국시대부터 도량형이 활발하게 제작되어 사용된 것을 알 수 있다. 우리나라에서 시대별로 사용했던 도량형의 역사를 정리해 보고, 지금의 단위와 비교해 보자.

관련 학과 가정교육과, 과학교육과, 기술교육과, 물리교육과, 생물교육과, 수학교육과, 역사교육과, 지구과학교육과, 초등교육과, 컴퓨터교육과, 화학교육과

《**모두의 단위**》, 오지은, 대림아이(2022)

단원명 | 변화와 관계

| 🔍 비, 비례, 비례식, 환율, 비율, 백분율, 퍼센트, 퍼센트포인트, 기준량, 비교하는 양, 손익률, 인상률, 할인율, 두 양 사이의 대응 관계, 규칙, 수수료, 보험료, 위약금, 운임, 증가와 감소, 주기적 변화, 관계, 그래프, 일차방정식, 일차부등식, 해

[12직수02-01] •••

비의 개념을 직무 상황에 연결하여 적용할 수 있다.

➡ 대입전형은 크게 수시모집과 정시모집으로 나뉘며, 수시모집은 다시 학생부교과전형과 학생부종합전형, 논술전형, 실기전형으로 나뉜다. 2019년 교육부에서 '대입제도 공정성 강화 방안'을 발표하면서 서울권 대학의 정시모집이 늘어났고, 이후 어느 정도 전형별 비율을 유지하고 있는 상황이다. 자신이 관심 있는 대학을 선정하여 전형에 따른 선발 비율을 구해보고, 각 전형별로 자신이 적합하다고 생각하는 전형별 선발 비율을 근거와 함께 제시해 보자.

관련 학과 교육계열 전체

《**쏙쏙 대입 노하우**》, 신동우, 에듀진(2022)

> **[12직수02-02]** • • •
>
> 비율을 백분율로 표현할 수 있고, 직무 상황에 연결하여 적용할 수 있다.

➡ 우리나라의 총인구는 약 5,155만 명으로 서울과 인천, 경기 지역에 몰려 있는 경향이 있다. 정부의 균형발전 대책에도 불구하고 국토의 11%에 불과한 수도권의 인구수가 비수도권의 인구수를 앞지른 상황이다. 우리나라 시도별 인구수를 조사하여 표로 나타내고, 우리나라 총인구 중 각 시도의 인구가 차지하는 비율을 정리해 보자. 이를 통해 우리나라 인구 분포가 교육에 미치는 영향을 분석해 보자.

관련 학과 교육계열 전체

《**대한민국 인구 트렌드 2022-2027**》, 전영수, 블랙피쉬(2022)

> **[12직수02-03]** • • •
>
> 두 양 사이의 대응 관계를 나타낸 표에서 규칙을 찾아 설명할 수 있다.

➡ 학생건강체력평가(PAPS)는 학교체육진흥법을 근거로 초·중·고등학교에서 의무화하여 이루어지는 종합 체력 평가 제도이다. 신체 활동을 종합적으로 평가하며, 결과를 바탕으로 학생에게 맞는 신체 활동을 처방하고 건강이 우려되는 학생들을 관리하게 된다. 기존의 운동 기능 중심적인 평가에서 건강 관련 평가로 변환했고, 결과를 누가기록하여 개인별 건강 체력 정보를 관리하고 있다. 학년별/성별로 종목에 따른 체력평가표가 활용되는데, 체력평가표에서 나타나는 규칙을 분석해 보자.

관련 학과 교육학과, 유아교육학과, 체육교육과, 초등교육과, 특수교육과

《**피톨로지 피트니스 영양학**》, 이호욱 외 1명, 예문당(2021)

> **[12직수02-04]** • • •
>
> 증가와 감소, 주기적 변화 등의 관계를 나타내는 그래프를 설명할 수 있다.

➡ 달은 한 달을 주기로 지구 주위를 도는 공전운동을 하며, 이에 따라 태양 빛을 반사하는 부분이 달라져 달의 모양이 변하는 것처럼 보인다. 음력을 기준으로 초승달, 상현달, 보름달, 하현달, 그믐달로 변화하게 되며, 달의 모양 변화는 주기성을 확인할 수 있는 대표적인 사례이다. 달의 모양이 주기적으로 변화하는 과학적 원리와 함께 달의 모양별로 나타나는 특징을 정리해 보자.

관련 학과 과학교육과, 물리교육과, 생물교육과, 수학교육과, 지구과학교육과, 초등교육과, 화학교육과

《**해와 달과 별이 뜨고 지는 원리**》, 박석재, 동아엠앤비(2019)

> **[12직수02-05]** • • •
>
> 일차방정식 또는 일차부등식을 활용하여 직무 상황의 문제를 해결할 수 있다.

➡ 2개의 문자로 이루어진 부등식에 대하여 이를 만족하는 점의 집합은 영역으로 표현된다. 즉 방정식 $y = x + 1$의 해는 직선이지만 부등식 $y > x + 1$과 $y < x + 1$의 해는 영역이 된다. 방정식 $y = x + 1$과 비교하여 부등식 $y > x + 1$과 $y < x + 1$의 수학적 의미의 차이를 설명해 보자. 또한 등호를 포함한 부등식 $y \geq x + 1$과 $y \leq x + 1$의 수학적 의미를 앞의 방정식, 부등식과 비교하여 설명해 보자.

관련 학과 과학교육과, 수학교육과

《**부등식 창고**》, 신용섭, 수담(2019)

단원명 | 도형과 측정

🔍 입체도형, 겨냥도, 전개도, 원근법, 투시도법, 소실점, 입체도형의 모양, 정면도, 평면도, 측면도, 우측면도, 좌측면도, 도형의 이동·합동·닮음, 평면도형의 둘레·넓이, 입체도형의 겉넓이·부피

[12직수03-01] • • •

입체도형의 겨냥도와 전개도를 그릴 수 있고, 겨냥도와 전개도를 이용하여 입체도형의 모양을 만들 수 있다.

➡ 원근법은 수학 개념을 활용해 3차원의 물체가 위치하는 공간과의 관계를 2차원적 평면에 묘사하는 기법이다. 우리가 흔히 말하는 원근법은 투시 원근법으로, 물체의 크기를 이용해 거리감을 나타내고 소실점을 활용해 공간의 깊이감을 느낄 수 있게 한다. 15세기 르네상스 시대에 브루넬레스키, 마사초, 도나텔로 등 3명의 거장이 본격적으로 원근법을 활용했는데, 이들은 신의 관점이 아닌 인간(창작자)의 시점에서 눈에 보이는 세계를 재현했다. 소실점을 활용해 원근법을 표현한 작품을 찾아보고, 작품 내의 소실점이 입체와 공간의 표현에 어떤 영향을 미치는지 탐구해 보자.

관련 학과 과학교육과, 기술교육과, 물리교육과, 미술교육과, 생물교육과, 수학교육과, 지구과학교육과, 지리교육과, 초등교육과, 컴퓨터교육과, 화학교육과

《자연스러운 인체 드로잉》, 박경선, 동양북스(2022)

[12직수03-02] • • •

입체도형의 위, 앞, 옆에서 본 모양을 표현할 수 있고, 이러한 표현을 보고 입체도형의 모양을 판별할 수 있다.

➡ 겨냥도에 많이 활용되는 투상도법은 물체의 형태와 크기 등을 일정한 규칙에 따라 평면상에 그려내는 방법이다. 물체를 평면인 벽 앞에 놓고 그 물체의 뒤에서 광선을 비추면 물체의 화상이 생기는데, 그 화상으로 물체의 크기와 모양을 알 수 있다. 투상도법의 종류로는 직투상, 사투상, 투시 투상, 정투상, 단면 투상 등이 있는데 이들 투상도법 간의 차이와 특징을 탐구해 보자.

관련 학과 가정교육과, 과학교육과, 기술교육과, 물리교육과, 미술교육과, 수학교육과, 초등교육과

《차근차근 배우는 드로잉 원근법》, 수지(허수정), 책밥(2021)

[12직수03-03] • • •

도형의 이동, 합동과 닮음을 직무 상황에 연결하여 문제를 해결할 수 있다.

➡ 프랙털(fractal)은 단순한 구조가 끊임없이 반복되면서 복잡하고 임의의 한 부분이 전체와 유사한 구조로 자기 유사성과 순환성이라는 특징을 가지고 있다. 자신의 작은 부분에 자신과 닮은 모습이 나타나고, 그 안의 작은 부분에도 자신과 닮은 모습이 무한히 반복되어 나타나는 현상을 의미한다. 프랙털 구조는 고사리와 같은 양치식물, 공작의 깃털 무늬, 구름과 산, 복잡한 해안선의 모양, 은하의 모습 등 자연에서 쉽게 찾을 수 있다. 프랙털의 사례를 제시하고, 도형의 닮음과 관련하여 그 특징을 탐구해 보자.

관련 학과 과학교육과, 기술교육과, 물리교육과, 생물교육과, 수학교육과, 지구과학교육과, 초등교육과, 컴퓨터교육과, 화학교육과

《만델브로트가 들려주는 프랙털 이야기》, 배수경, 자음과모음(2008)

[12직수03-04]　　　　　　　　　　　　　　　　　　　　　　　　　　● ● ●

직무 상황에서 나타나는 평면도형의 둘레와 넓이를 구할 수 있다.

➡ 프랙털(fractal)은 자신의 작은 부분과 자신이 닮은 모습으로 나타나고 자신과 닮은 모습이 무한히 반복되어 나타나는 현상을 의미한다. 프랙털의 창시자는 IBM의 토머스 왓슨 연구센터의 만델브로트로, 프랙털에 대한 이론을 정립하였다. 그는 논문 'The Fractal Geometry of Nature'에서 '영국의 해안선 길이는 얼마나 될까?'에 대한 질문과 함께 자기닮음성을 이용하여 해안선의 길이를 설명하였다. 우리나라의 해안선 길이를 측정할 수 있는 방법을 프랙털과 관련하여 탐구해 보자.

　관련 학과　과학교육과, 물리교육과, 수학교육과, 지구과학교육과, 지리교육과, 초등교육과, 컴퓨터교육과
《**프랙탈전**》, 수학사랑 기업부설연구소, 수학사랑(2017)

[12직수03-05]　　　　　　　　　　　　　　　　　　　　　　　　　　● ● ●

직무 상황에서 나타나는 입체도형의 겉넓이와 부피를 구할 수 있다.

➡ 이탈리아 수학자 카발리에리가 발견한 '카발리에리의 원리'는 단면의 길이가 같으면 그 도형을 기울여도 넓이는 변하지 않는다는 성질을 의미한다. 카발리에리의 원리는 평면도형이나 입체도형의 부피를 구하는 방법으로 타원이나 구, 원뿔과 원통, 사이클로이드 등의 넓이를 구할 수 있다. 이미 부피를 알고 있는 도형과 비교하여 복잡한 형태인 도형의 부피를 구할 수 있는데, 원기둥과 원뿔의 부피를 이용하여 구의 부피를 구하는 것이 대표적이다. 카발리에리의 원리의 특징과 성질을 탐구하고, 이를 이용하여 구의 부피를 구해보자.

　관련 학과　과학교육과, 물리교육과, 수학교육과

미분과 적분
뉴턴프레스, 아이뉴턴(2023)

책 소개 ··

이 책은 미분과 적분이 탄생해 미적분학으로 통합되기까지의 역사를 정리하고 미적분의 발전에 기여한 수학자를 소개하고 있다. 그리고 물리학이나 금융공학, 건축학, 음악 등 폭넓은 분야에서 미분과 적분이 어떻게 도움이 되는지를 소개하고 있다. 무한소와 무한의 의미로부터 미분과 적분의 기호, 계산 방법 등을 실제로 다루고, 편미분 방정식 등 고급 이론까지 포함되어 있다.

세특 예시 ··

진로 연계 독서 활동으로 입체도형의 겉넓이와 부피를 학습한 뒤 이를 적분의 발전과 연계하여 설명함. 입체도형의 부피를 구하는 것은 실제 생활 속에서 중요한 문제였음을 알고 부피를 구하는 다양한 아이디어를 소개함. '미분과 적분(뉴턴프레스)'을 활용하여 적분의 발전 과정을 에피소드 형식으로 정리하고, 카발리에리의 원리를 중점적으로 다룸. 카발리에리의 원리를 통해 구의 부피를 구하는 방법을 소개하면서 적분법의 발견이 수학사에 크게 기여했다는 설명을 덧붙임.

단원명 | 자료와 가능성

| 🔍 | 경우의 수, 순열, 조합, 확률, 수학적 확률, 통계적 확률, 확률의 덧셈정리, 여사건의 확률, 자료 수집, 표, 도수분포표, 히스토그램, 그래프, 비율그래프, 막대그래프, 원그래프, 자료 해석, 합리적 의사결정

[12직수04-01] •••

직무 상황에서 경우의 수를 구할 수 있다.

➡ QR코드는 텍스트, URL, 연락처, 이미지, 동영상 등 다양한 정보를 저장할 수 있는 2차원 바코드이다. QR코드는 일련의 흑백 사각형 또는 모듈 패턴으로 정렬되어 기존 바코드보다 더 많은 데이터를 저장할 수 있으며, 스마트폰으로 스캔하여 해독할 수 있다는 장점이 있다. QR코드를 이용하면 최대 7,089자의 숫자와 최대 1,700자의 한글, 최대 4,296자의 아스키 문자를 저장할 수 있다. QR코드의 역사와 유형, 작동 원리 등을 경우의 수와 관련하여 탐구해 보자.

관련 학과 과학교육과, 기술교육과, 물리교육과, 생물교육과, 수학교육과, 초등교육과, 컴퓨터교육과

《한눈에 보이는 인공지능 수학 그림책》, 한선관 외 1명, 성안당(2023)

[12직수04-02] •••

어떤 현상이 나타날 가능성을 수치화하여 설명할 수 있다.

➡ '벤포드의 법칙'은 많은 수치 데이터의 첫째 자리의 확률분포를 관찰한 결과, 첫째 자리 숫자가 작을 확률이 크다는 법칙이나. 네이터의 첫째 자리가 1일 확률은 약 30%인 반면, 첫째 자리가 9일 확률은 5% 정도밖에 되지 않는다. 또한 벤포드의 법칙으로는 수의 둘째 자리 이후의 확률분포나 숫자 조합에 대한 확률분포도 예측할 수 있다. 미국의 국세청(IRS)이나 금융 감독 기관에서는 분식회계나 가격 담합 등 조작된 데이터를 찾아내는 단서로 활용된다고 한다. 수치 데이터의 분포와 관련해 벤포드의 법칙이 성립하는 이유와 이것이 활용되는 구체적인 사례를 탐구해 보자.

관련 학과 과학교육과, 기술교육과, 물리교육과, 사회교육과, 생물교육과, 수학교육과, 지구과학교육과, 초등교육과, 컴퓨터교육과, 화학교육과

《통계의 거짓말》, 게르트 보스바흐 외 1명, 강희진 역, 지브레인(2023)

[12직수04-03] •••

직무 상황의 자료를 목적에 맞게 표와 그래프로 정리할 수 있다.

➡ 수시모집은 크게 4가지 전형, 즉 학생부교과전형, 학생부종합전형, 논술전형, 실기실적전형으로 나눌 수 있다. 대학에서는 고등학교 2학년 학생에게 해당하는 대학입학전형시행계획을 발표하여 학생들이 미리 대입에 대비할 수 있도록 하고 있다. 대학입학전형시행계획을 통해 4가지 전형별 선발 인원을 확인할 수 있다. 자신이 희망하는 대학을 선정하여 최근 3개년 수시모집의 전형별 비율 변화를 비율그래프로 표현하고, 최근 입시 경향의 변화를 정리하여 설명해 보자.

관련 학과 교육계열 전체

《수박 먹고 대학 간다》, 박권우, 리빙북스(2024)

[12직수04-04] • • •

직무 상황의 다양한 표와 그래프를 해석할 수 있다.

➡ 최근 세계 인구는 증가세가 지속되면서 2070년 103억 명에 이를 것으로 예상되지만, 우리나라 인구는 3,800만 명 수준으로 감소할 것으로 관측된다. 우리나라 인구 감소의 가장 큰 이유로는 결혼과 출산에 대한 부정적인 인식을 들 수 있는데, 이는 출생아 수가 10년 사이 절반에 가까울 정도로 줄어든 부분과 무관하지 않다. 2000년 이후 연도별 출생아 수를 표와 그래프로 정리하고, 앞으로 인구 절벽 현상이 교육 분야에 미칠 영향을 탐구해 보자.

관련 학과 교육계열 전체

《대한민국 교육 트렌드 2023》, 교육트렌드2023 집필팀, 에듀니티(2022)

[12직수04-05] • • •

다양한 자료의 특성을 파악하여 직무 목적에 적합한 표나 그래프로 나타내고 합리적인 의사결정을 할 수 있다.

➡ 통계청 자료에 따르면 우리나라 스마트폰 보급률은 95%를 넘어서고 있으며, 인터넷 사용자의 98% 이상이 스마트폰을 사용하여 접속하고 있다고 한다. 이제는 어린 아동들의 스마트폰 보급률이 높아지면서 10세 이하 아동의 스마트폰 중독 비율이 급격하게 증가하고 있다고 한다. 스마트폰을 처음 접하는 시기에 대한 통계 자료를 찾아 비율그래프(원그래프, 띠그래프)로 나타내고, 유아의 스마트폰 중독과 과의존 위험군 문제를 최소화할 수 있는 방안을 탐구해 보자.

관련 학과 교육계열 전체

《스마트폰을 이기는 아이》, 루시 조 팰러디노, 이재석 역, 마음친구(2018)

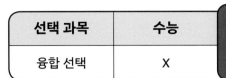

단원명 | 예술과 수학

| 🔍 | 음악과 수학, 미술과 수학, 문학과 수학, 영화와 수학

[12수문01-02] •••

미술과 관련된 수학적 내용을 조사하고, 관련 활동을 수행할 수 있다.

➡️ 학교의 미술 교과서에 실린 다양한 작품 속에서 수학적 내용이 다루어지거나 수학적 원리가 활용된 작품을 많이 찾아볼 수 있다. 학생들에게 각 작품에 나타난 수학적 내용이나 원리를 어떻게 이해시키고 미술 수업과 연계시켜 볼 수 있는지 탐구해 보며, 그에 대한 수업지도안을 작성하여 발표해 보자.

관련 학과 교육공학과, 교육학과, 미술교육과, 수학교육과, 아동보육학과, 유아교육학과, 초등교육과, 특수교육과

《**미술관에 가고 싶어지는 미술책**》, 김영숙, 휴머니스트(2021)

[12수문01-03] •••

문학과 관련된 수학적 내용을 조사하고, 관련 활동을 수행할 수 있다.

➡️ 다양한 문학 작품에서 여러 가지 수학 개념이 주요 소재로 다루어지고 있다. 이러한 문학 작품은 수학에 대한 학생들의 관심을 끌어내는 도구로 활용될 수 있다. 문학 작품에서 다루는 수학 개념을 정리해 보고, 문학 작품을 활용하여 그러한 수학 개념을 수업에 활용할 수 있는 수업 계획서를 작성해 보자.

관련 학과 국어교육과, 교육학과, 수학교육과, 초등교육과

《**하브루타 수학 질문수업**》, 양경윤 외 2명, 비비투(2023)

단원명 | 생활과 수학

| 🔍 | 스포츠와 수학, 게임과 수학, 디지털 기술과 수학, 합리적 의사결정

[12수문02-02] •••

게임과 관련된 수학적 내용을 조사하고, 관련 활동을 수행할 수 있다.

➡️ 학생들에게 학습 내용을 가르치는 데는 게임을 활용하는 방법도 있다. 게임을 통해 학습자의 동기와 흥미뿐 아니라, 문제 해결 능력과 협력 역량을 높일 수 있다는 연구 결과도 있다. 게임과 교육의 관계, 게임을 활용하거나

게임을 기반으로 하는 교육의 장단점, 교육 사례 등을 조사하고, 게임과 교육에 관한 자신의 생각을 함께 제시하는 보고서를 작성해 보자.

관련 학과 교육계열 전체

《게이미피케이션, 교육에 게임을 더하다》, 칼 카프, 권혜정 역, 에이콘출판사(2016)

[12수문02-03]

디지털 기술에 활용된 수학적 내용을 조사하여 설명할 수 있다.

● 디지털 기술의 발전에 따라 교육 현장에도 디지털 기술을 활용하는 교육이 도입되고 있다. 또한 정부에서도 AI 디지털 기술을 활용하는 교육의 도입에 적극적이다. 교육 현장에서 활용되고 있는 디지털 기술 속의 수학적 원리를 조사하고, 디지털 기술을 학교 교육에 도입할 때의 장단점을 살펴보며, 학교 교육에 디지털 기술을 활용할 때 고려해야 하는 점 등을 탐구해 보자.

관련 학과 교육계열 전체

《DQ 디지털 지능》, 박유현, 한성희 역, 김영사(2022)

[12수문02-04]

투표와 관련된 수학적 내용을 조사하고, 이를 활용하여 합리적 의사결정을 위한 방법을 제안할 수 있다.

● 작은 사회인 학교에서부터 여러 학생의 다양한 의견에 대해 투표를 통해 의사결정을 내리곤 한다. 하지만 투표를 통한 의사결정이 과연 공정하고 합리적인 의사결정 방식인지 생각해 볼 필요가 있다. 여러 투표 방식의 수학적 원리를 살펴보고, 그에 따라 나타날 수 있는 다양한 결과를 탐구하며, 합리적 의사결정을 위해 우리 사회와 학교에서 필요한 교육은 무엇인지 고민해 보는 보고서를 작성해 보자.

관련 학과 교육학과, 사회교육과, 수학교육과, 윤리교육과, 초등교육과

《학교, 민주시민교육을 실천하다!》, 교육정책디자인연구소 시민모임, 맘에드림(2020)

단원명 | 사회와 수학

| 🔍 | 민속 수학, 건축과 수학, 점자표와 수학, 대중매체 속 데이터, 가치소비

[12수문03-01]

민속 수학과 건축 양식 속에 나타난 수학적 원리에 대해 탐구하고 문화 다양성을 이해한다.

● 신라의 석굴암이나 고대 그리스, 로마의 판테온과 같은 건축물은 그 시대에 보여줄 수 있는 최고의 건축술이 담겨 있다. 각 시대를 대표하는 건축물에 나타나는 수학적 원리를 살펴보며 그 시대의 건축물과 문화의 관계를 탐구하고, 건축물의 가치와 보존에 대한 교육의 필요성을 보고서로 작성해 보자.

관련 학과 과학교육과, 교육학과, 기술교육과, 물리교육과, 미술교육과, 사회교육과, 수학교육과, 역사교육과, 지리교육과, 초등교육과

《유현준의 인문 건축 기행》, 유현준, 을유문화사(2023)

국어 교과군

영어 교과군

수학 교과군

도덕 교과군

사회 교과군

과학 교과군

[12수문03-04] • • •

가치소비를 위한 의사결정 방법을 탐구하고 실천 방법을 제시할 수 있다.

➡️ 가치소비란 환경, 사회, 경제 등의 영향을 고려하여 합리적이고 책임감 있는 소비 결정을 하는 것이다. 가치소비는 자신의 가치관을 명확히 인식하고, 다양한 정보를 수집하고 분석할 수 있게 한다. 학교 교육 현장에서 가치소비의 의미를 알고 이를 실천할 수 있도록 지원하는 방안을 탐구하여 제시하는 보고서를 작성해 보자.

[관련 학과] 교육학과, 사회교육과, 수학교육과, 역사교육과, 유아교육학과, 윤리교육과, 초등교육과, 환경교육과

《**미친, 오늘도 너무 잘 샀잖아**》, 안희진, 웨일북(2020)

단원명 | 환경과 수학

🔍 식생활과 수학, 대기오염과 수학, 사막화 현상과 수학, 생물 다양성과 수학

[12수문04-02] • • •

대기오염과 관련된 문제를 수학적으로 분석하고, 이를 개선하기 위한 방법을 제안할 수 있다.

➡️ 온실가스 배출량을 감축하기 위해 각 국가와 기업은 기후변화협의회를 설립하고, 기후변화협약을 맺는 등 여러 가지 노력을 하고 있다. 탄소중립을 위해 필요한 온실가스 감축량을 계산해 보고, 학교 교육을 통해 온실가스 배출량 감소에 동참할 수 있도록 하는 교육 활동 탐구 보고서를 작성하여 발표해 보자.

[관련 학과] 가정교육과, 과학교육과, 교육학과, 물리교육과, 사회교육과, 생물교육과, 수학교육과, 윤리교육과, 지구과학교육과, 지리교육과, 초등교육과, 화학교육과, 환경교육과

《**지구를 살리는 기발한 생각10**》, 박경화, 한겨레출판(2023)

[12수문04-03] • • •

사막화 현상과 관련된 문제를 수학적으로 분석하고, 이를 개선하기 위한 방법을 제안할 수 있다.

➡️ 사막화란 기후변화나 인간 활동으로 인해 토지가 황폐해지는 자연 현상이다. 사막화는 인간 활동이 원인이 되어 결국 인간 활동에 영향을 주게 된다. 우리의 활동이 지구 환경에 부정적인 영향을 주지 않도록 하기 위해 학교 교육과정 속에서 사막화를 수학적으로 분석하고 개선할 수 있는 방법을 찾아보는 활동을 탐구하여 보고서로 작성해 보자.

[관련 학과] 과학교육과, 교육학과, 사회교육과, 생물교육과, 수학교육과, 윤리교육과, 지구과학교육과, 지리교육과, 초등교육과, 환경교육과

《**기후위기와 탄소중립 수업 이야기**》, 한문정, 우리학교(2023)

국어 교과군

영어 교과군

수학 교과군

과학 교과군

사회 교과군

직업 교과군

선택 과목	수능	실용 통계	절대평가	상대평가
융합 선택	X		5단계	5등급

단원명 | 통계와 통계적 문제

| 🔍 | 변이성, 전수조사, 표본조사, 단순임의추출, 층화임의추출, 계통추출

[12실통01-02]

통계적 문제 해결 과정을 이해하고 각 단계의 역할을 설명할 수 있다.

➡ 우리나라의 출산율은 계속해서 감소하여 수년째 1명 이하로 나타나고 있다. 수년간 이어진 극심한 저출산 상황으로 인해 여러 가지 사회 문제가 발생할 것으로 예상된다. 우리나라의 최근 출산율을 조사하여, 저출산으로 인해 학교 교육 현장에서 나타날 수 있는 현상과 문제점을 분석하고 이를 극복하는 방안에 관해 탐구해 보자.

관련 학과 교육계열 전체

《대한민국 인구 트렌드 2022-2027》, 전영수, 블랙피쉬(2022)

단원명 | 자료의 수집과 정리

| 🔍 | 범주형 자료, 수치형 자료, 명목척도, 순서척도, 구간척도, 비율척도, 설문지법, 문헌연구법

[12실통02-01]

자료의 종류를 알고 설명할 수 있다.

➡ 우리 사회의 저출산 문제는 학교 교육 현장에서 학령 인구 감소로 나타나고 있다. 이는 또한 교원 수급 문제와도 연결되어, 교원 선발 인원의 감소와 함께 임용 후 교육 현장 배치까지의 대기 시간 장기화의 문제를 가져오고 있다. 하지만 상담교사, 사서, 특수교사의 경우에는 상대적으로 부족 현상이 나타나고 있다. 미디어와 통계 자료를 통해 교육 현장에서 나타나고 있는 교원 현황을 파악하고, 여러 가지 대안을 탐구하여 발표해 보자.

관련 학과 교육계열 전체

대한민국 미래 교육 트렌드

미래 교육 집필팀, 뜨인돌(2023)

책 소개

이 책은 급변하는 사회 속에서 교육의 본질, 즉 '무엇을 어떻게 가르칠 것인가' 하는 문제를 단단히 붙잡고 조금이나마 해법에 다가가고자 했다. 다양한 분야의 현장 교육 전문가 36명이 철저한 자료 분석과 풍부한 경험을 바탕으로 미래 교육의 중심 가치와 핵심 트렌드를 풀어냈다. 이를 통해 미래 사회의 변화에 따르되 교육의 본질을 놓치지 않는 교육이 무엇인지, 그 밑그림을 그릴 수 있도록 했다.

세특 예시

교사의 꿈을 실현하기 위해 노력하고 있는 학생으로서 진로 관련 독서 활동에서 '대한민국 미래 교육 트렌드(미래 교육 집필팀)'를 읽고 미래 사회의 교육을 주제로 살펴보는 시간을 가짐. 특히 학령 인구의 감소와 관련된 문제에 관심을 가지고 교원 수급 문제와 교육 정책, 학교 운영에 대한 대안 등을 살펴보며, 교직 현장에서의 문제점과 해결 방안 등을 탐구해 보는 보고서를 작성함.

[12실통02-02] ● ● ●

자료의 수집 방법을 이해하고 문제 상황에 맞는 자료 수집 방법을 선택할 수 있다.

➡ 학교 수업 시간에 진행되는 다양한 실험 활동에서, 같은 실험을 진행한 결과가 개인 또는 모둠별로 다양하게 나타나는 것을 자주 경험하게 된다. 특정 실험을 진행하며 나타난 개인별/모둠별 결과를 정리해 보고, 각 결과가 나타나게 된 원인과 실험의 개선 방안 등을 탐구해 보자.

관련 학과 과학교육과, 기술교육과, 물리교육과, 생물교육과, 수학교육과, 지구과학교육과, 화학교육과, 환경교육과

《**과학 교사를 위한 탐구학습 과학실험**》, 박범익 외 1명, 전파과학사(2017)

[12실통02-03] ● ● ●

그래프의 종류를 알고 자료의 특성을 나타내는 적절한 그래프를 그릴 수 있다.

➡ 동식물 보호종이란 멸종 위기에 처한 야생 동식물 종으로, 생물 다양성의 중요한 구성 요소로서 생태계의 균형과 인간의 복지에 기여하고 있다. 관련 통계 자료를 통해 동식물 보호종의 현황과 불법적인 포획 및 밀거래 현황을 그래프로 나타내보고, 동식물 보호종의 중요성과 가치를 인식할 수 있도록 사회와 학교에서 효과적으로 교육·홍보하는 방안에 관해 탐구하여 발표해 보자.

관련 학과 과학교육과, 교육학과, 사회교육과, 생물교육과, 수학교육과, 윤리교육과, 초등교육과, 환경교육과

《**사라지지 말아요**》, 방윤희, 자연과생태(2021)

[12실통02-04] ● ● ●

대푯값과 산포도의 종류를 알고 자료의 특성을 나타내는 값으로 요약할 수 있다.

➡ 기후변화는 우리나라의 바다에도 많은 영향을 끼치고 있다. 삼면이 바다로 둘러싸여 다양한 수산 자원이 풍부

한 우리나라의 어종 변화도 뚜렷하게 나타나고 있다. 기후변화에 대응하는 학생들의 행동 변화를 끌어낼 방안에 관해 탐구해 보고, '바다의 변화에 대처하는 우리의 행동 변화'를 주제로 우리나라 어종 변화에 관한 통계 자료를 활용한 수업 계획을 발표해 보자.

관련 학과) 과학교육과, 교육학과, 사회교육과, 생물교육과, 지구과학교육과, 지리교육과, 초등교육과, 환경교육과

《기후변화와 바다》, 이재학, 지성사(2023)

단원명 | 자료의 분석

| 🔍 | 정규분포, t분포, 모평균, 표본평균, 모비율, 표본비율, 신뢰구간, 가설검정, 귀무가설, 대립가설, 기각역, 유의수준, p값

[12실통03-01]   ● ● ●

정규분포와 t분포를 공학 도구를 이용하여 탐구할 수 있다.

➡️ 다양한 환경에서 학습하고 관심사가 다른 학생 또는 집단에 대한 지도 방법이 같을 수는 없다. 서로 다른 과목을 이수하고 있는 학생들의 학습 역량을 비교하기 위해서는 각 과목의 평균과 표준편차를 활용해 분석해 볼 수 있을 것이다. 정규분포를 학교 현장에서 사용하는 사례와 각 학생의 학습에 적용하는 방안에 관해 탐구해 보자.

관련 학과) 교육계열 전체

《러닝퍼실리테이션》, 정강욱, 플랜비디자인(2019)

[12실통03-04]   ● ● ●

가설검정을 이해하고, 실생활에서 공학 도구를 이용하여 가설을 검정할 수 있다.

➡️ 학생들의 학교생활에 대한 만족도는 여러 가지 요인에 따라 달라질 수 있다. 학교의 다양한 프로그램 참여 여부, 통학 거리, 방과 후 활동 내용 등 학교생활 만족도에 영향을 줄 수 있는 요인을 찾아보자. 이를 위한 적절한 가설검정을 선택하고, 공학적 도구 등을 활용하여 가설을 검정하고 해석하는 보고서를 작성해 보자.

관련 학과) 교육계열 전체

《누워서 읽는 통계학》, 와쿠이 요시유키 외 1명, 권기태 역, 한빛아카데미(2021)

단원명 | 통계적 탐구

| 🔍 | 합리적 의사결정, 연구 윤리

[12실통04-01]   ● ● ●

실생활에서 통계적 탐구 과정에 따라 문제를 해결하고 합리적인 의사결정을 할 수 있다.

국어 교과군

영어 교과군

수학 교과군

도덕 교과군

사회 교과군

과학 교과군

⊙ 교육에 관한 관심이 많은 우리나라는 다른 나라에 비해 사교육비의 지출이 매우 큰 편이다. 현재의 학교급별 사교육과 관련된 여러 통계 자료를 활용하여 사교육 현황을 분석해 보자. 또한 또래의 구성원 등을 통해 자신이 속한 집단의 사교육 실시 여부, 주간 사교육 이용 시간, 지출 비용 등을 살펴보고 기존 통계 자료와 비교해 보자. 더불어 이러한 사교육 현황 분석을 바탕으로 공교육에서 보완해야 할 점이나 앞으로 공교육이 발전해 나갈 방향 등을 탐구하는 보고서를 작성해 보자.

관련 학과 교육계열 전체

《공부를 공부하다》, 박재원 외 1명, 에듀니티(2019)

[12실통04-02] ● ● ●

통계적 탐구 과정과 그 결과를 비판적으로 성찰할 수 있다.

⊙ 다양한 통계 자료를 활용하는 수업은 학생들이 객관적인 지표를 스스로 해석하여 학습할 수 있도록 도울 수 있다. 통계 자료를 수업에 활용하는 통계적 탐구 과정에서 나타나는 긍정적인 효과와 주의가 필요한 부분을 탐구해 보자.

관련 학과 교육계열 전체

《빅데이터 시대, 성과를 이끌어 내는 데이터 문해력》, 카시와기 요시키, 강모희 역, 프리렉(2021)

선택 과목	수능	수학과제 탐구	절대평가	상대평가
융합 선택	X		5단계	5등급

국어 교과군

영어 교과군

수학 교과군

도덕 교과군

사회 교과군

과학 교과군

단원명 | 과제 탐구의 이해

| 🔍 | 수학과제 탐구, 연구 윤리

[12수과01-02] • • •

올바른 연구 윤리를 이해하고, 탐구의 전 과정에서 이를 준수한다.

➡ 디지털 기술이 우리 생활 곳곳에서 활용되고 있기에 개인정보에 대한 보안이 매우 중요해졌다. 개인의 디지털 정보를 보호하는 다양한 방식과 그 안의 수학적 원리를 조사하고, 디지털 시대의 개인정보 보호에 관한 교육의 필요성과 방향 등에 관해 탐구하는 보고서를 작성해 보자.

관련 학과 교육공학과, 교육학과, 사회교육과, 수학교육과, 윤리교육과, 초등교육과, 컴퓨터교육과

《빅 브리치: 세계를 놀라게 한 개인정보 유출사고》, 닐 다스와니 외 1명, 이대근 외 1명 역, 에이콘출판사(2023)

단원명 | 과제 탐구의 방법과 절차

| 🔍 | 문헌 조사, 사례 조사, 수학 실험, 개발 연구

[12수과02-01] • • •

문헌 조사를 통해 탐구하는 방법과 절차를 이해하고 설명할 수 있다.

➡ 예능계열에서 보이는 재능과 수학에서 보이는 재능은 연관성이 있는가? 레오나르도 다빈치와 같이 역사적으로 다양한 분야에서 뛰어난 업적을 남긴 위인들에게서 여러 재능 사이의 연관성을 찾아볼 수도 있다. 음악이나 미술을 잘하는 것과 수학을 잘하는 것의 연관성을 여러 문헌을 통해 탐구해 보고, 그 내용을 바탕으로 학생들의 수학 지도에 적용해 볼 수 있는 방안에 관하여 고민한 결과를 발표해 보자.

관련 학과 교육학과, 미술교육과, 수학교육과, 음악교육과, 초등교육과

《세상의 모든 수학》, 에르베 레닝, 이정은 역, 다산사이언스(2020)

[12수과02-04] • • •

개발 연구를 통해 탐구하는 방법과 절차를 이해하고 설명할 수 있다.

➡ 지구촌 한편에서는 비만 인구가 늘어나고 음식이 버려질 정도로 넘쳐나지만, 다른 한편에서는 굶주림과 아사가 계속되고 있다. 이러한 식량 불평등과 부족 문제는 우리 사회가 함께 고민해야 할 문제이다. 굶주림으로 고

통받는 이들이 잘 드러나지 않기에, 학생뿐 아니라 대중을 대상으로 홍보와 교육을 통해 이를 알리고 개선점을 찾아야 한다. 여러 지역의 식량 부족 현황과 그 원인 등을 조사해 보자. 또한 학생과 대중을 대상으로 식량 부족 현황과 원인, 개선 방안을 찾아보는 교육 프로그램을 탐구하여 발표해 보자.

관련 학과) 가정교육과, 과학교육과, 교육학과, 사회교육과, 윤리교육과, 지리교육과, 초등교육과, 환경교육과

《식량 불평등 어떻게 해결할까?》, 김택원, 동아엠앤비(2021)

단원명ㅣ 과제 탐구의 실행 및 평가

> |🔍| 탐구 계획 수립, 수학 소논문, STEAM형 산출물, 포스터, 보고서, 수학 잡지, 수학 소설, 수학 만화, 수학 신문, 동료 평가, 자기 평가

[12수과03-01] • • •

여러 가지 현상에서 수학 탐구 주제를 선정하고 탐구 계획을 수립할 수 있다.

➡ 4차 산업혁명 시대에 들어서며 우리나라뿐 아니라 전 세계적으로 일자리가 변화하고 있다. 특히 바이오산업, AI 등과 관련된 산업에서 많은 일자리가 생겨나고, 그와 관련된 대학의 학과와 정원이 늘어나고 있다. 또한 공과대학의 여학생 수의 비율도 변화하고 있다. 직업별 남녀 비율의 변화와 공과대학 여학생 비율의 변화를 다양한 통계 자료에서 비교·탐구하고 그 내용을 발표해 보자.

관련 학과) 교육계열 전체

《10대라면 반드시 알아야 할 4차 산업혁명과 인공지능》, 신성권 외 1명, 팬덤북스(2022)

[12수과03-03] • • •

탐구 결과를 정리하여 산출물을 만들고 발표할 수 있다.

➡ 우리나라의 출산율 감소로 나타나는 학령 인구 규모의 변화는 통계청 자료의 수치로 확인해 볼 수 있다. 통계 자료를 활용하여 학교급별 학생 수의 변화와 그에 대응하는 교육 정책에 관해 조사해 보자. 또한 통계청의 장래 인구 추계 자료를 활용하여 학령 인구 변화에 따른 교육 정책의 방향성을 탐구하는 보고서를 작성해 보자.

관련 학과) 교육계열 전체

《세상을 바로 보는 힘 통계 안목》, 송인창 외 1명, 바틀비(2023)

[12수과03-04] • • •

탐구 과정과 결과를 반성하고 평가할 수 있다.

➡ 산업혁명 이후 기계의 발전에 따라 인간의 노동력은 계속해서 기계가 대체하고 있다. 하지만 기계가 노동력을 대체하는 만큼 인간이 일하는 시간이 줄어들고 있지는 않다. 산업혁명 이후 여러 나라의 산업 성장과 노동 시간의 관계를 살펴보고, 노동 시간이 많이 줄어들지 않은 이유와 노동 시간을 줄일 때 나타날 수 있는 사회의 변화에 관해 탐구해 보자.

관련 학과) 가정교육과, 과학교육과, 교육학과, 기술교육과, 사회교육과, 역사교육과, 윤리교육과

《가짜 노동》, 데니스 뇌르마르크 외 1명, 이수영 역, 자음과모음(2023)

도덕 교과군

구분	교과(군)	선택 과목		
		일반 선택	진로 선택	융합 선택
보통 교과	도덕	현대사회와 윤리	윤리와 사상 인문학과 윤리	윤리문제 탐구

선택 과목	수능	현대사회와 윤리	절대평가	상대평가
일반 선택	X		5단계	5등급

단원명 | 현대 생활과 윤리

|🔍| 윤리, 인공지능, 책임 윤리, 책임 교육

[12현윤01-01] ●●●

윤리학의 성격과 특징을 바탕으로 윤리적 존재로서의 인간 본성을 이해하고, 현대사회의 다양한 윤리 문제를 탐구 및 토론할 수 있다.

⮞ 4차 산업혁명의 핵심 기술인 인공지능은 교육 격차를 해소하고, 학생 맞춤형 교육을 실현할 대안으로 주목받고 있다. 윤리(倫理)는 마땅히 지켜야 할 규범으로 당위의 개념을 지니며, 옳고 그름의 가치 판단을 요구한다. 이에 따라 교육부는 '교육 분야 인공지능 개발·활용에 대한 윤리 원칙'을 발표한 바 있다. 인공지능이 결정한 윤리적 문제들을 바탕으로 교육 분야에서 예상되는 문제점을 고찰하고, 학생의 올바른 성장을 지원하는 인공지능의 활용 방안에 대해 모색해 보자.

[관련 학과] 교육계열 전체

《챗GPT 충격, 생성형 AI와 교육의 미래》, 김용성, 프리렉(2023)

[12현윤01-02] ●●●

동양 및 서양의 윤리사상, 사회사상의 접근들을 비교 분석하고, 이를 현대사회의 다양한 윤리 문제와 쟁점에 적용하여 윤리적 해결 방안을 도출할 수 있다.

⮞ 책임 윤리를 제시한 독일 철학자 한스 요나스는 책임의 범위를 현세대로 한정하는 전통적 윤리관은 과학기술로 발생하는 문제를 해결하는 데 한계가 있다고 보았다. 이에 '행해진 것에 대한 사후 책임'의 부과가 아닌, '행위되어야 할 것에 대한 책임'을 강조하였다. '책임교육학년제'는 학생들의 학습과 성장의 결정적인 시기인 초3과 중1을 책임교육학년으로 지정하여 집중 지원하는 제도로, 교육부는 고교학점제와 더불어, 과학기술로 인해 발생하는 문제를 인류의 존속을 위해 인간이 책임지는 것처럼 학력 격차가 벌어지기 쉬운 시기에 기초학력을 책임지기 위한 책임교육을 강조하고 있다. '책임교육학년제'에 대해 탐색하고, 책임교육의 중요성과 의의에 대해 토의해 보자.

[관련 학과] 교육계열 전체

《기울어진 교육》, 마티아스 도프케 외 1명, 김승진 역, 메디치미디어(2020)

단원명 | 생명 윤리와 생태 윤리

| 🔍 | 동물 실험, 다문화사회, 다문화 교육, 불교경제학

[12현윤02-01] ● ● ●

삶과 죽음을 동·서양 윤리의 입장에서 성찰하고, 현대사회에서 발생하는 생명 윤리 문제를 다양한 윤리적 관점에서 설명할 수 있다.

➡️ 흔히 동물 실험은 의학적·과학적 목적에서 실행된다고 생각하기 쉽지만, 교육심리학 분야에서도 이루어지고 있다. 심리학자이자 교육학자인 에드워드 리 손다이크가 심리학 분야에서 최초로 동물 실험을 했고, 이후 학계에서는 동물의 행동 관찰을 위해 원숭이 애착 실험 및 학습된 무력감 실험 등의 동물 실험을 진행했다. 쾌고감 수능력이 있는 동물을 대상으로 실시했던 동물 실험의 사례를 비판하고, 동물권 교육에 대한 학습지도안을 작성해 보자.

관련 학과 교육공학과, 교육학과, 물리교육과, 생물교육과, 윤리교육과, 화학교육과

《**동물 해방**》, 피터 싱어, 김성한 역, 연암서가(2012)

[12현윤02-02] ● ● ●

사랑과 성에 관한 다양한 입장과 성차별의 윤리적 문제를 이해하고, 현대사회의 결혼 및 가족 문제를 윤리적 관점에서 탐구할 수 있다.

➡️ 다문화가정은 서로 다른 문화나 국적을 가진 남녀가 만나 꾸린 가정을 의미한다. 다문화가정에서는 언어와 문화의 차이, 사회적 편견 등의 문제로 자녀 양육에 어려움을 느낄 수 있기 때문에, 학교에서도 다문화 감수성 제고를 위해 다문화 교육을 강조하고 있다. 다문화 교육은 어느 한쪽의 문화를 일방적으로 학습하는 것이 아니라, 다양한 문화가 공존한다는 것을 깨닫고 이해하기 위한 것이다. 다문화가정의 아동과 청소년의 올바른 성장을 지원할 수 있도록 다문화 교육에 필요한 교사의 자질에 대해 정리해 보자.

관련 학과 가정교육과, 국어교육과, 사회교육과, 아동보육학과, 역사교육과, 유아교육학과, 윤리교육과, 초등교육과

다문화 시대, 공존의 교실
이승희, 에듀니티(2023)

책 소개

'한민족'의 정체성과 자부심을 가지고 있는 우리나라는 더 이상 단일 민족이 아니다. 초등학교 교사인 저자가 근무하는 학교는 다문화 배경의 학생이 과반수를 차지한다. 그동안 경험해 왔던 다문화 교육의 한계를 느끼고, 다르지만 다르지 않은 학생들과 함께 협력과 배려, 프로젝트 수업 등을 통해 다문화 감수성의 제고와 성장을 위해 노력하는 교사와 미래 학교의 모습을 엿볼 수 있다.

세특 예시

다문화 교육 주간에 '다문화 시대, 공존의 교실(이승희)'을 읽고, 다문화 시대의 교육 방향에 대해 모둠원들과 토의에 참여함. 다문화 교육이 특정 문화를 습득하는 교육이 아니라 서로의 다름과 다양성의 공존을 배우는 교육임을 깨달았다고 밝힘. 특히 다문화 교육이라는 용어 자체가 편견을 가져올 수 있다고 지적하면서, 다문화 교육을 인성 교육 안에서 실시하되

 다문화가 아닌 교육 그 자체로 받아들일 것을 강조하며 급우들의 호응을 이끌어냄.

[12현윤02-03] ● ● ● ●

자연을 바라보는 동·서양의 관점을 비교·설명할 수 있으며, 오늘날 환경 문제의 사례와 심각성을 조사하고 이에 대한 윤리적 해결 방안을 제시할 수 있다.

➡ 영국의 경제학자 E. F. 슈마허는 미얀마와 인도를 방문한 뒤 불교 사상에 감명을 받아 '불교경제학'이라는 경제사상을 제시하였다. 그는 서구의 물질주의적 토대를 버리고 불교의 가르침을 수용하여 재화를 최소한의 수단으로 활용할 것을 강조하였다. 물질만능주의로 인한 지나친 소비는 환경오염과 자원의 고갈을 가져왔다. 무분별한 소비로 인한 환경오염의 사례와 소비 교육의 필요성에 대해 정리해 보자.

관련 학과 가정교육과, 기술교육과, 사회교육과, 생물교육과, 윤리교육과, 지구과학교육과, 지리교육과, 초등교육과, 화학교육과, 환경교육과

《작은 것이 아름답다》, E. F. 슈마허, 이상호 역, 문예출판사(2022)

단원명 | 과학과 디지털 학습 환경 윤리

| 🔍 | 유사과학, 가짜 뉴스, 미디어 리터러시, 에듀테크, 교육 격차

[12현윤03-01] ● ● ● ●

과학기술 연구에 대한 다양한 관점을 조사하여 비교·설명할 수 있으며, 이를 과학기술의 사회적 책임 문제에 적용하여 비판 또는 정당화할 수 있다.

➡ 유사과학은 학문, 이론, 지식, 연구 등에서 과학적 방법에 의한 연구와 관계가 없으면서도 부정확한 사실이 과학적 사실로 인지되는 현상을 뜻한다. "선풍기를 틀고 자면 죽는다." 또는 "혈액형에 따라 성격이 다르다." 등 일상 속에서 그 사례를 쉽게 찾을 수 있다. 특히 코로나 바이러스 팬데믹 기간에 유행했던 유사과학과 가짜 뉴스는 국민의 건강을 위협하기도 했다. 과학과 디지털 기술이 결합하여 유사과학과 가짜 뉴스가 문제가 되었던 사례를 바탕으로, 유사과학에 현혹되지 않도록 하기 위한 과학계의 역할을 제시해 보자.

관련 학과 기술교육과, 사회교육과, 생물교육과, 윤리교육과, 지구과학교육과, 화학교육과, 환경교육과

《나쁜 과학 대처법》, 스티븐 노벨라 외 4명, 이한음 역, 문학수첩(2022)

[12현윤03-02] ● ● ● ●

정보 통신 기술과 뉴미디어의 발달에 따른 윤리 문제들을 제시할 수 있으며, 이에 대한 해결 방안을 정보 윤리와 미디어 윤리의 관점에서 제시할 수 있다.

➡ 미디어(media)는 신문, 방송, 인터넷, 유튜브 등 정보를 주고받는 모든 매체의 총칭이며, 리터러시(literacy)는 문자화된 기록물을 이해하는 문해력과 정보 해석 능력을 뜻한다. 매체를 이해하고 활용하는 능력인 미디어 리터러시는 일상생활 속에서 다양한 매체에 노출되는 청소년들에게 매우 중요하다. 비판적 사고와 올바른 정보를

선별하는 분별력을 기를 수 있는 미디어 리터러시 교육의 필요성과 교수학습 방법에 대해 발표해 보자.

관련 학과 교육공학과, 사회교육과, 윤리교육과, 초등교육과, 컴퓨터교육과

《디지털·미디어 리터러시 수업》, 르네 홉스, 윤지원 역, 학이시습(2021)

[12현윤03-03] • • •

윤리적인 인공지능을 위하여 인간과 인공지능의 관계를 설명하고, 인공지능으로 인해 발생하는 윤리 문제의 해결 방안을 인공지능 윤리의 관점에서 제시할 수 있다.

➡ 인공지능은 교육계에도 많은 변화를 가져왔다. 인공지능 교육 프로그램은 학습자 개인의 수준을 판별하여 교육 격차를 해소할 것으로 기대되었다. 그러나 학교 현장에서는 디지털 환경에 익숙한 학생들이 인공지능 프로그램을 능숙하게 다루어 더 많은 교육 혜택을 경험하고 있고, 교사들의 디지털 역량의 한계 또한 여전히 존재한다. 인공지능 교육 프로그램으로 오히려 학교 간 교육 격차가 벌어지는 이유를 분석하고, 교사와 학생에게 맞춤형 교육 서비스를 제공할 수 있는 인공지능 활용 방안을 제시해 보자.

관련 학과 교육계열 전체

《챗GPT 교육혁명》, 정제영 외 4명, 포르체(2023)

단원명 Ι **민주시민과 윤리**

🔍 교직 윤리, 학습 윤리, 통합 교육, 능력주의, 교육 기회의 평등

[12현윤04-01] • • •

직업의 의의와 다양한 직업군에 따른 직업 윤리를 제시할 수 있으며, 공동체의 발전을 위한 청렴한 삶과 노동의 가치에 대한 사회적 존중의 필요성을 설명할 수 있다.

➡ 교육(敎育)은 '가르치다', '기르다'라는 의미를 담고 있다. 교육은 가르치는 사람인 교사와 배우는 사람인 학생의 상호작용이다. 그러나 최근 사회와 가치관의 변화 등으로 인해 교사의 교권과 학생의 인권이 대립하는 사례가 증가하고 있다. 교육 공동체의 구성원인 교사와 학생 각각의 권리와 의무를 탐색하고, 교직 윤리와 학습 윤리에 대한 자신의 의견을 제시해 보자.

관련 학과 교육계열 전체

《가르칠 수 있는 용기》, 파커 J. 파머, 김성환 역, 한문화(2024)

[12현윤04-02] • • •

개인 선과 공동선의 조화가 필요한 이유를 설명할 수 있으며, 시민의 정치 참여 필요성과 시민불복종의 조건 및 정당성을 제시할 수 있다.

➡ 장애인 특수학교의 설립이 지역 주민들의 반대로 무산되는 일이 빈번하다. 이는 장애인에 대한 편견과 집단이기주의가 주요 원인이다. 장애 학생 교육 시설의 부족 등으로 인한 어려움은 고스란히 해당 학생과 그 가족의 몫이 된다. '장애인 등에 대한 특수교육법'에 따르면, 통합 교육은 "특수교육 대상자가 일반 학교에서 장애 유형·장애 정도에 따라 차별을 받지 아니하고 또래와 함께 개개인의 교육적 요구에 적합한 교육을 받는 것"으로 규정되어 있다. 학생들의 성장을 지원하는 통합 교육의 당위성을 사례를 바탕으로 제시해 보자.

관련 학과 가정교육과, 교육학과, 아동보육학과, 유아교육학과, 초등교육과
《**장애시민 불복종**》, 변재원, 창비(2023)

[12현윤04-03] ● ● ●

공정한 분배를 이루기 위한 정책을 분배 정의 이론을 통해 비판 또는 정당화할 수 있으며, 사형 제도와 형벌을 교정적 정의의 관점에서 비판 또는 정당화할 수 있다.

➡ 능력주의는 개인의 능력에 따라 사회적 지위나 권력을 부여해야 한다고 믿는 사상을 의미한다. 특히 교육 분야에서의 능력주의는 개인의 노력으로 이룬 성과라는 인식과 함께 공정하다고 인정받아 왔지만, 가정환경이라는 변수를 간과하고 경쟁을 심화시켜 교육 격차의 원인이 되었다. 교육 분야의 기회의 평등과 결과의 평등에 대해 고찰하고, 대학 입시 제도의 기회 균등 선발 전형, 농어촌 전형 등의 역차별 논란에 대한 자신의 생각을 정리해 보자.

관련 학과 교육공학과, 교육학과, 사회교육과, 수학교육과, 영어교육과, 윤리교육과, 초등교육과, 컴퓨터교육과
《**교육 대전환 시대의 미래교육**》, 송영범, 맘에드림(2022)

단원명 | 문화와 경제생활의 윤리

| 🔍 | 대중문화, 명품 소비, 다문화 교육

[12현윤05-01] ● ● ●

미적 가치와 윤리적 가치를 예술과 도덕의 관계 차원에서 설명할 수 있으며, 현대의 대중문화의 순기능과 역기능을 윤리적 관점에서 이해하고 성찰할 수 있다.

➡ 한국경제연구원은 한류 열풍과 K-콘텐츠의 경제적 효과가 37조에 달한다고 발표하였다(2023). 전 세계적인 관심에 다양한 콘텐츠가 쏟아져 나오고 문화 사업이 빠른 속도로 발전하고 있지만, 청소년들은 대중매체를 통해 선정적이고 폭력적인 콘텐츠에 지속적으로 노출되기도 한다. 선정적이고 폭력적인 콘텐츠가 청소년들에게 미치는 영향과 대중문화의 윤리적 규제의 필요성과 방법에 대해 정리해 보자.

관련 학과 가정교육과, 사회교육과, 윤리교육과, 초등교육과
《**동과 서, 마주 보다**》, 한국서양문화교류연구회, 성균관대학교출판부(2011)

[12현윤05-02] ● ● ●

의식주 생활과 관련된 윤리 문제와 경제생활에서 발생하는 도덕적 선과 이윤 추구 사이의 갈등 및 소비 문화의 문제점을 윤리적 관점에서 비판할 수 있다.

➡ 10대 청소년들의 명품 소비가 증가하고 있다. 유튜브와 SNS 등의 소셜 미디어에서는 손쉽게 명품 하울(끌다: 특정 브랜드의 상품을 많이 구입하여 개봉 과정을 보여주는 영상)을 접할 수 있고, 청소년들이 좋아하는 10대 아이돌은 명품 브랜드의 앰배서더로 활동하며 패션 트렌드를 주도하기도 한다. 경제적 자립 능력이 없는 청소년들의 명품 소비의 원인과 문제점을 탐구하고, 설문 조사를 바탕으로 소비 실태의 결과를 분석하여 해결 방안을 발표해 보자.

관련 학과 가정교육과, 사회교육과, 윤리교육과, 초등교육과, 환경교육과
《**로빈슨 크루소의 사치**》, 박정자, 기파랑(2021)

[12현윤05-03]

다문화 이론을 통해 문화의 다양성을 존중해야 할 필요성을 인식하고, 종교 갈등, 이주민 차별 등과 같은 다문화 관련 문제의 해결 방안을 제시할 수 있다.

➡ 저출산으로 학생 수는 급감하고 있지만, 다문화사회가 빠르게 진행됨에 따라 다문화가정의 학생 수는 증가하고 있다. 교육부는 다문화가정의 아동과 청소년이 학교생활을 통해 재능을 발휘하여 미래 인재로 자라날 수 있도록 정책적으로 지원하고 있다. 우리나라의 다문화 교육과 독일, 호주 등의 다문화 교육 사례를 비교하여 다문화 교육의 의의와 발전 방안을 제시해 보자.

관련 학과 가정교육과, 교육공학과, 교육학과, 아동보육학과, 영어교육과, 유아교육학과, 윤리교육과

다문화사회에서 세계시민으로 살기
후지와라 다카아키,
세계시민 도서번역연구회 역,
다봄교육(2023)

책 소개

다양한 문화의 공존은 이상적인 이야기 같지만 마주해야 할 우리의 현실이다. 다문화사회는 다름을 인정하는 것에서 그치는 것이 아니라, 사회·경제·종교적 모순과 딜레마라는 사회 구조상의 문제를 포함한 복합적인 문제를 가지고 있다. 저자는 시뮬레이션을 통해 서로의 입장 차이를 이해하고 조정하는 세계시민 교육을 이론 편, 실전 편, 자료 편으로 구성하여 실천적 방법을 제시한다.

세특 예시

세계 인권 주간에 실시한 세계시민 교육으로 다문화 시대의 복합적인 문제를 경험하고 해결 방법을 모색하는 프로젝트에 참여함. 평등한 문화의 공존, 그리고 다름을 이해하는 개방적 자세 등 다문화 시대에 필요한 윤리적 자세들이 어떤 상황에 필요한지, 모순적 상황에서도 받아들일 수 있는지에 대한 의문을 가짐. 나아가 '다문화사회에서 세계시민으로 살기(후지와라 다카아키)'를 읽고, 급우들과 함께 교육 도안에 따라 수업을 직접 시연해 보며 다문화 교육에서 실천과 소통의 중요성을 강조함.

단원명 | 평화와 공존의 윤리

🔍 토론, 독서 토론, 통일 교육, 난민 문제

[12현윤06-01]

다양한 사회적 갈등의 양상을 제시하고 동·서양의 윤리 이론을 바탕으로 사회 통합을 위한 방안을 제안할 수 있으며, 바람직한 소통과 담론을 실천할 수 있다.

➡ 토론은 어떤 논제를 둘러싸고 여러 사람이 각각의 의견을 말하며 논의하는 것이다. 독서 토론 교육은 문해력 향상과 공감·경청·소통 등의 미래 역량을 함양할 수 있다. 그러나 독서 토론을 교육과정 내에서 실시하는 것은 입시 위주와 결과 중심의 교육에 익숙한 학교 교육에서는 쉽지 않다. 독서 토론의 중요성과 독서 토론의 활성화를 위한 교사와 학생의 역할에 대해 토론해 보자.

관련 학과 교육학과, 국어교육과, 사회교육과, 역사교육과, 윤리교육과

《청소년을 위한 고전 독서 토론수업》, 오성주, 이비락(2024)

[12현윤06-02] ● ● ●

한반도의 통일과 평화에 관한 쟁점을 객관적으로 이해하고, 보편적인 윤리적 가치를 바탕으로 남북한의 화해를 위한 개인적·국가적 노력을 구체적으로 제시할 수 있다.

◉ 통일은 민족적 정체성의 확립과 보편적 가치의 실현을 위한 당위적 과제이지만, 통일에 대한 근본적인 쟁점에서는 찬반 대립이 첨예하다. 통일을 반대하는 입장에서는 약 80년에 이르는 남북 분단으로 이질화된 서로 다른 체제와 부담스러운 통일 비용 등을 말한다. 찬성하는 입장에서는 민족의 정체성 회복과 평화, 인권 등 보편적 가치의 실현을 통한 한반도의 평화와 통일이 분단 비용의 부담을 해소할 것이라고 주장한다. 통일 후 변화될 모습을 정치, 사회, 경제, 문화 면에서 제시하고, 세계시민 교육에서 강조하는 가치를 적용하여 통일 교육의 수업지도안을 작성해 보자.

[관련 학과] 교육계열 전체
《평화교육 과거, 현재, 미래를 그리다》, 모니샤 바자즈 외 18명, 권순정 외 2명 역, 살림터(2022)

[12현윤06-03] ● ● ●

국제사회의 윤리 문제를 국제 정의의 관점에서 비판적으로 설명하고, 국제사회에 대한 책임과 기여를 윤리적 관점에서 정당화하고 실천 방안을 제시할 수 있다.

◉ 우리나라는 아시아 국가 중에서 최초로 난민법을 제정했지만, 난민에 대한 인정률은 국제 수준보다 낮고 사회적 인식도 부족한 편이다. 그러나 원조 수혜국에서 공여국으로 전환된 세계 유일의 국가인 만큼 난민 문제에서 자유롭지 않다. 난민에 대한 국제사회의 사회적 책임과 역할에 대해 고찰하고, 난민 수용을 주제로 찬반 토론을 실시해 보자.

[관련 학과] 교육학과, 사회교육과, 역사교육과, 윤리교육과, 지구과학교육과, 지리교육과, 환경교육과
《난민, 멈추기 위해 떠나는 사람들》, 하영식, 뜨인돌(2021)

선택 과목	수능	윤리와 사상	절대평가	상대평가
진로 선택	X		5단계	5등급

단원명 | 동양 윤리 사상

🔍 | 양지, 치양지, 소국과민, 사성제, 팔정도

[12윤사01-01]   •••

공자 사상에 바탕하여 맹자와 순자, 주희와 왕수인의 인성론을 비교하고, 인간 본성의 입장에 따른 윤리적 삶의 목표 및 방법론의 차이와 그 의의를 파악할 수 있다.

➡ 명나라 유학자 왕수인은 마음이 곧 이치라는 '심즉리(心卽理)'를 주장하며, 도덕적 이치는 도덕적인 마음속에 존재한다고 보았다. 또한 우리 마음속에는 이미 도덕법칙이 내재하고 있기 때문에 마음에 있는 양지를 실천하는 '치양지(致良知)'를 강조하였다. 왕수인의 심즉리와 치양지에 대해 탐구하고, 이를 바탕으로 초등 또는 중등 교육과정과 연계하여 도덕 교육의 의의를 도출해 보자.

관련 학과 가정교육과, 사회교육과, 아동보육학과, 역사교육과, 유아교육학과, 윤리교육과, 초등교육과
《주자학과 양명학》, 시마다 겐지, 김석근 역, AK(2020)

[12윤사01-02]   •••

노자의 유무상생·무위자연 사상과 장자의 소요유·제물론의 의의를 이해하고, 서로 다른 것들 간의 어울림을 통한 진정한 평화에 대해 성찰할 수 있다.

➡ 무위자연을 강조하는 '소국과민(小國寡民)'은 노자가 생각하는 이상 국가의 모습으로, 이상 국가가 갖추어야 할 조건이다. 작은 영토에 적은 인구의 사람들이 가식이 없는 본성에 따르는 삶, 무위자연의 삶을 영위할 수 있다고 보았다. 입시 위주의 교육 제도에서는 청소년들이 능력주의, 경쟁과 서열화 등에 따라 좋은 대학에 가기 위해 학업에 열중한다. 자신의 학급을 소국과민이라 가정하고, 급우들의 흥미와 적성을 살릴 수 있는 인성 교육 프로그램을 제안해 보자.

관련 학과 가정교육과, 교육학과, 미술교육과, 사회교육과, 아동보육학과, 역사교육과, 유아교육학과, 윤리교육과, 초등교육과, 음악교육과
《미래를 위한 인성교육》, 이도경, BOOKK(2023)

[12윤사01-03]   •••

불교의 사성제와 자비를 이해하고, 괴로움을 극복하는 방법을 실천할 수 있다.

➡ 사성제(四聖諦)는 '영원히 변하지 않는 네 가지 성스러운 진리'로, 인간 고통의 원인과 해탈에 이르는 방법을 제시한 것이다. 고성제는 인생은 본질적으로 괴롭다는 것을 의미하며, 집성제는 괴로움에는 원인이 있다는 것이다. 멸성제는 괴로움이 소멸한 상태, 즉 열반을 의미한다. 도성제는 열반에 이르기 위한 여덟 가지 수행 방법으

로 팔정도를 제시한다. 삼학과 팔정도를 조사하고, 교육계열의 관심 분야(아동 교육, 인성 교육 등)와 연계하여 교육적 의의를 도출해 보자.

관련 학과 가정교육과, 사회교육과, 윤리교육과, 아동보육학과, 유아교육학과, 초등교육과, 특수교육과

《**인문학을 좋아하는 사람들을 위한 불교 수업**》, 김사업, 불광출판사(2017)

단원명 | 한국 윤리 사상

| 𝒫 | 정혜쌍수, 이이, 기발이승일도설, 정약용, 성기호설, 수양론

[12윤사02-01] •••

원효의 화쟁사상, 의천과 지눌의 선·교 통합 사상이 불교의 대립을 어떻게 화해시켰는지 탐구하고, 한국 불교의 특성과 통합 정신의 중요성을 파악할 수 있다.

➡ 통일신라 후기에 선종이 유입된 이후, 고려시대에 들어서 교종과 선종이 대립하게 되었다. 이에 의천은 천태종을 설립하여 교종을 중심으로 선종과 통합하려 하였다. 의천의 노력에도 갈등이 줄어들지 않자, 지눌은 조계종을 바탕으로 선종을 중심으로 교종을 포용하고자 하였다. 지눌이 제시한 돈오점수(頓悟漸修)와 정혜쌍수(定慧雙修)를 설명하고, 정혜쌍수에서 제시한 교육 방법의 의의를 도출해 보자.

관련 학과 교육계열 전체

《**지눌의 선禪 사상**》, 길희성, 동연출판사(2021)

[12윤사02-02] •••

도덕 감정의 발현 과정에 대한 퇴계와 율곡의 주장을 그 이유와 함께 비교·고찰하고, 일상의 감정을 도덕적으로 조절하는 방법을 제시할 수 있다.

➡ 이황은 이(理)와 기(氣)를 구분하여 "사단은 리가 발하고 기가 그것을 따른다. 칠정은 기가 발하고 리가 그것에 편승한다."라는 이기호발설을 주장하였다. 반면에 이이는 "사단칠정과 모든 감정은 기가 발하고 이가 기에 타면서 드러난다."라는 기발이승일도설을 주장하였다. 이황과 이이의 도덕 감정의 발현 과정에 대한 의견은 다르지만, 두 사람은 도덕성 함양을 위한 수양을 강조하였다. 또한 이이는 수양을 통해 기질을 교정하는 것을 중요하게 생각하였다. 기질의 변화(교기질, 矯氣質)를 강조한 이이의 수양론을 조사해 보자.

관련 학과 교육학과, 윤리교육과, 아동보육학과, 유아교육학과, 초등교육과

《**율곡 이이, 우리 학생들을 지도하다**》, 율곡 이이, 김정진 편저, 자유로(2015)

[12윤사02-03] •••

남명과 하곡, 다산의 사상을 통해 앎과 함의 관계에 대하여 성찰하고, 윤리적 실천 방안을 제안하여 실행할 수 있다.

➡ 다산 정약용은 '성(性)'을 기호라고 보며, 본성이란 어떤 것을 지향하는 기호이며 마음의 경향성이라고 보는 성기호설(性嗜好說)을 주장하였다. 그는 기호를 생리적이고 육체적 욕망인 형구(形軀: 몸의 형태)의 기호와, 선을 좋아하고 악을 미워하는 도덕적 기호인 영지(靈知: 영이 아는 것)의 기호로 분류하였다. 그는 인의예지의 사덕을 인간의 선천적 본성으로 규정한 성즉리를 비판하면서 행동의 실천과 수양을 강조하였다. 정약용의 수양론과 그 의

의를 정리해 보자.

관련 학과 가정교육과, 사회교육과, 윤리교육과, 초등교육과

《다산 정약용의 중용》, 정약용, 박완식 외 1명 역, 학자원(2023)

단원명 | 서양 윤리 사상

| 🔍 | 아리스토텔레스, 스토아학파, 에피쿠로스학파, 자연법, 의무론, 로스, 조건부 의무론, 듀이, 실용주의

[12윤사03-01] • • •

서양 윤리 사상의 출발점에서 나타난 보편 윤리, 영혼의 조화, 성품의 탁월성의 특징을 파악하고, 덕과 행복의 관계에 대하여 성찰할 수 있다.

➔ 아리스토텔레스는 덕은 인간의 고유한 기능인 이성이 탁월하게 발휘되는 상태를 의미하며, 진정한 행복은 덕을 따르는 삶을 통해 이룰 수 있다고 하였다. 또한 덕을 품성적인 덕과 지적인 덕으로 구분하였다. 아리스토텔레스의 품성적인 덕과 지적인 덕의 특징과 덕을 쌓는 방법에 대해 정리하고, 덕의 교육적 의의를 도출해 보자.

관련 학과 교육학과, 사회교육과, 윤리교육과

아리스토텔레스의 니코마코스 윤리학

유재민, EBS BOOKS(2021)

책 소개 ┈┈┈┈┈┈┈┈┈┈┈┈┈┈┈┈┈┈┈┈┈┈

아리스토텔레스는 행복, 중용, 덕, 정의 등의 주제를 논리적으로 구축하여, '행복'에 대한 개인적 성찰을 '인간'과 '국가'의 체계와 연계하여 정치학으로까지 확장한다. 행복을 위해서는 덕을 쌓아야 하고 덕을 발휘하기 위해서는 중용과 같은 의식적인 노력이 필요함을 제시하고, 행복에 대한 개인의 욕구는 공동체 안에서의 정의, 우정, 행복으로 확장되어 덕의 실현으로서의 사회적 책무를 강조하였다.

세특 예시 ┈┈┈┈┈┈┈┈┈┈┈┈┈┈┈┈┈┈┈┈┈┈

'아리스토텔레스의 니코마코스 윤리학(유재민)'을 읽고 행복과 덕의 관계에 대해 고찰함. 인간의 궁극적 목적은 행복이며, 행복을 위해서는 유덕한 사람이 되어야 하고, 이는 공동체의 행복 증진을 위해 노력한다는 측면에서 덕 윤리를 통해 시민 교육의 필요성과 방향에 대해 알게 되었다고 소감을 밝힘. 또한 품성적인 덕은 도덕적 행동의 실천과 습관이며 지적인 덕은 교육으로 길러진다는 덕론을 바탕으로 의지와 실천의 중요성을 강조하고, 인격 교육을 통한 성장을 지원한다는 교육적 의의를 도출함.

[12윤사03-02] • • •

행복 추구에 대한 쾌락주의와 금욕주의의 입장을 비교하여 고찰하고, 진정한 행복을 위한 윤리적 실천 방법을 제시할 수 있다.

➔ 에피쿠로스학파와 스토아학파는 모두 '인간은 어떻게 살아야 하는가'에 대해 고민하고, 욕망과 절제를 통한

평온한 삶을 주장하였다. 그러나 행복을 추구하는 방법으로 에피쿠로스학파는 쾌락주의와 평정심을, 스토아학파는 금욕주의와 부동심을 제시하였다. 두 학파의 행복에 대한 관점을 비교하여, 자신이 추구하는 건강한 행복의 의미와 실천 방법을 제시해 보자.

관련 학과 교육계열 전체

《에피쿠로스의 네 가지 처방》, 존 셀라스, 신소희 역, 복복서가(2022)

[12윤사03-03] ● ● ●

그리스도교의 사랑의 윤리로서의 특징을 파악하고, 자연법 윤리 및 프로테스탄티즘 윤리에 나타난 신앙과 윤리의 관계를 성찰할 수 있다.

➡ 토마스 아퀴나스는 그리스도교의 교리를 철학적으로 논증하려고 한 스콜라 철학의 대표적인 신학자이다. 그는 세계는 신이 창조하였고, 신의 영원한 법칙인 영원법으로 다스려지며, 자연법은 영원법에 기초하며 이성을 지닌 인간이라면 누구나 지킬 수밖에 없다고 하였다. 아퀴나스의 자연법과 자연법 윤리에 대해 정리해 보자.

관련 학과 사회교육과, 윤리교육과

토마스 아퀴나스의 신학대전 읽기

양명수, 세창미디어(2014)

책 소개

토마스 아퀴나스는 "하느님은 진리 자체이다. 그러므로 하느님이 존재한다는 것은 자명한 것이다."라고 하며, 그리스도교의 교리를 인간 이성에 기반하는 보편 진리로 증명하려고 하였다. 이 책은 그리스도교 신학의 주요 교리를 총 3부(신·창조론, 윤리론, 그리스도·성사)로 구성해, 중세 학문의 집대성이라 할 수 있는 토마스 아퀴나스의 방대한 저작인《신학대전》을 이해할 수 있도록 정리하였다.

세특 예시

철학 사상을 바탕으로 자신의 교육 철학을 정립하려는 탐구 능력이 우수한 학생으로, '토마스 아퀴나스의 신학대전 읽기(양명수)'를 읽고 도덕의 원리와 선악의 문제에 대해 깊이 고찰함. 자연법의 제1원리인 '선을 행하고 악을 피하라'에 근거하여 인간의 본성인 자연적 경향성을 자연법과 연계하여 분석하고, 도덕적 공공선에 대한 욕구를 정의 실현의 방법으로 제시하는 등 이성과 의지의 상호의존적인 관계에 대해 심도 있게 접근함.

[12윤사03-04] ● ● ●

옳고 그름의 기준에 대한 의무론과 결과론을 비교·분석하고, 옳고 그름에 대한 윤리적 관점을 정당화할 수 있다.

➡ 칸트의 의무론은 이성에 근거한 도덕법칙과 인간의 존엄성을 바탕으로 보편적인 도덕법칙의 지침이 되었다는 점에서 의의가 있다. 그러나 의무에 따른 행위만을 도덕적 행위로 인정하기 때문에 지나치게 엄격하고 형식적이라는 비판을 받는다. 칸트의 의무론을 계승한 로스는 정언명령의 엄격성에서 벗어나 조건부 의무론을 제시하였다. 로스의 조건부 의무론이 현대사회의 윤리문제를 해결하는 데 있어 유리한 점을 설명하고, 도덕 교육의 활용 방안을 제시해 보자.

관련 학과 사회교육과, 윤리교육과

《생활 속의 응용윤리》, 박찬구, 세창출판사(2023)

[12윤사03-05] ● ● ●

실존주의와 실용주의, 도덕의 기원과 판단에 관한 과학적 탐구를 비판적으로 평가하고, 책임·배려 윤리에 대한 이해를 바탕으로 윤리적 삶의 의미와 지향을 설정할 수 있다.

➡ 존 듀이는 실용주의 사상을 계승하여 도구주의로 발전시켰다. 도구주의란 지식이 문제 해결을 위한 수단이나 더 나은 목적을 달성하기 위한 도구로 사용될 때 가치가 있다는 관점이다. 또한 지성적 탐구를 통해 현재 상황에 존재하는 문제가 무엇인지 밝히고, 교정하려는 노력으로 사회의 성장과 진보를 가져올 수 있다고 하였다. 듀이의 실용주의 윤리 사상과 교육 철학(경험과 체험)에 대해 조사해 보자.

관련 학과 교육공학과, 교육학과, 사회교육과, 윤리교육과
《존 듀이의 경험과 교육》, 존 듀이, 엄태동 역, 박영스토리(2019)

단원명 | 사회사상

| 🔍 | 롤스, 질서 정연한 사회, 공교육과 사교육, 듀이, 민주주의와 교육, 유교 사상

[12윤사04-01] ● ● ●

동·서양의 다양한 국가관을 비교·고찰하고, 오늘날의 관점에서 국가의 역할과 정당성에 대한 체계적인 시각을 형성할 수 있다.

➡ 존 롤스는 이상사회의 모습으로 '질서 정연한 사회'를 제시하였다. '질서 정연한 사회'란 각 사회 구성원들의 선을 증진하고 공적 정의관에 의해 규제되는 사회이다. 롤스는 정의의 원칙이 사회 정의의 정당한 과정을 거쳐 구성원들의 합의를 통해 실현될 수 있다고 보고, 원초적 입장에서 자신들에게 최대한의 사회적 안전망을 제시할 수 있는 정의의 두 원칙에 합의할 것이라고 하였다. '질서 정연한 사회'의 조건과 국가의 역할을 고찰하고, 정의로운 사회를 위한 시민 교육의 중요성을 제시해 보자.

관련 학과 윤리교육과, 사회교육과
《존 롤스, 시민과 교육》, M. 빅토리아 코스타, 김상범 역, 어문학사(2020)

[12윤사04-02] ● ● ●

시민의 자유와 권리, 공적 삶과 정치 참여에 대한 자유주의와 공화주의의 관점을 비교·고찰하고, 시민과 공동체의 바람직한 관계를 모색할 수 있다.

➡ 공교육은 국가가 교육의 질을 관리하고 법률에 따라 국민 모두에게 보편적으로 시행하는 교육을 의미하고, 사교육은 개인이 의사결정의 주체가 되어 자발적으로 이루어지는 교육을 뜻한다. 우리나라 교육의 문제점은 사교육이 소득 격차로 인한 교육 기회의 불평등을 야기한다는 것이다. 공교육과 사교육은 협력적 관계 형성으로 학생의 성장을 지원하는 것이지만, 사교육의 과잉과 경쟁이 우리나라 교육의 문제가 되고 있다. 점차 늘어나는 사교육 문제와 국가 개입의 정당성에 대해 토론해 보자.

관련 학과 교육계열 전체
《격차를 넘어》, 서울대학교 사범대학 부설학교 교사들, 휴머니스트(2022)

근대 대의민주주의의 대안으로 등장한 참여민주주의와 심의민주주의의 장단점을 분석하고, 민주주의의 이상을 구현하기 위한 실천 방법을 제시할 수 있다.

➡ 존 듀이는 "민주주의는 정치의 한 양식이 아니라 생활 양식이다."라고 하였다. 그는 사회생활에 필요한 의사소통 방법과 타인과 함께 협동하는 자세, 공공성을 지향하는 마음 등 윤리적 가치의 학습을 통해 민주적 사회에 이르게 되는 과정으로서 교육의 중요성을 강조하였다. 학교의 교육과정이 민주주의에 참여하는 시민으로 성장시키는 데 있어 중요한 이유를 설명해 보자.

관련 학과 교육계열 전체

《다시 읽는 민주주의와 교육》, 존 듀이, 심성보 역, 살림터(2024)

자본주의의 현실적 기여와 한계에 대해 조사·분석하고, 동·서양의 사회사상적 측면에서 자본주의의 개선 방향에 관해 탐구할 수 있다.

➡ 막스 베버는 프로테스탄트 윤리가 서양을 근대 자본주의로 이끌었으며, 유교가 바탕이 되는 동양에서는 근대 자본주의가 발달하지 못하였다고 하였다. 일부 시각에서는 인과 예를 중시하는 유교가 경제학과 무관한 것처럼 인지하지만, 공자는 제자인 자공의 성공을 인정하며 경제활동을 중요하게 생각하였고, 이는 〈논어〉에도 자주 언급된다. 공자의 견리사의(見利思義) 등 유교 사상을 바탕으로 자본주의의 한계점을 보완할 수 있는 방안을 제시해 보자.

관련 학과 사회교육과, 윤리교육과

《공자가 다시 쓴 자본주의 강의》, 이덕희, 센추리원(2015)

선택 과목	수능	인문학과 윤리	절대평가	상대평가
진로 선택	X		5단계	5등급

단원명 | 성찰 대상으로서 나

| 🔍 | 격몽요결, 독서 교육, 전인 교육

[12인윤01-01] • • •

내 몸과 마음의 관계를 탐구하고, 심신의 통합성을 자각하여 도덕적 주체로서 자신을 이해하고 존중할 수 있다.

➡️ 〈격몽요결〉은 무지함을 일깨우는 중요한 방법으로 이이가 아이들을 가르칠 목적으로 만든 초학용 교과서이다. 초등 교육에서 독서는 인지 발달과 사회성 발달, 문해력 향상 등 올바른 성장을 위해 매우 중요하다. 〈격몽요결-독서 장〉을 바탕으로 독서의 바른 자세, 독서와 행동의 합일과 실천에 대한 부분을 검토하여, 초등학생들에게 독서의 중요성과 즐거움을 일깨워 줄 수 있는 수업지도안을 작성해 보자.

관련 학과 가정교육과, 교육학과, 아동보육학과, 유아교육학과, 초등교육과, 특수교육과

《공부머리 독서법》, 최승필, 책구루(2018)

[12인윤01-02] • • •

삶의 주체인 나에 대한 성찰을 바탕으로 고통과 쾌락의 근원 및 양상을 탐구하여, 고통과 쾌락에 지혜롭게 대처하는 자세를 갖출 수 있다.

➡️ 〈숫타니파타-위대한 축복의 경〉에서는 "존경하는 것과 겸손한 것, 만족과 감사할 줄 아는 마음으로 때에 맞추어 가르침을 듣는 것이야말로 더없는 축복"이라 하였다. 학생들은 〈숫타니파타〉의 가르침을 원하는 사람들이 될 수 있고, 교사는 수행자 역할을 할 수 있다. 〈숫타니파타〉의 내용을 재구성하여, 학생들이 절제하며 훈련하고 자아를 확립할 수 있도록 자신의 희망 계열에 맞는 전인 교육의 내용과 방법을 구상해 보자.

관련 학과 교육공학과, 교육학과, 윤리교육과, 특수교육과

《인간성 수업》, 마사 너스바움, 정영목 역, 문학동네(2018)

단원명 | 타인과 관계 맺기

| 🔍 | 미래 교육, 필리아, 인성 교육

[12인윤02-01] • • •

관계 속에서 살아가는 나에 대한 성찰을 통해 상호성을 만끽하는 삶을 모색하고 실천할 수 있다.

➔ 인터넷과 스마트폰은 세상과 소통하는 방법을 변화시켰다. 또한 인공지능은 학생들의 수준별 맞춤 지도를 가능하게 하고, 강의식 교육의 문제점이었던 개별화 교육의 어려움을 극복할 방안을 제시하였다. 그러나 인공지능을 활용한 교육 방식이 아직은 학생들 개인의 맞춤형 교육에 중점을 둔 만큼, 친구들과의 사회성 및 공동체 의식 함양에 대한 지원이 필요하다. 미래 사회 변화에 맞춰 추구해야 할 교육의 목표와 학생들에게 필요한 역량을 미래 교육 제안서로 정리해 보자.

관련 학과 교육계열 전체

《질문에 관한 질문들》, 백희정, 노르웨이숲(2023)

[12인윤02-02]   • • •

우정과 사랑의 의미를 탐구하고, 행복한 삶의 기반인 진정한 우정과 참된 사랑의 관계를 형성하기 위해 노력할 수 있다.

➔ 〈논어-술이 편〉에서 공자는 문행충신(학문, 수행, 충성, 신의)을 강조하였다. 또한 〈논어〉에서는 우정에서 신(信)이 중요하다고 제시한다. 아리스토텔레스는 〈니코마코스 윤리학〉에서 우정을 '필리아(philia)'라고 말한다. 필리아란 '상대방이 잘되기를 바라는 마음으로 그러한 상태를 서로 인지하고 있는 품성의 상태'를 의미한다. 친구와의 우정을 주제로 관심 계열과 연계하여 인성 교육에 대한 지도안을 작성해 보자.

관련 학과 가정교육과, 교육학과, 국어교육과, 미술교육과, 사회교육과, 윤리교육과, 초등교육과, 특수교육과

《질문을 주고받으며 나와 친구의 미덕을 찾아내는 우정 수업》, 이보경, 우리교육(2022)

단원명 | 자유와 평등

| 🔎 | 자유, 장자, 칸트, 교육 격차

[12인윤03-01]   • • •

동·서양에서 바라보는 자유와 평등의 의미와 근거를 알고, 자유롭고 평등한 사람의 모습을 탐구하여 책임 있는 삶의 자세를 추구할 수 있다.

➔ 장자의 자유는 인식의 한계로부터 벗어난 절대 자유의 경지이다. 〈장자-소요유〉에서는 '곤'이라는 이름을 가진 물고기가 '붕'이라는 새가 되어 회오리바람을 타고 9만 리를 올라, 아무 장애가 없는 남쪽을 향하게 되었다고 하였다. 칸트는 자유를 "자신의 의지가 어떤 외적 세력에 의해 규정되지 않는 것"이라고 하였다. 이때 자유의지는 이성을 의미하며, 정언명령이라는 도덕법칙을 세우고 그것을 따르는 것을 뜻한다. 장자와 칸트의 사상을 바탕으로 인간이 자유로운 존재임을 규명하고, 자유의지를 가진 학생들 간의 우정과 질서를 위해 교우 관계에서 지켜야 할 도덕법칙을 제시해 보자.

관련 학과 가정교육과, 교육학과, 국어교육과, 사회교육과, 윤리교육과

《사람 공부》, 조윤제, 청림출판(2023)

[12인윤03-02]   • • •

불평등이 발생하는 원인 및 실질적 기회 균등을 구현하기 위한 조건을 탐구하여, 자유롭고 평등한 삶을 위한 정의의 원칙을 도출할 수 있다.

➡️ 존 롤스는 절차적 정의를 강조하며, 자유롭고 평등한 개인이 공정한 조건에서 정의의 원칙에 합의하는 '원초적 입장'이라는 가상의 상황을 제시하였다. 또한 원초적 입장과 무지의 베일 속에서 선택된 정의의 원칙들은 공정하다고 하였다. 원초적 입장과 무지의 베일 속에서 선택된 정의의 원칙이 차등의 원칙을 선택할 수밖에 없는 이유를 제시하고, 교육 격차 해소를 위한 방안을 제시해 보자.

> **관련 학과** 교육공학과, 교육학과, 사회교육과, 윤리교육과
>
> **《감염 도시의 교육 불평등》,** 이시효, 학이시습(2021)

단원명 | **다양성과 포용성**

> | 🔍 | 토론 교육, 가상 세계, 디지털 자아

> **[12인윤04-01]** ● ● ●
>
> 서로 다른 의견들이 발생하고 충돌하는 양상과 이유를 파악하고, 민주적인 방식으로 다양한 의견을 포용하는 방법과 절차를 모색하여 실천할 수 있다.

➡️ 존 스튜어트 밀은 인간의 오류 가능성을 제시하며, 다수의 횡포를 거부하고 이를 최소화하기 위한 사고(思考)와 토론의 자유를 강조하였다. 또한 토론을 통해 자신의 의견에 신뢰감을 갖고 실수를 교정해 나가는 과정이야말로 위대한 사상가가 되기 위한 혹은 무오류성을 극복하기 위한 가장 필수적인 조건이라고 하였다. 사고와 토론의 자유를 억압해서는 안 되는 이유를 토론을 통해 도출하고, 토론 교육의 중요성에 대해 제시해 보자.

> **관련 학과** 교육학과, 국어교육과, 사회교육과, 윤리교육과, 환경교육과
>
> **《토론교육의 정석 디베이트》,** 케빈 리, 이지스에듀(2023)

> **[12인윤04-02]** ● ● ●
>
> 가상 세계와 현실 세계의 같고 다른 점이 무엇인지 탐구하고, 가상 세계에서도 자신과 타인을 존중하는 자세를 갖출 수 있다.

➡️ 〈장자-제물론〉의 '나비의 꿈: 호접지몽(胡蝶之夢)' 우화에서 장자는 장주가 나비 꿈을 꾼 것인지 나비가 장주 꿈을 꾼 것인지 알 수 없다고 하며, 세상의 본질은 곧 하나임을 제시하였다. 많은 전문가들이 메타버스와 같은 가상 세계와 인공지능이 결합하여 현실과 가상의 경계가 없어지고 '디지털 자아'가 형성될 것을 예고하고 있다. 메타버스가 학생들의 자아 형성에 미칠 긍정적 측면과 부정적 측면을 정리하여 문제점과 해결 방안을 제시해 보자.

> **관련 학과** 과학교육과, 교육공학과, 기술교육과, 사회교육과, 수학교육과, 윤리교육과, 컴퓨터교육과
>
> **《생성형 AI가 바꾸는 메타버스의 미래》,** 정지훈, 김영사(2023)

단원명 | **공존과 지속가능성**

> | 🔍 | 바람직한 인간관계, 에듀테크, 환경 교육

[12인윤05-01]

자아실현과 직업 생활의 상호성을 이해하고, 삶의 방식으로서 소유와 존재의 의미를 탐구하여 나와 타인의 이익을 조화롭게 추구하는 삶의 태도를 함양할 수 있다.

⊙ 〈목민심서-봉공 편〉에서는 목민관으로서의 예의 있는 교제를 강조하며, 인간관계에서 지켜야 할 예의를 제시하였다. 또한 〈목민심서-애민 편〉에서는 어린이를 보살필 것을 강조하며, 어린이를 잘 양육하는 일은 옛날 훌륭한 임금들의 큰 정사였으니 역대로 이를 법으로 삼아왔다고 하였다. 4차 산업혁명은 디지털 기술의 혁신으로 학생들의 개인주의를 심화시키는 측면이 있다. 〈목민심서〉를 바탕으로 바람직한 인간관계를 형성하고 공동체적인 삶을 영위하기 위한 초등교육의 에듀테크 방향을 제안해 보자.

관련 학과 가정교육과, 교육공학과, 사회교육과, 윤리교육과, 초등교육과

《회복되는 교실》, 김훈태, 교육공동체벗(2024)

[12인윤05-02]

기후 위기 문제를 비판적으로 인식하고, 지속가능한 삶을 위해 인간과 자연에 대한 이분법적 관점을 넘어선 상생의 원칙들을 수립하여 일상에서 실천할 수 있다.

⊙ 노자는 "최고의 선은 물과 같다(상선약수, 上善若水)."라고 하며 가장 으뜸이 되는 선을 물에 비유하였다. 물은 언제나 위에서 아래로 흘러 수평을 유지하며, 세상의 변화와 어우러지는 물과 같은 삶을 살 것을 강조하였다. 또한 무위자연(無爲自然) 사상을 바탕으로 자연의 질서를 따르는 삶을 강조하였다. 기후변화로 인한 지구온난화의 폐해를 제시하고, 탄소중립, 제로 웨이스트 실천을 위한 환경보호 프로젝트를 기획해 보자.

관련 학과 가정교육과, 과학교육과, 기술교육과, 사회교육과, 생물교육과, 윤리교육과, 지구과학교육과, 지리교육과, 화학교육과, 환경교육과

《기후위기 시대의 지구과학 수업》, 김지영 외 1명, 한언(2024)

단원명 | 삶의 의미에 대한 물음

| 🔎 | 종교 교육, 돈오점수, 수행

[12인윤06-01]

인간의 불완전성에 대한 성찰을 바탕으로 불안한 현대사회를 살아가는 데 있어 종교의 역할과 가치를 탐구하여, 종교에 대한 바람직한 관점을 정립할 수 있다.

⊙ 다문화 시대의 종교의 역할은 다른 종교에 대한 관용의 자세를 바탕으로 인간의 존엄성, 세계 평화 등 공동의 가치를 실현하는 것이다. 이를 위해서는 각 종교의 역사적 배경과 교리에 대한 기본 지식이 필요하다. 종교 간 협력 사례를 조사하여, 특정 종교의 강요가 아니라 다른 종교와 문화에 대한 이해와 공존을 위한 종교 교육의 필요성을 제시해 보자.

관련 학과 교육공학과, 교육학과, 사회교육과, 역사교육과, 윤리교육과

《이야기 종교학》, 이길용, 종문화사(2018)

국어 교과군

영어 교과군

수학 교과군

도덕 교과군

사회 교과군

과학 교과군

[12인윤06-02]

인생의 유한성을 자각하고, 자아에 대한 성찰 및 다양한 가치 탐색을 통하여 내 삶의 의미를 묻고 답을 찾아가는 도덕적 주체로서 살아갈 수 있다.

➜ 지눌은 〈수심결-정종분〉에서 이론적으로는 문득 진리를 깨치고 나면 모든 고통이 사라져야 하지만, 실제적으로는 그 깨달음에 의지해서 지속적으로 공부하고 수행해야만 고통이 사라지는 것이라고 하였다. 본성이 부처와 다름없음을 깨달은 후에도 오랜 습관을 없애는 것은 힘든 일이므로 끊임없이 수행할 것을 강조하였으며, 이는 곧 돈오점수(頓悟漸修)를 의미한다. 미래를 준비하기 위한 교육과 학습에서 돈오점수의 중요성을 자신의 경험 또는 다짐과 함께 정리해 보자.

[관련 학과] 교육계열 전체

《공부란 무엇인가》, 한근태, 샘터(2021)

선택 과목	수능	윤리문제 탐구	절대평가	상대평가
융합 선택	X		5단계	X

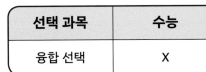

단원명 | 윤리문제 탐구의 이해

|🔍| 자연주의적 오류, 사실, 가치, 도덕 딜레마 토론

[12인윤06-01] •••

인간의 불완전성에 대한 성찰을 바탕으로 불안한 현대사회를 살아가는 데 있어 종교의 역할과 가치를 탐구하여, 종교에 대한 바람직한 관점을 정립할 수 있다.

➡ 무어의 '자연주의적 오류(naturalistic fallacy)'는 자연적 속성에 관한 명제들로부터 도덕적 가치 판단에 대한 명제를 이끌어내는 논리적 오류를 의미한다. 자연적 사실에서 가치를 도출하면 안 되는 이유와 윤리문제 탐구에서 '사실(존재)'과 '가치(당위)'를 구분해야 하는 이유를 분석해 보자.

관련 학과 과학교육과, 교육학과, 국어교육과, 생물교육과, 윤리교육과, 환경교육과

양심: 도덕적 직관의 기원

패트리샤 처칠랜드,
박형빈 역, 씨아이알(2024)

책 소개

저자는 양심의 기원을 철학이 아니라 뇌신경과학 차원에서 제시하고, 전통 철학의 문제를 뇌과학의 영역이라고 주장한다. 또한 인간의 도덕적 행동의 원인을 뇌의 보상 시스템과 도덕적 분자인 '옥시토신'에서 찾고 있다. 전통적 철학의 영역으로 여겨졌던 질문들에 신경철학적 해답을 연계하여 과학과 철학의 연결을 시도한다.

세특 예시

'양심(패트리샤 처칠랜드)'을 읽고, 양심과 도덕에 관한 전통 철학의 입장과 신경과학과 진화생물학의 입장을 비교함. 도덕과 양심에 대한 전통 철학의 논리적 모순을 분석하고, 생물학적 접근을 통해 데이터에 기반한 인간의 뇌와 도덕적 마음에 대한 분석이 필요하다는 의견에 동의하면서도, 뇌과학에서 아직 밝히지 못한 인간의 양심과 마음의 영역이 많음을 제시하며, 사실의 문제만으로 가치 판단을 이끌어내는 것은 또 다른 오류를 가져올 수 있음을 규명함.

[12윤탐01-02] •••

윤리문제 탐구의 의미를 파악하고, 윤리문제 탐구의 다양한 방법들을 이해할 수 있다.

➡ 미국의 심리학자 콜버그는 도덕 발달 이론을 정립하였다. 콜버그는 도덕적 딜레마 상황(하인츠 딜레마)을 통해 하

인츠의 행동이 옳은지, 약사는 어떤 선택을 할 수 있는지, 또한 왜 그렇게 판단하였는지에 대해 질문하며 도덕적 판단이 추론되는 과정에 주목하였다. 윤리문제 탐구는 두 가지 이상의 도덕적 의무와 원칙 사이에 갈등이 전개되는 사례를 다루는 경우가 많다. 콜버그의 도덕 딜레마 토론 모형을 조사하여 실습하고, 그 의의에 대해 발표해 보자.

국어 교과군

영어 교과군

수학 교과군

도덕 교과군

사회 교과군

과학 교과군

관련 학과 교육공학과, 교육학과, 윤리교육과, 초등교육과

《도덕 발달과 실재》, 존 깁스, 정창우 외 2명 역, 교육과학사(2023)

단원명 | 시민의 삶과 윤리적 탐구

| 🔍 | 가명 정보, 에듀테크, 양성평등 교육, 난민, 세계시민 교육

[12윤탐02-02]   • • •

사생활 존중과 공익 사이의 갈등 사례를 조사하고, 이를 해결할 수 있는 방안을 제시할 수 있다.

➡ 2020년 개정된 '데이터3법'이란, 개인정보보호법, 정보통신망법, 신용정보법의 세 가지 법률을 통칭한다. 또한 데이터3법의 핵심인 가명 정보 제도로 공익적 기록 보존 등을 위한 목적으로 성명, 전화번호 등의 개인정보를 가명 처리하여, 정보 주체의 동의 없이도 데이터를 안전하고 유용하게 활용할 수 있게 되었다. 각 기업은 개인의 가명 정보를 통해 빅데이터와 유용한 정보를 수집한다. 교육적 측면에서 학생들의 가명 정보를 적용하여 에듀테크 활용 방안을 모색해 보자.

관련 학과 교육공학과, 교육학과, 수학교육과, 컴퓨터교육과

《에듀테크로 확! 잡는 기초학력》, 김현숙 외 3명, 앤써북(2024)

[12윤탐02-03]   • • •

사회적 차별 표현 사례를 조사하고, 이를 바라보는 다양한 관점을 이해하여 윤리적 해결 방안을 제시할 수 있다.

➡ 사회적 차별 표현에는 차별받는 대상이 존재하며, 대부분 성, 신체, 인종, 직업, 나이 등에 따른 상대적 약자를 대상으로 사용된다. 표현의 자유는 개인이 인간으로서의 존엄과 가치를 유지하고 국민주권을 실현하기 위한 필수 조건이지만, 다른 사람의 자유와 존엄성을 침해해서는 안 된다. 여성과 남성에 대한 사회적 성차별 표현을 조사하고, 양성평등 교육의 사례와 의의를 조사해 보자.

관련 학과 가정교육과, 사회교육과, 윤리교육과, 초등교육과, 컴퓨터교육과

《내 안의 차별주의자》, 라우라 비스뵈크, 장혜경 역, 심플라이프(2020)

[12윤탐02-04]   • • •

배타적 민족주의의 확산과 난민 문제를 탐구하고, 이를 해결할 수 있는 방안을 제시할 수 있다.

➡ 세계시민 교육은 인류의 보편적 가치인 평화, 인권, 문화의 다양성 등을 전 지구적 맥락에서 이해하는 책임 있는 시민을 양성하는 교육의 기저이다. 우리나라의 경우 난민 문제는 2018년 예멘 난민 500명이 입국 신청을 하면서 논란이 된 이후, 더 이상 피할 수 없는 세계시민으로서의 책임과 역할의 문제가 되었다. 난민 수용을 둘러싼 다양한 쟁점과 난민 구제와 보호의 필요성에 대해 탐구해 보자.

관련 학과 교육학과, 사회교육과, 윤리교육과, 초등교육과, 환경교육과
《**춤추고 싶은데 집이 너무 좁아서**》, 공선주 외 4명, 파시클(2024)

단원명 | **인공지능 시대의 삶과 윤리적 탐구**

| 🔍 | 메타버스, 성교육, 하이퍼스케일 인공지능

[12윤탐03-01]   ● ● ●

메타버스의 특징을 윤리적 관점에서 탐색하고, 메타버스에서 발생할 수 있는 윤리문제의 해결 방안을 제시할 수 있다.

➡ 메타버스 속 아바타는 자신을 대변하는 제2의 자아라 할 수 있다. 아바타의 상호 관계를 기반으로 하는 메타버스에서 스토킹, 불법 촬영, 성희롱 등 디지털 성범죄가 발생하고 있다. 가상 공간에서의 익명성을 이용해 메타버스 속에서 벌어지는 디지털 성범죄의 사례를 조사하고, 법적 제재 및 메타버스와 관련된 디지털 성교육의 필요성을 제시해 보자.

관련 학과 가정교육과, 교육공학과, 기술교육과, 사회교육과, 유아교육학과, 윤리교육과, 초등교육과, 컴퓨터교육과
《**성교육 어떻게 할까**》, 이충민, 마인드빌딩(2022)

[12윤탐03-03]   ● ● ●

인공지능 활용 시 발생할 수 있는 윤리적 딜레마에 대해 토의하고, 인공지능의 바람직한 활용 방안을 제시할 수 있다.

➡ 초거대 인공지능이라 불리는 하이퍼스케일 인공지능은 슈퍼컴퓨팅 인프라로 대용량 데이터를 빠르게 처리할 수 있다. 이는 딥러닝 효율을 크게 높여 인공지능의 학습 능력을 비약적으로 발전시킨 인공지능으로, 딥러닝 기술이 급속도로 발전하면 기존 교육의 패러다임이 바뀌게 된다. 하이퍼스케일 인공지능의 교육적 활용에서 학습자의 창의력과 문제 해결 능력을 개발하기 위한 교수 학습 방법을 제시해 보자.

관련 학과 교육공학과, 사회교육과, 윤리교육과, 컴퓨터교육과
《**챗GPT 시대 인공지능 디지털 소양을 키우는 하이테크 교실수업**》, 정대홍 외 7명, 다빈치books(2023)

단원명 | **생태적 삶과 윤리적 탐구**

| 🔍 | 생명 감수성 교육, 그린워싱

[12윤탐04-01]   ● ● ●

반려동물과 관련한 윤리문제, 동물 복지를 둘러싼 논쟁 등을 윤리적 관점에서 탐구하여 생명에 대한 감수성을 길러 책임 있게 행동할 수 있다.

➡ 벤담은 동물도 인간과 같은 고통을 느낀다는 사실을 인정하고 동물의 권리를 강조한 최초의 철학자이다. 벤담의 공리주의를 계승한 피터 싱어는 '이익 평등 고려의 원칙'에 입각하여 쾌고 감수 능력을 가진 동물들의 도덕

적 지위도 인정해야 한다고 주장하며, 동물권에 대한 논의를 촉발했다. 동물권을 포함한 생명 감수성 증진을 위한 노력의 사례와 중요성을 정리해 보자.

관련 학과 과학교육과, 생물교육과, 사회교육과, 윤리교육과, 화학교육과

《**동물을 위한 정의**》, 마사 너스바움, 이영래 역, 알레(2023)

[12윤탐04-02] ●●●

기후 위기를 인류의 책임이라는 측면에서 분석하고, 에너지 전환과 탄소중립을 둘러싼 다양한 입장에 대해 토론하여 기후 위기 극복 방안을 제시할 수 있다.

➡ 그린워싱(Greenwashing)이란 기업이 실제로는 환경에 악영향을 끼치는 제품을 생산하면서도 환경에 도움을 주는 것처럼 과장하고 소비자를 기만하는 행위를 뜻한다. 환경에 관한 대중의 관심과 친환경 제품의 선호도가 높아지면서 생겨난 현상으로, 그린 마케팅이 기업의 친환경 이미지를 구축하는 데 악용되기도 한다. 그린워싱 사례를 분석하고, 기업과 소비자가 환경 문제에 기여할 수 있는 방안을 제시해 보자.

관련 학과 과학교육과, 기술교육과, 사회교육과, 윤리교육과, 지구과학교육과, 화학교육과, 환경교육과

《**그린워싱 주의보**》, 이옥수, 스리체어스(2022)

단원명 | 윤리문제 탐구의 적용

|🔍| 교직 윤리, 윤리적 딜레마

[12윤탐05-01] ●●●

자신이 희망하는 진로에서 발생할 수 있는 윤리문제를 선정하고 탐구 계획을 수립할 수 있다.

➡ 교사는 자신의 교과와 전공 분야에 대한 전문성과 교수 학습 능력뿐만 아니라, 학생과의 관계에서 필요한 대인관계 능력과 높은 윤리의식이 요구된다. 교사는 학생들에게 부모와 함께 대표적인 기성세대로 인식되며, 학생의 올바른 성장을 지원하는 직업이므로 교사로서의 직업 윤리 실천을 위해 노력해야 한다. 교사의 직업 윤리 및 교육관과 부모의 훈육 방법이 충돌할 수 있는 사례를 분석하여 탐구 계획을 수립하고, 자신의 교직관을 수립해 보자.

관련 학과 교육계열 전체

《**나는 교사다 그러므로 생각한다**》, 그림책사랑교사모임, 교육과실천(2024)

[12윤탐05-02] ●●●

수립한 탐구 계획에 따라 윤리문제를 탐구하고 그 결과를 정리하여 발표할 수 있다.

➡ 아동의 생활 지도 측면에서 부모의 훈육 방법과 교사의 교육관이 충돌할 수 있는 일반적인 문제가 사회 문제로 확대된 사례를 제시하고, 통계 자료를 바탕으로 교사의 딜레마 상황과 교권 보호의 필요성을 알리기 위한 자료를 준비해 보자. 또한 생성형 인공지능과 결합된 에듀테크의 시대적 변화에 따른 교사의 역할과 예상되는 문제점을 함께 제시하여, 발표 후에도 급우들과 함께 문제점을 공유하고 토의할 수 있는 후속 활동 시간을 가져보자.

관련 학과 교육계열 전체

《**비판적 사고와 토론**》, 배식한 외 1명, 태학사(2023)

국어 교과군

영어 교과군

수학 교과군

도덕 교과군

사회 교과군

과학 교과군

사회 교과군

구분	교과(군)	공통 과목	선택 과목		
			일반 선택	진로 선택	융합 선택
보통 교과	사회	한국사1 한국사2 통합사회1 통합사회2	세계시민과 지리 세계사 사회와 문화	한국지리 탐구 도시의 미래 탐구 동아시아 역사 기행 정치 법과 사회 경제 국제관계의 이해	여행지리 역사로 탐구하는 현대 세계 사회문제 탐구 금융과 경제생활 기후변화와 지속가능한 세계

공통 과목	수능	**한국사1**	절대평가	상대평가
	○		5단계	5등급

단원명 | 근대 이전 한국사의 이해

| 🔍 | 고조선, 고대 국가, 한반도, 선사 문화, 유적, 유물, 통치 체제, 고대 사회, 종교와 사상, 고려, 성리학, 유교, 흥선대원군, 중앙집권체제

[10한사1-01-01] • • •

고대 국가의 형성과 성장 과정을 파악한다.

➡ 국학은 통일신라의 신문왕 때 설립한 고등 교육기관이었고, 이와 유사한 예로는 발해의 최고 교육기관인 주자 감이 있었다. 국학에서는 유학 경전을 가르쳤고, 그 외에 행정 실무에 쓰이는 수학 등의 실용적인 학문도 가르 쳤다. 원성왕 때는 귀족의 자제에 한해 유교 경전을 얼마나 이해하고 있는지를 평가하여 관리로 채용하는 독 서삼품과를 시행하였다. 고대의 유학 교육의 목적, 교육과정, 교육 방법 등을 알아보고, 이를 현대의 교육과 비 교·분석해 발표해 보자.

관련 학과 교육학과, 초등교육과, 유아교육과, 역사교육과, 사회교육과, 일반사회교육과, 윤리교육과, 한문교육과, 국어교육과
《**전통 인성교육, 이렇게 한다**》, 지준호 외 8명, 박영스토리(2022)

[10한사1-01-02] • • •

고려의 통치 체제와 지배 세력의 변화를 이해한다.

➡ 고려시대의 국립 교육기관은 전기의 국자감과 후기의 성균관으로 대표된다. 국자감은 인재 양성을 위한 최고 의 학부로서, 국가 관리의 양성 및 유교 교육을 담당하였다. 그리고 이 국자감을 계승한 것이 성균관이다. 성균 관에는 공자를 위시한 성현들을 모신 유교 사당인 문묘가 갖춰져 있다. 성균관이라는 명칭의 유래, 설립 배경, 학생 교육, 학사 일정, 조직과 운영을 심층적으로 조사해 보고서를 작성해 보자.

관련 학과 교육학과, 유아교육과, 초등교육과, 역사교육과, 사회교육과, 일반사회교육과, 윤리교육과, 한문교육과, 가정교육과
《**조선 성균관 학교문화**》, 장재천, 박영스토리(2018)

[10한사1-01-03] • • •

조선의 성립과 정치 운영의 변화를 파악한다.

➡ 조선시대에도 국가 및 학교 차원에서 인성 교육을 위한 노력을 다각도로 기울였다. 특히 전통 교육에서는 인성 교육이 주로 각 가정에서 개별적으로 이루어졌다는 일반적인 인식과는 달리, 공교육에서 인성 교육이 강조되 었다. 인성 교육에서 목표로 삼는 핵심 가치나 덕목 중에서 예, 효, 정직, 책임, 존중, 배려, 소통, 협동 등의 마음 가짐이나, 사람됨과 관련된 핵심 가치 또는 덕목에 대한 가르침이 조선시대의 공교육 체제에서는 어떻게 이루

어졌는지 조사해 발표해 보자.

관련 학과 교육학과, 유아교육과, 초등교육과, 역사교육과, 사회교육과, 일반사회교육과, 윤리교육과, 한문교육과, 가정교육과
《조선시대 교육사 탐구》, 최광만, 충남대학교출판문화원(2013)

[10한사1-01-04] ● ● ●

조선 후기에 등장한 새로운 변화 양상을 이해한다.

➡️ 18세기 말부터 나타난 서당의 서민적 성격은 사실상 우리 교육사에서 획기적인 변화로 주목하지 않을 수 없다. 신분제 사회에서 평민층은 인구의 절대다수를 차지했음에도 제도 교육으로부터 사실상 소외되어 있었다. 서당 내부에서 평민층이 교육의 주체가 되기 시작했다는 것은 우리 교육사에서 크게 괄목할 만한 변화임이 명백하다. 서당의 설립과 운영, 서당 교육의 내용과 방법, 서당 교육의 변화와 역사적 의의 등을 조사해 발표해 보자.

관련 학과 교육학과, 유아교육과, 초등교육과, 역사교육과, 사회교육과, 일반사회교육과, 윤리교육과, 한문교육과, 가정교육과
《서당공부》, 우농, 초련(2023)

단원명 ┃ 근대 이전 한국사의 탐구

> 🔍 수취 체제, 농업 중심 경제, 골품제, 양천제, 신분제, 불교, 유교, 성리학, 임진왜란, 병자호란, 문화 교류, 역사 갈등

[10한사1-02-01] ● ● ●

근대 이전 국제관계와 대외 교류의 시대적 특징을 비교한다.

➡️ 조선시대에는 향교와 사부학당 외에도 중등 교육기관이 있었는데, 바로 '서원'이다. 서원은 향교와 마찬가지로 옛 유학자들을 모시고 제사를 지내거나 학생을 가르치는 역할을 하였다. 다만 향교는 국립 교육기관이고, 서원은 사림이 세운 사립 학교라는 점이 다르다. 서원이 설립된 역사적 배경, 서원의 역할, 운영 형태와 운영 과정, 역사적 가치에 대해 조사해 발표해 보자.

관련 학과 교육계열 전체
《조선 서원을 움직인 사람들》, 정시열 외 5명, 글항아리(2013)

[10한사1-02-02] ● ● ●

근대 이전의 수취 체제 변화를 농업 중심의 경제생활과 관련하여 탐구한다.

➡️ 조선 왕실의 사람들, 특히 왕위 계승자들의 교육은 최고의 교육 환경과 교육과정 속에서 이루어진 것임에도 불구하고, 때로는 사육에 가깝다는 안타까움이 들 정도로 철저하게 이성에 지배받는 인간으로 길러졌다. 그들에겐 나라를 이끌어가야 한다는 소명 의식이 있었고, 통제와 소외가 아닌 통찰과 포용의 리더십을 꿈꾸었다. 그 때문에 오늘날 최고의 지도자가 갖추어야 할 소양과 덕목이 무엇인지에 대해선 이들에게서 일정한 해답을 찾을 수 있을지도 모르겠다. 조선 왕실의 여성 교육, 태교와 보육, 아동 교육, 왕위 계승자의 교육과정 등을 조사해 발표해 보자.

관련 학과 교육계열 전체
《조선시대 왕실교육》, 육수화, 민속원(2008)

[10한사1-02-03]

근대 이전 사회 구조를 신분제를 중심으로 분석한다.

➡ 불교는 우리의 삶에 수천 년간 지대한 영향을 미쳐온 종교이다. 그 영향은 우리나라 사람들의 정신세계를 지배한 철학 사상은 물론이고, 문학, 언어, 조각, 회화, 불상, 음악, 무용, 음식 등 삶 전반에 걸쳐 있다. 무엇보다도 참선 수행이 한국 불교의 가장 큰 보배이다. 한국 불교는 우리 교육의 문제점들을 해결하는 좋은 대안이 될 수 있다. 한국 불교의 지혜와 교육적 활용, 원효의 불교관에서 유추되는 교육적 함의, 화엄종을 통해 본 교육의 목적에 대해 조사해 발표해 보자.

관련 학과 교육계열 전체

《교육과 한국 불교》, 김방룡, 학지사(2017)

[10한사1-02-04]

근대 이전의 사상과 문화를 국제 교류와 관련하여 탐구한다.

➡ 향교는 고려와 조선시대에 지방에서 유학을 교육하기 위해 설립된 관학 교육기관이었다. 고려시대에 중앙집권체제의 강화를 위해 각 지방에 박사와 교수를 보내 인재들을 교육하게 한 것이 시초이다. 고려시대 지방 관학으로서의 향교의 설치는 우리나라의 교육사상 본격적인 지방 교육 제도의 정착이라는 점에서 중요한 의미를 지닌다. 고려 향교의 설립 배경 및 성격과 역할, 교육적 기능과 교육 내용, 조선시대 향교와의 차이점 등을 조사해 발표해 보자.

관련 학과 교육계열 전체

《한국의 향교》, 김호일, 대원사(2000)

[10한사1-02-05]

근대 이전 한국사 주제를 설정하여 탐구하고, 그 결과를 다양한 방법으로 표현한다.

➡ 몽골과 한국은 오랜 옛날부터 역사적으로 깊은 관계가 있다. 특히 13세기에 고려가 몽골의 지배하에 들어가면서 교류가 활발히 진행되었다. 그리하여 고려에선 몽골풍이, 몽골에선 고려양(고려풍)의 문화가 유행하였다. 지금으로 말하면 최초의 한류 열풍이 생겨난 것이다. 몽골과 고려의 문화 교류의 구체적 사례, 현재까지 한국에 남아 있는 몽골 문화의 발자취에 대해 조사해 발표해 보자.

관련 학과 교육계열 전체

《우리가 몰랐던 몽골》, 장재혁, HUINE(2023)

단원명 | 근대 국가 수립의 노력

| 🔍 | 개항, 조약, 국제 질서, 근대 국가, 서구 문물, 국권 피탈, 국권 수호, 갑신정변, 갑오개혁, 독립협회

[10한사1-03-01]

조선의 개항을 국제 질서의 변동과 연관하여 분석한다.

→ 갑오개혁 이후, 근대적인 교육 제도는 전통 교육과 확연히 다른 면모를 보인다. 문명개화와 자주독립을 위한 인재 양성이 교육 정책의 근간을 이루었다. 그 후 국가의 존립이 위기에 봉착하자 교육을 통한 근대화와 독립의 의지는 더욱 높아져 갔다. 대한제국은 교육 목표를 '충군애국(忠君愛國)하는 근대적 인재 양성'에 두었다. 갑오개혁 이후 대한제국 시기의 교육 개혁 내용, 교육과정의 특징, 교육의 내용을 조사해 발표해 보자.

관련 학과 교육계열 전체

《한국 근대교육의 형성》, 김경미, 혜안(2009)

[10한사1-03-02] ● ● ●

여러 세력이 추진한 근대 국가 수립의 다양한 노력을 이해한다.

→ 구한말, 민족 선각자들은 외세의 침략을 막고 국권을 회복하는 길은 국민의 각성을 통한 민력 양성에 있다고 보았다. 서양 문물과 제도가 도입되고 외세에 각종 이권을 침탈당하자, 국가 존립에 대한 위기의식이 고조되면서 학회, 야학, 학술 강습회 등을 통해 민족정신을 고무하고자 하는 애국계몽운동이 일어났다. 그 가운데 사립 학교를 설립하여 조선인에게 교육의 기회를 제공하고자 하는 교육 운동이 전국 각지에서 일어났다. 이 중에서 민족 선각자들의 사립 학교 설립의 움직임을 조사해 발표해 보자.

관련 학과 교육계열 전체

《다시 읽는 조선근대교육의 사상과 운동》, 윤건차, 심성보 역, 살림터(2016)

[10한사1-03-03] ● ● ●

개항 이후 사회·경제 변화를 파악하고, 서구 문물의 도입이 문화에 미친 영향을 탐구한다.

→ 근대 문물이 수용되면서 서양식 교육의 필요성이 증대되어 근대적 교육기관이 세워졌다. 정부 차원의 근대 교육기관뿐 아니라, 개신교 선교사들이 근대식 학교를 설립해 근대 학문을 가르쳤다. 갑오개혁으로 교육 행정을 전담할 학무아문이 설치되고 '교육입국조서'가 반포되면서 각종 근대 학교에 관한 법규가 제정되었다. 교육입국조서를 통해 한국 전통 교육의 문제점, 신교육 제도 도입의 사회적 배경을 알아보고, 교육입국조서의 내용과 특징, 역사적 의의를 조사해 발표해 보자.

관련 학과 교육학과, 교육심리학과, 상담심리학과, 유아교육과, 초등교육과, 역사교육과, 사회교육과, 일반사회교육과, 윤리교육과, 과학교육과, 물리교육과, 화학교육과, 생물교육과, 지구과학교육과, 기술교육과

《한국신교육사》, 오천석, 교육과학사(2014)

[10한사1-03-04] ● ● ●

일제의 국권 침탈 과정을 조사하고, 이에 맞선 국권 수호 운동의 흐름을 파악한다.

→ 을사늑약 체결을 전후로 개화 운동과 독립협회 활동을 계승한 사람들을 중심으로 실력을 양성하여 국권을 수호하자는 움직임이 나타났다. 이들은 사회진화론을 이념적 기반으로 삼아 학교를 설립하여 인재를 양성하고, 신문과 잡지 등을 간행하여 국민을 계몽하였으며, 산업 진흥 활동을 통해 경제적 실력을 확보하려 하였다. 이러한 애국계몽운동의 특징과 한계점, 주요 단체의 활용 내용을 조사해 보자.

관련 학과 교육학과, 교육심리학과, 상담심리학과, 유아교육과, 초등교육과, 역사교육과, 사회교육과, 일반사회교육과, 윤리교육과, 과학교육과, 물리교육과, 화학교육과, 생물교육과, 지구과학교육과, 기술교육과

《대한제국기의 애국계몽운동과 사상》, 이송희, 국학자료원(2011)

공통 과목	수능	한국사2	절대평가	상대평가
	○		5단계	5등급

단원명 | 일제 식민 통치와 민족운동

> | 🔍 | 제국주의, 일제의 식민 지배, 세계대전, 대공황, 일제의 침략 전쟁, 일본 자본, 3·1운동, 대한민국 임시
> 정부, 항일 무장 독립 투쟁, 실력양성운동, 대중운동, 문예 활동, 민족 문화 수호, 전시 동원 체제, 광복을
> 위한 노력

[10한사2-01-01] ●●●

일제의 식민 통치 정책을 제국주의 질서의 변동과 연관하여 이해한다.

➡ 근대 국가에서 행한 교육 정책의 일반적 유형은 국가의 통치 형태와 관련시켜 통제적 교육 정책, 자유주의 교육 정책, 민주적 교육 정책 등으로 나눌 수 있다. 그 첫 번째에 해당하는 통제형은 과거 일본, 독일, 이탈리아에서 볼 수 있던 엄격한 국가 교육 정책으로, 개발도상국에는 현재도 존재한다. 일제의 '조선교육령'을 통해 일제 식민지 교육의 목적, 교육 정책의 특징과 실상, 영향을 조사해 발표해 보자.

`관련 학과` 교육학과, 교육심리학과, 상담심리학과, 유아교육과, 초등교육과, 역사교육과, 사회교육과, 일반사회교육과, 윤리교육과

《일제강점기, 저항과 계몽의 교육사상가들》, 고원석 외 13명, 박영스토리(2020)

[10한사2-01-02] ●●●

일제의 식민 통치가 초래한 경제 구조의 변화와 그것이 경제생활에 미친 영향을 분석한다.

➡ 개화기 여성 교육의 필요성은 자식의 문명 개화와 관련하여 제기되었고, 1905년 을사조약 이후 일본의 영향력이 강해지면서 관심도 크게 늘어났다. 이후 일제강점기에 여성을 대상으로 한 교육은 여성 자신의 개명 의식과 일제의 교육 의도가 일치하면서 크게 확대되었지만 여전히 남성에 비해 현저히 낮은 수준이었고, 상급 학교로 진학할수록 그 차이는 더욱 벌어졌다. 일제강점기 여성 교육의 실태를 조사해 발표해 보자.

`관련 학과` 교육계열 전체

《근대 여성 12인, 나를 말하다》, 김경일, 책과함께(2020)

[10한사2-01-03] ●●●

국내외에서 전개된 민족운동의 흐름을 이해한다.

➡ 1929년 10월 나주역에서 일본인 남학생이 한국인 여학생을 희롱한 사건을 계기로 한·일 학생 간에 충돌이 일어났다. 경찰과 교육 당국이 일본인 학생을 일방적으로 두둔하자, 광주 지역 학생들은 민족 차별 중지와 식민지 교육 철폐를 내걸고 11월 3일 대규모 시위를 전개하였다. 전국적으로 확산되어 학생이 주도하고 수많은 시

민이 참여한 광주학생항일운동은 3·1운동 이후 일어난 최대 규모의 항일 민족운동이었다. 이 운동의 시대적 배경, 학생의 역할, 전개 과정, 역사적 의의를 조사해 발표해 보자.

관련 학과 교육학과, 교육심리학과, 유아교육과, 초등교육과, 역사교육과, 사회교육과, 일반사회교육과, 윤리교육과

《1929년 광주학생운동》, 김성민, 역사공간(2013)

[10한사2-01-04] • • •

일제의 식민 통치로 인한 사회 및 문화의 변화와 대중운동의 양상을 파악한다.

➡ 방정환이 생각한 '어린이'는 티 없이 맑고 순수하며 마음껏 뛰놀고 걱정 없이 지내는 모습이었다. 하지만 일제 강점기 조선의 현실에서 어린이들은 교육받을 기회를 누리지 못하고 공장이나 농촌에서 고된 노동에 시달렸 다. 방정환이 그리던 이상에 다다르는 것은 불가능에 가까웠다. 하지만 가혹한 현실에서도 어린이들에게 꿈을 심어주고자 1921년 방정환을 중심으로 천도교 소년회가 조직되면서 본격적인 소년 운동이 전개되었다. 그 일 환으로 '어린이날'이 만들어졌다. 방정환의 업적과 어린이날의 역사적 의의를 조사해 발표해 보자.

관련 학과 교육학과, 교육심리학과, 유아교육과, 초등교육과, 역사교육과, 사회교육과, 일반사회교육과, 윤리교육과

《고정욱 선생님이 들려주는 방정환》, 고정욱, 산하(2019)

[10한사2-01-05] • • •

일제의 침략 전쟁에 맞서 전개된 독립국가 건설 운동의 양상을 분석한다.

➡ 1930~1940년대 초반 만주 및 중국 관내 한인들의 항일무장투쟁은 다른 시기나 다른 지역의 민족해방운동 (독립운동)과 구별되는 뚜렷한 특징과 의의가 있다. 그 이유는 이들 운동가들이 올바른 정세 인식과 독립국가 건 설의 전망, 장기적 안목과 체계가 있는 조직을 유지하면서 다양한 형태로 치열하게 일제 및 만주국 관헌 등과 직접 싸웠기 때문이다. 1930~1940년대 초반의 항일무장투쟁 활동 내용과 특징, 역사적 의의를 조사해 발표 해 보자.

관련 학과 교육계열 전체

《1930년대 이후 항일무장투쟁 연구》, 박경순, 굿플러스북(2019)

단원명 | 대한민국의 발전

🔍 광복, 식민지 잔재, 농지 개혁, 냉전, 대한민국, 6·25전쟁, 분단, 4·19혁명, 5·16군사정변, 박정희 정부, 유신 체제, 5·18민주화운동, 전두환 정부, 6월 민주항쟁, 산업화, 한강의 기적, 도시화, 노동 문제, 대중 문화

[10한사2-02-01] • • •

냉전 체제가 한반도 정세에 미친 영향을 파악하고, 자유민주주의에 기초한 대한민국 정부 수립 과정을 탐색한다.

➡ 일제강점기에 우리 민족을 우민화하기 위해 일제가 벌인 일은 우리의 일상생활부터 국가 행정 제도에 이르기 까지 거의 모든 영역에 걸쳐 있었다. 특히 교육 분야에서 일본은 총 네 차례 교육령을 제정하여 일제에 순응하 는 조선인을 기르고자 치밀한 작업을 진행하였다. 현재의 학교 현장에서도 일제의 잔재를 쉽게 찾아볼 수 있

다. 일례로 교육적인 가르침을 뜻하는 '훈화'나 '훈시'는 일본식 표현이다. 지금은 바뀌었지만 '주사(주무관으로 바뀜)', '국민학교(초등학교로 바뀜)'도 대표적인 일본식 표현이다. 우리 일상생활에 남아 있는 친일의 잔재를 찾아보고, 친일의 잔재를 없애기 위한 역사 교육 방법에 대해 탐구해 발표해 보자.

관련 학과 교육계열 전체

《**일제강점기 중등교육 정책**》, 안홍선, 동북아역사재단(2021)

[10한사2-02-02] • • •

6·25전쟁과 분단의 고착화 과정을 국내외의 정세 변화와 연관하여 이해한다.

➡ 6·25전쟁으로 남한과 북한은 모두 큰 피해를 입었다. 군인, 민간인을 포함하여 수백만 명이 목숨을 잃거나 다쳤다. 가족들과 헤어진 이산가족은 1천만 명에 달하였고, 거리에는 전쟁고아들이 넘쳐났다. 이산가족 문제의 헌법적 의미를 고찰해 보고, 남북 교류의 문제점, 이산가족 교류를 위한 법질서의 의미와 한계, 이산가족의 법적 권리 보장 문제에 대해 조사해 발표해 보자.

관련 학과 교육계열 전체

《**한반도 분단과 평화 부재의 삶**》, 김병로 외 4명, 아카넷(2013)

[10한사2-02-03] • • •

4·19혁명에서 6월 민주항쟁에 이르는 민주화 과정을 탐구한다.

➡ 소위 개발기에 속하는 1960~1970년대를 대표하는 교육 정책으로는 우선 1968년의 중학교 무시험 진학 정책과 1973년의 고등학교 평준화 정책을 들 수 있다. 둘 다 진학 준비 교육으로 인한 극심한 부작용을 해소할 목적으로 추진된 정책으로, 특히 전자는 당시로서는 가히 혁명적인 조치였다. 이 시기에는 박정희 정부의 경제 개발이 중점적으로 추진되었던 만큼, 실업·기술 교육을 강화하려는 정책적 노력도 동시에 이루어졌다. 박정희 정부의 교육 정책을 조사해 발표해 보자.

관련 학과 교육계열 전체

《**박정희는 어떻게 경제 강국 만들었나**》, 오원철, 동서문화사(2006)

[10한사2-02-04] • • •

산업화의 성과를 파악하고, 그것이 사회 및 환경에 미친 영향을 인식한다.

➡ 신군부의 12·12 군사 반란을 통해 출범한 제5공화국 정부는 국민의 불만을 억압하기 위하여 유신 정권을 무색하게 하는 강압적인 통치를 펴나가는 한편으로, 국민들의 환심을 사기 위한 시책을 실시하는 등 강온 전략을 병행하였다. 당시의 7·30 교육 개혁이라는 정책은 회유책의 맥락에서 이해할 수 있다. 전두환 정부의 교육 정책의 특징을 조사해 발표해 보자.

관련 학과 교육계열 전체

《**한국 사교육의 실태와 사교육 정책**》, 유재봉 외 3명, 학지사(2023)

[10한사2-02-05] • • •

사회·경제의 변화에 따른 문화 변동과 일상생활의 변화 사례를 조사한다.

➡️ 일본의 독도 영유권 주장, 중국의 동북 공정 같은 이슈가 등장하면서 역사 교육을 강화해야 한다는 목소리가 커졌다. 하지만 왜 역사를 알아야 하는지, 어떤 역사를 배워야 하는지는 진지하게 논의되지 않았다. 해방 이후 이어져온 역사 교육의 발자취는 사회적 산물이었다. 역사 교육은 한국 사회를 바라볼 수 있게 해주는 창이다. 교육 제도나 교육과정과 같은 규정이 아니라, 정치·사회적 관점에서 역사 교육을 보아야 하는 이유가 여기에 있다. 한국 현대사에 나타난 역사 교육의 흐름을 조사해 발표해 보자.

관련 학과 교육계열 전체

《역사교육으로 읽는 한국현대사》, 김한종, 책과함께(2013)

단원명 | 오늘날의 대한민국

> 🔍 민주화, 인권, 자유, 세계화, 외환 위기, 금모으기운동, 경제적 불평등, 사회 양극화, 다문화사회, 남북 화해, 평화 통일, 동아시아 영토 갈등, 동아시아 역사 갈등, 동아시아 평화

[10한사2-03-01]   ● ● ●

6월 민주항쟁 이후 각 분야에서 전개된 민주화의 과정을 탐구한다.

➡️ 2020년 기준으로 우리나라의 다문화 인구는 215만 명에 이른다. 게다가 우리나라는 2018년부터 합계출산율이 1.0 이하로 떨어져, 이에 따른 다양한 문제를 해결하기 위한 현실적인 방법으로 더 많은 외국인 유입을 적극 추진하고 있다. 일반적으로 외국인 주민이 5퍼센트가 넘으면 다문화사회로 분류된다. 따라서 이제 한국도 이질적인 여러 문화가 섞여 있는 다문화사회가 눈앞에 다가온 현실이며, 어른뿐 아니라 아이들에게도 자연스러운 사회의 한 모습이 되어가고 있다. 다문화 교육의 실태와 올바른 다문화 교육의 방안을 조사해 발표해 보자.

관련 학과 교육계열 전체

《다문화사회 대한민국 아이들에게 무엇을 가르쳐야 할까?》, 장한업, 아날로그(2023)

[10한사2-03-02]   ● ● ●

외환 위기의 극복 과정을 이해하고, 사회와 문화의 변동을 파악한다.

➡️ 우리나라 고등학교 교육은 학생들의 고유한 잠재력은 무시하고 주입식 교육으로 정답 찍는 기계를 양산한다는 비판을 받고 있다. 우리나라는 선진국 중 대입 시험을 기계로 채점하는 유일한 나라이다. 깊이 사유하고 창의적 사고를 가진 인재가 성장할 수 없는 교육 환경이 조성된 것이다. 많은 교육 전문가들은 한국 교육에 적응하면서 학생들이 망가졌다고 비판한다. 명문대 진학의 수단으로 존재하는 교육으로 인해 강박적으로 성실한 학생들만 길러내는 교육으로 변질됐다는 것이다. 현재 우리나라 대입 시험 제도의 문제점을 분석해 대안을 제안해 보자.

관련 학과 교육계열 전체

《대한민국의 시험》, 이혜정, 다산4.0(2017)

[10한사2-03-03]   ● ● ●

한반도 분단과 동아시아의 갈등을 극복하고 평화를 실현하기 위한 방안을 모색한다.

➡ 남북 분단이 80년 가까이 장기화되면서 일부 국민들 사이에서는 분단 상황을 주어진 현실로 받아들이며 통일을 부담으로 여기는 경향이 나타나고 있다. 특히 젊은 세대로 갈수록 통일을 더 이상 민족적·당위적 의무로 받아들이지 않고 있다. 따라서 젊은 세대에게 남북 평화 통일에 대한 올바른 생각을 갖게 하기 위한 교육은 필수적이다. 남북한 평화 통일의 당위성과 비전 및 지향점, 평화 통일에 대한 인식 제고를 위한 통일 교육 방법을 탐구해 보고서를 작성해 보자.

관련 학과) 교육학과, 교육심리학과, 상담심리학과, 유아교육과, 초등교육과, 역사교육과, 사회교육과, 일반사회교육과, 윤리교육과

《대한민국 평화기행》, 권기봉 외 2명, 창비교육(2021)

공통 과목	수능	**통합사회1**	절대평가	상대평가
	○		5단계	5등급

단원명 | 통합적 관점

> 🔍 시간적 관점, 공간적 관점, 사회적 관점, 윤리적 관점, 통합적 관점의 필요성, 실제 사례에 적용하는 방안 탐구

[10통사1-01-01] •••

인간, 사회, 환경을 바라보는 시간적, 공간적, 사회적, 윤리적 관점의 의미와 특징을 사례를 통해 파악한다.

➡️ 교육이라는 현상을 통합적인 관점에서 파악하는 활동을 진행할 수 있다. 예를 들어 교육의 의미가 시대적으로 변화되는 과정이나, 동양 또는 서양이라는 공간에 따라 다르게 해석되는 과정을 역사적·지리적 맥락 속에서 탐구할 수 있다. 또한 과거에는 지배층의 특권으로 여겨졌던 교육이 의무교육의 형태로 일반 대중에게 확산된 계기를 시간적·사회제도적·공간적·윤리적 관점에서 각각 탐구하고 토의한 후 종합적인 결론을 내릴 수 있다.

관련 학과 교육계열 전체

《쉽게 쓴 교육의 역사와 철학》, 박의수 외 3명, 동문사(2019)

[10통사1-01-02] •••

인간, 사회, 환경의 탐구에 통합적 관점이 요청되는 이유를 도출하고 이를 탐구에 적용한다.

➡️ 시민들이 사회현상을 통합적으로 바라보는 관점을 갖게 하기 위해 교육이 할 수 있는 역할에 관한 토의 학습을 수행할 수 있다. 특히 사회 문제의 분석에 통합적 관점이 요구되는 이유를 도출할 때 모둠 토의나 집단 토론, 협력 학습 등의 교수 학습 모델을 적용하여 통합적 관점의 필요성을 자연스럽게 체득하도록 한다. 그리고 통합적 관점을 적용하여 실제 사례를 분석할 때 학생 개개인의 삶과 관련된 문제나 지역 사회의 현안을 활용할 수 있다.

관련 학과 교육계열 전체

《토론수업: 다원주의 사회를 살아가는 시민의 필수 교양》, 목광수 외 6명, 큐(2023)

단원명 | 인간, 사회, 환경과 행복

> 🔍 행복의 기준, 동양과 서양의 행복론, 인간의 존엄성, 삶의 의미와 가치, 행복의 조건, 행복지수, 정주 환경, 경제 안정, 민주주의, 도덕적 성찰과 실천

시대와 지역에 따라 다르게 나타나는 행복의 기준을 사례를 통해 비교하여 평가하고, 삶의 목적으로서 행복의 의미를 성찰한다.

→ 교육을 통해 행복을 증진하는 방안을 탐구할 수 있다. 교육을 통한 자기 계발은 개인의 능력을 향상시켜 높은 자아존중감을 갖게 한다. 또한 의미 있는 삶의 목표를 설정하고 방향성을 제시하는 길잡이가 되어 더 행복한 삶을 누릴 수 있도록 돕는다. 이를 뒷받침하기 위해 공신력 있는 기관에서 발표한 세계 각국의 행복지수를 조사하고, 세계 각국의 교육 현황 및 학생들의 행복지수를 비교·분석하는 탐구 활동을 수행할 수 있다.

관련 학과 교육계열 전체

《**대학교육과 행복**》, 이정규, 한국학술정보(2012)

행복한 삶을 실현하기 위한 조건으로 질 높은 정주 환경의 조성, 경제적 안정, 민주주의의 발전 및 도덕적 실천의 필요성에 관해 탐구한다.

→ 교육의 질은 국민의 행복한 삶에 직접적인 영향을 끼치는 중요한 조건이다. 국가 또는 지역의 교육 수준과 행복지수 사이의 관계를 조사하거나, 평등하게 주어지는 교육의 기회가 행복에 미치는 영향력을 주제로 삼아 탐구할 수 있다. 또한 교육의 질을 높이기 위해서는 교육 시설과 학습 환경, 커리큘럼 등이 중요하기 때문에, 교육 수준이 열악하여 행복도가 떨어지는 지역의 교육 시스템을 개선하기 위한 방안을 찾기 위해 토의할 수 있다.

관련 학과 교육계열 전체

스토리텔링 행복과 교육

강영석, 지식과감성#(2018)

책 소개

최근 행복을 과학적으로 분석하여 긍정적인 삶의 태도를 가지고 '행복의 기술'을 연마하면 행복을 만들 수 있다는 이론이 과학자들 사이에 등장하였다. 이 책은 미래를 바라보는 성공 지향적 교육관 대신 현재의 행복에 초점을 맞추고 행복 교육에 이르는 행복 기술 12가지를 스토리텔링 형식으로 알기 쉽게 전개한다.

세특 예시

'책을 통해 자신을 돌아보기' 시간에 '스토리텔링 행복과 교육(강영석)'을 읽고, 좋은 성적을 거두어야 한다는 압박감에 시달리며 경쟁에만 몰두하던 평소의 삶에 대해 반성하는 계기를 갖게 되었다고 발표함. 특히 타인과의 비교는 불행을 낳고, 관점을 바꾸면 행복해질 수 있다는 내용에 감명을 받아 자신의 10가지 장점, 장점을 바탕으로 한 장래의 희망, 삶의 목표를 마인드맵 형태의 비주얼 싱킹으로 다채롭게 표현하여 친구들의 감탄을 자아냄.

단원명 | 자연환경과 인간

국어 교과군

영어 교과군

수학 교과군

도덕 교과군

사회 교과군

과학 교과군

| 🔍 | 기후와 지형에 따른 생활 양식의 차이, 자연재해, 안전하고 쾌적한 환경에서 생활할 권리, 인간중심주의, 생태중심주의, 기후변화 협약, 탄소배출권, 생물 다양성 협약, ESG 경영, 지속가능한 개발

[10통사1-03-01] ● ● ●

자연환경이 인간의 생활에 미치는 영향에 관한 과거와 현재의 사례를 조사하여 분석하고, 안전하고 쾌적한 환경에서 살아가는 것이 시민의 권리임을 주장한다.

➡ 국가마다 다른 자연환경은 교육 커리큘럼의 차이를 가져왔다. 이 주제에서는 자연환경이 서로 다른 지역, 예를 들어 섬나라와 내륙 국가에서 가르치는 '바다'에 대한 교육 내용이 어떻게 다른지를 비교하는 활동을 통해 자연환경이 교육 시스템에도 영향을 준다는 사실을 추론할 수 있다. 특히 자연재해가 많이 발생하는 국가는 그렇지 않은 국가들에 비해 교육과정에서 안전교육이 차지하는 비중이 훨씬 높다. 실제 사례를 찾아 탐구해 보자.

관련 학과 교육계열 전체

《일본의 재난방지 안전 안심교육》, 한용진 외 12명, 학지사(2017)

[10통사1-03-02] ● ● ●

자연에 대한 인간의 다양한 관점을 사례를 통해 비교하고, 인간과 자연의 바람직한 관계를 제안한다.

➡ 교육을 통해 인간과 자연의 바람직한 관계를 형성하기 위한 구체적인 방법을 탐구할 수 있다. 예를 들어 인간 중심주의 자연관과 생태중심주의 자연관의 환경 교육법의 차이를 조사하고 각각의 장단점을 분석한 뒤, 실제 교육 현장에 적용하는 방안을 찾아보는 활동을 진행할 수 있다. 또한 생태 시민 교육의 의미와 현황을 조사하고, 이를 교육 현장에 응용하여 학생들이 직접 실천하는 방안을 연구하는 프로젝트를 수행해 보자.

관련 학과 교육계열 전체

《생태와 평화 교육을 위한 100시간 여행》, 인천광역시교육청 학교민주시민교육 교사아카데미, 에듀니티(2022)

[10통사1-03-03] ● ● ●

환경 문제 해결을 위한 정부, 시민사회, 기업 등의 다양한 노력을 조사하고, 생태 시민으로서 실천 방안을 모색한다.

➡ 생태 감수성을 키우기 위한 생태 전환 교육의 중요성이 강조되고 있다. 학생들이 거부감 없이 쉽게 접근할 수 있는 그림책을 이용한 생태 교육 방법에 대해 알아볼 수 있다. 또한 자연과 공생하는 삶의 가치를 교육하는 환경 학교, 생태 학교 등을 통해 환경을 보호하기 위한 지역 사회 및 시민단체의 노력을 조사하고, 학생들이 지역 사회에서 이루어지는 환경 보호 프로그램에 직접 참여하는 활동을 기획할 수 있다.

관련 학과 교육계열 전체

《생태 감수성을 기르는 그림책 수업》, 이태숙, 학교도서관저널(2023)

단원명 | 문화와 다양성

| 🔍 | 문화, 문화권, 자연환경, 인문환경, 농경 문화권, 유목 문화권, 종교 문화권, 점이지대, 내재적 요인, 문화 전파, 보편성, 다양성, 특수성, 다문화사회

[10통사1-04-01] • • •

자연환경과 인문환경의 영향을 받아 형성된 다양한 문화권의 특징과 삶의 방식을 탐구한다.

➡ 문화권별로 다르게 이루어지는 교육의 방식에 대해 탐구할 수 있다. 예를 들어 문화권별로 교육과정, 학년 제도, 학교 유형이 다른 이유를 문화 요소에서 찾아보는 활동을 수행할 수 있다. 또한 학습 목표와 학생들의 가치관도 문화권별로 다르게 나타난다. 어떤 문화권에서는 학업의 성취를, 어떤 문화권에서는 종교적 가치를 중시하여 교육과정을 구성할 것이다. 각 문화권의 커리큘럼에서 드러나는 교육 목표의 차이점들을 찾아 정리하는 탐구 과제를 진행해 보자.

관련 학과 교육계열 전체

《세계 문화와 학교교육의 미래》, David P. Baker 외 1명, 김안나 역, 교육과학사(2015)

[10통사1-04-02] • • •

문화 변동의 다양한 양상을 이해하고, 현대 사회에서 전통문화가 지니는 의의를 탐색한다.

➡ 전통문화의 창조적 계승과 발전을 위한 교육의 역할을 중점적으로 탐구해 볼 수 있다. 예를 들어 학생들이 전통문화를 직접 체험할 수 있는 다양한 교육 프로그램을 창안해 보거나, 지역 사회와 연계하여 지역 전통문화를 교육하는 방법을 모색할 수 있다. 또는 현재의 교육 체제에 내재된 전통적인 교육 문화의 관념적 요소를 찾아 어떤 문화 변동에 해당하는지 알아보거나, 우리 고유의 교육적 문화 중 현대 교육 체제에 적용할 수 있는 요소가 있는지 탐구하는 활동을 진행할 수도 있다.

관련 학과 교육계열 전체

《전통문화교육》, 엄세나, 정민사(2018)

[10통사1-04-03] • • •

문화적 차이에 대한 상대주의적 태도의 필요성을 이해하고, 보편 윤리의 차원에서 자문화와 타 문화를 평가한다.

➡ 문화상대주의 교육은 다른 문화에 대한 이해의 폭을 넓혀 문화 다양성을 존중하는 자세를 기르게 하고, 나아가서는 편견과 차별을 감소시켜 사회 통합을 돕는다는 점에서 강조되고 있다. 문화 다양성의 의미를 이해하기 위해 '세계 문화 다양성 선언'을 분석한 뒤 다양한 문화가 존재해야 하는 이유에 대한 토론을 진행할 수 있다. 그리고 문화상대주의가 윤리상대주의를 의미하지는 않는다는 사실에 중점을 두고 윤리적인 논쟁이 있는 세계의 다양한 문화적 관습들을 조사한 뒤, 보편적인 가치에 어긋나는 점을 찾아보는 탐구 활동을 수행할 수 있다.

관련 학과 교육계열 전체

《문화다양성과 교육》, 최성환 외 3명, 경진(2021)

> **[10통사1-04-04]** ● ● ●
>
> 다문화사회의 현황을 조사하고, 문화적 다양성을 존중하는 태도를 바탕으로 갈등 해결 방안을 모색한다.

➔ 다문화가정의 자녀들은 언어 습득의 어려움, 주위의 편견 섞인 시선 등으로 학교생활에 어려움을 겪는 경우가 많다. 차이와 차별을 구별하여 편견과 선입견을 없애고 문화적 차이로 인해 발생하는 갈등을 해결할 수 있는 교육적 해결책을 모색해 보자. 또한 교육 현장에서 다문화가정을 지원하기 위해 만들어진 여러 정책에 대해 탐구하고, 각 정책의 장단점을 분석하는 활동을 통해 현실과 괴리된 부분을 파악하고 개선 방안을 찾아볼 수 있다.

관련 학과 교육계열 전체

《**다문화교육 입문**》, James A. Banks, 모경환 외 2명 역, 아카데미프레스(2022)

단원명 | 생활 공간과 사회

> 🔍 산업화, 도시화, 정보화, 대도시권, 생활 양식의 변화, 지역 사회의 변화, 교통과 통신의 발달, 공간 변화와 생활 양식

> **[10통사1-05-01]** ● ● ●
>
> 산업화, 도시화로 인해 나타난 생활 공간과 생활 양식의 변화 양상을 조사하고, 이에 따른 문제점의 해결 방안을 제안한다.

➔ 도시와 촌락의 교육 시스템을 비교하고, 지역 간의 교육 격차가 나타나는 원인을 분석할 수 있다. 이를 해소하기 위한 지역적·국가적인 해결책을 조사하여 발표해 보자. 그리고 도시 내부에서도 공간의 불평등에 따라 학생들의 학업 성취도가 다르게 나타난다는 점을 소재로 삼아 교육 불평등의 해결책을 모색하기 위한 탐구 활동을 진행할 수 있다. 또한 해체된 지역 사회의 복구를 위한 마을 교육 공동체의 활동 현황을 조사하고, 자신이 살고 있는 지역의 마을 학교에 직접 참여해 보는 체험형 프로젝트 활동을 수행할 수도 있다.

관련 학과 교육계열 전체

《**감염 도시의 교육 불평등**》, 이시효, 학이시습(2022)

> **[10통사1-05-02]** ● ● ●
>
> 교통·통신 및 과학기술의 발달과 함께 나타난 생활 공간과 생활 양식의 변화 양상을 조사하고, 이에 따른 문제점의 해결 방안을 제안한다.

➔ 정보화 시대에 교육 격차가 발생하는 원인을 탐구해 볼 수 있다. 특히 지역 간의 정보화 격차가 교육 격차로 이어지는 사례를 조사할 수 있다. 실제로 코로나 팬데믹 시기에 원격 수업을 진행할 때 정보통신망이 조밀하게 구축된 지역과 그렇지 않은 지역 사이에 교육 격차가 발생했음을 보도 자료 등을 통해 탐구할 수 있다. 또한 4차 산업혁명 사회에서는 디지털 격차가 사회적 불평등을 심화시킬 수 있음을 전제로 하여 디지털 소외 계층을 위한 교육 방안을 구체적으로 제안하는 활동을 수행할 수 있다.

관련 학과 교육계열 전체

디지털 디바이드
얀 반 다이크, 심재웅 역,
유재(2022)

책 소개

이 책은 '디지털 불평등은 기존의 전통적인 불평등을 감소시키는가 아니면 강화하는가?', '이전에 알려지지 않은 새로운 사회적 불평등을 만들어내고 있는가?', '사회의 모든 측면에 영향을 미치는 디지털 불평등의 해법은 무엇인가?'와 같은 질문을 던진다. 그리고 현대 사회에서 나타나는 디지털 불평등 문제를 분석하고, 우리가 시행할 수 있는 효과적인 정책을 해결책으로 제시한다.

세특 예시

'책을 통해 자신을 돌아보기' 시간에 '디지털 디바이드(얀 반 다이크)'를 읽은 후, 정보 격차의 의미 및 디지털 미디어의 발달과 사회 불평등의 관계를 분석하는 탐구 활동을 진행함. 특히 디지털 디바이드를 줄이기 위한 해결책으로 교육적 접근을 강조하면서, 정보에서 소외된 농어촌 지역 거주자, 고령자, 결혼 이민자와 같은 계층에게 정보화 교육 콘텐츠를 적극적으로 제공해야 한다고 주장함.

[10통사1-05-03]　　　　　　● ● ●

자신이 거주하는 지역을 사례로 공간 변화가 초래한 양상 및 문제점을 탐구하고, 공동체의 구성원으로서 지역 사회의 변화를 위한 방안을 모색하고 이를 실천한다.

➡ 살기 좋은 지역을 만들기 위한 학교의 역할에 주목하여 탐구하는 활동을 진행할 수 있다. 예를 들어 마을 학교와 마을 교육 공동체를 통해 인간 소외 현상을 극복하고 지역 공동체 구성원의 연대 의식을 함양하는 방안을 제시하거나, 지역 사회의 구성원들이 학교 현장의 각종 행사에 적극적으로 참여하여 열린 학교를 운영하는 해결책을 제안할 수 있다. 학생들이 자신의 지역 문제를 탐구하고 다양한 해결책을 자유롭게 발표하는 활동을 통해 자연스럽게 지역 공동체 의식을 가질 수 있도록 한다.

관련 학과 교육계열 전체

《함께 만드는 마을교육공동체》, 고영직 외 11명, 민들레(2020)

공통 과목	수능	**통합사회2**	절대평가	상대평가
	○		5단계	5등급

단원명 | 인권 보장과 헌법

> 🔎 인권, 천부 인권, 시민혁명, 주거권, 안전권, 환경권, 문화권, 인권 보장, 시민불복종, 저항권, 인간의 존엄성, 시민 참여, 사회적 소수자, 청소년 노동권, 인권지수, 인권 문제

[10통사2-01-01]   •••

근대 시민혁명 등을 통해 확립되어 온 인권의 의미와 변화 양상을 이해하고, 현대 사회에서 주거, 안전, 환경, 문화 등 다양한 영역으로 인권이 확장되고 있는 사례를 조사한다.

➡️ 교육을 받을 권리는 인간의 존엄성 실현을 위한 중요한 기본권으로, 국가가 제공하는 의무교육을 통해 보장된다. 세계 여러 나라의 의무교육 실태를 비교·분석하여 교육 권리 보장의 현주소를 알아볼 수 있다. 또한 학교에서 이루어지는 의무교육 외에도 소외 계층의 교육받을 권리를 보장하기 위해 중앙정부 및 지방 정부에서 마련한 제도적 장치들을 분석하고, 개선할 점에 대해 탐구하는 활동을 해보자.

[관련 학과] 교육계열 전체

《십 대를 위한 영화 속 세계 시민 교육 이야기》, 함보름 외 5명, 팜파스(2023)

[10통사2-01-02]   •••

인간 존엄성 실현과 인권 보장을 위한 헌법의 역할을 파악하고, 시민의 권익을 보호하기 위한 다양한 시민 참여의 방안을 탐구하고 이를 실천한다.

➡️ 현재 시행되는 헌법·인권 교육의 실태와 현황을 조사할 수 있다. 특히 인권 교육은 인권의 의미와 종류만을 피상적으로 가르치는 방식에서 벗어나 인권을 존중하는 태도를 기르기 위한 방향으로 나아가야 한다. 따라서 인권 의식을 높이기 위한 교육 방법에 대해 토론하고 탐구하는 활동을 진행할 수 있다. 또한 주변에서 인권이 침해되고 있는 사례를 찾아보고, 이를 시정하기 위해 직접 시민 활동에 참여하는 프로젝트를 수행할 수도 있다.

[관련 학과] 교육계열 전체

《그림책으로 만나는 인권교육》, 강진미 외 8명, 살림터(2021)

[10통사2-01-03]   •••

사회적 소수자 차별, 청소년의 노동권 등 국내 인권 문제와 인권지수를 통해 확인할 수 있는 세계 인권 문제의 양상을 조사하고, 이에 대한 해결 방안을 모색한다.

➡️ 때때로 사회적 소수자에 대한 차별이 학교 현장에서 아무 의식 없이 정당화되며 확대·재생산되는 경우가 있다. 교육 활동에서 사용되는 표현들이 편견을 조장하지는 않는지, 고정관념을 강화하지는 않는지 점검하는 탐구 활동을 통해 교실에서 차별이 발생하지 않도록 노력해 보자. 또한 청소년의 권리 및 타인을 존중하고 이해

하는 태도를 길러 인권 의식을 높이기 위한 교육 방법을 모색해 보는 활동을 진행할 수 있다.

관련 학과 교육계열 전체

《**선량한 차별주의자**》, 김지혜, 창비(2019)

단원명 ㅣ 사회정의와 불평등

> | 🔍 | 분배적 정의, 교정적 정의, 정의의 기준, 절차적 정의, 다원적 평등, 공동선, 소득 불평등, 공간 불평등, 계층 양극화, 지역 격차, 보편적 복지, 선별적 복지, 적극적 우대 조치, 역차별

[10통사2-02-01]   • • •

정의의 의미와 정의가 요구되는 이유를 파악하고, 다양한 사례를 통해 정의의 실질적 기준을 탐구한다.

❯ 교육 현안들에 대한 다양한 쟁점을 통해 정의의 개념을 이해할 수 있다. 예를 들어 '고교선택제와 고교평준화 제도 중 어느 쪽이 더 정의로운가?', '성적에 따른 우열반 편성은 왜 정의롭지 못한가?', '정시와 수시로 이원화 된 현행 대입 제도는 과연 정의로운가?'처럼 교육 현장과 밀접한 관련이 있는 주제들로 토론을 진행하면서 분배적 정의에 대한 개념을 깨닫고 정의의 기준은 업적인지, 필요인지에 대해 탐구할 수 있다.

관련 학과 교육계열 전체

《**사회정의와 교육리더십**》, 김달효, 문음사(2019)

[10통사2-02-02]   • • •

개인과 공동체의 관계를 기준으로 다양한 정의관을 비교하고, 이를 구체적인 사례에 적용하여 설명한다.

❯ 자유주의적 정의관과 공동체주의적 정의관에서 사회를 바라보는 시각의 차이를 파악하고, 이를 확장하여 공익과 사익, 권리와 의무에 연관 지어 이해한 뒤 구체적인 사례에 적용하여 탐구할 수 있다. 또한 자유주의적 정의관에서 바라보는 교육의 역할과 공동체주의적 정의관에서 강조하는 교육의 역할은 무엇인지 생각해 보고, 각각의 입장이 조화를 이루면서 공동선을 추구할 수 있는 교육적인 방안에 대해 토의해 보자.

관련 학과 교육계열 전체

《**사회정의 교육으로의 초대**》, 셜리 음데드와-소머즈, 임은미 외 2명 역, 사회평론아카데미(2019)

[10통사2-02-03]   • • •

사회 및 공간 불평등 현상의 사례를 조사하고, 정의로운 사회를 만들기 위한 다양한 제도와 시민으로서의 실천 방안을 제안한다.

❯ 교육은 사회 불평등 현상을 해결하는 데 열쇠가 된다는 믿음이 있으나, 실제로는 경제적 불평등이 교육의 격차를 심화하여 양극화 현상을 가중시킨다는 분석 또한 존재한다. '교육은 사회 불평등을 완화하는가, 아니면 심화하는가'에 대한 토론을 진행하며 교육의 본질과 역할에 대해 탐구해 보자. 또한 지역별 교육 격차를 줄이기 위해 정부 차원에서 시행하고 있는 입시 정책들을 살펴보고 개선 방안을 모색해 보자.

관련 학과 교육계열 전체

《**격차를 넘어**》, 서울대학교 사범대학 부설학교 교사들, 휴머니스트(2022)

단원명 | 시장경제와 지속가능발전

> | 🔍 | 자본주의, 산업혁명, 시장경제, 계획경제, 자유방임주의, 수정자본주의, 경제 주체, 합리적 선택, 자산 관리, 생산 요소, 절대우위, 비교우위, 특화, 국제 분업, 지역 경제 협력체, 무역 장벽

[10통사2-03-01] • • •

자본주의의 역사적 전개 과정과 그 특징을 조사하고, 시장과 정부의 관계를 중심으로 다양한 삶의 방식을 비교 평가한다.

➡ 자본주의의 시간적·공간적 전개 과정과 특징을 경제학자들의 구체적인 주장을 통해 파악해 볼 수 있다. 그리고 시장의 자율성을 어디까지 중시해야 하는지, 국가는 시장경제에 어느 선까지 개입해야 하는지에 대한 견해를 밝히는 논설문을 작성하거나 찬반 토론 수업을 진행할 수 있다. 또는 전 세계적인 금융 위기와 같은 자본주의의 위기 상황이 닥칠 때 국가와 개인이 할 수 있는 역할에 관련된 시뮬레이션 학습을 통해 자본주의 경제 체제의 변화 과정과 미래를 탐구할 수 있다.

관련 학과 교육계열 전체

《생각하는 십대를 위한 토론 콘서트-경제》, 이완배, 꿈결(2016)

[10통사2-03-02] • • •

합리적 선택의 의미와 그 한계를 파악하고, 지속가능발전을 위해 요청되는 정부, 기업가, 노동자, 소비자의 바람직한 역할과 책임에 관해 탐구한다.

➡ 교육 서비스의 제공은 긍정적인 외부 효과가 발생하는 대표적인 사례로, 국민의 교육 수준이 높아지면 국가 경쟁력이 상승하나, 시장에 맡겨두면 공급이 부족하여 국민들이 충분한 혜택을 받지 못하는 문제점이 발생한다. 이 때문에 세계 각국에서는 의무교육 및 무상교육 제도를 실시하고 있는데, 여러 나라의 무상교육 서비스를 비교·분석하는 활동을 통해 우리나라 의무교육 제도의 개선 방안을 탐구하는 활동을 진행할 수 있다.

관련 학과 교육계열 전체

《세계의 학교교육》, 정용교 외 1명, 교육과학사(2022)

[10통사2-03-03] • • •

금융 자산의 특징과 자산 관리의 원칙을 토대로 금융 생활을 설계하고, 경제적·사회적 환경의 변화가 금융과 관련한 의사결정에 미치는 영향을 탐구한다.

➡ 예금과 채권, 주식 등의 금융 자산을 유동성과 수익성, 안정성을 기준으로 구분하여 공통점과 차이점을 분석해 보고, 자신의 투자 성향과 생애 주기를 고려하여 자산 관리 포트폴리오를 직접 작성해 보는 탐구 활동을 할 수 있다. 또한 주식이나 채권 이외의 금융 자산에는 무엇이 있는지 살펴보고, 다양한 형태의 금융 상품에 가상으로 투자하고 수익률을 비교하는 활동을 통해 금융 자산의 특징을 이해하고 앞으로의 금융 생활을 설계해 보자.

관련 학과 교육계열 전체

책 소개

금융 지식을 알고 적절하게 활용할 수 있는 능력인 금융 이해력(financial literacy)을 기르고자 하는 청소년들을 위한 이 책은 금융에 관한 35가지 궁금증에 명쾌하게 답함으로써 복잡한 개념을 쉽게 설명한다. 금융감독원에서 일한 경험이 있는 저자는 돈의 본질과 빚의 위험 같은 기초적인 상식부터 금융 시장의 속성, 실물 경제와 금융의 관계 등의 깊이 있는 지식까지 아우른다.

세특 예시

'책으로 읽는 경제' 시간에 '오늘부터 제대로, 금융 공부(권오성)'를 읽고, 금융의 목적은 돈을 버는 것이 아니라 돈이라는 수단을 올바르게 활용하는 데 있다는 사실을 깨달았다고 밝힘. 책에서 얻은 금융 상품에 대한 지식을 바탕으로, 모의 주식 투자 대회에서 금융 상품에 투자할 때 수익성과 안전성을 동시에 고려하여 주식뿐만 아니라 채권, 펀드 등 다양한 상품에 분산 투자함으로써 높은 수익률을 얻는 성과를 거둠.

오늘부터 제대로, 금융 공부

권오성, 창비(2018)

[10통사2-03-04]　　　　● ● ●

자원, 노동, 자본의 지역 분포에 따른 국제 분업과 무역의 필요성을 이해하고, 지속가능발전에 기여하는 국제 무역의 방안을 탐색한다.

➡ 게임을 활용하는 수업을 통해 국제 무역이 일어나는 원리 및 공정무역의 필요성을 쉽게 이해할 수 있다. 예를 들어 모둠이 하나의 국가라고 가정한 후 가상의 자원을 모둠별로 불균형하게 배분하여 부족한 자원과 생산품에 대한 거래가 일어나게 함으로써, 국제 무역이 일어나는 원리를 자연스럽게 체득할 수 있다. 또한 현재의 무역 구조가 1차 산업 위주의 저개발국가에 불리하다는 점을 공정무역을 다루는 보드게임으로 알아보고, 이를 개선하기 위한 경제 주체들의 노력 방안을 토의할 수 있다.

관련 학과 교육계열 전체

《**사회 보드게임북**》, 박찬정 외 1명, 애플북스(2020)

단원명 | 세계화와 평화

🔍 세계화, 지역화, 세계 도시, 다국적기업, 문화 획일화, 보편 윤리, 특수 윤리, 세계 평화, 국제 기구, 비정부 기구, 세계시민, 평화의 개념, 남북 분단, 평화 통일, 동아시아의 역사 갈등

[10통사2-04-01]　　　　● ● ●

세계화의 다양한 양상을 살펴보고, 세계화 시대의 문제점과 그에 대한 해결 방안을 제안한다.

➡ 세계화로 인해 학생들과 교수들의 국제적 교류가 활발해지고 국제 협력 프로젝트가 진행되는 경우가 흔해졌다. 또한 다른 나라의 교육 제도 중 본받을 부분을 참고하여 이를 교육과정에 도입하는 경우도 생겨나고 있다. 타국의 교육 방침과 제도에 영향을 받아 자국의 교육 문화가 변화한 구체적인 사례를 조사해 보고 장단점을

찾아보자. 또한 세계화 시대에 대비하는 데 필수적인 교육 내용에는 무엇이 있는지 탐구하는 활동을 진행할
수도 있다.

관련 학과 교육계열 전체

《세계화 시대의 국제이해교육》, 이삼열 외 2명, 한울아카데미(2012)

[10통사2-04-02]　● ● ●

평화의 관점에서 국제사회의 갈등과 협력의 사례를 조사하고, 세계 평화를 위한 행위 주체의 바람직한 역할을
탐색한다.

➔ 국가 간의 빈부 격차가 심화하면 가난한 국가의 국민은 교육의 기회를 박탈당하는 고통을 겪게 된다. 국민의
낮은 교육 수준은 저성장의 원인이 되어 빈곤의 악순환이 계속되기 때문에, 이를 해소하기 위한 국제사회의 지
원은 필수적이다. 국제적인 교육 활동과 관련된 행위 주체들을 알아보자. 또한 국제 분쟁을 비롯한 여러 가지
국제 문제를 해결하려면 지구촌 공동체 의식과 연대 의식이 필수적이다. 이를 함양하기 위해 학생들에게 필요
한 교육과정을 토의해 보자.

관련 학과 교육계열 전체

《중남미로 떠나는 교육봉사》, 한재영 외 8명, 충북대학교출판부(2019)

[10통사2-04-03]　● ● ●

남북 분단과 동아시아의 역사 갈등 상황을 분석하고, 이를 토대로 우리나라가 세계 평화에 기여할 수 있는 방안
을 제안한다.

➔ 국가 간의 역사 갈등 해결을 위해 교육적으로 노력한 사례를 찾아 동아시아의 갈등 해결에 적용할 수 있다. 예
를 들어 독일과 폴란드, 독일과 프랑스는 2차 세계대전의 전범국과 피해국의 관계이지만 공동 역사 교과서를
집필하여 학생들에게 가르침으로써 역사 갈등을 해결하기 위해 노력하였다. 이와 유사한 사례를 찾아보고, 동
아시아의 뿌리 깊은 역사 갈등의 해결을 위해 교육계가 나아가야 할 방향성에 대해 탐구해 보자.

관련 학과 교육계열 전체

《동아시아, 갈등을 넘어 협력으로》, 제주평화연구원, 오름(2011)

단원명 l 미래와 지속가능한 삶

> |🔍| 세계의 인구 분포, 인구 피라미드, 저출생 고령화, 인구 문제 해결 방안, 에너지 자원의 분포, 에너지
> 자원의 소비, 기후변화, 지속가능한 발전, 미래 사회 예측, 세계시민주의

[10통사2-05-01]　● ● ●

세계의 인구 분포와 구조 등에 대한 이해를 토대로 현재와 미래의 인구 문제 양상을 파악하고, 그 해결 방안을
제안한다.

➔ 인구 과잉 지역과 저출산·고령화 현상을 겪고 있는 지역에서 나타나는 교육 문제의 차이점을 비교·분석하는
탐구 활동을 진행할 수 있다. 특히 우리나라의 경우 낮은 출생률로 인해 학생 수가 급감하는 추세이다. 인구
소멸 위기에 처한 농어촌 지역의 학교는 사라지고 있는데, 인구의 사회적 유입이 활발한 일부 신도시는 학급

과밀화 현상을 겪는 이중적인 문제 상황에 처해 있다. 이에 대한 대책을 모둠 토의를 통해 자유롭게 제시하고 해결책을 정리해 보자.

관련학과 교육계열 전체

《저출산 시대, 해법을 찾아라》, 유레카 편집부, 디지털유레카(2019)

[10통사2-05-02] ● ● ●

지구적 차원에서 에너지 자원의 분포와 소비 실태를 파악하고, 기후변화에 대한 대응과 지속가능한 발전을 위한 제도적 방안과 개인적 노력을 탐구한다.

➲ 기후변화에 대한 위기의식을 높일 수 있도록 교육계에서 할 수 있는 역할에 대해 의논해 보자. 예를 들어 화석연료의 소비를 줄이고 기후변화를 늦추기 위해 학생들이 개인적으로 실천할 수 있는 방안에 대해 토의하거나, 기후변화에 대한 경각심을 높이는 각종 자료를 직접 제작할 수 있다. 또한 세계 각국의 환경 교육 실태를 조사한 뒤 국가별로 중점을 두고 있는 환경 문제와, 정부가 교육과정을 그렇게 편성한 이유를 탐구할 수 있다.

관련학과 교육계열 전체

《미래가 우리 손을 떠나기 전에》, 나오미 클라인 외 1명, 이순희 역, 열린책들(2022)

[10통사2-05-03] ● ● ●

미래 사회의 모습을 다양한 측면에서 예측하고, 이를 바탕으로 세계시민으로서 자신의 미래 삶의 방향을 설정한다.

➲ 세계화 현상은 국가 간의 장벽을 완화해 국민국가 체제의 근본적인 변화를 요구하고 있다. 이로 인해 바뀌게 될 교육의 패러다임을 예측하는 활동을 진행할 수 있다. 예를 들어 세계화로 인해 우리나라에 외국의 대학교들이 분교를 세우면서 나타날 수 있는 입시 제도의 변화를 예상해 보거나, 세계시민주의와 지구촌 공동체 의식을 함양하기 위해 학교에서 새롭게 가르쳐야 할 교과목을 선정하는 탐구 활동을 진행해 보자.

관련학과 교육계열 전체

오늘부터 나는
세계 시민입니다
공윤희 외 1명, 창비교육(2019)

책 소개

UN에서 정한 세계 기념일을 물꼬로, 2030년까지 전 세계가 함께 이루어가야 할 17개의 '지속가능발전목표'에 대해 서술한 책이다. '인터넷을 사용할수록 난민이 발생한다고?', '라면을 먹을수록 열대 우림이 사라진다면?'과 같이 나와 사회, 세계를 연결하는 질문을 던지고 다양한 사례를 통해 이를 설명함으로써, 오늘날 세계가 직면한 여성·환경·노동·차별·혐오 등의 뜨거운 이슈를 쉽고 흥미롭게 이해할 수 있게 하였다. 또한 매 챕터 뒤에서 '세계시민 To Do List'를 제안하여, 한 사람 한 사람이 작게나마 세계시민으로서의 역할을 다할 때 변화를 볼 수 있음을 전하려 했다.

세특 예시

'책을 통해 세상 읽기' 시간에 '오늘부터 나는 세계 시민입니다(공윤희 외 1명)'를 읽은 후, 세상이 발전하면 모두가 살기 좋아질 것이라는 막연한 믿음은 깨진 대신, 앞으로 어떤 세상에서 살아갈 것인가에 대해 깊이 성찰

하게 되었다는 소감을 밝힘. 책에 제시된 환경에 대한 다양한 질문 중 '라면 소비와 열대 우림 파괴'의 관계를 심화 탐구 주제로 삼아, 팜유를 생산하기 위해 열대 우림이 파괴되고 있는 실상을 고발하는 내용의 카드뉴스를 제작하여 친구들의 호응을 얻음.

국어 교과군

영어 교과군

수학 교과군

도덕 교과군

사회 교과군

과학 교과군

단원명 | 세계시민, 세계화와 지역 이해

> | 🔍 | 세계화, 지역화, 세계시민, 지역 통합, 지역 분리, 지역 변화, 지리 정보 기술, 경제 블록, 지리적 사고,
> 지구 공동체

[12세지01-01] ● ● ●

세계화의 의미를 지리적 스케일에 따라 이해하고, 세계화와 지역화의 관계 속에서 세계시민의 역할을 탐색한다.

➡ 기후변화, 국제 갈등, 다문화사회에서의 갈등과 인권 침해 등 세계적인 문제들은 한 나라만의 문제가 아닌 지구촌 전체의 문제로서 모든 시민들이 책임과 역할을 가지고 대처해야 한다. 이를 위해 세계시민적인 인식과 태도를 가진 인재를 양성하는 세계시민 교육이 필수적이다. 세계시민 교육의 목적과 역할, 교육 현황과 활성화 방안에 대한 보고서를 작성해 발표해 보자.

관련 학과 사회교육과, 지리교육과, 교육학과, 윤리교육과, 초등교육과, 역사교육과, 환경교육과, 영어교육과

《**한국 세계시민교육이 나아갈 길을 묻다**》, 유네스코 아시아태평양 국제이해교육원(APCEIU) 외 11명, 살림터(2020)

[12세지01-02] ● ● ●

지역 통합과 분리 현상의 사례와 주요 원인을 탐구하고, 이를 바탕으로 지역 변화의 역동성을 파악한다.

➡ 유럽연합은 최근 경기 침체와 테러, 대규모 난민 유입, 동유럽 저임금 노동자의 유입, 영국의 유럽연합 탈퇴로 변화의 폭이 커지고 있다. 한 국가 내에서조차 지역별로 서로 다른 문화적 차이로 갈등이 나타난다. 문화적 차이에 따른 갈등이 심화할 경우 정치적·경제적 갈등으로 이어져 지역 내 분리 독립 운동이 벌어지기도 한다. 유럽에서 분리 운동이 일어나는 지역을 한 곳 선정해서 분리 운동의 배경과 원인, 역사, 분리 운동의 결과와 영향을 조사해 발표해 보자.

관련 학과 교육계열 전체

《**덫에 걸린 유럽**》, 클라우스 오페, 신해경 역, 아마존의나비(2015)

[12세지01-03] ● ● ●

지리 정보 기술이 세계시민의 삶과 연계되는 다양한 모습을 이해하고, 지리적 문제 해결 및 의사결정에 활용되는 사례를 조사한다.

➡ 과거에는 지역의 지리 정보를 수집하여 지도를 제작하는 방식이 쉽지 않았다. 그러나 최근에는 정보 통신 기술의 발달, 인공위성의 활용 등으로 세계 여러 지역의 지리 정보를 더욱 쉽게 수집할 수 있게 되었다. 이렇게 수집한 지리 정보를 활용하는 기술을 지리 정보 기술이라고 하며, 이로써 더욱 효율적인 공간적 의사결정이 가능

해졌다. 그리고 스마트 기기가 대중화되면서 일반인도 일상생활에서 지리 정보를 손쉽게 활용할 수 있으며, 지리 정보 기술을 이용한 각종 공공 서비스도 늘어나는 추세이다. 지리 정보 기술을 활용한 체험학습의 사례를 조사해 발표해 보자.

`관련 학과` 교육계열 전체

《**프랑스 지리교육의 이해**》, 이상균, 한국학술정보(2012)

단원명 | 모자이크 세계, 세계의 다양한 자연환경과 문화

| 🔍 | 기후, 지형, 생태계, 문화 다양성, 종교 경관, 관광자원, 상호 교류, 세계의 축제, 지속가능한 발전, 환경 보전, 혼합 문화

[12세지02-01] ● ● ●

세계의 다양한 기후에 대한 이해를 바탕으로 기후를 활용하거나 극복한 사례를 찾아 인간 생활과의 관계를 탐색한다.

➡️ 기후 위기가 뉴스의 어젠다를 지배하면서 오늘날 우리는 오존구멍과 같은 문제에 대해서는 거의 듣지 못한다. 그러나 이러한 위기와 기후변화라는 기념비적인 위기 사이에는 유사점이 있다. 오랫동안 산성비는 국제 분쟁의 원인이었으나 일부에서는 그 존재 자체를 부인했고, 화석연료 산업 이해관계자들은 환경운동가들과 맞서 싸웠다. 산성비, 오존구멍, 유연휘발유 사용 문제 등의 해결 과정을 참고해 우리가 기후 위기에 대응할 수 있는 방안이 무엇인지 조사해 발표해 보자.

`관련 학과` 교육계열 전체

《**지속 불가능 자본주의**》, 사이토 고헤이, 김영현 역, 다다서재(2021)

[12세지02-02] ● ● ●

세계 주요 지형과 인간 생활의 상관성을 파악하고, 지형의 개발과 보존을 둘러싼 갈등 사례를 통해 지속가능한 이용 방안을 토론한다.

➡️ "세 살 버릇 여든까지 간다."라는 말이 있듯이, 유아기에 형성된 습관과 가치관은 평생을 가기 때문에 유아기에 환경에 대한 바른 인식과 태도를 형성할 수 있는 환경 교육은 매우 중요하다. 신체적 발달 단계에 있고 면역력이 약한 유아는 환경 문제로 인한 질병에 가장 취약한 계층이다. 또한 현세대의 환경 문제는 미래에까지 영향을 미치기 때문에, 현세대는 미래 세대의 생존의 기초이자 행복한 삶의 터전을 마련하기 위해 환경 보전을 책임질 필요가 있다. 생활 중심 환경 지킴이 실천 교육의 우수 사례를 조사해 발표해 보자.

`관련 학과` 교육계열 전체

《**유아 환경교육**》, 지옥정 외 3명, 창지사(2017)

[12세지02-03] ● ● ●

세계 주요 종교의 특징 및 종교 경관의 의미를 이해하고, 각 종교가 인간 생활에 미치는 영향을 탐구한다.

➡️ 종교와 교육의 공존은 우리 주변에서 쉽게 찾을 수 있다. 기독교 학교, 불교 학교처럼 종교를 가진 학교가 여럿 존재하는데, 예를 들어 경기도 의정부시에는 기독교의 경민고등학교, 불교의 영석고등학교, 광동고등학교가

자리 잡고 있다. 이들 학교는 저마다 설립 이념이나 교훈에 종교적인 내용을 담은 경우가 많으며, 정규 교육과정에 종교 관련 학과를 개설하거나, 대학교의 경우 종교 학과가 없더라도 채플 등의 종교 교육 시간을 운영하기도 한다. 교육과 종교의 관계를 교육적 관점에서 분석해 발표해 보자.

`관련 학과` 교육계열 전체

《현대 종교교육의 지형과 전망》, 메리 C. 보이즈, 유재덕 역, 하늘기획(2006)

[12세지02-04]　●●●

세계의 다양한 음식과 축제를 지리적으로 설명하고, 문화 다양성을 보존하기 위한 방법을 모색한다.

➡ GIS란 공간적 문제를 해결하기 위해 고안한 컴퓨터를 기반으로 하는, 지리 정보의 효율적 생성과 저장 분석을 위한 정보 처리 시스템을 말한다. GIS가 발달한 직접적 요인이라고 볼 수 있는 주제도의 제작과 공간 분석 기법은 지리학에서 본질적으로 중시하는 부문임을 상기할 때 GIS를 활용한 지리 수업은 지리 수업의 중요성과 배치될 수 없다. 고등학교 지리 수업에서의 GIS 활용 우수 사례를 조사해 발표해 보자.

`관련 학과` 교육계열 전체

《탐구를 통한 지리학습》, 마거릿 로버츠, 이종원 역, 푸른길(2016)

단원명 | 네트워크 세계, 세계의 인구와 경제 공간

| 🔍 | 인구 분포 및 구조, 인구 문제, 인구 이동, 식량자원, 식량 문제, 초국적기업, 글로벌 경제, 경제 공간의 불균등, 윤리적 소비

[12세지03-01]　●●●

세계 인구 분포 및 구조를 통해 세계 인구 문제를 이해하고, 국제적 이주가 인구 유출 지역과 유입 지역에 미치는 영향을 탐구한다.

➡ 결혼이주여성은 조선족이라고 일컫는 재중 동포 출신이 13만 명, 중국 한족계와 베트남 출신이 각각 7만여 명이며, 그 뒤를 이어 필리핀, 일본, 몽골 순이다. 결혼이주여성이 직면한 이슈는 정체성과 관련된 내적 문제와 사회 적응 및 환경에 따른 외적 문제로 나눌 수 있다. 그중에서도 초국적 이주에 따른 정체성 문제가 가장 큰 비중을 차지한다. 결혼이민여성의 정체성 확립을 위한 상호 문화 교육 방안을 조사해 발표해 보자.

`관련 학과` 교육계열 전체

《타자의 경험: 결혼이주여성의 생활세계담》, 김영순, 패러다임북(2023)

[12세지03-02]　●●●

주요 식량자원의 생산과 소비 양상을 통해 세계 식량 문제가 발생하는 구조적 원인을 파악하고, 식량의 안정적인 생산과 공급을 위한 각국의 대응 전략을 비교·분석한다.

➡ 세계 식량 공급에 대한 전망이 심상치 않다. 세계 인구수는 80억 명이 넘었지만, 식량 생산량은 기후변화로 매년 줄어들고 있기 때문이다. 영국 엑서터 대학의 세라 거 교수는 "인류는 코로나19 같은 질병에 걸려 사망하기 전에 영양실조로 사망할 것이다."라고 전망했다. IPCC(기후변화에 관한 정부 간 협의체)는 기후변화로 수십 년 내에 전 인류가 '식량 안보' 문제에 직면할 것이며, 2050년에는 주요 곡물의 가격이 최대 23% 상승할 것으로 전

망했다. 식량 위기 대응에 관한 우수 교육 사례를 조사해 발표해 보자.

관련 학과 교육계열 전체

《6번째 대멸종 시그널, 식량 전쟁》, 남재철, 21세기북스(2023)

[12세지03-03] •••

초국적기업을 중심으로 한 글로벌 경제 체제의 형성 과정을 탐색하고, 글로벌 경제에서의 공간적 불균등을 해소하기 위한 국제적 협력과 개인적 실천 방안에 대해 조사한다.

➡ 세계화란 무엇인가. 전체적으로 조망하지 않은 채 널려 있는 수많은 세계화 담론 속에서도 분명한 것은 세계화는 분명 존재하며, 그 주체들의 활동이 계속해서 증가하고 있다는 사실이다. 한시도 쉬지 않고 전 세계를 실시간으로 누비고 다니는 거대한 초국적 금융 자본, 한 나라를 벗어난 기업의 활동, 노동자들의 이주와 같은 신자유주의의 문제를 우리는 어떻게 바라볼 것인가. 세계화로 나타나는 문제점과 세계화의 부조리에 저항하는 반세계화 운동의 전개 과정을 조사해 발표해 보자.

관련 학과 교육계열 전체

《세계화 시대 초국적기업의 실체》, 장시복, 책세상(2022)

단원명 ┃ 지속가능한 세계, 세계의 환경 문제와 평화

| 🔍 | 에너지 자원의 생산과 소비, 친환경 에너지, 지속가능 에너지, 환경 문제, 생태 전환, 지정학, 분쟁

[12세지04-01] •••

세계 주요 에너지 자원의 생산과 소비 현황을 조사하고, 다양한 친환경 에너지원의 특징에 대한 이해를 바탕으로 지속가능한 에너지 생산 방안을 제시한다.

➡ 대한전기협회와 한국여성소비자연합이 에너지 교육 이수자 1,000명을 대상으로 실시한 설문조사에 따르면, 관련 교육의 필요성을 묻는 문항에 대한 답변이 교육 전과 후 각각 89.6%와 93.4%로 모두 높게 나왔다. 앞서 두 협회는 2023년 6월 한 달간 소비자 행동 변화 및 에너지 절약 유도 사업의 일환으로 전국 10개 광역시·도의 주부를 대상으로 에너지 교육을 진행한 바 있다. 설문조사 결과를 보면, 에너지 절약 행동과 관련해 교육 전후의 인식 변화가 큰 것으로 나타났다. 에너지 절약을 위한 우수 교육 사례를 조사해 발표해 보자.

관련 학과 교육계열 전체

《탄소와 에너지》, 양수영, ㈜박영사(2023)

[12세지04-02] •••

세계 주요 환경 문제의 유형과 실태를 설명하고, 생태 전환적 삶에 비추어 현재의 생활 방식을 비판적으로 점검한다.

➡ '생태 전환 교육'은 기후 위기 비상 시대에 인간과 자연의 공존과 지속가능한 삶을 위해 개인의 생각과 행동의 변화를 바탕으로 조직 문화 및 시스템의 총체적 변화를 추구하는 교육이다. 생태 전환 교육은 학교 현장에서 시행되던 환경 교육, 생태 교육, 시민 교육에서 벗어나 완전히 새로운 교육 방법을 제시하는 것이 아니라, 인간 중심 환경 교육에서 생태 중심 환경 교육으로 인식을 전환하는 것이며, 삶을 변화시키는 행동으로 연결되는 교육이다.

다양한 멀티미디어 기기나 디지털 플랫폼을 활용한 획기적인 생태 전환 교육의 사례를 조사해 발표해 보자.

관련 학과 교육계열 전체

《지구를 구하는 수업》, 양경윤 외 7명, 케렌시아(2023)

[12세지04-03]　　　　　　　　　　　　　　　　　　　　　　　　　　　●●●

다양한 지정학적 분쟁을 국제 정세의 변화와 관련지어 조사하고, 세계 평화와 정의에 기여할 수 있는 방안을 찾아 실천한다.

➡ 평화 교육은 자신과 타인, 자연환경과 조화롭게 살아갈 수 있는 가치, 지식, 태도, 기술, 행동을 습득하는 과정이다. 유엔의 다수의 선언문과 결의안에는 평화의 중요성이 담겨 있다. 반기문 전 유엔 사무총장은 평화 문화를 가져오는 수단으로서 평화 교육의 중요성에 정신과 재정을 집중시키기 위한 노력의 일환으로, 2013년 '국제 평화의 날'을 평화 교육에 헌정했다. 유네스코 사무총장을 역임한 마츠우라 고이치로는 평화 교육이 "유네스코와 유엔의 사명에 근본적으로 중요하다."라고 썼다. 평화 교육의 우수 사례를 조사해 발표해 보자.

관련 학과 교육계열 전체

《평화운동을 일으키자》, 함석헌, 한길사(2009)

선택 과목	수능	절대평가	상대평가
일반 선택	X	5단계	5등급

세계사

국어 교과군

영어 교과군

수학 교과군

도덕 교과군

사회 교과군

과학 교과군

단원명 │ 지역 세계의 형성

> │🔍│ 현생 인류, 문명, 생태 환경, 상호작용, 유교, 불교, 한자, 율령, 힌두교, 크리스트교, 이슬람교, 고대 정치, 농경, 목축

[12세사01-01]　●●●

현생 인류의 삶과 문명의 형성을 생태 환경과의 관계 속에서 파악한다.

➡ 그리스 철학자 아리스토텔레스는 "놀이는 최선의 교육 방법"이라고 했다. 아리스토텔레스의 주장처럼 신나게 놀면서 공부할 수 있다면 금상첨화가 아닐까? 놀이는 문화적 성과를 다음 세대에 전해주기 위한 최선의 방식이며, 그 안에는 많은 요소가 응축되어 있다. 놀이의 개념, 놀이가 인간의 삶에서 중요한 이유, 놀이와 학습의 상관관계, 놀이와 뇌 발달의 메커니즘, 오늘날의 교육에서 놀이가 중요한 이유를 탐구해 보고서를 작성해 보자.

관련 학과 교육계열 전체

《호모 루덴스》, 요한 하위징아, 이종인 역, 연암서가(2018)

[12세사01-02]　●●●

동아시아, 인도 세계의 형성을 문화의 상호작용과 관련지어 이해한다.

➡ 공자(孔子)는 유가 사상의 최고 성현이며, 중국의 위대한 교육가이자 정치가이다. 사상적 측면에서는 동아시아적 휴머니즘이라고 할 수 있는 '인(仁)'을 최초로 제시하였다. '인'이란 도덕적·인본주의적·인문주의적인 의미의 '사람다움', '사람의 따뜻한 마음'을 뜻한다. 〈논어(論語)〉의 내용을 바탕으로 공자가 주장한 교육의 목적, 교육의 가치, 교육의 원칙, 교육의 내용, 교육의 방법을 조사해 발표해 보자.

관련 학과 교육계열 전체

《논어》, 공자, 소준섭 역, 현대지성(2018)

[12세사01-03]　●●●

서아시아, 지중해, 유럽 세계의 형성과 문화적 특징을 종교의 확산과 관련지어 분석한다.

➡ 현대 문명을 이끌어가는 주도적인 힘의 배후에는 그리스적 정신이 있다. 호메로스와 그 후예들이 일궈낸 그리스 정신은 서구 교육 문화의 전형이 되어오고 있다. 그리스인들은 민주적 시민 공동체를 만들어 자주적인 교육 풍토를 조성하였다. 개인의 자유와 다양한 개성의 표출이 허용되는 문화적 분위기 속에서 그들은 고도의 문화적 성장을 이끌어낼 수 있었다. '그리스 교육 사상의 철학적 토대'라는 주제로 그리스 정체성의 기원, 철학적

정체성과 교육의 이상, 플라톤과 아리스토텔레스의 교육 사상에 대해 탐구해 보고서를 작성해 보자.

관련학과 교육계열 전체

《**그리스 고대 교육사상의 유산**》, 성기산, 문음사(2015)

단원명 | 교역망의 확대

> 🔎 이슬람교, 이슬람 문화, 이슬람 상인, 오스만제국, 몽골, 신항로 개척, 상품 교역, 식민지, 중상주의, 교류, 노예무역, 아메리카 문명, 은 유통, 가격 혁명, 상업 혁명, 절대왕정

[12세사02-01]   ● ● ●

이슬람 세계와 몽골제국의 팽창에 따른 교류 양상을 파악한다.

➡ 이슬람 교육의 기초를 이루는 것은 이슬람교의 경전인 쿠란이다. 쿠란에 바탕을 둔 이슬람 교육은 개인의 육체적·정신적·영적으로 온전한 무슬림으로서의 성장을 도모하고, 무슬림의 결속을 다지는 무슬림 공동체를 형성하고, 현세와 내세에서 가치 있는 삶을 살 수 있는 선한 인간을 양성하는 것이라고 할 수 있다. '이슬람 문화 이해를 위한 이슬람 교육 탐구'라는 주제로 쿠란과 교육의 관계, 교육의 개념 및 목적, 교육의 내용 및 방법, 교육 기관을 조사해 발표해 보자.

관련학과 교육계열 전체

《**이슬람 문명의 이해**》, 공일주, 예영커뮤니케이션(2006)

[12세사02-02]   ● ● ●

유럽의 신항로 개척과 재정·군사 국가의 성립이 가져온 변화를 분석한다.

➡ 계몽주의는 개인주의에 근거하여 개인의 존엄성, 인간 이성에 대한 신뢰, 사회의 진보에 대한 낙관주의를 바탕으로 합리적인 것을 존중하고 비합리적인 것을 배격한다. 계몽주의는 인간이 자신의 이성을 독립적으로 자유롭게 사용하는 능력을 갖추도록 하는 것을 교육의 과제로 삼는 계몽주의 교육의 전통을 형성하는 기초가 되었다. 계몽주의 교육의 목적, 교육의 내용, 교육 방법, 계몽주의 교육론(자연주의, 합리주의, 과학적 실리주의)의 특징을 조사해 발표해 보자.

관련학과 교육계열 전체

《**계몽주의 교육**》, 이상오, 학지사(2005)

[12세사02-03]   ● ● ●

세계적 상품 교역이 가져온 사회적·경제적 변화를 이해한다.

➡ 국가가 몸이라면 교육은 그 속에 흐르는 정신적 혈맥과 같다. 나폴레옹은 혁명을 통해 프랑스 대제국을 건설하면서 교육을 통해 제국의 정신적 지주를 마련하고자 했던 것으로 보인다. 나폴레옹은 누가 교육을 할 것인지, 누가 교육을 받아야 할 것인지, 그리고 무엇이 학교 교육의 내용과 목적이 되어야 하는지를 결정함으로써 프랑스 교육의 근대적 틀을 마련하였다. 나폴레옹이 황제가 되기 전의 프랑스 교육의 실태와 대책, 제국 대학 설립의 배경과 목적, 제국 대학의 특징과 역할을 조사해 발표해 보자.

관련 학과 교육계열 전체

《**프랑스혁명과 나폴레옹 시대의 교육개혁사**》, 서정복, 충남대학교출판부(2007)

단원명 | 국민국가의 형성

| 🔍 | 청, 무굴제국, 오스만제국, 미국 혁명, 프랑스 혁명, 산업혁명, 국민국가, 계몽사상, 산업자본주의, 제국주의, 빈 체제, 자유주의, 민족주의, 7월 혁명, 2월 혁명, 동력 혁명, 교통·통신 혁명, 노동운동, 사회주의, 개항, 민족운동, 근대화 운동

[12세사03-01]   • • •

청, 무굴제국, 오스만제국의 통치 정책과 사회, 문화의 변화를 이해한다.

➡ 명은 한족이 세운 나라인 데 반하여, 청나라는 이민족인 만주족이 중원을 차지하여 세운 나라이기 때문에 통치에 있어 민족 문제를 매우 신중하게 해결하려 했다. 그렇기에 청대의 철학은 교육 정책과 제도가 종족에 따라 각각 달랐다. 청나라에서는 이전 왕조의 형이상학에 대한 반동이 일어나 실학을 숭상하였다. 경학(經學)과 사학(史學)의 연구는 고증(考證)에 기울고, 고증학은 청대에 집대성되었다. 청나라의 교육 사상, 교육 정책, 학교 제도, 교육과정을 조사해 발표해 보자.

관련 학과 교육계열 전체

《**한국인을 위한 중국사**》, 신성곤 외 1명, 서해문집(2004)

[12세사03-02]   • • •

미국 혁명, 프랑스 혁명을 시민사회 형성과 관련지어 파악한다.

➡ 미국의 첫 개척자들은 종교적 자유를 찾아온 서구의 신교도였으므로, 그들이 필요로 하는 교육은 종교를 지키고 계승·발전시키는 데 있었다. 따라서 초기의 교육은 종교적 색채가 짙었다. 18세기 후반부터는 국민들이 독립전쟁, 자본주의의 발흥 등 사회 변동을 겪으면서 각성하자, 국가적 차원의 교육적 필요가 생겨 비종파적·공공적 공교육 제도가 나타나게 되었다. 미국의 교육 철학, 교육 제도와 행정의 역사를 조사해 보고서를 작성해 보자.

관련 학과 교육계열 전체

《**자유와 평등한 삶을 추구하는 미국의 사회 제도**》, 한솔교육연구모임, 솔과나무(2021)

[12세사03-03]   • • •

제1·2차 산업혁명이 가져온 사회, 경제, 생태 환경의 변화를 분석한다.

➡ 17~18세기에는 확실히 구분된 영토와 경제적·군사적 자원을 가진 국가가 일반적 형태를 갖추게 되면서, 유럽에서는 국민국가가 탄생하였다. 국민국가들은 군사적·경제적으로 치열한 경쟁을 벌였다. 이를 위해 모든 국가에서는 학교를 설립하여 국가에 충성하고 봉사할 수 있는 국민을 양성하고자 하였으며, 학교를 국가의 목적과 이상을 실현하는 기관으로 삼게 되었다. '서양의 19세기 교육의 동향'이란 주제로 국가주의 교육관의 성립 배경, 의무교육 제도의 탄생 과정, 피히테의 교육 사상, 페스탈로치의 교육 사상, 헤르바르트의 교육 사상을 조사해 발표해 보자.

관련 학과 교육계열 전체
《**서양교육사**》, 윌리엄 보이드, 이홍우 외 2명 역, 교육과학사(2008)

[12세사03-04] • • •

아시아와 아프리카 지역에서 전개된 국민국가 건설 운동의 양상과 성격을 비교한다.

➲ 오스만제국은 18세기 이후 중앙 정치가 부패하고 지방 세력이 발호하면서 점차 쇠퇴하기 시작했다. 18세기 이후 아랍 지역은 점차 오스만제국의 지배에서 벗어났지만, 서구 제국주의 열강의 침략을 받게 되었다. 19세기~20세기 초, 서구 제국주의 열강의 침탈에 대응해 오스만제국, 아랍 세계, 이란, 이집트 등 서아시아 지역에서는 다양한 민족운동이 전개되었다. 각 지역의 민족운동이 오늘날 서아시아 국가 수립에 미친 영향을 비교·분석해 보고서를 작성해 보자.

관련 학과 교육계열 전체
《**인류 본사**》, 이희수, 휴머니스트(2022)

단원명 | 현대 세계의 과제

> 🔍 | 1·2차 세계대전, 러시아 혁명, 대량 살상, 총력전, 전체주의, 세계 대공황, 민족운동, 냉전, 탈냉전, 유럽연합, 제3세계, 세계화, 과학·기술 혁명, 민주주의, 평화, 경제적 불평등, 생태 환경, 지구온난화, 남북문제, 반세계화 운동, 지속가능한 개발

[12세사04-01] • • •

제1·2차 세계대전을 인권, 과학기술 문제와 관련지어 파악한다.

➲ 독일의 역사 교육은 나치 정권이 권력을 잡게 되면서 극단적인 형태로 변질되었다. 나치즘 시대의 역사 교육을 정상적인 것으로부터의 '이탈'로 간주하려는 경향과는 달리, '연속성'의 관점에서 이해하는 것이 적절하다고 볼 수 있다. 최소한 민족주의적 시각에서 볼 때, 나치즘 시기에 이르러 역사의 왜곡과 역사 교육의 남용이 더욱 심화했지만 그러한 경향이 근대 독일의 역사 교육이 보여준 근본적인 특징일 수 있다. 나치 정권이 수립된 이후, 독일의 교육 제도는 청소년들에게 히틀러의 세계관 및 민족사회주의를 주입하려는 취지에 걸맞게 개정되기에 이르렀다. 나치 정권기 역사 교육의 목적, 교육과정의 특징, 주요 교과 내용, 나치즘 역사 교육의 문제점과 영향을 조사해 발표해 보자.

관련 학과 교육계열 전체
《**나치즘, 열광과 도취의 심리학**》, 슈테판 마르크스, 신종훈 역, 책세상(2009)

[12세사04-02] • • •

냉전의 전개 양상에 따라 나타난 사회, 문화의 변화를 분석한다.

➲ 1950~60년대, 분단으로 인해 서방 국가뿐 아니라 같은 독일 민족의 국가인 서독과의 체제 경쟁이라는 이중적 부담을 안고 있던 동독 정권은 자라나는 세대에게 자국과 사회주의 체제의 우위와 정당성을 주지시키고 반서방·반서독 의식을 함양하기 위한 정치 교육을 적극적으로 시행했다. 동독 정권의 이데올로기적 정치 교육의

토대 구축 과정, 역사·사회 과목 중심의 냉전적 가치관 교육 방식, 그리고 이러한 정치 교육의 이데올로기화가 일상생활에 미친 영향, 이데올로기적 정치 교육에 대한 동독 학생들의 반응을 조사해 발표해 보자.

관련 학과 교육계열 전체

《**냉전의 역사**》, 존 루이스 개디스, 강규형 역, 에코리브르(2010)

[12세사04-03]   ● ● ●

현대 세계의 과제를 해결하기 위해 인류가 기울여온 노력을 탐구한다.

➡ 인공지능의 발전은 우리 사회의 거의 모든 측면에서 혁명적인 변화를 가져오고 있다. 그중에서도 교육 분야는 인공지능의 영향을 가장 크게 받을 것으로 예상된다. 인공지능은 학습과 평가, 개인 맞춤형 학습 경험 등 다양한 측면에서 교육 시스템을 혁신할 수 있는 가능성을 제시하고 있다. 빠르게 변화하는 생성형 AI 시대를 살아갈 교수자, 학생, 학부모, 교육 관계자 모두가 함께 AI 기반 디지털 교육의 미래를 만들어가야 할 때이다. 인공지능 기술이 교육계에 미치는 영향과 앞으로의 전망, 교사라는 직업의 역할과 전망, 핵개인화 시대의 교육의 비전을 조사해 발표해 보자.

관련 학과 교육계열 전체

《**챗GPT 충격, 생성형 AI와 교육의 미래**》, 김용성, 프리렉(2023)

인문 계열
사회 계열
자연 계열
공학 계열
의약 계열
예체능 계열

선택 과목	수능	사회와 문화	절대평가	상대평가
일반 선택	X		5단계	5등급

단원명 | 사회현상의 이해와 탐구

> | 🔍 | 사회현상의 특징, 사회학적 상상력, 사회현상을 이해하는 관점, 기능론, 갈등론, 상징적 상호작용론, 양적·질적 연구, 질문지법, 면접법, 가치 개입, 가치 중립, 연구 윤리

[12사문01-01] • • •

사회현상의 탐구를 위해 사회현상의 특징에 대한 이해와 사회학적 상상력이 필요함을 인식하고, 사회현상에 대한 다양한 관점을 비교한다.

➡ 기능론적 관점을 활용하여 교육 시스템이 사회적 기능을 어떻게 수행하는지 분석해 볼 수 있다. 교육이 사회 집단의 사회화, 지식 전달, 직업 기회 제공 등을 통해 사회적 안정과 조화를 유지하는 방식을 탐구하는 것도 가능하다. 또한 갈등론적 관점을 적용하여 교육 시스템에서의 권력 갈등, 사회적 불평등, 교육 접근성 등과 같은 갈등 요인을 조사해 볼 수 있다.

관련 학과 교육계열 전체

《교육 현상의 사회과학적 해석》, 오욱환, 교육과학사(2022)

[12사문01-02] • • •

사회현상에 대한 양적 연구 방법과 질적 연구 방법의 특징 및 연구 절차를 비교하고, 각 연구 방법을 활용한 연구 사례를 분석한다.

➡ 교육과 학업 성취 사이의 관계를 조사할 수 있다. 이를 위해 교육 프로그램 참여도, 학업 성적, 창의성 지표 등을 분석해 볼 수 있다. 예를 들어 예술이나 과학 교육이 학업 성취에 어떤 영향을 미치는지, 예술·과학 활동과 학습 능력의 상관관계를 연구해 보자. 이를 통해 예술 교육이나 과학 교육의 중요성을 강조하고, 학교 교육 정책과 프로그램을 개발하는 데 도움을 줄 수 있다. 학생들의 성적, 학업 성취도와 관련된 요인(가정환경, 교육 정책, 교사 역량 등)을 분석하여 교육 성과의 차이를 이해하고, 대안을 제시할 수 있다.

관련 학과 교육계열 전체

《예일, 사계》, 이시철, 윤성사(2020)

[12사문01-03] • • •

사회현상에 대한 다양한 자료 수집 방법의 특징을 비교하고, 각 자료 수집 방법을 활용한 연구 사례를 분석한다.

➡ 성적에 영향을 주는 다양한 요인이 어떻게 독립변수에 영향을 주는지 조사해 볼 수 있다. 학생들의 공부 시간 통계를 내거나 면접을 통해 패턴을 분석하고 결론을 도출할 수 있다면 하나의 훌륭한 자료 수집이 된다. 과거의 데이터를 바탕으로 교육 통계를 분석하여 통계 결과가 말하고자 하는 내용이 무엇인지 파악하고, 이를 바탕

으로 새로운 교육 정책이나 방법 등을 제시할 수 있다. 최근 빅데이터를 활용한 자료 수집이 교육에 어떠한 영향을 주었는지도 조사하여 발표할 수 있다.

관련 학과 교육계열 전체

《**공부하고 있다는 착각**》, 대니얼 T. 윌링햄, 박세연 역, 웅진지식하우스(2023)

[12사문01-04] • • •

사회현상의 탐구에서 발생하는 연구자의 가치 개입 및 연구 윤리 관련 쟁점을 토론하고, 연구 윤리를 준수하며 사회현상에 대한 탐구를 수행한다.

➡ 우리 학교의 다양한 저작권 침해 사례를 알아보고, 학생들의 저작권 준수 사례를 분석해 볼 수 있다. 특히 지식 재산권 침해 방지 교육이나 저작권 교육이 학생들에게 어떠한 영향을 주었는지를 설문조사를 통해 확인해 볼 수 있다. 저작권 침해 방지 교육을 받기 전의 게시물이나 창작물의 상태와 교육을 받은 후의 상태를 비교하여 교육의 효과를 파악해 보자. 또한 교육에 관한 연구를 할 때는 연구 대상이 어린 학생들이므로 무엇보다 학생들의 인권에 주의를 기울여야 한다는 점을 고려하여 과거의 교육 연구 사례를 분석해 볼 수 있다.

관련 학과 교육계열 전체

《**교사 교육과정을 디자인하다: 실천 편**》, 박수원 외 6명, 테크빌교육(2022)

단원명 | 사회 구조와 사회 변동

| 🔍 | 사회 구조, 개인, 사회화, 사회화 과정, 사회화 기관, 사회화를 보는 관점, 사회 집단, 사회 조직, 일탈 이론, 사회 통제 유형, 아노미, 내적 통제, 사회 변동, 저출산 및 고령화

[12사문02-01] • • •

사회 구조와 개인의 관계에 대한 이해를 바탕으로 개인의 사회화 과정, 사회화 기관 및 유형을 설명하고, 사회화에 대한 서로 다른 이론적 관점을 비교한다.

➡ 교육 정책이 사회 구조와 사회적 변화에 미치는 영향을 연구해 볼 수 있다. 최근의 교육 정책 변경이 사회적 다양성, 노동 시장, 지역 발전 등에 어떤 영향을 미치는지 조사해 보자. 특히 입시의 변화나 학생부종합전형과 연관 지어 탐구해 보자. 또한 다문화 교육과 사회 통합에 대해서 탐구해 볼 수도 있다. 다문화 교육 및 다문화 학생이 함께 있는 교실에서 다양성이 어떻게 보장되고 있는지, 면접과 설문을 통해 조사해 볼 수 있다.

관련 학과 교육계열 전체

《**공론장의 구조변동**》, 위르겐 하버마스, 한승완 역, 나남(2024)

[12사문02-02] • • •

사회 집단 및 사회 조직의 유형과 변화 양상에 대한 이해를 바탕으로 사회 집단 및 사회 조직이 개인의 사회생활과 사회적 관계에 미치는 영향을 설명한다.

➡ 준거 집단이 교육과 진로 개발에 미치는 영향을 탐구할 수 있다. 경제적으로 취약한 학생들의 진로 개발을 지원하는 프로그램과 정책을 평가하고 개선 방안을 발표해 보자. 예를 들어 STEM(과학, 기술, 공학, 수학) 교육이 학생들의 진로 선택과 미래 경력에 미치는 영향을 조사하고 탐구할 수 있다. 또한 멘토링이나 멘토의 교육적 효

과에 대해 탐구해 볼 수도 있다. 멘토와 멘티가 무작위로 매칭된 경우와 내가 꼭 닮고 싶거나 희망하는 대학에 진학한 선배가 멘토인 경우에 교육적 효과에 어떤 차이가 있는지 분석하여 발표를 진행해 보자.

관련 학과 교육계열 전체

《**악령이 출몰하는 세상**》, 칼 에드워드 세이건, 이상헌 역, 사이언스북스(2022)

[12사문02-03] • • •

일탈 행동의 발생 요인이나 특성을 설명하는 다양한 일탈 이론을 비교하고, 일탈 행동에 대한 사회 통제의 유형과 사회 통제의 필요성 및 문제점을 분석한다.

➲ 교사의 피드백과 라벨링이 어떤 관계가 있는지 탐구해 볼 수 있다. 특히 교사의 행동과 언어가 학생들의 학업 동기와 자아 개념에 어떤 영향을 미치는지를 사례와 문헌을 통해 탐구할 수 있다. 또한 특수 집단의 낙인도 함께 관찰할 수 있다. 교사나 학생들의 낙인이 특수교육 또는 통합 학급 학생들의 학업 성과 및 사회적 통합에 어떤 영향을 미치는지 조사하여 발표할 수 있다. 한편 낙인을 해소하기 위한 과정도 탐구할 수 있다. 학생들에게 붙여진 부정적인 낙인을 해소하기 위한 교육 프로그램과 접근 방법을 조사하여 발표해 보자.

관련 학과 교육계열 전체

《**한국 청소년의 일탈행동과 학교폭력**》, 박영신, 교육과학사(2015)

[12사문02-04] • • •

사회 변동이 다양한 요인의 복합적인 상호작용의 산물이라는 점을 설명하고, 현대 사회의 변동 과정에서 나타나는 다양한 사회 운동의 유형과 특징을 탐구한다.

➲ 취향 문화론은 문화가 수준별로 나뉘어 있다고 주장하지 않는다. 이는 향유하는 문화를 선택하는 데는 개인의 취향이라는 것이 존재하고, 이 취향이 형성되는 밑바탕에는 개인의 교육 수준 혹은 경제 상황이 영향을 미친다고 주장하는 이론이다. 이에 따라 취향 문화를 5가지로 구분하고, 각 취향 문화의 권위와 사회적 위계가 연계되어 있다고 주장한다. 교육에서 이러한 취향을 어떻게 분석할지, 그리고 이러한 취향의 차이가 문화의 우월이 아니라는 것을 교육할 필요가 있다는 점을 주제로 탐구를 진행할 수 있다. 이러한 취향 차이에 대한 문화 교육도 함께 필요하다는 점을 주장할 수 있다.

관련 학과 교육계열 전체

《**구별짓기**》, 피에르 부르디외, 최종철 역, 새물결(2005)

단원명 | 일상 문화와 문화 변동

| 🔍 | 대중문화, 문화산업론, 리비스주의, 문화주의, 취향 문화론, 대중문화에 대한 관점, 미디어, 매스미디어, 소셜 미디어, 하위문화, 주류 문화, 문화 변동

[12사문03-01] • • •

대중문화에 대한 다양한 관점을 비교하고, 일상적으로 접하는 사례를 중심으로 대중문화가 개인과 사회에 미치는 영향을 토의한다.

➲ 사회가 변동하면서 교육 환경이 어떻게 바뀌고 있는지를 분석하여 발표를 진행할 수 있다. 입시의 변화가 사회

변화와 어떠한 관계가 있는지 분석할 수 있고, 인구 변화와 노동 시장의 요구 사항 간의 연관성을 탐구할 수도 있다. 또한 교육 수준이 노동 시장에서의 경제 참여와 수익에 미치는 영향을 탐구하여 발표할 수 있다. 이를 통해 교육이 사회적 정의를 실현하는 데 어떤 역할을 하는지 조사해 보자. 사회적으로 취약한 계층에 대한 교육 정책 및 개혁의 영향을 분석하고, 이를 해결하기 위한 대안을 제시하여 교육을 통한 불평등 해소에도 관심을 보여줄 수 있다.

관련 학과 교육계열 전체

《**언택트 교육의 미래**》, 저스틴 라이시, 안기순 역, 문예출판사(2021)

[12사문03-02] • • •

미디어의 효과에 대한 이해를 바탕으로 미디어가 생산하는 메시지를 비판적으로 분석하고, 대안적 메시지 생산에 능동적으로 참여한다.

→ 의제설정이론은 미디어가 어떻게 대중이 특정 주제나 이슈에 주의를 집중하도록 조절하는지를 연구하는 이론이다. 교육 정책과 미디어가 어떻게 연결되어 있는지 탐구해 볼 수 있다. 교육 관련 정책 및 이슈에 대한 미디어 보도가 어떻게 교육 정책 결정에 영향을 미치는지 탐구해 보자. 특히 입시와 관련된 다양한 교육 정책이 새롭게 등장하거나 교육 이슈가 언론에서 강조되면, 이슈가 미디어를 통해 어떻게 재생산되는지 파악해 볼 수 있다. 특히 다양한 관점을 가진 미디어를 비교하면서, 왜 그러한 프레이밍이 이루어지는지 분석해 볼 수 있다.

관련 학과 교육계열 전체

《**미디어는 교육을 어떻게 바꾸었나**》, 전숙경, 커뮤니케이션북스(2017)

[12사문03-03] • • •

하위문화와 주류 문화의 관계에 대한 이해를 바탕으로 다문화사회의 이주민 문화에 대한 서로 다른 관점을 비교하고, 이주민 문화가 갖는 의의에 기초하여 문화 다양성을 증진하기 위한 방안을 제시한다.

→ 다문화사회에서 다양한 문화 배경을 가진 학생들을 위한 교육 방법과 정책을 주제로 연구를 진행할 수 있다. 우리나라로 이민을 오거나 주거지를 옮긴 학생들의 교육 과정에서의 문화적 적응, 다문화 교육 프로그램의 효과 등을 분석해 볼 수 있다. 또한 이러한 상황에서 올바른 교육 방법이 무엇인지 학생의 생각을 덧붙여 해결책을 제시하는 것도 가능하다. 그리고 현재의 교육 과정에서 특정 하위문화 그룹이 자신의 정체성을 어떻게 형성하고 유지하는지에 대한 탐구도 함께 수행할 수 있다.

관련 학과 교육계열 전체

《**다문화교육**》, 장인실, 학지사(2022)

[12사문03-04] • • •

문화 변동의 다양한 요인과 양상, 문화 변동 과정에서 발생하는 문제점을 이해하고, 문화의 세계화로 인해 나타나는 쟁점에 대해 탐구한다.

→ 국제 교육 정책이 국내 교육 시스템에 어떤 방식으로 영향을 미치는지 조사할 수 있다. 문화적으로 다양한 관점을 고려하여 국내 교육 시스템을 개선하는 방안을 연구해 보자. 또한 현재 사용되고 있는 교육 방법 및 평가 도구가 문화적으로 다양한 학생들을 어떻게 공평하게 대우하고 있는지, 문화적 배경 차이로 인한 차별은 없는지를 조사해 볼 수 있다. 어떤 평가 도구가 문화적으로 편향되어 있는지 조사해 보고, 평가 도구가 문화적 차이에 따라서 어떤 효과를 나타내는지를 탐구하여 개선 방안을 모색해 보자.

관련 학과 교육계열 전체

《국제 바칼로레아 IB가 답이다》, 김나윤 외 1명, 라온북(2020)

단원명 | 사회 불평등과 사회 복지

> 🔍 불평등, 빈곤, 성, 사회적 소수자, 차별, 복지, 사회 보험, 공공 부조, 사회 서비스, 성 불평등, 복지 제도, 복지국가, 생산적 복지, 보편적 복지, 선별적 복지

[12사문04-01] • • •

사회 불평등 현상을 이해하는 서로 다른 관점을 비교하고, 사회 이동과 사회 계층 구조의 유형 및 특징을 분석한다.

➡ 교육이 불평등에 미치는 영향을 이해하고, 불평등을 해소하기 위한 교육의 역할과 한계를 파악할 수 있다. 교육 정책이 불평등에 영향을 미치는 방식이나, 교육과 불평등의 상호작용이 사회 전반에 미치는 영향, 교육의 효과를 얻지 못한 사람들의 불평등 해소를 위해 교육이 어떻게 활용될 수 있는지를 주제로 삼아 분석하고 발표해 보자.
관련 학과 교육계열 전체

《교육 불평등》, 오욱환, 교육과학사(2021)

[12사문04-02] • • •

현대 사회에서 나타나는 다양한 사회 불평등 양상을 분석하고, 차별받는 사람들의 입장에 대한 공감을 바탕으로 다양한 불평등 현상에 대한 해결 방안을 모색한다.

➡ COVID-19 상황으로 인한 학교 폐쇄와 온라인 교육 전환으로 학습 손실이 크게 발생했다. 특히 경제적으로 취약한 학생들과 부모의 돌봄이 부족한 학생들은 학교에서 받는 서비스의 부재로 학습 능력에 영향을 받았다. 코로나 팬데믹 이후 교육 격차가 어떻게 나타났는지를 탐구해 보고, 이러한 격차의 원인을 조사하여 발표해 보자. 또한 온라인 교육에서는 학생들의 학습 격차가 더욱 두드러져 보인다. 학생들 간의 디지털 기술 및 학습 리소스의 차이로 인해 일부 학생들은 지속적인 지도와 지원을 받지 못하고 뒤처지는 경우가 있다. 이를 극복할 수 있는 해결책을 탐구해 보자.
관련 학과 교육계열 전체

《노력의 배신》, 김영훈, 21세기북스(2023)

[12사문04-03] • • •

복지국가의 발전 과정에 대한 이해를 바탕으로 사회 복지 제도의 유형과 특징을 비교하고, 현대 사회에서 나타나고 있는 사회 복지를 둘러싼 쟁점을 토론한다.

➡ 복지를 통해 교육 불평등을 해소할 수 있는 방안을 찾아서 발표하거나 정책을 제안할 수 있다. 교육 불평등 문제에 초점을 맞추어 다양한 인구 집단 간의 불평등이나, 지역적 특성에 따른 교육 접근성과 성과의 불평등을 찾아서 탐구해 보자. 사회적·경제적 배경, 성별, 인종, 장애 등에 따른 교육 불평등을 완화하고 교육 기회를 평등하게 제공하는 방안을 조사하여 발표를 진행할 수 있다. 예를 들어 방과후 수업이나 주문형 강좌, 공동교육

과정이 불평등을 완화할 수 있는지, 교실 수업 현장에서 어떠한 방식의 복지가 제공되기를 원하는지 탐구할 수 있다.

관련 학과 교육계열 전체

《아름다운 동행 캠프힐 사람들》, 로빈 잭슨, 김은영 외 1명 역, 지와사랑(2011)

인문 계열군

사회 계열군

자연 계열군

공학 계열군

의학 계열군

교육 계열군

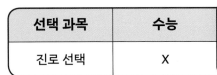

선택 과목	수능	한국지리 탐구	절대평가	상대평가
진로 선택	X		5단계	5등급

단원명 | 공간 정보와 지리 탐구

| 🔍 | 지리 정보, 공간 정보, 속성 정보, 관계 정보, 지리 정보 체계, 지역 조사, 인터넷 지도, 가상현실

[12한탐01-01]   • • •

다양한 현상에 대해 지리적 관점으로 질문을 던지고, 질문에 답을 하기 위한 탐구 계획을 수립한다.

➔ 생태 도시는 "탄력적으로 지속가능한 구조를 가지고 있으며, 자연생태계의 기능을 가진 인간이 살고 있는 거
주 공간"으로 정의된다. 이런 생태 도시의 개념은 모든 도시 문제를 한꺼번에 표현하기에는 완벽하진 않지만,
가장 많은 도시 문제를 포용할 수 있는 개념이다. 인간도 생태계의 구성 요소이며 생물과 무생물이 함께 살아
가는 범위를 뜻하는 생태계를 의미하는 도시의 개념이기 때문이다. 국내 생태 도시 조성의 모범 사례를 조사해
발표해 보자.

관련 학과 교육계열 전체

《못생긴 서울을 걷는다》, 허남설, 글항아리(2023)

[12한탐01-02]   • • •

야외 조사 및 지리 정보 기술을 활용한 데이터 수집 방법을 연습하고, 탐구 질문에 맞춰 데이터를 수집·분석·
시각화한다.

➔ 미술 작품에는 예술적인 아름다움뿐만 아니라, 다양한 자연 및 인문환경, 그 안에서 살아가는 인간의 모습과
다양한 관계가 담겨 있고, 공간과 시간에 따른 인간의 활동이 기록되어 있다. 이러한 미술 작품 감상, 특히 명화
감상 활동은 미술 작품 그 자체뿐만 아니라, 명화를 그린 예술가의 삶과 여행에 대한 지리적 접근이 가능하다.
미술 작품을 활용한 지리 교수 학습 방법의 우수 사례를 조사해 발표해 보자.

관련 학과 교육계열 전체

《미술관 밖 예술여행》, 욜란다 자파테라, 이수영 외 1명 역, 마로니에북스(2022)

단원명 | 생활 속 지리 탐구

| 🔍 | 식품의 생산·유통·소비 과정, 상품 사슬, 핫 플레이스, 지역 자원, 모빌리티, 모바일, 빅데이터, 플랫폼

[12한탐02-01]

식품의 생산, 유통, 소비 과정을 조사함으로써 음식을 통한 생산자와 소비자, 상품, 장소의 연결성을 이해하고, 상품 사슬을 조직하는 윤리적인 방식의 가능성과 한계를 파악한다.

➡ 식품 안전 교육은 우리의 건강과 생명을 지키는 가장 기본적인 요소이다. 그러나 많은 사람들이 식품 안전에 대한 인식과 지식이 부족하여 식품으로 인한 질병이나 사고를 겪는 경우가 많다. 우리나라에서 식품 안전에 대한 경각심은 일련의 사건들로 인해 꾸준히 높아지고 있는 추세이다. 식품 안전 교육은 식품 안전에 대한 전 세계적 관심과 식품안전기본법의 제정 등으로 학교나 인터넷, 혹은 TV를 통해 다양하게 이루어져왔다. 식품 안전 교육의 중요성과 국내 실태를 조사해 발표해 보자.

관련 학과 교육계열 전체

《2023 식품의약품 안전백서》, 식품의약품안전처, 진한엠앤비(2023)

[12한탐02-02]

핫 플레이스의 특징, 생성 과정, 정체성 이슈를 조사하고, 지역 자원을 활용한 관광 활성화 방안을 제안한다.

➡ 서울은 같은 골목이나 동네라 할지라도 고유한 특색이 살아 있다. 창덕궁과 한옥마을이 옹기종기 모여 있어 사람들의 발길이 끊이지 않는 종로구 계동, 다양한 업종의 상가와 요즘 힙스터들이 모여 새로운 핫 플레이스를 조성한 중구 을지로, 시내를 벗어난 곳에 만화 캐릭터 '둘리'를 중심으로 테마 거리를 조성한 도봉구 쌍문동, 유적지와 더불어 많은 문인들이 사랑했던 성북구 성북동, 직장인은 물론 가족 여행자들도 쉽게 다녀올 수 있는 영등포구 여의도동까지. 마실 갔다 오듯 느긋하게 걷다가 쉬다가 돌아오는 서울 산책 코스를 안내하는 팸플릿을 제작해 보자.

관련 학과 교육계열 전체

《타박타박 서울 유람》, 김혜영, 시공사(2020)

[12한탐02-03]

모빌리티와 모바일, 빅데이터, 플랫폼의 결합이 시·공간 활용에 미치는 영향을 설명하고, 모빌리티 공유 서비스가 일상생활에 미친 영향과 문제점을 조사해 대안을 제시한다.

➡ 자율주행차가 가까운 미래에 상용화된다면 교통사고는 급감하고 도로 위의 차량 소통도 더욱 원활해질 것으로 보인다. 운전자 또한 자율주행차에 탑승하는 경우, 목적지로 이동하는 중에 자유롭게 독서를 하거나 영화를 보거나 심지어 수면을 취할 수도 있어 무척이나 편리하고 쾌적한 이동 수단으로 자리매김할 수 있을 것이다. 하지만 자율주행차 사고 발생 시 이를 누가 책임져야 할지, 윤리적 딜레마 상황에서의 선택의 문제 등 많은 윤리적 문제를 고민할 수밖에 없다. 이러한 윤리적 딜레마를 해결할 방안을 조사해 발표해 보자.

관련 학과 교육계열 전체

《자율주행차의 법과 윤리》, 이중기 외 2명, ㈜박영사(2020)

단원명ㅣ 국토의 변화와 균형 발전 탐구

| 🔎 | 인구 구조의 변화, 저출생, 고령화, 다문화, 식생활의 변화, 지속가능한 농업, 산업 구조 전환, 수도권 집중, 지방 소멸, 국토 균형 발전

[12한탐03-01]   • • •

통계 자료를 활용해 우리나라 인구 및 가구 구조의 변화를 시각화 및 분석하고, 저출생, 고령화, 다문화 가구의 증가에 대응하기 위한 방안을 모색한다.

➡ 저출산으로 인해 학령 인구가 줄어드는 것은 교육을 운영하는 주체의 입장에서는 위기 상황이라고 할 수 있다. 특히 사립학교의 운영자 입장에서 학생 수의 급감은 학교 운영의 어려움을 초래하기 때문이다. 하지만 학생 수의 감소가 교육의 질 관점에서는 상당한 기회 요인으로 작용할 수 있다. 학생 수의 감소에 따라 학교 수, 교실 수, 교원 수를 줄이겠다는 정책을 적극적으로 추진하지 않는다면, 학교당 학생 수, 학급당 학생 수, 교원 1인당 학생 수 등의 지표가 확실하게 개선될 수 있기 때문이다. 저출산에 따른 교육의 위기 요인과 기회 요인을 분석해 미래 교육에 대한 대응 방안을 제안해 보자.

`관련 학과` 교육계열 전체

《**대한민국 미래 교육 트렌드**》, 미래 교육 집필팀, 뜨인돌(2023)

[12한탐03-02]   • • •

식생활 변화 및 세계화에 따른 우리나라 농업의 변화를 이해하고, 지속가능한 농업과 농촌을 위한 정책을 제안한다.

➡ 미래 세대를 위해 하나뿐인 아름다운 지구를 건강하게 물려주는 것은 무엇보다 가치 있는 일이다. 먹거리와 관련한 온실가스 배출량이 전체 온실가스 배출량의 31%를 차지할 정도로 문제가 심각해짐에 따라, 지난 2021년부터 전국 34개 행정·교육 광역자치단체를 비롯한 국내외 30개국, 535개 기관이 협약을 맺고, 친환경 지역 농산물로 만든 음식을 남기지 않고 먹는 저탄소 식생활 ESG 실천 운동에 앞장서고 있다. 기후 위기에 대응하는 획기적인 저탄소 식생활 교육을 제안해 보자.

`관련 학과` 교육계열 전체

《**음식물 쓰레기 전쟁**》, 앤드루 스미스, 이혜경 역, 와이즈맵(2021)

[12한탐03-03]   • • •

산업 구조의 전환이 지역 경제에 미치는 영향을 이해하고, 이를 바탕으로 최근 급속하게 성장한 지역과 위기의 징후가 나타나는 지역의 성격과 특징을 비교한다.

➡ 도시 재생이란 인구의 감소, 산업 구조의 변화, 도시의 무분별한 확장, 주거 환경의 노후화 등으로 쇠퇴하는 도시를 지역 역량의 강화, 새로운 기능의 도입·창출, 지역 자원의 활용을 통해 경제적·사회적·물리적·환경적으로 활성화하는 것을 말한다. 서울 성수동, 수원 행리단길, 경주 황리단길 등은 우리나라 도시 재생 사업의 성공 사례에 속한다. 이외에도 지속가능한 관광의 측면이 조화를 이룬 도시 재생 사례를 조사해 발표해 보자.

`관련 학과` 교육계열 전체

《**역사와 문화를 활용한 도시재생 이야기**》, 도시재생사업단, 한울아카데미(2019)

국어 교과군
영어 교과군
수학 교과군
도덕 교과군
사회 교과군
과학 교과군

[12한탐03-04]　　　　　　　　　　　　　　　　　　　　　　　　　　　● ● ●

수도권 집중에 따른 지방 소멸과 국토 불균등 발전 문제에 대한 인식을 바탕으로 국가 및 지역 수준의 국토 균형 발전 방안을 제안하고 실현 가능성을 평가한다.

➡ 학령 인구 감소로 인한 지방 대학의 위기가 가속화되는 가운데 지역 주도의 해법이 필요하지만, 지역과 대학의 연계성 강화를 위한 정책적 논의는 크게 부족한 실정이다. 기존 지방 대학 육성 정책은 산학 협력의 양적 확대와 제도화를 달성했으나 지역 산업 및 지역 사회와의 연계성이 부족했고, 대학 간 특성화와 협력 체계를 구축하는 데 한계를 노출했다. 국토 균형 발전을 위한 지방 대학의 역할 강화 방안을 제안해 보자.

관련 학과 교육계열 전체

《세계의 혁신 대학을 찾아서》, 안문석, 살림터(2023)

단원명ㅣ 환경과 지속가능성 탐구

| 🔍 | 세계자연유산, 자연 경관, 도시화, 관광지 개발, 지속가능한 활용, 자연재해, 탄소중립, 생태 환경

[12한탐04-01]　　　　　　　　　　　　　　　　　　　　　　　　　　　● ● ●

세계유산으로 등재된 한반도 자연 경관의 가치를 탁월성과 보편성의 측면에서 설명하고, 이를 토대로 등재 가능한 자연 경관을 추천한다.

➡ 자연이 살아야 인간이 산다. 원래의 자연환경을 지킨다는 것은 엄청난 가치이고 유산이기에 원형 그대로의 지속적 보존이 필요하다. 또한 자연유산을 보호하는 것은 기후 위기에 대비하는 것이기도 하다. 문화재 하면 국보·보물만 생각하는 경우가 많은데, 문화재의 16%는 자연유산이다. 그동안 동산문화유산에 비해 자연유산에 대한 관심은 소홀했던 것이 사실이다. 지역의 자연유산을 지키기 위한 모범적인 노력의 사례를 조사해 발표해 보자.

관련 학과 교육계열 전체

《신비 섬 제주 유산》, 고진숙, 블랙피쉬(2023)

[12한탐04-02]　　　　　　　　　　　　　　　　　　　　　　　　　　　● ● ●

도시화, 농업, 관광지 개발로 인한 산지, 하천, 해안 지역의 변화를 조사하고, 환경과 개발에 대한 관점이 자연 환경의 복원 및 지속가능한 활용에 미치는 영향을 파악한다.

➡ 최근 들어 지구의 이상기후(호우, 폭염, 한파)로 많은 피해가 발생하고 있다. 그런데 지구의 탄생 이후로 기후변화는 늘 지속되어 왔다. 비교적 최근인 약 900년~1200년 중세 온난기에는 기온이 따뜻해지면서 빙산이 사라지고 북대서양 해수면 온도가 상승했지만, 1400년~19세기 말 소빙기 때는 북반구 대부분 지역의 평균 기온이 하강했다. 지금의 기후 위기와 과거의 기후변화의 차이점을 비교·분석해 발표해 보자.

관련 학과 교육계열 전체

《행성 시대 역사의 기후》, 디페시 차크라바르티, 이신철 역, 에코리브르(2023)

[12한탐04-03]

우리나라 및 우리 지역에서 주로 발생하는 자연재해의 유형과 특징을 분석하고, 이를 토대로 자연재해의 경감 대책을 조사하고 평가한다.

➡ 재난은 갑작스럽게 우리의 안전을 위협하며, 우리 사회의 종합적인 대응을 요구하고 있다. 과거에는 그저 운명으로만 받아들였던 여러 재난을 이해하고 어떠한 방식으로 대처하는 것이 옳은지 알아야 한다. 재난은 언제, 어디서, 어떻게 발생할지 알 수 없기 때문에, 재난 발생 시 우리 스스로 자신의 생명을 보호할 수 있는 생애주기별 재난 안전 교육 인프라 구축이 필요하다. 외국의 사례를 조사해, 재난 안전 교육이 실질적인 도움이 될 수 있는 방안을 제안해 보자.

관련 학과 교육계열 전체

《재난안전교육의 이론과 실제》, 이정일 외 6명, 맹꽁이(2023)

[12한탐04-04]

우리나라의 에너지원별 발전에 관한 주요 쟁점을 조사하고, 탄소중립 달성을 위한 에너지 정책을 제안한다.

➡ 기후 위기 시대, 에너지 절약과 효율 개선을 통해 에너지 수요를 줄이면서 재생 에너지 이용을 확대해 가는 에너지 전환이 기후 위기 대응의 가장 핵심이 된다. 하지만 에너지 전환만으로 기후 위기 문제를 모두 해결할 수는 없다. 산업 공정과 농축수산업, 폐기물 부문에서 이산화탄소를 비롯한 온실가스가 발생하기 때문이다. 또한 이러한 변화는 기술 발전으로 해결할 수 있는 부분도 있지만, 생활 양식의 변화 없이는 문제를 해결하기 어렵다. 따라서 '기후 시민'은 기후변화의 원인과 영향을 제대로 이해하고 효과적인 기후 위기 대응을 위한 실천 활동을 책임감 있게 해나가야 한다. 기후 위기 시대, 탄소중립을 향한 기후 시민 육성 방안을 제안해 보자.

관련 학과 교육계열 전체

《지구는 괜찮아, 우리가 문제지》, 곽재식, 어크로스(2022)

단원명 | 동아시아 갈등과 공존 탐구

| 🔍 | 남북 협력, 접경 지역, 지정학, 북한의 지리적 특징, 동아시아의 갈등과 협력, 평화와 공존

[12한탐05-01]

북한의 지리적 특징과 당면 과제에 대한 이해를 바탕으로 남북 협력의 가능성을 모색한다.

➡ 북한의 교육은 주체사상에 기초한 사회주의 체제 유지에 필요한 인재 양성을 목표로 하며, 그 내용은 최고 권력자의 집권 시기별로 상이하다. 북한의 의무교육 제도는 김정은 통치기에 '전반적 12년제 의무교육'으로 확립되었으며, 수재 양성 등을 위한 다양한 특수 교육기관은 광복 이후부터 지속적으로 운영되었다. 북한 교육 체계의 변화 과정과 특징을 조사해 발표해 보자.

관련 학과 교육계열 전체

《남북한 문화통합과 교육환경》, 이용을, 좋은땅(2023)

국어 교과군

영어 교과군

수학 교과군

도덕 교과군

사회 교과군

과학 교과군

[12한탐05-02]

한반도를 둘러싼 국가 간 경계와 접경 지역을 분석하고, 동아시아 지역의 발전과 평화·공존을 위한 지정학적 전략을 토론한다.

● ● ●

➡ 동아시아의 영토 분쟁이 고조되는 상황에서 자국 중심의 영토 교육을 비판적으로 고찰하면서, 영토 분쟁 상황을 극복하고 동아시아의 평화를 지향하는 교육을 위해서는 지리 교육의 내용을 전면적으로 재구성할 필요가 있다. 특히 기존의 영토 교육은 민족·국가주의적 성향, 유기체적 국토 개념과 본질주의적 장소관에 바탕을 두고 있기 때문에, 영토적 배타성을 강화하여 영토 문제를 둘러싼 국가 간의 긴장을 악화시킬 가능성이 더 크다. 동아시아 3국(한·중·일)의 자국 중심 영토 교육을 비판하고 동아시아 평화를 지향하는 지리 교육의 대안을 제안해 보자.

관련 학과 교육계열 전체

《영토분쟁》, 강성주, 아웃룩(2022)

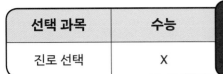

단원명 | 삶의 공간, 도시

| 🔍 | 도시적 생활 양식, 도시 유형, 도시성, 거주 적합성, 세계화, 기술 발달, 이동 수단, 빅데이터, 데이터 마이닝

[12도탐01-01] ● ● ●

도시의 의미를 이해하고, 도시의 특성이 도시적 생활 양식에 미치는 영향을 일상 공간을 사례로 탐구한다.

➡ 우리나라 청소년 가운데 우울증을 앓는 비율은 전체의 5% 정도로 파악되고 있다. 적어도 청소년 20명 가운데 1명은 우울증으로 남몰래 힘겨워하고 있다고 보면 된다. 과도한 게임, 인터넷 과몰입은 청소년 우울증의 대표적 증세이다. 우울증에 빠지면 우울감을 떨쳐내기 위해 혼자서 몸부림치게 된다. 청소년들이 우울감을 회피하기 위해 가장 손쉽게 선택할 수 있는 수단이 컴퓨터와 스마트폰이다. 나름의 방식대로 게임과 채팅 등에 빠져 우울한 마음을 달래려 한다. 청소년 우울증의 원인과 해결 방안을 조사해 발표해 보자.

관련 학과 교육계열 전체

《우울과 자살 위기의 청소년 치료》, David A. Brent 외 2명, 지승희 외 1명 역, 학지사(2016)

[12도탐01-02] ● ● ●

도시의 발달 과정에 대한 이해를 바탕으로 다양한 유형의 도시를 비교하고, 내가 사는 도시의 발달 과정을 탐구한다.

➡ 바쁘게 살아가는 평범한 도시 생활자들이 일상생활에서 명상을 실천한다면 삶의 질이 달라질 것이다. 현대 도시민에게 필요한 '마음챙김'은 오직 지금 이 순간에 주의를 기울이는 것이다. 과거의 경험에서 비롯된 선입견과 미래에 대한 막연한 불안감에서 벗어나, 오직 지금 이 순간에 경험하는 감각들에 주의를 기울이면 훨씬 마음의 평화와 안정을 찾을 수 있다는 것이다. 도시의 일상에서 마음챙김을 실천할 수 있는 좋은 방법을 제안해 보자.

관련 학과 교육계열 전체

《도시에서 명상하기》, 조너선 S. 캐플런, 강도은 역, 행성B(2012)

[12도탐01-03] ● ● ●

살기 좋은 도시에 대한 다양한 관점을 비교하고, 살기 좋은 도시의 사례와 특징을 조사한다.

➡ 평생학습도시란 개인의 자아실현을 돕고, 사회적 통합을 증진하며, 지역 사회의 경제적 경쟁력을 높여 언제, 어디서든, 누구나 원하는 학습을 받을 수 있는 도시를 건설하기 위해 추진되는 지역 사회 교육 운동이다. 교육부는 지역 사회의 평생교육을 활성화하기 위해 시·군 및 자치구를 대상으로 평생학습도시를 지정하고 있다.

평생학습도시로 선정된 도시 중에서 모범적인 사례를 조사해 발표해 보자.

관련 학과 교육계열 전체

《일본 평생학습도시 프런티어》, 김득영, 학지사(2006)

단원명 | 변화하는 도시

| 🔍 | 도시 체계, 도시 공간 구조, 문화 자산, 도시 브랜딩과 건축, 도시 경관, 서비스업, 소비주의, 첨단 산업, 모빌리티, 정보 통신 기술, 스마트 도시, 미래 도시

[12도탐02-01] • • •

도시 간의 상호작용과 교류에 의해 도시 체계를 이해하고, 도시 공간 구조는 고정되지 않고 지속해서 재구성됨을 인식한다.

➡ 미국 뉴스 채널 'CNN머니'는 2010년 10월 4일 미 통계청 자료를 인용해 "25세 이상 성인 인구의 47.3%가 학사 이상의 학위를 소지한 워싱턴이 미국에서 가장 '똑똑한' 도시로 조사됐다."라고 보도했다. CNN머니는 미국 주요 도시의 학사 학위 이상 비율이 25% 수준인 데 비해, 워싱턴에선 인구의 절반 가까이가 대졸자인 이유로 미국의 수도로서의 독특한 위상을 꼽았다. 워싱턴이 세계의 수도로 불리며 미 행정부 및 의회와 관련된 고급 인력들이 대거 몰려 있기 때문이라는 설명이다. 미국의 교육 도시 우수 사례를 조사해 발표해 보자.

관련 학과 교육계열 전체

《세계 명문대학은 혁신을 멈추지 않는다》, 박종문, 학이사(2022)

[12도탐02-02] • • •

문화 자산을 활용한 도시 브랜딩과 건축이 도시의 경관과 도시에 대한 인식 변화에 미친 영향을 탐구한다.

➡ 정치 중심지였던 워싱턴이 어떻게 문화 중심지로 바뀔 수 있었는지, 파리가 어떻게 오늘날까지도 세계 문화의 중심지로 활약할 수 있었는지, 소도시에 불과한 바젤이 어떻게 세계적인 관광지가 될 수 있었는지 등에 대한 의문을 뮤지엄과 관련지어 풀어볼 수 있다. 뮤지엄(Museum)은 박물관과 미술관을 포함하는 광의의 개념으로 사용되는 용어이다. 뮤지엄의 역사와 사회적 역할, 도시 활성화를 위한 문화 전략을 조사해 발표해 보자.

관련 학과 교육계열 전체

《뮤지엄건축, 도시 속의 박물관과 미술관》, 서상우, 살림(2005)

[12도탐02-03] • • •

서비스업의 성장과 소비주의 심화가 도시 경제와 도시의 경관, 생활 양식 변화에 미친 영향을 분석한다.

➡ 현대인은 광고에 절대적 영향을 받는 소비 패턴을 가지고 있다. 현대인은 광고를 통해 상품에 대한 정보만을 전달받는 것이 아니라, 현대 사회를 살아가려면 어떤 식의 소비를 해야 하는지에 대한 기준까지 전달받고 이것을 알게 모르게 주입받는다. 따라서 현대인은 자신의 필요에 따라 제품을 구매하는 주체적 소비가 아니라, 광고가 은연중에 강요하는 이미지에 자신을 맞추기 위해 맹목적으로 소비하는 비주체적 소비의 모습을 보일 때가 많다. 올바른 소비 문화 교육의 방법론을 조사해 발표해 보자.

관련 학과 교육계열 전체
《생각하는 소비문화》, 박명희 외 4명, 교문사(2006)

[12도탐02-04]   ● ● ●

첨단 산업과 모빌리티의 발달이 도시의 성장과 쇠퇴에 미치는 영향을 조사하고, 정보 통신 기술의 발달로 출현
하고 있는 스마트 도시를 사례로 살고 싶은 도시의 미래 모습을 예측한다.

➡ 시대에 따라 교육은 변해야 한다. 사회가 달라지고, 학습 환경, 사회에서 요구하는 인재의 특성이 달라짐에 따
라 교육도 달라져야 한다. 그렇다면 우리 앞에 바짝 다가온 AI 시대에 우리가 해야 하는 교육은 어떤 교육이어
야 할까? AI 기술의 장점 중 하나는 학생들의 학습 과정과 데이터를 기반으로 맞춤형 교육을 지원할 수 있다는
점이다. 학생 한 명 한 명의 데이터를 기반으로 학습자의 수준을 진단하고 목표를 달성하기 위해 맞춤형으로
지원하게 된다. 미래 교육의 비전과 인공지능이 교육과정에 미치는 영향을 조사해 발표해 보자.
관련 학과 교육계열 전체
《인공지능 시대의 미래교육》, 웨인 홈즈 외 2명, 정제영 외 1명 편역, 박영스토리(2021)

단원명 | 도시 문제와 공간 정의

| 🔍 | 환경 문제와 재난, 공간 정의, 공간 부정의, 공간 불평등, 아파트, 주거 문제, 도시 재생, 젠트리피케이션,
빗장 도시, 다문화, 기후변화

[12도탐03-01]   ● ● ●

도시의 환경 문제와 재난은 자연적 요인과 사회적 요인이 복합적으로 작용하여 발생하고 있음을 사례를 통해
파악하고, 이를 공간 정의의 관점에서 분석하여 해결 방안을 탐색한다.

➡ 기후변화가 지구촌에 미치는 영향에 대한 우려와 인식이 높아지면서, 각국은 기후변화에 대응하기 위한 교육
의 역할에 주목하기 시작했다. 교육은 개인에게 기술과 역량을 제공할 뿐만 아니라, 가치와 태도 및 행동의 변
화를 유발하면서 지속가능한 세계를 만드는 데 결정적인 역할을 담당하기 때문이다. 기후변화 교육의 중요성
에도 불구하고, 우리의 학교 현장은 이에 대한 준비가 매우 부족하다. 체계적인 기후변화 교육을 제안해 보자.
관련 학과 교육계열 전체
《기후변화 시대의 시민교육》, 추병완 외 6명, 한국문화사(2021)

[12도탐03-02]   ● ● ●

부동산에 대한 인식 변화와 도시의 주거 문제 심화 사례를 조사하고, 이를 공간 정의의 관점에서 분석하여 해결
방안을 탐색한다.

➡ 주택 문제는 높은 주택 가격과 주기적인 가격 폭등으로 인해, 사회적으로 특히 심각한 문제 중의 하나가 되어
버렸다. 부동산은 1960년대 이후 10년마다 가격이 상승하다시피 했고, 그에 따른 집중적인 대책들이 동반되
었다. 그런데 이런 과정을 거치면서 부동산 투자는 결코 손해 보지 않는다는 '부동산 불패 신화'가 사실처럼
수용되기에 이르렀다. 부동산 불패 신화의 시대적 배경, 정부의 부동산 정책의 역사, 공간 정의의 관점에서 올
바른 부동산 정책에 대해 탐구하고 서로 의견을 공유해 보자.

관련 학과 교육계열 전체

《부동산정책론》, 이태교 외 2명, 법문사(2023)

[12도탐03-03] • • •

국제 이주에 따라 도시의 인구 구성과 공간 구조가 변화하여 발생하는 문제를 조사하고, 도시 구성원들의 다양성과 차이를 존중하고 공존하는 방안을 모색한다.

➡ 다문화 학생이 과반수인 학교, 서로 다르지만 다르지 않은 교실 속 아이들. 곧 다가올 우리 미래 학교의 모습이다. 다문화 교육의 역사는 매우 짧다. 한국 사회의 기성세대는 단일민족 국가라는 자부심 속에 민족주의 교육, 단일민족 교육을 받아왔고, 다문화에 대한 경험과 교육이 부재했던 어른들은 자신의 편견을 인식조차 하지 못한 채 누군가를 차별하며 상처를 줄 수밖에 없다. 다문화 시대에 학교에서 다양한 학생들이 공존할 수 있는 방안을 제안해 보자.

관련 학과 교육계열 전체

《다문화 시대, 공존의 교실》, 이승희, 에듀니티(2023)

단원명 | 도시의 미래

🔍 지속가능성, 회복력, 생태 지향적 건축, 에너지 전환, 재난과 위험 관리, 사회적 약자 보호, 공공성, 공동체, 공유 경제

[12도탐04-01] • • •

지속가능성과 회복력이 높은 도시가 되기 위한 요건에 대해 토의하고, 이와 관련한 도시 계획 및 도시 혁신 사례를 탐구한다.

➡ 영국 런던과 스페인 빌바오는 성공적인 도시 재생 사례로 손꼽힌다. 두 현장에서는 도시 재생의 역사와 과정, 현황과 실질적인 문제점, 해결 방안 등을 배울 수 있다. 이를 바탕으로 우리나라 도시 재생 상황을 진단하고, 도시 재생이 나아가야 할 방향도 구체적으로 모색할 수 있다. 아울러 도시 재생이란 무엇인지, 왜 우리가 지금 도시 재생을 학습해야 하는지, 그 까닭도 알 수 있다. 도시 재생 학습 프로그램의 우수 사례를 조사해 발표해 보자.

관련 학과 교육계열 전체

《도시재생 학습》, 제종길, 자연과생태(2018)

[12도탐04-02] • • •

도시의 공공성을 높이기 위한 도시 정치의 중요성을 이해하고, 도시를 만들어가는 주체로서 시민이 가져야 할 바람직한 태도를 함양하여 도시 정치에 적극적으로 참여한다.

➡ 그동안 우리 교육의 목표로 민주시민의 양성이 꾸준히 거론되어 왔지만, 그러한 목표가 구체적으로 무엇을 의미하는지, 목표 달성을 위한 교육과정 및 수업 구성의 아이디어는 어떠해야 하는지 충분히 공유되지 못했다. 시민 교육이 도덕적 개인을 넘어 정의로운 시민을 길러내야 한다고 봤을 때, 시민 교육의 궁극적인 목표와 이를 이루기 위한 구체적인 방안을 제안해 보자.

관련 학과 교육계열 전체

《시민교육은 무엇을 가르쳐야 하는가》, 키쓰 바튼 외 1명, 옹진환 외 2명 역, 역사비평사(2023)

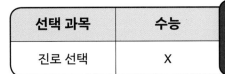

선택 과목	수능	동아시아 역사 기행	절대평가	상대평가
진로 선택	X		5단계	5등급

단원명 | 동아시아로 떠나는 역사 기행

> | 🔍 | 지정학, 동북아시아, 동남아시아, 생태 환경, 유목 세계, 농경 세계, 해양 세계, 한자, 불교, 유교, 율령, 계절풍

[12동역01-01] ● ● ●

역사 기행을 통한 탐구의 방법을 이해하고, 동아시아의 범위와 특징을 파악한다.

➡ 시민이란 국가의 주도에서 벗어나 사회 영역에서 스스로 주체적인 행동을 통해 삶을 영위하는 존재를 의미한다. 하지만 동아시아는 전통적으로 국가가 사회를 압도했으며, 사회 각 부문의 활동이 국가 주도하에 놓여 있었다. 이것이 동아시아에서 근대화와 시민사회가 더디게 이루어진 원인이었다. 그런데 동아시아 전통에서는 시민사회의 형성에 필요한 덕목들이 많이 강조되어 왔으며, 문화적으로도 시민사회의 발전에 필요한 상호 부조와 같은 관습들이 존재해 왔다. 동아시아 전통 사회에서 근대 시민사회의 덕목과 모습을 조사해 발표해 보자.

[관련 학과] 교육계열 전체

《**동아시아 전통과 시민**》, 이동수, 인간사랑(2017)

[12동역01-02] ● ● ●

생태 환경을 바탕으로 형성된 유목 세계, 농경 세계, 해양 세계의 삶을 이해한다.

➡ 중국의 전통 교육 사상은 대체로 다음과 같은 3단계의 발전 과정을 거쳐왔다고 볼 수 있다. 1단계는 고대의 선진 시기로, 춘추전국시대의 교육 사상이 축이 된다. 2단계는 고대의 진한으로부터 시작하여 청나라 중엽까지의 시기를 말한다. 3단계는 근대 시기로서, 2단계에서 이미 나타났던 실학과 실증적 연구방법론을 바탕으로 신학과 구학이 대립하던 시기이다. 중국 전통 교육 사상의 발전 단계를 조사해 발표해 보자.

[관련 학과] 교육계열 전체

《**중국 전통교육사상의 이해**》, 구자억, 문음사(1999)

단원명 | 교류와 갈등의 현장에서 만난 역사

> | 🔍 | 청동기, 비단길, 인구 이동, 조공·책봉, 다원적 외교, 몽골제국, 동서 교역, 유학, 불교, 율령, 성리학, 양명학, 임진전쟁, 병자전쟁, 조공무역, 은 유통

국어 교과군

영어 교과군

수학 교과군

도덕 교과군

사회 교과군

부록 교과군

[12동역02-01] • • •

동아시아의 지역 간 교류를 보여주는 문화유산을 탐구한다.

➜ 성리학은 송나라 때 외래 사상인 불교에 대응하고, 형식화·획일화된 훈고학에 대한 문제의식에서 탄생한 유교의 한 갈래이다. 성리학은 공자와 맹자를 도통(道統)으로 삼고서 도교와 불교가 실질이 없는 공허한 교설을 주장한다고 생각하여 이단으로 배척하였다. 한편 같은 유학임에도 불구하고 주희의 성리학은 이(理)를 강조하였기 때문에 이학이라 부르고, 육구연·왕수인의 학문은 상대적으로 마음[心]을 강조하였기 때문에 심학(心學)이라 부른다. 고려 말에 전래된 성리학의 특징과 전파 과정을 조사해 발표해 보자.

관련 학과 교육계열 전체

《성리학이란 무엇인가》, 안유경, 새문사(2021)

[12동역02-02] • • •

종교와 사상을 중심으로 동아시아 각 지역 간 교류 양상을 파악한다.

➜ 오늘날 우리 교육계가 미국을 중심으로 한 서양 교육 이론에 경도된 나머지, 동양 인본주의의 전통적 교육이 결여된 것에 대해 반성할 필요가 있다. 또한 현대 산업 사회에서 비롯된 인간의 상품화와 기능화, 가치관의 상실 등 수많은 교육적 난제는 불교 사상을 통해 해결할 수도 있을 것이다. 불교 교육을 한마디로 정의한다면 '전인적 인격 교육'이라고 할 수 있다. 불교 교육의 본질은 자주적 각성, 즉 '자각'에 있으며, '지혜롭고 자비로운 자주인'이 되는 것이다. 불교 사상을 교육철학적으로 접근·탐구하여 불교적 교육관으로 우리 교육을 혁신할 수 있는 방안을 제안해 보자.

관련 학과 교육계열 전체

《불교사상의 현재성과 윤리교육》, 장승희, 경인문화사(2018)

[12동역02-03] • • •

몽골의 팽창 및 17세기 전후 동아시아 전쟁이 초래한 변화를 이해한다.

➜ 〈징비록〉은 조선 선조 시기에 영의정을 지냈던 서애 류성룡이 임진왜란 발발 당시인 1592년부터 1598년까지의 전황을 기록한 수기이다. '징비록'이라는 이름은 〈시경-소비 편〉에 적혀 있는 "내가 지난 잘못을 징계하여 후환을 경계한다."라는 구절에서 가져온 것이다. 〈난중일기〉와 함께 임진왜란 당시의 상황을 자세히 묘사한 대표적인 저술 중 하나이다. 임진왜란에 대한 반성과 역사적 교훈을 조사해 발표해 보자.

관련 학과 교육계열 전체

《징비록》, 류성룡, 김흥식 역, 서해문집(2014)

[12동역02-04] • • •

이슬람과 유럽 세력의 참여를 통해 확대된 동아시아 교류의 모습을 탐구한다.

➜ 20세기 후반, 전 세계적 차원에서 냉전 체제가 무너지면서 이념 대립이 완화되었고, 세계화의 진행으로 세계 각국의 교류가 확대되었다. 이러한 흐름 속에 동아시아 각국은 정치적·경제적으로 긴밀한 협력 관계를 맺게 되었다. 하지만 한편으로는 자국의 실리를 추구하는 민족주의가 강화되면서 역사 인식을 둘러싼 갈등이 발생하기도 하였다. 동아시아 역사 갈등(중국의 동북공정, 일본군 위안부 문제, 야스쿠니 신사 참배, 일본의 역사 교과서 왜곡 등)의 배

경과 전개 과정을 분석해, 미래 지향적인 해결책과 동아시아의 평화로운 미래를 위한 대안에 대해 토의해 보자.

관련 학과 교육계열 전체

《동아시아 평화공동체를 위한 영토인식과 역사기억》, 아시아 평화와 역사연구소, 선인(2015)

단원명 | 침략과 저항의 현장에서 만난 역사

| 🔍 | 제국주의, 근대화 운동, 반제국주의 민족운동, 개항, 불평등 조약, 근대 국민국가, 자유민권운동, 1차 세계대전, 민족자결주의, 워싱턴 체제, 만주사변, 중·일 전쟁, 세계 대공황, 2차 세계대전, 태평양 전쟁, 반제·반전을 위한 국제 연대, 만국공법, 사회진화론, 근대적 시간관념, 근대 도시

[12동역03-01]   • • •

동아시아 지역에서 전개된 제국주의 열강의 침략 전쟁을 탐구한다.

➔ 19세기 말부터 20세기에 동아시아 지역에선 청·일 전쟁, 러·일 전쟁, 중·일 전쟁, 태평양 전쟁 등 수많은 전쟁이 일어났다. 동아시아의 평화와 공존공영을 위해서는 역사 교육에서의 평화 교육이 필요하다고 하겠다. 평화 교육에는 반전 평화, 인권 보장, 분단 극복과 통일, 개발과 환경 교육, 화해와 협력 교육이 포함된다. 이런 문제 인식 아래 역사 교육에서의 평화 교육은 어떤 식으로 가능하고, 그 방법은 무엇일지를 고민하는 것은 지금의 역사 교육에서도 매우 중요한 작업이다. 역사 교육에서 반전 평화 교육의 사례를 조사해 발표해 보자.

관련 학과 교육계열 전체

《평화 교육》, 넬 나딩스, 추병완 외 4명 역, 하우(2019)

[12동역03-02]   • • •

아시아·태평양 전쟁과 이에 대한 저항과 연대의 움직임을 파악한다.

➔ 현재의 국제 질서를 보면, 지난 30여 년간의 탈냉전 체제가 조성한 나름의 협력적 글로벌 거버넌스 체제가 급속하게 무너지고 있는 상황이다. 지정학적 위험성과 초강대국의 세력 변동으로 국제 질서의 불안정성이 점점 커져가고 있다. 미·중 전략 경쟁의 격화와 더불어 러시아의 우크라이나 침공, 배타적 민족주의와 동맹 간 진영 대결 체제가 심화되고 있다. 이러한 엄중한 국제 정세에서 동아시아의 평화를 위한 한·중·일 시민 또는 단체의 노력에 대해 조사해 발표해 보자.

관련 학과 교육계열 전체

《근대 동아시아 평화사상》, 장인성 외 7명, 동북아역사재단(2021)

[12동역03-03]   • • •

제국주의 열강의 침략과 전쟁이 지역 생활과 생태 환경에 끼친 영향을 탐구한다.

➔ 외세의 압력으로 문호를 개방한 동아시아 각국은 부국강병을 이룩하기 위해 교육에 역점을 두었다. 각국 정부는 전통 시대와 달리 교육의 기회 균등 원리에 따라 모든 사람을 교육의 대상으로 삼았고, 서구의 근대 학문과 일상생활에 필요한 실용적인 내용을 가르치는 데 힘을 기울였다. 동아시아 각국에서 진행된 교육의 목표, 교육 기관과 교육 제도의 특징, 성과와 한계를 자세히 조사해 보고서를 작성해 보자.

관련 학과 교육학과, 초등교육과, 유아교육과, 역사교육과, 사회교육과, 일반사회교육과, 윤리교육과, 한문교육과, 국어교육과, 영어교육과, 기술교육과, 가정교육과, 과학교육과, 물리교육과, 화학교육과, 생물교육과, 지구과학교육과

《**동아시아 근대교육사상가론**》, 한용진, 문음사(2004)

단원명 | 평화와 공존의 현장에서 만난 역사

| 🔎 | 연합국의 전후 처리, 냉전, 자본주의, 사회주의, 국·공 내전, 중국의 공산화, 6·25전쟁, 베트남 전쟁, 한·일 국교 정상화, 데탕트, 일본의 55년 체제, 한국 경제 발전과 민주화, 타이완의 경제 성장과 민주화, 대약진운동, 문화대혁명, 중국의 개혁·개방, 북한의 체제 고착화, 베트남의 개혁·개방, 동아시아 지역 갈등, 동아시아 역사 갈등

[12동역04-01] ● ● ●

냉전 시기 동아시아 지역에서 전개된 전쟁을 탐구하고, 각국의 정치·사회적 변화를 파악한다.

➡ 냉전 시대에 남한은 '북한 괴뢰 집단'을 적대시하며 반공주의를 통해 이념 교육을 강화했고, 북한은 남한을 '미제 승냥이들'이라고 악마화하며 반미주의를 통해 이념 교육을 관철했다. 상호 적대적인 관계에서 반공과 반미를 중심으로 상대 정권을 부정하며 획일적인 이념 교육을 정당화한 것이다. 이러한 이념 교육은 20세기 후반 탈냉전의 물결 속에 남한은 통일 교육으로 전환하고, 북한은 반미 교육을 고수하는 것으로 이어졌다. 냉전 시기의 남북한 이념 교육(반공 교육, 반미 교육)의 실태를 조사해 발표해 보자.

관련 학과 교육계열 전체

《**반공자유주의**》, 김동춘, 필요한책(2021)

[12동역04-02] ● ● ●

경제 및 대중문화 교류가 확대되는 모습을 이해하고, 다문화사회의 현실을 파악하여 공존을 위한 노력을 모색한다.

➡ 호주는 다양한 인종으로 구성된 국가이다. 초기 호주에는 영국의 이민자들이 주로 살았으며 이후 아시아, 유럽 등 다양한 국가의 이민자가 유입되면서, 대다수 백인들이 다른 인종과 문화를 가진 사람들을 차별하는 정책을 펼쳤다. 그러나 이러한 차별 정책이 국가 경쟁력에 도움이 되지 않자, 존중하는 정책으로 바꾸었다. 우리나라도 저출산·초고령 사회로 나아가고 있다. 국가의 존립을 유지하기 위해서라도 이민자를 적극적으로 받아들일 수밖에 없다. 동아시아 국가의 다문화 정책을 조사한 후, 이를 비교·분석해 우리나라의 올바른 다문화 정책의 방향을 모색해 보자.

관련 학과 교육계열 전체

《**동아시아 국가의 다문화가족 현황 및 정책 비교연구**》, 변수정 외 5명, 한국보건사회연구원(2014)

[12동역04-03] ● ● ●

동아시아의 역사 및 영토 갈등과 새롭게 대두되는 문제를 파악하고 해결하려는 자세를 갖는다.

➡ 동아시아 불교의 중심을 이룬 것은 중국 불교이다. 중국 불교는 인도 불교를 중국인이 수용해 중국 사회와 문화에 적응되도록 변용하여 중국인의 정신 생활의 양식이 된 불교를 말한다. 중국으로 전파된 불교는 다시 동아

시아 지역 전체로 확산되며 불교 문화가 발전하게 되었다. 불국사와 석굴암, 윈강 석굴과 룽먼 석굴, 도다이사 대불, 대안탑, 하치만 신상, 이차돈 순교비 등 각국의 대표적 불교 문화유산에 대한 정보와 사진을 정리해 문화유산 포스터, 체험학습 홍보 책자, 여행 팸플릿 등을 직접 제작해 보자.

[관련 학과] 교육학과, 교육심리학과, 상담심리학과, 유아교육과, 초등교육과, 역사교육과, 사회교육과, 일반사회교육과, 윤리교육과, 지리교육과, 국어교육과

《불교미술 이해의 첫걸음》, 신대현, 혜안(2020)

국어 교과군

영어 교과군

수학 교과군

도덕 교과군

사회 교과군

과학 교과군

선택 과목	수능	정치		절대평가	상대평가
진로 선택	X			5단계	5등급

단원명 | 시민 생활과 정치

| 🔍 | 좁은 의미의 정치, 넓은 의미의 정치, 의사결정, 갈등 해결, 이익 조정, 정치의 필요성, 인간의 존엄성, 자유, 평등, 직접민주주의, 대의민주주의, 고대 민주주의, 근대 민주주의, 시민혁명, 현대 민주주의, 다수결, 소수 의견 존중

[12정치01-01] ●●●

정치의 의미와 공동체 유지 발전에 정치가 필요한 이유를 이해하고, 일상생활에서 나타나는 정치의 사례를 찾아 분석한다.

➡ 대학이나 고등학교의 선택이 정치적으로 이루어지기도 한다. 자율형사립고나 특수목적고, 일반고등학교가 정책적으로 어떻게 유지되고 있으며, 사람들의 선택에 어떠한 영향을 미치는지를 조사해서 발표를 진행할 수 있다. 또한 일반대학과 전문대학의 정원 문제나 등록금 문제가 어떻게 결정되는지를 정치적 의사결정이나 정책을 통해 분석해 볼 수 있다. 공교육이나 사교육의 선택 문제에도 정치적 의사결정이 작용한다. 이러한 의사결정 문제가 교육과 어떻게 연결되는지 조사하고 발표해 보자.

관련 학과 교육계열 전체

《**기울어진 교육》,** 마티아스 도프케 외 1명, 김승진 역, 메디치미디어(2020)

[12정치01-02] ●●●

민주주의 이념을 이해하고, 이를 구현하기 위한 다양한 민주주의의 모델을 탐색한다.

➡ 민주주의 이념에 따른 교육 기회의 평등을 실현하기 위한 방안을 연구할 수 있다. 민주주의의 이념은 인간의 존엄성을 기반으로 한다. 이를 위해 사회경제적 지위, 지역, 장애 등에 따른 교육 격차를 줄이고 교육 평등을 증진하는 방안을 탐구할 수 있다. 고등학교나 중학교의 교육과정을 분석하여 이러한 이념을 실제로 실현하고 있는지 분석해 보자. 또한 최근에 발표되고 있는 교육 정책이 이러한 이념에 부합하는지를 주제로 탐구를 진행할 수도 있다. 이러한 정책이나 교육과정에서 발생하는 문제점을 분석하고 해결책을 제시해 보자.

관련 학과 교육계열 전체

《**학교, 민주시민교육을 실천하다!》,** 교육정책디자인연구소 시민모임, 맘에드림(2020)

[12정치01-03] ●●●

민주정치의 역사적 발전 과정을 이해하고, 현대 민주정치의 다양한 사상적 배경을 비교·분석한다.

➡ 교육은 민주주의 사회의 건강한 기반을 형성하고 민주주의 원리와 가치를 실현하는 데 중요한 역할을 한다. 또

한 시민들이 민주주의의 원리와 제도를 이해하고 민주주의 시스템에 참여할 수 있도록 하는 데에도 큰 역할을 한다. 교육은 시민들에게 투표 및 정치 참여의 중요성을 가르치고, 시민의 의무와 권리에 대한 이해를 촉진한다. 이러한 이해를 위한 교육 정책을 분석하고, 과거의 교육과 현재의 교육을 비교해 보자. 또한 이러한 교육에서 민주주의 발전과 관련해 부족한 부분을 찾아보고 대안을 찾아 자신의 생각을 덧붙여 발표해 보자.

`관련 학과` 교육계열 전체

《**나쁜 교육**》, 조녀선 하이트 외 1명, 왕수민 역, 프시케의숲(2019)

[12정치01-04] ● ● ●

민주주의를 실현하기 위한 원리를 탐색하고, 이러한 원리를 일상생활에 적용한다.

➡️ 교육 정책을 결정하고 시행하는 데 민주주의의 다수결과 숙의 원리가 어떻게 적용되는지 연구할 수 있다. 교육 관련 정책 결정의 투명성과 시민 참여에 대한 것을 주제로 탐구를 진행해 보자. 소수의 전문가들에 의해 교육 정책이 결정되는 것이 옳은 방법인지, 아니면 국민 전체의 의견을 듣고 정책이 결정되어야 하는지를 주제로 탐구를 진행할 수 있다. 교육의 방법과 과정에 다수결이 어떻게 사용될 수 있는지 생각해 보고, 소수의 의견을 반영할 수 있는 방안도 생각해 보자. 또한 교실의 수업이 다수를 향해야 하는지, 모든 학생을 향해야 하는지를 주제로 탐구를 진행할 수도 있다.

`관련 학과` 교육계열 전체

《**나는 공짜로 공부한다**》, 살만 칸, 김희경 역, 알에이치코리아(2013)

단원명 | **정치 과정과 참여**

🔍 정치 과정, 투입, 산출, 환류, 정책, 결정, 정당의 의미, 정치 참여의 방법, 이익집단, 시민단체, 언론, 시민 참여, 선거, 다수대표제, 소수대표제, 비례대표제, 선거구제, 미디어 리터러시, 미디어 교육, 미디어와 정치, 선전, 프로파간다

[12정치02-01] ● ● ●

민주국가의 정치 과정을 분석하고, 시민이 정치 과정에 참여해야 하는 이유를 탐색한다.

➡️ 최근 정보화 기기의 보급으로 학생들이 디지털 미디어를 사용하여 정치적 정보에 접근하고 의사결정을 내릴 수 있도록 하는 교육에 대한 연구가 증가하고 있다. 이에 따라 학교에서 활용 가능한 디지털 시민 교육 프로그램을 개발하고 디지털 소양 및 정보 실력을 향상시키는 방법에 대한 연구가 진행 중이다. 이러한 교육 프로그램 중에 현재 고등학교에서 필요로 하는 정치 참여 교육에 대한 사례를 조사하여 발표해 보자. 이러한 프로그램이 왜 필요하고, 이러한 참여를 통해 어떤 것들이 바뀔 수 있는지에 대한 교육적 가치를 찾아서 발표를 진행할 수 있다. 또한 미성년자인 학생들의 정치적 참여가 옳은 것인지를 주제로 탐구를 진행할 수도 있다.

`관련 학과` 교육계열 전체

《**아름다운 참여**》, 양설 외 6명, 돌베개(2019)

[12정치02-02] ● ● ●

민주정치에서 정당의 의미와 역할을 탐구하고, 다양한 정치 참여의 방법을 비교·분석한다.

➡ 출판사와 교육 자료 제공 업체는 교육 교재 및 디지털 콘텐츠를 개발하며, 교사들과 학생들에게 교육 자료를 제공한다. 이익집단은 이러한 교육 콘텐츠의 형태와 내용에 영향을 미칠 수 있으며, 교육 자료의 품질과 접근성을 개선하거나 내용을 자신들이 원하는 방향으로 각색하기도 한다. 교과서를 비교하여 어떠한 내용이 추가되거나 빠져 있는지 분석해 보자. 특히 우리나라의 교과서와 해외의 교과서를 비교하여 내용의 차이를 분석해 보고, 이러한 차이가 생긴 이유에 대해 자신의 생각을 덧붙여 발표를 진행할 수 있다.

`관련 학과` 교육계열 전체

《**교육이 없는 나라**》, 이승섭, 세종서적(2023)

[12정치02-03] ● ● ●

대의제에서 선거의 중요성과 선거 제도의 다양한 유형을 이해하고, 우리나라 선거 제도의 특징과 문제점을 분석한다.

➡ 교육은 학생들이 지역 사회와 정치적 활동에 참여하도록 독려하고 지원한다. 고등학교와 대학교의 학생들은 선거 캠페인, 시민단체 및 지역 정치 참여에 중요한 역할을 한다. 고등학교 이후에 이러한 교육이 어떻게 이루어지고 있는지 탐구해 보자. 정규 교육과정에서의 선거 관련 교육과 성년 이후의 교육이 어떻게 다른지를 비교하거나, 학생들의 선거 참여에 대한 생각을 조사하여 발표할 수도 있다. 연령별 선거 참여율을 비교하여 왜 차이가 발생하고, 이를 교육적으로 어떻게 해결해야 하는지를 자신의 생각을 덧붙여 발표해 보자.

`관련 학과` 교육계열 전체

《**시민교육과 정치교육**》, 머레이 프린트, 김국현 역, 한국문화사(2020)

[12정치02-04] ● ● ●

미디어를 통한 정치 참여 방법의 특징과 문제점을 분석하고, 유권자이자 피선거권자로서 미디어를 비판적으로 활용하는 태도를 지닌다.

➡ 미디어 리터러시 교육 프로그램이 가짜 뉴스를 식별하고 비판적으로 판단하는 학생들의 능력을 어떻게 향상시키는지 연구할 수 있다. 교육 방법, 교육 과정, 평가 도구 등을 평가하여 가짜 뉴스에 대한 교육의 효과를 조사해 보자. 미디어 리터러시와 관련된 수업지도안을 작성하고 이를 위해 필요한 내용을 분석해 보자. 실제 모의 수업 시연을 통해 이런 교육이 학생들을 어떻게 성장시켰는지를 분석할 수 있다. 실제 미디어 리터러시 수업의 사례를 찾아보고, 이를 위해 필요한 내용과 전달 방식을 탐구해 보자.

`관련 학과` 교육계열 전체

《**미디어 리터러시 교육 어떻게 할 것인가?**》, 권영부, 지식프레임(2021)

단원명 | 민주국가의 정부 형태

> |🔍| 정치권력의 의미, 법치주의, 강제성, 복지국가, 헌법, 정부 형태, 대통령제, 의원내각제, 영국과 미국의 정부 형태, 입법부, 행정부, 사법부, 삼권분립, 거부권, 권력기관, 견제와 균형, 탄핵, 국정감사, 지방자치, 지방자치제도, 지방자치단체, 풀뿌리민주주의, 권력분립, 단체자치, 주민자치

[12정치03-01] ● ● ●

정치권력의 의미와 특징을 이해하고, 근대 이후 국가 권력이 형성되는 원리를 이해한다.

➡ 근대 국가가 발전하는 데는 과학, 기술, 의료, 인프라 구축 및 경제 부문에서의 능력이 필요했다. 교육은 이러한 분야의 전문가 및 인력을 양성하고 지원하는 역할을 해왔다. 국가가 고급 기술 및 기관을 개발하려면 높은 교육 수준이 필수적이다. 근대 국가의 형성 과정에서 이러한 전문 교육이 영향을 준 사례를 분석해 볼 수 있다. 또한 이러한 교육 수준의 향상으로 국민들은 보다 민주적으로 정치에 참여하게 되었고, 인권에 대한 관심과 보장 방안 등의 새로운 정치적 주제가 대두되었다. 교육이 정치권력을 바꾼 사례를 분석하고 발표를 진행해 보자.

`관련 학과` 교육계열 전체

《**대한민국 국가미래교육전략**》, KAIST 문술미래전략대학원 미래전략연구센터, 김영사(2017)

[12정치03-02]   • • •

민주국가의 정부 형태인 대통령제와 의원내각제의 특징을 비교하여 이해하고, 우리나라 정부 형태의 특징을 헌법을 통해 분석한다.

➡ 우리나라 헌법은 교육에서의 평등과 공정성을 강조한다. 교육의 기회에 대한 평등한 접근을 보장하고, 사회경제적 배경, 인종, 종교, 성별 및 기타 요인에 관계 없이 모든 시민에게 교육 기회를 제공해야 함을 명시하고 있다. 이러한 내용이 교육에 어떠한 영향을 주고 있는지 정책적·제도적 차원에서 분석해 보자. 그리고 이러한 법률과 제도를 통해 교육이 어떻게 국민들을 성장시키고 있으며, 국가의 유지에 어떻게 기여할 수 있는지에 대한 자신의 생각을 발표해 보자. 공교육과 사교육의 차이점도 정책과 제도의 차원에서 비교해 볼 수 있다.

`관련 학과` 교육계열 전체

《**정치 문화 보드게임북**》, 박찬정, 애플북스(2021)

[12정치03-03]   • • •

입법부, 행정부, 사법부의 역할을 이해하고, 이들 간의 상호 관계를 권력분립의 원리에 기초하여 분석한다.

➡ 교육의 정치적 중립성에 대해 탐구를 진행할 수 있다. 교육의 정치적 중립성이란 교육 시스템이 정치적 민감성을 가지지 않고 정치적 입장을 취하지 않는 원칙을 나타낸다. 교육기관은 정치적 목표를 달성하거나 특정한 정치 성향을 지지해선 안 된다. 권력분립은 교육 시스템이 정치적 압력을 피하도록 도와주는 역할을 한다. 교육기관이 정치적 영향을 받거나 특정한 정치 성향을 지지할 경우, 교육의 객관성과 중립성이 훼손될 수 있다. 이를 위한 다양한 장치를 조사해 보고, 교육의 정치적 중립성을 유지하기 위한 다양한 방안을 제시해 보자.

`관련 학과` 교육계열 전체

《**교육과 정치 그 오래고 익숙한 관계**》, 김상섭 외 6명, 교육과학사(2021)

[12정치03-04]   • • •

중앙정부와의 관계 속에서 지방자치의 의의를 이해하고, 우리나라 지방자치의 현실과 과제를 탐구한다.

➡ 각종 학교나 학원의 위치는 교육의 불평등을 심화하기도 한다. 지역에서 교육 기회의 확대를 위해 펼치고 있는 다양한 정책을 비교해 보자. 초중고교와 같은 초등·중등교육기관부터 대학과 같은 고등교육기관을 위한 다양한 정책이 있을 수 있다. 다른 지역과의 비교를 통해 우리 지역의 교육 인프라 확대를 위해 필요한 정책을 제안할 수도 있다. 또한 우리 지역의 교육 정책의 부족한 점을 찾아서 왜 필요한 정책이 마련되지 않는지를 분석해 보고 새로운 대안을 제시할 수도 있다.

`관련 학과` 교육계열 전체

《**인생의 특별한 관문**》, 폴 터프, 강이수 역, 글항아리(2020)

단원명 | 국제 사회와 정치

국어 교과군 | 영어 교과군 | 수학 교과군 | 도덕 교과군 | 사회 교과군 | 과학 교과군

> **|🔍|** 국제 사회의 특징, 국제 사회의 변화 과정, 국제 정치, 현실주의, 자유주의, 국제 문제의 원인, 분쟁, 내전, 국제연합, 국제사법재판소, 국제 기구, 비정부 기구, 국제 질서, 국제 분쟁, 이어도, 독도, 영유권 분쟁, 자원 분쟁, 외교, 갈등의 원인, 세계시민, 평화적 해결 방안

[12정치04-01]　•••

국제 사회의 특징과 변화 과정을 이해하고 국제 정치를 바라보는 관점을 비교하여 분석한다.

➡️ 교육은 외교 및 국제 협력의 핵심 요소 중 하나이다. 최근 다양한 국가에서 오는 국제 학생들은 교육 환경을 다양화하며, 국제 정치에 대한 다양한 관점을 이해하고 배울 수 있는 기회를 제공해 준다. 이러한 다양성은 국제 정치 및 문제 해결에 중요한 역할을 한다. 국제 학생들은 자국의 역사, 문화, 정치 및 경제 체계와 비교하여 현지 국가의 사회와 정치에 대한 비교·분석을 제공할 수 있다. 실제로 텍스트로 배우는 내용과 대화 및 생활을 통해 배우는 내용이 어떻게 다른지 분석해 보고, 다양한 시각에서 비판과 토론을 통해 학습하는 방안에 대해 발표해 보자.

관련 학과 교육계열 전체

《**국제개발협력 심화 편**》, KOICA ODA교육원, 아이스크림미디어(2023)

[12정치04-02]　•••

다양한 국제 문제의 원인을 분석하고, 이를 해결하기 위해 국가를 비롯한 여러 주체가 수행하는 활동을 분석한다.

➡️ 국제 기구는 교육 자금을 비롯해 교육 분야의 프로젝트 및 프로그램을 지원한다. 이러한 지원은 개발도상국가에서 교육 인프라 개선, 교육 기회 확대, 교사 교육, 교재 및 학습 자료 개발에 사용된다. 유엔 교육·과학·문화기구(UNESCO)는 교육을 촉진하고 세계적으로 교육 목표를 개선하는 데 기여하고 있다. 지원이 필요한 나라를 찾아 교육이 필요한 이유를 조사해 보자. 교육을 통해 국가를 어떻게 성장시켜야 하는지에 관해 다양한 대안을 제시할 수 있고, 인재 유출을 막기 위한 국가의 정책 방안을 함께 탐구할 수 있다.

관련 학과 교육계열 전체

《**교실에서 세계 시민 되기**》, 강혜미 외 8명, 창비(2022)

[12정치04-03]　•••

우리나라를 둘러싼 국제관계를 이해하고, 외교적 관점에서 한반도를 둘러싼 국제 질서를 분석한다.

➡️ 한국, 중국, 일본의 교육 시스템을 분석하고, 공통점과 차이점을 사례를 들어 탐구해 보자. 유교 문화권 국가들 사이에서는 과거부터 많은 문화적·교육적 자원의 교류가 있었다. 이들 국가의 교육 시스템의 공통점과 차이점을 분석한다면 다양한 탐구가 가능할 것이다. 예를 들어 한국, 중국, 일본은 교육 철학과 문화에서 차이를 보이고 있다. 이러한 차이가 발생한 이유를 사회·정치·경제적 측면에서 분석할 수 있다. 또한 공통점도 찾을 수 있는데 한국, 중국, 일본 모두 진학 경쟁이 치열하며, 학생들은 대학 입학을 위해 높은 수준의 학업 성과를 요구받는다. 이러한 사례의 원인을 찾고, 문제점이 보인다면 대안을 제시해 보자.

관련 학과 교육계열 전체

《**하워드 가드너 심리학 총서 6: 중국 교육, 미국 교육**》, 하워드 가드너, 김한영 역, 사회평론(2019)

국제 사회에서 발생하는 다양한 갈등의 원인을 분석하고, 세계시민으로서 갈등을 해결하는 자세를 갖는다.

➡ 시뮬레이션 기법을 통해 국가 간의 갈등을 유발하는 다양한 원인을 이해하고 해결책을 모색할 수 있다. 예를 들어 문화와 역사, 종교, 민족성, 부존자원, 자연환경이 다른 몇 개의 나라가 국경을 맞대고 있을 때 벌어지는 갈등 상황을 모둠별 시뮬레이션으로 체험해 보고, 토의를 통해 평화적인 해결 방안을 모색하는 평가 활동을 진행할 수 있다. 또는 실제로 분쟁이 자주 벌어지는 지역을 선정하여 원인을 찾고 유형별로 정리한 후, 갈등 해결을 위해서 가져야 할 자세에 대한 자신의 의견을 발표해 보자.

[관련 학과] 교육계열 전체

《차이나는 클라스 국제정치 편》, 김원중 외 7명, 중앙북스(2020)

국어 교과군

영어 교과군

수학 교과군

도덕 교과군

사회 교과군

부록 교과군

선택 과목	수능	법과 사회	절대평가	상대평가
진로 선택	X		5단계	5등급

단원명 | 개인 생활과 법

> 🔍 가족관계, 혼인, 출생, 상속, 친자, 친권, 부부관계, 채권, 계약, 불법 행위, 사적 자치, 민법, 위법 행위, 손해배상, 물권, 부동산, 동산, 권리, 의무, 법률관계, 법적 문제 해결

[12법사01-01] ●●●

가족관계와 관련된 기본적인 내용인 혼인, 출생, 상속 등을 이해하고, 이를 일상생활의 사례에 적용한다.

➡️ 가정환경은 자녀의 학업 성과에 영향을 미칠 수 있다. 안정적이고 지원적인 가정환경은 자녀의 학습 환경을 개선할 수 있으며, 학업 성과에도 긍정적인 영향을 미칠 수 있다. 확대가족과 핵가족의 교육에 대한 방향성과 관심을 비교해서 탐구를 진행할 수 있다. 가족의 재정적 안정은 자녀의 교육 접근성에 영향을 미칠 수 있으며, 대학 교육과 같은 고등교육을 지원할 수 있다. 상속으로 이러한 불평등이 심화될 수 있는지 탐구해 보자.

관련 학과 교육계열 전체

배움의 발견

타라 웨스트오버, 김희정 역,
열린책들(2020)

책 소개

대한민국의 평범한 가정에서 나고 자란 사람이라면 "태어나면서 교육은 시작된다."라는 말이 낯설지 않을 것이다. 문맹률은 세계에서 가장 낮은 축에 속하고 교육률은 세계 1~2위에 달하는 이 땅에서 '교육'이란 공기 같은 존재이다. 일정한 나이가 되면 학교를 가고, 학교에서 시험을 치르고 공부를 하는 트랙은 당연한 통과의례 중 하나이다. 이 책은 유년 시절부터 케임브리지에서 역사학 박사학위를 받기까지 남다른 배움의 여정을 다룬 저자의 회고록이다.

세특 예시

'책을 통해 자신을 돌아보기' 시간에 '배움의 발견(타라 웨스트오버)'을 읽고 가족과 교육에 대해 생각해 보는 시간이 되었다고 밝힘. 가족이 교육을 지지하는 역할을 해주기도 하지만 반대의 역할을 할 수도 있다는 사실을 파악하고, 공교육의 역할이 가정을 대신하면서 자아 정체성을 형성하는 데 큰 영향을 미칠 수밖에 없다고 말함. 배움은 단순히 지식을 습득하는 데서 끝나는 것이 아니라 살아 있는 자신의 삶을 움직이는 가치관이 되어야 한다는 점을 강조하면서, 정체성 형성에서 가족과 학교의 관계를 다시 한번 생각해 보게 되었다는 내용의 발표를 진행함. 그리고 이러한 상황에서 항상 비판적으로 생각하고 행동해야 자신만의 세계를 변화시킬 수 있다는 점도 함께 역설함.

[12법사01-02]

채권 관계와 관련된 기본적인 내용인 계약, 불법 행위 등과 사적 자치를 이해하고, 이를 일상생활의 사례에 적용한다.

➡ 교육기관이 학생의 안전을 어떻게 보호해야 하는지를 주제로 탐구를 진행할 수 있다. 교육기관은 학교 내 폭력, 괴롭힘, 사기, 인권 침해 등을 방지하고 대처하는 법적 의무를 행할 수 있다. 이러한 내용이 계약에 해당하는지 파악해 보고, 자신의 생각을 정리해서 발표해 보자. 이와 함께 학생의 학습권과 교육기관의 교육 의무에 대한 내용을 주제로 탐구를 진행할 수도 있다. 학생의 권리(예: 안전, 평등한 교육)와 교육기관의 의무(예: 안전한 학습 환경 제공)가 법적으로 어떻게 규제되는지 탐구하고 개선 방안을 발표해 보자.

관련 학과 교육계열 전체

《민석 쌤의 교권상담실》, 김민석, 우리교육(2020)

[12법사01-03]

물권 관계와 관련된 기본적인 내용인 부동산·동산에 관한 권리의 기능과 특징, 권리와 의무로 구성되는 법(률) 관계를 이해하고, 이를 일상생활의 사례에 적용하여 법적 문제를 해결한다.

➡ 교육과 지식재산권(IP) 사이의 관련성을 탐구할 수 있다. 교육과 관련된 창작물이나 시험문제, 교육 프로그램과 저작권 등 지식재산권과 관련된 내용을 주제로 탐구를 진행해 보자. 예를 들어 교사가 출제하는 시험문제의 저작권이나, 학생들 대상의 다양한 교육 프로그램 및 활동의 소유권 여부를 탐구해 볼 수 있다. 교사가 만든 다양한 저작물이 어떻게 보호되고 있는지 조사하고, 보호받지 못한다면 이를 어떻게 개선할지 대안을 찾아 제시해 보자.

관련 학과 교육계열 전체

《학교 교육과 저작권》, 한국저작권위원회, 한국저작권위원회(2020)

단원명 | 국가 생활과 법

🔍 민주주의, 법치주의, 권력분립, 입법부, 사법부, 행정부, 기본권, 인간의 존엄과 가치 및 행복 추구권, 자유권, 평등권, 사회권, 참정권, 청구권, 기본권 제한, 형법, 죄형법정주의, 범죄의 성립 요건, 위법성 조각사유, 형벌의 종류, 형사소송, 법원, 헌법재판소, 판결, 항소, 항고, 입법론적 해결

[12법사02-01]

민주주의와 법치주의의 발전 과정을 이해하고, 우리나라 권력분립의 원리를 탐구한다.

➡ 법치주의는 교육 분쟁과 학교 내 분쟁의 공정한 해결을 강조한다. 법치주의는 학생, 교사, 학부모, 학교 관리자 간의 분쟁을 법률 체계를 통해 해결할 수 있도록 하며, 교사와 학생의 권리와 안전을 보장하고 있다. 최근 발생하고 있는 다양한 분쟁 사례를 통해 교육에 필요한 규칙들을 생각해 볼 수 있다. 현재 문제가 되고 있는 다양한 쟁점을 분석하고, 교권과 학생 인권을 더욱 보장하기 위한 대안을 제시해 보자.

관련 학과 교육계열 전체

《같이 읽자, 교육법!》, 정성식, 에듀니티(2021)

국어 교과군

영어 교과군

수학 교과군

도덕 교과군

사회 교과군

과학 교과군

[12법사02-02] •••

우리나라 헌법의 기본 원리와 기본권 내용을 이해하고, 기본권 제한의 요건과 한계를 탐구한다.

➡ 교육은 사회적 평등을 실현하는 데 중요한 역할을 한다. 교육 접근성과 교육의 질에 대한 연구를 통해 교육이 사회적 격차를 어떻게 완화하는지와 어떻게 더 많은 기본권을 보장할 수 있는지를 조사해 볼 수 있다. 또한 교육은 정보 접근성을 개선하고 정보에 대한 권리를 지원한다. 디지털 교육, 접근성 기술 및 UX, UI에 관한 연구를 통해 정보 기본권을 보호하고 강화하는 방법을 조사해 볼 수도 있다. 교육이 기본권을 어떻게 보장하고 있는지 파악해 보고, 부족한 점이 있다면 이를 보완하고 개선할 방안에 대해 발표해 보자.

`관련 학과` 교육계열 전체

《디지털 교육의 미래, 워크플로우 러닝》, 홍정민, 책밥(2023)

[12법사02-03] •••

형법의 의의와 기능을 죄형법정주의를 중심으로 이해하고, 범죄의 성립 요건과 형벌의 종류, 형사 절차를 탐구한다.

➡ 교육은 사회 불평등을 완화하고 경제적 기회를 제공함으로써 범죄 예방에 기여할 수 있다. 사회적 불평등이 심한 지역에서는 범죄 발생률이 상대적으로 더 높을 수 있다. 다양한 국가의 범죄율을 비교해 보고, 교육과 어떠한 상관관계가 있는지 탐구해 보자. 특히 공교육과 범죄율의 상관관계를 통해 학교에서 배우는 다양한 내용이 범죄를 어떻게 감소시킬 수 있는지 조사할 수 있다. 또한 범죄율이 높은 국가를 선정하여 국가 성장 가능성을 파악해 보고, 어떠한 교육 정책을 통해 범죄율을 감소시킬 것인지를 탐구하여 정책이나 교육과정을 제안할 수도 있다.

`관련 학과` 교육계열 전체

《왜 아이들은 낯선 사람을 따라갈까?》, EBS 아동범죄 미스터리의 과학 제작팀, 지식채널(2010)

[12법사02-04] •••

법원과 헌법재판소의 법적 문제 해결 과정을 탐구하고, 사법의 의미와 한계를 인식하여 입법론적 해결이 필요한 경우를 탐구한다.

➡ 교육에서는 다양한 갈등과 분쟁 상황이 발생할 수 있다. 이러한 상황을 해결하는 법률적 절차와 방법에 대해 조사해 볼 수 있다. 또한 관련 법률이 없다면 입법을 어떻게 할 것인지에 대해 자신의 생각을 덧붙여 보자. 예를 들어 특수학급 학생들의 통합 학급 수업에서의 학습권 분쟁을 탐구할 수도 있고, 표준화 검사와 교육의 기회 균등, 수월성을 주제로 탐구를 진행할 수도 있다. 또한 학교에서 발생하는 학교폭력 문제가 법적으로 어떻게 처리되는지의 사례를 찾아서 분석하고, 학교폭력을 해결할 수 있는 다양한 대안도 함께 발표해 보자.

`관련 학과` 교육계열 전체

《사회 선생님이 뽑은 우리 사회를 움직인 판결》, 전국사회교사모임, 휴머니스트(2014)

단원명 | 사회생활과 법

| 🔍 | 근로자의 권리, 노동삼법, 근로기준법, 노동조합법, 노동쟁의조정법, 노동삼권, 단결권, 단체행동권, 단체교섭권, 사회보장제도, 독과점, 소비자의 권리, 소비자보호법, 독과점방지법, 지식재산권, 인터넷제공자, 플랫폼 노동, 지식재산의 보호와 한계

[12법사03-01] ●●●

법으로 보장되는 근로자의 권리를 이해하고, 이를 일상생활의 사례에 적용한다.

➔ 노동삼권 교육이 학생들에게 어떠한 영향을 미치는지 조사해 보자. 근로자의 권리와 관련된 내용의 학습이 왜 필요한지 알아보고, 청소년들이 필수적으로 알아야 할 내용이 있다면 노동 인권과 관련한 수업지도안을 작성하거나 모의 수업 시연을 해보자. 많은 학생이 아르바이트를 한다. 이러한 상황에서 청소년들에게 필요한 법률적 지식을 제공하거나 상담을 해줄 수도 있다. 다양한 판례를 통해 청소년들이 많이 하는 아르바이트와 관련된 법적 지식을 습득하고, 이에 관해 발표해 보자.

관련 학과 교육계열 전체

《**청소년을 위한 노동인권 에세이**》, 구정화, 해냄(2022)

[12법사03-02] ●●●

인간다운 생활을 보장하려는 사회보장과 경쟁 및 소비자를 보호하기 위한 법적 근거를 탐구하고, 구체적인 사례에서 공공 쟁점을 찾아 토론한다.

➔ 교육은 단순히 정규 교육과정으로 끝나는 것이 아니라 평생에 걸친 지속적인 과정이다. 다양한 재교육 과정을 통해 사회보장이 어떻게 이루어지고 있는지 탐구해 보자. 다양한 평생교육 제도를 탐구해 보고 그 효과를 비교·분석할 수 있다. 이러한 교육 및 재교육 프로그램의 효과를 분석하고, 실무 측면에서 어떻게 개선할 수 있는지를 주제로 탐구를 진행해 보자. 또한 다양한 특성을 가진 집단들에게 필요한 교육적 제도를 제안해 볼 수도 있다.

관련 학과 교육계열 전체

《**사진의 속내**》, 김송석, 율나무(2023)

[12법사03-03] ●●●

현대적 법(률)관계의 특징과 지식재산권의 의미를 이해하고, 이와 관련된 일상생활에서의 사례를 찾아보고 관련 쟁점을 토론한다.

➔ 교육 저작물의 지식재산권에 대해 탐구해 볼 수 있다. 예를 들어 최근 확장되고 있는 온라인 수업과 관련해 온라인 교육 플랫폼에서의 지식재산권 문제나, 디지털 교육의 발전과 관련된 주제로 탐구를 진행할 수 있다. 온라인 교육 콘텐츠의 보호, 교육 기술의 지식재산권 전략 및 학습자의 권리와 관련된 문제를 탐구해 보자. 또한 교사의 시험문제나 수업 방식에 대한 저작권이 어떻게 보호되고 있는지 조사해 보고, 침해된 사실이 있다면 어떻게 구제받을 수 있는지에 대한 내용도 탐구해 보자.

관련 학과 교육계열 전체

《**학교 교육과 저작권**》, 한국저작권위원회, 한국저작권위원회(2020)

단원명 | 학교생활과 법

국어 교과군

영어 교과군

수학 교과군

도덕 교과군

사회 교과군

과학 교과군

> | 🔍 | 청소년, 청소년기본법, 청소년보호법, 청소년의 권리, 청소년의 의무, 학교폭력, 촉법소년, 위법소년, 소년범죄, 사이버불링, 법, 조약, 판례, 입법 자료, 법적 문제 해결, 사회적 논의

[12법사04-01] ● ● ●

학생과 청소년이 누릴 수 있는 권리와 의무를 이해하고, 이를 학교와 일상생활의 사례에 적용한다.

➜ 청소년의 교육권이 어떻게 법적으로 보장되는지를 주제로 탐구를 진행할 수 있다. 특히 학교 밖 청소년이나 특수학급 학생들의 교육권 보장에 대해 조사해 보자. 특수교육 및 장애 학생의 권리와 교육에 대한 연구, 장애 학생의 교육 접근성, 개별 교육 계획, 장애 학생에 대한 법률 및 정책을 조사하고 발표를 진행할 수 있다. 또한 학교 밖 청소년들을 위한 법안이나 정책을 분석하고, 이를 통해 더 나은 제안을 할 수도 있다.

관련 학과 교육계열 전체

《**연민 대신 권리를 나누기로 했다**》, 유범상 외 14명, 마북(2022)

[12법사04-02] ● ● ●

학교폭력의 해결 과정을 살펴보며, 학교생활에서 발생하였거나 발생할 수 있는 법적 문제를 발견하고 그 해결 방안을 탐구한다.

➜ 학교폭력을 예방하기 위한 다양한 교육 프로그램의 효과를 분석할 수 있다. 현재 학교에서 실시하고 있는 다양한 학교폭력 예방·치료 프로그램을 분석하고, 이러한 프로그램의 목적이 무엇인지 조사해 보자. 그리고 학생들 대상의 설문조사나 면접을 통해 실제 예방 프로그램의 성과를 확인해 보고, 효과적인 프로그램을 분류해 보자. 현재 진행 중인 프로그램에 효과가 없다면, 학교폭력 예방 교육 프로그램을 새롭게 개발하거나 수업지도안을 작성해 다양한 활동을 해볼 수도 있다.

관련 학과 교육계열 전체

《**학교폭력 예방 및 학생의 이해**》, 박지현, 박영스토리(2023)

[12법사04-03] ● ● ●

법적 문제를 해결하는 데 필요한 법, 조약, 판례, 입법 자료 등을 찾아보고, 민주시민으로서 나와 사회가 당면한 사회적 논의에 참여하는 태도를 가진다.

➜ 학교에서 발생한 다양한 사건, 사고가 판례를 통해 해결된 사례를 조사해 보자. 판례가 가진 법적 구속력을 이해하고, 이러한 사건들이 법원까지 가게 된 이유에 대해 발표할 수 있다. 학교에서 발생한 다양한 사건이 학교 내에서 처리되는 게 맞는지, 아니면 다른 행정적·사법적 판단에 따라야 하는지에 대해 자신의 생각을 덧붙여 발표해 볼 수 있다. 또한 판례에 부족한 점이 있다면 이를 보충하거나, 교육의 질적 향상을 위한 다양한 정책이나 법안을 함께 제출할 수도 있다.

관련 학과 교육계열 전체

《**교사의 말 연습**》, 김성효, 빅피시(2023)

선택 과목	수능	경제	절대평가	상대평가
진로 선택	X		5단계	5등급

단원명 | 경제학과 경제 문제

| 🔍 | 희소성, 선택, 경제 문제, 경제학, 합리적 선택, 전통 경제, 시장경제, 계획경제, 가격기구, 경제 문제의 해결, 경제적 유인, 편익, 비용, 한계 분석, 의사결정능력

[12경제01-01]   ● ● ●

인간 생활에서 자원의 희소성으로 인해 발생하는 경제 문제의 중요성을 인식하고, 경제학의 분석 대상과 성격을 이해한다.

➡ 학생들이 학업 과목, 전공, 진로 등을 선택할 때 어떻게 합리적 선택을 하는지를 연구해 볼 수 있다. 작게는 기말고사나 중간고사를 보기 위해 어떤 것을 포기하고 시험공부를 선택하는지부터, 크게는 진로를 위해 포기하고 있는 다양한 활동을 조사해서 발표해 보자. 포기하는 이유는 무엇인지, 포기를 대가로 얻고 싶은 것은 무엇인지를 파악해서 발표해 볼 수 있다. 학생들이 선택하는 것이 합리적인 의사결정 과정인지 아닌지를 조사하여 발표해 보고, 선택이 이루어지는 다양한 양상을 파악하여 보고서를 작성해 보자.

〔관련 학과〕 교육계열 전체

《기울어진 교육》, 마티아스 도프케, 김승진 역, 메디치미디어(2020)

[12경제01-02]   ● ● ●

경제 문제를 해결하는 다양한 방식의 장단점을 비교하고, 시장경제의 기본 원리와 이를 뒷받침하는 제도를 파악한다.

➡ 경제 체제와 시장경제의 작동 방식을 시뮬레이션과 역할 놀이를 통해 체험할 수 있다. 자원 할당, 가격 결정, 수요와 공급 같은 개념을 실제 체험을 통해 학습할 수 있다. 보드게임이나 시뮬레이션 게임을 활용하여 이러한 내용을 학습했을 때와 경제 뉴스 및 사례 연구와 같이 문헌을 바탕으로 학습했을 때의 교육적 효과를 비교해 볼 수 있다. 경제 체제와 관련된 최신 기사를 읽고 분석하여 현실 세계의 경제 문제 이해를 촉진하는 지도안을 작성해 보자. 학년별로 어떠한 방식이 효과적인지 알아보고, 자신의 생각을 덧붙여 발표를 진행할 수 있다.

〔관련 학과〕 교육계열 전체

《돈으로 움직이는 교실 이야기》, 옥효진, 책밥(2022)

[12경제01-03]   ● ● ●

인간은 경제적 유인에 반응함을 인식하고, 편익과 비용을 고려하여 합리적으로 선택하는 능력과 한계 분석을 이용한 의사결정능력을 계발한다.

➡ 교육 불평등을 해소하기 위한 정책과 프로그램의 비용편익분석을 주제로 탐구를 진행할 수 있다. 교육 접근성

을 개선하는 데 필요한 자원 투자와 이로 인한 이익을 분석해 보자. 단순히 개인의 이득만을 분석하는 것이 아니라 사회적인 이득도 함께 고려할 수 있다. 또한 교육 수준과 사회경제적 결과 간의 관계를 함께 탐구해 보자. 교육이 미치는 영향과 고용, 소득, 빈곤율, 범죄율, 건강 등의 지표의 연관성을 분석하여 발표를 진행할 수 있다.

관련학과 교육계열 전체

《포스트 코로나 시대, 학교가 디자인하는 미래교육》, 송영범, 맘에드림(2020)

단원명 | 미시 경제

| 🔎 | 수요, 공급, 시장 균형, 가격, 거래량, 상품 시장, 노동 시장, 금융 시장, 정부, 공공부문, 조세, 공공재, 배제성, 공유성, 정부의 개입, 자원 배분, 효율성, 시장 기능, 공공부문 기능, 시장 실패, 정부 실패, 외부 효과

[12경제02-01]   • • •

수요와 공급에 의한 시장 균형의 결정과 변동 원리를 파악하고, 이를 다양한 시장에 적용한다.

➡ 교육 예산의 수요와 공급을 분석해 볼 수 있다. 교육 예산 배분, 학교 지역 간의 교육 재원 불평등, 교육 정책이 교육 기회에 미치는 영향을 탐구할 수 있다. 교육의 불평등을 해소하기 위한 예산은 얼마나 책정되어 있는지, 이러한 예산이 효율적으로 집행되고 있는지 분석해 보자. 또한 학교 선택과 교육 시장에 대한 탐구도 함께 진행할 수 있다. 학부모와 학생들이 학교를 선택하고 이용하는 교육 시장에 관해 조사해 보자. 학교나 학원 선택의 동기, 교육 활동 평가, 학원 간 경쟁과 학생 수요에 관한 주제를 다룰 수 있다.

관련학과 교육계열 전체

《학교는 시장이 아니다 NOT FOR PROFIT》, 마사 너스바움, 우석영 역, 궁리출판(2016)

[12경제02-02]   • • •

정부를 비롯한 공공부문의 경제적 역할을 이해하고, 조세, 공공재 등과 같이 시장의 자원 배분에 개입하는 사례를 탐구한다.

➡ 교육의 공공재 여부를 바탕으로 탐구를 진행할 수 있다. 교육의 기회는 공평하게 보장되어야 함에도 불구하고 일종의 상품으로 시장에서 팔리고 있다. 이를 어떻게 생각하는지 자신의 생각을 덧붙여 발표해 보자. 고액 과외나 특정 지역의 사교육 열풍에 대해 탐구해 보고, 이러한 교육에 높은 가격이 책정된다면 공공재로서의 역할을 다할 수 있는지에 대한 생각을 정리해서 발표해 보자. 교육을 통해 사회 불평등을 해소할 수 있는지 생각해 보고, 이러한 교육의 역할이 공공재로서 작용하게 하기 위한 대안을 제시하여 발표를 진행할 수 있다.

관련학과 교육계열 전체

《북유럽의 공공가치》, 최희경, 한길사(2019)

[12경제02-03]   • • •

시장 기능과 공공부문의 활동을 비교하고, 자원 배분의 효율성과 형평성에 미치는 영향을 평가한다.

➡ 교육이 시장 논리로 해결할 수 있는 부분인지를 주제로 탐구를 진행할 수 있다. 단순히 수요와 공급에 맞춰서

교육 서비스와 재화가 공급되어야 하는지에 대해 자신의 생각을 덧붙여 발표해 보자. 또한 사교육 시장이 비대해진 이유를 분석하고, 이것이 옳은 방향인지를 주제로 토론을 진행할 수 있다. 이에 대한 의견을 정리하고 핵심 아이디어를 바탕으로 탐구해 보자. 학생들 간의 학력 차이, 교육 접근성 문제, 경제적 지위와 학업 성과 사이의 관계를 조사하여 교육 시장의 특징에 대해서도 발표를 진행할 수 있다.

관련학과 교육계열 전체

《**실패한 교육과 거짓말**》, 노암 촘스키, 강주헌 역, 아침이슬(2001)

단원명 | 거시 경제

> | 🔍 | 거시 경제, 국내총생산, 물가상승률, 실업률, 국가 경제 수준, 총수요, 총공급, 경제 성장, 경제 성장의 요인, 한국 경제의 변화, 통화 정책, 재정 정책, 경기 안정화 방안

[12경제03-01] ● ● ●

여러 가지 거시 경제 변수를 탐색하고, 국가 경제 전반의 활동 수준을 파악한다.

● 물가 상승은 교육 비용의 상승으로 이어질 수 있다. 물가가 오르면 대학 등 고등교육기관의 등록금, 학교 수업 재료, 교과서 및 기타 교육 관련 비용도 함께 상승하는 경우가 있다. 이로 인해 학생과 가족들은 더 많은 경제적 부담을 감수해야 할 수 있다. 이러한 교육에 대한 접근 기회의 문제는 불평등을 증가시킬 수 있다. 높은 교육 비용은 특히 경제적으로 취약한 학생들 및 저소득 가정의 교육 기회를 제한할 수 있으며, 이로 인해 교육 불평등이 심화할 수 있다. 이를 해결할 수 있는 방안을 조사하고, 자신의 생각을 덧붙여 발표해 보자.

관련학과 교육계열 전체

《**누가 나를 쓸모없게 만드는가**》, 이반 일리치, 허택 역, 느린걸음(2014)

[12경제03-02] ● ● ●

경제 성장의 의미와 요인을 이해하고, 한국 경제의 변화와 경제적 성과를 균형 있는 시각에서 평가한다.

● 교육은 노동력의 질적 향상에 중요한 역할을 한다. 교육 수준이 높은 인구는 기술 및 전문 지식을 보유하고 있어 대체로 생산성이 높다. 이를 통해 기업 및 산업 부문에서는 높은 수준의 기술력과 노동력을 확보하게 되어 경제 성장이 촉진된다. 최근의 사회 변화에 따라 지속적인 경제 성장을 이루기 위해서는 교육이 어떻게 바뀌어야 하는지, 자신의 생각을 덧붙여 발표해 보자. 또한 교육은 불평등을 줄이고 사회적 정의를 증진하는 데 기여한다. 교육이 경제 상승의 사다리 역할을 하게 하기 위한 다양한 대안을 조사하여 발표해 보자.

관련학과 교육계열 전체

《**메리토크라시**》, 이영달, 행복한북클럽(2021)

[12경제03-03] ● ● ●

경기 변동의 의미와 요인을 이해하고, 경기 안정화 방안으로 재정 정책과 통화 정책을 분석한다.

● 경기 변동이 고용 시장과 직업 구조에 어떤 변화를 가져오는지를 주제로 탐구를 진행해 보자. 고용 시장의 수요 변화와 함께 어떤 직업들이 더 빠르게 성장하거나 감소하는지를 분석하고, 교육 분야에서의 직업 전망을 조

사할 수 있다. 학생들이 선호하는 직업을 안정성과 도전 정신으로 분류하고, 경기의 흐름에 따라 어떤 직업의 선호도가 높아지는지 파악해서 발표해 보자. 또한 기술의 발달로 대체가 가능한 직업에는 어떤 것들이 있는지 조사하고, 이러한 직업을 목표로 하고 있는 학생들에게 어떠한 내용을 전달해야 할지 탐구하여 발표해 보자.

관련 학과 교육계열 전체

**한나 아렌트,
교육의 위기를 말하다**

박은주, 빈빈책방(2021)

책 소개

한나 아렌트는 보수, 진보와 같은 이론적 프레임이 중요한 것이 아니며, 우리가 물어야 할 질문은 '교육이 무엇을 위해 존재하는가'라고 진단한다. 이 책은 아렌트의 "교육의 본질은 탄생성에 있다."라는 선언과 "교육은 반드시 가르침과 동시에 이루어진다."라는 주장을 바탕으로, 가르침이 갖는 의미에 관한 저자의 학문적 고민과 그것에 대한 나름의 대안을 정리했다.

세특 예시

진로 심화 독서 시간에 '한나 아렌트, 교육의 위기를 말하다(박은주)'를 읽고 교육의 목표에 대해 생각해 보는 시간을 가지게 되었다고 말함. 한나 아렌트는 아이들이 탄생을 통해 자신만의 새로운 시작을 할 수 있도록 돕는 것이 교육이라고 천명했다고 밝히면서, 고정된 목표와 계량적 결과치에 지나치게 의존하는 오늘날의 교육은 학생의 진로 선택과 역량 향상에 도움을 줄 수 없다는 점을 강조하였음. 우리가 물어야 할 질문은 '교육이 무엇을 위해 존재하는가'라고 진단하면서, 교육은 아이들이 사회 구성원으로 탄생할 수 있도록 돕는 방향이어야 한다고 주장함.

단원명 | 국제 경제

> 🔍 국제 거래, 국가 간 상호 의존, 재화, 서비스, 생산 요소의 교류, 비교우위, 절대우위, 특화, 무역 원리, 자유무역, 보호무역, 외환 시장, 환율, 외화의 수요, 외화의 공급, 환율의 변동, 국가 경제와 개인의 경제 생활

[12경제04-01] •••

개방된 국제 사회에서 국제 거래를 파악하고, 국가 간 상호 의존성이 증대하고 있음을 이해한다.

➡ 최근 국제 학생들을 위한 국제 교육 프로그램과 교육기관이 늘어나고 있다. 이러한 기관 및 프로그램이 가지고 있는 효과에 대해 조사해 보자. 만족도의 측면과 효율성의 측면을 비교해 보고, 학생들의 성장을 위해 이러한 국제 프로그램이 필요한지에 대해 자신의 생각을 덧붙여 발표할 수 있다. 또한 우리나라 교육 체계가 국제화로 인해 어떻게 바뀌고 있는지를 주제로 탐구해 볼 수도 있다. IB(국제 바칼로레아) 교육과정이나 학생부종합전형이 다른 나라에서는 어떻게 이루어지고 있고, 어떠한 성과를 거두고 있는지를 주제로 탐구하고, 교육이 나아가야 할 방향에 대해 발표해 보자.

관련 학과 교육계열 전체

《세상의 모든 아이들을 위한 인권 사전》, 국제사면위원회, 별글(2018)

국어 교과군

영어 교과군

수학 교과군

도덕 교과군

사회 교과군

부록 교과군

[12경제04-02]　　　　　•••

비교우위에 따른 특화와 교역을 중심으로 무역 원리를 이해하고, 자유무역과 보호무역 정책의 경제적 효과를 설명한다.

➡ 국제 교육 시장에서 각 국가 또는 교육기관은 자국의 교육 시스템 및 프로그램을 타 국가와 비교하여 경쟁력을 확보하고자 한다. 어떤 교육 제공자가 어느 분야에서 경쟁 우위를 가지며, 어떤 학문 분야나 교육 수준에서 강점을 가지는지를 비교우위를 통해 분석할 수 있다. 이와 함께 인재의 외부 유출 사례도 찾아서 분석해 보자. 인재 유출의 원인과 해결 방안을 조사해서 발표를 진행할 수 있다. 다양한 나라의 교육 정책과 인재 도입 방안을 조사해 보고, 우리나라 교육이 나아가야 할 방향에 대해 자신의 생각을 덧붙여 발표해 보자.

관련학과 교육계열 전체

《**미래의 교육**》, 김경희, 손성화 역, 예문아카이브(2019)

[12경제04-03]　　　　　•••

외환 시장에서 환율의 결정 원리를 이해하고, 환율 변동이 국가 경제와 개인의 경제생활에 미치는 영향을 탐구한다.

➡ 국제 학생의 유입 및 유출은 교육 분야의 국가 정책에 영향을 미칠 수 있다. 환율 변동이 국제 학생들이 교육을 선택하는 경향을 변화시킬 수 있으며, 정부나 학교 관리자는 이러한 변화를 고려해야 한다. 최근에는 우리나라 대학교에서 외국인 학생들을 쉽게 목격할 수 있다. 외국인 학생들의 학교 선택에 환율이 얼마나 영향을 미치는지를 사례를 찾아 발표해 보자. 동아리나 진로 활동에서 교환학생과 인터뷰하거나 설문조사한 내용을 바탕으로 탐구를 진행할 수도 있다.

관련학과 교육계열 전체

《**동과 서, 마주보다**》, 한국서양문화교류연구회, 성균관대학교출판부(2011)

국어 교과군
영어 교과군
수학 교과군
도덕 교과군
사회 교과군
부록 교과군

선택 과목	수능	국제관계의 이해	절대평가	상대평가
진로 선택	X		5단계	5등급

단원명 | 국제관계의 특징

> 🔍 근대 국민국가의 형성, 1차 세계대전, 2차 세계대전, 국제관계의 형성 배경, 국제관계 이해의 관점, 현실주의, 자유주의, 구성주의, 국제 사회의 행위 주체, 영향력 있는 개인, 다국적기업, 국가, 국제 기구, 가치 갈등

[12국관01-01] • • •

근대 이후 국제관계의 형성과 변화 과정을 파악한다.

➡ 근대 이후 국제관계의 형성과 변화 과정을 구체적인 사례와 사건 조사를 통해 탐구할 수 있다. 예를 들어 20세기 초반 유럽의 국제관계 변화를 주제로 탐구 활동을 진행한다면, 서로 대립하던 영국과 러시아가 삼국 협상으로 협력하게 된 배경, 독일의 군국주의 팽창의 원인과 결과, 1차 세계대전의 발발 등 다양한 사건을 주제로 활동을 수행할 수 있다. 근현대사의 국제관계 변화를 불러온 주요 사건들을 가상 신문 기사의 형식으로 작성하거나, 복잡한 외교적 사건을 주도한 인물들을 주인공으로 한 대본을 작성하여 역할극을 꾸며보는 활동 수업을 진행해 보자.

`관련 학과` 교육계열 전체

《**쉽게 배우는 역할극**》, 수잔 엘 샤미, 이호선 역, 학지사(2009)

[12국관01-02] • • •

국제 사회를 이해하는 주요 관점인 현실주의와 자유주의를 중심으로 구체적인 국제관계의 사례를 분석하고, 대안적 관점들을 탐색한다.

➡ 국제관계의 변화가 교육 시스템에 미치는 영향에 관해 탐구할 수 있다. 동서 대립의 중심지였던 냉전 시기의 우리나라에서는 학생들에게 철저한 주입식 반공 교육을 시켰으나, 공산주의 진영이 해체되고 세계화가 빠르게 진행 중인 현대에는 다문화 및 세계시민주의 교육과 토론 교육이 강조되고 있다. 또는 국가 간의 관계에서 행위자의 정체성을 중시하는 구성주의적 시각으로 국가의 교육 시스템을 분석하여, 국가가 제공하는 의무교육이 구성원들의 정체성을 형성하는 방법과 다른 나라에 대한 인상을 구축하는 방법에 대해 토론할 수 있다.

`관련 학과` 교육계열 전체

《**교육철학 및 교육사 탐구**》, 유재복 외 2명, 학지사(2022)

[12국관01-03] • • •

국제 문제를 해결하기 위한 다양한 행위 주체의 활동을 탐색하고, 그 성과와 문제점에 대하여 토론한다.

➡ 국제 문제에 대해 개인, 다국적기업, 국가, 국제 기구 등 개별 행위 주체가 실천할 수 있는 행동이나 취할 수 있는 태도를 분석하여 보고서를 작성해 보자. 여러 행위 주체가 얽힌 국제 문제에 관련된 구체적인 사례를 선정한 뒤, 해당 사례에 대한 다양한 정보를 수집하고 분석하여 각각의 행위 주체들의 서로 다른 관점을 비교하고, 서로 다른 입장의 차이를 다각적으로 파악할 수 있다. 또는 특정 사례에 연관된 행위 주체들의 행동을 분석한 후 장단점에 대해 토의해 보고, 문제 해결을 위해 갖춰야 하는 자세는 무엇인지 탐구하는 활동을 수행할 수 있다.

[관련 학과] 교육계열 전체

《에너지 위기 어떻게 해결할까?》, 이은철, 동아엠앤비(2023)

단원명 | 균형 발전과 상생

| 🔍 | 국가 간 불평등, 부의 편중, 빈부 격차로 인한 국가 간 갈등, 공정무역, 공적 개발 원조, 정부 간 국제 기구, 국제 비정부 기구, 국제 사회의 공동 번영, 대한민국의 위상, 대한민국의 경제 발전

[12국관02-01] •••

국가 간 불평등의 원인을 파악하고, 이러한 불평등이 야기하는 갈등 상황을 분석한다.

➡ 국가 간 불평등과 교육 수준의 관계를 주제로 탐구할 수 있다. 대체로 소득이 높은 국가들은 교육의 질과 국민의 학력 수준이 높고, 저개발국은 교육 시스템이 미비하며 국민의 고등교육 이수 비율이 낮은 편이다. 교육과 국가 간의 빈부 격차에 관련된 자료인 의무교육 현황, 여성 교육 수준, 대학 진학률 등의 지표를 교육과 관련된 국제 기구의 홈페이지에서 조사해 보고, 국가 간의 불평등을 완화하기 위해 국가 차원에서 펼쳐야 하는 교육 정책은 무엇일지 토의해 보자.

[관련 학과] 교육계열 전체

학교의 재발견

더글러스 다우니, 최성수 외 1명 역, 동아시아(2023)

책 소개

학교는 불평등하다는 말에 선뜻 동의하기란 쉽지 않을 것이다. 적어도 사회상규상 우리는 자라나는 모든 아동, 청소년에게 공정하게 교육이 제공되어야 한다고 합의하고 있으며, 이를 위하여 언제나 '공교육의 정상화'를 강조하고 있다. 그럼에도 불구하고 현실적으로 사람들은 '학교는 불평등하다'고 인식하고 있다. 하지만 이 책은 불평등의 '원인'이 학교라고 보는 관점을 반박한다. 저자는 학교가 불평등을 확대하지 않기에 불평등을 줄이기 위한 접근 방법으로 학교가 아니라, 학교 밖의 요소에 주목해야 한다고 주장한다.

세특 예시

'책을 통해 세상 읽기' 시간에 '학교의 재발견(더글러스 다우니)'을 읽고 교육의 불평등이 프레이밍과 어떠한 관계가 있는지에 대해 알아보는 시간을 가짐. 교육이 '좋은 대학'을 주입하며 학생들을 경쟁으로 내몰고 있다고 주장하면서 능력주의와 형평성을 둘 다 고려할 수 있는 방안을 찾아야 한다고 강조하였음. 특히 수능과 수시를 예로 들면서 어떤 것이 능력주

의의 영향을 더 많이 받는지에 대해 학생의 의견을 덧붙여 발표하여 많은 호응을 얻음.

[12국관02-02] ● ● ●

공정무역과 공적 개발 원조 등 국제 사회의 상생을 위한 노력을 조사하고, 다양한 행위 주체의 협력 방안을 탐색한다.

➡ 공정무역이 필요한 이유를 바나나 게임과 같은 보드게임을 통해 알아볼 수 있다. 대표적인 플랜테이션 농작물인 바나나 한 송이가 생산될 때 실제로 농부들에게 돌아가는 이익이 얼마인지 게임 활동 수업을 통해 체득할 수 있다. 또한 선진국이 개발도상국에 교육과 관련된 인적, 물적 자원을 원조할 수 있는 방법에 대해서도 토의해 볼 수 있다. 지원을 받는 지역의 주민들이 경제적으로 자립할 수 있는 교육 체계를 구축하기 위한 방안을 자유롭게 제시하고 정리해 보자.

관련 학과 교육계열 전체

《사회 보드게임북》, 박찬정 외 1명, 애플북스(2020)

[12국관02-03] ● ● ●

국제 사회에서 우리나라의 위상을 파악하고, 국제 사회의 불평등 문제를 해결하기 위한 우리나라의 역할을 토론한다.

➡ 6·25전쟁 직후 세계에서 가장 가난한 국가나 다름없던 대한민국이 부존자원이나 산업 인프라 없이 세계 10위권의 경제 대국으로 성장할 수 있었던 중요한 비결을 국민의 높은 교육열과 정부 차원의 공교육 시스템 구축에서 찾아볼 수 있다. 특히 저개발국의 경우 공교육 체계가 무너져 있거나 교육 자체를 받을 환경이 미비하다는 점에 착안하여, 우리나라가 국제사회의 교육 수준 향상을 위해 할 수 있는 역할은 무엇인지 토의해 보자. 예를 들어 낙후된 지역에 학교를 지어주거나 학용품 등을 보내는 사례를 찾아보고, 교육 활동을 지원할 수 있는 또 다른 방법은 무엇일지 의논하여 정리해 보자.

관련 학과 교육계열 전체

《시대로 보는 한국 교육사》, 차석기, 한국학술정보(2020)

단원명 | 평화와 안전의 보장

🔍 전쟁, 테러, 팬데믹, 문화 갈등, 국제적 연대 방안, 개인과 국가, 국제 사회의 안전, 민주적 통제, 세계시민의 역할, 한반도의 안보 문제, 대북 전략, 현실주의, 자유주의, 한반도의 평화와 안전 보장을 위한 노력

[12국관03-01] ● ● ●

인류가 직면한 평화와 안전의 상황을 다각적으로 조사한다.

➡ 분쟁 지역의 학생들은 학교와 같은 교육 기반 시설의 파괴와 식량, 학용품과 같은 자원의 결핍으로 정상적인 교육을 받지 못하는 경우가 대부분이다. 전쟁이나 자연재해 등으로 인해 학생들이 교육의 사각지대에 놓인 지

역은 어디이며, 어떤 어려움에 처해 있는지, 이들을 도울 수 있는 방안은 무엇인지 토의해 보자. 또는 사회적·종교적 이유로 차별받고 교육에서 배제된 여성들의 인권 문제를 유네스코 등 국제 기구의 통계 자료를 통해 조사해 보자.

관련 학과 교육계열 전체

《**나눔교육과 봉사가 세상을 바꾼다**》, 권이종 외 2명, 교육과학사(2017)

[12국관03-02] • • •

개인, 국가, 국제 사회의 평화와 안전을 위협하는 요인을 정치, 경제, 사회, 문화의 다양한 영역에 걸쳐 파악하고, 이를 해결하기 위한 실천 방안을 탐색한다.

➡ 교육을 통해 국제 사회의 평화와 안전 문제를 해결하는 방안에 대해 토의해 보자. 예를 들어 다문화 교육과 세계시민 교육은 서로 다른 문화에 대한 이해의 폭을 넓힘으로써 관용의 의미를 알고 이를 실천하는 자세를 함양할 수 있도록 한다. 또한 저개발국에 대한 교육 지원 사업은 국민의 지적 수준을 높이고, 나아가서는 경제적인 자립을 도와 해당 국가의 평화와 안정에 기여할 수 있다. 이러한 교육적인 해결 방안들을 구체적으로 실천할 수 있는 방법은 무엇인지 탐구하고 토의해 보자.

관련 학과 교육계열 전체

《**역사 속 다문화 이야기 2**》, 김문환, 홀리데이북스(2023)

[12국관03-03] • • •

역동적인 국제관계 속에서 우리나라가 당면한 평화와 안전의 문제를 파악하고, 평화와 안전을 도모할 수 있는 구체적인 방안에 대하여 토론한다.

➡ 우리나라가 당면하고 있는 가장 큰 안보 위협인 북한을 어떠한 시각으로 바라보고 학생들에게 교육할 것인지를 주제로 탐구 활동을 진행해 보자. 북한과 통일에 관련된 문제는 당위성을 앞세운 도덕, 윤리의 영역에 머물러 있어 학생들의 일상생활에 와닿지 않는다. 따라서 북한의 실상을 정확히 파악하고 남한과 북한의 이질감을 줄이며 학생들이 북한 문제에 쉽게 접근할 수 있는 방안에 대해 토의하고, 합의된 결과물을 직접 적용해 보자.

관련 학과 교육계열 전체

《**교실에서 만나는 평화·통일교육 24가지 방법**》, 경기평화교육센터, 한결하늘(2020)

단원명 | 국제 분쟁의 해결

> | 🔍 | 국제 분쟁, 외교의 의미, 외교의 주체, 국제법의 기능과 필요성, 조약, 국제관습법, 국제사법재판소의 역할, 국제법의 구속력과 한계, 지역 통합과 지역 기구의 결성, 유럽연합, 북미자유무역협정, 동남아시아 국가연합

[12국관04-01] • • •

국제 분쟁을 해결하기 위한 외교와 국제법의 필요성과 기능을 탐색한다.

➡ 국제법을 바라보는 다양한 시각들에 대해 알아보기 위해 국제법의 구속력을 지지하는 사례와 국제법의 한계를 드러내는 사례를 비교하여 탐구하는 보고서를 작성할 수 있다. 이 과정을 통해 세계시민의 시각에서 국제

분쟁의 원인을 복합적으로 파악하고 해결 방안에 객관적·체계적으로 접근하는 태도를 함양할 수 있다. 또한 모의 국제연합을 창설하여 상임이사국, 안전보장이사회 등의 회의 과정을 역할극으로 꾸미거나 가상의 정상 회담 시나리오를 작성하는 활동을 통해 국제 분쟁을 해결하기 위한 외교의 의미와 중요성을 체득할 수 있다.

관련 학과 교육계열 전체

《생활 속의 국제법 읽기》, 정인섭, 일조각(2012)

[12국관04-02] • • •

국제법의 특징과 법원(法源)을 조사하고, 국제사법재판소의 역할과 한계를 파악한다.

➲ 국제사법재판소의 조직과 역사, 활동 분야 및 역할을 조사한 뒤 국제 분쟁에 관련된 모의재판을 하는 시뮬레이션 학습을 할 수 있다. 학생들을 여러 모둠으로 나눠 영토 분쟁이나 예술품의 소유권 분쟁 등 국가 간에 외교 문제를 일으켰던 사례를 충분히 검토하게 한 후, 한 모둠은 모의 국제사법재판소를 조직하여 제소한 국가, 피소된 국가의 주장을 들어보고 재판을 거쳐 판결을 내린다. 사건과 관련된 국가를 담당한 모둠들은 판결에 승복하는지, 불복한다면 그 근거는 무엇인지 정리하여 발표하는 과정을 통해 국제사법재판소의 역할과 한계에 대해 파악할 수 있다.

관련 학과 교육계열 전체

《국제분쟁, 무엇이 문제일까?》, 김미조, 동아엠앤비(2021)

[12국관04-03] • • •

국제 사회에서 다양한 지역 통합이 이루어지는 현상과 그 이유를 확인하고, 지역 기구의 구성원으로서 우리나라의 역할을 토론한다.

➲ 교실 내에서 학생들의 관심 분야에 따라 모둠을 나누고 모둠별로 모의 지역 공동체를 직접 결성해 보는 시뮬레이션 학습을 통해, 지역 단위의 통합이 필요한 이유와 지역 기구에 소속된 국가들이 추구하는 이익에 관해 탐구할 수 있다. 이때 지역 기구의 결성 목적과 계획, 조직 구성 등을 담은 헌장을 작성하는 과정을 통해, 실제로 지역 기구에 가입된 각각의 국가가 지역 공동체를 통해 얻고자 하는 이익이 무엇인지 구체화할 수 있다.

관련 학과 교육계열 전체

《국제기구의 이해 : 글로벌 거버넌스의 정치와 과정》, Margaret P. Karns 외 2명, 김계동 외 5명 역, 명인문화사(2017)

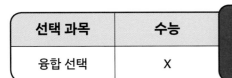

선택 과목	수능	 여행지리	절대평가	상대평가
융합 선택	X		5단계	X

단원명 | 행복하고 안전한 여행

| 🔍 | 여행 경험, 여행의 의미, 지리 정보 기술, 이동 수단, 교통수단, 가상 여행, 간접 여행, 진로, 체험

[12여지01-01] • • •

다양한 여행 사례와 자신의 여행 경험을 통해 여행의 의미를 파악하고, 여행이 삶과 세계 인식에 미치는 영향을 토의한다.

➡ 세계시민 교육은 세계의 다양한 사람들의 삶의 문화를 인정하고 존중하면서 공생하고, 더 나은 세계를 만들어 갈 수 있는 태도와 능력의 함양에 목적을 둔다. 그러한 면에서 볼 때, 세계시민 교육은 세계의 다양한 지리적 환경과 삶의 문화, 사회적·문화적 현상들에 대한 인식과 이해, 그리고 궁극적으로 더 나은 세계를 만드는 데 적 극적으로 참여할 수 있는 태도를 함양하는 교육이어야 한다. 세계시민 교육에서 '여행'의 교육적 의미를 탐색 해 발표해 보자.

관련 학과 교육계열 전체

《오늘부터 나는 세계 시민입니다》, 공윤희 외 1명, 창비교육(2019)

[12여지01-02] • • •

모빌리티의 변화와 발전에 따라 여행자의 이동, 위치, 장소가 어떻게 연결되고 관계를 맺는지 살펴보고, 다양 한 지도 및 지리 정보 기술을 활용하여 안전한 여행 계획을 수립한다.

➡ 우리의 삶은 진정한 나를 조금씩 만들어가는 긴 여행과 같다. 여행을 해서 얻는 게 뭘까? 여행한다고 돈을 버 는 것도 아니고, 오히려 돈만 잔뜩 쓰게 된다. 우리나라에서는 긴 여행을 하게 될 경우 취업 전선에서 멀어지거 나 다니던 직장을 그만둬야 할 수도 있다. 과연 여행이 우리에게 무엇을 줄 수 있을까? 여행으로 얻게 되는 장 점을 하나 말한다면, '사람이 사는 데 생각보다 많은 게 필요하지 않다는 걸 배우게 된다.'라는 것이다. 우리가 여행을 통해 얻을 수 있는 좋은 점을 떠올려보고 서로의 생각을 공유해 보자.

관련 학과 교육계열 전체

《여행하는 소설》, 장류진 외 6명, 창비교육(2022)

단원명 | 문화와 자연을 찾아가는 여행

| 🔍 | 도시, 문화 경관, 감정이입, 공감, 배려, 존중, 지리적 상상력, 기후 경관, 지형 경관, 지오사이트, 지오 투어리즘

[12여지02-01] ● ● ●

인간의 정주 공간으로서의 도시를 새로운 관점에서 낯설게 바라보고, 여행지로서의 향유 가능성을 탐색한다.

➡ 2019년 폐교된 기흥중학교는 1년여의 리모델링 끝에 '바이크 레이싱 ZONE', '스포츠 융복합 콤플렉스 농구대', 축구 슈팅과 드리블, 농구 연습이 가능한 '세계로미래로실' 등 최첨단 장비를 갖춘 22개의 실내스포츠 체험 프로그램을 즐길 수 있는 곳으로 탈바꿈했다. 이렇듯 폐쇄되고 내버려진 학교나 학교 내 유휴 공간을 교육·문화·체육 시설로 탈바꿈한 사례를 조사해 발표해 보자.

관련 학과 교육계열 전체

《새로 숨쉬는 공간》, 조병수 외 5명, 열화당(2020)

[12여지02-02] ● ● ●

다양한 문화 경관의 형성 배경과 의미를 이해하고, 감정이입과 공감의 자세로 여행지 주민을 배려하고 존중한다.

➡ 문화유산 교육은 문화유산의 새로운 의미를 수용하고, 문화적 권리와 풍요로운 문화유산을 향유할 수 있게 해주는 교육이어야 한다. 이제는 문화적 권리로서 문화유산에 접근할 시점이 되었으며, 문화재 활용의 하위 범주에 머물렀던 이제까지의 문화유산 교육에 그 이상의 지위와 기능이 부여되어야 한다. 이를 위해서는 문화유산과 인간의 상호작용이 필요하다. 우리나라 문화유산 교육의 필요성과 우수 사례를 조사해 발표해 보자.

관련 학과 교육계열 전체

《나의 문화유산답사기 9》, 유홍준, 창비(2017)

[12여지02-03] ● ● ●

여행지의 기후 및 기후변화가 여행자와 여행지 주민에게 미치는 영향과 그 차이를 비교하고, 지리적 상상력을 동원한 간접 여행을 통해 기후 경관을 체험한다.

➡ 수많은 사회 문제의 해결을 위한 실천적인 행동 앞에서 발목을 잡는 질문이 있다. '옳은 일을 위해 나의 안락함과 즐거움을 포기할 수 있는가'이다. 여행이라는 낭만적인 영역에서도 지속가능성 앞에서는 이 질문과 마주할 수밖에 없다. 무분별한 여행 산업으로 지구 환경이 빠르게 파괴되며 기후 위기를 앞당기게 되었다는 경고가 나오고 있다. 환경 파괴 없이 지속가능하며 의미 있는 여행을 실행할 방법을 조사해 발표해 보자.

관련 학과 교육계열 전체

《지속가능한 여행을 하고 있습니다》, 홀리 터펜, 배지혜 역, 한스미디어(2021)

[12여지02-04] ● ● ●

지형 경관이 지닌 자연적 가치, 심미적인 조화, 인간과의 상호작용과 같은 지오사이트의 선정 기준을 조사하고, 지오투어리즘 프로그램을 제안한다.

➡ 야외 지질 조사는 교실과 실험실에서 학습한 지질학 내용을 현장에 적용하고 응용해 본 후, 현장의 지질학 정보를 정리하고 해석하는 동시에 새로운 지질학 내용을 창출해 내는 분야이다. 야외 지질 조사를 통해 지층과 암석의 지하 분포와 다양한 특징에 대한 모든 정보를 기록하는 지질도를 만들고, 이는 지하자원의 개발과 토목 건축 분야에서 중요한 기초 자료로 활용된다. 따라서 지질학을 공부하는 학생은 지질 조사 방법과 조사 지역의 지질학적 정보를 정리하고 해석하는 방법을 체계적으로 학습해야 한다. 우리나라 지형의 지질 조사를 통해 지질학적 특징을 소개하는 글을 작성해 보자.

관련 학과 교육계열 전체

《**지오에듀투어 1 지구 탐구 세트**》, 한국지구과학회·국립과천과학관, 시그마프레스(2013)

단원명 | 성찰과 공존을 위한 여행

> | 🔎 | 산업 유산, 기념물, 인권, 정의, 인류의 공존, 로컬 큐레이터, 공정 여행, 생태 감수성, 다크투어리즘, 평화
> 여행, 여행 콘텐츠, 스토리텔링, 개발과 보전

[12여지03-01]   ● ● ●

인류의 물질적, 정신적 발전 과정을 성찰할 수 있는 산업 유산 및 기념물을 조사하고 여행지의 가치를 평가한다.

➡ 가속화된 발전 속도와 함께 역사 속으로 사라져가는 근현대 산업 유물을 보존해야 한다는 목소리가 커지고 있
다. 산업 박물관은 변화와 발전을 거친 우리의 과거 일상을 되돌아보고, 의미 있는 부분들을 모아서 연구하고
전시하는 장소인 만큼 큰 가치가 있다. 우리나라 산업 역사 박물관을 조사해 그 특징과 역할을 탐구해 보자.

관련 학과 교육계열 전체

《**한국 경제의 설계자들**》, 정진아, 역사비평사(2022)

[12여지03-02]   ● ● ●

평화, 전쟁, 재난의 상징이 새겨진 지역에 대한 직간접적인 여행을 체험하고, 이를 바탕으로 인권, 정의, 인류
의 공존을 둘러싼 구조적 문제를 비판석으로 탐구한다.

➡ 제2차 세계대전은 1939년부터 1945년까지 유럽, 아시아, 북아프리카, 태평양 등지에서 독일, 이탈리아, 일본
을 중심으로 한 추축국과 영국, 프랑스, 미국, 소련, 중국 등을 중심으로 한 연합국 사이에 벌어진 세계 규모의
전쟁이다. 지금까지의 인류 역사에서 가장 큰 인명 피해와 재산 피해를 낳은 전쟁이다. 전쟁은 우리가 직접 경
험할 수 없고 경험해서도 안 되기에 '영화'라는 매체를 통해 간접적으로 경험할 수 있다. 2차 세계대전과 관련
된 영화를 감상하고 이에 대한 비평문을 작성해 보자.

관련 학과 교육계열 전체

《**전쟁영화로 마스터하는 2차세계대전**》, 이동훈, 가람기획(2009)

[12여지03-03]   ● ● ●

문화 창조, 첨단 기술과 같은 새로움을 지향하는 지역의 사례를 조사하고, 내가 살고 있는 지역의 로컬 큐레이
터로서 다양한 여행 콘텐츠의 발굴과 모니터링을 통해 지역의 의미와 가치를 탐색한다.

➡ 지방자치의 시대에 오로지 축제만을 문화 도시의 상징으로 여기는 편견을 버리고, 문화 도시를 읽어내는 주요
키워드로서 '체험', '스토리', '창조', '재생', '네트워크'를 생각해 볼 필요가 있다. 이들 키워드로 세계 각국의 도
시들을 탐색해 보면 분명 새로운 도시의 모습이 보일 것이다. 결국 문화 도시란 분석을 뛰어넘는 '지각', '체험',
'통합', '전체'의 도시이다. 전 세계 체험 중심 문화 도시의 우수 사례를 조사해 발표해 보자.

관련 학과 교육계열 전체

《**동유럽 문화도시 기행**》, 정태남, 21세기북스(2015)

국어 교과군

영어 교과군

수학 교과군

도덕 교과군

사회 교과군

과학 교과군

[12여지03-04] • • •

공정 여행을 통해 여행지를 둘러싼 다양한 문제를 탐색하고, 여행자인 나와 여행지 주민인 그들이 연결된다는 점에서 공존의 의미와 생태 감수성에 대해 성찰한다.

➡ 기후 위기, 지구온난화, 폭염과 혹한, 오존층 파괴, 통제되지 않는 바이러스 등은 우리의 삶을 지옥으로 만든다. 특히 생태 위기는 약자를 위협한다. 한편으로는 자본주의의 구조적 불평등도 우리의 삶을 평화롭지 못하게 만든다. 이런 점에서 전쟁과 관련해서만 평화를 찾지 말고 일상의 구조적 폭력에도 주목해야 한다. 특히 생태 위기와 불평등은 약자를 주로 괴롭힌다는 관점에서 위험 사회의 계급성에 주목해야 한다. 일상생활에서 바로 실천할 수 있는 생태 교육의 사례를 조사해 발표해 보자.

관련 학과 교육계열 전체

《생태와 평화교육을 위한 100시간 여행》, 인천광역시교육청 학교민주시민교육 교사아카데미 외 14명, 에듀니티(2022)

단원명 | 미래 사회와 여행

| 🔍 | 미디어, 정보 통신 기술의 발달, 여행 산업의 변화, 여행 트렌드, 가상 여행, 우주여행, 인공지능 여행, 여행 포트폴리오

[12여지04-01] • • •

미디어와 여행의 상호 관계를 통해 여행의 변화 양상을 조사하고, 미래 사회의 여행자와 여행의 모습을 예측한다.

➡ 빅데이터와 인공지능의 활용도가 높아지면서 여행 정보를 얻는 경로, 여행 상품 콘텐츠와 소비 방식도 변하고 있다. 여행 콘텐츠가 정적인 사진에서 동적인 영상 중심으로 진화하며 자신이 여행하는 모습을 동영상으로 촬영한 브이로그가 대중화되었다. 자신의 진로와 관련한 여행지를 탐방하는 브이로그를 제작해 발표해 보자.

관련 학과 교육계열 전체

《나를 찾는 여행 쫌 아는 10대》, 서와, 풀빛(2021)

[12여지04-02] • • •

여행이 주는 가치의 재발견을 통해 자신만의 여행 포트폴리오를 구성하고, 나의 삶을 변화시키는 일상 속의 다양한 여행을 실천한다.

➡ 왜 하버드, MIT, 프린스턴 등 세계 최고의 대학들은 갭이어(gap year)를 권하는가? 자신이 나아갈 방향을 제대로 알고 가는 사람은 쉽게 흔들리지 않는다. 갭이어란 해야 할 일이 아니라 하고 싶은 일을 하며 미래를 탐색하는 시간을 말한다. 다시 말해 잠시 학업을 중단하거나 병행하며 봉사, 여행, 진로 탐색, 교육, 인턴, 창업 등의 활동을 직접 체험하고, 이를 통해 향후 자신이 나아가야 할 방향을 설정하는 시간을 뜻한다. 갭이어의 좋은 점, 다양한 갭이어의 사례를 조사해 발표해 보자.

관련 학과 교육계열 전체

《여행은 최고의 공부다》, 안시준, 가나출판사(2016)

선택 과목	수능	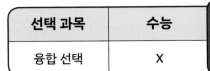	절대평가	상대평가
융합 선택	X	역사로 탐구하는 현대 세계	5단계	X

단원명 | 현대 세계와 역사 탐구

| 🔍 | 지역 세계, 연결망, 문화권, 1차 세계대전, 2차 세계대전, 전후 체제, 복잡성, 연관성

[12역현01-01] • • •

현대 세계를 전후 체제 형성의 역사를 중심으로 파악한다.

➡️ 민주국가에서 민주주의가 올바르게 작동하려면 대다수의 국민이 '깨어 있는 시민'이어야 한다. 현실 정치의 문제들은 복잡하고 미묘하다. 다양한 입장과 이해관계가 얽혀 있는 상황에서 현실을 제대로 파악하고 올바른 정치적 판단을 내리기란 무척 어렵다. 끊임없이 반복되는 경제 위기, 사회의 양극화와 불평등, 풍요 속의 새로운 빈곤, 부정부패, 테러리즘, 젠더 갈등, 난민 문제, 기후변화 등 우리의 삶에 영향을 주는 복잡한 현안들을 어떻게 바라보고 판단해야 할까? 정치적 사유와 정치 교육이 중요한 이유, 정치 교육의 교육적 방법을 조사해 발표해 보자.

관련 학과 교육계열 전체

《한나 아렌트의 정치 강의》, 이진우, 휴머니스트(2019)

[12역현01-02] • • •

학습자가 생각하는 현대 세계의 과제를 선정·조사하고 그 특징을 분석한다.

➡️ 디지털 리터러시(digital literacy)란, 디지털 시대에 필수적으로 요구되는 정보 이해 및 표현 능력이다. 디지털 플랫폼이나 디지털 기기를 활용해 다양한 미디어에서 '읽고 쓸 수 있는 능력', 다시 말해 명확한 정보를 찾고, 평가하고, 조합할 수 있는 개인의 능력을 뜻한다. 가짜 뉴스의 폐해가 심화되면서 전 세계적으로 디지털 리터러시 역량을 키우기 위한 다양한 노력이 전개되고 있다. 국내에서도 정부와 교육계, 언론계가 손을 잡고 디지털 리터러시 역량 키우기에 적극적으로 나서고 있다. 미디어 리터러시 역량을 높이기 위한 세계 각국의 노력을 조사해 발표해 보자.

관련 학과 교육계열 전체

《디지털 리터러시 교실》, 박일준 외 1명, 북스토리(2020)

단원명 | 냉전과 열전

| 🔍 | 인권, 평화, 국제연합, 국·공 내전, 6·25전쟁, 베트남 전쟁, 쿠바 미사일 위기, 미·소의 핵무기 경쟁, 제3세계

> **[12역현02-01]** ● ● ●
>
> 제2차 세계대전 이후 인권·평화를 위한 국제 사회의 노력과 한계를 파악한다.

➡ 홀로코스트는 제2차 세계대전 기간인 1941년부터 1945년까지 아돌프 히틀러가 이끈 국가사회주의 독일 노동자당이 독일과 독일군 점령지 전역에 걸쳐 계획적으로 유대인과 슬라브족, 집시, 동성애자, 장애인, 정치범 등 약 1,100만 명의 민간인과 전쟁포로를 학살한 사건이다. 홀로코스트의 역사적 배경, 실행 과정, 학살의 결과, 전후 독일의 대응에 대해 면밀히 조사해 발표해 보자.

관련 학과 교육학과, 교육심리학과, 상담심리학과, 유아교육과, 초등교육과, 역사교육과, 사회교육과, 일반사회교육과, 윤리교육과, 지리교육과

《**히틀러와 홀로코스트**》, 로버트 S. 위스트리치, 송충기 역, 을유문화사(2011)

> **[12역현02-02]** ● ● ●
>
> 냉전 시기 열전의 전개 양상을 찾아보고, 전쟁 당사국의 전쟁 경험을 비교한다.

➡ 1956년, 구소련의 흐루쇼프 정권은 여전히 상급 중등학교 학생들에게 부과하던 수업료를 폐지하여 초·중등 교육과정에서의 완전한 무상교육을 실현하고, 1958년에는 7세부터 시작하는 7년 의무교육 과정을 8년으로 상향했다. 또한 상급 중등학교에서 교육받는 학생들의 노동 교육 시간을 확장하고, 여러 종류로 나뉘어 있던 직업 학교와 기술 학교도 통폐합했다. 냉전 시기 구소련의 공산주의 교육의 특징과 한계점을 조사해 발표해 보자.

관련 학과 교육계열 전체

《**냉전이란 무엇인가**》, 베른트 슈퇴버, 최승완 역, 역사비평사(2008)

> **[12역현02-03]** ● ● ●
>
> 세계 여러 지역의 전쟁 관련 기념 시설이 제시하는 기억 방식을 조사하여 분석한다.

➡ 바야흐로 디지털 시대이다. 이주와 이동이 일상화되면서 복합적인 문화를 배경으로 성장한 학생들도 증가하고 있다. 역사 교육에서는 이러한 사회의 변화와 학생의 다양성을 좀 더 적극적으로 고려할 필요가 있다. 또한 역사 교육이 인간과 사회에 대한 이해를 확장하고 통찰력을 함양할 수 있는 교육이 되려면, 현재의 나열식·암기식 교육에 변화가 필요하다. 디지털 시대의 역사 박물관 교육의 변화를 위한 올바른 박물관 교육 방법을 제안해 보자.

관련 학과 교육계열 전체

《**디지털 시대, 역사·박물관 교육**》, 강선주, 한울아카데미(2022)

단원명 | 성장의 풍요와 생태 환경

> |🔍| 냉전의 완화, 닉슨독트린, 소련의 변화와 해체, 독일 통일, 동유럽 공산권 붕괴, 중국의 개혁·개방, 신자유주의, 자유무역, 세계화, 정보 통신 기술의 발달, 기후변화 협약

> **[12역현03-01]** ● ● ●
>
> 세계 경제의 성장과 기술 혁신의 변화 양상을 조사한다.

➡ '신자유주의 교육'이란 1980년대 이후 영국과 미국 등 선진 자본주의 국가에서 시작된 경제주의에 입각한 교육 개혁 사상을 지칭한다. 교육에 대한 국가의 역할 축소, 시장 기제의 활성화, 학습자 선택권의 강화, 교육 관련 각종 규제 철폐, 교육 평가를 통한 책무성 강화, 공교육의 민영화 등을 핵심 내용으로 한다. 신자유주의 교육 정책의 등장 배경, 특징을 조사해 발표해 보자.

관련 학과 교육계열 전체

《신자유주의 교육정책, 계보와 그 너머》, 마크 올슨 외 2명, 김용 역, 학이시습(2015)

[12역현03-02] ● ● ●

대중 소비 사회의 형성과 생태 환경의 문제 및 극복 노력을 사례 중심으로 탐구한다.

➡ 대량 생산과 대량 소비로 물질적인 풍요를 향유하는 현대 자본주의 사회에서는 다양한 욕구 충족을 위한 소비 행위가 일상생활에서 큰 비중을 차지하고 있다. 물질적인 풍요를 향유하는 대중 소비 사회에서의 소비는 물질적 소비 욕구의 일차적 만족을 넘어서서 상징의 소비, 기호의 소비로서 정신적 소비와 서비스의 소비를 포함한다. 소비 자체가 의식과 행동을 규정하는 요인이 되고 있다. 대중 소비 사회에서 소비자의 역할, 합리적인 소비 생활을 위한 태도를 조사해 발표해 보자.

관련 학과 교육계열 전체

《소비의 사회》, 장 보드리야르, 이상률 역, 문예출판사(1992)

[12역현03-03] ● ● ●

기후변화와 관련된 협약 및 보고서를 조사하고, 그 의미를 추론한다.

➡ 2020년, 뉴저지주에서는 미국 최초로 학년과 교과에 상관없이 기후변화에 대해 가르쳐야 한다는 의무 규정이 통과되었고, 해당 규정은 2022년 가을부터 전 교과 과정에서 유치원 학생부터 적용되고 있다. 기후변화 교육은 곧 학생들이 앞으로 살아갈 새로운 노동 시장에 대비하는 일이라고 판단한 것이다. 그리고 뉴질랜드에서는 '학습자의 감정을 이해하는 지속가능성 교육' 프로그램에서 기후변화에 대한 과학적 이해와 더불어, 기후변화가 가져올 학습자들의 두려움, 공포와 같은 감정을 다스리는 'feeling' 영역을 모든 활동 단계에서 다루고 있다. 기후 위기 대응을 위한 새로운 환경 교육의 방향과 방법을 제안해 보자.

관련 학과 교육계열 전체

《기후위기 시대의 환경교육: 세 학교 이야기》, 남미자 외 5명, 학이시습(2021)

단원명 | 분쟁과 갈등, 화해의 역사

| 🔍 | 종교 갈등, 종족 갈등, 에너지와 환경 문제, 지속가능개발, 양성평등, 다문화, 다인종, 기후, 난민, 신냉전, 자국우선주의

[12역현04-01] ● ● ●

국제 분쟁 및 무력 갈등의 원인과 전개 양상을 사례 중심으로 파악한다.

➡ 성평등 교육이란 스스로의 자유의지로 삶을 구성하고 세상을 올바르게 바라볼 수 있는 시각을 갖도록 촉진하

는 교육이다. 이러한 교육은 남녀 모두에게 평등한 교육 기회가 주어지며, 교육의 전체 과정도 평등하게 이루어진다. 또한 성평등 교육은 어느 특정한 성별에 대해 고정관념을 갖거나 차별적 행동을 하지 않고 모두에게 잠재된 특성을 충분히 발현하도록 하는 교육이다. 성평등 교육의 목적, 필요성, 올바른 성평등 교육의 방법을 조사해 발표해 보자.

관련 학과 교육계열 전체

《청소년을 위한 양성평등 이야기》, 이해진, 파라주니어(2016)

[12역현04-02]　　　　　　　　　　　　　　　　　　　　　● ● ●

탈냉전 이후 '제3세계' 국가의 권위주의 체제 변동에 따른 갈등 양상과 특징을 조사한다.

➡ 68운동(68혁명)은 1968년 3월 프랑스 파리에서 미국의 베트남 전쟁 참전에 대한 항의 차원에서 8명의 청년이 '아메리칸 익스프레스' 파리 지사를 습격한 것을 시작으로, 프랑스 전역의 대학생 시위와 1,000만 노동자 파업으로 확산된 전례 없던 반체제·반문화 운동이다. 반체제에는 전통뿐 아니라 자본주의에 대한 저항도 포함된다. 68운동의 경제적·사회적·사상적 배경과 특징, 각 나라와 지식인 및 페미니즘에 미친 영향, 68운동에 대한 평가 등을 조사해 발표해 보자.

관련 학과 교육계열 전체

《68혁명, 세계를 뒤흔든 상상력》, 잉그리트 길혀홀타이, 정대성 역, 창비(2009)

[12역현04-03]　　　　　　　　　　　　　　　　　　　　　● ● ●

국내외 분쟁과 갈등을 해결하기 위한 역사 정책 사례를 탐구한다.

➡ 현재 동아시아 삼국(한·중·일)은 역사적 갈등과 장벽을 넘어서기 위해 대화와 협력을 모색하고 있다. 이를 위해선 특히 국가 기구를 넘어선 시민사회의 교류와 협력이 필요하다. 무엇보다 동아시아 공동의 가치라고 할 수 있는 평화·환경·상생 등을 목표로 한 시민운동이 활성화되어야 한다. 각국의 학자들과 교사들이 공동으로 다양한 역사 교재를 편찬함으로써 상대국의 역사와 문화를 이해하는 데 이바지하고 있다. 한·중·일의 역사학자와 교사가 공동으로 만든 동아시아 삼국의 근현대사 교재를 조사해 보고, 역사 교재의 공동 편찬이 갖는 의미와 영향을 발표해 보자.

관련 학과 교육계열 전체

《미래를 여는 역사》, 한중일3국공동역사편찬위원회, 한겨레출판(2022)

단원명 | 도전받는 현대 세계

🔍 유럽연합, 신자유주의, 정보 통신 기술의 발전, 과학기술 혁명, 에너지 문제, 환경 문제, 지속가능개발, 경제 양극화, 반세계화 운동, 다원주의, 평화와 공존

[12역현05-01]　　　　　　　　　　　　　　　　　　　　　● ● ●

경제의 세계화 이후 사회·경제적 변화를 국가·지역·세계적 차원에서 파악한다.

➡ 인도 중앙중등교육위원회는 학교 교육과정에 AI를 도입하는 데 앞장서고 있다. 중앙중등교육위원회는 통합

교육과정을 개발했으며, 학교에서는 선택 과목에 AI가 이미 활용되고 있다. 국제 바칼로레아(IB)에 소속된 학교들도 학생들에게 인공지능에 노출될 수 있는 기회를 제공하는 데 적극적으로 나서고 있다. 교사들이 로봇 조교를 활용하는 모습도 나타나고 있다. 인도의 AI 활용 교육 사례를 조사해 발표해 보자.

`관련 학과` 교육계열 전체

《**AI가 바꾸는 학교 수업 챗GPT 교육 활용**》, 오창근 외 1명, 성안당(2023)

[12역현05-02]   ● ● ●

다문화사회의 갈등 문제를 역사적으로 파악하고, 이를 해결하기 위해 노력한 사례를 조사한다.

➡ 우리나라에서도 전 지구적인 세계화의 영향으로 다양한 배경을 지닌 사람들이 증가하고 있다. 이는 우리나라만의 모습이 아니다. 다문화주의는 문화의 우열을 가리지 않고 문화를 그대로 인정함으로써 인류가 화합할 수 있을 거란 기대에서 출발하였다. 다문화주의를 긍정하는 입장을 살펴보면, 다양성이 중시되는 인간 사회에서는 다양한 문화와 인종이 어우러져 더 나은 미래를 열고 새로운 문화를 창출해 낼 수 있을 거란 이상적인 기대가 깔려 있다. 다른 나라의 모범적인 다문화 교육 정책의 사례를 조사해 발표해 보자.

`관련 학과` 교육계열 전체

《**다문화 교육과 정책의 이해**》, 박승우, 영남대학교출판부(2019)

[12역현05-03]   ● ● ●

문화 다양성 관련 국제 규범의 형성 과정을 살펴보고, 그 의미와 한계를 탐구한다.

➡ 인공지능의 등장으로 인간은 지금까지와는 다른 새로운 공부가 필요해졌다. 이것이 창의 융합 교육에서 협업 능력, 소통 능력, 비판적 사고력, 창조력 등을 강조하는 이유이다. 그렇다면 무엇으로 이 같은 능력을 키울 수 있을까? 바로 독서가 인간의 고유 능력을 키울 수 있는 핵심 도구이다. 인공지능 시대에 우리 학생들의 경쟁력은 독서에 달렸다. 인공지능 시대에도 독서가 최고의 교육인 이유와 효과적인 독서 방법을 조사해 발표해 보자.

`관련 학과` 교육계열 전체

《**인공지능 시대, 최고의 교육은 독서다**》, 조미상, 더메이커(2018)

선택 과목	수능		절대평가	상대평가
융합 선택	X	**사회문제 탐구**	5단계	X

단원명 | 사회문제의 이해와 탐구

| 🔍 | 사회문제의 의미와 특징, 사회문제를 이해하는 관점, 기능론, 갈등론, 상징적 상호작용론, 양적 연구, 질적 연구, 연구 절차, 과학적 탐구의 절차, 자료 분석, 추론, 결론 도출, 질적 자료의 해석, 자료의 시각화, 연구 윤리 준수, 객관적·개방적·상대주의적·성찰적·가치중립적 태도

[12사탐01-01] ● ● ●

사회문제의 의미와 특징을 이해하고, 사회문제를 바라보는 주요 관점을 비교한다.

➡ 교육 시스템의 사회적 기능을 기능론적 관점을 활용하여 분석할 수 있다. 교육이 학생 집단의 사회화, 다음 세대에 대한 지식 전달, 직업 훈련 제공 등을 통해 집단에 대한 소속감을 높여 사회의 안정과 통합을 이루는 방식을 탐구해 보자. 또는 갈등론적 관점을 적용하여 교육 시스템 내부에서 발생하는 갈등, 계층 간의 교육 불평등 재생산, 교육 접근성에 대한 차별 등과 같은 갈등 요인을 조사하고, 이를 해결하기 위한 방안을 찾아볼 수 있다.

[관련 학과] 교육계열 전체

《교육 불평등: 학교교육에 의한 불평등의 재생산》, 오욱환, 교육과학사(2021)

[12사탐01-02] ● ● ●

사회문제에 대한 과학적 탐구의 필요성을 설명하고, 사회문제 탐구를 위한 연구 방법과 다양한 자료 수집 방법의 특징을 비교한다.

➡ 통계청에서 제공하는 교육 프로그램 등을 통해 학생들이 수집한 자료를 기초적인 수준에서 분석하고 가공해보는 탐구 활동을 수행할 수 있다. 모둠별로 간단한 질문지를 작성하여 반 친구들을 대상으로 설문조사를 시행한 뒤, 거기서 얻은 결과를 통계 프로그램으로 분석하여 결론을 도출하는 근거로 이용하는 활동을 진행해 보자. 또한 탐구 주제에 대한 결론을 그래프나 도표와 같은 자료로 시각화하는 과정을 통해 미디어 리터러시 능력을 기를 수 있다.

[관련 학과] 교육계열 전체

《미디어 리터러시》, 이현주 외 1명, 북스타(2023)

[12사탐01-03] ● ● ●

다양한 자료 수집 방법을 적용한 실제 사례를 활용하여 수집된 자료를 분석하고 해석하는 방법을 설명한다.

➡ 수업 시간에 일상생활에서 흔히 접할 수 있는 주제를 정해 질적 연구와 양적 연구를 직접 수행하면서 두 가지 연구 방식을 비교하고 실제 사례에 적용하는 탐구 활동을 진행할 수 있다. 예를 들어 '학생들의 소비 습관 파

악'이라는 주제를 정한 뒤 연구를 설계하고, 결론을 도출하기 위해 양적 연구 방법을 활용하여 청소년들의 용돈 액수 및 주요 소비 품목을 다룬 통계 자료를 수집하고 분석하거나, 주변의 학생들을 직접 인터뷰하고 소비 습관을 관찰하는 질적 연구를 수행할 수 있다. 이를 통해 두 가지 연구 방법의 장단점을 이해하고, 각각의 연구 방법을 어떤 탐구 주제에 적용해야 하는지를 파악해 보자.

관련 학과 교육계열 전체

《**입말로 풀어쓴 사회과학 연구방법론**》, 백영민, 한나래아카데미(2018)

[12사탐01-04]   ●●●

사회문제의 탐구 과정에서 요구되는 연구 윤리를 설명하고, 연구 윤리를 준수하며 사회문제를 탐구하는 태도를 가진다.

➡ 교육 문제에 대한 연구를 진행할 때 조사 대상자는 대체로 학생이 된다. 학교에서 진행하는 설문조사 등에 협조했던 개인적인 경험을 이야기해 보고, 연구의 대상이 될 때 부모의 동의가 필요한 까닭을 생각해 보자. 또한 학교와 학생을 대상으로 진행된 연구들 중 실험 과정에서 윤리적인 문제를 일으켜 논란이 되었던 사례를 찾아보고 무엇이 문제였는지, 이를 보완하기 위해서는 연구자들이 어떠한 태도를 가졌어야 하는지에 대해 성찰하여 토의할 수 있다.

관련 학과 교육계열 전체

《**내러티브 탐구**》, D. Jean Clandinin 외 1명, 소경희 외 3명 역, 교육과학사(2007)

단원명 | 일상생활과 사회문제

> 🔍 성 불평등 현상의 원인과 양상, 성 격차 지수, 성 불평등 지수, 성별 영향 분석 평가, 미디어의 기능, 미디어의 비판적 이해, 미디어를 통한 참여와 실천

[12사탐02-01]   ●●●

일상생활에서 나타나는 성 불평등 문제의 실태를 조사하고, 원인과 해결 방안을 제시한다.

➡ 교육 시스템 내부에서 여학생에게 기대하는 역할과 남학생에게 기대하는 역할의 차이로 인해 성 역할에 대한 고정관념이 강해지는 사례를 찾아보고, 이를 개선하는 방안에 관해 토의할 수 있다. 또한 종교적인 이유나 사회적 편견 등으로 여성들의 교육 및 사회 활동을 제한하는 국가들이 여전히 존재한다. 해당 지역에서 나타나는 성차별의 구체적인 사례를 조사해 보고, 이를 극복하기 위한 교육의 역할을 모색하는 탐구 활동을 진행할 수 있다.

관련 학과 교육계열 전체

《**세상의 절반, 여성 이야기**》, 우리교육 출판부, 우리교육(2010)

[12사탐02-02]   ●●●

청소년의 미디어 이용 과정에서 나타나는 문제를 조사하고, 원인과 해결 방안을 제시한다.

➡ 학생들 자신의 일상생활 속 미디어 활용 실태에 대한 자료를 체크리스트법, 면접법 등을 통해 수집하고 분석한 뒤, 고쳐야 할 점을 스스로 찾아보게 할 수 있다. 또한 사회 관계망 서비스(SNS)는 의견을 자유롭게 나눌 수 있

는 토론의 장이므로, 사회문제 해결을 위한 청소년 참여의 공간으로 기능할 수 있다. 미디어가 사회문제의 해결에 긍정적인 영향을 미친 사례를 찾아보고, 미디어 공간에서의 청소년의 역할과 책임에 대해 성찰하는 탐구 활동을 진행해 보자.

관련 학과 교육계열 전체

《유튜브에 빠진 너에게》, 구본권, 북트리거(2020)

단원명 | 변화하는 세계와 사회문제

| 🔍 | 저출산, 고령화, 지방 소멸, 지역 불평등, 복지 비용 증가, 양성평등, 인공지능, 사회 양극화, 인공지능의 편향성, 자율성 침해, 인공지능과 윤리

[12사탐03-01]   •••

저출산·고령화로 인해 발생하는 다양한 사회문제의 실태를 조사하고, 해결 방안을 제시한다.

➡ 저출산·고령화 현상의 근원적인 해결책을 모색하기 위한 토론 수업을 진행할 수 있다. 예를 들어 선진국에서 저출산·고령화 현상이 발생하는 원인 중 하나가 여성들의 사회 진출이 증가하면서 출산과 양육에 어려움을 겪기 때문이라는 점을 파악하고, 이를 근본적으로 해결하기 위한 방안을 정치적, 사회적 측면에서 모색할 수 있다. 양성 평등 의식을 높이기 위해 사회 구성원의 성에 대한 고정관념과 편견을 개선하고, 남녀가 서로 존중할 수 있도록 하는 해결 방안을 토의해 보자.

관련 학과 교육계열 전체

《생각이 많은 10대를 위한 토론 수업》, 김희균, 나무생각(2022)

[12사탐03-02]   •••

인공지능 발전 과정에서 나타날 수 있는 다양한 사회문제를 탐색하고, 대응 방안을 제시한다.

➡ 인공지능의 발전과 학생들의 삶이 밀접하게 연계되어 있다는 사실에 중점을 두고, 챗GPT를 비롯한 인공지능 프로그램이 학교 교육과 학생들의 삶의 변화에 끼친 영향을 조사하는 탐구 활동을 수행할 수 있다. 또한 인공지능이 질문에 대한 답을 내놓을 때 편향되거나 사실이 아닌 답을 하는 경우가 많다는 점을 강조하고, 인공지능이 제시한 답변에서 참과 거짓 정보를 가려내는 활동을 통해 정보의 수집과 처리 능력을 향상시킬 수 있다.

관련 학과 교육계열 전체

《예고된 변화 챗GPT 학교》, 송은정, 테크빌교육(2023)

선택 과목	수능	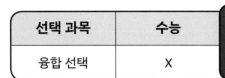	절대평가	상대평가
융합 선택	X		5단계	X

단원명 | 행복하고 안전한 금융 생활

> | 🔍 | 자원의 희소성, 합리적 선택, 금융 의사결정, 재무적 특성, 비재무적 특성, 거시적 요인, 인터넷 뱅킹, 모바일 뱅킹, 간편결제 서비스, 전자화폐, 디지털 금융, 계약, 약관, 금융 사기, 예방, 금융 소비자 보호 제도

[12금융01-01]   ● ● ●

행복하고 안전한 금융 생활에 필요한 금융 정보를 탐색하고 평가하며, 단기와 장기의 관점을 고려하여 합리적인 금융 의사결정을 한다.

➡ 금융 교육이 개인 및 가정의 금융 의사결정에 미치는 영향을 조사하고, 어떻게 금융 소외 및 금융 불평등을 줄일 수 있는지 탐구해 보자. 금융 교육이 금융 소외 계층과 일반적인 계층에서 어떤 효과를 나타낼 수 있는지를 비교·탐구할 수 있다. 또한 학교에서 제공하는 다양한 금융 수업의 방식을 탐구하고, 학교 금융 수업이 학생들의 금융 의사결정에 어떠한 영향을 미치는지를 주제로도 탐구를 진행할 수 있다. 현재까지 나와 있는 금융 관련 교육과정을 분석하고, 부족한 점이 있다면 무엇인지 자신의 생각을 정리하여 발표해 보자.

관련 학과 교육계열 전체
《공부머리보다 금융머리를 먼저 키워라》, 가와구치 유키코, 김지윤 역, 위즈덤하우스(2022)

[12금융01-02]   ● ● ●

디지털 금융 환경에서 나타난 금융 서비스의 변화된 특징을 이해하고, 디지털 금융 서비스를 효과적으로 이용한다.

➡ 디지털 금융 교육이 학교 교육과정에 어떻게 통합될 수 있는지 탐구해 보자. 금융 관련 과목을 듣지 않은 학생들에게도 금융 교육은 필수적이다. 금융 교육과정과 내용을 수학, 경제, 사회과학 등의 교과목과 어떻게 통합하여 학생들에게 제공할 수 있는지를 탐구할 수 있다. 또한 디지털 금융 교육이 금융 소외 계층과 일반 계층의 금융 접근성과 금융 지식 향상에 어떤 영향을 미치는지 연구해 볼 수 있다. 다양한 계층을 대상으로 한 디지털 금융 교육 프로그램의 효과를 분석하고 발표해 보자.

관련 학과 교육계열 전체
《디지털 노마드 세대를 위한 미래교육 미래학교》, 박희진 외 4명, 미디어숲(2019)

[12금융01-03]   ● ● ●

안전한 금융 거래를 위한 계약(약관)의 중요성을 인식하고, 금융 사기 예방과 피해 구제를 위해 마련된 주요 금융 소비자 보호 제도를 탐구한다.

➡ 금융 교육이 소비자들의 금융 상품 및 서비스에 대한 인식과 이해를 어떻게 향상시키는지 탐구해 보자. 또한

소비자 보호에 대한 인식과 의식을 높이는 교육 방법을 조사해 볼 수 있다. 이와 함께 디지털 금융 시대에 소비자들이 안전하게 온라인 금융 서비스를 이용할 수 있도록 돕기 위한 금융 리터러시 교육 프로그램을 개발해 보고, 이를 다양한 금융 소비자 보호 제도와 연결해서 직접 체험이 가능하도록 교육과정을 구성해 볼 수 있다. 이를 위한 지도안을 개발하거나 모의 수업 등을 통해 효과를 직접 체험하고, 이를 통해 금융 교육이 나아가야 할 방향을 제안할 수 있다.

관련 학과 교육계열 전체

《**대한민국의 미래, 교육금융에서 길을 찾다**》, 안양옥 외 6명, 레인보우북스(2018)

단원명 | 수입과 지출

> 🔎 근로소득, 사업소득, 재산소득, 총소득, 가처분소득, 소득에 영향을 미치는 요인, 기초소득, 소비, 소비 지출, 비소비 지출, 대출금리, 지불 수단(현금, 카드), 지불 방법(일시불, 할부), 예산, 버킷 리스트, 예산 작성, 예산 수립, 평가, 예산 계획서, 기대 수입, 생애주기

[12금융02-01] • • •

소득이 수입의 주요 원천임을 이해하고, 소득에 영향을 미치는 다양한 요인을 탐구한다.

➡ 소득 수준이 교육 기회에 어떤 영향을 미치는지 탐구해 보자. 소득 수준과 교육 기회의 상관관계와 인과관계를 분석하고, 소득 수준이 교육 접근성, 교육 품질, 교육 공정성, 교육 결과 등에 어떤 영향을 미치는지 조사할 수 있다. 예를 들어 국가 장학금을 받는 대학생의 비율을 수시와 정시로 나누어 조사해 볼 수 있고, 재수에 드는 비용을 조사해 볼 수도 있다. 또한 소득 수준이 학생들의 진로 결정에 어떤 영향을 미치는지 탐구할 수 있다. 소득 수준과 진로 결정의 상관관계와 인과관계를 분석하고, 소득 수준이 진로 탐색, 진로 성숙도, 진로 만족도, 진로 장애 요인 등에 어떤 영향을 미치는지 조사해 보자.

관련 학과 교육계열 전체

《**교육소비**》, 이종승, 다산글방(2023)

[12금융02-02] • • •

소비 지출과 비소비 지출을 구분하고, 지출에 영향을 미치는 요인을 파악하여 합리적인 소비를 실천한다.

➡ 온라인 교육 플랫폼과 대면 강의를 이용하는 소비자의 행동 및 선택을 주제로 탐구를 진행할 수 있다. 급우나 학생들의 온라인 교육 리뷰, 가격 비교, 강의 선택 및 수강 완료율 등을 조사해 보고, 이러한 소비 패턴이 교육 만족도에 어떠한 영향을 주는지 탐구해 볼 수 있다. 코로나 팬데믹 이후 비대면 강의에 대한 소비가 증가했다. 이러한 비대면 강의의 소비 증가에 따라 학생들의 교육 콘텐츠 소비 방향이 어떻게 변하고 있는지도 함께 조사할 수 있다. 또한 다른 종류의 강의 방법이 학생들의 성적과 교육 만족도에 어떠한 영향을 주는지도 함께 발표할 수 있다.

관련 학과 교육계열 전체

《**대면 비대면 외면**》, 김찬호, 문학과지성사(2022)

교육계열

예술계열

수학계열

자연계열

사회계열

의약계열

> **[12금융02-03]** • • •
>
> 예산의 의미와 예산 관리 방법을 이해하고, 자신의 금융 생활에서 예산을 수립·점검·평가한다.

➡️ 개인 예산 관리와 관련된 교육계열 탐구 주제로는 금융 교육의 효과나, 금융 교육 학습 방법론 및 기술 등을 선택할 수 있다. 이러한 개인 예산 관리와 관련된 교육의 성과를 위해서는 어떠한 교육 수단을 써야 하는지, 강의 방법과 학생들의 평가 방법을 고민해 보자. 또한 이러한 예산 교육은 일회성에 그치는 것이 아니라 지속적으로 이루어져야 하므로, 장기적인 예산 교육 학습 방법에 대해서도 함께 고민해야 한다. 이때 필요한 학습 플랫폼의 종류 및 교육 정책을 탐구해 보고, 자신이 생각하는 대안이 있다면 제시해 보자.

> 관련 학과 교육계열 전체

《**경제교육 프로젝트**》, 전인구, 테크빌교육(2019)

단원명 | 저축과 투자

> | 🔍 | 저축, 금리, 예금, 적금, 주택청약저축, 세금, 물가, 소비, 주식, 채권, 펀드, 금리, 인플레이션, 환율, 투자 정보, 신뢰할 수 있는 정보, 경제 지표, 투자, 자기 책임, 예금자 보호 제도, 투자자 보호 제도, 구제 방안

> **[12금융03-01]** • • •
>
> 저축의 경제적 의의와 다양한 저축 상품의 특징을 이해하고, 저축에 영향을 미치는 요인을 탐구한다.

➡️ 저축 교육이 교육과정에 어떻게 통합될 수 있는지 연구할 수 있다. 수학, 경제, 사회과학 및 기타 교과 과목에 저축 교육이 통합될 수 있는지 조사해 보고, 다양한 교과목 학습에서 저축을 해야 하는 이유를 조사해서 발표를 진행해 보자. 또한 저축 교육의 다양한 교육 방법 및 자원을 비교하고, 어떤 접근 방식과 교재가 학생들의 금전 관리 및 저축 습관 형성에 가장 효과적인지 조사해 볼 수도 있다. 저축 교육 전후로 학생들의 저축 실태에 어떠한 변화가 있었는지도 조사해 볼 수 있다.

> 관련 학과 교육계열 전체

《**부자 되기를 가르치는 학교**》, 하금철 외 9명, 교육공동체벗(2023)

> **[12금융03-02]** • • •
>
> 기본적인 금융 투자 상품의 종류와 특징을 이해하고, 투자에 영향을 미치는 요인을 탐구한다.

➡️ 교육과 관련된 투자는 교육의 특성상 효율이 떨어질 수 있다. 그럼에도 불구하고 교육계열에 투자를 해야 하는 이유에 대해 탐색해 보자. 최근에는 에듀테크와 같은 새로운 교육 방식의 수업이 다양하게 이루어지고 있다. 이러한 새로운 방식이 적용되기까지 필요한 예산과 비용은 어떻게 충당되는지 파악해 보자. 현재 실행 중인 다양한 교육 관련 투자를 찾아보고, 투자 내용을 분석하거나, 꼭 투자가 필요한 교육 관련 분야가 무엇인지 조사하고 발표해 보자.

> 관련 학과 교육계열 전체

《**돈으로 움직이는 교실 이야기**》, 옥효진, 책밥(2022)

[12금융03-03]

저축과 투자의 장단점을 고려하여 자기 책임의 원칙에 따라 저축과 투자를 결정하며, 활용할 수 있는 예금자 보호 제도와 투자자 보호 제도를 탐색한다.

➔ 학교에서의 금융 교육은 무엇까지 다루어야 하는지 탐구해 보자. 현재 다양한 투자 시장이 있고, 합법적인 범위 내에서 많은 투자가 이루어지고 있다. 예금자나 투자자를 보호하기 위한 상한가, 하한가 제도와 같은 안전 장치가 마련되어 있는 투자 상품도 있고, 선물과 같이 상한가, 하한가 없이 투자 실패가 투자자에게 전면적으로 전가되는 투자 상품도 있다. 학교 금융 교육에서는 어느 단계의 투자까지 다루어야 하는지, 자신의 생각을 덧붙여 발표해 보자.

관련 학과 교육계열 전체

《대한민국의 미래, 교육금융에서 길을 찾다》, 안양옥 외 6명, 레인보우북스(2018)

단원명 | 신용과 위험 관리

🔍 신용, 신용카드, 신용 관리, 이자, 할부수수료, 카드 연회비, 신용 관리 습관, 신용회복위원회, 채무조정, 개인회생, 신용 회복 지원, 사회보험, 민영보험, 자동차보험, 화재보험, 실손보험, 실비보험, 은퇴, 기대수명, 공적연금, 퇴직연금, 개인연금, 노후 대비

[12금융04-01]

신용 사용의 결과를 고려한 책임감 있는 신용 관리 태도를 기르고, 신용에 영향을 미치는 요인을 파악하여 자신의 신용을 효과적으로 관리하는 방법을 탐구한다.

➔ 신용이 포함된 교육과정을 분석해 보자. 어느 교과에서 신용을 다루는지 파악하고, 각 교과목에서 신용을 효과적으로 가르치는 방법은 무엇인지 탐구해 보자. 2022 개정 교육과정의 교과목별 성취 기준을 분석하여 다양한 내용을 비교해 볼 수 있다. 학생들이 신용에 대해 어느 정도 알고 있는지 설문조사를 실시하거나, 체험 활동을 통한 학습의 성과를 비교할 수도 있다. 다양한 방법을 탐구하고 효율적인 교육 방안을 발표해 보자.

관련 학과 교육계열 전체

《우리는 실패하지 않았다》, 메건 맥아들, 신용우 역, 처음북스(2016)

[12금융04-02]

위험 관리의 필요성과 위험 관리 방법으로서 보험의 원리를 이해하고, 주요 보험 상품의 특징을 비교한다.

➔ 중고등학교에서 보험 교육을 통해 학생들에게 보험의 중요성과 작동 방식을 가르치는 방법을 연구해 보자. 지금까지는 보험과 관련한 내용을 다루는 수업이 거의 없었다. 다양한 교과에서 어떻게 효율적으로 보험과 관련된 수업을 할 것인지를 주제로 탐구하거나, 보험 교육이 필요한 이유에 대해 조사해 보자. 또한 학생들이 보험 상품을 이해하고 선택하는 데 도움이 되는 교육 방법과 교재를 연구할 수도 있다.

관련 학과 교육계열 전체

《보험지식IN》, 이경제 외 1명, 좋은땅(2019)

고령 사회에서 노후 설계의 필요성을 이해하고, 연금의 종류와 특징을 파악하여 안정적인 노후 대비 계획을 설계한다.

➜ 교직원이나 학생을 위해 어떤 연금 지원 프로그램을 제공하는지를 주제로 탐구해 보자. 이러한 프로그램이 교육기관 구성원들의 금융 안정성을 어떻게 개선하는지를 평가해 볼 수 있다. 이러한 연금은 노후를 대비하기 위한 용도인 경우가 많다. 학교 교육과정에서 노후 대비와 관련해 어떤 내용을, 얼마나 다루고 있는지 분석해 보자. 또한 노후 대비를 위한 다양한 방법을 제시하고, 연금의 단점을 보완하는 새로운 대안을 제시해 볼 수도 있다.

관련 학과 교육계열 전체

《투자의 미래》, 제러미 시겔, 이은주 역, 이레미디어(2022)

국어 교과군

영어 교과군

수학 교과군

교양 교과군

사회 교과군

과학 교과군

선택 과목	수능	**기후변화와 지속가능한 세계**	절대평가	상대평가
융합 선택	X		5단계	X

단원명 | 인간과 기후변화

> | 🔍 | 지구온난화, 해수면 상승, 해양 산성화, 기상이변, 온실기체, 탄소중립, 탄소 배출, 티핑포인트, 지속 가능 에너지, 파리협정

[12기지01-01] • • •

지구적 차원에서 나타나는 기후변화의 심각성을 사례를 통해 파악하고, 기후변화를 바라보는 관점의 다양성을 이해한다.

➡️ 지구가 위기라는 사실을 모르는 사람이 있을까? 바이러스 감염병과 폭염, 폭우, 가뭄, 산불 등 기후변화의 징후들은 인간을 향한 지구의 강력한 메시지이다. 지구가 너무도 사나운 오늘날, 이 메시지를 읽어내고 응답하는 능력은 앞으로 오랜 시간 지구와 관계를 맺어야 할 청소년들에게 반드시 필요한 무기이다. 과장된 위험 대신 검증된 데이터와 숫자로 지구의 위기를 올바르게 알려주고, 청소년들이 책임감 있는 어른으로 성장할 수 있게 해주는 기후 위기 관련 과학 수업의 사례를 조사해 발표해 보자.

관련 학과 교육계열 전체

《**지구가 너무도 사나운 날에는**》, 가치를꿈꾸는과학교사모임, 우리학교(2020)

[12기지01-02] • • •

기후변화는 자연적 요인뿐만 아니라 인간의 다양한 활동 및 산업과 관련되어 있다는 점을 이해하고, 탄소중립을 위한 사회 변화의 방향을 탐구한다.

➡️ 탄소중립이란 인간의 활동에서 배출되는 온실가스의 양을 최대한 줄이고, 대기 중의 온실가스는 흡수하거나 제거해 실질적인 배출량을 0으로 만드는 것이다. 탄소중립을 달성하기 위해서는 화석연료 의존도를 낮추고, 재생 가능 에너지와 저탄소 기술을 활용하며, 기후변화에 적응하고 정의로운 전환을 위한 제도적 기반을 구축해야 한다. 이런 의미에서 탄소중립 실천을 위한 학교 교육의 중요성이 커졌다. 탄소중립 교육을 위한 콘텐츠를 제작해 발표해 보자.

관련 학과 교육계열 전체

《**서로를 살리는 기후위기 교육**》, 김소영 외 9명, 민들레(2022)

단원명 | 기후정의와 지역 문제

> | 🔍 | 기후 재난, 불평등 문제, 기상 재해, 해수면 상승, 이상기후, 온실가스, 기후정의, 경제 양극화, 저탄소 녹색성장, 지구 생태계, 생물 다양성

[12기지02-01] ● ● ●

세계 여러 지역에서 발생하고 있는 기후 재난의 실제를 파악하고, 이를 둘러싼 쟁점을 다양한 자료를 통하여 분석한다.

➡️ 기후 위기로 인한 피해가 전 세계적으로 커지고 있는 가운데 폭우, 침수, 산불 등에 대처하는 안전 교육에 대한 관심이 높아지고 있다. 과거에 교통안전이나 화재 예방 정도에 초점이 맞춰져 있던 안전 체험관들이 이제는 산불, 지진, 태풍, 폭우 등 자연 재난에 대처하고 침수 선박이나 차량에서 탈출하는 법과 같은 구체적인 방법을 알려준다. 기후 재난 체험 교육의 필요성과 실제 사례를 조사해 발표해 보자.

`관련 학과` 교육계열 전체

《**지구의 온도가 1°C 오르면 어떻게 되나요**》, 이두현 외 7명, 푸른길(2023)

[12기지02-02] ● ● ●

기후변화의 영향은 지리적 조건 및 사회적·경제적 조건에 따라 차별적으로 나타나고 있음을 이해하고, 이와 관련한 쟁점과 사례를 조사한다.

➡️ 인류는 우리 모두의 삶을 지키면서도 온실가스 배출을 완전히 중단할 수 있는 객관적 능력이 있다. 그러나 우리가 살고 있는 '자본주의 체제하에서 기후변화를 멈추기 위한 노력이 제대로 작동하고 있는가?', '각국 정부와 기업이 내놓는 해법이 올바른 방향으로 가고 있는가?'라는 질문을 던져볼 수 있다. 기후 위기의 주요 쟁점을 살펴보고, 이에 대한 보수 진영과 진보 진영 간의 해법을 비교·분석해 발표해 보자.

`관련 학과` 교육계열 전체

《**기후 위기, 불평등, 재앙**》, 장호종 외 7명, 책갈피(2021)

[12기지02-03] ● ● ●

기후정의의 관점에서 기후변화에 따른 불평등 문제의 해결 방안을 모색하고, 기후변화에 대한 인간의 책임과 의무에 대해 성찰한다.

➡️ 2016년 말, 미국 대통령 도널드 트럼프는 파리기후변화협약에서 미국이 탈퇴하기로 결정했다. 기후 위기를 막아보고자 세계 195개국이 참여한 이 협약에서 탄소 배출량 역대 1위인 미국이 탈퇴한 것은 그야말로 충격이었다. 아일랜드의 첫 여성 대통령이자 유엔 기후변화 특사를 지낸 메리 로빈슨은 이 무책임한 결정에 맞서 목소리를 높였다. 그녀는 우리가 기후 위기에 맞서 왜 연대해야 하는지를 겸손한 어투로 설명했다. 기후정의의 의미를 알고, 기후 위기에 맞서는 사람들의 사례를 조사해 발표해 보자.

`관련 학과` 교육계열 전체

《**기후정의**》, 메리 로빈슨, 서민아 역, 필로소픽(2020)

단원명 | 지속가능한 세계를 위한 생태 전환

> 🔍 적정기술, 순환경제, 지속 가능 사회, 지속 가능 생태계, 생물 다양성, 생태 전환, 탄소중립, 녹색성장, 저탄소 에너지 경제, 생태도시, 환경 비정부 기구(NGO)

[12기지03-01] ●●●

기후변화 대응을 위한 국제 사회의 협력과 시민사회의 노력 사례를 조사하고, 기후변화를 둘러싼 이해당사자들의 서로 다른 입장과 가치를 비교한다.

➡ 지구의 생태계를 지속가능하게 유지하고 자연과 인간이 공생하기 위해서는 공존과 공생의 생태적 전환을 추구해야 한다. 이를 위해서는 환경 교육을 통해 인식과 실천의 변화를 이루어내야 한다. 특히 학교가 환경 교육 현장으로 변모해야 하고, 학생들 스스로 환경에 대해 고민할 수 있는 여건을 제공해야 한다. 우리나라 환경 교육의 문제점과 대안을 조사해 발표해 보자.

관련 학과 교육계열 전체

《**생태환경교육을 만나고 실천하다**》, 조현서, 지식터(2023)

[12기지03-02] ●●●

기후변화 문제와 관련하여 국가 차원의 대응으로서 정치, 사회, 경제 영역에서의 생태 전환을 위한 실천 사례를 조사하고, 이를 분석·평가한다.

➡ 생태 교육은 인간과 환경의 이분법을 비판하고, 인간에게 특별한 지위를 부여하는 대신 생태계를 구성하는 일부분으로 보고 생태계 자체의 건강성 회복과 조화로운 생활 양식의 실천을 강조하는 교육이다. 즉 인간이 생태계의 일부로서 모든 생명과 공존할 수 있도록 하는 교육이다. 생태 전환 교육은 생태 교육을 보다 확장한 개념이다. 생태 전환 교육이란 '기후변화와 환경 재난 등에 대응하고, 환경과 인간의 공존을 추구하며, 지속가능한 삶을 위한 모든 분야와 수준에서의 생태적 전환을 위한 교육'이다. 생태 전환 교육의 비전과 핵심 가치, 목표, 추진 전략을 조사해 발표해 보자.

관련 학과 환경교육과, 윤리교육과, 교육학과, 초등교육과, 유아교육과, 사회교육과, 일반사회교육과, 지구과학교육과, 생물교육과
《**생태전환교육, 학교에서 어떻게 할까?**》, 심지영, 살림터(2023)

[12기지03-03] ●●●

지역 공동체의 생태 전환을 위한 다양한 노력 사례를 조사하고, 지역의 지속가능한 사회·생태 체계를 탐색한다.

➡ 기후 위기는 곧 먹거리 위기라는 인식 아래, 친환경 무상급식을 넘어 '먹거리 생태 전환 교육'으로 패러다임을 전환해야 한다는 요구가 많다. '먹거리 생태 전환'이란 기후 위기 시대의 극복, 인간과 자연의 공존과 지속가능성을 위해 먹거리에 대한 인간의 생각과 행동 양식의 총체적 변화를 추구하는 그린 급식 운영을 뜻한다. 먹거리 생태 전환 교육의 배경, 필요성, 주요 내용, 추진 방향을 조사해 발표해 보자.

관련 학과 환경교육과, 윤리교육과, 교육학과, 초등교육과, 유아교육과, 사회교육과, 일반사회교육과, 지구과학교육과, 생물교육과
《**지구를 구하는 수업**》, 양경윤 외 7명, 케렌시아(2023)

[12기지03-04] ●●●

기후변화에 대응하기 위한 적정기술과 순환경제의 역할의 중요성을 파악하고, 에너지 전환의 중요성에 대한 이해를 바탕으로 지속가능한 세계의 모습을 제안한다.

➡ 자원순환은 환경 정책의 목적을 달성하는 데 필요한 범위 안에서 폐기물의 발생을 억제하고, 발생된 폐기물을 적정하게 재활용하거나 처리하는 방식으로 자원의 순환 과정을 환경친화적으로 관리하는 일이다. 그리고 '순환경제'란 재활용 등을 통해 자원을 최대한 순환시키면서 지속가능성을 추구하는 친환경 경제 모델을 말

한다. 순환경제 교육 프로그램은 전문 기술, 폐기물 관리, 자원 효율성 및 비즈니스 모델을 통해 순환경제에 대해 교육하는 과정이다. 순환경제 교육 프로그램의 모범 사례를 조사해 발표해 보자.

관련 학과 교육계열 전체

《지금 우리 곁의 쓰레기》, 홍수열 외 1명, 슬로비(2022)

단원명 | 공존의 세계와 생태시민

| 🔍 | 지속가능발전목표(SDGs), 지속가능한 세계, 지구 생태계, 기후변화, 지속가능한 소비와 생산, 생태시민, 성장의 한계, 생태발자국, 리우선언, 생태 전환

[12기지04-01]   •••

지속가능발전목표(SDGs)의 의미를 이해하고, 이의 실천과 관련한 지역 사례들을 조사하여 환경적, 경제적, 사회적 측면에서 통합적으로 분석한다.

➡ 2012년 9월 당시 반기문 UN 사무총장이 "세계시민의 양성이 필요하다."라고 언급한 이후, 우리나라 정부와 아태교육원(APCEIU)이 중심이 되어 세계시민교육을 UN의 글로벌 의제로 만들기 위한 3년간의 프로젝트가 시작되었다. 2013년 9월에 첫 번째 세계시민교육에 대한 회의가 서울 아태교육원에서 개최되었고, 2014년 5월에는 오만의 무스카트 회의에서 우여곡절 끝에 유네스코 선언에 세계시민교육이 포함되었으며, 2015년 5월 인천에서 개최된 유네스코 세계교육회의에서 드디어 우리나라의 주장대로 유네스코의 글로벌 의제에 세계시민교육이 들어가게 되었다. 지속가능발전을 위한 세계시민교육과 세계시민의식의 과거·현재·미래를 조사해 발표해 보자.

관련 학과 교육계열 전체

《세계시민교육과 SDGs》, 정우탁, 주류성(2021)

[12기지04-02]   •••

지속가능한 세계는 개인의 일상생활 방식과 관련되어 있음을 이해하고, 다양한 소비 영역에서 요구되는 지속 가능한 생활 방식을 탐색하고 실천 방안을 제안한다.

➡ 지속가능발전은 산업화 이후 경쟁적인 경제 발전으로 인해 나타난 지구의 기후변화와 자원 고갈의 문제를 극복하기 위해 1970년대 이후 여러 차례 국제 회의를 거치면서 전 세계가 달성해야 하는 인류의 공통 과제로 대두되었다. 우리나라 역시 2000년 지속가능발전위원회를 정부 조직으로 설치하고 지속가능발전을 위한 노력을 기울이고 있다. 지속가능발전을 위한 윤리적 소비 교육의 특성과 방법론을 조사해 발표해 보자.

관련 학과 교육계열 전체

《윤리적 소비 행복한 소비》, 천경희 외 11명, 시그마프레스(2023)

[12기지04-03]   •••

정의, 책임 그리고 배려 등과 같은 생태시민의 덕목을 사례 탐구를 통해 이해하고, 인간 및 비인간이 함께 평화롭게 살아가는 공존의 세계를 위한 다층적 스케일에서의 실천 방안을 찾아 적극적으로 참여한다.

➡ 기후변화와 같이 초국가적이고 지구적인 환경 문제에 대해서는 전통적인 국민국가 체계가 적절하게 대응하지

못한다는 문제 제기가 있다. 이러한 문제의 해결을 위해 사회구조적인 측면에 대한 문제의식을 가지고, 이를 생태적으로 건전하게 조정하여 재구성할 수 있는 새로운 시민성에 대한 논의가 나타나게 되었다. 이러한 맥락에서 등장한 '생태시민성'의 의미를 탐색하고, 우리 사회가 직면한 지구 기후변화와 이에 대한 대응이라는 과제를 성찰하는 데 있어 생태시민성이 갖는 가능성을 확인할 필요가 있다. 생태시민성이 기후변화 교육 또는 환경 교육에 주는 시사점을 조사해 발표해 보자.

관련 학과 교육계열 전체

《**생태교육론**》, 김기대 외 3명, 한국문화사(2017)

과학 교과군

구분	교과 (군)	공통 과목	선택 과목		
			일반 선택	진로 선택	융합 선택
보통 교과	과학	통합과학1 통합과학2 과학탐구실험1 과학탐구실험2	물리학 화학 생명과학 지구과학	역학과 에너지 전자기와 양자 물질과 에너지 화학 반응의 세계 세포와 물질대사 생물의 유전 지구시스템과학 행성우주과학	과학의 역사와 문화 기후변화와 환경생태 융합과학 탐구

공통 과목	수능	통합과학1	절대평가	상대평가
	○		5단계	5등급

단원명 | 과학의 기초

| 🔍 | 시간, 공간, 길이, 측정, 기본량, 단위, 어림, 분석, 정보, 디지털 변환, 정보 통신 기술, 현대 문명

[10통과1-01-01] ● ● ●

자연을 시간과 공간에서 기술할 수 있음을 알고, 길이와 시간 측정의 현대적 방법과 다양한 규모의 측정 사례를 조사할 수 있다.

➡ 시간표 관리는 학생들이 시간 활용 능력을 키우는 데 중요한 역할을 한다. 이를 통해 학생들은 단순히 수업에 참여하는 것을 넘어 자기 주도적인 학습 습관을 형성할 수 있다. 예를 들어 각 과목별 학습 목표를 설정하고 이에 맞춰 진도를 조절하면 학습 효율이 더욱 향상될 수 있다. 또한 학습 계획표는 자신이 어떤 부분에 더 집중해야 할지를 시각적으로 확인하게 해주며, 친구들과 계획표를 비교하면서 서로 격려하고 피드백을 주고받는 기회를 제공한다. 학습 계획표를 작성하고 온라인 공유 플랫폼에 게시한 후 친구들과 동료 평가서를 작성해 보자.

관련 학과 교육계열 전체

《구슬쥬네 공부의 숲》, 구슬쥬, 다산에듀(2023)

[10통과1-01-02] ● ● ●

과학 탐구에서 중요한 기본량의 의미를 알고, 자연 현상을 기술하는 데 단위가 가지는 의미와 적용 사례를 설명할 수 있다.

➡ 각 나라마다 사용하는 단위가 다르고 국가 간 재화와 정보의 교환이 활발해지면서, 국제적으로 통용될 수 있는 단위에 대한 논의가 이루어졌다. 1875년에는 미터법을 국제 표준으로 채택하자는 미터 조약이 체결되었으며, 1960년 제11차 국제도량형총회에서는 국제단위계를 국제 표준으로 채택하였다. 국제단위계에서는 길이의 단위인 m, 질량의 단위인 kg, 시간의 단위인 s, 전류의 단위인 A, 온도의 단위인 K, 물질량의 단위인 mol, 광도의 단위인 cd 등 7개의 기본 단위를 정하여 사용한다. 과학 탐구에서 자연 현상을 기술하는 데 사용되는 단위의 의미와 적용 사례를 기록할 수 있는 활동지를 제작하고 전시해 보자.

관련 학과 가정교육과, 과학교육과, 교육공학과, 교육학과, 기술교육과, 물리교육과, 생물교육과, 수학교육과, 지구과학교육과, 컴퓨터교육과, 화학교육과, 환경교육과

《과학과 공학의 기초를 쉽게 정리한 단위·기호 사전》, 사이토 가쓰히로, 조민정 역, 그린북(2019)

[10통과1-01-03] ● ● ●

과학 탐구에서 측정과 어림의 의미를 알고, 일상생활의 여러 가지 상황에서 측정 표준의 유용성과 필요성을 논증할 수 있다.

➡️ 측정은 정확하고 신뢰성 있는 결과를 얻기 위해 특별한 노력과 도구가 필요하며, 어림은 빠른 판단이나 대략적인 수치가 요구되는 상황에서 주로 사용된다. 두 방법 중 어느 것을 선택할지는 상황과 목적에 따라 달라질 수 있다. 예를 들어 과학 실험에서는 정밀한 측정이 필요하지만, 일상생활에서는 대략적인 어림이 더 효율적일 수 있다. 자신이 관심 있는 분야에서 측정이나 어림이 필요한 다양한 사례를 조사하고, 각각의 장단점을 분석하여 보고서를 작성해 보자. 또한 어림의 교육적 의미와 학생들에게 미치는 영향에 대해 토의해 보자.

관련 학과 가정교육과, 과학교육과, 교육공학과, 교육학과, 기술교육과, 물리교육과, 생물교육과, 수학교육과, 지구과학교육과, 컴퓨터교육과, 화학교육과, 환경교육과

《**측정의 과학**》, 크리스토퍼 조지프, 고현석 역, 21세기북스(2022)

단원명 | 물질과 규칙성

| 🔍 | 천체, 스펙트럼, 원소, 생명체, 우주 역사, 주기성, 규칙성, 결합, 성질, 지각, 단위체, 전기적 성질

[10통과1-02-01] • • •

천체에서 방출되는 빛의 스펙트럼을 분석하여 우주 초기에 형성된 원소와 천체의 구성 물질을 추론할 수 있다.

➡️ 적외선을 관측할 수 있도록 설계된 망원경을 사용하면 천체에서 방출되는 빛의 스펙트럼을 분석할 수 있다. 이런 망원경은 가시광선 망원경과 유사한 방식으로 작동하지만, 빛을 눈이나 CCD(Charge Coupled Device, 전하결합소자) 관측기가 장착된 광학 카메라로 보내는 대신, 파장이 더 긴 적외선 빛을 검출할 수 있는 관측기가 장착된 카메라로 보낸다. 천체에서 방출되는 빛의 스펙트럼을 분석해 우주 초기에 형성된 원소와 천체의 구성 물질을 조사하는 방법을 정리하여 발표해 보자.

관련 학과 과학교육과, 기술교육과, 물리교육과, 지구과학교육과, 화학교육과, 환경교육과

《**우리 우주**》, 조 던클리, 이강환 역, 김영사(2021)

[10통과1-02-02] • • •

우주 초기의 원소들로부터 태양계의 재료이면서 생명체를 구성하는 원소들이 형성되는 과정을 통해 지구와 생명의 역사가 우주 역사의 일부분임을 해석할 수 있다.

➡️ 우주의 대폭발 이후 약 138억 년 동안 우주와 지구, 생명, 인간 문명의 역사가 발달해 왔다. 이와 함께 지리학, 생물학, 고고학, 인류학, 경제학 등 다양한 학문이 발전하면서 인간의 집단 학습과 기술 혁신도 이루어졌다. 역사에 대한 관점을 인류나 우주 전체의 경과까지 넓게 확장하여 바라보는 학문적 움직임을 '빅 히스토리(Big History, 대역사)'라고 한다. 빅 히스토리의 시작점인 별과 우주의 탄생 과정을 정리하여 발표해 보자.

관련 학과 가정교육과, 과학교육과, 교육공학과, 교육학과, 기술교육과, 물리교육과, 생물교육과, 수학교육과, 지구과학교육과, 컴퓨터교육과, 화학교육과, 환경교육과

《**빅 히스토리**》, 데이비드 크리스천 외 2명, 이한음 역, 웅진지식하우스(2022)

[10통과1-02-03] • • •

세상을 구성하는 원소들이 주기성을 나타내는 현상을 통해 자연의 규칙성을 도출하고, 지구와 생명체를 구성하는 주요 원소들이 결합을 형성하는 이유를 해석할 수 있다.

➡️ 주기율표는 근대 화학의 중요한 성과로 원자량, 원소의 성질, 전자 배치, 원자가 등에 관한 정보를 담고 있다. 주기율표는 화학 원소들을 일정한 패턴으로 배열한 표로, 원소들의 특성과 속성을 시각적으로 정리하여 제시한다. 주기율표의 수평 행을 '주기'라고 부르며, 같은 주기의 원소들은 비슷한 전자 껍질을 가지고 있어 유사한 화학적 특성을 지닌다. 각 원소의 위치는 원소 번호, 원자량, 전자 구성, 그리고 원소의 화학적 특성과 관련된 다양한 정보를 제공한다. 원소들이 주기성을 나타내는 원리를 조사하고, '과학 교육에서 주기율표의 활용 효과 분석'을 주제로 보고서를 작성해 보자.

`관련 학과` 과학교육과, 교육공학과, 교육학과, 기술교육과, 물리교육과, 생물교육과, 수학교육과, 지구과학교육과, 화학교육과, 환경교육과

《읽자마자 과학의 역사가 보이는 원소 어원 사전》, 김성수, 보누스(2023)

[10통과1-02-04] ●●●

인류의 생존에 필수적인 물, 산소, 소금 등이 만들어지는 결합의 차이를 이해하고, 각 물질의 성질과 관련지어 설명할 수 있다.

➡️ 물은 우리 생활에 필수적인 물질로서, 생명을 유지하고 삶의 여러 측면에서 중요한 역할을 한다. 우리 몸의 대부분은 물로 이루어져 있으며, 물은 영양분의 운반, 체온 조절, 대사 과정 등에 관여한다. 물은 청결과 위생에 필수적이며 농업, 산업, 에너지 분야 등에서도 핵심적으로 활용된다. 산소는 인간이 호흡하며 살아가는 데 필수적인 원소로서, 유기 생명체의 활동을 유지하는 데 중요한 역할을 한다. 산소는 대부분의 유기화합물에 통합되어 있고, 호흡 과정을 통해 에너지를 생성한다. 소금은 주로 조미료로 사용되고, 음식의 맛을 개선하는 역할을 한다. 우리 몸의 전기 신호 전달과 수분 균형 유지에 필수적이고, 농업 분야에서는 토양의 특성을 개선하는 등 다양한 용도로 활용된다. 인류의 생존에 필수적인 물, 산소, 소금 등이 만들어지는 결합의 차이를 조사하고 보고서를 작성해 보자. 각 물질의 구조와 성질을 중심으로 이해하기 쉽게 설명해 보자.

`관련 학과` 과학교육과, 교육공학과, 교육학과, 기술교육과, 물리교육과, 생물교육과, 수학교육과, 지구과학교육과, 초등교육과, 화학교육과, 환경교육과

물질 쫌 아는 10대

장홍제, 풀빛(2019)

책 소개

이 책은 물질의 원자와 분자 단위부터 상태 변화, 반응과 이동, 규칙성과 무질서까지 화학에서 중요한 개념들을 재미있게 설명한다. 그리고 물질의 결합을 설명한 후 상전이나 끓는점, 어는점 등 물질의 상태 변화를 안내하고, 물질의 상태를 측정하는 데 필요한 온도, 압력, 농도 개념 및 열의 이동에 관해서도 소개한다. 기체 반응의 법칙, 아보가드로의 법칙 등을 재미있게 설명한 후 화학 반응이 간단한 규칙에 따라 일어난다는 것을 설명한다.

세특 예시

교과 연계 도서 발표 활동에서 '물질 쫌 아는 10대(장홍제)'를 읽고 인류의 생존에 필수적인 물, 산소, 소금 등이 만들어지는 결합의 차이를 조사하고 보고서를 작성함. 물질의 원자와 분자 단위부터 상태 변화, 반응과 이동, 규칙성과 무질서까지 화학에서 중요한 개념들을 조사하고, 물질의 결합을 설명한 후 상전이나 끓는점, 어는점 등 물질의 상태 변화를 조사하여 발표하는 모습이 우수함.

[10통과1-02-05] ● ● ●

지각과 생명체를 구성하는 물질들이 기본 단위체의 결합을 통해서 형성된다는 것을 규산염 광물, 단백질과 핵산의 예를 통해 설명할 수 있다.

➡ 지각과 생명체를 구성하는 물질들은 기본 단위체의 결합을 통해 형성된다. 이러한 형성 과정에는 화학적, 생물학적, 물리적 과정이 포함된다. 원소는 같은 종류의 원자로 이루어진 순수한 물질로, 주기율표에서 확인할 수 있으며 수소, 산소, 탄소, 질소 등이 일반적인 원소이다. 모든 물질은 원자로 구성되어 있고, 원자는 원자핵과 전자 궤도로 이루어져 있다. 세포는 생명체의 기본 단위로, 생명체 내에서 화학적 반응과 대사 활동이 일어나는 장소이며, 세포막이라고 불리는 구조로 둘러싸여 있다. 단백질과 핵산이 기본 단위체의 결합을 통해 형성되는 과정을 조사하여 발표해 보자.

관련 학과 과학교육과, 교육공학과, 교육학과, 기술교육과, 물리교육과, 생물교육과, 수학교육과, 지구과학교육과, 화학교육과, 환경교육과

《**세포학**》, GEOFFREY M.COOPER, 전진석 역, 월드사이언스(2021)

[10통과1-02-06] ● ● ●

지구를 구성하는 물질을 전기적 성질에 따라 구분할 수 있고, 물질의 전기적 성질을 응용하여 일상생활과 첨단 기술에서 다양한 소재로 활용됨을 인식한다.

➡ 물질의 전기적 성질을 연구하고 분석하면, 첨단 기술 분야에 사용되는 소재를 개발하여 기술 발전과 산업 혁신을 이룰 수 있다. 첨단 소재로는 나노 물질, 그래핀, 3D 프린팅 소재, 바이오 소재 등이 있고, 이러한 소재들은 현대 기술과 혁신의 핵심이다. 첨단 소재를 개발하기 위해서는 지구를 구성하는 물질의 전기적 성질을 연구하는 것이 중요하다. 주변에서 볼 수 있는 물질을 선정하여 전기적 성질을 조사하고, '물질의 전기적 성질을 활용한 첨단 소재 개발 교육'을 주제로 보고서를 작성해 보자.

관련 학과 과학교육과, 교육공학과, 교육학과, 기술교육과, 물리교육과, 수학교육과, 지구과학교육과, 화학교육과, 환경교육과

《**신소재 4차 산업혁명을 이끄는 힘**》, 한상철, 홍릉과학출판사(2019)

단원명 | 시스템과 상호작용

🔍 태양계, 물질 순환, 에너지, 지권, 판구조론, 중력, 운동, 충격량, 운동량, 화학 반응, 세포, 유전자

[10통과1-03-01] ● ● ●

지구 시스템은 태양계라는 시스템의 구성 요소임을 알고, 지구 시스템을 구성하는 권역들 간의 물질 순환과 에너지 흐름의 결과로 나타나는 현상을 논증할 수 있다.

➡ 태양계란 태양과 태양을 중심으로 공전하는 모든 천체를 의미한다. 태양계는 행성뿐만 아니라 위성, 소행성, 혜성 등 다양한 소천체들로 구성되어 있다. 태양계는 수많은 물질의 상호작용 결과로 현재의 시스템을 유지하고 있다. 8개 행성을 비교하는 영상을 조사한 후, 지구와 다른 행성 간의 공통점과 차이점을 정리하여 발표해 보자.

관련 학과 과학교육과, 교육공학과, 교육학과, 기술교육과, 물리교육과, 생물교육과, 지구과학교육과, 화학교육과, 환경교육과

《**소행성 적인가 친구인가**》, 플로리안 프라이슈테터, 유영미 역, 갈매나무(2016)

[10통과1-03-02]

지권의 변화를 판구조론 관점에서 해석하고, 에너지 흐름의 결과로 발생하는 지권의 변화가 지구 시스템에 미치는 영향을 추론할 수 있다.

➡ 판구조론은 지질학의 중요한 학설 중 하나로, 지구의 껍질과 지구의 역사에 대한 이해를 제공한다. 이 이론은 지구의 형성과 변화에 대한 중요한 통찰을 제공하며, 지구과학자들이 지구의 역사와 현재의 지질 활동을 연구하는 데 활용된다. 판구조론은 지구 표면을 이루는 큰 판들이 이동하고 변화하는 현상을 다루며, 지구 표면은 여러 개의 판으로 분할되어 있다. 이러한 판들의 움직임은 지진 활동, 산맥 형성 등 다양한 지질 현상을 일으킨다. 판구조론에 대한 교육 영상을 조사하여 PPT에 삽입한 후, 판구조론의 원리와 과정을 설명해 보자.

관련 학과 과학교육과, 교육공학과, 교육학과, 기술교육과, 물리교육과, 지구과학교육과, 환경교육과

《극지과학자가 들려주는 판구조론 이야기》, 박숭현, 지식노마드(2021)

[10통과1-03-03]

중력의 작용으로 인한 지구 표면과 지구 주위의 다양한 운동을 설명할 수 있다.

➡ 중력은 모든 물체 간에 작용하는 인력으로, 지구 표면과 주변에서 일어나는 다양한 운동에 영향을 미친다. 지구의 중력은 모든 물체를 지구 중심으로 끌어당기기 때문에, 물체를 공중에서 떨어뜨리면 중력에 의해 지구 표면으로 낙하하게 된다. 인공위성 또한 중력의 영향으로 지구 중심에서 벗어나지 않고 지구 주위를 공전한다. 학교나 학교 주변에서 관찰할 수 있는 중력으로 인한 현상을 조사하고, '일상생활에서 중력 작용의 사례를 활용한 과학 교육 콘텐츠 제작'을 주제로 보고서를 작성해 보자.

관련 학과 과학교육과, 교육공학과, 교육학과, 기술교육과, 물리교육과, 생물교육과, 수학교육과, 지구과학교육과, 컴퓨터교육과, 화학교육과, 환경교육과

《프린키피아》, 아이작 뉴턴, 박병철 역, 휴머니스트(2023)

[10통과1-03-04]

상호작용이 없을 때 물체가 가속되지 않음을 알고, 충격량과 운동량의 관계를 충돌 관련 안전장치와 스포츠에 적용할 수 있다.

➡ 무용가가 춤 동작을 할 때는 다양한 힘이 작용한다. 중력은 항상 아래 방향으로 작용하기 때문에 무용가가 바닥에 붙어서 동작을 하는 동안에도 계속 작용한다. 따라서 무용가는 중력을 거슬러 우아하고 정교한 동작을 수행해야 한다. 근육의 수축에 따른 근력은 무용가가 춤 동작을 제어하는 데 필수적이다. 관절과 연결 조직은 무용가가 유연하게 동작할 수 있도록 도와주고, 몸의 각 부위를 연결하여 매끄러운 움직임을 가능하게 한다. 높이 뛰거나 공중에서 빠르게 움직이는 동작에서는 공기 저항과 마찰도 고려해야 한다. 무용가와 관련된 서적을 읽고, 무용가들의 커리어 패스를 통해 그들이 현재의 직업을 갖기까지 어떤 과정을 거쳐왔는지에 대한 보고서를 작성해 보자.

관련 학과 과학교육과, 교육공학과, 교육학과, 기술교육과, 물리교육과, 생물교육과, 수학교육과, 음악교육과, 지구과학교육과, 체육교육과

《무용가 어떻게 되었을까?》, 박선경, 캠퍼스멘토(2021)

국어 교과군

영어 교과군

수학 교과군

도덕 교과군

사회 교과군

과학 교과군

[10통과1-03-05]

●●●

생명 시스템을 유지하기 위해서 다양한 화학 반응과 물질 출입이 필요함을 이해하고, 일상생활에서 활용되는 화학 반응 사례를 조사하여 발표할 수 있다.

➡ 생명 시스템은 다양한 화학 반응과 물질 출입 과정을 통해 생명을 유지하고 에너지를 효과적으로 사용한다. 물질대사를 통해 유기물질을 분해하여 에너지를 생산하거나, 세포의 구조와 기능을 유지하는 데 필요한 물질을 합성한다. 생명체 내에서 이온 교환과 전기화학적 반응은 중요한 역할을 한다. 생명체는 이온 교환을 통해 세포 내에서 필요한 물질을 운반하고 세포 밖으로 불필요한 물질을 배출한다. 생명 시스템을 유지하기 위한 중요한 물질인 단백질과 아미노산의 특징을 정리한 활동지를 제작하여 친구들에게 나누어 주고, 쉽게 이해할 수 있도록 설명해 보자.

관련 학과 가정교육과, 과학교육과, 교육공학과, 교육학과, 기술교육과, 물리교육과, 생물교육과, 수학교육과, 화학교육과, 환경교육과

《생명을 만드는 물질》, 기시모토 야스시, 백태홍 역, 전파과학사(2023)

[10통과1-03-06]

●●●

생명 시스템의 유지에 필요한 세포 내 정보의 흐름을 유전자로부터 단백질이 만들어지는 과정을 중심으로 설명할 수 있다.

➡ 우리의 몸에는 다양한 단백질이 있으며 뇌와 근육, 뼈와 털 등 여러 조직이 모여 인체를 구성한다. 생명 활동을 유지하고, 숨을 쉬고, 몸을 움직이며, 눈으로 사물을 인식할 수 있는 것도 모두 단백질 덕분이다. 우리가 섭취한 단백질은 소화 과정을 거쳐 아미노산으로 분해되고, 유전자의 지시에 따라 다양한 과정을 거쳐 필요한 단백질로 합성된다. 이 과정에서 아미노산이 정확하게 배열되도록 돕는 효소와 리보솜 등도 중요한 역할을 한다. 사람의 생명을 유지하기 위해 단백질이 생성되는 과정을 조사하고, 그 과정의 순서도를 작성하여 발표해 보자.

관련 학과 가정교육과, 과학교육과, 교육공학과, 교육학과, 기술교육과, 물리교육과, 생물교육과, 수학교육과, 지구과학교육과, 화학교육과, 환경교육과

《뉴턴 하이라이트: 10만 종의 단백질》, 편집부, ㈜아이뉴턴(2017)

공통 과목	수능	통합과학2	절대평가	상대평가
	○		5단계	5등급

단원명 | 변화와 다양성

> | 🔍 | 지질시대, 생물 다양성, 유전적 변이, 자연선택, 광합성, 화석연료, 산화와 환원, 산과 염기, 중화 반응, 에너지의 흡수와 방출

[10통과2-01-01] ●●●

지질시대를 통해 지구 환경이 끊임없이 변화해 왔으며, 이러한 환경 변화가 생물 다양성에 미치는 영향을 추론할 수 있다.

➡ 인류의 지속적인 생활 터전을 보전하는 것은 지구 환경에 대한 올바른 가치관을 가지고 실천할 때 가능하다. 생태계에 대한 종합적인 지식을 습득하고 이를 토대로 환경 문제를 해결해야 하며, 환경오염에 대한 예방과 처방에 기여할 수 있는 환경 교육이 필요하다. 다양한 환경 문제를 인식하여 해결하기 위한 환경법과 정책, 그리고 환경 교육을 위한 효과적인 교수 학습 방법에 대해 발표해 보자.

관련 학과 교육계열 전체
《**메타버스 환경교육 프로젝트 for 에듀테크**》, 박찬 외 9명, 다빈치books(2022)

[10통과2-01-02] ●●●

변이의 발생과 자연선택 과정을 통해 생물의 진화가 일어나고, 진화의 과정을 통해 생물 다양성이 형성되었음을 추론할 수 있다.

➡ 사회적 동물들은 집단 형성, 협동력, 상호작용 등을 통해 사회적 행동을 나타낸다. 사회적 행동이 교육을 통해 어떻게 형성되고 발전했는지 탐구해 보자. 집단 내에서의 협력과 경쟁을 통해 나타나는 현상이나, 이러한 과정에서 다양한 교육 방법을 적용했을 때 나타날 수 있는 결과를 조사하여 토의해 보자. 후속 활동으로 인간의 인지적 발달 과정에 따른 교육 방법의 변화와 실효성에 대해 탐구해 보자.

관련 학과 교육계열 전체
《**인간, 사회적 동물**》, 엘리어트 애런슨 외 1명, 박재호 외 2명 역, 탐구당(2022)

[10통과2-01-03] ●●●

자연과 인류의 역사에 큰 변화를 가져온 광합성, 화석연료 사용, 철의 제련 등에서 공통점을 찾아 산화와 환원을 이해하고, 생활 주변의 다양한 변화를 산화와 환원의 특징과 규칙성으로 분석할 수 있다.

➡ 화석연료의 사용에 따른 기후변화와 환경 문제는 현대 사회의 큰 문제 중 하나이다. 화석연료의 사용량이 증가하면서 대기 중 이산화탄소의 농도가 증가하고 기온 상승, 해수면 상승, 강수량 분포 변경, 수질 환경 오염 등 지구 환경에 부정적인 영향을 미친다. 이에 화석연료의 대안으로 친환경 에너지에 대한 이해와 교육이 필요함

을 인식하고, 에너지 절약 교육이나 지구 기후변화 교육에 효과적인 교수 학습 방안을 탐구하여 발표해 보자.

`관련 학과` 교육계열 전체

《**에너지 세계 일주**》, 블랑딘 앙투안 외 1명, 변광배 외 1명 역, 살림출판사(2011)

[10통과2-01-04]　　　　　　　　　　　　　　　　　　　　　　　　　　　　● ● ●

대표적인 산·염기 물질의 특징을 알고, 산과 염기를 혼합할 때 나타나는 중화 반응을 생활 속에서 이용할 수 있다.

➡ 산과 염기의 화학적 반응을 실생활에 적용함으로써 학생들에게 화학적 개념을 재미있고 쉽게 이해시킬 수 있는 교육 방법을 탐구해 보자. 인체의 소화 과정이나 식품 조리, 화장품 제조, 소독제와 청소제에 적용되는 산과 염기의 중화 반응을 이해하고, 일상생활 속에서 중화 반응의 핵심 개념을 파악할 수 있는 학습지도안을 작성하여 발표해 보자.

`관련 학과` 교육계열 전체

《**하루 한 권, 일상 속 화학 반응**》, 사이토 가쓰히로, 이은혜 역, 드루(2023)

[10통과2-01-05]　　　　　　　　　　　　　　　　　　　　　　　　　　　　● ● ●

생활 주변에서 에너지를 흡수하거나 방출하는 현상을 찾아 에너지의 흡수와 방출이 우리 생활에 어떻게 이용되는지 토의할 수 있다.

➡ 물질이 에너지를 어떻게 흡수하고 방출하는지를 학습하면서 열역학과 에너지 변환에 관해 탐구하고, 태양광 에너지와 태양열 에너지의 저장 및 이용 방법에 대해 조사해 보자. 후속 활동으로 우리 생활 주변에서 에너지를 흡수하거나 방출하는 사례를 찾아보고, 에너지 수요가 증가하는 미래 사회의 에너지 저장 방법에 대해 토의해 보자. 이러한 과정을 바탕으로 과학적 개념을 습득하고 이해할 수 있는 교수 학습 방법에 대해 탐구해 보자.

`관련 학과` 교육계열 전체

《**인물과 실험으로 보는 스토리 물리학**》, 김현벽 외 1명, 글라이더(2018)

단원명 | **환경과 에너지**

🔍 생태계, 생태 피라미드, 생태계 평형, 온실효과, 지구온난화, 수소 핵융합 반응, 에너지 전환, 핵에너지, 신재생 에너지

[10통과2-02-01]　　　　　　　　　　　　　　　　　　　　　　　　　　　　● ● ●

생태계 구성 요소를 이해하고, 생물과 환경 사이의 상호 관계를 설명할 수 있다.

➡ 환경과 생물의 상호작용을 학습하고 기후변화가 생태계에 미치는 영향을 조사할 필요성이 있다. 지구온난화와 기후변화로 인한 생물 다양성의 변화, 생물종의 멸종과 분포의 이동 등을 조사해 보자. 이러한 조사를 통해 과거의 기후변화가 생태계에 미친 영향을 연구하고, 현재 및 미래에 예상되는 기후변화로 인한 생태계의 변화를 분석해 볼 수 있다. 이를 통해 기후변화가 생태계에 미치는 영향에 대한 교육의 필요성을 인식하고, 생물과 환경 사이의 상호 관계에 대한 교수 학습 방법에 대해 토의해 보자.

`관련 학과` 교육계열 전체

《생태계와 기후변화》, 정병곤 외 5명, 동화기술(2019)

[10통과2-02-02] ● ● ●

먹이 관계와 생태 피라미드를 중심으로 생태계 평형이 유지되는 과정을 이해하고, 환경의 변화가 생태계에 미칠 수 있는 영향에 대해 협력적으로 소통할 수 있다.

➡ 교육 관련 탐구 활동으로 환경 문제 인식과 교육의 역할과 쟁점, 그리고 이를 실천하기 위한 방법 등을 분석할 필요가 있다. 이를 위해 학생들이 환경 문제에 대해 이해하고 참여할 수 있는 효과적인 환경 교육의 교수 학습 방법을 구상하여 적용해 보자. 교수 학습 전과 후의 설문을 통해 환경 문제 인식의 변화를 분석하고, 환경 교육 방안을 모색하는 활동을 해보자.

관련 학과 교육계열 전체

《지구를 구하는 수업》, 양경윤 외 7명, 케렌시아(2023)

[10통과2-02-03] ● ● ●

온실효과 강화로 인한 지구온난화의 메커니즘을 이해하고, 엘니뇨, 사막화 등과 같은 현상이 지구 환경과 인간 생활에 미치는 영향과 대처 방안을 분석할 수 있다.

➡ 지구온난화 문제를 해결하기 위한 교육 방법과 교육 체제를 모색하고 관련 주제를 탐구하여 발표해 보자. 설문 지를 통해 지구온난화 문제에 대해 올바르게 인식하고 있는지 분석하고, 지구온난화를 개선하기 위한 학생들의 참여 방법에 대해 토론해 보자. 후속 활동으로 지구온난화 문제와 관련된 교육 내용의 개선, 교육 자료의 적용과 효과적인 교육 방법에 대한 교수학습지도안을 설계해 보자.

관련 학과 교육계열 전체

《지구의 온도가 1°C 오르면 어떻게 되나요》, 이두현 외 7명, 푸른길(2023)

[10통과2-02-04] ● ● ●

태양에서 수소 핵융합 반응을 통해 질량 일부가 에너지로 바뀌고, 그중 일부가 지구에서 에너지 흐름을 일으키며 다양한 에너지로 전환되는 과정을 추론할 수 있다.

➡ 학교와 교육기관은 계절에 따라 많은 양의 에너지를 사용하므로, 교육 현장에서는 에너지 절약이나 에너지 흐름에 대한 교육의 필요성을 인식할 수 있다. 학교와 교육기관에서의 에너지 소비에 대해 조사하여 더 효율적인 사용 방법과 절약 방안을 제안하고, 학생들의 교육 방안에 대해 탐구하여 토론해 보자.

관련 학과 교육계열 전체

《기후, 에너지 그리고 녹색 이야기》, 김도연, 글램북스(2015)

[10통과2-02-05] ● ● ●

발전기에서 운동 에너지가 전기 에너지로 전환되는 과정을 이해하고, 열원으로서 화석연료, 핵에너지를 이용하는 발전소가 인간 생활에 미치는 영향을 조사·발표할 수 있다.

➡ 학생들이 화석연료의 사용에 따른 영향을 이해하는 것은 중요하므로, 환경 교육 프로그램이나 커리큘럼을 개발하여 교육하는 방안에 대해 탐구할 필요성이 있다. 화석연료의 사용이나 환경 문제에 대한 분석을 통해 미래 사회의 문제점을 인식할 수 있는 환경 교육이 필요하다. 이러한 사회 문제 분석과 개선 방안을 고민해 보고, 학생들의 시민의식을 키울 수 있는 교육 방안에 대해 토의해 보자.

관련 학과 교육계열 전체

《**기후위기 시대의 환경교육: 세 학교 이야기**》, 남미자 외 5명, 학이시습(2021)

[10통과2-02-06] ● ● ●

에너지 효율의 의미와 중요성을 이해하고, 지속가능한 발전과 지구 환경 문제 해결에 신재생 에너지 기술을 활용하는 방안을 탐색할 수 있다.

➡ 9월 6일 '자원순환의 날'은 폐기물도 소중한 자원이라는 인식을 높이고, 생활 속 자원순환 실천의 중요성과 의미를 널리 알리기 위해 환경부와 한국폐기물협회가 2009년에 공동으로 제정한 날이다. 학생들이 자원순환 실천의 중요성과 의미를 인식할 수 있는 자원 절약과 재활용 관련 교육 프로그램을 기획하고, 친환경적인 교실 환경을 구축하는 활동과 연계하여 탐구 활동을 진행해 보자.

관련 학과 교육계열 전체

《**천정곤의 지구를 살리는 자원순환 이야기**》, 천정곤, 일송북(2016)

단원명 | 과학과 미래 사회

| 🔍 | 감염병, 빅데이터, 인공지능 로봇, 사물인터넷, 과학기술의 발전, 미래 사회 문제 해결

[10통과2-03-01] ● ● ●

감염병의 진단, 추적 등을 사례로 과학의 유용성을 설명하고, 미래 사회 문제 해결에서 과학의 필요성에 대해 논증할 수 있다.

➡ 학교에서의 감염병 예방 정책과 교육 시스템을 분석하고, 이를 통한 효과적인 예방 전략과 대응 방안을 모색해 볼 수 있다. 또한 각급 학교에서의 감염병 관리와 응급 상황 대응 체계를 조사하고, 안전한 교육 환경 조성 방안에 대해 토의해 보자. 이를 바탕으로 교육기관에서의 감염병 예방을 위한 교육 프로그램과 교육자 역량 강화 방안을 탐구하여 발표해 보자.

관련 학과 교육계열 전체

《**머릿속에 쏙쏙! 감염병 노트**》, 사마키 다케오 외 1명, 송제나 역, 시그마북스(2023)

[10통과2-03-02] ● ● ●

빅데이터를 과학기술 사회에서 사용하고 있는 사례를 조사하고, 빅데이터 활용의 장점과 문제점을 추론할 수 있다.

➡ 많은 학생의 데이터를 수집하고 분석하는 빅데이터 기술을 통해 개인별 학습의 성과를 평가하여, 개별화된 최적의 교육 방법과 학습 지도 설계를 제공하는 방안에 대해 토의해 보자. 개인별 학습 데이터를 분석하여 과목 간 연관성, 지식 맵, 학습 경로 등을 파악하고, 이를 통한 학생의 개인별 맞춤형 진로 진학 교육 방안을 탐구하여 발표해 보자.

관련 학과 교육계열 전체

《**세상을 읽는 새로운 언어, 빅데이터**》, 조성준, 21세기북스(2019)

[10통과2-03-03] ●●●

인공지능 로봇, 사물인터넷 등과 같이 과학기술의 발전을 인간 삶과 환경 개선에 활용하는 사례를 찾고, 이러한 과학기술의 발전이 미래 사회에 미치는 유용성과 한계를 예측할 수 있다.

➜ 인공지능 로봇은 개별 학습자의 특성과 수준에 따라 맞춤형 교육을 제공하는 데 활용할 수 있다. 인공지능 알고리즘과 로봇 기술을 결합하여 개별화된 학습 경험을 제공하고, 학습 진단과 평가, 자동 피드백을 통해 효과적이면서 최적화된 개별 맞춤형 학습을 지원하는 교육 시스템에 대해 탐구해 보자.

관련 학과 교육계열 전체

《선생님들을 위한 인공지능 활용교육과 실제》, 김상연 외 7명, 바로세움(2023)

공통 과목	수능	**과학탐구실험1**	절대평가	상대평가
	X		5단계	X

단원명 | 과학의 본성과 역사 속의 과학 탐구

🔍 과학사, 패러다임 전환, 결정적 실험, 과학의 발전, 과학사의 사례, 과학의 본성, 설명과 추론

[10과탐1-01-01] ● ● ●

과학사에서 패러다임의 전환을 가져온 결정적 실험을 따라 해보고, 과학의 발전 과정에 관해 설명할 수 있다.

➡ 패러다임의 전환은 특정 이론이나 개념의 대대적인 변화를 의미한다. 교사는 이러한 전환을 가져온 결정적 실험을 소개할 때, 그 실험이 이전에 받아들여지던 관념을 뒤엎거나 새로운 이론을 뒷받침하는 중요한 증거임을 강조할 수 있다. 실험 결과와 함께, 해당 실험이 이전 개념을 어떻게 깨뜨렸는지 또는 새로운 이론을 어떻게 증명했는지 간략히 설명하고, 이를 통해 해당 분야에서 패러다임이 어떻게 변화했는지를 강조하는 것이 좋다. 이러한 과정을 통해 학생들은 과거의 관념을 검토하고 새로운 사고방식을 받아들일 수 있다. 교사와 관련된 서적을 읽고, 교사들이 커리어 패스를 통해 현재의 직업을 갖기까지 어떤 과정을 거쳐왔는지 조사하여 발표해 보자.

관련 학과 가정교육과, 과학교육과, 교육공학과, 교육학과, 기술교육과, 물리교육과, 생물교육과, 수학교육과, 지구과학교육과, 컴퓨터교육과, 화학교육과, 환경교육과

《교사 어떻게 되었을까?》, 한승배, 캠퍼스멘토(2016)

[10과탐1-01-02] ● ● ●

과학사의 다양한 사례들로부터 과학의 본성을 추론할 수 있다.

➡ 과학사에서 갈릴레이의 사례를 살펴보면, 갈릴레이는 망원경을 통해 목성의 위성들을 관찰하면서 천동설이 아닌 지동설이 옳다는 증거를 발견했다. 이 과정에서 그는 기존의 권위와 교리를 넘어서, 관찰과 증거에 기반한 과학적 탐구의 중요성을 강조했다. 그의 연구는 과학이 고정된 진리가 아니라, 새로운 증거에 따라 수정되고 발전하는 학문임을 보여주었다. 과학의 본질은 탐구와 관찰을 통해 새로운 지식을 발견하고 이해하며, 비판적 사고와 논리적 추론을 통해 학문적 성장이 이루어진다는 점에 있다. 갈릴레이의 지동설 사례는 과학적 사고가 인간의 이해를 확장시키는 과정을 잘 보여준다. 이 사례를 바탕으로 교육 현장에서 학생들이 과학적 사고와 탐구 정신을 기를 수 있도록 하는 수업 방법과 학습 활동을 설계하고, 효과적인 교육 방안에 대해 토의해 보자.

관련 학과 교육계열 전체

《과학의 본성》, 강석진 외 1명, 북스힐(2014)

단원명 | 과학 탐구의 과정과 절차

|🔍| 관찰, 탐구, 수행, 실험, 가설 설정, 귀납적 탐구, 연역적 탐구, 정성적·정량적 데이터, 협동 연구

[10과탐1-02-01]   • • •

직접적인 관찰을 통한 탐구를 수행하고, 귀납적 탐구 방법을 설명할 수 있다.

➡️ 귀납적 탐구 방법은 특정한 관찰이나 패턴을 통해 일반적인 결론을 도출하는 추론 방법으로, 관찰된 사례나 증거를 바탕으로 일반적인 규칙, 원칙 또는 이론을 만들어내는 과정이다. 예를 들어 여러 번의 관찰에서 '모든 살아 있는 동물은 호흡한다.'라는 법칙을 도출할 수 있다. 이는 다양한 동물의 관찰에서 발견된 패턴을 바탕으로 만들어진 법칙이며, 관찰된 동물들이 모두 호흡을 하기 때문이다. 이와 같이 물리학, 화학, 생명과학, 지구과학 중 관심 있는 분야에서 탐구 주제를 선정하고, 직접적인 관찰을 통해 탐구를 수행한 후 귀납적 탐구 방법을 적용하여 법칙을 도출해 보자. 그리고 도출한 결과를 중심으로 탐구 과정이 올바르게 진행되었는지 토의해 보자.

관련 학과 교육계열 전체

《창의성을 디자인하는 과학탐구 활동》, 채희진, 더블북(2021)

[10과탐1-02-02]   • • •

가설 설정을 포함한 과학사의 대표적인 탐구 실험을 수행하고, 연역적 탐구 방법의 특징을 예증할 수 있다.

➡️ 과학에서는 귀납적 탐구 방법과 연역적 탐구 방법을 모두 사용한다. 귀납적 탐구 방법은 관찰과 실험 결과에서 패턴을 식별하여 일반적인 법칙 또는 이론을 도출하는 데 사용되며, 연역적 탐구 방법은 이미 알려진 법칙이나 이론을 바탕으로 특정 상황에서 결과를 예측하는 데 활용된다. 탐구 실험 과정에서 가설 설정, 자료 수집, 실험 수행, 결과 분석 및 과학적 설명을 통해 과학적 방법론을 습득할 수 있다. 가설 설정을 포함한 대표적인 탐구 실험을 과학사에서 조사하고, 이 실험에 적용된 연역적 탐구 방법을 기록할 수 있는 활동지를 제작해 보자.

관련 학과 가정교육과, 과학교육과, 교육공학과, 교육학과, 기술교육과, 물리교육과, 생물교육과, 수학교육과, 지구과학교육과, 컴퓨터교육과, 화학교육과, 환경교육과

《과학탐구보고서, 소논문 쓰기》, 이철구 외 3명, 상상아카데미(2018)

[10과탐1-02-03]   • • •

탐구 수행에서 얻은 정성적 혹은 정량적 데이터를 분석하고, 그 결과를 다양하게 표상하고 소통할 수 있다.

➡️ 탐구 수행을 위한 데이터 분석은 다양한 형태로 이루어질 수 있다. 정성적 데이터의 경우, 주제에 따라 발견한 패턴이나 현상, 관찰된 특징을 설명하고 정리할 수 있다. 정량적 데이터는 통계적 분석을 통해 정보를 도출하고 가설을 확인할 수 있다. 정성적 데이터 분석은 주로 텍스트, 이미지, 표 또는 도표에서 통찰을 얻는 것을 요구하며, 정량적 데이터 분석은 통계 분석과 수치적 기법을 통해 가설 검정, 상관 분석, 회귀 분석, 평균 비교, 시계열 분석 등을 수행할 수 있다. 과학 실험 중에 얻은 정성적 혹은 정량적 데이터를 기록하고 분석할 수 있는 수행평가 보고서 양식을 제작해 보자.

관련 학과 가정교육과, 과학교육과, 교육공학과, 교육학과, 기술교육과, 물리교육과, 생물교육과, 수학교육과, 지구과학교육과, 컴퓨터교육과, 화학교육과, 환경교육과

《데이터 시각화 디자인》, 나가타 유카리, 김연수 역, 위키북스(2021)

국어 교과군

영어 교과군

수학 교과군

도덕 교과군

사회 교과군

과학 교과군

[10과탐1-02-04]

• • •

흥미와 호기심을 갖고 과학 탐구에 참여하고, 분야 간 협동 연구 등을 통해 협력적 탐구 활동을 수행하며, 도출한 결과를 증거에 근거하여 해석하고 평가할 수 있다.

➡ 과학 분야의 진로를 준비하려면 과학 탐구 활동에 흥미와 호기심을 가지고 적극적으로 참여하며, 협동 연구를 통해 협력적 탐구 활동을 수행할 수 있어야 한다. 또한 탐구 과정에서 도출된 결과를 증거에 기반해 해석하고 평가하는 능력이 필요하다. 최근 대학에서는 과학 교육의 체계적 발전을 위해 다양한 교육 프로그램을 운영하며, 글로벌 사회에서 필요한 과학적 사고력과 문제 해결 능력을 갖춘 교육자를 양성하는 데 힘쓰고 있다. 이에 따라 과학 교육 분야의 진로를 준비하는 학생들에게는 탐구하고 연구한 결과를 바탕으로 실험 보고서나 교육 자료를 작성하고 발표하는 능력이 더욱 중요해지고 있다. 협력적 탐구 활동에서는 팀원들과 원활하게 소통하고, 책임감을 갖고 역할을 분담하며 실험을 진행하는 것이 중요하다. 과학 실험에서 협력적 탐구 활동을 위한 규칙을 작성하여 발표하고, 함께 탐구하는 태도와 자세에 대해 논의해 보자.

`관련 학과` 가정교육과, 과학교육과, 교육공학과, 교육학과, 기술교육과, 물리교육과, 생물교육과, 수학교육과, 지구과학교육과, 컴퓨터교육과, 화학교육과, 환경교육과

《이공계 글쓰기 노하우》, 김동우 외 1명, 생능출판사(2023)

공통 과목	수능	과학탐구실험2	절대평가	상대평가
	X		5단계	X

단원명 | 생활 속의 과학 탐구

| 🔍 | 과학 원리, 생활 속 과학, 놀이 속 과학, 과학 탐구 활동, 과학 개념, 실생활 문제

[10과탐2-01-01] • • •

영화, 건축, 요리, 스포츠, 미디어 등 생활 속의 과학 원리를 실험 등을 통해 탐구하고, 과학 원리를 활용한 놀이 체험을 통해 과학의 즐거움과 유용성을 느낄 수 있다.

➡ 기초과학의 개념을 일상생활과 연계하여 학생들이 더욱 흥미롭고 응용 가능한 방식으로 학습할 수 있도록 교수 학습 과정안을 작성해 보자. 예를 들어 일상에서 발생하는 물리 현상인 중력이 적용된 현상이나 놀이기구를 설명할 수 있는 교수 학습 방법, 화학 이론과 화학 반응을 이용하여 요리나 청소 등의 과학적 원리를 설명하는 교수 학습 방법에 대해 토의해 보자. 일상생활 속에서 과학의 즐거움과 유용성이 적용될 수 있는 교수 학습 방법에 대해 토의하고 탐구한 후 이를 발표해 보자.

관련 학과 과학교육과, 교육공학과, 교육학과, 기술교육과, 물리교육과, 생물교육과, 수학교육과, 지구과학교육과, 화학교육과

《**나는 수업하러 학교에 간다**》, 최무연, 행복한미래(2016)

[10과탐2-01-02] • • •

사회적 이슈나 생활 속에서 과학 탐구 문제를 발견하고, 이를 해결하기 위한 과학 탐구 활동을 계획하고 수행할 수 있다.

➡ 스마트 기기를 사용하여 우리 주변에 서식하고 있는 다양한 생물을 관찰하고, 관련 앱이나 웹사이트를 활용하여 생물의 종류와 특징을 조사해 보자. 우리 주변의 생물 다양성을 조사하고 외래종의 영향을 분석하여, 외래종의 서식지 확장과 다른 생물들에게 미치는 영향에 대해 토의해 보자. 원래 서식하던 생물 개체 수의 변화, 생태계 구조의 변화 등을 분석하여 토착종의 보호와 복원 등 환경 보전 및 지속가능한 생물 다양성 유지에 대해 발표해 보자.

관련 학과 가정교육과, 과학교육과, 생물교육과, 지구과학교육과, 지리교육과, 환경교육과

《**생물다양성은 우리의 생명**》, 최재천 외 6명, 궁리(2011)

[10과탐2-01-03] • • •

과학 개념을 적용하여 실생활 문제의 해결 방안을 창의적으로 고안하고, 필요한 도구를 설계·제작할 수 있다.

➡ 스마트 기기의 앱 중에서 개인별 맞춤형 학습 경험을 제공하는 앱의 장점과 단점에 대해 토의해 보자. 사용자의 학습 성향과 수준, 관심사 등을 고려하여 맞춤형 교육 콘텐츠를 제공하고, 개인별 학습 지도 관리 및 평가 기능 등 학습 효과를 높일 수 있는 방안에 대해 토의해 보자. 또한 학업 성취도가 낮은 학생들이 재미와 흥미를

갖고 활용할 수 있고 학업 성취도를 높일 수 있는 요소를 반영한 교육 솔루션 앱의 구성에 대해 발표해 보자.

관련 학과 교육계열 전체

《**디지털 교육 트렌드 리포트 2024**》, 박기현 외 11명, 테크빌교육(2023)

단원명 | 미래 사회와 첨단 과학 탐구

|🔍| 첨단 과학기술, 과학 원리, 연구 윤리, 과학 윤리, 안전 사항

[10과탐2-02-01]　　　　　　　　　　　　　　　　　● ● ●

첨단 과학기술 속의 과학 원리를 찾아내는 탐구 활동을 통해 과학 지식이 활용된 사례를 추론할 수 있다.

➡ 인공지능(AI)을 활용하여 학생들의 학습 유형, 학습 능력 수준, 흥미 등을 분석하고, 이러한 분석을 바탕으로 학업 성취도가 낮은 학생들에게 개별 맞춤형 교육을 제공할 필요성에 대해 논의해 보자. 이와 함께 학업 성취도를 높이기 위한 최적화된 콘텐츠를 제공하거나, 관련 교과목의 문제를 생성하고 피드백을 제공하며, 학습 로드맵을 구성하는 교육 프로그램의 개발에 대해서도 토의하여 발표해 보자.

관련 학과 교육계열 전체

《**선생님들을 위한 인공지능 활용교육과 실제**》, 김상연 외 7명, 바로세움(2023)

[10과탐2-02-03]　　　　　　　　　　　　　　　　　● ● ●

탐구 활동 과정에서 지켜야 할 생명 존중, 연구 진실성, 지식재산권 존중 등과 같은 연구 윤리와 함께, 과학기술 이용과 관련된 과학 윤리 및 안전 사항을 준수할 수 있다.

➡ 과학기술은 교육 분야와 연관하여 학습, 평가, 교수법에 활용되고 있으며, 이러한 과학기술이 학생들의 학습 및 평가 도구로 쓰일 때는 신뢰성과 공정성이 확보되어야 한다. 이때 학생들의 개인정보 보호는 중요한 문제이며, 학습 플랫폼 이용이나 데이터 수집 시 적절한 정보 보호를 통해 안전하게 관리되어야 한다. 학생들에게 사이버 안전·윤리 교육, 디지털 리터러시 교육을 제공하는 방법과 안전한 온라인 환경 사용 방법에 대해 토의한 후 발표해 보자.

관련 학과 교육계열 전체

《**정보사회의 윤리와 현실**》, 이진로, 시간의물레(2017)

선택 과목	수능	물리학	절대평가	상대평가
일반 선택	X		5단계	5등급

단원명 | 힘과 에너지

| 🔍 | 알짜힘, 돌림힘, 안정성, 뉴턴 운동 법칙, 작용과 반작용, 운동량 보존 법칙, 일과 운동 에너지, 위치 에너지, 역학적 에너지 보존 법칙, 총에너지, 열과 역학적 에너지, 영구 기관

[12물리01-02] ● ● ●

뉴턴 운동 법칙으로 등가속도 운동을 설명하고, 교통안전 사고 예방에 적용할 수 있다.

➡ 뉴턴의 운동 법칙은 물체의 움직임, 제동, 가속, 감속 등 교통안전과 관련된 여러 현상을 설명할 수 있다. 이 법칙을 활용하여 차량의 제동 거리와 제동 시간을 예측함으로써 안전한 차량 운행을 지원할 수 있다. 물체가 움직이려면 힘이 필요하며, 차량 운전자는 과속이나 급정거를 피함으로써 차량의 운동 상태를 제어하고 교통사고를 줄일 수 있다. 교통사고를 예방하는 과학기술을 알리기 위한 교육용 포스터를 제작하여 학급 게시판에 전시해 보자.

관련 학과 가정교육과, 과학교육과, 교육공학과, 교육학과, 기술교육과, 생물교육과, 수학교육과, 아동보육학과, 지구과학교육과, 체육교육과

《과학자도 모르는 위험한 과학기술》, 피터 타운센드, 김종명 역, 동아엠앤비(2018)

[12물리01-03] ● ● ●

작용과 반작용 관계와 운동량 보존 법칙을 알고 스포츠, 교통수단, 발사체 등에 적용할 수 있다.

➡ 운동량과 충격량은 스포츠과학에서 다루는 중요한 개념으로, 선수의 퍼포먼스를 최적화하고 부상을 예방하는 데 필수적인 역할을 한다. 운동량과 충격량을 측정하고 분석하여 얻은 데이터는 선수의 기술을 개선하고 경기에서 최상의 결과를 얻는 데 기여할 수 있다. 특히 축구나 럭비와 같이 선수들 간의 신체적 충돌이 많은 스포츠에서는 충격량과 운동량을 측정하여 부상을 예방하고 선수의 실력을 향상할 수 있다. 충돌이나 타격 시 발생하는 충격량을 파악하면 머리, 몸, 다리 등 특정 부위에 가해지는 힘을 분석하여 머리 충격을 방지하거나 근육 손상을 최소화하는 데 도움이 된다. 스포츠과학, 훈련, 실력 분석, 부상 예방 및 퍼포먼스 향상을 위해 다양한 종목에서 운동량과 충격량의 측정과 분석이 어떻게 사용되는지를 조사하고, 그 과학적 원리를 분석하여 발표해 보자.

관련 학과 과학교육과, 교육공학과, 교육학과, 기술교육과, 물리교육과, 수학교육과, 체육교육과

《뉴튼이 본 테니스 물리학》, 허권 외 1명, 르네싸이(2020)

[12물리01-04] ● ● ●

일과 운동 에너지의 관계를 이해하고, 위치 에너지와 역학적 에너지 보존 법칙을 설명할 수 있다.

➔ 과학에서 일이란 힘을 사용해 물체를 움직이거나 작업을 수행하는 과정을 의미한다. 일을 수행하려면 에너지가 필요하며, 일의 크기는 힘과 이동 거리에 따라 결정된다. 이를 쉽게 설명하기 위해 물건을 옮기는 도르래를 예로 들 수 있다. 도르래는 중력에 맞서 무거운 물건을 들어 올리거나 내리는 데 사용되며, 이를 통해 에너지가 어떻게 사용되는지를 이해할 수 있다. 관심 있는 기계를 선정하여 그 기계가 어떻게 일을 수행하고 에너지가 전환되는지를 조사한 후, 교육 현장에서 활용할 수 있는 실험 활동 자료를 제작하여 발표해 보자.

[관련 학과] 가정교육과, 과학교육과, 교육공학과, 교육학과, 기술교육과, 물리교육과, 생물교육과, 수학교육과, 지구과학교육과, 컴퓨터교육과, 화학교육과, 환경교육과

《물리의 정석: 고전 역학 편》, 레너드 서스킨드 외 1명, 이종필 역, 사이언스북스(2017)

[12물리01-05] • • •

역학적 에너지가 열의 형태로 전환될 때 에너지 총량이 변하지 않음을 설명할 수 있다.

➔ 역학적 에너지가 열의 형태로 전환될 때 에너지 총량이 변하지 않는 현상은 에너지 보존의 법칙에 근거한다. 이 법칙에 따르면, 에너지는 닫힌 시스템 내에서 총량이 일정하며, 열에너지 등 다양한 형태로 변환될 수 있지만 총량은 변하지 않는다. 화석연료의 사용으로 에너지가 고갈되고 지구 대기오염이 심각해지면서, 전 세계적으로 대체 에너지의 필요성이 중요한 문제로 떠오르고 있다. 교육 현장에서 학생들이 에너지 보존의 법칙을 이해하고 에너지 위기에 대해 생각할 수 있도록, 대체 에너지의 필요성과 관련된 자료를 조사하고 포스터로 제작하여 발표해 보자.

[관련 학과] 가정교육과, 과학교육과, 교육공학과, 교육학과, 기술교육과, 물리교육과, 생물교육과, 수학교육과, 지구과학교육과, 컴퓨터교육과, 화학교육과, 환경교육과

《에너지 위기 어떻게 해결할까?》, 이은철, 동아엠앤비(2023)

[12물리01-06] • • •

열이 역학적 에너지로 전환되는 과정의 효율을 정성적으로 이해하고, 영구 기관이 불가능함을 사례를 통해 논증할 수 있다.

➔ 인류는 먼 옛날부터 에너지의 지속적인 공급 없이 스스로 영원히 움직이는 장치, 즉 영구 기관을 꿈꿔왔고, 역사적으로 수많은 사람이 영구 기관의 제작에 도전하였다. 펌프를 이용하여 물을 순환시킴으로써 수차를 계속 돌릴 수 있는 영구 기관, 바퀴 속의 경사면에 납공을 굴려서 그 반동으로 다시 바퀴를 돌릴 수 있는 영구 기관 등을 고안했다. 그 밖에도 자석을 이용한 영구 기관, 전기 장치로 된 영구 기관, 열과 빛을 이용한 영구 기관 등 다양한 영구 기관이 고안되었지만 성공한 사례는 단 하나도 없다. 멈추지 않는 영구적인 운동에 도전했던 아르키메데스의 양수기, 자석 또는 부력의 이용, 모세관 현상, 스털링 엔진, 로터리 엔진, 사이펀의 응용, 수세식 변기, 자동 분수기 중에서 관심 있는 주제를 선정하고, 영구 기관이 불가능한 이유를 분석하여 보고서를 작성해 보자.

[관련 학과] 가정교육과, 과학교육과, 교육공학과, 교육학과, 기술교육과, 물리교육과, 수학교육과, 화학교육과, 환경교육과

《기계의 재발견》, 나카야마 히데타로, 김영동 역, 전파과학사(2021)

단원명 │ **전기와 자기**

| 🔍 | 전하, 입자, 전기장, 자기장, 전위차, 전기 회로, 저항, 소비 전력, 전기 기구, 축전기, 전기 에너지, 센서, 신호 입력 장치, 자성체, 산업 기술, 전류의 자기 작용, 에너지 전환, 전자기 유도 현상

[12물리02-01] ● ● ●

전하를 띤 입자들이 전기장과 전위차를 형성하여 서로 전기적으로 상호작용함을 설명할 수 있다.

➲ 전하를 띤 입자들이 전기장과 전위차를 형성하여 전기적으로 상호작용하는 현상은 전기학의 기본 개념 중 하나이다. 전기장은 전하 주변에 전기력을 발생시키며, 전기장의 세기는 주변 공간에서 다른 전하가 받는 전기력의 크기에 영향을 미친다. 전위차는 전기장을 따라 전하를 이동시키는 데 필요한 에너지의 양을 나타내며, 전하가 전기장을 따라 이동할 때 발생하는 일에 영향을 준다. 최신 전자 제품에 많이 사용되는 반도체를 조사하여, 반도체 내에서 전하를 띤 입자들이 전기장과 전위차를 형성하고 전기적으로 상호작용하는 과정을 발표해 보자.

관련 학과 과학교육과, 교육공학과, 교육학과, 기술교육과, 물리교육과, 수학교육과
《문과생도 알아두면 쓸모있는 반도체 지식》, 이노우에 노부오 외 1명, 김지예 역, 동아엠앤비(2023)

[12물리02-02] ● ● ●

전기 회로에서 저항의 연결에 따라 소비 전력이 달라짐을 알고, 다양한 전기 기구에서 적용되는 사례를 찾을 수 있다.

➲ 전력은 전기 기기에 사용되는 단위시간당 에너지로, 전압과 전류의 곱으로 표현된다. 전력은 전기 기기에 공급되는 전압에 따라 다른 값을 갖게 된다. 소비 전력은 전력과 같은 물리량으로, 단위는 와트(W)를 사용한다. 가정에서 사용하는 텔레비전, 냉장고, 세탁기 등 전자 제품은 병렬로 연결되어 사용되고 있다. 가정용 전기 기구에서 주로 사용하는 소비 전력의 단위, 정격 전압과 정격 전력 등의 개념을 조사하여 에너지 절약과 관련된 교육 사료를 제작해 보자.

관련 학과 과학교육과, 교육공학과, 교육학과, 기술교육과, 물리교육과, 수학교육과
《전기·전자의 기초》, 이다까 시게오, 전자회로연구회 역, 대광서림(2023)

[12물리02-03] ● ● ●

축전기에서 전기 에너지를 저장하는 원리가 각종 센서와 전기 신호 입력 장치 등 실생활 제품에서 활용됨을 설명할 수 있다.

➲ 축전기는 절연체를 사이에 둔 두 개의 금속판으로 구성되어 전하나 전기 에너지를 저장할 수 있는 장치이다. 평행판 축전기는 전기 에너지를 저장하는 장치로서, 전기공학과 물리학에서 중요한 역할을 한다. 축전기를 구성하는 두 개의 금속판은 판이라고 부르며, 평행한 두 금속판은 일반적으로 간격이 매우 좁다. 평행판 축전기의 구조를 그림으로 그리고, 각 부분의 명칭을 표시할 수 있는 활동지를 제작해 보자.

관련 학과 과학교육과, 교육공학과, 교육학과, 기술교육과, 물리교육과, 수학교육과
《반도체소자와 전자회로》, 양전욱, 패스메이커(2023)

[12물리02-04] ● ● ●

자성체의 종류를 알고, 일상생활과 산업 기술에서 자성체가 활용되는 예를 찾을 수 있다.

➲ 자기란 자기장을 발생시켜 쇳조각을 끌어당기는 자기력이 작용하는 성질 또는 현상을 의미한다. 자성을 띠는 물질을 자성체라고 하며, 자성체가 자성을 띠는 이유는 물질을 이루는 기본 구성 입자들의 자기모멘트가 한 방향으로 정렬되어 있기 때문이다. 외부 자기장 내에서 자기화되는 방식에 따라 물질은 상자성체와 반자성체로

구분된다. 상자성체와 반자성체를 조사하여 공통점과 차이점을 분석하고, '상자성체와 반자성체의 자기적 특성을 비교하는 탐구 학습 설계'를 주제로 보고서를 작성해 보자.

관련 학과 과학교육과, 교육공학과, 교육학과, 기술교육과, 물리교육과, 수학교육과
《세상에서 가장 쉬운 과학 수업: 반도체 혁명》, 정완상, 성림원북스(2024)

[12물리02-05] • • •

전류의 자기 작용을 이용하여 에너지를 전환하는 장치의 원리를 알고, 스피커와 전동기 등을 설계할 수 있다.

➡ 전류의 자기 작용을 이용하여 에너지를 전환하는 장치는 여러 분야에서 사용되며, 스피커와 전동기가 대표적인 예이다. 스피커는 전류가 생성하는 자기장의 변화로 소리를 발생시키며, 전동기는 전류가 생성하는 자기장을 이용해 기계적인 회전 운동을 만들어낸다. 이러한 장치들은 에너지를 효율적으로 변환하여 일상생활과 산업에 큰 영향을 미치며, 다양한 기계와 전자 제품에 응용되고 있다. 전동기의 원리와 작동 순서를 분석하고, 이러한 원리가 실제로 어떻게 응용되는지 예시를 포함하여 PPT로 제작한 후 발표해 보자.

관련 학과 과학교육과, 교육공학과, 교육학과, 기술교육과, 물리교육과, 수학교육과
《전자기 쫌 아는 10대》, 고재현 , 풀빛(2020)

[12물리02-06] • • •

전자기 유도 현상이 센서, 무선통신, 무선 충전 등 에너지 전달 기술에 적용되어 현대 문명에 미친 영향을 인식할 수 있다.

➡ 유선통신과 무선통신은 정보 전달 방식과 특성에 차이가 있다. 유선통신은 케이블 또는 전선을 사용하여 정보를 전송하며 이러한 물리적 연결은 안정성과 신뢰성을 제공하지만, 설치와 유지 보수 비용이 상대적으로 높을 수 있다. 무선통신은 케이블 없이 무선 기술을 사용하여 정보를 전송하며, 무선 기기는 편리한 이동성으로 어디서든 통신할 수 있게 해준다. 무선통신은 이동 통신, 무선 인터넷, 스마트폰 등과 같이 이동성이 중요한 응용 분야에서 주로 사용된다. 무선통신 분야를 탐색하기 위해 무선통신의 과학적 원리인 전자기 유도 현상과 상호 유도 현상을 조사하여 발표해 보자.

관련 학과 과학교육과, 교육공학과, 교육학과, 기술교육과, 물리교육과, 수학교육과
《공학도를 위한 무선통신시스템》, 안성수 외 1명, 사이버북스(2019)

단원명 | 빛과 물질

🔍 | 빛, 중첩, 간섭, 파동성, 굴절, 렌즈, 입자성, 이중성, 전자 현미경, 양자화된 에너지 준위, 스펙트럼, 고체, 에너지띠, 도체, 부도체, 반도체, 광속, 특수상대성이론, 시간 팽창, 길이 수축

[12물리03-01] • • •

빛의 중첩과 간섭을 통해 빛의 파동성을 알고, 이를 이용한 기술과 현상을 예를 들어 설명할 수 있다.

➡ 빛은 파동성과 입자성이라는 두 가지 성질로 설명된다. 빛이 파동처럼 파장으로 전파되는 성질을 파동성이라고 한다. 반면에 빛은 입자처럼 행동하기도 하는데, 이를 광자라고 부른다. 광자는 에너지를 가진 입자로서, 특

정 에너지 양을 가지고 입자성을 나타낸다. 빛의 이러한 이중성은 다양한 현상을 설명하는 데 중요한 역할을 한다. 빛의 파동성으로 설명할 수 있는 다양한 현상을 조사하고, 각 현상의 특징과 예시를 설명하는 교육 포스터를 제작하여 전시해 보자.

관련 학과 과학교육과, 교육공학과, 교육학과, 기술교육과, 물리교육과, 수학교육과

《빛의 물리학》, EBS 다큐프라임 '빛의 물리학' 제작팀, 해나무(2014)

[12물리03-02] ● ● ●

빛의 굴절을 이용하여 볼록렌즈에서 상이 맺히는 과정을 설명하고, 반도체와 디스플레이 제작 공정에서 중요하게 활용됨을 인식할 수 있다.

➡ 디스플레이는 우리 일상에 깊숙이 자리 잡아 우리 미래의 모습을 보여주고 있다. 디스플레이는 단순한 산업 수출품이 아니라, 우리와 생활을 함께하는 중요한 기기로 자리 잡았다. 이제 디스플레이는 해당 분야의 종사자뿐만 아니라 우리 모두가 알아야 할 필수품이 되었다. 디스플레이의 정의, 기원과 변천, 역사, 발전 과정을 조사한 후 시간의 흐름에 따라 정리하여 발표해 보자.

관련 학과 과학교육과, 교육공학과, 교육학과, 기술교육과, 물리교육과, 수학교육과

《디스플레이 이야기 1》, 주병권, 열린책빵(2021)

[12물리03-03] ● ● ●

빛과 물질의 이중성이 전자 현미경과 영상 정보 저장 등 다양한 분야에 활용됨을 설명할 수 있다.

➡ 빛과 물질의 이중성은 광학과 물리학의 중요한 개념 중 하나이다. 여기서 이중성이란 파동과 입자로 동시에 행동할 수 있는 성질을 나타낸다. 빛은 파동으로 행동하는 파동성과 입자로 행동하는 입자성의 두 가지 성질을 가지고 있다. 물질은 입자로 구성되며, 이 입자들은 물리적 상황에 따라 파동 현상을 나타내므로 이중성을 띤다. 입자인 전자의 이중성을 활용한 전자 현미경의 원리와 사용 분야를 조사하고, '전자 현미경의 발명이 과학 기술 발전에 미친 영향 분석'을 주제로 보고서를 작성해 보자.

관련 학과 과학교육과, 교육공학과, 교육학과, 기술교육과, 물리교육과, 수학교육과

《주사전자현미경 분석과 X선 미세분석》, 윤존도 외 5명, 교문사(2021)

[12물리03-04] ● ● ●

원자 내의 전자는 양자화된 에너지 준위를 가지고 있음을 스펙트럼 관찰 증거를 바탕으로 논증할 수 있다.

➡ 스펙트럼을 관찰하는 장비로 분광기가 활용된다. 분광기는 빛을 스펙트럼으로 분석하여 원자 내 전자가 갖는 에너지 준위를 보여준다. 이를 통해 원자 내 전자가 특정 에너지 준위로 이동하거나 흡수·방출하는 에너지의 스펙트럼을 관찰할 수 있다. 분광기는 다양한 형태로 존재하며, 대기 분석, 물질 분석, 레이저 등 여러 분야에서 활용된다. 이 장비들은 원자 내 전자가 특정 에너지를 흡수하거나 방출할 때 발생하는 빛의 스펙트럼을 측정하고 분석하는 데 사용된다. 분광기의 구조와 작동 원리를 분석하고, 분광기의 구조를 기록할 수 있는 활동지를 제작해 보자.

관련 학과 과학교육과, 교육공학과, 교육학과, 기술교육과, 물리교육과, 수학교육과

《분광학 강의》, Pavia 외 3명, 문석식 외 3명 역, 사이플러스(2017)

국어 교과군

영어 교과군

수학 교과군

도덕 교과군

사회 교과군

과학 교과군

[12물리03-05]

고체의 에너지띠 구조로부터 도체와 부도체의 차이를 알고, 반도체 소자의 원리를 설명할 수 있다.

➜ 도체, 반도체 및 절연체는 전자의 전도 특성에 따라 소재가 다르다. 도체는 전류를 잘 전달하고, 반도체는 전류를 일부만 전달하며 제어가 가능하다. 절연체는 전류를 거의 전달하지 않는 소재이다. 이러한 소재의 특성은 전자공학 및 전자 기기 설계에서 중요한 역할을 한다. 고체의 에너지띠 구조를 중심으로 도체와 부도체의 차이를 분석하여 설명해 보자.

관련 학과 과학교육과, 교육공학과, 교육학과, 기술교육과, 물리교육과, 수학교육과

《**진짜 하루 만에 이해하는 반도체 산업**》, 박진성, 티더블유아이지(2023)

[12물리03-06]

모든 관성계에서 빛의 속력이 동일하다는 원리로부터 시간 팽창, 길이 수축 현상이 나타남을 알고, 이러한 지식이 사회에 미친 영향을 조사할 수 있다.

➜ 특수상대성이론은 알베르트 아인슈타인이 제안한 물리 이론으로, 상대적인 운동 상태에서 물리 법칙이 어떻게 적용되는지를 설명한다. 이 이론은 빛의 속도가 모든 관측자에게 동일하다는 원리를 중심으로 하며, 이로 인해 시간과 공간이 상대적임을 발견할 수 있다고 주장한다. 특수상대성이론은 두 가지 가정을 기반으로 한다. 첫째, 서로에 대해 등속도로 운동하는 두 관찰자에게는 동일한 물리 법칙이 적용된다. 둘째, 모든 관찰자에게 빛의 속도는 일정하게 동일하다. 이 이론은 GPS 시스템 및 항공 우주 기술 등 현대 과학기술 분야에 큰 영향을 미치고 있다. 이러한 과학 지식이 인간 사회에 미치는 영향을 조사하고, '특수상대성이론의 역사적 배경과 과학사 교육'을 주제로 보고서를 작성해 보자.

관련 학과 과학교육과, 교육공학과, 교육학과, 기술교육과, 물리교육과, 수학교육과

《**13가지 기술 트렌드로 배우는 4차 산업혁명과 미래사회**》, 안병태 외 1명, 길벗캠퍼스(2023)

선택 과목	수능	화학	절대평가	상대평가
일반 선택	X		5단계	5등급

단원명 | 화학의 언어

> | 🔍 | 화학, 과학, 기술, 사회, 단위, 몰, 물질의 양, 화학 반응식, 양적 관계, 실험, 화학 결합

[12화학01-01]

화학이 현대 과학·기술·사회의 발전에 기여한 사례를 조사·발표하며 화학에 흥미와 호기심을 가질 수 있다.

➡ 화학은 현대 과학, 기술, 사회의 발전에 핵심적인 역할을 한다. 신약 및 의약품 개발을 통해 질병 치료와 건강 증진에 기여하며, 환경 보호와 에너지 개발을 통해 지속가능성을 강조한다. 소재 과학을 통해 혁신적인 소재를 개발하고, 식품 및 농업 분야의 생산성을 향상시키며, 통신과 정보 기술의 발전에도 기여할 수 있다. 재활용과 환경 관리에서도 화학 지식은 필수적이며, 안전과 보안에 관한 연구를 통해 국가 안보를 강화한다. 화학은 현대 사회의 핵심 동력 중 하나로서 사회의 혁신과 발전을 이끌어내고 있다. 관심 있는 분야와 관련된 화학 이론을 선정하고, 사회 발전에 기여한 사례를 조사하여 토의해 보자.

관련 학과 과학교육과, 교육공학과, 교육학과, 기술교육과, 화학교육과, 환경교육과

《**화학 연대기**》, 장홍제, EBS BOOKS(2021)

[12화학01-02]

다양한 단위를 몰로 환산할 수 있음을 이해하고, 물질의 양을 몰 단위로 표현할 수 있다.

➡ 몰(mole)은 원자, 분자, 이온, 전자, 광자 등 물질의 양을 나타내는 국제단위계의 기본 단위이다. 어떤 원자나 분자, 이온 등이 아보가드로 수만큼 있을 때 그 물질의 양을 1몰이라고 한다. 아보가드로 수는 물질의 질량과 그 물질을 이루는 원자, 분자 또는 이온의 개수 간의 관계를 나타내는 비례상수이다. 화학에서 다양한 단위를 몰로 환산하는 과정은 물질의 양을 일관된 기준으로 표현하는 중요한 단계이다. 이는 분자량을 계산하거나, 몰과 물질의 양 사이의 관계를 계산할 때 활용된다. 몰로 환산하는 것은 화학 연구와 실험에서 매우 유용하며, 물질의 정량 분석과 화학 반응 계산에 필수적이다. 다양한 화학 원소와 단위를 정리하여 보고서를 작성하고, 핵심 내용을 인포그래픽으로 만들어 전시해 보자. 더 나아가 몰 개념을 적용한 실험을 설계하고 그 결과를 분석하여 몰 단위의 실질적인 활용 사례를 발표해 보자.

관련 학과 과학교육과, 교육공학과, 교육학과, 기술교육과, 화학교육과, 환경교육과

《**Newton Highlight 이온과 원소**》, 일본 뉴턴프레스, 뉴턴코리아(2010)

[12화학01-03]

여러 가지 반응을 화학 반응식으로 나타내고, 화학 반응에서 물질의 양적 관계를 설명할 수 있다.

국어 교과군
영어 교과군
수학 교과군
도덕 교과군
사회 교과군
과학 교과군

➡ 화학물질의 성질과 화학 반응은 화학에서 중요한 개념이다. 화학물질의 성질은 물리적 특성과 화학적 특성으로 구분된다. 화학 반응은 화학물질이 상호작용하여 새로운 물질을 생성하는 과정이며, 이러한 반응은 에너지의 변화를 동반하고 화학물질의 구조와 성질을 변경시킨다. 화학 반응은 화학물질의 합성, 분해, 변형 및 분석에 중요하며, 다양한 응용 분야에서 활용된다. 화학물질이 가진 성질, 화학 반응의 의미와 그 가치를 생각해 보고, 과학 교육에서 어떤 의미를 가지는지 토론해 보자.

[관련 학과] 과학교육과, 교육공학과, 교육학과, 기술교육과, 화학교육과, 환경교육과
《하루 한 권, 일상 속 화학 반응》, 사이토 가쓰히로, 이은혜 역, 드루(2023)

단원명 | 물질의 구조와 성질

🔍 실험, 화학 결합, 전기적 성질, 전기 음성도, 주기적 변화, 쌍극자 모멘트, 결합의 극성, 원자, 분자, 루이스 전자점식, 전자쌍 반발 이론, 물리적 성질, 화학적 성질, 분자의 구조

[12화학02-01] •••

실험을 통해 화학 결합의 전기적 성질을 설명할 수 있다.

➡ 화학 결합의 전기적 성질은 화학 반응, 물질의 속성, 화학적 반응 속도 등을 이해하는 데 중요하다. 이러한 성질을 통해 화학자들은 다양한 화학 반응과 물질의 특성을 예측하고 이해할 수 있다. 화학 결합의 전기적 성질은 물질의 원자나 이온이 어떻게 상호작용하고 서로 연결되는지에 대한 특성을 나타내기 때문에 새로운 물질을 연구하거나 개발하는 데 중요하다. 화학 결합의 원리나 전기적 성질을 활용하여 개발하는 신소재를 조사하여 교육용 포스터를 제작해 보자.

[관련 학과] 과학교육과, 교육공학과, 교육학과, 기술교육과, 화학교육과, 환경교육과
《신소재 이야기》, 김영근 외 1명, 자유아카데미(2021)

[12화학02-02] •••

전기 음성도의 주기적 변화를 이해하고, 결합한 원소들의 전기 음성도 차이와 쌍극자 모멘트를 이용하여 결합의 극성을 판단할 수 있다.

➡ 극성과 무극성은 화학 반응, 용해도, 상변화, 분자 간의 인력, 그리고 물질의 물리적·화학적 특성을 설명하는 데 중요하다. 극성 분자는 다른 극성 분자와 상호작용할 때 특별한 특성을 보이며, 무극성 분자는 서로 간에 무극성 상호작용을 하게 된다. 이러한 성질을 통해 우리는 화학 및 물리 현상을 이해하고 예측할 수 있다. 전기 음성도의 주기적 변화를 조사하여 물질에 따라 어떤 특성이 있는지 조사하고, '전기 음성도를 활용한 분자 구조와 성질의 이해를 위한 탐구 활동'을 주제로 보고서를 작성해 보자.

[관련 학과] 과학교육과, 교육공학과, 교육학과, 기술교육과, 화학교육과, 환경교육과
《하루 한 권, 주기율의 세계》, 사이토 가쓰히로, 신해인 역, 드루(2023)

[12화학02-03] •••

원자와 분자를 루이스 전자점식으로 표현하고, 전자쌍 반발 이론을 근거로 분자의 구조를 추론하여 모형으로 나타낼 수 있다.

➡ 전자쌍 반발 이론은 화학에서 분자의 구조와 성질을 설명하는 중요한 이론 중 하나이다. 이 이론은 분자 내에서 전자쌍 간의 상호작용에 주목하며, 분자의 기하학적 형태와 결합을 이해하는 데 사용된다. 또한 분자의 구조를 예측하고 화학적 성질을 이해하며, 다양한 화학 반응 및 화학 결합을 설명하는 데 중요한 도구로 활용된다. 전자쌍 반발 이론을 사용하여 물 분자를 중심으로 기하학적인 형태를 분석하고 발표해 보자.

관련 학과 과학교육과, 교육공학과, 교육학과, 기술교육과, 화학교육과, 환경교육과

《물리화학》, 이민주, 자유아카데미(2015)

[12화학02-04] ● ● ●

물질의 물리적·화학적 성질을 분자의 구조와 연관 짓고, 이에 대한 호기심을 가질 수 있다.

➡ 분자의 구조는 물질의 물리적·화학적 성질을 연구하고 새로운 물질을 개발하는 데 중요한 역할을 한다. 탄소 나노튜브는 탄소 원자들이 배열된 특정 구조로 인해 그 특성이 결정된다. 나노튜브는 분자 구조 때문에 높은 강도, 열 전도성, 전기 전도성 등 다양한 물리적 특성을 나타낸다. 분자의 구조는 화학적으로도 새로운 물질의 형성에 큰 영향을 준다. 생체 분자인 단백질과 펩타이드는 그 분자 구조에 따라 특정한 화학적 기능을 나타낸다. 이러한 분자 구조의 변화는 새로운 화합물의 특성을 형성하며, 의학 분야에서 새로운 치료제나 약물을 설계하는 데 활용될 수 있다. 빛을 흡수하고 방출하는 분자 구조의 광학적 특징을 조사하고, 특정 파장의 빛을 흡수하고 방출하는 이유를 분석해 보자. 또한 이러한 광학적 특징을 활용한 소재를 조사하고, '광학적 특징을 활용한 첨단 소재와 그 응용 사례 탐구'를 주제로 보고서를 작성해 보자.

관련 학과 과학교육과, 교육공학과, 교육학과, 기술교육과, 화학교육과, 환경교육과

《탄소나노소재의 합성 및 응용》, 이창섭 외 1명, 탐구당(2021)

단원명 | 화학 평형

🔍 가역 반응, 화학 평형 상태, 반응물, 생성물, 농도, 평형 상수, 반응 지수, 진행 방향, 농도, 압력, 온도 변화, 화학 평형의 이동, 화학의 유용함

[12화학03-01] ● ● ●

가역 반응에서 나타나는 화학 평형 상태의 특징을 설명할 수 있다.

➡ 에너지는 다양한 형태로 존재하며, 열에너지를 이용해 만든 증기는 배나 기관차를 움직이는 데 사용된다. 분자, 물질, 화학 반응, 즉 열과 일은 우리의 주변을 둘러싸고 있다. 화학은 물질 자체와 물질의 변화를 다루는 초점을 벗어나 엔트로피, 열역학이라는 무수한 에너지와 그 변수에 대해 물리적·수학적으로 분석하고 해석하며 본질을 따지는 학문이다. 다양한 화학 반응을 조사하여 토론한 후 가역 반응과 비가역 반응으로 분류하여 표를 작성해 보자.

관련 학과 과학교육과, 교육공학과, 교육학과, 기술교육과, 화학교육과, 환경교육과

《하루 한 권, 화학 열역학》, 사이토 가쓰히로, 정혜원 역, 드루(2023)

[12화학03-02] ● ● ●

화학 반응에서 반응물과 생성물의 농도 자료를 통해 평형 상수의 의미를 설명할 수 있다.

➡️ 화학 반응에서 평형 상수는 생성물과 반응물의 농도 간의 상관관계를 설명한다. 평형 상수는 특정 온도에서 반응물과 생성물의 농도가 일정한 비율을 유지할 때의 값으로, 화학 평형 상태에서의 농도 비율을 의미한다. 이때 생성물과 반응물의 농도는 고정된 값에 도달하며, 정반응과 역반응의 속도가 같아져 평형을 이룬다. 화학의 역사에서 평형 상수의 유래를 조사하고, 화학 반응에서 평형 상수의 역할을 정리하여 보고서를 작성해 보자.

관련 학과 과학교육과, 교육공학과, 교육학과, 기술교육과, 화학교육과, 환경교육과

《세상을 바꾼 화학》, 원정현, 리베르스쿨(2021)

[12화학03-03] • • •

반응 지수의 의미를 알고, 이를 평형 상수와 비교하여 반응의 진행 방향을 예측할 수 있다.

➡️ 반응 지수와 평형 상수는 화학 반응에 관련된 개념이다. 화학 반응의 진행 방향과 정도를 예측하고 설명하는 데 중요한 도구이며, 이를 통해 반응 조건을 조절하거나 화학 반응의 평형을 이해할 수 있다. 반응 지수와 평형 상수의 개념을 설명하고, 관심 있는 화학 반응을 선택해 진행 방향을 예측하고 설명해 보자. 또한 반응 조건을 조절함으로써 평형이 어떻게 이동하는지를 분석하고, 이를 통해 실제 산업적 공정에서 화학 반응을 최적화하는 방법을 토의해 보자.

관련 학과 가정교육과, 과학교육과, 교육공학과, 교육학과, 기술교육과, 물리교육과, 생물교육과, 수학교육과, 지구과학교육과, 화학교육과, 환경교육과

《필수 물리화학》, 토머스 엥겔 외 1명, 강춘형 외 5명 역, 카오스북(2018)

[12화학03-04] • • •

농도, 압력, 온도 변화에 따른 화학 평형의 이동을 이해하고, 이를 일상생활 속 현상을 설명하는 데 적용하여 화학의 유용함을 느낄 수 있다.

➡️ 농도는 용액이나 혼합물 속의 물질의 양을 의미하고, 일반적으로 용액 내 용질의 양에 대한 용매의 양으로 표현된다. 화학에서 농도는 반응 속도, 용해도 등의 특성에 큰 영향을 준다. 온도는 물질의 분자 운동에 영향을 미치는데, 높은 온도는 분자 운동을 촉진하여 반응 속도를 높일 수 있다. 압력은 기체 상태에서 중요한 요인으로, 일반적으로 기체 분자들이 용기 벽에 부딪히는 횟수가 증가하면 반응 속도가 증가한다. 압력이 높으면 기체 분자들 간의 충돌이 더 자주 일어나므로 반응 속도가 증가하는 경향이 있다. 이러한 농도, 온도, 압력의 변화는 화학 반응이 일어나는 속도, 반응 균형 등을 결정하는 중요한 요인이다. 농도 변화, 압력 변화, 온도 변화에 따라 반응의 방향이 어떻게 변화하는지 조사하여 '농도, 온도, 압력의 변화가 화학 반응 속도에 미치는 영향 실험 설계'를 주제로 탐구 활동 계획서를 작성해 보자.

관련 학과 과학교육과, 교육공학과, 교육학과, 기술교육과, 화학교육과, 환경교육과

《오늘도 화학》, 오타 히로미치, 정한뉘 역, 시프(2023)

단원명 | 역동적인 화학 반응

🔍 물, 자동 이온화, 이온화 상수, 수소 이온 농도, pH, 용액, 중화 반응, 양적 관계, 중화 적정 실험, 미지 시료의 농도

[12화학04-01]

물의 자동 이온화와 물의 이온화 상수를 이해하고, 수소 이온의 농도를 pH로 표현할 수 있다.

➡ 산과 염기의 반응처럼 이온화 반응에서 평형 상수를 이온화 상수라고 한다. 수용액 속의 물 대부분은 용매로 작용하기 때문에 변화가 없고, 그중 극히 일부만이 이온화 반응에 참여한다. 물의 전체 농도에 변화가 거의 없으므로 물의 농도는 이온화 상수식에 포함시키지 않는다. 물의 자동 이온화와 물의 이온화 상수의 관계를 반응식을 사용하여 풀어보고, 지구 환경의 미래를 위해 화학 교육이 중요한 이유를 이해하기 쉽게 설명해 보자.

관련 학과 가정교육과, 과학교육과, 교육공학과, 교육학과, 기술교육과, 물리교육과, 생물교육과, 수학교육과, 지구과학교육과, 컴퓨터교육과, 화학교육과, 환경교육과

《화학의 눈으로 보면 녹색지구가 펼쳐진다》, 원정현, 지상의책(2023)

[12화학04-02]

몰 농도의 의미를 이해하고, 원하는 몰 농도의 용액을 만들 수 있다.

➡ 몰 농도는 화학에서 사용되는 물질의 농도를 표현하는 방법의 하나로, 물질의 양을 나타내는 데 사용된다. 몰 농도를 사용하면 용액이나 혼합물의 양을 정확하게 나타낼 수 있으며, 화학 반응에서 반응 물질의 양을 계산하는 데 유용하다. 또한 몰 농도를 사용하면 서로 다른 용액을 비교하고 실험에서 정확한 양을 사용할 수 있다. 몰 농도가 사용되는 화학 실험이나 계산 과정을 조사한 후 예를 들어 설명해 보자.

관련 학과 과학교육과, 교육공학과, 교육학과, 기술교육과, 화학교육과, 환경교육과

《일반화학실험》, 화학교재연구회, 사이플러스(2023)

[12화학04-03]

중화 반응을 이해하고, 중화 반응에서의 양적 관계를 설명할 수 있다.

➡ 산성 물질과 염기성 물질이 반응하여 일반적으로 염과 물이 형성되는 반응을 중화 반응이라고 한다. 주변을 관찰하면 자연에서 일어나는 중화 반응도 있고, 생활 속에서 이용되는 중화 반응도 많이 찾아볼 수 있다. 중화 반응 중 묽은 염산과 수산화나트륨 수용액을 중화시키는 과정을 조사하여 발표해 보자. 이와 더불어 중화 반응의 원리를 실험을 통해 직접 확인하고, 실험 결과를 정리한 보고서를 작성하여 발표해 보자.

관련 학과 과학교육과, 교육공학과, 교육학과, 기술교육과, 화학교육과, 환경교육과

《태어난 김에 화학 공부》, 알리 세제르, 고호관 역, 윌북(2024)

[12화학04-04]

중화 적정 실험을 계획하고 수행하여 미지 시료의 농도를 찾을 수 있다.

➡ 미지 시료의 농도를 찾기 위해서는 다양한 분석 기술이 사용된다. 분광광도법은 흡광도로, 질량분석법은 시료의 질량으로, 크로마토그래피는 성분 분리로, 전기분석법은 전기적 특성으로 농도를 측정한다. 중화 적정 실험은 산·염기의 중화 반응을 이용해 간단히 농도를 계산하지만 적용 범위가 제한적이다. 중화 적정 실험의 장단점을 조사하고 '중화 적정 실험의 원리와 장단점을 활용한 화학 실험 수업 설계'를 주제로 보고서를 작성해 보자.

관련 학과 가정교육과, 과학교육과, 교육공학과, 교육학과, 기술교육과, 물리교육과, 생물교육과, 수학교육과, 지구과학교육과, 화학교육과, 환경교육과

《화학공학입문설계》, Kenneth A. Solen 외 1명, 박진호 외 5명 역, 한티에듀(2012)

선택 과목	수능	생명과학	절대평가	상대평가
일반 선택	X		5단계	5등급

국어 교과군

영어 교과군

수학 교과군

도덕 교과군

사회 교과군

과학 교과군

단원명 | 생명 시스템의 구성

| 🔍 | 생명과학, 생명 시스템, 물질대사, 에너지 전환, 소화, 순환, 호흡, 배설, 대사성 질환, 생태계 구조, 개체군, 군집

[12생과01-01] •••

생물 및 생명과학의 특성을 이해하고, 생명과학의 성과를 협력적으로 소통할 수 있다.

➡ 생명과학의 성과와 관련된 사회적 이슈를 파악하고, 생명 윤리와 과학기술의 윤리적 쟁점에 대해 토의해 보자. 학생들이 생명과학에 대한 흥미를 갖고 학습할 수 있도록 현대 생명과학의 최신 동향을 분석하여 생명 윤리와 관련한 교육 내용을 구성하고, STEM(과학, 기술, 공학, 수학) 교육 방안에 대해 발표해 보자.

　관련 학과 가정교육과, 과학교육과, 생물교육과, 윤리교육과

《아주 특별한 생물학 수업》, 장수철 외 1명, 휴머니스트(2015)

[12생과01-02] •••

세포에서부터 생태계까지 생명 시스템의 구성 단계의 특징을 바탕으로 체계적인 설명 자료를 만들 수 있다.

➡ 생명 시스템에 대한 체계적인 설명 자료를 만들기 위해 학습 이론을 활용하여 효과적인 교수 방법이나 평가 방법에 대해 탐구해 보자. 디지털 도구나 온라인 자원, 컴퓨터 기반 프로그램 등을 활용한 교수 학습 지원 방법을 분석하고, 체계적인 생명 시스템의 설명 자료를 모둠별로 제작하여 발표해 보자.

　관련 학과 과학교육과, 물리교육과, 생물교육과, 지구과학교육과, 화학교육과, 환경교육과

《인공지능 활용교육》, 이동국 외 6명, 테크빌교육(2023)

[12생과01-03] •••

물질대사 과정에서의 에너지 전환 과정을 바탕으로 다양한 생명 활동에서의 에너지 사용을 추론할 수 있다.

➡ 영양 관리, 운동 등이 어떻게 생명 활동과 물질대사에 영향을 주는지 탐구하여, 신체적으로 성장하는 학생들의 건강을 위한 교육의 방향성에 대해 토의해 보자. 학생들의 건강한 식습관과 영양 섭취가 생명 활동과 물질대사에 어떤 영향을 미치는지를 조사하고, 학생들이 건강 관리의 필요성을 인식하게 해주는 유의미한 교육 방법에 대해 탐구해 보자.

　관련 학과 교육계열 전체

《건강장애 학생 교육》, 김정연, 학지사(2020)

[12생과01-04] ●●●

소화, 순환, 호흡, 배설 과정이 기관계의 통합적 작용으로 나타남을 신체의 생리적 변화와 연관 지어 추론할 수
있다.

➡ 인체의 소화와 배설 과정에서의 생리적 변화를 가르치는 교수 방법이나 활용 자원에 대해 탐구해 보자. 강의
형태로 생명과학적 이론을 전달하는 방법, 학생들이 토론하며 개념을 이해하는 기회를 제공하는 방법, 소화 및
배설 과정의 소화기관 모델을 사용하여 생리학적 변화를 시뮬레이션하고 실험하는 방법, 소화와 배설 과정에
대한 시각적인 자료를 활용하는 방법 등 학생들의 수준과 성취 기준에 맞는 교수법과 자원에 대해 토의하여
발표해 보자.

관련 학과 교육계열 전체

《먹고 사는 것의 생물학》, 김홍표, 궁리(2016)

[12생과01-05] ●●●

물질대사 관련 질병 조사를 위한 방법을 고안하여 수행하고, 대사성 질환을 예방하기 위한 올바른 생활 습관에
대해 토의하며 협력적으로 소통할 수 있다.

➡ 다양한 연령층과 교육 환경에 맞는 대사성 질환 예방 교육 프로그램에 대해 토의해 보자. 또한 대사성 질환 예
방을 위한 교육 자료와 프로그램을 통해 학생들의 건강 관리 능력과 책임감을 함양하기 위한 교수 학습 자료
를 만들어보자. 이를 바탕으로 학교, 사회 기관, 커뮤니티 등에서 체계적인 건강 교육을 실시할 수 있고, 학생들
의 올바른 생활 습관 형성에 도움이 될 수 있는 교수 학습 자료를 발표해 보자.

관련 학과 가정교육과, 과학교육과, 아동보육학과, 유아교육학과, 체육교육과, 초등교육과, 특수교육과

《건강 공부 건강 습관》, 오상우, EBS BOOKS(2021)

[12생과01-06] ●●●

생태계의 구조를 이해하고 물질의 순환과 에너지의 흐름을 추론하여 생태계 구성 요소들의 중요성을 설명할 수
있다.

➡ 학생들에게 생태계 구성 요소의 중요성을 이해시키기 위해 생태계와 관련한 생물학적 문제를 제시하고, 문제
해결 방안을 찾도록 유도하는 문제 중심 학습 과정에 대해 토의해 보자. 예를 들어 생태계 문제와 사례를 활용
하여 생태계 구성 요소의 상호작용과 중요성을 파악하고 해결책을 모색하는 과정을 계획해 보자. 이때 모둠이
나 팀 기반의 토론이나 활동을 통해 서로 협력하여 문제를 해결하는 협력적 학습 과정으로 설계하여 발표해
보자.

관련 학과 교육계열 전체

《지금은 지구 생태계 수업 시간입니다》, 스테파니 르뒤 외 1명, 조선혜 역, 풀과바람(2022)

[12생과01-07] ●●●

개체군과 군집의 특성을 이해하고 이들의 상호작용의 예를 조사하여 발표할 수 있다.

➡ 개체군과 군집의 개념에 맞는 집단의 특성을 고려하여, 학교의 실정에 따른 학습 참여와 학습 환경을 탐구할
수 있다. 예를 들어 다양한 학생 그룹의 특성을 반영하여 학생들이 적극적으로 참여할 수 있는 맞춤형 교수법
과 학습 자원에 대해 토의해 보자. 또한 교육 평가와 진단 방법을 고안하고 개별 학생 또는 그룹의 성취도를 파

악하여, 이를 기반으로 한 맞춤형 학습의 지도 방향을 잡을 수 있다. 다문화 학생이나 특수교육이 필요한 학생 등 다양한 집단의 특성에 대한 이해를 바탕으로 교육 방법을 구상해 볼 수 있다. 문화적 배경이 다른 학생의 다양성을 존중하고, 특수교육이 필요한 학생들에게 적절한 지원과 프로그램에 대해 탐구해 보자.

관련 학과 교육계열 전체

《다문화교육과 세계시민교육의 이론과 쟁점》, 김진희, 박영스토리(2019)

단원명 | 항상성과 몸의 조절

| 𝒫 | 신경세포, 시냅스, 신경계, 내분비계, 면역, 항원·항체 반응, 혈액의 응집 반응, 백신

[12생과02-01] • • •

신경세포의 구조와 기능을 이해하고, 신경세포에서의 전도 과정을 모식도로 표현할 수 있다.

➔ 모둠 A는 신경세포의 구조와 기능에 대한 교과서 내용을 읽고 신경세포에서의 전도 과정을 모식도로 표현해 보자. 모둠 B는 모식도로 표현된 신경세포에서의 전도 과정을 보고 신경세포의 구조와 기능에 대한 글을 작성해 보자. 모둠 A와 B의 활동을 통해 글로 인식하는 것이 정확한지, 그림이나 시청각 자료를 통해 인식하는 것이 더 정확한지 비교해 보자. 글로 작성된 것과 그림으로 작성된 교육 자료의 장단점을 파악하고, 이를 토대로 교수 학습 자료의 중요성에 대해 발표해 보자.

관련 학과 교육계열 전체

《수업에 바로 써먹는 문해력 도구》, 전보라, 학교도서관저널(2023)

[12생과02-02] • • •

시냅스를 통한 신경 신호의 전달 과정을 이해하고, 약물이 시냅스 전달에 영향을 미치는 사례를 조사하여 발표할 수 있다.

➔ 발달 장애나 항상성 장애 등의 신경 발달 문제를 가진 학생들에게 특수교육 서비스를 제공하는 일은 교육적·사회적으로 중요하다. 시냅스 전달 과정에서 결함이 발생하는 발달 장애 메커니즘이나 치료 방법 등에 대해 조사하고, 관련 정보를 바탕으로 특수교사나 담임 교사, 교과 교사가 실행해야 할 최선의 교육 지원 방안을 탐구하여 발표해 보자.

관련 학과 교육계열 전체

《특수교육의 이해》, 김동일 외 13명, 학지사(2019)

[12생과02-03] • • •

사람 신경계의 구조와 기능을 이해하고, 중추신경계와 말초신경계의 특징을 설명할 수 있다.

➔ 학습에는 정보 처리와 인지, 기술 습득 등의 과정이 포함되며, 이러한 학습 과정은 중추신경계 내의 다양한 영역의 상호작용으로 이루어진다. 중추신경계는 신경전달물질을 생성하고 분비하여 학습과 관련된 기능을 조절하는데, 일부 개인은 학습 과정에서 어려움을 겪거나 학습 장애를 가질 수 있다. 예를 들어 주의력결핍과잉행동장애(ADHD)를 가진 학생을 위한 최적화된 교육 방법에 대해 토의하여 발표해 보자.

관련 학과 교육계열 전체
《**ADHD 아동의 이해와 교육**》, Sandra F. Rief, 서선진 외 3명 역, 교육과학사(2011)

[12생과02-04]　　　　　　　　　　　　　　　　　　　　　　　　　　　● ● ●

내분비계와 신경계 작용 원리와 상호작용의 이해를 바탕으로 우리 몸의 항상성이 유지되는 과정을 추론할 수 있다.

➡ 청소년을 대상으로 한 스트레스 관리 및 정서 조절 방법에 대한 교육 프로그램의 설계가 필요하다. 또한 신체 발육이 왕성한 청소년기의 몸의 항상성 유지와 건강 관리 방법에 대한 교육도 필요하다. 내분비계와 신경계의 작용 원리에 관련된 건강 캠페인을 기획하거나, 내분비계나 신경계가 학습 환경과 어떤 상호작용을 하는지 탐구해 보자. 그리고 학습 후의 충분한 휴식과 운동이 뇌 기능과 호르몬 분비 조절에 어떤 영향을 미치는지 분석하고, 몸의 항상성 유지와의 관련성에 대해 탐구해 보자.

관련 학과 교육계열 전체
《**청소년 생활습관의학 안내서**》, 베스 프레이츠 외 5명, 이승현 외 5명 역, 대한생활습관의학교육원(2021)

[12생과02-05]　　　　　　　　　　　　　　　　　　　　　　　　　　　● ● ●

병원체의 종류와 특징을 이해하고, 우리 몸의 방어 작용을 선천적 면역과 후천적 면역으로 구분하여 설명할 수 있다.

➡ 선천적 면역과 후천적 면역에 관련된 인간의 심리적 상태와 행동에 대해 조사해 보자. 예를 들어 스트레스와 우울감이 개인의 면역력과 질병 방어력에 어떠한 영향을 미치는지 조사해 보자. 추가적으로 청소년의 심리 변화와 학습 효과의 연관성에 대해 분석하고, 청소년의 심리 상태에 따른 적절한 교육 방법에 대해 토의해 볼 수 있다. 스트레스 또는 긍정적 감정이 개인의 행동 패턴이나 교육 효과에 어떤 영향을 미치는지를 분석하고, 청소년 교육의 방향에 대해 발표해 보자.

관련 학과 교육계열 전체
《**나의 슬기로운 감정생활**》, 이동환, 비즈니스북스(2018)

[12생과02-06]　　　　　　　　　　　　　　　　　　　　　　　　　　　● ● ●

항원 항체 반응의 특이성을 이해하고, 혈액의 응집 반응 원리를 이용하여 혈액형을 판정할 수 있다.

➡ 면역항체와 항원의 역할, ABO식 혈액형의 특징을 포함하는 정보를 담은 면역 학습 자료를 만들어보자. 또한 모둠별로 면역 관련 토론이나 혈액형별 성격의 특징과 장단점 등에 대한 교수 학습 자료를 작성해 보자. 이때 면역과 혈액형에 대한 퀴즈, 카드, 보드게임 등과 같이 재미와 흥미를 갖고 지식을 습득하고 응용할 수 있는 다양한 교육 도구와 학습 자료를 활용하는 방안에 대해 발표해 보자.

관련 학과 가정교육과, 과학교육과, 생물교육과, 아동보육학과, 초등교육과
《**유쾌한 혈액형 성공학**》, 주창기, 평단(2005)

[12생과02-07]　　　　　　　　　　　　　　　　　　　　　　　　　　　● ● ●

백신의 종류와 작용 원리를 조사하고, 질병의 예방 측면에서 백신의 필요성을 인식하여 협력적으로 소통할 수 있다.

➡️ 백신 접종의 중요성과 감염병 예방에 대한 건강 교육 학습 자료 개발을 위한 토의를 해보자. 또한 시각적인 자료와 실험을 활용하여 백신의 개념을 쉽고 흥미로운 방식으로 설명하는 교수 학습 방법에 대해서도 탐구해 볼 수 있다. 감염병에 대한 정보와 해당 백신의 역할, 접종 시기와 방법 등을 알기 쉽게 전달하는 수업 자료를 제작하고 효과적인 건강 교육 프로그램을 기획하여 발표해 보자.

관련 학과 가정교육과, 과학교육과, 교육학과, 생물교육과, 아동보육학과, 유아교육학과, 초등교육과

《**머릿속에 쏙쏙! 감염병 노트**》, 사마키 다케오 외 1명, 송제나 역, 시그마북스(2023)

단원명 | 생명의 연속성과 다양성

| 🔍 | 염색체 구조, DNA, 유전자, 생식세포, 체세포, 생물 진화, 생물 분류 체계, 생물의 유연관계

[12생과03-01]   •••

염색체의 구조를 이해하고 DNA, 유전자의 관계를 설명할 수 있다.

➡️ "콩 심은 데 콩 나고, 팥 심은 데 팥 난다."라는 속담처럼, 부모의 형질은 자녀에게 유전되어 나타난다. 네덜란드 화가 C. 투롭(1891~1955)이 그린 <3대>와 프랑스 화가 T. 샤세리오(1819~1856)가 그린 <자매>에서는 각각 부모와 자녀, 자매의 유전 현상을 찾아볼 수 있다. 유전에 의해 나타날 수 있는 형질과 교육을 통해 나타날 수 있는 변화를 조사하고 토의해 보자. 후속 활동으로 교육을 통한 변화의 사례를 분석하고, 교육의 중요성에 대해 발표해 보자.

관련 학과 교육계열 전체

《**유전자는 우리를 어디까지 결정할 수 있나**》, 스티븐 하이네, 이가영 역, 시그마북스(2018)

[12생과03-02]   •••

생식세포 형성 과정을 체세포 분열 과정과 비교하고, 생식세포 형성의 중요성을 생명의 연속성 및 다양성과 관련지어 추론할 수 있다.

➡️ 청소년기의 학생을 위한 생식세포 형성 과정이나 체세포 분열 과정에 대한 교육용 교재를 제작해 보자. 생식세포의 형성 과정, 체세포 분열 과정 등에 대해 학생들이 쉽게 이해할 수 있는 그래픽이나 시각 자료, 설명 등을 포함한 교재를 모둠별로 제작하여 발표해 보자. 교재로서의 활용도가 높은 제작물을 선정한 뒤 종이나 점토, 3D 프린팅 등 다양한 재료나 기술을 활용하여 세포 구조와 분열 과정을 재현하고 전시하는 방안에 대해 토의해 보자.

관련 학과 가정교육과, 과학교육과, 미술교육과, 생물교육과

《**생명과학 교과서는 살아 있다**》, 유영제 외 6명, 동아시아(2011)

[12생과03-03]   •••

생물 진화의 원리를 이해하고, 생물 진화 연구의 다양한 사례를 조사하여 협력적으로 소통할 수 있다.

➡️ 생물 진화의 원리에 대해 학습하고, 교육을 통해 변화될 수 있는 인간의 진화에 대해 조사해 보자. 각 시대별 과학자들의 진화론에 대한 생각과 관점을 파악하고, 인간 사회에서의 교육의 필요성에 대해 토의해 보자. 후속

활동으로 생물 진화와 인류의 문명 발전, 그리고 교육 간의 상호작용에 대해 탐구하여 발표해 보자.

[관련 학과] 교육계열 전체

《진화와 인간행동》, 존 카트라이트, 박한선 역, 에이도스(2019)

[12생과03-05] • • •

동물과 식물 분류군의 특징을 문 수준에서 이해하고, 생물의 유연관계를 계통수로 나타낼 수 있다.

➡️ 식물 분류에 대한 정보를 수집하고 공유하는 온라인 식물도감 만들기에 대한 교수 학습 방법을 탐구해 보자. 모둠원들이 협력하고 적합한 정보를 공유하며, 실질적인 조사와 데이터 수집, 웹디자인의 개발과 적용 등 프로젝트 활동을 하기 위한 교수 학습 자료를 제작해 보자. 예를 들어 모둠별로 역할을 나눈 뒤 주변 환경이나 인터넷 정보를 활용하여 다양한 식물에 대해 조사하고, 수집한 데이터를 기반으로 특징과 분류 정보가 포함된 온라인 식물도감을 구성한다. 이후 사용자의 편의성을 높이기 위한 검색 기능, 사용자 간의 소통 및 지식 공유를 위한 커뮤니티 기능을 추가한 웹사이트를 제작한 뒤, 온라인 식물도감 프로젝트 활동에 대해 발표해 보자.

[관련 학과] 가정교육과, 과학교육과, 교육공학과, 교육학과, 생물교육과, 환경교육과

《화살표 식물도감》, 김성환, 자연과생태(2016)

선택 과목	수능	지구과학	절대평가	상대평가
일반 선택	X		5단계	5등급

단원명 | 대기와 해양의 상호작용

|🔍| 해수의 성질, 염분, 용존산소량, 심층 순환, 표층 순환, 태풍, 악기상, 용승, 침강, 엘니뇨, 남방진동

[12지구01-02] ● ● ●

심층 순환의 발생 원리와 분포를 알고, 표층 순환 및 기후변화의 관련성을 추론할 수 있다.

➡ 해수의 순환과 수온 변화가 해양 생태계에 어떤 영향을 미치는지 조사하고, 학생들에게 필요한 미래의 지속가능한 해양 환경 교육의 방향에 대해 토의해 보자. 최근 동해에 출몰한 대량의 해파리 떼로 인한 어민들의 피해 사례, 북극 빙하가 녹으면서 삶의 터전을 잃고 표류하는 북극곰의 사례 등 기후변화로 인한 피해 사례를 통해 지구 기후 환경 교육 방안에 대한 자료를 만들어 발표해 보자.

관련 학과 가정교육과, 과학교육과, 지구과학교육과, 지리교육과, 초등교육과, 환경교육과

《기후위기 시대의 환경교육: 세 학교 이야기》, 남미자 외 5명, 학이시습(2021)

[12지구01-03] ● ● ●

중위도 저기압과 고기압이 통과할 때 날씨의 변화를 일기도, 위성 영상, 레이더 영상을 종합하여 예측할 수 있다.

➡ 날씨의 변화와 에너지 사용 사이의 상호 관계를 이해하고 에너지 절약 방법에 대해 토의해 보자. 더운 여름철 날씨에 에어컨 사용으로 전력 소비가 증가하는 현상을 인식하고, 에너지 절약 방법과 함께 지속가능한 에너지 소비 교육 프로그램 개발에 대해 탐구해 보자. 학생들이 일상생활에서 사용하는 에너지에 대해 분석하고, 재생 가능 에너지에 대한 정보나 에너지 절약 방법을 교육하는 교수 학습 방법에 대해 작성하여 발표해 보자.

관련 학과 가정교육과, 과학교육과, 물리교육과, 초등교육과, 환경교육과

《굿바이 탄소, 에너지 이야기》, 박춘근, 크레파스북(2021)

[12지구01-04] ● ● ●

태풍의 발생, 이동, 소멸 과정 및 태풍 영향권에서 날씨를 예측하고, 뇌우, 집중호우, 폭설, 강풍, 황사 등 주요 악기상의 생성 메커니즘과 대처 방안을 제시할 수 있다.

➡ 정부나 지자체, 학교 및 재난 관리 기관은 태풍이나 집중호우, 폭설, 강풍, 황사 등의 여러 악기상에 대한 대피 훈련과 교육을 제공할 의무가 있으므로, 주요 악기상과 관련한 피해 예방 조치와 대피 경로, 응급 대처 방법 및 피난소에 대한 안내를 해야 한다. 또한 지역 사회의 학생이나 신체적·경제적 취약 계층을 대상으로 한 안전 및 대피 교육도 중요하다. 신속하고 안전한 대피 방법과 절차, 안전 수칙 등을 알려주는 교육 방법에 대해 토의하여 발표해 보자.

관련 학과 가정교육과, 과학교육과, 교육공학과, 교육학과, 아동보육학과, 유아교육학과, 지구과학교육과, 초등교육과, 환경교육과

《맞춤형 유아 재난안전교육 매뉴얼》, 성미영, 학지사(2017)

[12지구01-05] • • •

대기와 해양의 상호작용의 사례로서 해수의 용승과 침강, 엘니뇨-남방진동(ENSO)의 현상의 진행 과정 및 관련 현상을 설명할 수 있다.

→ 과학, 기술, 공학, 예술, 수학을 연계한 STEAM 교육과 같은 교수 학습 방법을 연구하여, 전 세계에서 나타나는 이상기후에 대해 학생들에게 과학적이고 체계적으로 교육할 수 있어야 한다. 자연과학, 수리적 사고, 데이터 분석 등의 요소를 포함하여, 학생들이 이상기후 현상의 원인과 영향을 탐구하고 예측하는 데 도움이 될 교수 학습 자료를 작성해 보자. STEAM 교육을 통해 이상기후 관련 문제에 대한 서로의 아이디어를 공유하며 문제를 해결하는 교수 학습 과정안에 대해 토의해 보자.

관련 학과 과학교육과, 교육공학과, 교육학과, 물리교육과, 사회교육과, 생물교육과, 수학교육과, 지구과학교육과, 화학교육과, 환경교육과

《융합 STEAM 교육의 이해》, 김진수 외 2명, 공감북스(2020)

[12지구01-06] • • •

기후변화의 원인을 자연적 요인과 인위적 요인으로 구분하여 설명하고, 인간 활동에 의한 기후변화 문제를 과학적으로 해결하는 방법을 탐색할 수 있다.

→ 기후변화의 인위적 요인을 살펴보면, 산업혁명 이후 인간의 활동으로 이산화탄소를 비롯한 각종 온실가스가 대기 중으로 방출되어 기후변화가 일어났음을 확인할 수 있다. 인위적 요인에 의해 기후변화가 일어난 상황을 조사하고, 이를 막기 위한 교육의 방향에 대해 토의해 보자. 이를 바탕으로 기후변화의 이해와 기후변화 대응 관련 교육, 그리고 교육 공동체가 실시해야 할 기후변화 대응 방법에 대해 탐구하여 발표해 보자.

관련 학과 교육계열 전체

《기후변화 교육 핸드북》, 추병완 외 5명, 한국문화사(2022)

단원명 | 지구의 역사와 한반도의 암석

🔍 지층, 상대연령, 절대연령, 지질시대, 화석, 변동대, 변성작용, 지질구조, 지질단면도

[12지구02-01] • • •

지층 형성의 선후 관계를 결정짓는 법칙들을 활용하여 상대연령을 비교하고, 방사성동위원소를 이용한 광물의 절대연령 자료로 암석의 절대연령을 구할 수 있다.

→ 방사성동위원소의 반감기를 통해 과거 유적지나 고대 유물의 연대를 측정할 수 있다. 과거 유적지는 특정 시기나 문화의 역사를 보존하는 역할을 하며, 후대의 역사 교육과 문화적 자아 정체성의 형성에 기여한다. 과거 유적지는 방문하는 학생들에게 역사와 문화에 대한 학습 기회를 제공할 수 있으며, 문화재와 역사에 대한 지식과 인식을 확장시켜 교육 수준을 높일 수 있다. 민족의 자부심과 공동체 의식을 함양할 수 있는 유적지 교육 프로그램에 대해 토의하여 발표해 보자.

관련 학과 가정교육과, 교육학과, 미술교육과, 사회교육과, 윤리교육과, 초등교육과

《**10대에게 권하는 역사**》, 김한종, 글담(2017)

[12지구02-02] ● ● ●

지질시대를 기(紀) 수준에서 구분하고, 지층과 화석을 통해 지질시대의 생물과 환경 변화를 해석할 수 있다.

➡ 인류의 발자취가 담긴 지층이나 화석을 발견했을 때 나타나는 교육적 효과에 대해 토의해 보자. 또한 화석 박물관이나 연구소 또는 교육기관에서 진행하는 화석 연구와 관련된 체험학습 프로그램을 통해 과거와 현재를 잇고, 미래를 생각해 볼 수 있는 유용한 교육 프로그램에 대해 토의하여 발표해 보자.

관련 학과 가정교육과, 아동보육학과, 역사교육과, 유아교육학과, 지구과학교육과, 지리교육과, 초등교육과

큐레이터: 자연의 역사를 읽는 사람들

랜스 그란데, 김새남 역, 소소의책(2019)

책 소개

이 책은 미국의 3대 자연사박물관 중 하나인 시카고의 필드 박물관에서 30여 년간 큐레이터로 활동한 랜스 그란데가 자신이 직접 만나고 경험한 사람들의 이야기를 바탕으로 써 내려간 명료하면서도 지적인 대중 과학서이다. 자연사 박물관 큐레이터는 어떤 일을 하고, 화석과 표본 등은 어떤 과정을 거쳐 발견되고 복원되어 대중의 눈앞에 화려하고 생동감 넘치게 전시되는지 등에 관한 구체적이고 사실적인 내용이 기록되어 있다.

세특 예시

지층이나 화석 연구를 통해 과거의 생물과 환경에 대해 파악할 수 있음을 학습하고, 인류의 발자취가 담긴 지층이나 화석의 교육적 효과와 중요성에 대해 관심을 갖고 탐구함. 특히 화석 박물관이나 연구소 등과 연계한 교육 프로그램에 관심을 갖고, 단원 연계 도서로 '큐레이터(랜스 그란데)'를 선정하여 읽음. 어린아이부터 노년층에 이르기까지 대중적인 관심을 모으고 있는 박물관을 중심으로 대중과 소통할 수 있는 폭넓은 체험 프로그램을 탐구하여 유용한 지질학적 교육 프로그램에 대해 발표함.

[12지구02-03] ● ● ●

변동대에서 마그마가 생성되고, 그 조성에 따라 다양한 화성암이 생성됨을 설명할 수 있다.

➡ 행정안전부는 지진 발생에 대비하여 대응 역량을 강화하기 위해 지진 방재 교육을 지속적으로 추진하고 있다. 지자체에서는 안전·업무 교육 및 각종 복지 프로그램과 연계하여 지진 교육을 실시하고, 영상 등을 활용하여 행동 요령을 쉽게 안내하는 지진 교육 자료를 제작하여 홈페이지에 탑재하고 있다. 이러한 교육 자료 등을 활용하여 지진이나 화산 분출 등의 자연재해에 대비하는 교육 프로그램을 연구하고 발표해 보자.

관련 학과 과학교육과, 교육공학과, 교육학과, 물리교육과, 지구과학교육과

《**일본의 재난방지 안전 안심교육**》, 한용진 외 12명, 학지사(2017)

> **[12지구02-05]** ● ● ● ●
>
> 우리나라의 대표적인 지질공원의 지질학적 형성 과정을 추론하고, 지역 사회와 함께하는 지질공원의 지속가능한 발전 방안을 제안할 수 있다.

➡️ 지역 사회와 지질공원은 교육 및 관광 프로그램을 통해 상생하며, 체험학습의 기회를 제공하고 사회·경제 발전에도 긍정적인 영향을 미칠 수 있다. 지질공원은 자연과 문화적인 가치를 보존하고 전달하는 역할을 하며, 이를 기반으로 한 교육 프로그램을 개발하여 관련 지식을 확산시키고 다양한 문화적 경험을 제공할 수 있다. 지역 사회와 지질공원이 함께 협력하여 제공할 수 있는 지질학적 관련 지식을 함양시키는 교육 프로그램을 탐구해 보자.

> 관련 학과 교육공학과, 사회교육과, 지구과학교육과, 지리교육과
> 《**한국의 지질공원**》, 국가지질공원 외 1명, 북센스(2017)

단원명 | 태양계 천체와 별과 우주의 진화

> | 🔎 | 식 현상, 겉보기운동, 분광형, 흑체복사, H-R도, 허블의 은하 분류 체계, 외부은하, 우주의 진화

> **[12지구03-01]** ● ● ● ●
>
> 태양-지구-달 시스템에서의 식 현상을 이해하고, 모형을 이용하여 태양계 행성의 겉보기운동을 설명할 수 있다.

➡️ 코페르니쿠스는 교황의 위세가 막강하던 시대에 종교계의 심기를 거스르지 않기 위해 태양중심설을 조심스럽게 표현하였다. 이후 갈릴레이는 코페르니쿠스의 태양중심설을 지지한다는 이유로 종교재판을 받았다. 태양중심설이 받아들여지게 된 계기가 무엇인지 조사해 보고, 우주관의 변천사를 예로 들어 과학 발전의 역사와 비판적 사고의 중요성에 대해 생각해 보자. 추후 활동으로 현대의 과학 패러다임과 앞으로 진행되어야 할 교육의 방향에 대해 토론해 보자.

> 관련 학과 과학교육과, 물리교육과, 생물교육과, 수학교육과, 지구과학교육과, 화학교육과
> 《**갈릴레오의 두 우주 체계에 관한 대화**》, 오철우, 사계절(2009)

> **[12지구03-02]** ● ● ● ●
>
> 별의 분광형 결정 및 별의 분류 과정을 이해하고, 흑체복사 법칙을 이용하여 별의 물리량을 추론할 수 있다.

➡️ 일상생활 속에서 빨간색은 뜨겁고 높은 온도를, 파란색은 상대적으로 차갑고 낮은 온도를 나타내는 이미지를 갖고 있다. 그러나 흑체가 방출하는 전자기파의 에너지 분포를 설명하는 흑체복사 법칙에서 살펴보면, 물체의 온도가 높을수록 더 많은 에너지를 가진 짧은 파장의 전자기파로 상대적으로 푸른색 전자기파를 방출한다. 학생들이 가지고 있는 과학적 오개념에 대해 살펴보고, 과학적 원리를 통해 오개념을 바로잡을 수 있는 교육 프로그램에 대해 발표해 보자.

> 관련 학과 과학교육과, 물리교육과, 생물교육과, 지구과학교육과, 화학교육과
> 《**구석구석 개념 톡, 과학 톡!**》, 서원호 외 1명, 파란자전거(2019)

국어 교과군

영어 교과군

수학 교과군

도덕 교과군

사회 교과군

과학 교과군

[12지구03-04]　　　　　　　　　　　　　　　　　　　　　　　　　　　　　●●●

허블의 은하 분류 체계에 따른 은하의 특징을 비교하고, 외부은하의 자료를 이용하여 특이 은하의 관측적 특징을 추론할 수 있다.

➡ 허블의 은하 분류 체계나 외부은하에 대한 이해를 돕기 위한 STEAM 교육 자료에 대해 조사해 보자. 우주에 대한 이해와 관련 분야의 실질적인 문제 해결 능력의 향상을 위해서는 STEAM 교육이 필요하다. 과학, 기술, 공학, 예술, 수학 분야의 융복합 접근법으로 미지의 우주 세계를 알아가는 교육 프로그램을 통해 복잡한 우주 현상을 이해하고 이를 시각화할 수 있는 교육과정 설계 방안에 대해 토의해 보자.

관련 학과 과학교육과, 교육공학과, 물리교육과, 지구과학교육과, 초등교육과

《**Steam Project: 지구와 우주 편**》, 최인숙, 휴먼북스(2020)

선택 과목	수능	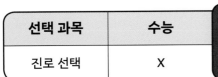	절대평가	상대평가
진로 선택	X	역학과 에너지	5단계	5등급

단원명 l 시공간과 운동

| 🔍 | 물체, 힘, 합력, 운동, 정량적 예측, 뉴턴 운동 법칙, 포물선운동, 역학적 에너지, 힘의 방향, 운동 방향, 원운동, 케플러 법칙, 중력, 인공위성, 행성의 운동, 역학적 에너지 보존, 탈출속도, 운동량 보존, 시공간, 우주선의 궤도, 일반상대성이론, 등가원리, 블랙홀, 중력 시간 지연

[12역학01-01] •••

물체에 작용하는 여러 가지 힘의 합력을 구하여 물체의 운동을 정량적으로 예측할 수 있다.

➡ 물체에 작용하는 다양한 힘은 물체의 운동과 상태를 결정한다. 중력은 모든 물체에 작용하며 두 물체 간의 질량과 거리에 의해 결정되고, 이를 통해 지구에서 떨어지는 물체의 움직임을 설명할 수 있다. 전기력은 양의 전하와 음의 전하 사이에 작용하며, 전자기학에서 중요한 역할을 한다. 그 외에도 마찰력, 압력, 탄성력, 원심력과 같은 힘은 다양한 물리 현상을 이해하고 설명하는 데 활용된다. 또한 물체의 운동, 열역학, 전자기학, 역학 등 다양한 물리학 분야에서도 중요한 개념으로 사용된다. 물리학에서 다루는 다양한 힘을 조사하여 분석하고, '물체에 작용하는 힘을 시각화한 인터랙티브 학습 도구 개발'을 주제로 보고서를 작성해 보자.

관련 학과 과학교육과, 교육공학과, 교육학과, 기술교육과, 물리교육과, 수학교육과

《한 번 읽으면 절대 잊을 수 없는 물리 교과서》, 이케스에 쇼타, 이선주 역, 시그마북스(2023)

[12역학01-02] •••

뉴턴 운동 법칙을 이용하여 물체의 포물선운동을 정량적으로 설명하고, 포물선운동에서의 역학적 에너지를 구할 수 있다.

➡ 포물선운동은 물체가 초기 속도와 특정 각도로 던져졌을 때, 중력의 영향을 받아 곡선을 그리며 움직이는 운동을 말한다. 이 운동은 수평 방향의 등속운동과 수직 방향의 등가속도운동의 결합으로 이루어진다. 포물선운동은 천체역학, 스포츠, 로켓과 발사체 공학 등 다양한 분야에서 중요한 역할을 하며, 중력과 운동의 상호작용을 이해하는 데 도움이 된다. 수학에서 정의하는 포물선을 조사한 후, 포물선운동의 방정식을 유도하여 발표해 보자. 또한 포물선운동이 실제 생활에서 어떻게 적용되는지 사례를 분석하고, 각 사례에 대한 물리적 원리를 설명하는 활동지를 제작해 보자.

관련 학과 과학교육과, 교육공학과, 교육학과, 기술교육과, 물리교육과, 수학교육과

《물리수학의 핵심》, 임성민 외 1명, 봄꽃여름숲가을열매겨울뿌리(2023)

국어 교과군

영어 교과군

수학 교과군

도덕 교과군

사회 교과군

부록 교과군

[12역학01-03] ● ● ●

물체에 작용하는 힘의 방향에 따라 물체의 운동 방향이 변할 수 있음을 원운동 등 다양한 예를 들어 설명할 수 있다.

➡ 원운동은 힘의 방향이 계속 변하는 형태의 운동으로, 힘의 방향이 물체의 운동에 영향을 미치는 중요한 물리 현상 중 하나이다. 이 운동에서 힘의 크기는 일정하지만, 힘의 방향이 물체의 중심을 향해 계속 변화하기 때문에 물체는 곡선을 그리며 운동하게 된다. 원운동은 천문학, 항공우주, 자동차 역학 등 많은 기술 분야에서 중요한 개념으로 다루어진다. 힘의 방향이 변할 때 물체의 운동 방향이 어떻게 변화하는지를 이해하면 복잡한 시스템을 설계하고 예측하는 데 도움이 된다. 인공위성에서의 원운동의 원리를 분석하고, 자료를 정리하여 보고서를 작성해 보자.

`관련 학과` 과학교육과, 교육공학과, 교육학과, 기술교육과, 물리교육과, 수학교육과

《우주궤도를 선점하는 글로벌 리더 인공위성개발자》, 김명길, 토크쇼(2022)

[12역학01-04] ● ● ●

케플러 법칙으로부터 중력의 존재가 밝혀지는 과학사적 배경을 이해하고, 중력을 이용하여 인공위성과 행성의 운동을 분석하고 설명할 수 있다.

➡ 케플러의 법칙은 태양계의 행성이 태양 주위를 공전하는 궤도에 관한 법칙이다. 케플러의 첫 번째 법칙과 두 번째 법칙은 기하학적 원리와 에너지 보존 법칙을 사용하여 유도된다. 케플러의 세 번째 법칙은 중력 법칙을 사용하여 유도된다. 이렇게 유도된 케플러의 법칙은 태양계의 행성 운동을 설명하는 중요한 원리 중 하나이다. A4 용지에 케플러의 세 가지 법칙을 필기도구를 사용해 유도해 보자. 케플러 법칙의 유도 과정을 기록한 결과를 그림으로 표현한 뒤 스캔하여 PPT로 제작하고, 케플러 법칙의 유도 과정을 설명해 보자.

`관련 학과` 과학교육과, 교육공학과, 교육학과, 기술교육과, 물리교육과, 생물교육과, 수학교육과, 지구과학교육과, 컴퓨터교육과, 화학교육과, 환경교육과

《뉴턴의 프린키피아》, 안상현, 동아시아(2015)

[12역학01-05] ● ● ●

역학적 에너지 보존을 이용하여 행성에 따라 탈출속도가 다름을 이해하고, 운동량 보존을 이용하여 우주선이 발사되어 궤도에 오르는 원리를 설명할 수 있다.

➡ 물체가 지구 중력을 이기고 빠져나갈 수 있는 탈출속도는 물체의 질량과 관계가 없다. 발사체나 우주 탐사선이 행성이나 달 등의 중력장으로부터 탈출하는 데 필요한 속도를 탈출속도라고 한다. 제1우주속도는 지구 주위를 도는 원 궤도에 도달하기 위해 필요한 속도이고, 지구의 중력으로부터 완전히 벗어나는 데 필요한 속도는 제2우주속도라고 한다. 제1우주속도와 제2우주속도의 계산 과정을 유도하고, 탈출속도가 몇 km/s인지 발표해 보자.

`관련 학과` 과학교육과, 교육공학과, 교육학과, 기술교육과, 물리교육과, 수학교육과

《우주발사체공학 개론》, 도미타 노부유키 외 4명, 노웅래 역, 경문사(2016)

[12역학01-06] ● ● ●

등가원리와 시공간의 휘어짐으로 인해 블랙홀과 중력 시간 지연이 나타남을 이해하고, 일반 상대론에 흥미를 느낄 수 있다.

➡ 시공간은 시간과 공간을 결합한 개념으로, 상대성이론에서는 시간과 공간이 독립적으로 존재하지 않고 서로

밀접하게 연관되어 있기에 일반적으로 시공간이라는 용어를 사용한다. 우리의 세상은 3차원의 공간과 1차원의 시간을 합쳐 4차원의 시공간을 이룬다고 설명된다. 뉴턴과 아인슈타인의 시공간 개념을 조사하고, 이들의 공통점과 차이점을 분석하여 '시공간 개념의 변화와 현대 과학기술의 연관성 분석'을 주제로 보고서를 작성해 보자.

관련 학과 과학교육과, 교육공학과, 교육학과, 기술교육과, 물리교육과, 수학교육과

《상대성이론은 처음이지?》, 곽영직, 북멘토(2019)

단원명 | 열과 에너지

> 🔍 건축, 열에너지, 단열, 열팽창, 과학의 유용성, 상태 변화, 이상기체, 온도, 압력, 부피, 계에 가해진 열, 계의 내부 에너지, 외부에 한 일, 열기관, 순환 과정, 열효율, 열의 이동, 기체의 확산, 가역 현상, 비가역 현상, 엔트로피

[12역학02-01]   ● ● ●

건축을 포함한 다양한 열에너지 관련 기술에 단열, 열팽창 등이 활용된 예를 조사함으로써 과학의 유용성에 대한 가치를 인식할 수 있다.

➡ 열팽창은 물체가 열을 받아 팽창하는 현상이다. 열을 흡수한 물체는 분자 간의 거리가 증가하며 부피가 커지는데, 이것은 고체, 액체, 기체 모두에서 나타날 수 있다. 열팽창 계수라는 값은 물체의 열팽창 정도를 나타내는 데 사용된다. 열팽창은 일상생활에서도 많은 예시를 찾을 수 있다. 열팽창을 고려하여 기차 선로를 설치하는 것처럼, 열팽창 현상으로 인해 발생할 수 있는 사고에 대비하는 다양한 안전 교육 문제에 대해 토론해 보자.

관련 학과 과학교육과, 교육공학과, 교육학과, 기술교육과, 물리교육과, 수학교육과

《그림으로 배우는 열에너지 공학》, 김동진 외 2명, 북스힐(2023)

[12역학02-02]   ● ● ●

열에 의한 물질의 상태 변화를 이해하고, 이상기체의 온도, 압력, 부피의 관계를 설명할 수 있다.

➡ 이상기체의 온도, 압력, 부피의 관계는 기체 상태방정식으로 설명되며, 이를 이해하기 위해서는 이상기체의 특성을 살펴보아야 한다. 이상기체란 분자 간 상호작용이 무시될 수 있는 조건에서 기체가 이상적으로 운동하는 경우를 의미한다. 상태방정식은 이상기체의 특성을 설명하는 중요한 도구로, 온도와 압력이 주어졌을 때 기체의 부피를 계산하거나 그 반대로 계산할 수 있다. 이는 기체의 양, 온도, 압력, 부피 등 상태 변수 간의 관계를 나타내며, 기체의 이상적인 특성을 설명한다. 이상기체 상태방정식이 활용되는 분야를 조사하여 보고서를 작성하고, 정리한 자료를 바탕으로 PPT를 작성하여 발표해 보자.

관련 학과 가정교육과, 과학교육과, 교육공학과, 교육학과, 기술교육과, 물리교육과, 생물교육과, 수학교육과, 지구과학교육과, 컴퓨터교육과, 화학교육과, 환경교육과

《기계 중심의 열역학》, 엄기찬, 북스힐(2014)

[12역학02-03]   ● ● ●

계에 가해진 열이 계의 내부 에너지를 변화시키거나 외부에 일을 할 수 있음을 이해하고, 일상생활 속의 예를 찾음으로써 흥미를 느낄 수 있다.

➡ 기체를 가열하면 기체 분자들이 더 활발하게 움직이며 운동 에너지를 갖게 되는데, 이 운동 에너지는 기체의 내부 에너지로 볼 수 있다. 열을 기체에 공급하면 기체 분자들이 더 빠르게 움직이게 되어 내부 에너지가 증가한다. 이처럼 계에 가해진 열은 계의 내부 에너지를 변화시킬 수 있다. 반대로 계에서 열이 빠져나가면서 내부 에너지가 감소하는 경우를 조사하여 발표해 보자.

관련 학과 과학교육과, 교육공학과, 교육학과, 기술교육과, 물리교육과, 수학교육과
《**미래 에너지 쫌 아는 10대**》, 이필렬, 풀빛(2022)

[12역학02-04] ● ● ●

다양한 열기관에서의 순환 과정과 열효율을 설명하고, 열기관의 개발과 활용이 인류 공동체에 미친 영향을 산업 발전과 환경 측면에서 평가할 수 있다.

➡ 열효율이 클수록 열기관의 효율이 높으며, 열기관의 예로 내연기관, 증기터빈, 증기기관 등이 있다. 열기관의 개발은 사회와 교육의 측면에서 중요한 역할을 한다. 열기관의 원리와 작동 방식을 이해하는 것은 에너지 변환과 물리 법칙의 학습에 유용하다. 열기관의 개발이 산업 발전과 환경에 미친 영향을 조사하고, '내연기관과 증기기관의 원리 비교를 통한 물리 수업 설계'를 주제로 보고서를 작성해 보자.

관련 학과 가정교육과, 과학교육과, 교육공학과, 교육학과, 기술교육과, 물리교육과, 생물교육과, 수학교육과, 지구과학교육과, 컴퓨터교육과, 화학교육과, 환경교육과
《**십 대가 알아야 할 인공지능과 4차 산업혁명의 미래**》, 전승민, 팜파스(2024)

[12역학02-05] ● ● ●

열의 이동, 기체의 확산과 같은 비가역 현상을 엔트로피를 이용하여 설명할 수 있다.

➡ 가역 현상은 시스템이 특정한 조건에서 정적으로 균형을 이루는 과정을 말한다. 열역학적으로 가역적인 과정은 외부에서 끼어들지 않고 역방향으로 진행될 수 있으며, 열역학적 평형 상태로 돌아갈 수 있는 과정이다. 비가역 현상은 시스템이 균형에 도달하는 데 상당한 시간이 소요되거나 완전한 균형 상태에 도달하지 않는 과정을 말한다. 비가역적인 과정은 외부에서 영향을 받거나 열적으로 절연되지 않은 시스템이 열을 주고받을 때 발생할 수 있다. 가역 현상과 비가역 현상을 열의 이동, 기체의 확산과 같은 예를 사용하고 엔트로피를 중심으로 분석하여 '가역 현상과 비가역 현상의 차이를 활용한 열역학 학습'을 주제로 보고서를 작성해 보자.

관련 학과 과학교육과, 교육공학과, 교육학과, 기술교육과, 물리교육과, 수학교육과
《**열역학**》, 스티븐 베리, 신석민 역, 김영사(2021)

단원명 | 탄성파와 소리

🔍 용수철 진자, 단진동, 가속도, 변위, 탄성파, 투과, 반사, 도플러 효과, 속도 측정, 음향 장치, 소음 제어, 악기의 소리, 정상파

[12역학03-01] ● ● ●

용수철 진자를 통해 단진동을 이해하고, 가속도와 변위 사이의 관계를 설명할 수 있다.

➡ 단진동은 진자가 평형 위치에서 일정한 위치로 움직이는 운동을 말한다. 용수철 진자는 이해하기 쉬운 단진동

의 예시 중 하나이다. 용수철 진자는 일반적으로 고정된 지점에 붙어 있는 고리 모양의 용수철로, 그 중앙에는 진자가 달려 있다. 단진자는 복원력으로 인해 평형 위치에서 일정한 각도로 회전하게 되고, 왕복 운동을 수행하며 일정한 주기로 단진동을 한다. 단진동은 자연 현상에서 많이 나타나며, 용수철 진자를 통해 이 개념을 이해하면 다른 종류의 단진동도 설명할 수 있다. 물질의 상태인 고체, 액체, 기체에서의 단진동을 분석한 후 '용수철 진자를 활용한 단진동의 원리 탐구 및 실험 설계'를 주제로 보고서를 작성해 보자.

관련 학과 과학교육과, 교육공학과, 교육학과, 기술교육과, 물리교육과, 수학교육과

《**떨림과 울림**》, 김상욱, 동아시아(2018)

[12역학03-02] ● ● ●

탄성파의 진행, 투과, 반사를 이해하고, 탄성파가 활용되는 예를 찾음으로써 과학의 유용성을 인식할 수 있다.

● 파동은 공간이나 물질의 한 부분에서 생긴 주기적인 진동이 시간에 따라 주위로 퍼져 나가는 현상이다. 과학 연구에서는 탄성파를 재료의 물성, 구조, 기계적 특성을 조사하는 데 활용한다. 음파는 우리가 듣는 소리의 원천이 되는 파동이다. 감마선, X선, 자외선, 가시광선, 적외선, 그리고 휴대전화나 방송 통신에 쓰이는 전파는 모두 전자기파에 속한다. 탄성파의 전파 속도는 물질의 밀도와 압력에 따라 달라지며, 물질의 물성을 연구하는 데 중요한 정보를 제공한다. 파동의 종류에 따른 전파 속도를 조사하고, 일상생활에 활용되는 예를 정리해 보고서를 작성해 보자. 또한 다양한 파동의 성질을 실험을 통해 직접 확인하고, 그 결과를 그래프로 표현하여 파동의 특성을 시각적으로 분석해 보자.

관련 학과 과학교육과, 교육공학과, 교육학과, 기술교육과, 물리교육과, 수학교육과

《**전자기파란 무엇인가**》, 고토 나오히사, 손영수 역, 전파과학사(2018)

[12역학03-03] ● ● ●

도플러 효과를 이해하고, 물체의 속도 측정 등 다양한 장치에 이용됨을 설명할 수 있다.

● 도플러 효과를 이용하여 물체의 속도를 측정하는 방법은 음파, 광파, 레이더 등의 파동 주파수를 활용하는 것이 일반적이다. 교통경찰은 도로에서 차량의 속도를 측정하기 위해 레이더를 사용하며, 레이더는 반사된 신호의 주파수 차이를 이용해 속도를 계산한다. 이러한 속도 측정법은 레이더, 초음파·음파 검출기, 센서 등에서 다양하게 응용된다. 일상생활에서는 초음파를 활용한 거리 측정기, 의료용 초음파 진단 장치, 물체 감지기 등이 사용된다. 특히 의료 분야에서는 초음파를 이용해 태아의 상태를 확인하거나 근골격계 질환을 진단한다. 초음파의 다양한 활용 사례를 조사하여 탐구 활동 보고서를 작성해 보자. 이를 통해 도플러 효과와 초음파의 원리를 이해하고, 과학 기술에 어떻게 적용되는지 토의해 보자.

관련 학과 과학교육과, 교육공학과, 교육학과, 기술교육과, 물리교육과, 수학교육과

《**알기 쉬운 의료기기 임상총론**》, 구성욱 외 18명, 라임하우스(2019)

[12역학03-04] ● ● ●

음향 장치 또는 실내외 공간에서의 소음 제어에 음파의 간섭이 활용됨을 이해하고, 실생활에 사용되는 사례를 조사할 수 있다.

● 음파의 간섭은 두 개 이상의 파동이 만나 상호작용하는 현상을 의미하며, 음파는 진폭과 위상에 따라 간섭을 나타낼 수 있다. 보강간섭은 두 음파가 같은 진폭과 위상을 가질 때 발생하고, 상쇄간섭은 반대 위상을 가질 때 발생한다. 보강간섭은 진폭을 증가시키고, 상쇄간섭은 진폭을 줄이는 효과를 나타낸다. 노이즈 캔슬링 기능이

탑재된 최신 이어폰은 이러한 음파 간섭의 원리를 활용한 것이다. 학생들이 음파 간섭의 원리를 이해할 수 있도록, 잡음 저감 기능의 원리를 분석하고 작동 과정을 시각적으로 설명하는 교육 자료를 제작하여 교실 복도에 전시해 보자. 더불어 학생들이 직접 음파 간섭 실험을 통해 보강간섭과 상쇄간섭을 체험할 수 있는 실험 활동을 계획해 보고, 실험 결과를 분석하여 음파 간섭의 원리를 더욱 깊이 이해할 수 있도록 해보자. 이를 통해 실생활에서의 음파 간섭의 활용 사례를 탐구하고 이를 발표하는 시간을 가져보자.

관련 학과 과학교육과, 교육공학과, 교육학과, 기술교육과, 물리교육과, 수학교육과

《**소음진동학**》, 김재수, 세진사(2013)

[12역학03-05]　　　　　　　　　　　　　　　　　　　　　●●●

현악기, 관악기 등에서 소리를 내는 원리를 정상파를 이용하여 설명할 수 있다.

➡ 정상파는 시간에 따른 파동의 진폭이 일정하게 반복되는 파동이다. 정상파는 음악, 라디오, 빛, 무선통신 등 다양한 분야에서 사용된다. 음악에서는 악기의 소리가 정상파의 원리에 따라 생성되며, 라디오나 무선통신에서는 정보가 정상파 형태로 전파된다. 정상파는 파동의 간단하면서도 중요한 형태로, 다른 복잡한 파동들을 합성하거나 분석하는 데 사용된다. 현악기나 관악기 등에서 정상파가 발생하는 순서를 그림으로 표현하여 설명해 보자.

관련 학과 과학교육과, 교육공학과, 교육학과, 기술교육과, 물리교육과, 수학교육과, 음악교육과

《**과학으로 풀어보는 음악의 비밀**》, John Powell, 장호연 역, 뮤진트리(2022)

선택 과목	수능	전자기와 양자	절대평가	상대평가
진로 선택	X		5단계	5등급

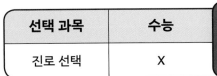

단원명 | 전자기적 상호작용

| 🔍 | 전하, 전기장, 전기력선, 등전위면, 전기장의 세기와 방향, 정전기 유도, 유전분극, 도선 주위의 자기장, 자기력선, 로런츠힘, 전자기 유도, 변압기, 인덕터, 저항, 축전기, 다이오드, 트랜지스터, 반도체, 전자 회로

[12전자01-01]   • • •

전하 주위의 전기장을 정량적으로 구하고, 전기력선과 등전위면으로부터 전기장의 세기와 방향을 추리할 수 있다.

➔ 전하 주위의 전기장은 전하가 주변에 미치는 전기적 영향을 설명하는 개념이다. 전기장은 단위 전하가 다른 전하에 가하는 힘을 나타내며, 전기와 전자기학에서 매우 중요한 개념이다. 이는 전기 기기를 설계하고 전기적 상호작용을 이해하는 데 필수적이다. 이론적으로 이해된 전기장의 개념은 전기장 감지기나 전자 장치의 개발 등 다양한 기술 및 응용 분야에서 활용된다. 전기장과 자기장의 공통점과 차이점을 비교하여 분석해 보자. 더불어 전기장과 자기장이 결합되어 발생하는 전자기파의 원리와 그 활용 사례를 조사해 보고, 전자기파가 현대 기술에서 어떤 방식으로 사용되는지를 탐구하여 발표해 보자.

관련 학과 과학교육과, 교육공학과, 교육학과, 기술교육과, 물리교육과, 수학교육과
《처음 만나는 전자기학》, 곽동주, 한빛아카데미(2016)

[12전자01-02]   • • •

정전기 유도와 유전분극을 설명하고, 일상생활에서 적용되는 예를 찾을 수 있다.

➔ 정전기 유도와 유전분극은 전기장에서 나타나는 현상으로, 전기장의 상호작용과 관련이 있다. 정전기 유도는 전하를 띤 물체가 다른 물체에 접촉하지 않아도 전기적으로 상호작용하는 현상이다. 유전분극은 유전체에 외부 전기장이 가해졌을 때 유전체 내부의 전하들이 정렬되는 현상이다. 일상생활에서 발생하는 다양한 정전기 유도 현상을 조사하고, 자바실험실(https://javalab.org) 시뮬레이션 사이트에 접속하여 가상 실험을 실시한 후 실험 결과를 토의해 보자.

관련 학과 과학교육과, 교육공학과, 교육학과, 기술교육과, 물리교육과, 수학교육과
《전자기학의 개념원리》, 홍희식 외 2명, 복두출판사(2024)

[12전자01-03]   • • •

자기력선을 이용하여 전류가 흐르는 도선 주위의 자기장의 세기와 방향을 추리할 수 있다.

➡️ 솔레노이드는 도선을 속이 빈 긴 원통형의 코일 모양으로 감은 것으로, 도선에 전류를 흘리면 자기장을 생성하기 때문에 전자석이 될 수 있다. 솔레노이드는 자동화, 제어 및 보안 응용 분야에서 중요한 역할을 하며, 전기 신호에 반응하여 움직임을 생성하는 데 사용될 수 있다. 솔레노이드가 사용되는 분야를 조사한 후 발표 자료를 PPT로 제작해 보자. 이와 함께 솔레노이드가 사용되는 분야와 제품별 작동 원리도 설명해 보자.

관련 학과 과학교육과, 교육공학과, 교육학과, 기술교육과, 물리교육과, 수학교육과, 지구과학교육과, 화학교육과, 환경교육과

《**김범준의 물리 장난감**》, 김범준, 이김(2024)

[12전자01-04] •••

로런츠힘이 발생하는 조건을 알고, 로런츠힘과 관련된 현상과 기술을 설명할 수 있다.

➡️ 대전입자는 전하를 가진 입자를 뜻하고, 대전입자 주변에는 전기장과 자기장이 형성되어 다른 대전입자와 전자기력을 주고받는다. 로런츠힘은 대전입자가 자기장 속에서 받는 힘을 말한다. 이때 운동하는 전하만 힘을 받고, 전자기장에서는 자기장이 전하의 운동 방향에만 영향을 미친다. 로런츠힘이 발생하는 조건을 분석하여 설명해 보자.

관련 학과 과학교육과, 교육공학과, 교육학과, 기술교육과, 물리교육과, 수학교육과

《**딥 다운 씽즈**》, 브루스A. 슘, 황혁기 역, 승산(2021)

[12전자01-05] •••

자기선속의 변화로 전자기 유도를 이해하고, 변압기, 인덕터 등 전자기 유도의 활용 기술을 설명할 수 있다.

➡️ 전자기 유도는 자기장의 변화에 반대 방향으로 유도전류가 생성되는 원리로, 전자기력을 활용하여 물체 내에 전기성 자극을 유발하는 과정을 의미한다. 이 과정은 전자기장이 변할 때 전기장 내에 있는 물체에 전기적인 힘을 생성하는 현상이다. 전자기 유도는 전자기력의 기본 원리이며, 발전기와 전기 변압기 등 다양한 전기 기기와 시스템에서 사용된다. 변압기의 원리를 분석해 보고, 실제 산업 현장에서 사용하고 있는 변압기의 종류를 조사하여 '변압기의 종류와 산업적 활용 사례 분석'을 주제로 보고서를 작성해 보자.

관련 학과 과학교육과, 교육공학과, 교육학과, 기술교육과, 물리교육과, 수학교육과

《**변압기 활용기술**》, 마츠이 아키오 외 1명, 이영실 역, 성안당(2018)

[12전자01-06] •••

저항, 축전기, 인덕터를 활용하는 장치를 찾아 에너지 관점에서 정성적으로 설명할 수 있다.

➡️ 저항은 전류의 흐름을 제한하며, 전류가 흐를 때 전기 에너지를 열 에너지로 변환해 소모시킨다. 축전기는 전기 에너지를 저장하고 방출하는 장치로, 전압이 가해질 때 전기장을 축적하며 필요할 때 전기 에너지를 방출한다. 저항과 축전기의 구조를 인포그래픽으로 제작하고, 두 소자의 공통점과 차이점을 비교하여 발표해 보자. 또한 회로에서 저항과 축전기가 함께 사용될 때 전압과 전류의 변화가 어떻게 나타나는지를 분석하고 그 결과를 설명해 보자.

관련 학과 과학교육과, 교육공학과, 교육학과, 기술교육과, 물리교육과, 수학교육과

《**광속으로 배우는 RLC 회로**》, 안성준, 문운당(2018)

[12전자01-07]

다이오드, 트랜지스터 등 반도체 소자를 활용하는 전자회로를 분석하고, 현대 문명에서 반도체의 중요성을 인식할 수 있다.

➡ 반도체 소자는 현대 전자 기기와 통신 기술의 핵심 부분으로, 전력의 효율성을 향상시키고 전자 장치의 기능을 제어하고 확장하는 데 중요하게 기능한다. 이러한 소자들은 디지털 및 아날로그 신호 처리, 통신, 컴퓨팅, 제어 등 다양한 응용 분야에서 핵심적인 역할을 한다. 전자회로에서 사용되는 다양한 소자를 조사하고, 각 소자의 특징을 분석하여 발표해 보자.

관련학과 과학교육과, 교육공학과, 교육학과, 기술교육과, 물리교육과, 수학교육과

《**처음 만나는 전자회로**》, 황형수, 한빛아카데미(2019)

단원명 | 빛과 정보 통신

| 🔍 | 빛, 간섭, 회절, 홀로그램, 정밀 기술, 렌즈, 거울, 광학 기기, 수차, 편광, 디지털 정보, 광전 효과, 빛과 물질, 영상 정보, 광센서, 태양전지, 레이저, 빛의 증폭, 광통신

[12전자02-01]

빛의 간섭과 회절을 알고, 홀로그램 등 현대의 정밀 기술에 활용되는 예를 찾을 수 있다.

➡ 빛은 파동성과 입자성을 동시에 나타내는 이중성을 가지고 있는데, 이를 빛의 이중성 또는 광의 이중성이라고 한다. 빛은 파동의 형태로 전파되고, 파장의 길이와 주파수가 빛의 색상을 결정한다. 진동하는 전자들로 인해 전자기파가 발생하고, 이것이 빛의 파동성을 나타낸다. 빛의 파동성은 간섭, 회절, 굴절과 같은 현상을 설명할 수 있다. 빛의 파동성 중에서 간섭과 회절 현상을 조사하여 '간섭과 회절 원리를 활용한 광학 기기의 동작 원리 분석'을 주제로 보고서를 작성해 보자.

관련학과 과학교육과, 교육공학과, 교육학과, 기술교육과, 물리교육과, 수학교육과

《**빛 쫌 아는 10대**》, 고재현, 풀빛(2019)

[12전자02-02]

렌즈와 거울을 이용한 광학 기기의 원리와 수차를 설명할 수 있다.

➡ 렌즈와 거울을 이용한 광학 기기는 빛을 조절하고 이미지를 형성하는 데 중요한 역할을 한다. 렌즈는 유리나 투명한 플라스틱으로 만들어진 굴절 매체이다. 렌즈는 빛을 굴절시켜 물체에서 생성된 이미지를 형성한다. 거울은 빛을 반사해 이미지를 만들어내는데, 주로 평면거울과 곡면 거울로 나뉜다. 렌즈와 거울의 특징을 중심으로 사용되는 분야를 조사하여 PPT를 제작한 후 발표해 보자.

관련학과 과학교육과, 교육공학과, 교육학과, 기술교육과, 물리교육과, 수학교육과

《**안경사를 위한 기하광학**》, 김영철, 북스힐(2021)

국어 교과군

영어 교과군

수학 교과군

도덕 교과군

사회 교과군

과학 교과군

[12전자02-03]　　　　　●●●

편광의 원리를 이해하고, 이를 활용한 디지털 정보 기술의 사례를 조사할 수 있다.

➜ 진행 방향에 수직인 임의의 평면에서 전기장의 방향이 일정한 빛을 편광이라고 한다. 이러한 빛의 전기장의 방향으로 편광의 방향을 구별한다. 편광은 디지털 정보 기술의 성능을 향상시키고 데이터 처리 및 표시에 유용하게 사용되며, 이러한 응용 분야에서 중요한 역할을 한다. 편광을 활용한 디지털 정보 기술의 사례를 조사하여 '편광의 원리와 디지털 정보 기술에서의 활용 사례 탐구'를 주제로 보고서를 작성해 보자.

관련 학과　과학교육과, 교육공학과, 교육학과, 기술교육과, 물리교육과, 수학교육과

《파동광학》, 홍경희, 교문사(2021)

[12전자02-04]　　　　　●●●

광전 효과에서 빛과 물질이 상호작용하는 방식을 알고, 디지털 영상 정보, 광센서, 태양전지 등 광전 효과와 관련된 다양한 기술을 조사할 수 있다.

➜ 광전 효과는 특정 파장 이상의 에너지를 가진 빛을 금속에 비추었을 때 금속에서 전자가 방출되어 전류가 흐르는 현상으로, 빛이 입자성을 지니고 있음을 보여주는 대표적인 예이다. 빛의 입자인 광자가 금속에 에너지를 전달하면 전자가 방출되어 전류가 발생하는 것을 설명할 수 있으며, 이 원리는 태양전지의 이론적 기초가 된다. 광전 효과와 관련된 태양전지의 작동 원리를 조사하고 발표해 보자.

관련 학과　과학교육과, 교육공학과, 교육학과, 기술교육과, 물리교육과, 수학교육과

《태양전지 및 발광 다이오드 개론》, Adrian Kitai, 김준동 외 3명 역, 그린(2017)

[12전자02-05]　　　　　●●●

레이저의 특징과 빛이 증폭되는 원리를 알고, 레이저가 디지털 광통신 등 여러 영역에서 활용됨을 조사하여 현대 문명에서 레이저의 중요성을 인식할 수 있다.

➜ 레이저(laser)란 유도방출에 의한 광 증폭을 의미하며, 'Light Amplification by Stimulated Emission of Radiation'의 머리글자를 딴 것이다. 레이저 발진 장치는 가늘고 긴 공진기 양쪽에 거울이 부착된 형태이다. 매질로는 고체, 액체, 기체, 반도체 등 다양한 물질이 사용되며, 이들 매질은 각기 다른 파장의 레이저 빛을 생성할 수 있다. 레이저는 산업, 의료, 과학 연구, 통신 등 다양한 분야에서 중요한 역할을 한다. 레이저의 종류와 빛이 증폭되는 원리를 조사하고, 레이저가 실생활에서 어떻게 응용되는지 발표해 보자.

관련 학과　과학교육과, 교육공학과, 교육학과, 기술교육과, 물리교육과, 수학교육과

《예술을 위한 빛》, Christopher Cuttle, 김동진 역, 씨아이알(2014)

단원명 | 양자와 미시 세계

양자, 이중슬릿, 입자, 파동, 이중성, 확률파동의 간섭, 중첩, 측정, 상태 변화, 양자컴퓨터, 양자암호통신, 터널 효과, 원자모형, 불확정성 원리, 보어, 별, 핵융합, 스펙트럼

[12전자03-01]

단일 양자 수준의 이중슬릿 실험을 통해서 입자-파동 이중성을 확인하고, 단일 양자의 분포에 대한 실험 결과를 확률파동의 간섭을 토대로 해석할 수 있다.

➡ 양자역학에서는 입자가 입자성과 파동성을 동시에 가질 수 있다고 말한다. 이는 입자가 때에 따라 파동처럼 혹은 입자처럼 행동할 수 있다는 것을 의미한다. 이러한 입자의 파동성은 현대물리학의 핵심 개념 중 하나로, 양자역학에서 실험적으로 검증되었으며 원자나 분자의 동작, 레이저, 전자 및 입자 가속기와 같은 다양한 기술 및 현상의 이해에 중요한 역할을 한다. 입자의 파동성을 확인할 수 있는 이중슬릿 실험 과정을 조사하고, '이중슬릿 실험을 활용한 입자의 파동성 이해 교육 설계'를 주제로 보고서를 작성해 보자.

관련 학과 과학교육과, 교육공학과, 교육학과, 기술교육과, 물리교육과, 수학교육과
《양자역학 쫌 아는 10대》, 고재현, 풀빛(2023)

[12전자03-02]

중첩과 측정을 통한 확률적 상태 변화를 이해하고, 이를 이용한 양자컴퓨터, 양자암호통신 등의 양자 기술이 일상생활과 미래 사회에 미칠 영향을 인식할 수 있다.

➡ 양자역학에 따르면 양자 시스템은 동시에 여러 상태를 가질 수 있는데, 이를 '중첩'이라고 한다. 양자는 단일 상태에 제한되지 않고 여러 상태의 선형 조합으로 나타낼 수 있다. 양자 시스템의 상태를 측정하면, 중첩 상태 중 하나의 특정한 상태로 무작위로 붕괴된다. 양자역학에서 이 붕괴는 확률적이며, 어떤 상태로 붕괴될지 사전에 정확하게 예측할 수 없다. 이러한 현상은 양자 측정 문제 또는 양자 붕괴 문제로 알려져 있다. 양자 시스템의 확률적 상태 변화를 중첩과 측정을 중심으로 분석하여 발표해 보자.

관련 학과 과학교육과, 교육공학과, 교육학과, 기술교육과, 물리교육과, 수학교육과
《퀀텀의 세계》, 이순칠, 해나무(2023)

[12전자03-03]

터널 효과를 설명하고, 관련된 현상과 기술을 조사하여 발표할 수 있다.

➡ 터널 효과는 양자역학에서 입자나 파동이 고전적으로는 통과할 수 없는 장벽을 통과하는 현상이다. 즉, 양자역학에서 기술되는 입자가 에너지가 부족한 상태에서도 퍼텐셜 장벽을 넘어가는 것이다. 이는 고전역학으로는 설명할 수 없는 현상으로, 양자역학의 비직관적인 특성 중 하나이다. 예를 들어 원자의 방사성 붕괴는 터널 효과를 통해 설명되며, 원자핵 내부에 갇혀 있는 입자가 고전적으로는 넘을 수 없는 장벽을 터널링하여 밖으로 나오는 현상이다. 터널 효과는 터널 다이오드와 같은 반도체 소자나 현대 전자 장치에서도 중요한 역할을 한다. 터널 효과의 원리와 이를 응용한 다양한 기술적 사례를 조사하여 발표해 보자.

관련 학과 과학교육과, 교육공학과, 교육학과, 기술교육과, 물리교육과, 수학교육과
《세상에서 가장 쉬운 과학 수업: 불확정성원리》, 정완상, 성림원북스(2023)

[12전자03-04]

현대의 원자모형을 불확정성 원리와 확률을 기반으로 설명하고, 보어의 원자모형과 비교할 수 있다.

➡ 불확정성 원리는 양자역학의 핵심 개념으로, 고전물리학의 뉴턴역학으로는 설명할 수 없는 현상을 다룬다. 이 원리에 따르면, 입자의 위치와 운동량을 동시에 정확하게 측정하는 것은 불가능하며, 이는 자연의 근본적인 한

계를 나타낸다. 이러한 원리는 양자물리학의 많은 연구와 응용 분야에서 중요한 역할을 하며, 양자 세계의 비직관적인 특성을 이해하는 데 도움을 준다. 예를 들어 전자구름 모델은 불확정성 원리를 바탕으로 전자의 위치를 특정한 궤도로 설명하는 대신, 확률적으로 분포된 영역으로 설명한다. 에르빈 슈뢰딩거와 같은 물리학자들이 제시한 현대적 원자모형은 파동함수를 통해 전자의 상태를 설명하며, 이는 현대 화학과 물리학에서 매우 중요한 개념으로 자리 잡고 있다. 불확정성 원리와 확률을 기반으로 현대 원자모형을 조사하여 보고서를 작성하고, 이를 통해 원자의 구조를 양자역학으로 설명하는 발표 원고를 작성해 보자.

<kbd>관련 학과</kbd> 과학교육과, 교육공학과, 교육학과, 기술교육과, 물리교육과, 수학교육과

《빛이 매혹이 될 때》, 서민아, 인플루엔셜(2022)

[12전자03-05] ● ● ●

별에서 핵융합에 의해 에너지가 생성되고 빛이 방출되는 원리를 알고, 별빛의 스펙트럼에 기반하여 별의 구성 원소를 추리할 수 있다.

➡ 핵분열과 핵융합은 원자핵의 에너지 변화와 관련된 중요한 물리학적 현상이다. 핵분열은 원자핵이 분열되는 과정을 말하는데, 보통 무거운 원자핵이 중성자의 충돌로 분열되어 가벼운 핵으로 나뉘면서 대규모의 에너지를 방출한다. 핵분열은 핵발전소에서 전기를 생산하거나 핵무기의 작동 원리로 사용되며, 물질의 에너지 변환에서 중요한 역할을 한다. 핵융합은 가벼운 원자핵이 높은 온도와 압력 아래서 결합하여 더 무거운 핵을 생성하는 과정이다. 핵융합과 핵분열의 공통점과 차이점을 조사한 후 '핵융합과 핵분열의 공통점과 차이점을 활용한 물리학 교육'을 주제로 보고서를 작성해 보자.

<kbd>관련 학과</kbd> 과학교육과, 교육공학과, 교육학과, 기술교육과, 물리교육과, 수학교육과

《원자핵에서 핵무기까지》, 다다 쇼, 이지호 역, 한스미디어(2019)

선택 과목	수능		절대평가	상대평가
진로 선택	X		5단계	5등급

단원명 | 물질의 세 가지 상태

🔍 기체, 온도, 압력, 부피, 몰수, 이상기체 방정식, 혼합기체, 부분압력, 몰분율, 액체, 분자 간 상호작용, 끓는점, 고체, 결정, 비결정, 화학 결합

[12물에01-01] ● ● ●

기체의 온도, 압력, 부피, 몰수 사이의 관계를 통합적으로 이해하고, 이상기체 방정식을 근사적으로 활용하는 사례를 조사하여 화학의 유용함을 인식할 수 있다.

➡ 이상기체 방정식은 기체의 행동을 설명하는 중요한 물리학적 개념 중 하나이다. 이 방정식은 실제 기체 분자 간의 상호작용을 무시하고, 기체가 이상적인 상태에서 움직인다고 가정하는 이상기체의 상태를 설명한다. 압력, 부피, 온도, 그리고 몰수의 관계를 통해 이상기체의 상태를 계산할 수 있으며, 실제 기체는 낮은 압력과 높은 온도에서 이상기체와 유사하게 행동하는 경향이 있다. 학생들에게 이상기체 방정식을 활용하여 기체의 온도, 압력, 부피, 몰수 사이의 관계를 시각적으로 설명하고, 이를 이해하기 쉽게 교육 자료를 제작해 보자. 또한 실험을 통해 이상기체 방정식이 적용되는 상황과 그렇지 않은 상황을 비교하여 학습할 수 있는 활동을 설계해 보자.

[관련 학과] 과학교육과, 교육공학과, 교육학과, 기술교육과, 물리교육과, 화학교육과, 환경교육과

《화학이란 무엇인가》, 피터 윌리엄 앳킨스, 전병옥 역, 사이언스북스(2019)

[12물에01-02] ● ● ●

혼합기체의 부분압력과 몰분율의 관계를 알고, 일상생활에서 유용하게 사용되는 혼합기체에 호기심을 가질 수 있다.

➡ 혼합기체의 부분압력은 기체 혼합물에서 각 성분이 단독으로 전체 부피를 차지한다고 가정했을 때 해당 성분이 가지는 압력을 의미한다. 부분압력의 개념은 혼합기체에서 각 성분의 상태를 독립적으로 분석하고, 각 성분이 독립적으로 작용하는 것처럼 간주할 때 특히 유용하다. 이를 통해 혼합기체의 특성을 예측하고 계산할 수 있다. 부분압력은 화학, 공학, 환경과학, 기상학 등 다양한 분야에서 기체 혼합물의 행동을 이해하는 데 중요한 개념이다. 혼합기체 내에서 각 성분의 몰분율은 전체 혼합물 중 해당 성분의 양을 비율로 나타내며, 이 몰분율과 부분압력의 관계를 통해 혼합기체의 성질을 분석할 수 있다. 혼합기체의 부분압력과 몰분율의 관계를 조사하여 '몰분율과 부분압력의 관계를 실험적으로 확인하는 탐구 활동 설계'를 주제로 보고서를 작성해 보자.

[관련 학과] 과학교육과, 교육공학과, 교육학과, 기술교육과, 물리교육과, 화학교육과, 환경교육과

《하루 한 권, 일상 속 화학 물질》, 사마키 다케오 외 1명, 원지원 역, 드루(2023)

[12물에01-03]

물질이 액체로 존재할 수 있는 이유를 분자 간 상호작용으로 이해하고, 액체의 종류에 따라 끓는점이 달라짐을 설명할 수 있다.

➡ 분자 간 상호작용은 분자들이 서로 영향을 주며 상호작용하는 과정을 나타낸다. 이러한 상호작용은 분자의 구조와 화학 성질에 큰 영향을 미치며, 다양한 화학 및 물리 현상을 설명하는 데 중요하다. 분자 간 상호작용은 화학, 생물학, 물리학 및 재료과학 등 다양한 분야에서 연구되며, 이러한 상호작용을 통해 다양한 현상을 이해하고 설명할 수 있다. 고체, 액체, 기체 등 물질의 상태별 특징을 조사해 보고, 물질이 액체로 존재할 수 있는 이유를 분석하여 분자 간 상호작용으로 설명해 보자.

관련 학과 과학교육과, 교육공학과, 교육학과, 기술교육과, 물리교육과, 화학교육과, 환경교육과

《일상적이지만 절대적인 화학지식 50》, 헤일리 버치, 임지원 역, 반니(2016)

[12물에01-04]

고체를 결정과 비결정으로 구분하고, 결정성 고체를 화학 결합의 종류에 따라 분류할 수 있다.

➡ 고체는 내부의 원자 또는 분자의 배열에 따라 결정성 고체와 비결정성 고체로 분류된다. 결정성 고체는 원자의 배열이 규칙적이며, 녹는점이 일정하여 고온에서 녹아 액체로 변할 수 있다. 비결정성 고체는 원자의 배열이 무질서하며, 녹는점이 일정하지 않고 점진적으로 부드러워지면서 액체 상태로 변한다. 물질의 상태인 고체, 액체, 기체 중 고체를 중심으로 결정성 고체와 비결정성 고체로 분류하고, 각 고체의 특징과 관련 물질의 예를 조사하여 발표해 보자.

관련 학과 과학교육과, 교육공학과, 교육학과, 기술교육과, 물리교육과, 화학교육과, 환경교육과

《세상을 만드는 분자》, 시어도어 그레이, 꿈꾸는 과학 역, 다른(2015)

단원명 | 용액의 성질

| 🔍 | 액체, 물의 성질, 수소 결합, 실험 데이터, 용액, 농도, 증기압, 끓는점, 어는점, 삼투현상

[12물에02-01]

다른 액체와 구별되는 물의 성질을 수소 결합으로 설명하고, 경이로운 물의 성질에 흥미를 느낄 수 있다.

➡ 일반적인 액체는 분자들이 일정한 거리를 유지하며 흐르는 특성이 있다. 액체 중에서 물은 인간의 생활에서 빼놓을 수 없는 물질이다. 물은 0℃에서 고체가 되고 100℃에서 기체가 된다. 물은 다른 액체에 비해 높은 밀도와 높은 녹는점·끓는점 등으로 인해 상대적으로 안정적이고, 다양한 온도에서 액체 상태를 유지하는 독특한 특성을 나타낸다. 물이 다른 액체와 구별되는 물리적·화학적 성질을 수소 결합을 중심으로 조사하고, '수소 결합이 물의 물리적 특성에 미치는 영향 탐구'를 주제로 보고서를 작성해 보자.

관련 학과 과학교육과, 교육공학과, 교육학과, 기술교육과, 물리교육과, 화학교육과, 환경교육과

《물과 수소》, 편집부, 아이뉴턴(2017)

[12물에02-02] ● ● ●

실험 데이터를 이용하여 용액의 농도에 따른 증기압, 끓는점, 어는점의 변화를 비교하고, 일상생활에서 나타나는 사례와 연관 지어 설명할 수 있다.

➔ 소금을 물에 녹이면 용액의 농도가 증가하면서 물리적 성질이 변하게 된다. 예를 들어 소금물은 순수한 물보다 증기압이 낮아지고, 끓는점이 높아진다. 요리할 때 물에 소금을 넣으면 물의 끓는점이 올라가지만, 물이 끓기 시작하는 데는 오히려 시간이 더 오래 걸린다. 이러한 현상은 용질과 용매 간의 상호작용으로 발생하며, 용액의 농도 변화가 물리적 성질에 영향을 미치는 대표적인 예이다. 일상생활에서 화학의 개념이 어떻게 적용되는지를 쉽게 이해할 수 있도록 학습 활동을 설계하고, 탐구 보고서를 작성하여 제출해 보자.

`관련 학과` 과학교육과, 교육공학과, 교육학과, 기술교육과, 물리교육과, 화학교육과, 환경교육과

《곽재식의 먹는 화학 이야기》, 곽재식, 북바이북(2022)

[12물에02-03] ● ● ●

용액의 농도에 따른 삼투현상을 이해하고, 일상생활에서 삼투현상이 나타나는 사례를 찾아 화학 원리가 유용하게 적용됨을 인식할 수 있다.

➔ 농도가 낮은 곳에서 높은 곳으로 선택적 투과성 막을 통해 물이 이동하는 것을 삼투현상이라고 한다. 농도가 낮다는 것은 상대적으로 물의 농도가 높은 것을 의미하므로, 물의 농도가 높은 곳에서 낮은 곳으로 막을 통해 확산하는 현상이라 할 수 있다. 식물에서 삼투현상의 예를 살펴보면, 식물의 뿌리 세포와 토양 중에서 토양 속 물의 농도가 낮을 때 물이 뿌리에서 토양으로 이동하여 식물이 시들게 되는 현상을 나타낸다. 일상생활에서 삼투현상이 나타나는 사례를 조사한 후 용액, 용질, 분자량 등의 화학적 원리를 중심으로 설명해 보자.

`관련 학과` 과학교육과, 교육공학과, 교육학과, 기술교육과, 물리교육과, 화학교육과, 환경교육과

《가볍게 읽는 기초화학》, 사마키 다케오 외 2명, 공영태 외 1명 역, 북스힐(2019)

단원명 | 화학 변화의 자발성

🔍 엔탈피, 열화학 반응식, 헤스 법칙, 화학 법칙, 엔트로피, 화학 변화의 자발성

[12물에03-01] ● ● ●

엔탈피의 의미를 알고, 엔탈피를 이용하여 열화학 반응식을 표현할 수 있다.

➔ 엔탈피는 물질계의 안정성과 변화의 방향, 그리고 화학 평형의 위치와 이동을 결정하는 핵심적인 요소이다. 일정한 압력에서 변화가 일어날 때 반응 전후의 온도를 같게 하려고 계가 흡수하거나 방출하는 열에너지를 의미한다. 열 변화는 열역학적인 관점에서 화학적·물리적 변화를 이해하는 데 중요한 개념으로, 발열 반응에서는 엔탈피가 감소하고 흡열 반응에서는 엔탈피가 증가한다. 화학 반응이나 물리적 변화에서 발생하는 열 변화를 나타내는 용어 중에서 반응열, 연소열, 용해열, 중화열, 증발열을 조사한 후, '열역학적 관점에서 화학 평형과 엔탈피 변화의 관계 탐구'를 주제로 보고서를 작성해 보자.

`관련 학과` 과학교육과, 교육공학과, 교육학과, 기술교육과, 물리교육과, 화학교육과, 환경교육과

《하루 한 권, 일상 속 화학반응》, 사이토 가쓰히로, 이은혜 역, 드루(2023)

국어 교과군

영어 교과군

수학 교과군

도덕 교과군

사회 교과군

과학 교과군

[12물에03-02]　　　　　　　　　　　　　　　　●●●

측정하기 어려운 화학 반응의 엔탈피를 헤스 법칙으로 구하여 화학 법칙의 유용성을 인식할 수 있다.

➡ 헤스의 법칙이란 화학 반응이 일어날 때 반응열은 반응의 시작 상태와 최종 상태에만 의존하며, 반응이 진행되는 경로와는 관계가 없다는 것을 의미한다. 즉 반응의 시작과 끝 상태가 동일하다면, 반응 경로와 상관없이 반응열의 총합은 일정하다. 이를 통해 반응열을 간접적으로 계산할 수 있으므로, 헤스의 법칙은 화학 교육에서 중요한 개념 중 하나로 다루어진다. 헤스의 법칙을 확인하는 실험 활동을 계획하고, 학생들이 이 법칙을 적용하여 반응열을 계산하는 경험을 할 수 있도록 수업을 설계해 보자.

　관련 학과　과학교육과, 교육공학과, 교육학과, 기술교육과, 물리교육과, 화학교육과, 환경교육과

《전화기는 어떻게 세상을 바꾸는가》, 한치환, 처음북스(2019)

[12물에03-03]　　　　　　　　　　　　　　　　●●●

엔트로피의 의미를 이해하고, 엔탈피와 엔트로피의 변화로 화학 변화의 자발성을 설명할 수 있다.

➡ 엔탈피와 엔트로피는 열역학에서 중요한 두 가지 개념이다. 엔탈피는 시스템이 가진 열에너지의 총량을 나타내고, 엔트로피는 시스템의 무질서도나 에너지 분배의 형태를 나타낸다. 엔트로피는 시스템의 무질서도 또는 에너지 분배의 측도로 이해할 수 있고, 엔트로피가 증가하면 시스템은 더 무질서해진다. 엔트로피는 열역학 제2법칙과 관련이 있어서, 닫힌 시스템 내에서는 엔트로피가 증가한다. 화학 변화의 자발성은 주어진 조건에서 시스템이 어떤 방향으로 진행할지를 나타내고, 이를 알아보기 위해서는 엔탈피와 엔트로피의 변화를 고려해야 한다. 화학 변화가 자발적으로 일어나는 현상의 예를 조사하여 엔탈피와 엔트로피를 중심으로 설명해 보자.

　관련 학과　과학교육과, 교육공학과, 교육학과, 기술교육과, 물리교육과, 화학교육과, 환경교육과

《화학의 미스터리》, 김성근 외 9명, 반니(2019)

단원명 | 반응 속도

> | 🔍 | 화학 반응 속도, 자료 해석, 반응 속도식, 1차 반응, 반감기, 반응물의 농도, 유효 충돌, 활성화 에너지, 농도, 온도, 촉매

[12물에04-01]　　　　　　　　　　　　　　　　●●●

화학 반응 속도를 반응물의 농도로 표현할 수 있음을 알고, 자료 해석을 통하여 반응 속도식을 구할 수 있다.

➡ 화학 반응 속도는 화학 반응에서 반응물 농도의 단위시간당 감소율을 말하는데, 이는 반응물의 농도에 따라 설명할 수 있다. 화학 반응이 진행되면 반응 물질의 농도는 감소하고 생성 물질의 농도는 증가하기 때문에, 반응 물질이나 생성 물질의 농도가 변하는 속도는 반응에 따라 변화한다. 반응 물질이 생성 물질로 바뀌는 순간 반응 속도가 달라지기 때문에, 특정 시간에서의 순간 반응 속도도 고려해야 한다. 황과 산소의 화학 반응을 조사하여 화학식과 화학 반응 속도식을 작성하고, 각 반응물 농도의 영향으로 어떻게 반응이 진행되는지 분석하여 '황과 산소의 화학 반응을 중심으로 한 반응 속도식 이해 교육 설계'를 주제로 보고서를 작성해 보자.

　관련 학과　과학교육과, 교육공학과, 교육학과, 기술교육과, 물리교육과, 화학교육과, 환경교육과

《이런 화학이라면 포기하지 않을 텐데》, 김소환, 보누스(2022)

[12물에04-02]

1차 반응의 반감기가 반응물의 농도에 의존하지 않음을 이해하고, 1차 반응의 반감기가 활용되는 사례를 조사·발표할 수 있다.

➡ 반감기는 화학 반응에서 반응 물질의 농도가 초기 농도의 절반으로 감소하는 데 걸리는 시간을 의미한다. 원자핵의 경우, 방사선을 방출하며 붕괴하여 원래의 원자 수가 절반으로 줄어드는 시간을 말한다. 화학 반응에서 1차 반응의 반감기는 반응물의 농도에 의존하지 않는데, 이는 1차 반응의 반감기 식에서 반감기가 반응물의 초기 농도와 관계없이 일정하기 때문이다. 학생들이 1차 반응의 반감기 개념을 이해할 수 있도록 반응 속도식을 활용하여 왜 반감기가 일정한지를 설명하는 학습 활동을 설계하고, 이를 실험이나 시뮬레이션을 통해 직접 확인하는 교육 자료를 제작해 보자.

관련 학과 과학교육과, 교육공학과, 교육학과, 기술교육과, 물리교육과, 화학교육과, 환경교육과

《하루 한 권, 생활 속 열 과학》, 가지카와 다케노부, 김현정 역, 드루(2023)

[12물에04-03]

화학 반응에서 유효 충돌과 활성화 에너지의 의미를 알고, 화학 반응이 일어나기 위한 조건에 관심을 가질 수 있다.

➡ 활성화 에너지란 반응을 일으키는 데 필요한 최소한의 에너지로, 반응에 참여하기 위해서는 그 이상의 에너지를 가져야만 한다. 즉 화학 반응을 일으키기 위해 반응물에 공급해야 하는 최소 에너지를 활성화 에너지라고 한다. 화학 반응이 일어나기 위해서는 반응물의 화학 결합을 끊어야 하므로 어떠한 형태로든 에너지를 공급해야 한다. 활성화 에너지 값이 크면 그 이상의 에너지를 갖는 분자의 수가 적어 반응이 느리게 진행되고, 활성화 에너지 값이 작으면 반대로 반응 속도기 빨리진다. 화힉 빈응에서 유효 충돌과 활성화 에너지의 관계를 분석하여 발표해 보자.

관련 학과 과학교육과, 교육공학과, 교육학과, 기술교육과, 물리교육과, 화학교육과, 환경교육과

《핵심 화학반응공학》, H. Scott Fogler, 이윤우 역, 사이플러스(2024)

[12물에04-04]

농도, 온도, 촉매에 따라 반응 속도가 달라짐을 이해하고, 일상생활에서 각각의 예를 찾아 화학의 유용성을 인식할 수 있다.

➡ 반응 속도는 농도, 온도, 촉매와 관련된 여러 요인에 영향을 받는다. 반응물의 농도가 증가하면 충돌이 더 자주 일어나기 때문에 반응 속도가 증가한다. 일반적으로 온도나 촉매도 반응 속도를 증가시키는 역할을 한다. 활성화 에너지를 중심으로 농도, 온도, 촉매에 따른 반응 속도를 분석하고, 관련된 예시를 조사하여 PPT를 제작해 보자. 제작한 자료를 중심으로 농도, 온도, 촉매에 따라 반응 속도가 달라진다는 것을 설명해 보자.

관련 학과 가정교육과, 과학교육과, 교육공학과, 교육학과, 기술교육과, 물리교육과, 생물교육과, 수학교육과, 지구과학교육과, 컴퓨터교육과, 화학교육과, 환경교육과

《진짜 하루 만에 이해하는 정유·석유화학 산업》, 배진영 외 1명, 티더블유아이지(2024)

선택 과목	수능		절대평가	상대평가
진로 선택	X	화학 반응의 세계	5단계	5등급

단원명 | 산 염기 평형

🔍 브뢴스테드, 라우리, 산, 염기, 이온화 상수, 상대적인 세기, 약산, 약염기, 수용액의 pH, 중화 적정 실험, 실험 데이터, 염의 가수분해, 화학 평형, 완충 작용

[12반응01-01] ●●●

브뢴스테드-라우리 산과 염기의 정의를 이해하고, 이에 따라 산과 염기를 구별할 수 있다.

➡ 화학자 브뢴스테드와 라우리는 산을 양성자를 주는 물질, 염기를 양성자를 받는 물질로 정의했다. 브뢴스테드-라우리 산과 염기 이론에 따르면, 산은 수소 이온을 내놓는 양성자 주개이고, 염기는 수소 이온을 받는 양성자 받개이다. 일상에서 접할 수 있는 산과 염기의 예를 조사하고, 그 특성과 반응을 비교하는 학습 활동을 설계한 후 '산과 염기의 반응 특성을 비교한 시각화 학습 자료 제작'을 주제로 보고서를 작성해 보자.

관련 학과 과학교육과, 교육공학과, 교육학과, 기술교육과, 물리교육과, 화학교육과, 환경교육과

《**재밌어서 밤새 읽는 화학 이야기**》, 사마키 다케오, 김정환 역, 더숲(2013)

[12반응01-02] ●●●

이온화 상수를 이용하여 산과 염기의 상대적인 세기를 추론하고, 약산과 약염기 수용액의 pH를 구할 수 있다.

➡ 이온화 상수는 산과 염기의 상대적인 세기를 나타내는 지표이다. 산은 수소 이온을 방출하며, 염기는 수소 이온을 수용하여 수산화 이온을 형성한다. 이온화 상수는 산이나 염기의 강도를 나타내고, 그 값이 클수록 강한 산 또는 염기를 나타낸다. 이 값은 화학적 특성을 이해하고 종류를 구분하는 데 중요하다. 산과 염기의 예를 선정한 후 이온화 상수를 이용하여 상대적인 세기를 추론해 보자.

관련 학과 과학교육과, 교육공학과, 교육학과, 기술교육과, 물리교육과, 화학교육과, 환경교육과

《**주변의 모든 것을 화학식으로 써 봤다**》, 야마구치 사토루, 김정환 역, 더숲(2024)

[12반응01-03] ●●●

중화 적정 실험의 pH 변화를 데이터에 근거하여 해석할 수 있다.

➡ 중화 적정은 산 또는 염기의 표준용액을 사용하여 염기 또는 산을 적정함으로써 정량 분석하는 방법이다. 화학 반응 중에서 중화 반응은 산염기 지시약으로 중화점을 쉽게 알 수 있어 산 또는 염기를 정량할 수 있다. 강한 산이나 강한 염기인 경우에는 중화점에서 지시약의 색 변화가 뚜렷하여 정확한 적정을 하기 쉽지만, 강한 산과 약한 염기 또는 약한 산과 강한 염기인 경우에는 정확한 적정을 하기 어려우므로 적당한 지시약을 선택해야 한다. 중화 적정 실험에 따른 지시약은 어떻게 선정해야 하는지 토론해 보자.

관련 학과 과학교육과, 교육공학과, 교육학과, 기술교육과, 물리교육과, 화학교육과, 환경교육과
《만들면서 배우는 아두이노 IoT 사물인터넷과 40개의 작품들》, 장문철, 앤써북(2024)

[12반응01-04] ● ● ●

이온화 상수를 이용하여 염의 가수분해를 설명할 수 있다.

➜ 가수분해는 물질이 물과 반응하여 화학적으로 분해되는 반응을 의미한다. 약산의 음이온은 염기로 작용해 물로부터 양성자를 받아 수용액이 염기성을 띠게 되며, 약염기의 양이온은 산으로 작용해 양성자를 제공하여 수용액이 산성을 띤다. 염의 가수분해는 평형 상수를 이용해 수용액에서 염의 성질을 예측하거나 설명하는 데 사용된다. 관심 있는 염을 조사한 후, 평형 상수를 활용해 그 염의 가수분해 과정을 설명해 보자.

관련 학과 과학교육과, 교육공학과, 교육학과, 기술교육과, 물리교육과, 화학교육과, 환경교육과
《진정일의 화학 카페》, 진정일, 페이퍼앤북(2024)

[12반응01-05] ● ● ●

화학 평형으로 생체 내 완충 작용을 설명하고, 화학 원리의 신비로움을 느낄 수 있다.

➜ 완충 작용이란 용액의 수소 이온 농도(pH)가 변하려고 할 때 그 변화를 억제하는 작용을 말한다. 약한 산과 그 짝염기의 혼합 용액, 또는 약한 염기와 그 짝산의 혼합 용액으로 이루어진 완충 용액은 외부에서 약간의 산이나 염기가 첨가되더라도 pH의 변화를 거의 일으키지 않는다. 완충 용액은 화학 평형의 개념을 이용해 생체 내에서 중요한 역할을 한다. 예를 들어 혈액 내에서는 중탄산염 이온과 탄산의 완충계가 체내의 pH를 일정하게 유지하는 데 기여한다. 생명체가 최적의 기능을 유지하는 데 완충 작용이 어떻게 활용되는지 조사하고, 이와 관련된 보고서를 작성하여 발표해 보자.

관련 학과 과학교육과, 교육공학과, 교육학과, 기술교육과, 물리교육과, 화학교육과, 환경교육과
《재미있고 쓸모있는 화학 이야기》, 이광렬, 코리아닷컴(2023)

단원명 | 산화·환원 반응

> | 🔍 | 전자의 이동, 산화수 변화, 산화, 환원, 반쪽 반응식, 화학 전지, 실용 전지, 표준 환원 전위, 전위차, 전기분해, 생명 현상, 물질의 역할

[12반응02-01] ● ● ●

전자의 이동과 산화수 변화로 산화·환원 반응을 이해하고, 반쪽 반응식을 활용하여 산화·환원 반응식을 완성할 수 있다.

➜ 산화수란 원자가 이온 상태일 때의 전하량을 나타내며, 산화·환원 반응이 일어날 때 산화수의 변화가 발생한다. 물질 간 전자 이동에 의해 산화와 환원 반응이 동시에 일어나는데, 전자를 잃은 물질은 산화수가 증가하여 산화되고, 전자를 얻은 물질은 산화수가 감소하여 환원된다. 산화·환원 반응에서는 각 원소의 산화수가 어떻게 변화하느냐에 따라 반응이 산화인지, 환원인지 판단할 수 있다. 다양한 물질의 예를 들어 산화·환원 반응에서 산화수가 어떻게 변하는지 분석해 보자.

관련 학과 과학교육과, 교육공학과, 교육학과, 기술교육과, 물리교육과, 화학교육과, 환경교육과
《한 번 읽으면 절대 잊을 수 없는 화학 교과서》, 사마키 다케오, 곽범신 역, 시그마북스(2023)

[12반응02-02]   ● ● ●

화학 전지의 발전 과정을 조사하여 실용 전지의 구조적 공통점을 추론할 수 있다.

➡ 화학 전지는 전기화학적 에너지를 저장하는 장치로, 이탈리아 물리학자 볼타가 전지를 개발한 이후 지속적으로 연구되어 다양한 종류로 발전했다. 리튬이온전지는 대표적인 현대 전지로, 고에너지 밀도와 재충전 기능으로 휴대용 전자 제품부터 전기차까지 광범위하게 사용된다. 현재 다양한 분야에서 사용되고 있는 전지 기술을 조사한 후 과학적인 제조 원리를 분석하여 발표해 보자.

관련 학과 과학교육과, 교육공학과, 교육학과, 기술교육과, 물리교육과, 화학교육과, 환경교육과
《슈퍼배터리와 전기자동차 이야기》, 세트 플레처, 한원철 역, 성안당(2020)

[12반응02-03]   ● ● ●

화학 전지의 원리를 산화·환원 반응으로 설명하고, 표준 환원 전위를 이용하여 전위차를 구할 수 있다.

➡ 화학 전지는 산화·환원 반응에 기반하여 전기 에너지를 생성하거나 저장한다. 전지에는 양극과 음극이 있으며, 양극에서는 산화 반응이 일어나고 음극에서는 환원 반응이 발생한다. 양극에서는 화학 물질이 산화되면서 전자를 방출하고, 음극에서는 이러한 전자를 받아들이는 환원 반응이 일어난다. 이렇게 생성된 전자들은 회로를 통해 이동하면서 전기 에너지를 제공한다. 표준 환원 전위를 이용하여 전지에서 발생하는 전위차를 계산해 보고, 전위차를 구하는 과정에서 고려해야 할 점을 보고서로 작성해 보자.

관련 학과 과학교육과, 교육공학과, 교육학과, 기술교육과, 물리교육과, 화학교육과, 환경교육과
《배터리의 미래》, M. 스탠리 위팅엄 외 3명, 이음(2021)

[12반응02-04]   ● ● ●

전기 분해의 원리를 산화·환원 반응으로 설명하고, 산업 현장에서 활용되는 전기 분해의 예를 조사하여 발표할 수 있다.

➡ 전기 분해는 전기 에너지를 사용해서 물질의 분해 혹은 변환을 유도하는 모든 반응을 말한다. 전기 분해는 산화·환원 반응의 원리로 일어나고, 양극과 음극에 전기를 흘리면 전자들이 음극에서 양극으로 이동하면서 화학 물질의 분해가 일어난다. 전기 분해에 필요한 전기 에너지는 전극을 통해 공급되며 금속, 흑연과 같이 전기가 흐르는 물질이 전극으로 사용된다. 전기 분해가 일어나는 과정을 분석한 후 전자가 이동하는 모습을 역동적으로 표현한 포스터를 제작해 전시해 보자.

관련 학과 과학교육과, 교육공학과, 교육학과, 기술교육과, 물리교육과, 화학교육과, 환경교육과
《4차 산업혁명의 미래를 설계한다》, 대한산업공학회, 교문사(2018)

[12반응02-05]   ● ● ●

생명 현상 및 화학 전지에서 이용되는 다양한 산화·환원 반응과 그 반응에 이용된 물질의 역할을 조사하여 화학의 신비로움을 느낄 수 있다.

➡ 생명이란 생물의 본질적인 속성으로 설명되는 개념이며, 이러한 속성에 의해 개체와 종이 유지되고 보존된다.

생명은 유기화합물을 바탕으로 구성된 생체 내에서 일어나는 성장, 구성, 조절, 자극 반응, 물질대사, 증식 등의 과정으로 설명된다. 생명을 유지하는 데 필요한 호흡 과정은 산화·환원 반응에 기반하며, 이를 통해 생명체는 에너지를 생성하고 대사를 지원한다. 산화·환원 반응은 에너지를 방출하거나 저장하는 과정에서 중요한 역할을 하며, 이 과정에 관여하는 물질은 생명체의 대사와 에너지 흐름을 조절한다. 생명 현상을 유지하는 데 필요한 다양한 산화·환원 반응과 그 반응에 이용되는 물질의 역할을 조사하고, '산화·환원 반응이 생명체의 에너지 생성과 대사에 미치는 영향 분석'을 주제로 보고서를 작성해 보자.

> [관련학과] 과학교육과, 교육공학과, 교육학과, 기술교육과, 물리교육과, 화학교육과, 환경교육과
> 《K 배터리 레볼루션》, 박순혁, 지와인(2023)

단원명 | 탄소화합물과 반응

| 🔎 | 탄소화합물, 작용기, 화학 반응, 단위체, 중합 반응, 고분자, 과학, 기술, 사회

[12반응03-01] ● ● ●
일상생활에 유용한 탄소화합물을 작용기에 따라 분류할 수 있다.

➡ 탄소화합물이란 탄소 원자가 산소, 수소, 질소 등의 원자와 공유 결합하여 형성된 화합물을 의미한다. 탄소화합물의 대부분은 유기화합물에 속하지만, 구조가 비교적 간단한 일부는 무기화합물로 분류되기도 한다. 탄소 원자는 최대 4개의 다른 원자와 공유 결합할 수 있으며, 탄소 원자끼리 계속 연결되거나 이중·삼중 결합을 형성하는 것도 가능하다. 작용기는 유기화합물의 화학적 성질이나 반응성을 결정하는 중요한 원자단이나 구조를 의미한다. 탄소화합물 내에서 작용기가 어떤 역할을 하는지 조사하고, 이를 PPT로 정리하여 발표해 보자.

> [관련학과] 과학교육과, 교육공학과, 교육학과, 기술교육과, 물리교육과, 화학교육과, 환경교육과
> 《하루 한 권, 탄소》, 사이토 가쓰히로, 일본콘텐츠전문번역팀 역, 드루(2023)

[12반응03-02] ● ● ●
간단한 탄소화합물의 화학 반응 예를 찾아 작용기의 변화로 설명할 수 있다.

➡ 작용기는 유기화합물의 성질을 결정하는 원자단으로, 몇 개의 원자가 결합해 있고, 화합물이 어떤 성질을 가지게 되는지를 결정한다. 같은 작용기를 가진 화합물들은 나머지 부분의 구조와 관계없이 비슷한 성질을 나타낸다. 현재까지 알려진 탄소화합물은 수백만 종류가 넘고, 앞으로도 계속 인간에 의해 발견되거나 합성될 것으로 보인다. 관심 있는 탄소화합물을 조사하고 화학 반응을 분석한 후, 작용기의 변화로 탄소화합물의 화학 반응을 설명해 보자.

> [관련학과] 과학교육과, 교육공학과, 교육학과, 기술교육과, 물리교육과, 화학교육과, 환경교육과
> 《진짜 하루 만에 이해하는 정유·석유화학 산업》, 배진영 외 1명, 티더블유아이지(2024)

[12반응03-03] ● ● ●
단위체의 중합 반응으로 다양한 고분자가 합성되는 것을 이해하여 화학 반응의 유용성을 인식할 수 있다.

➡ 중합 반응이란 고분자화학에서 단위체 분자들이 화학적 반응에 의해 고분자 사슬을 만들거나 삼차원 망상구

조를 생성하는 것을 말한다. 중합 반응은 촉매 또는 열, 빛, 압력 등의 에너지 소스에 의해 진행될 수 있다. 다양한 유기화합물과 무기화합물을 형성하는 데 이용되며, 단위체의 다양한 조합과 중합 반응의 형태에 따라 플라스틱, 폴리머, 수지, 섬유 등의 다양한 고분자가 생성된다. 고분자의 합성 과정을 인포그래픽으로 제작하고, 단위체가 중합 반응을 통해 고분자로 합성되는 과정을 단계별로 설명해 보자.

[관련 학과] 과학교육과, 교육공학과, 교육학과, 기술교육과, 물리교육과, 화학교육과, 환경교육과

《히미 오와 함께하는 탄소화합물 가상탐구》, 오진호, 좋은땅(2023)

[12반응03-04] ● ● ●

탄소화합물의 반응을 통해 합성된 새로운 물질이 과학·기술·사회 발전에 끼친 영향을 조사하여 화학의 유용성을 깨달을 수 있다.

➡ 탄소화합물 대부분은 유기화합물이지만, 구조가 비교적 단순한 일부는 무기화합물로 분류된다. 탄소화합물의 반응을 통해 합성된 새로운 물질은 지속적으로 개발되며 다양한 영역에 영향을 미치고 있다. 이러한 신소재는 다양한 산업 분야에서 활용될 뿐만 아니라 의료, 에너지, 환경 기술 등에서도 중요한 역할을 하고 있다. 탄소화합물의 반응을 통해 합성된 신소재가 과학, 기술, 사회에 미친 영향을 조사하여 화학의 유용성을 깨달을 수 있는 기회를 제공하고, 이를 통해 화학의 실생활 응용을 학생들에게 쉽게 전달할 수 있는 교육 자료를 작성해 보자. 또한 화학의 기본 개념부터 실제 응용 사례까지 학생들이 이해할 수 있도록 단계별로 설명하는 학습 활동을 계획하고, 이를 실천하기 위한 구체적인 방안과 수업 운영 전략에 대해 토의해 보자.

[관련 학과] 과학교육과, 교육공학과, 교육학과, 기술교육과, 물리교육과, 화학교육과, 환경교육과

《신소재 쫌 아는 10대》, 장홍제, 풀빛(2020)

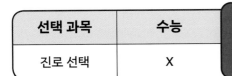

선택 과목	수능	세포와 물질대사	절대평가	상대평가
진로 선택	X		5단계	5등급

단원명 | 세포

> 🔍 탄수화물, 지질, 핵산, 단백질, 세포 소기관, 원핵세포, 진핵세포, 세포막, 물질 수송 과정, 삼투현상

[12세포01-02] ●●●

핵산과 단백질의 기본 구조와 세포에서의 주요 기능을 조사하여 설명할 수 있다.

➡ 학습 장애와 핵산 단백질의 관련성을 탐구해 보자. 그리고 학습 장애와 관련된 유전적인 요인과 핵산 단백질의 기능적 변화, 학습 장애의 진단과 치료에 대한 연구 자료 등 관련 자료를 종합하여 분석해 보자. 이러한 탐구와 분석은 학습 장애의 원인과 핵산 단백질의 역할을 이해하며, 학습 장애를 치료하고 교육 방법을 개발하는 데 중요하다. 이를 통해 학습 장애를 가진 학생들을 위한 효과적인 교육 프로그램과 학습 지원 방향에 대해 탐구해 보자.

관련 학과 교육공학과, 교육학과, 생물교육과

《학습 장애 아동의 이해와 교육》, 김동일 외 2명, 학지사(2016)

[12세포01-03] ●●●

동물세포와 식물세포를 구성하는 세포 소기관의 구조와 기능을 이해하고, 세포 소기관들의 유기적 관계를 추론하여 협력적으로 소통할 수 있다.

➡ 세포 소기관들의 유기적 관계를 학습자 중심의 교육 방법으로 어떻게 전달할 수 있는지 탐구해 보자. 학습자들이 세포 소기관의 구조와 기능, 상호작용 등을 학습하고 이해할 수 있는 활동이나 교육 자료를 만들어보자. 또한 세포 소기관들의 유기적 관계를 시각적으로 표현하는 방법 등을 활용하여 학습 효과를 극대화할 수 있는 교육 방법에 대해 발표해 보자.

관련 학과 교육공학과, 교육학과, 생물교육과

《세포 짠 DNA 쏙 북적북적 생명 과학 수업》, 신인철, 나무를심는사람들(2018)

[12세포01-04] ●●●

원핵세포와 진핵세포의 공통점과 차이점을 설명할 수 있다.

➡ 원핵세포와 진핵세포의 공통점과 차이점에 대한 이해를 돕는 학습자 중심의 교육 프로그램을 조사하여 적합한 교수 학습 방법에 대해 토의해 보자. 기본적인 세포 구조와 세포분열 과정, 유전물질의 형태와 유전자 발현 등 두 세포의 기능적 특성을 구분하는 데 적합한 프로그램과 교육 방법에 대해 탐구하여 발표해 보자.

관련 학과 과학교육과, 교육학과, 생물교육과

《세포부터 나일까? 언제부터 나일까?》, 이고은, 창비(2023)

[12세포01-05]　● ● ●

세포막의 구조와 특성을 이해하고, 세포막을 통한 물질 수송 과정을 추론할 수 있다.

➡ 세포막을 통한 물질 수송 과정에 관련된 문제를 학습자들에게 제시하여 협력을 통해 해결하도록 문제 중심 학습과 협력 학습의 교수 학습 방법을 구상해 보자. 컴퓨터 기반의 시뮬레이션 소프트웨어를 활용하여 세포막의 특성과 물질 수송 과정을 시각적으로 표현해 볼 수 있다. 그리고 세포막의 구조와 특성에 대해 모둠별로 조사한 후, 세포막을 통한 물질 수송 과정에 대해 모둠별로 발표하는 교수 학습 방법에 대해서도 탐구해 보자.

　관련 학과　과학교육과, 생물교육과

《아주 특별한 생물학 수업》, 장수철 외 1명, 휴머니스트(2015)

단원명 | 물질대사와 에너지

| 🔍 | 물질대사, 에너지대사, 광합성, 세포호흡, ATP 역할, 효소, 효소 작용

[12세포02-01]　● ● ●

물질대사는 생명체에서 생명을 유지하기 위해 일어나는 화학 반응임을 이해하고, 에너지의 출입이 동반됨을 추론할 수 있다.

➡ 2016년 유럽 우주국(ESA)과 러시아 연방 우주국(약칭: ROSKOSMOS)이 공동으로 추진한 화성 탐사 계획에 따라 화성 탐사선 '엑소마스(ExoMars)'가 발사되었다. 이 탐사선의 임무는 화성 궤도를 돌면서 화성 대기권에 생명체의 물질대사 결과로 만들어진 기체 성분이 있는지 알아봄으로써 화성에 생명체가 존재할 가능성을 찾는 것이다. 화성의 유기 생명체 존재 여부에 직접적인 증거가 될 수 있는 메테인(메탄)의 생성 원인에 대한 교육 자료를 작성해 보자.

　관련 학과　과학교육과, 생물교육과, 지구과학교육과, 화학교육과, 환경교육과

《화성과 화성 생명체의 탐사》, 민영기, 자유아카데미(2013)

[12세포02-03]　● ● ●

효소의 종류와 특성을 이해하고, 효소의 활성에 영향을 미치는 요인에 대한 실험을 설계하여 수행할 수 있다.

➡ 성취 기준에 적합한 교육 프로그램이나 교수 학습 방법에 대해 토의해 보자. 소그룹으로 나누어 효소의 활성에 영향을 미치는 요인에 대한 연구 프로젝트를 수행하도록 유도하는 교육 프로그램을 구상해 보자. 각 소그룹은 특정 요인을 선택하여 문헌 조사, 실험 설계, 데이터 분석 등을 통해 해당 요인의 효소 활성에 대한 영향을 탐구하여 발표할 수 있도록 교수 학습 과정을 작성해 보자. 또한 협력과 문헌 조사 역량을 향상시키며, 효소 활성에 영향을 미치는 요인을 깊이 있게 이해할 수 있게 해주는 그룹 프로젝트 방법에 대해서도 탐구해 보자.

　관련 학과　과학교육과, 교육공학과, 교육학과, 생물교육과

《프로젝트 수업 어떻게 할 것인가? 2》, 수지 보스 외 1명, 장밝은 역, 지식프레임(2020)

[12세포02-05]

효소가 우리 생활이나 산업에 다양하게 이용되는 사례를 조사하여 발표할 수 있다.

➡ 효소가 일상생활이나 산업에 어떻게 이용되는지 이해하고 공감할 수 있게 해주는 교육 프로그램이나 교수 학습 방법을 탐구해 보자. 효소의 작용 원리, 활성 조절, 활용 사례 등 다양한 교육 자료의 제공을 통해 나타나는 학생들의 이해도 및 학습 흥미도의 변화를 평가해 보자. 이를 통해 효소에 대한 생물 교육 자료의 효과성과 유용성을 분석하고, 프로그램과 교수 학습 방법의 개선점에 대해 토의하여 발표해 보자.

관련 학과 과학교육과, 생물교육과, 화학교육과
《**효소로 이루어진 세상**》, 신현재, 이채(2018)

단원명 | 세포호흡과 광합성

🔍 미토콘드리아, 세포호흡, 인산화 과정, 발효, 엽록체 구조, 광합성, 전자전달계

[12세포03-01]

미토콘드리아의 구조를 이해하고, 생명체 내에서의 미토콘드리아의 기능을 추론할 수 있다.

➡ 생명체 내에서의 미토콘드리아의 기능을 체험할 수 있는 실험 중심의 수업이나 시각적 자료를 활용한 교육 프로그램에 대해 탐구해 보자. 예를 들어 브로콜리 DNA 추출 실험이나, 미토콘드리아의 구조와 기능을 이해할 수 있는 시각적 자료를 구상해 보자. 이를 통해 미토콘드리아의 내부 구조나 에너지 생산 과정을 보다 쉽게 이해할 수 있을 것이다. 또한 미토콘드리아 관련 주제를 서로 토의하고 학습할 수 있도록 유도하는 협업 학습의 필요성과 개선점에 대해서도 토의해 보자.

관련 학과 과학교육과, 생물교육과
《**세상이 보이는 스팀사이언스 100**》, 제니 제이코비, 신나는 과학을 만드는 사람들 역, 파란자전거(2023)

[12세포03-02]

세포호흡 과정의 단계별 특징을 다양한 매체를 활용하여 협력적으로 소통할 수 있다.

➡ 인디언들은 자작나무를 "서 있는 키 큰 형제들"이라고 표현하기도 한다. 나무가 태양 에너지를 흡수하고 산소를 공급하는 데 중요한 역할을 한다고 인식하여, 나무와 사람이 형제 관계에 있다고 여기는 것이다. 인디언들이 나무와 사람을 형제 관계라고 생각한 이유와 연관 지어, 세포호흡이나 광합성에 필요한 식물과 인간의 협력적 관계에 대해 토의해 보자. 이를 생명과학 교육과 연계하여 교수 학습 지도안을 작성하고 발표해 보자.

관련 학과 과학교육과, 생물교육과
《**광합성의 세계**》, 이와나미 요조, 심상철 역, 전파과학사(2019)

[12세포03-03]

세포호흡 과정에서의 인산화 과정을 기질 수준의 인산화와 산화적 인산화 과정으로 구분할 수 있다.

➥ 세포호흡 과정에서의 인산화 과정을 쉽게 이해하고 기억할 수 있도록 시각 자료와 다이어그램을 활용하거나 체험할 수 있는 실험 탐구 교육 프로그램에 대해 토의해 보자. 또한 학생들의 참여와 자기 주도적 학습을 유도하고 서로 협업할 수 있는 교수 학습 방법에 대해 탐구하여 적용해 보자.

관련 학과 과학교육과, 생물교육과

《**대한민국 미래 교육 트렌드**》, 미래교육집필팀, 뜨인돌(2023)

[12세포03-04] • • •

산소호흡과 발효의 공통점과 차이점을 이해하고, 실생활에서 발효를 이용한 사례 조사 계획을 세워 조사할 수 있다.

➥ 돼지고기는 단백질과 지방뿐만 아니라 비타민B1도 풍부한 것으로 알려져 있지만, 소화가 되지 않는 경우 위에 부담을 줄 수 있어 새우젓과 함께 먹기도 한다. 체질적으로 지방분해효소가 부족해 돼지고기를 먹으면 설사를 하는 사람은 새우젓과 함께 먹으면 설사를 예방할 수 있다. 새우젓은 발효 과정에서 지방분해효소인 리파아제를 만들어내고, 리파아제는 기름진 돼지고기의 소화를 도와준다. 어려울 수 있는 과학적 개념을 실생활의 예를 들어 설명함으로써 학생들의 이해를 도울 수 있는 사례를 조사하고 발표해 보자. 또한 교과의 어려운 개념을 쉽게 이해시킬 수 있는 교육 방법에 대해서도 탐구해 보자.

관련 학과 교육계열 전체

《**음식의 영혼, 발효의 모든 것**》, 샌더 엘릭스 카츠, 한유선 역, 글항아리(2021)

[12세포03-05] • • •

엽록체의 구조를 이해하고 기능과 관련지어 설명할 수 있다.

➥ 햇빛은 피부의 비타민D 생합성을 돕고, 신경전달물질인 세로토닌의 생성에 영향을 준다. 햇빛을 충분히 쬐면 세로토닌이 생성되어 기분이 안정되고 우울감이 감소한다. 햇빛 노출과 우울감 및 스트레스 감소, 기분 전환, 수면 질 등의 관련성을 조사하고, 햇빛이 심리적 건강과 학습 효과, 학습 능력에 미치는 영향에 대해 탐구해 보자.

관련 학과 교육계열 전체

《**햇빛을 쬐면 의사가 필요없다**》, 우쓰노미야 미쓰야키, 성백희 역, 전나무숲(2022)

[12세포03-06] • • •

광합성의 명반응과 탄소 고정 반응을 단계별로 구분하여 특징을 이해하고, 두 반응의 상호 관계를 추론할 수 있다.

➥ 광합성의 명반응과 탄소 고정 반응을 학생들에게 효과적으로 가르치기 위한 교육 자료 개발과 교육 방법에 대해 탐구해 보자. 광합성과 탄소 고정 반응의 개념을 쉽게 이해할 수 있게 해주는 교육적인 접근법, 실험 활동, 시각 자료 등을 개발하고, 학생들의 학습 효과와 흥미 유발에 기여할 수 있는 방안을 토의하여 발표해 보자.

관련 학과 과학교육과, 교육학과, 생물교육과

《**유쾌한 과학 수업**》, 한재영 외 8명, 지성사(2016)

[12세포03-08] • • •

광합성 관련 과학사적 연구 결과를 조사하여 시각화 자료를 창의적으로 제작하여 협력적으로 소통할 수 있다.

➥ 과학자들의 광합성에 대한 연구 결과를 시대별로 조사한 후, 과학자들이 수행한 연구의 방법과 과정을 시대별

국어 교과군

영어 교과군

수학 교과군

도덕 교과군

사회 교과군

과학 교과군

로 구성한 시각 자료를 제작해 보자. 그리고 이 자료를 분석하여 광합성 연구의 시대별 탐구 방법과 절차의 변화 과정에 대해 발표해 보자. 또한 광합성 연구사에 대한 이해를 도울 수 있는 수업 방법을 토의하고, 토의한 내용을 바탕으로 한 교수 학습 과정안을 작성해 보자.

관련 학과 과학교육과, 교육공학과, 교육학과, 생물교육과

《2022 개정 교육과정 기반 교사 교육과정과 수업 디자인》, 유영식, 테크빌교육(2023)

선택 과목	수능	생물의 유전	절대평가	상대평가
진로 선택	X		5단계	5등급

단원명 | 유전자와 유전물질

| 🔍 | 유전형질, 유전 현상 분석, 다유전자유전, 유전병, DNA 구조, 원핵세포, 진핵세포, DNA 복제

[12유전01-01]   •••

유전형질이 유전자를 통해 자손에게 유전됨을 이해하고, 상염색체 유전과 성염색체 유전 양상의 차이를 설명할 수 있다.

➡ 상염색체 유전 양상과 성별에 따른 사회적 차별, 성평등 정책의 효과 등을 분석하여, 상염색체 유전 양상이 사회적 차별과 성평등에 어떤 영향을 미치는지 토론해 보자. 또한 사회적 차별이나 성평등의 영향과 관련한 토론 활동 후, '유·초·중·고 발달 단계별 학교 안전 교육 7대 영역 표준안' 중 '폭력 및 신변 안전' 영역인 학교폭력이나 성폭력 예방 교육 등과 연계한 교육 방법에 대해 탐구해 보자.

[관련 학과] 교육계열 전체

《학교폭력 예방의 이론과 실제》, 이규미 외 13명, 학지사(2021)

[12유전01-02]   •••

사람 유전 연구 방법의 어려움을 이해하고, 사람의 유전 현상 분석을 근거로 유전형질의 유전적 특성을 추론할 수 있다.

➡ 유전자에 의해 결정되는 특정 유전형질(키, 눈 색깔, 머리색, 혈액형 등) 외에, 유전적 요인과 후천적·환경적 요인에 의한 학업 능력에 대해 토의해 보자. 또한 일란성쌍둥이 연구 자료를 조사하여, 학업 능력에 영향을 미치는 유전적 요인과 환경적 요인에 대해 분석해 보자. 선천적으로 타고난 특성과 후천적으로 계발·습득·성장하는 과정에 따른 개인별 맞춤형 교육의 필요성과 앞으로의 교육 방향을 탐구하여 발표해 보자.

[관련 학과] 교육계열 전체

《후천적 공부머리 성장법》, 권혜연, 카시오페아(2023)

[12유전01-03]   •••

사람의 다유전자유전에 대해 이해하고, 유전 현상의 다양성 사례를 조사하여 과학적 근거를 활용하여 협력적으로 소통할 수 있다.

➡ 유전자 검사 회사가 9만 명에 가까운 사람들의 유전자 정보를 분석하여 내린 결론으로 "아침형 인간, 올빼미족은 유전자가 결정"이라는 기사가 있다. 해당 연구 팀은 인간의 주요 활동 시간과 유전자의 상관관계를 밝히기 위해 유전자 정보가 등록된 의뢰인들을 대상으로 아침형과 저녁형 관련 질문을 하고 이들의 답을 분석하였다. 이러한 결과에 대해 영국 레스터 대학의 에린 터버 교수는 "9만 명에 달하는 표본 수는 물론이고, 생체 리

듦에 관여하는 유전자를 특정화했다는 점에서 유의미한 연구 성과"라고 평가했다. 하지만 시간 유형은 유전적 요인뿐만 아니라 사회문화적 환경의 영향도 있는데 연구 팀이 과다한 일반화의 오류를 범했다는 평가도 있다. 아침형 인간 및 저녁형 인간과 관련해 각 유형의 학습 효율을 높일 수 있는 학습 방법을 탐구하여 발표해 보자.

관련 학과 교육계열 전체

《공부의 뇌과학》, 양은우, 카시오페아(2024)

[12유전01-06] ● ● ●

원핵세포와 진핵세포의 유전자 구조와 유전체 구성을 이해하고, 공통점과 차이점을 비교하여 설명할 수 있다.

➡ 원핵세포와 진핵세포의 유전자 구조, 유전체 구성에 대한 교육 자료를 구상해 보자. 시각적인 도식, 애니메이션, 교육 게임 등을 활용하여 학생들이 쉽게 이해하고 스스로 탐구할 수 있게 하는 자료를 제작해 보자. 또한 DNA 추출, 전기영동, 염기서열 분석 등의 실험을 통해 학생들이 직접 데이터를 수집하고 분석하는 경험을 할 수 있는 실험 설계 및 실습에 대한 적절한 교육 프로그램을 탐구해 보자.

관련 학과 과학교육과, 생물교육과

《날로 먹는 분자세포생물학》, 신인철, 성안당(2022)

단원명 | 유전자의 발현

| 🔍 | 전사와 번역 과정, 유전자 발현 과정, 유전 정보, 세포 분화, 단백질 합성

[12유전02-01] ● ● ●

전사와 번역 과정을 거쳐 유전자가 발현되는 중심 원리를 이해하고, 모형을 이용하여 유전자 발현 과정을 설명할 수 있다.

➡ 유전자 발현 정보를 활용한 학생 맞춤형 교육과 관리가 가능한지 토론해 보자. 유전자 발현 정보를 활용하여 학생의 특성을 파악하고, 학습 스타일에 맞는 교육 방법을 적용하거나 학습의 어려움을 예방할 수 있다는 교육적 관리와 윤리적 고려 사항 등에 대해 논의해 보자. 유전자 발현 정보를 교육에 이용할 때의 한계와 윤리적 경계에 대해 발표해 보자.

관련 학과 교육학과, 사회교육과, 생물교육과, 아동보육학과, 유아교육학과, 윤리교육과, 초등교육과, 특수교육과

《생명 윤리 교육 그리고 가정》, 마리아 루이사 디 피에트로, 정재우 역, 가톨릭출판사(2010)

[12유전02-03] ● ● ●

원핵생물과 진핵생물의 유전자 발현 조절 과정을 비교하기 위한 설명 자료를 다양한 매체를 활용하여 제작할 수 있다.

➡ 교육 대상을 선정하여 적절한 교육 프로그램을 구상해 보자. 예를 들어 원핵생물과 진핵생물의 유전자 발현 조절 과정을 비교하는 차트나 그래프를 활용한 직관적 자료, 동적인 움직임과 음성 설명을 활용한 시각화 자료를 제작해 보자. 또한 교육 대상이 접근하기 수월한 소셜 미디어 플랫폼을 활용한 교육 콘텐츠를 제공하는 자료를 만들고, 대상에 따른 교육 자료의 제공 방법을 구상해 보자.

국어 교과군

영어 교과군

수학 교과군

도덕 교과군

사회 교과군

과학 교과군

관련 학과 과학교육과, 교육학과, 생물교육과

《2022 개정 교육과정 기반 교사 교육과정과 수업 디자인》, 유영식, 테크빌교육(2023)

[12유전02-04]   • • •

생물의 발생 과정에서 세포 분화가 유전자 발현 조절 과정을 통해 일어남을 추론할 수 있다.

➡ 생물의 발생 과정과 세포 분화를 포함한 교육 커리큘럼 개발에 대해 탐구해 보자. 현재의 교육과정에 생물의 발생 과정과 세포 분화에 대한 내용이 충분히 반영되고 있는지 분석하고, 학습 목표와 평가 방법을 포함한 효과적인 교육 커리큘럼을 설계해 보자. 또한 STEM 교육 방법과 생물의 발생 과정을 통합하여, 학생들이 과학적 사고력과 문제 해결 능력을 키울 수 있는 교육 모델을 제시해 보자.

관련 학과 과학교육과, 교육학과, 생물교육과

《융합 STEAM 교육의 이해》, 김진수 외 2명, 공감북스(2020)

단원명 | 생명공학 기술

| 🔍 | 생명공학 기술, 단일클론항체, 줄기세포, 유전자 편집 기술, 난치병 치료, 유전자변형생물체(LMO), 생명 윤리

[12유전03-02]   • • •

단일클론항체, 줄기세포, 유전자 편집 기술이 난치병 치료에 활용된 사례를 조사하고, 이러한 치료법의 전망에 대해 협력적으로 소통할 수 있다.

➡ 중국의 진시황은 불로불사, 불로장생을 이루어준다는 전설의 풀인 불로초를 찾아서 영원한 삶을 살고자 했지만 50세에 순행 도중 세상을 떠났다. 나이가 들면서 나타나는 노화 현상이나 질병은 인간의 심리와 삶에 큰 영향을 미친다. 인간의 수명이 늘어나면서 노인으로서 보내는 시간이 점점 길어짐에 따라 노인 교육의 필요성이 대두되고 있다. 평생교육의 필요성과 노인 교육 방법에 대해 탐구하여 발표해 보자.

관련 학과 교육계열 전체

《평생교육론》, 이복희 외 4명, 양성원(2024)

[12유전03-04]   • • •

유전자변형생물체(LMO)의 특징을 이해하고, 인간과 생태계에 미치는 영향을 추론할 수 있다.

➡ 유전자변형생물체(LMO)에 대한 이해와 관련된 교육과정의 통합적인 접근 방안을 탐구해 보자. 유전자변형생물체의 개념과 응용, 윤리적 고려 사항 등을 효과적으로 교육하기 위한 과학과 사회 교과의 융합 수업 활동을 기획해 보자. 먼저 학생들의 유전자변형생물체에 대한 지식 수준, 인식, 태도를 조사하고, 학생들의 인식과 태도에 영향을 미치는 요인, 교육 방법 등을 고려하여 유전자변형생물체에 대한 교육 프로그램을 작성하여 발표해 보자.

관련 학과 과학교육과, 교육학과, 사회교육과, 생물교육과, 윤리교육과

《GMO, 우리는 날마다 논란을 먹는다》, 존 T. 랭, 황성원 역, 풀빛(2018)

[12유전03-05]

생명공학 기술의 활용 과정에서 나타나는 문제점과 이에 대한 사회적 책임을 인식하고, 생명 윤리 쟁점에 대해 의사 결정할 수 있다.

➜ 현대 사회에서 생명공학 기술이 급속히 발달하면서 생명 윤리 교육의 필요성이 크게 부각되고 있다. 초등·중등학교 교육과정에서 다루고 있는 생명 윤리 교육에 대해 파악해 보자. 국어, 도덕, 사회, 과학, 기술·가정 등의 교과를 대상으로 내용과 제시 목적, 제시 형태를 분석하고, 학년별로 다루고 있는 생명 윤리 교육 내용에 대해 조사해 보자. 예를 들어 국어 교과에는 인간의 존엄성이나 자살과 같은 생명의 가치에 대한 내용이 포함되어 있고, 사회 교과에서는 생명공학의 발달로 인한 사회적 영향을 공정성 측면에서 다루고 있다. 또한 사회나 과학 교과에서는 토론 활동의 형태로 생명 윤리 내용을 다루는 사례도 있다. 생명 윤리 교육의 주요 목표인 윤리적 쟁점에 대한 판단 능력 향상에 주안점을 두는 교육의 방향에 대해 토론해 보자.

관련학과 교육계열 전체

《생명윤리와 윤리교육》, 배영기 외 1명, 한국학술정보(2011)

선택 과목	수능	지구시스템과학	절대평가	상대평가
진로 선택	X		5단계	5등급

단원명 | 지구 탄생과 생동하는 지구

| 🔍 | 지구 시스템, 탄소의 순환 과정, 판구조론, 플룸 구조 운동, 암석의 순환 과정, 화산 활동, 지진파

[12지시01-01]

⋯

지구의 탄생 이후 지구 대기, 원시 바다, 생명체 탄생 등의 과정을 통한 지구 시스템 각 권역의 형성 과정을 추론할 수 있다.

➡ 지구의 탄생 이후 지구 시스템의 각 권역별 형성 과정에 대한 이해를 바탕으로 각 권역의 상호작용에 대해 조사해 보자. 특히 지속가능한 생물권을 위한 각 권역의 상호작용과 생태계 환경을 보전하기 위한 방안을 토의해 보자. 또한 환경 보전과 자원 관리 등의 중요성을 인식하는 교수 학습 과정안이나 교육 프로그램 설계안을 작성해 보자.

관련 학과 과학교육과, 생물교육과, 지구과학교육과, 환경교육과

지금 시작하는 나의 환경수업

홍세영, 테크빌교육(2022)

책 소개

이 책은 환경 수업 10년 차 교사의 환경 교육 안내서로, 지구를 살리는 수업, ESG 환경 수업으로 선생님들을 안내하는 환경 도서이다. 환경 수업에 도전하는 선생님들의 안내서로 9가지 환경 교육 기본 원리, 창의적 체험활동 시간을 활용하는 주제별 환경 수업 가이드 6개 대표 주제(대기, 자원순환, 에너지, 탄소 중립, 먹거리, 생태), 교과 시간을 활용하는 과목별 환경 활동 아이디어(전 과목) 등 저자의 10년 환경 교육 노하우가 모두 담겨 있다.

세특 예시

지구의 탄생 이후 지구 시스템의 각 권역별 형성과 상호작용에 대해 학습하고, 생태계 환경의 보전이 중요함을 인식할 수 있는 교육 프로그램에 대해 관심을 가짐. 단원 연계 학습 도서로 '지금 시작하는 나의 환경수업(홍세영)'을 선정하여 환경 수업에 대한 주제를 설정하고, 실천 가능한 교육 활동 프로그램을 설계함. 기후 위기를 포함한 지구적 환경 재난의 심각성을 학생들이 인식할 수 있게 하는 지속가능한 환경 교육을 진행하도록 설계한 교육 프로그램에 대해 발표함.

판구조론의 발달사와 관련지어 판을 움직이는 맨틀의 상부 운동과 플룸에 의한 구조 운동을 구분할 수 있다.

➡ 판구조론이 등장하기 전 대부분의 과학자들은 고온의 지구가 식으면서 수축하여 산맥이 만들어졌다고 주장했다. 판구조론이 받아들여지기까지는 오랫동안 사람들을 지배하던 고정관념에서 벗어날 수 있게 해주는 발상의 전환이 필요했다. 과학사에서 발상의 전환을 통해 과학적 난제를 해결한 사례를 찾아 발상 전환의 중요성에 대해 토의해 보자. 또한 현대의 과학 패러다임과 앞으로 진행되어야 할 과학 교육의 방향에 대해 토론해 보자.

`관련 학과` 과학교육과, 물리교육과, 생물교육과, 지구과학교육과, 화학교육과

《청소년을 위한 과학사 명장면》, 김연희, 열린어린이(2019)

암석의 순환 과정에서 화산 활동의 역할과 화산 활동으로 생성되는 암석의 특성을 추론할 수 있다.

➡ 아름다운 한반도를 배경으로 한 그림이나 사진을 감상하고, 작품 속의 지형, 암석과 관련하여 화성암, 변성암, 퇴적암의 특징을 살펴 분류해 보자. 그리고 화산 활동으로 분출되는 물질이나 성분에 따라 나타나는 지형과 암석의 사진을 분류하는 모둠별 카드 게임을 해보자. 모둠원에 따라 사진의 분류 결과가 다르게 나타난 경우, 결과가 다른 이유에 대해 토의하며 암석에 대한 오개념이 무엇인지 분석해 보자.

`관련 학과` 과학교육과, 물리교육과, 지구과학교육과, 화학교육과, 환경교육과

《한국지형도감》, 권동희, 푸른길(2023)

지진파의 종류와 특성을 이해하고, 지진파를 이용하여 지구 내부 구조를 알아내는 과정을 탐구할 수 있다.

➡ 2017년 경북 포항에서 발생한 규모 5.4의 지진으로 인해 포항 지역 일부 시험장과 예비 시험장에서 균열이 발생하였다. 이로 인해 2018학년도 수학능력시험 일정이 일주일 연기되었다. 지진 발생 시 생명을 구하고 피해를 최소화하기 위한 학생 대상의 지진 대피 요령 및 안전 교육의 필요성에 대해 토의해 보자. 또한 학교에서 실시하기에 적합한 지진 대피 요령 및 안전 교육 프로그램을 구상하여 발표해 보자.

`관련 학과` 과학교육과, 교육공학과, 기술교육과, 물리교육과, 유아교육과, 지구과학교육과, 초등교육과, 특수교육과, 환경교육과

책 소개

이 책은 동일본 대지진을 경험한 저자가 피해자의 입장에서 생활 속의 재난 안전 대책을 네 컷짜리 만화로 쉽게 풀어내고 있다. 지진, 화재, 방사능 오염, 정전, 산사태 등 각종 재해와 기타 응급 상황이 닥쳤을 때 바로 실행에 옮길 수 있는 180가지 행동 요령이 일목요연하게 정리되어 있다. 이 세상에 완벽한 재난 안전 매뉴얼은 존재하지 않지만, 이 책이 재난 안전에 무감각한 사람들에게 위기 상황에서 슬기롭게 대처할 수 있는 매뉴얼이 될 수 있다.

세특 예시

우리나라에서도 수차례 지진이 발생하면서 지진의 안전지대라고 볼 수

재난에서 살아남기

구사노 가오루,
김계자 외 2명 역, 이상(2015)

없는 상황 속에서 지진 대피 요령의 교육과 재난 안전 매뉴얼의 필요성을 인식함. 단원 연계 독서 활동에서 '재난에서 살아남기(구사노 가오루)'를 읽고 지진을 비롯한 태풍, 호우, 산사태 등의 자연재해와 화재, 정전, 방사능 오염 등의 위험에 노출되는 상황 속에서 재난 안전 매뉴얼을 구상함. 순간의 잘못된 대응이 인명 피해 등의 큰 피해를 불러올 수 있음을 인지하고, 재난 재해로부터 피해를 최소화할 수 있는 방안에 대해 토의하고 설계한 재난 안전 교육 프로그램에 대해 발표함.

단원명 | 해수의 운동

🔍 | 에크만수송, 지형류, 해파, 전해파, 심해파, 해일, 조석

[12지시02-01] • • •

에크만수송과 관련지어 지형류의 발생 원리를 설명할 수 있다.

➡️ 북태평양에 서식하는 알바트로스 새끼들의 먹잇감은 오징어나 수면 위로 반짝이며 떠돌아다니는 물고기 알이다. 최근 바다 위에 반짝거리며 떠 있는 플라스틱을 먹잇감으로 착각해 알바트로스 새끼들이 먹게 되고, 그 결과로 새끼들은 위장에 플라스틱이 가득한 채로 죽어간다. 매년 전 세계 100만 마리의 해양 조류들과 10만 마리의 해양 포유류 및 바다거북들이 플라스틱을 먹고 죽어간다고 추정된다. 인간이 버린 쓰레기 때문에 죽어가는 해양 생물들을 구하기 위해서는 쓰레기 배출을 줄이는 교육이 필요하다. 인간 활동에서 배출되는 쓰레기의 양을 줄이거나 재활용하기 위한 교육 프로그램을 계획해 보자.

관련 학과 교육계열 전체

《**플라스틱 바다**》, 찰스 무어 외 1명, 이지연 역, 미지북스(2013)

[12지시02-03] • • •

해일이 발생하는 여러 가지 원인을 이해하고, 피해 사례와 대처 방안을 제안할 수 있다.

➡️ 해일로 인해 발생할 수 있는 피해를 최소화하기 위한 재난 대비 안전 교육 프로그램은 실제 상황에서 중요한 역할을 할 수 있다. 학교에서는 비상 대응 계획을 수립하고, 학생이나 주민들은 해일의 위험성과 비상 상황 시 행동 요령에 대한 교육을 통해 위기 상황에 대처하는 능력을 키울 필요성이 있다. 학교의 비상 대응 계획 내용을 알아보고, 해일 등의 비상 상황에 대처하는 행동 요령을 가르치기 위한 교육 프로그램을 작성해 보자.

관련 학과 교육계열 전체

《**재난안전교육의 이론과 실제**》, 이정일 외 5명, 맹꽁이(2023)

[12지시02-04] • • •

조석의 발생 과정을 이해하고, 자료 해석을 통해 각 지역에서의 조석 양상을 설명할 수 있다.

➔ 우리나라 여러 지역의 실시간 고조 정보 서비스를 이용하여 조석 현상을 이해하는 교육 자료를 만들어보자. 국립해양조사원 홈페이지의 실시간 고조 정보 서비스를 통해 우리나라 여러 지역의 실시간 조위 그래프를 찾아 실시간 조석 정보를 기록해 보자. 또한 조석 예보 자료를 통해 각 지역의 조석 주기를 구하고, 한 달 중 사리와 조금은 언제 나타나는지 분석해 보자. 그리고 해안에 나가 물놀이나 갯벌 체험을 하기에 좋은 지역과 시간대는 언제인지 토의해 보자.

관련 학과 과학교육과, 물리교육과, 생물교육과, 지구과학교육과, 환경교육과
《바다의 맥박 조석 이야기》, 이상룡 외 1명, 지성사(2008)

단원명 | 강수 과정과 대기의 운동

| 🔎 | 선택적 흡수체, 지구 생명체 존재 조건, 지구 평균 열수지, 대기의 안정도, 정역학적 균형, 편서풍 파동, 바람의 발생 원리, 행성파

[12지시03-01]   ● ● ●

대기를 구성하는 기체들이 선택적 흡수체임을 이해하고, 온실효과 및 태양 자외선 차단 효과, 물의 존재 등으로 지구 생명체 존재 조건을 추론할 수 있다.

➔ 기후변화의 원인을 설명하는 다양한 가설이 있다. 첫 번째, 화산 활동으로 인해 대기 중으로 공급되는 이산화탄소의 양이 달라져서 기후가 변했을 것이다. 두 번째, 대류의 이동으로 해류의 흐름이 바뀌어 기후가 변했을 것이다. 세 번째, 농경지 확보와 가축 방목에 따라 삼림과 녹지의 면적이 줄어들어 기후가 변했을 것이다. 모둠별로 가설을 하나씩 선택하고 가설에 대한 검증 자료를 조사해 보자. 그리고 모둠별 의견을 수합한 자료를 만들어 발표해 보자.

관련 학과 과학교육과, 교육학과, 지구과학교육과, 환경교육과
《기후변화 과학: 기후위기의 원인들》, Teruyuki Nakajima 외 1명, 현상민 역, 씨아이알(2020)

[12지시03-02]   ● ● ●

지표와 대기의 열 출입과 관련된 물리 과정 및 전 지구 평균 열수지를 해석할 수 있다.

➔ 기후변화와 관련된 데이터를 수집하고 분석하여 기온 변화와 지구 열수지의 관계를 탐구해 보자. 지구 열수지의 변화에 따른 미래 기후변화 예측 시나리오를 작성해 보고, 필요한 교육 시스템에 대해 토의해 보자. 또한 에너지 절약과 재생 에너지의 활용, 친환경 교통수단 이용 등 다양한 대응 전략을 통해 기후변화에 대비하는 교육 방향에 대해 발표해 보자.

관련 학과 과학교육과, 지구과학교육과, 환경교육과
《감염 도시의 교육 불평등》, 이시효, 학이시습(2021)

[12지시03-03]   ● ● ●

기온의 연직 분포와 대기의 안정도와의 관계를 이해하고, 단열변화를 통해 안개나 구름이 생성되는 과정 및 강수 과정을 분석할 수 있다.

➔ 온도, 습도, 기압, 바람 세기, 강수량 등에는 기상 요소가 포함되며, 날씨는 일상생활에 많은 영향을 미친다. 특

히 무더운 날씨가 두뇌 활동에도 영향을 미쳐 학습 능력을 저하시킨다는 연구 결과도 있다. 하버드대 공중보건 대학원의 호세 길레모 세데뇨-로랑 교수와 연구진은 매사추세츠 지역의 대학생을 대상으로 거주지 기온과 인지 기능 장애의 상관관계를 조사했다. 연구진은 기온과 이산화탄소 수준, 습도와 소음 수준을 측정하고, 7월 무더위 속에 열흘 동안 인지 속도와 기억 능력에 대한 테스트를 진행했다. 분석 결과, 냉방 기능이 없는 곳의 그룹이 보인 수행 능력은 4.1%로, 대조군의 수행 능력 13.4%에 비해 낮았다. 이와 같이 날씨와 관련한 교육의 방향에 대해 탐구하여 발표해 보자.

관련 학과 교육계열 전체

《기후변화 교육 핸드북》, 추병완 외 5명, 한국문화사(2022)

[12지시03-04] ● ● ●

기압의 연직 분포로 정역학적 균형을 이해하고, 대기 중 연직 운동의 발생 원인을 추론할 수 있다.

➡ 유리컵에 물을 넣고 물이 잘 스며들지 않는 종이로 덮은 다음, 컵의 윗부분을 손바닥으로 누른 채 컵을 뒤집어 보자. 이때 손을 떼더라도 마술같이 컵 안의 물이 쏟아지지 않는다. 그 이유는 무엇일까? 이는 기압으로 설명할 수 있다. 모든 물체는 지구를 둘러싸고 있는 공기 무게의 압력을 받는다. 이러한 공기의 압력을 대기압 또는 기압이라고 한다. 눈에 보이지 않는 공기의 상태나 기압에 대해 설명할 수 있는 실험을 탐구하여 발표해 보자.

관련 학과 과학교육과, 물리교육과, 지구과학교육과, 환경교육과

《쉽게 배우는 기상학》, 채동현 외 4명, 교육과학사(2017)

[12지시03-06] ● ● ●

행성파의 발달 과정을 이해하고, 지상 고·저기압 발달에서 편서풍 파동의 역할을 평가할 수 있다.

➡ 고기압이나 저기압의 환경이 학습 성과에 어떠한 영향을 미치는지 분석해 보자. 예를 들어 기상청이나 날씨 관련 검색을 통해 일정 기간의 기온, 습도, 기압 등의 날씨 데이터를 수집하고, 학생들의 학업 집중도 등을 측정해 보자. 그리고 수집한 날씨 데이터와 학습 성과 데이터를 비교·분석하고, 상관관계를 확인하기 위한 통계 자료를 조사해 보자. 이를 바탕으로 고기압이나 저기압 환경에서의 학생들의 집중력이나 학습 성과에 대한 결과를 분석해 볼 수 있다. 분석 결과 자료를 공유하고 토론하며, 기압 변화와 같은 기상 현상과 학습 성과의 관계에 대해 탐구하는 활동을 해보자.

관련 학과 과학교육과, 교육공학과, 교육학과, 지구과학교육과, 초등교육과, 환경교육과

《머릿속에 쏙쏙! 기상·날씨 노트》, 가네코 다이스케, 허영은 역, 시그마북스(2021)

선택 과목	수능	행성우주과학	절대평가	상대평가
진로 선택	X		5단계	5등급

단원명 | 우주 탐사와 행성계

| 🔍 | 태양계, 우주 탐사, 태양 활동 감시 시스템, 케플러 법칙, 소천체, 외계 행성계

[12행우01-01] • • •

태양계 탐사선의 활동을 통해 알아낸 성과를 이해하고, 인공위성을 활용한 우주 탐사의 필요성을 토론할 수 있다.

➡ 우주 탐사의 발전과 인류의 우주 활동이 미치는 영향을 이해하고 미래에 대비하는 과정이 필요하다. 과학의 진보와 새로운 발견, 인류의 미래와 발전에 대한 논란이 있는데, 우주 탐사의 필요성에 대한 찬반 토론을 해보자. 이러한 찬성과 반대 입장의 다양한 관점과 가치 판단을 공유하며, 과학의 발전과 과학 교육의 방향에 대한 학교 교육 프로그램을 기획해 보자.

관련 학과 과학교육과, 교육학과, 물리교육과, 생물교육과, 지구과학교육과, 화학교육과, 환경교육과
《우주개발탐사 어디까지 갈 것인가》, 민영기, 일진사(2023)

[12행우01-03] • • •

태양계를 지배하는 힘이 태양의 중력임을 이해하고, 케플러의 세 가지 법칙을 이용하여 태양계 구성 천체들의 운동을 설명할 수 있다.

➡ '앙부일구'는 조선 세종 때 처음 만들어진 해시계의 일종으로, 조선 후기까지 다양한 형태로 제작되어 널리 사용되었다. 앙부일구는 정밀한 주조, 정교한 접합 기술, 섬세한 은입사 기법, 다리의 용과 구름 무늬, 다리받침의 거북머리 장식 등 뛰어난 기술적·예술적 요소를 갖추었다는 점에서 고도로 숙련된 장인이 만든 예술작품임을 알 수 있다. 2022년 2월에는 조선시대 천문학 기구인 해시계 '앙부일구' 세 점이 국가지정문화재(보물)로 지정되었다. 우리나라 문화재에 대한 올바른 역사관의 확립을 위해 국가 문화유산의 가치를 교육하는 방법에 대해 토의하고 발표해 보자.

관련 학과 교육계열 전체
《한국의 유네스코 세계문화유산》, 이종호, 마리북스(2024)

[12행우01-05] • • •

외계 행성계 탐사의 원리를 이해하고, 외계 행성에 생명체가 존재할 수 있는 조건과 외계 생명체의 존재 가능성에 대해 논증할 수 있다.

➡ 태양계 성간 무인 탐사선인 '보이저 1호'에는 '지구의 속삭임'이라는 이름의 12인치 황금 디스크로 된 타임캡슐에 지구의 이야기가 담겨 운반되고 있다. 약 60개 언어로 된 인사말, 인간의 문화와 음악, 자연 음향, 115장의 사진 정보를 담아 1972년 3월에 발사되었다. 이는 다른 항성계의 고등 외계인이 지구를 이해하도록 돕기

위한 것으로, 보이저 1호는 현재 교신이 끊긴 상태로 태양계 밖으로 나가 항해 중이다. 인간이 우주여행을 하는 시기가 도래했을 때 필요한 교육은 무엇일지, 그리고 교육 방법의 변화에 대해 토의하여 발표해 보자.

관련 학과 교육계열 전체

《**우주에서 살기, 일하기, 생존하기**》, 톰 존스, 승영조 역, 북트리거(2017)

단원명 | 태양과 별의 관측

🔍 광구, 흑점, 태양의 자전주기, 시차, 시선속도, 접선속도, 질량-광도 관계, 맥동변광성, 폭별변광성

[12행우02-01]   ● ● ●

태양의 광구와 대기에서 나타나는 현상을 설명하고, 이러한 현상이 다양한 파장의 관측 자료에서 어떻게 나타나는지 비교·분석할 수 있다.

➡ '앙부일구'는 조선 세종 때 처음 만들어진 해시계의 일종으로, 조선 후기까지 다양한 형태로 제작되어 널리 사용되었다. 앙부일구의 역사적 가치와 과학적 원리에 대한 교육을 통해 국가 문화유산에 대한 역사관을 확립할 수 있는 교육 프로그램을 기획하여 발표해 보자.

관련 학과 교육학과, 역사교육과, 지구과학교육과

《**과학으로 보는 문화유산**》, 신은주, 초록비책공방(2022)

[12행우02-02]   ● ● ●

별의 시차와 밝기를 이용하여 거리를 측정하는 다양한 방법을 비교·평가할 수 있다.

➡ 영국의 이론물리학자 스티븐 윌리엄 호킹(1942~2018)은 블랙홀이 있는 상황에서의 우주론과 양자 중력의 연구에 크게 기여했으며, 자신의 이론 및 일반적인 우주론을 다룬 여러 대중 과학 서적을 저술했다. 새로운 이론이 등장할 때 교육의 패러다임은 어떻게 변화했는지 탐구해 보자. 또한 시대와 과학의 전환점에서 교육의 패러다임이 어떤 역할을 했는지 조사하여 발표해 보자.

관련 학과 과학교육과, 교육학과, 물리교육과, 생물교육과, 지구과학교육과, 화학교육과

《**Kuhn의 과학혁명과 과학교육**》, 조희형, 교육과학사(2015)

[12행우02-03]   ● ● ●

별의 시선속도와 접선속도의 합으로 공간 운동이 나타남을 이해하고, 별자리를 구성하는 별들의 장시간에 걸친 형태 변화를 추론할 수 있다.

➡ 윌리엄 셰익스피어의 작품 중 하나인 《한여름 밤의 꿈》에서는 천체의 움직임에 대해 언급하는 장면이 나온다. 등장인물 중 히폴리타는 "하늘의 별들이 춤을 추고, 행성들이 춤을 추며, 땅의 모든 생물들이 춤을 추고 있다." 라고 말하며, 별자리의 움직임이 자연의 순환과 조화를 상징한다는 것을 보여준다. 또한 "하늘의 별들이 우리의 운명을 결정한다."라고 말하는 장면에서는 별들의 움직임이 인간의 삶에 영향을 미친다는 것을 보여준다. 과거의 작품에서 찾아볼 수 있는 별들의 움직임에 대한 내용이 현재의 과학 개념과 어떻게 다른지 조사해 보자. 당시의 학생들이 가졌던 과학적 오개념에 대해 조사하고, 올바른 개념을 갖도록 교육하는 방법과 이론에 대해 탐구해 보자.

관련 학과 과학교육과, 교육학과, 물리교육과, 생물교육과, 지구과학교육과, 화학교육과
《**과학교육 프로그램 개발의 이론과 실제**》, 강경희, 한국학술정보(2013)

[12행우02-04] • • •

쌍성의 관측 자료를 이용하여 항성의 질량을 직접적으로 구할 수 있음을 이해하고, 질량-광도 관계를 이용하여 쌍성이 아닌 별의 질량을 구할 수 있다.

➡ 북두칠성은 큰곰자리의 꼬리와 엉덩이 부분의 일곱 개의 별을 말하는데, 그 모양이 말 단위의 양을 재는 국자의 모양과 닮았다. 북두는 '북쪽의 국자'라는 의미이며, 칠성은 일곱 개의 별로 이루어졌음을 뜻한다. 북두칠성을 구성하는 별들 가운데 국자의 자루 부분 중 끝에서 두 번째 별은 '미자르'와 '알코르'로 이루어진 이중성(二重星)이다. 인간은 북두칠성이 인간의 수명을 주관하며, 빌고 있는 사람의 소원을 이뤄준다고 믿어왔다. 한반도와 만주에 분포하는 고인돌에는 종종 이 별자리가 그려지기도 하였다. 안시 이중성이나 쌍성의 별자리를 찾아 그 의미에 대해 교육하는 자료로 활용하는 방안에 대해 토의해 보자.

관련 학과 과학교육과, 교육학과, 역사교육과, 지구과학교육과
《**우리 별자리 이야기**》, 안상현, 좋은땅(2021)

단원명 | 은하와 우주

🔍 성단, 맥동변광성, 성간 소광, 은하 회전 속도, 적색편이, 분광 관측, 현대 우주론, 은하 장성, 보이드

[12행우03-02] • • •

성간 소광 자료를 통해 성간 티끌의 존재를 추론하고, 성간 티끌의 특징을 설명할 수 있다.

➡ 우리나라에서는 별 축제나 천문 우주 페스티벌 등 천체·우주와 관련된 많은 축제가 열리고 있다. 예를 들어 전남 고흥군에 위치한 나로우주센터 우주과학관 일원에서는 '고흥우주항공축제'가 열리며, 우주과학과 관련한 200여 개의 프로그램을 즐길 수 있다. 이곳에서 열리는 스페이스 뮤지엄에서는 1인승 우주선 조종, 달 중력 등을 체험하고, 우주과학관 광장에서 진행되는 '별별 과학 체험' 코너에서는 인공지능, 자율주행 달 탐사 등을 체험할 수 있다. 우주 관련 축제나 과학관 등의 체험 활동과 과학 교육을 연계한 교수 학습 방법을 탐구하여 발표해 보자.

관련 학과 과학교육과, 교육학과, 물리교육과, 지구과학교육과
《**창의적 체험활동 교론론**》, 조영남, 교육과학사(2023)

[12행우03-03] • • •

은하의 회전 속도 곡선을 이용하여 질량 분포를 이해하고, 은하에 빛을 내지 않는 물질의 존재를 추론할 수 있다.

➡ 은하의 중심으로부터 거리에 따른 회전 속도는 우리은하 원반에 존재하는 중성 수소 원자가 방출하는 21센티미터 수소선 관측 자료를 이용하여 구할 수 있다. 이러한 과정을 학생들이 쉽게 이해할 수 있게 하는 방법에 대해 토의해 보자. 예를 들어 밀가루 반죽을 공중에서 빙빙 돌리면 점점 얇아지고 커지면서 납작한 원반 모양의 피자 도가 만들어진다. 피자 도의 회전과 우리은하의 회전이 어떻게 다른지 탐구하여 발표해 보자.

국어 교과군

영어 교과군

수학 교과군

도덕 교과군

사회 교과군

과학 교과군

관련 학과 과학교육과, 물리교육과, 지구과학교육과

《**대칭과 아름다운 우주**》, 리언 레더먼 외 1명, 안기연 역, 승산(2012)

[12행우03-04] • • •

대규모로 이루어진 외부은하의 적색편이 탐사의 성과를 이해하고, 은하의 공간 분포를 파악함에 있어서 분광 관측 자료의 중요성을 인식할 수 있다.

➡ 1964년 아노 앨런 펜지어스(Arno Allen Penzias)와 로버트 윌슨(Robert Wilson)은 미국의 벨 연구소에서 새로운 종류의 안테나를 연구하던 중, 하늘의 모든 방향에서 오는 설명할 수 없는 잡음을 발견했다. 이들은 비둘기 똥과 같은 작은 것을 포함하여 모든 가능성이 있는 잡음의 원인들을 제거한 후 '우주마이크로파배경'이라는 것을 증명하였다. 추후에 이러한 증명은 대폭발 이론의 중요한 증거가 되었다. 펜지어스와 윌슨은 우주에서 관측되는 잡음을 무시하지 않고 분석한 결과, '우주배경복사'를 발견하여 노벨 물리학상 수상의 영예를 안았다. 이 사례와 관련하여, 과학 실험을 할 때 가져야 할 과학적 태도에 대해 토의하여 발표해 보자.

관련 학과 과학교육과, 물리교육과, 생물교육과, 지구과학교육과, 화학교육과, 환경교육과

《**우리의 태도가 과학적일 때**》, 이종필, 사계절(2021)

[12행우03-05] • • •

은하의 공간 분포 자료를 통해 은하의 집단을 이해하고, 은하 장성, 보이드 등 우주의 거시적인 구조를 현대 우주론과 관련지어 설명할 수 있다.

➡ 수십 년 동안 과학자들은 많은 수의 은하를 관측하였으며, 멀리 있는 은하까지 관측할 수 있게 되면서 우주의 거대 구조를 연구하였다. 현대 우주론에 대해 조사하고, 초은하단보다 더 큰 규모의 우주는 어떤 구조일지 상상하여 그려보는 교수 학습 지도안을 작성해 보자. 여기에 현대의 우주론 개념을 더해 거대 공동과 은하 장성 등 대규모 구조를 파악할 수 있도록 하고, 우주의 모습을 이해할 수 있는 방안에 대해 작성해 보자.

관련 학과 과학교육과, 물리교육과, 지구과학교육과

《**천문학 콘서트**》, 이광식, 더숲(2018)

선택 과목	수능	과학의 역사와 문화	절대평가	상대평가
융합 선택	X		5단계	X

단원명 | 과학과 문명의 탄생과 통합

| 🔍 | 인류, 문명, 지혜, 그리스, 철학자, 중세시대, 유럽, 중동 지역, 종교, 문화, 과학, 르네상스, 과학혁명, 사회문화적 배경, 예술, 신념, 세계관

[12과사01-01] ● ● ●

인류 문명의 탄생 과정에서 인류의 지혜가 담긴 과학적 사례를 발견하고, 이를 통해 과학이 인류 문명의 형성 과정에 기여하였음을 이해할 수 있다.

➡ 농업혁명은 인류 문명의 탄생 과정에서 인류의 지혜와 과학적 발견을 찾아볼 수 있는 중요한 사례 중 하나이다. 농업혁명은 사냥과 채집 생활에서 농업을 기반으로 한 정착 생활로의 전환을 나타내며, 인류의 생존과 사회적 발전에 큰 영향을 미쳤다. 이를 통해 인류의 지혜와 과학적 발견이 식량 생산과 경제 발전에 어떻게 기여했는지를 이해할 수 있다. 이와 관련된 사례를 바탕으로 친구들에게 농업혁명의 의미와 과학적 성과를 전달하기 위한 교육 자료를 제작해 보자. 또한 과학이 인류 문명의 형성 과정에 어떻게 기여했는지 분석한 후 '농업혁명의 과학적 발견과 인류 문명 형성의 관계 탐구'를 주제로 보고서를 작성해 보자.

관련 학과 교육계열 전체

《숨겨진 한국전통과학의 재발견》, 김현식, 평민사(2023)

[12과사01-02] ● ● ●

고대 그리스 철학자의 과학적 사고나 주장 등을 조사하고, 그리스 문명이 고대에서 현대에 이르기까지 인간의 삶에 미친 영향을 설명할 수 있다.

➡ 고대 그리스에는 탈레스, 피타고라스, 헤라클레이토스, 엠페도클레스, 데모크리토스 등의 철학자가 있었다. 탈레스는 자연 현상의 이유와 원인을 탐구한 초기의 철학자 중 한 명으로, 물이 만물의 근원이라고 주장하였다. 그는 이러한 주장을 통해 자연 현상을 초자연적인 힘이 아니라 물질적 원리로 설명하려 했고, 이러한 접근은 천문학적 연구와 지리학적 관찰의 출발점이 되었다. 고대 그리스 철학자들의 과학적 사고와 주장을 조사하고, 이들의 사고가 교육 현장에서 학생들에게 과학적 탐구의 중요성을 어떻게 전달할 수 있는지 탐구해 보자. 이를 바탕으로 학생들의 과학적 사고를 배양할 수 있는 학습 자료와 수업 활동을 설계하여 발표해 보자.

관련 학과 교육계열 전체

《세상에 존재하는 모든 물리학》, 곽영직, 세창출판사(2023)

국어 교과군

영어 교과군

수학 교과군

도덕 교과군

사회 교과군

과학 교과군

[12과사01-03]   ● ● ●

중세시대 유럽과 중동 지역을 중심으로 종교나 문화가 과학에 기여한 바를 이해하고, 고대 그리스의 과학과 중세 과학의 특징을 비교할 수 있다.

➡ 중세시대의 유럽과 중동 지역에서 종교와 문화는 과학 연구를 지원하고 활성화하는 역할을 하였다. 이는 과학의 역사와 발전에 영향을 미쳤으며, 중세시대의 과학적 발견과 연구가 현대 과학의 기초를 마련하는 데 이바지한 중요한 과정 중 하나였다. 중세시대의 중동 지역에서는 고대 그리스와 고대 이슬람의 지식을 번역하고 보존하는 작업이 활발히 이루어졌고, 이러한 작업을 통해 수학, 천문학, 의학 등의 분야에서 여러 가지 지식을 유럽에 소개하고, 과학 연구를 촉진했다. 중세시대에 유럽과 중동 지역을 중심으로 종교나 문화가 과학에 기여한 바를 조사해 보자. 그리고 물리학, 화학, 생명과학, 지구과학 중에서 하나를 선택하여 고대 그리스의 과학과 중세 과학의 특징을 비교·분석한 후 발표해 보자.

`관련 학과` 교육계열 전체

《세계사를 바꾼 화학 이야기I》, 오미야 오사무, 김정환 역, 사람과나무사이(2022)

[12과사01-04]   ● ● ●

르네상스와 과학혁명이 일어난 사회문화적 배경을 조사하고, 과학과 예술 사이의 융합적 사례를 설명할 수 있다.

➡ 르네상스와 과학혁명은 인류 역사에서 중요한 사건 중 하나로 간주된다. 14세기부터 17세기 초기에 이르는 르네상스는 인간 중심주의와 지식의 확장을 강조했다. 이 시기에 예술, 문학, 철학 등의 분야에서 창의적인 아이디어가 꽃을 피우며 과학적 사고에도 긍정적인 영향을 미쳤다. 16세기에 시작된 과학혁명은 실험적 방법과 객관적 관찰을 강조하며, 과학 분야에서 지식의 급속한 증가를 가져왔다. 이러한 과학 분야의 급격한 변화 속에서 갈릴레오, 케플러, 뉴턴과 같은 과학자들은 우주와 자연 현상을 더 잘 이해할 수 있게 되었고, 이를 통해 현대 과학의 기초가 마련되었다. 과학과 예술 사이의 융합이 일어난 사례를 조사하여 '과학혁명과 예술적 사고의 상호작용이 현대 과학 발전에 미친 영향 분석'을 주제로 보고서를 작성해 보자.

`관련 학과` 교육계열 전체

《세계사를 바꾼 화학 이야기 2》, 오미야 오사무, 김정환 역, 사람과나무사이(2023)

[12과사01-05]   ● ● ●

과학 지식의 형성 과정에서 과학자의 신념이나 세계관이 영향을 준 사례를 조사하여 발표할 수 있다.

➡ 과학자의 신념이나 세계관은 과학 지식의 형성 과정에 영향을 미칠 수 있다. 과학자는 사회적, 문화적, 종교적, 개인적 배경을 가지고 있기 때문에 과학자의 세계관이 연구 주제의 선택, 연구 동기, 가설 설정 등에 영향을 줄 수 있다. 과학자들이 이해하려는 자연 현상은 복잡하고 불완전하며, 그들이 세운 모델과 가설은 자연 현상을 단순화하는 과정에서 그들 자신의 신념과 세계관의 영향을 받게 된다. 과학 지식의 형성 과정에서 과학자의 신념이나 세계관이 영향을 미친 사례를 조사하고, 이를 바탕으로 학생들이 과학 지식이 형성되는 과정을 이해할 수 있도록 학습 자료를 제작해 보자. 또한 자신이 조사한 사례를 다른 학생들과 공유하고 토론하는 수업 활동을 설계하여 과학적 사고의 다양성과 그 배경을 이해할 수 있는 기회를 마련해 보자.

`관련 학과` 가정교육과, 과학교육과, 교육공학과, 교육학과, 기술교육과, 물리교육과, 생물교육과, 수학교육과, 지구과학교육과, 컴퓨터교육과, 화학교육과, 환경교육과

**과학적 신념은
어디에서 오는가**

막스 플랑크, 이정호 역,
전파과학사(2019)

책 소개

이 책은 물리학과 철학이 따로 구분되어 서로 다른 것이 아니라, 과학자들은 자연의 이치를 찾기 위해 철학적 사고를 하고 있다고 설명한다. 고전 물리학에 의한 과학적 사고가 현대 물리학이라는 하나의 큰 충격파에 의해 새 단장을 해야 했던 시대에, 위대한 물리학자 막스 플랑크의 눈에 비친 물리 철학이 세상의 일반 철학과 어떤 관계를 갖는지를 이 책을 통해 확인할 수 있다.

세특 예시

교과 연계 도서 발표 활동에서 '과학적 신념은 어디에서 오는가(막스 플랑크)'를 읽고, 과학 지식의 형성 과정에서 과학자의 신념이나 세계관이 영향을 준 사례를 중심으로 보고서를 작성함. 고전 물리학에 의한 과학적 사고가 변화해야 했던 시대에 물리학자 막스 플랑크의 눈에 비친 물리 철학이 세상의 일반 철학과 어떤 관계가 있는지 분석하여 발표함. 다른 학생과 사례를 공유하고 토론 활동에 적극적으로 참여함.

단원명 | 변화하는 과학과 세계

| 🔍 상대성이론, 현대 과학, 사회문화, 사회적 가치, 과학자, 논쟁, 토론, 의사소통, 예술 작품, 건축물, 감염병, 과학적 원리, 문화, 교통수단, 산업혁명

[12과사02-01] • • •

상대성이론 등과 같은 현대 과학의 등장이 당시의 사회문화에 끼친 영향을 이해함으로써 과학의 사회적 가치를 느낄 수 있다.

➡ 상대성이론은 알베르트 아인슈타인이 제안하고 발전시킨 이론으로, 특수상대성이론과 일반상대성이론을 포함한다. 상대성이론은 시간, 공간, 물질, 에너지를 통합적으로 다룬 이론이다. 특수상대성이론은 빛의 속도에 가까운 속도로 움직이는 물체의 운동을 설명하고, 일반상대성이론은 매우 큰 질량을 가진 물체가 주위 공간에 미치는 중력의 영향을 다룬다. 고전 물리학에서는 시간과 공간을 절대적인 별개의 것으로 간주했으나, 상대성이론은 시간과 공간의 개념이 관찰자에 따라 상대적임을 밝혀내며 과학적 패러다임의 변화를 가져왔다. 이러한 발견은 과학적 사고의 큰 전환점이 되었으며, 현대 과학기술의 발전에도 많은 영향을 미쳤다. 상대성이론과 같은 현대 과학의 등장이 당시의 사회와 문화에 미친 영향을 조사하고, 과학적 발견이 사회적·문화적 가치에 어떻게 영향을 미쳤는지를 학생들에게 이해시키기 위한 학습 자료를 제작해 보자. 또한 조사한 내용을 바탕으로 과학의 사회적 가치를 주제로 학생들과 함께 토론하는 학습 활동을 설계해 보자.

관련 학과 교육계열 전체

《조선이 만난 아인슈타인》, 민태기, 위즈덤하우스(2023)

국어 교과군
영어 교과군
수학 교과군
도덕 교과군
사회 교과군
과학 교과군

> [12과사02-02] ●●●
>
> 현대 과학의 등장 과정에서 나타난 과학자들의 논쟁이나 토론 사례를 조사하고, 과학적 의사소통에서 지켜야 할 규범과 태도를 이해할 수 있다.

➡ '천동설'은 모든 우주의 중심은 지구이고, 모든 천체는 지구의 둘레를 돈다는 과거의 학설이다. '지동설'은 16세기 코페르니쿠스의 생각으로부터 출발하여 갈릴레이가 망원경으로 관측한 후 현재의 실제 태양계 모형과 부합되는 우주론으로, 태양을 중심으로 지구를 비롯한 여러 행성이 일정한 궤도를 따라 공전한다는 이론이다. 천동설과 지동설은 고대 그리스 이전부터 고대 철학자들 사이에 논쟁거리가 되었고, 인류의 우주에 대한 이해를 변화시키는 중요한 계기가 되었다. 망원경으로 관측한 증거들과 새로운 학문적 관점들이 제시되면서 흥미진진한 토론으로 발전하게 되었고, 이 논쟁은 과학사상의 전환적인 부분 중 하나로 기록되어 있다. 현대 과학의 등장 과정에서 나타난 과학자들의 논쟁이나 토론 사례를 조사하고, 과학적 토의나 토론 과정에서 지켜야 할 규범과 태도를 정리하여 발표해 보자.

관련 학과 가정교육과, 과학교육과, 교육공학과, 교육학과, 기술교육과, 물리교육과, 생물교육과, 수학교육과, 지구과학교육과, 컴퓨터교육과, 화학교육과, 환경교육과

《청소년을 위한 나의 첫 토론 수업》, 홍진아, 슬로디미디어(2024)

> [12과사02-03] ●●●
>
> 현대 예술 작품이나 건축물에 과학적 원리가 적용된 사례를 조사하고, 과학과 문화의 관련성을 추론할 수 있다.

➡ 과학적 원리나 물리적 개념이 예술과 건축에 적용된 사례는 많이 찾아볼 수 있다. 건축에서는 구조적 안정성을 높이기 위해 공학적 원리가 적용되거나, 수학적 원리가 공간과 비례에 적용되어 건축물을 설계하는 데 활용되기도 한다. 현대 예술에서는 광학, 음향, 공간 등의 과학적 개념이 표현된 작품들이 있다. 빛과 색채, 그리고 입체적인 시각 효과를 연구하는 미술과 관련된 연구 분야에서는 물리적 원리가 미술 작품에 적용되기도 한다. 이렇듯 현대 예술과 건축에서의 과학적 원리의 응용은 혁신적인 작품들을 탄생시키고, 새로운 시각을 제시하는 데 큰 역할을 한다. 현대 예술 작품이나 건축물에 과학적 원리가 적용된 사례를 조사하고, 과학과 문화의 관련성을 분석하여 '과학적 원리와 예술적 표현이 융합된 작품의 문화적 의미 분석'을 주제로 보고서를 작성해 보자.

관련 학과 교육계열 전체

《문명: 예술 과학 철학, 그리고 인간》, 케네스 클라크, 이연식 역, 소요서가(2024)

> [12과사02-04] ●●●
>
> 감염병이 사회에 영향을 미친 대표적인 사례를 찾고, 과학이 사회 문제 해결에 기여함을 인식할 수 있다.

➡ 감염병은 인류 역사와 사회에 많은 영향을 끼쳤다. 역사상 유명한 사례로는 14세기 유럽에서 시작된 흑사병이 있는데, 강한 전염력과 높은 치사율로 인해 유럽 인구가 급격히 감소했다. 또한 콜레라, 인플루엔자, 에볼라출혈열, 그리고 최근의 코로나19와 같은 감염병들은 세계적으로 유행하면서 사회, 경제, 정치 등 다양한 분야에 영향을 미쳤다. 대유행으로 인한 경제적 충격, 사회적 거리두기, 병원 체계의 과부하 등은 감염병이 사회에 영향을 끼친 대표적인 사례이다. 관련 정책의 변화, 공공 의료 시스템의 발전, 정부의 대응, 사람들 간의 교류 방식 변화 등은 모두 감염병 유행의 영향을 반영한다. 감염병이 사회에 미친 영향을 학생들이 이해할 수 있도록 도와주는 관련 사례를 조사하고, 과학이 사회 문제 해결에 어떻게 기여했는지에 관한 학습 자료를 제작하여 발표해 보자.

관련 학과 교육계열 전체
《세계사를 바꾼 10가지 감염병》, 조 지무쇼, 서수지 역, 사람과나무사이(2021)

[12과사02-05] • • •

과학기술이 교통수단의 발달에 미친 영향을 인식하고, 교통수단의 발전이 가져올 미래 사회의 변화를 예측할 수 있다.

➔ 과학기술은 교통수단의 발달에 큰 영향을 끼쳐왔다. 산업화 이전에는 말이나 도보가 주요 이동 수단이었지만, 증기기관의 발명과 기계 기술의 발전으로 철도가 등장하면서 더 빠르고 효율적인 운송 수단이 개발되었다. 이후 자동차, 항공기, 선박의 발전으로 거리의 제약이 줄어들고, 이동 수단이 더욱 안전하고 신속하게 발전하면서 물류, 상업, 여행 등 다양한 산업도 크게 변화하였다. 교통 네트워크가 확장되고, 물품 및 정보의 이동이 더 효율적으로 이루어질 수 있게 된 것도 과학기술의 공헌이다. 과학기술이 교통수단의 발전에 미친 영향을 학생들이 이해할 수 있게 해주는 교육 자료를 제작하고, 교통수단의 발전이 가져올 미래 사회의 변화를 예측하여 친구들과 함께 토론하는 수업 활동을 설계해 보자. 이를 통해 과학기술의 사회적 가치와 미래 전망을 이해하는 기회를 마련해 보자.

관련 학과 교육계열 전체
《스마트 모빌리티 지금 올라타라》, 모빌리티 강국 보고서 팀, 매일경제신문사(2021)

[12과사02-06] • • •

산업혁명 이후 나타난 과학기술이 인류 문명에 미친 긍정적 효과와 부정적 효과에 대해 토론할 수 있다.

➔ 산업혁명은 18세기 후반에 영국에서 시작되어 각지로 확산된 기계 발명과 기술적 변화, 그리고 이로 인한 사회·경제적 변화를 가리킨다. 영국은 풍부한 자원과 경제적 여건을 바탕으로 가장 먼저 산업혁명을 이루며 산업화를 주도하였다. 산업혁명 이후 기계화, 공업화, 전력 사용의 확산과 같은 혁신적 발전으로 생산성이 크게 향상되었고, 사람들의 생활 방식에도 큰 변화가 일어났다. 또한 새로운 에너지원의 발견과 교통 및 통신 수단의 발달로 지리적·사회적 제약이 줄어들었고, 정보 기술의 발전으로 전 세계적으로 정보와 지식을 쉽게 공유하게 되어 교육과 연구의 효율성 또한 크게 향상되었다. 이러한 산업혁명이 교육과 사회에 미친 긍정적 효과와 부정적 효과를 조사하고, 학생들이 과학기술이 교육에 미친 영향을 이해할 수 있게 해주는 교육 자료를 제작하여 발표해 보자. 또한 이러한 자료를 바탕으로 친구들과 함께 과학기술이 교육 및 사회에 미치는 다양한 영향을 토론하는 학습 활동을 설계해 보자.

관련 학과 교육계열 전체
《인류사를 바꾼 위대한 과학》, 아널드 R 브로디 외 1명, 김은영 역, 글담(2018)

단원명 | 과학과 인류의 미래

🔍 과학기술, 문화적 변화, 예술 작품, 콘텐츠, 미디어, 과학 용어, 음악, 인공지능, 심미적 가치, 인간과 기계, 로봇, 사물, 기술 발전, 가상현실, 증강현실, 의사결정

[12과사03-01]

● ● ●

과학기술의 발전을 통해 새롭게 나타난 문화적 변화를 찾아보고, 과학을 주제로 하는 예술 작품이나 콘텐츠를 제작하여 발표할 수 있다.

➔ 과학기술의 발전은 새로운 문화를 형성하고 예술 작품에 영향을 주었다. 디지털 기술의 발전으로 인터넷과 모바일 통신이 보편화되면서 정보에 대한 접근이 쉬워졌고, 미디어 콘텐츠의 생산과 공유가 늘어났다. 디지털 기술이 시각 예술과 음악 분야에서도 큰 역할을 하며 창의성과 표현의 다양성이 폭넓어졌다. 또한 가상현실과 증강현실을 포함한 새로운 형태의 예술과 엔터테인먼트가 등장하면서 과학기술은 문화에 대한 이해와 교육을 촉진했다. 기술 발전은 새로운 문화적 관점을 형성하고 사람들의 삶과 사고에 영향을 주었다. 과학기술의 발전을 통해 새롭게 나타난 문화적 변화를 찾아보고, 과학을 주제로 하는 영상 작품을 제작하여 동영상 공유 사이트에 게시해 보자.

관련 학과 교육계열 전체

《미술관에 간 화학자》, 전창림, 어바웃어북(2013)

[12과사03-02]

● ● ●

일상생활이나 미디어에서 사용되는 과학 용어를 조사하고, 과학 용어가 우리 사회에 미치는 파급효과를 설명할 수 있다.

➔ 과학 용어는 새로운 개념을 이해하고 문제를 해결하는 데 중요한 도구로 활용된다. 우리는 일상생활에서 과학 용어를 자주 사용하며, 이 용어들은 교육과 사회 전반에 큰 영향을 미친다. 물리학에서는 중력, 운동, 에너지, 전기 등의 용어가 사용되며, 화학에서는 원소, 화합물, 반응 등의 용어가 사용된다. 생물학에서는 세포, 유전자, 진화, 생태계 등의 용어가 널리 쓰이고, 기술 분야에서는 디지털, 인공지능, 로봇공학, 네트워크 등의 용어가 사용된다. 또한 환경 분야에서는 친환경, 지속가능성, 온실가스 등의 용어가 자주 등장한다. 이러한 용어들은 기술 발전과 교육적 상황에 대응하는 데 중요한 역할을 하며, 현대 사회의 변화와 발전을 이끄는 핵심 도구로 작용한다. 일상생활이나 미디어에서 자주 사용되는 과학 용어의 중요성과 교육적 가치에 대해 토의하고, 그 결과를 바탕으로 과학 용어의 교육적 활용 방안에 대한 보고서를 작성해 보자.

관련 학과 교육계열 전체

《과학 용어 도감》, 미즈타니 준, 윤재 역, 초사흘달(2020)

[12과사03-03]

● ● ●

과학기술의 발전이 음악에 영향을 끼친 사례를 탐색하고, 인공지능으로 음악을 창작하거나 로봇을 활용한 연주를 통해 과학의 심미적 가치를 느낄 수 있다.

➔ 과학기술의 발전은 음악 분야에 지속적인 영향을 주었고, 음악 산업에서 디지털 녹음, 편집, 음악 재생 장비의 발전은 음악의 제작과 소비를 혁신적으로 변화시켰다. 음악 제작과 음악의 접근성에 혁신적인 방법을 제공하고, 다른 사람들과 음악을 쉽게 공유할 수 있게 해주었다. 음악 분석을 위한 알고리즘, 음향 기술, 음악의 디지털화, 음악의 데이터베이스 구축 등도 과학기술의 발전과 연결되어 있다. 가상현실, 증강현실과 같은 기술은 공연이나 음악 제작에 새로운 시각을 제공하며, 예술가와 청중 사이에 상호작용을 일으키고 있다. 이러한 기술적 혁신들은 음악 산업을 발전시키고, 새로운 창조적 영역을 개척하는 데 중요한 역할을 한다. 과학기술의 발달로 인공지능 기술을 활용한 음악 창작이나 로봇을 활용한 연주를 통해 과학과 예술의 아름다움을 느낄 수 있는 사례를 조사하여 발표해 보자.

관련 학과 교육계열 전체

《예술과 인공지능》, 이재박, MID(2021)

[12과사03-04] • • •

인간과 기계, 사물 등을 연결하는 과학기술의 발전 동향을 파악하고, 미래 사회의 변화를 예측할 수 있다.

➡ 사물인터넷이란 세상에 존재하는 다양한 객체들이 연결되어, 개별 객체들이 제공하지 못했던 새로운 서비스를 제공하는 것을 말한다. 기존의 인터넷은 컴퓨터나 휴대전화들이 연결되었던 것과 달리, 사물인터넷은 가전제품, 차량, 스마트 기기 등 다양한 사물이 연결된 인터넷을 의미한다. 교육 현장에서 사물인터넷은 편의성과 효율성을 높이는 데 큰 잠재력을 가지고 있다. 예를 들어 스마트 교실에서는 학생 출석 확인, 학습 자료 실시간 공유, 맞춤형 학습 피드백 제공 등을 통해 교육의 효율성을 높일 수 있다. 또한 교실 환경의 제어나 학생의 학습 상태 모니터링을 통해 학습의 효율을 높이고 교사의 업무를 효과적으로 지원할 수 있다. 다양한 사물인터넷 장치를 조사하고, 교육 현장에서의 활용 방안과 장단점을 분석하여 '교육 현장에서 활용 가능한 사물인터넷 장치의 사례 조사 및 비교'를 주제로 보고서를 작성해 보자.

관련 학과 교육계열 전체

《사물인터넷 개론》, 서경환 외 3명, 배움터(2023)

[12과사03-05] • • •

가상현실이나 증강현실을 활용한 우리 주변의 사례를 조사하고, 이러한 기술이 미래 사회에 미칠 수 있는 영향에 대해 토론할 수 있다. .

➡ 가상현실과 증강현실은 교육, 게임, 의료 등 다양한 분야에서 활용되고 있다. 가상현실은 교육 분야에서 학생들에게 몰입형 학습 환경을 제공하며, 역사적 사건이나 과학 실험을 직접 체험하는 듯한 경험을 통해 학습 동기와 이해도를 높일 수 있다. 증강현실은 실제 환경에 가상의 요소를 덧붙여 학습 자료를 시각적으로 제공하는 데 유용하며, 학생들이 어려운 개념을 더 쉽게 이해할 수 있도록 돕는다. 예를 들어 증강현실 앱을 이용하면 교과서의 그림을 3D로 확인하거나 실험 과정을 시각적으로 볼 수 있다. 또한 가상현실과 증강현실은 교사 연수에도 활용되어 교사들이 더욱 효과적인 수업을 설계하고 실행하는 데 도움을 준다. 가상현실과 증강현실 기술이 교육 현장에 미치는 영향을 분석하고, 이를 바탕으로 학생들의 학습 효과를 높일 수 있는 교육적 활용 방안을 조사해 보자.

관련 학과 교육계열 전체

《가상현실 증강현실의 미래》, 이길행 외 8명, 콘텐츠하다(2018)

[12과사03-06] • • •

집단적 의사결정을 통해 과학기술과 관련된 사회적 문제를 해결한 사례를 조사하여 과학기술에 대한 시민의 이해와 균형 있는 가치 판단의 필요성을 인식할 수 있다.

➡ 코로나19 팬데믹 대응은 집단적 의사결정을 통해 과학기술과 관련된 사회적 문제를 해결한 대표적인 사례이다. 당시 세계 각국은 급속히 퍼지는 전염병에 대응하기 위해 빠르고 효율적인 의사결정이 필요했기에 전 세계의 다양한 전문가 집단과 함께 문제 해결을 위해 논의하였다. 방역 전문가, 과학자, 정부 관계자 등이 모여 백신 개발, 방역 지침 수립, 사회적 거리두기 정책 등 다양한 해결책을 찾았고, 이 과정에서 창의적이고 합리적인 방안을 모색하여 코로나19의 확산을 막기 위한 대응책들을 시행하였다. 과학기술의 지원으로 국제적으로 의사

결정이 이루어져 당시의 사회적 문제를 해결할 수 있었던 것이다. 과학기술과 관련된 사회적 문제를 조사하고, 데이터 분석을 통한 집단적 의사결정으로 사회 문제를 해결한 사례를 선정한 후 보고서를 작성해 보자. 선정한 사례를 중심으로 과학기술에 대한 시민의 이해와 균형 있는 가치 판단의 중요성에 대해 토의해 보자.

관련 학과) 교육계열 전체

《데이터 과학》, 존 켈러허 외 1명, 권오성 역, 김영사(2019)

국어 교과군

영어 교과군

수학 교과군

도덕 교과군

사회 교과군

과학 교과군

단원명 | 기후와 환경생태의 특성

| 🔍 날씨, 기후, 기후 시스템, 되먹임 과정, 생태지도

[12기환01-01]   • • •

날씨와 기후의 특성을 이해하고, 이를 비교하여 설명할 수 있다.

➡️ "무릎이 쑤시는 걸 보니 비가 오려나 보다."라는 할머니의 말이 과학적으로 맞다는 설이 있다. 날씨와 기후의 변화가 인간의 신체와 감정에 어떤 영향을 미치는지 조사해 보자. 또한 일기 예보 데이터와 연계하여 맑은 날이나 비 또는 눈이 오는 날, 구름이 낀 흐린 날 등에 따른 인간의 신체와 감정의 변화에 관련된 도서를 선정하여 읽은 후, 학습 효과를 높일 수 있는 교육 방법에 대해 토의해 보자.

관련 학과 교육계열 전체

《기후변화의 심리학》, 조지 마셜, 이은경 역, 갈마바람(2018)

[12기환01-02]   • • •

기후 시스템이 유지되는 되먹임 과정을 이해하고, 생물권과 다른 권역 간 상호작용을 설명할 수 있다.

➡️ 지속가능한 지구 시스템에 대한 교육이 기후 시스템의 되먹임 과정에 대한 이해와 기후변화 인식에 어떤 영향을 미치는지 조사해 보자. 기후변화에 대한 교육 프로그램이 학생들의 지식, 태도와 행동에 어떤 영향을 미치는지 분석하고, 이를 바탕으로 인식 개선을 위한 효과적인 기후·환경 교육 방안에 대해 토의해 보자.

관련 학과 과학교육과, 지구과학교육과, 환경교육과

책 소개

이 책은 기후 위기라는 재앙이 이미 닥친 현실에서 공존과 희망을 말하는 교육은 어떤 모습인지 보여준다. 전면화된 기후 위기 앞에서 어떤 존재의 자유와 평등이 훼손되고 있는지, 어디서부터 그러한 문제가 생겨났는지, 그 문제와 기존의 사회 질서는 어떻게 연결되는지, 모두의 좋은 삶을 위한 상상력을 어떻게 발휘할 수 있을지를 다루는 세 학교의 사례를 보여준다.

세특 예시

기후 시스템이 유지되는 되먹임 과정에 대해 학습하고, 올바른 기후변화에 대한 인식 개선을 위한 교육 프로그램의 필요성을 인식함. 이와 관련하

<table>
<tr><td>

기후위기 시대의 환경교육 : 세 학교 이야기

남미자 외 5명, 학이시습(2021)

</td><td>

여 '기후 위기 시대의 환경교육: 세 학교 이야기(남미자 외 5명)'를 읽고, 단위 학교 수준의 기후 위기 대응 사례를 분석하고 기후 위기 대처를 위한 교육 방안에 대해 토의함. 또한 기후변화에 대한 학생들의 인식 개선과 기후변화를 바라보는 학생들의 태도, 행동에 영향을 미치는 기후·환경 교육 프로그램을 설계하여 발표함.

</td></tr>
</table>

단원명 | 기후 위기와 환경생태 변화

> 🔍 기후 위기, 융해와 열팽창, 극한 기상 현상, 미래 생태계 변화 예측 보고서, 개화 시기, 기후변화, 물꼴 현상, 생물 다양성, 곤충 매개 감염병

[12기환02-01] ● ● ●

기후 위기가 일어나는 주요 원인을 이해하고, 기후 위기의 심각성을 인식할 수 있다.

➡️ 기후 위기에 대한 교육을 통해 학생들의 인식과 이해를 증진할 필요성이 있다. 기후 위기의 원인과 영향, 잠재적 해결책에 대한 내용을 교육함으로써 학생들이 문제를 인식하고 대응하는 능력을 갖출 수 있도록 해야 한다. 기후변화를 과학적으로 이해하고 대응 능력을 함양하기 위한 학습 목표와 활동 내용, 평가 방법을 고려하여 종합적인 교육 방법을 설계해 보자.

[관련 학과] 과학교육과, 교육학과, 지구과학교육과, 초등교육과, 환경교육과

《우리는 결국 지구를 위한 답을 찾을 것이다》, 김백민, 블랙피쉬(2021)

[12기환02-02] ● ● ●

빙상의 융해와 열팽창으로 인한 해수면 상승을 기후변화와 연계하여 설명할 수 있다.

➡️ 지구온난화의 영향으로 북극해의 얼음 면적이 점차 감소하는 추세이다. 국립기상과학원의 북극 해빙 감시 시스템에 따르면, 2015년 9월의 북극해 얼음 면적은 2010년 9월보다 약 7.7% 감소한 것으로 나타났다. 지구온난화의 진행으로 북극 지방의 빙하가 녹으면서 삶의 터전을 잃고 작은 빙하 조각을 타고 표류하는 북극곰의 애처로운 모습에서 지구의 위기를 느낄 수 있다. 또한 남태평양의 작은 섬나라 투발루(Tuvalu)는 해수면이 높아지면서 바닷물에 잠기고 있다고 한다. 지구촌 곳곳에서 나타나는 이상기후에 대한 대처 방법, 그리고 지구온난화의 가속도를 늦추기 위한 학교 교육의 방향에 대해 토의하고 교수 학습 방법 과정안을 작성하여 발표해 보자.

[관련 학과] 과학교육과, 교육학과, 생물교육과, 유아교육학과, 지구과학교육과, 초등교육과, 환경교육과

《인간이 만든 재앙, 기후변화와 환경의 역습》, 반기성, 프리스마(2018)

[12기환02-04] ● ● ●

기후변화 시나리오에 따른 미래 생태계 변화 예측 보고서를 찾아보고, 미래의 기후와 생태계의 변화 양상을 추론할 수 있다.

➡ 미래의 기후와 생태계의 변화 양상에 대한 교육은 기후변화에 대비하기 위한 방안 중 하나로 미래 세대에게 필요한 교육이다. 기상청 기후정보포털 '기후변화 영향 정보'에서는 기상·기후, 농업, 산림, 생태계 등 각 분야별로 나타나고 있는 현재 우리나라의 기후변화 영향 정보와 미래의 영향 정보를 확인할 수 있다. 미래의 기후와 생태계 변화 교육 자료로 'IPCC(정부간기후변화협의체) 기후변화 평가보고서'와 '지구온난화 1.5℃ 특별보고서'를 활용하는 교육 방안에 대해 탐구해 보자.

〔관련 학과〕 과학교육과, 교육학과, 지구과학교육과, 환경교육과
《십대를 위한 기후변화 이야기》, 반기성, 메이트북스(2021)

[12기환02-06] ● ● ●

꿀벌을 비롯한 곤충의 개체수 감소 원인을 기후변화와 연계하여 설명할 수 있다.

➡ 기후변화와 곤충 개체수 감소 사이의 관련성을 다루는 교육 프로그램의 개발에 관심을 갖고 토의해 보자. 생태계에서의 곤충의 생태학적 역할과 꿀벌을 비롯한 곤충 개체수의 중요성에 대해 교육하는 학습 지도안을 작성해 보자. 이를 통해 곤충 보호 및 생태계 보전에 대한 학생들의 인식과 이해도를 높이고, 지속가능한 생태 환경 관리에 대한 참여와 행동 변화를 유도할 수 있는 교육 프로그램에 관해 토의하여 발표해 보자.

〔관련 학과〕 과학교육과, 교육학과, 생물교육과, 유아교육학과, 지구과학교육과, 초등교육과, 환경교육과
《곤충들이 사라진 세상》, 마크 쿨란스키, 김소정 역, 두레아이들(2022)

[12기환02-07] ● ● ●

수생태계의 물꽃 현상을 이해하고, 기후변화가 수생태계의 생물 다양성에 끼치는 영향을 추론할 수 있다.

➡ 기후변화와 물꽃 현상, 수생태계의 변화 등에 대한 문제 인식과 관심을 높이기 위해 지역 사회와 함께 참여할 수 있는 프로젝트 교육 방안에 대해 토의해 보자. 예를 들어 지역의 커뮤니티 구성원과 함께 수생태계의 생물 다양성을 조사하고, 생태계 복원 프로젝트 활동을 함께 하면서 기후변화와 수생태계의 문제를 인식하도록 하는 방법을 구상해 보자. 또한 스피치 대회나 포스터 전시회 등을 통해 학생들의 연구 결과를 알리거나 인식 변화를 유도하는 교육 플랫폼에 대해 모둠별로 토의하여 발표해 보자.

〔관련 학과〕 과학교육과, 교육학과, 생물교육과, 지구과학교육과, 환경교육과
《지구를 살리는 프로젝트 수업》, 재미교육연구소, 상상채널(2022)

단원명 | 기후 위기에 대응하는 우리의 노력

| 🔍 | 백화현상, 해양생태계, 바다 사막화, 탄소중립 사회, 탄소 저감 과학기술

[12기환03-01] ● ● ●

산호의 멸종으로 인한 백화현상의 예를 통해 기후변화가 해양생태계에 미치는 영향을 살펴보고, 바다 사막화를 예방하거나 복원할 수 있는 과학기술의 사례를 제시할 수 있다.

➡ 지구 평균기온의 상승은 해양 및 해안 생태계의 돌이킬 수 없는 손실위험을 증가시킨다. 기후변화로 인해 해양 생물을 보호하는 산호초와 맹그로브가 손실되고 있으며, 최신 추정치로는 2100년까지 세계 해양생태계의 절

반 이상이 멸종 위기에 처할 수 있다는 경고가 나오고 있다. 평균기온이 1.1℃ 상승하면 세계 해양생태계의 약 60%의 기능이 저하되거나 지속 불가능해지며, 1.5℃의 온난화는 산호초의 70~90%를 파괴할 위험이 있다. 바다 사막화의 예방과 복원의 필요성을 인식시키는 교육 프로그램에 대해 토의하여 발표해 보자.

관련 학과 과학교육과, 교육공학과, 교육학과, 생물교육과, 지구과학교육과, 환경교육과

《바다 생물 콘서트》, 프라우케 바구쉐, 배진아 역, 흐름출판(2021)

[12기환03-03] • • •

탄소중립 사회를 이루기 위한 탄소 저감 관련 과학기술 개발 현황을 알아보고, 이의 적용 사례를 제시할 수 있다.

➡ 탄소중립 사회를 실현하기 위해서는 환경 교육이 반드시 필요하다. 탄소중립에 대한 학생들의 인식을 높이고, 지속가능한 생활 방식과 환경 보호에 대한 이해를 높일 수 있는 교육 프로그램을 구상해 보자. 또한 탄소중립에 대한 교육 프로그램이 학생들의 인식 변화와 실천에 어떤 영향을 미치는지 조사하고, 이를 평가하는 방법에 대해 토의해 보자.

관련 학과 과학교육과, 교육학과, 물리교육과, 사회교육과, 지구과학교육과, 초등교육과, 환경교육과

십대가 꼭 알아야 할 탄소중립 교과서

인포비주얼연구소,
김소영 역, 더숲(2022)

책 소개

이 책에는 '세계 각국의 산업 부문별 이산화탄소 배출량', '세계 각국의 전기 에너지 구성 상황', '태양광 발전 시스템 도입 10개국 추이', '세계 풍력발전 도입량 순위' 등 에너지 산업 전반에 걸친 최신 데이터가 가득하다. 환경 문제에 대해 객관적 자료로 설득하고 있어 기후 위기를 냉철하게 인식하게 하고, 2050 탄소중립을 실현하기 위한 명확한 목표치를 제시한다. 또한 원시시대부터 산업혁명을 거쳐 현재에 이른 인류 산업 문명의 역사를 그림으로 표현해 직관적으로 내용을 이해할 수 있게 한다.

세특 예시

탄소중립 사회를 이루기 위한 탄소 저감 관련 과학기술에 대해 학습하고, 탄소중립에 대한 학생들의 인식을 개선하고 탄소중립 사회를 실현하기 위한 환경 교육의 필요성에 대해 인식함. 이와 관련하여 '십대가 꼭 알아야 할 탄소중립 교과서(인포비주얼연구소)'를 읽고 인간이 사용하는 에너지의 역사와 미래, 재생 에너지로의 전환에 대해 파악함. 이를 바탕으로 지속가능한 생활 방식과 에너지 전환에 대한 학생들의 인식 변화와 실천을 요하는 교육 프로그램을 구상하여 발표함.

[12기환03-04] • • •

기후 위기와 환경생태 변화에 대응하기 위한 국제사회의 노력을 알아보고, 민주시민으로서 참여 방안을 제안할 수 있다.

➡ 기후 위기와 환경생태 변화에 대한 학생들의 올바른 이해와 인식을 위해서는 환경 교육 프로그램과 콘텐츠가 필요하다. 에너지 절약과 재활용, 친환경적인 생활 패턴 등 학습자들의 실천적인 습관 형성에 도움을 주는 교육 프로그램과 콘텐츠를 구상해 보자. 또한 학습자들이 기후 위기와 환경생태 변화를 인식하고 이에 대한 책임

감을 함양할 수 있는 교육 프로그램에 대해 탐구해 보자. 이러한 교육 프로그램과 콘텐츠를 활성화할 수 있는
방안에 대해서도 토의하여 발표해 보자.

관련 학과 과학교육과, 교육공학과, 교육학과, 생물교육과, 지구과학교육과, 초등교육과, 환경교육과

《기후위기 시대의 환경교육》, 남미자 외 5명, 학이시습(2021)

국어 교과군

영어 교과군

수학 교과군

도덕 교과군

사회 교과군

과학 교과군

선택 과목	수능	융합과학 탐구	절대평가	상대평가
융합 선택	X		5단계	X

단원명 | 융합과학 탐구의 이해

| 🔍 인류 사회, 문제 해결, 융합적 탐구, 예술, 창작, 탐구 과정, 데이터의 종류와 가치, 지식의 창출

[12융탐01-01] ● ● ●

과학이 다양한 분야와 연계하여 인류 사회의 문제 해결에 기여하였음을 이해하고, 융합적 탐구의 유용성을 느낄 수 있다.

➡ 과학은 생물학, 지질학, 화학 등과 연계되어 환경 문제를 해결하는 데 도움을 주며, 이러한 연계는 복잡한 문제의 효과적인 해결책을 찾는 데 중요한 역할을 한다. 교육 현장에서 과학과 사회 전반에 관한 융합적 탐구는 학생들이 과학의 윤리적 측면과 사회적 영향을 이해할 수 있도록 돕는다. 이는 과학적 결정이 사회에 미치는 영향을 고려할 수 있는 시민을 양성하는 데 중요한 교육적 요소이다. 과학이 다양한 분야와 연계되어 인류 사회의 문제를 해결하는 데 기여한 사례를 조사하고, 이를 바탕으로 친구들과 토론해 보자.

관련 학과 가정교육과, 과학교육과, 교육공학과, 교육학과, 기술교육과, 물리교육과, 생물교육과, 수학교육과, 지구과학교육과, 컴퓨터교육과, 화학교육과, 환경교육과

《문과 남자의 과학 공부》, 유시민, 돌베개(2023)

[12융탐01-02] ● ● ●

예술에서의 창작이나 사회과학적 탐구 과정을 이해하고, 과학적 탐구 과정과의 공통점과 차이점을 비교할 수 있다.

➡ 과학적 탐구는 다양한 분야에서 이루어지며, 자연 현상과 기술적 문제를 탐구하여 현상을 이해하고 문제를 해결하는 과정을 포함한다. 이는 실험과 데이터 수집, 분석을 통해 이루어지며, 경험적 접근을 기반으로 한다. 반면 창작은 감각적·감정적·미적 표현을 중시하는 예술 분야에서 이루어지며 회화, 음악 작곡, 무용 등 다양한 형태로 표현된다. 사회과학적 탐구에서는 인간 행동과 사회 문제의 이해에 중점을 두며, 사회적·문화적 주제를 다루고 조사와 설문, 통계적 분석 등의 방법을 통해 자료를 수집하고 해석한다. 이처럼 예술 창작과 사회과학적 탐구는 각각 창의적 표현과 인문사회적 문제 해결을 중시하며, 각 과정에서의 교육적 의미는 다방면의 사고력과 창의성, 비판적 사고를 함양할 수 있다는 점에서 중요하다. 예술 창작과 사회과학적 탐구 과정을 비교·분석하여 보고서를 작성해 보자.

관련 학과 교육계열 전체

《과학을 보다》, 김범준 외 3명, 알파미디어(2023)

[12융탐01-03] • • •

과학적 탐구 과정에서 사용되는 다양한 데이터의 종류를 이해하고, 지식의 창출 과정에서 데이터의 가치와 중요성을 인식할 수 있다.

➡ 과학적 탐구는 다양한 종류의 데이터를 활용하여 지식을 확장하고 이해를 심화하는 과정을 말한다. 실험, 관측, 모의실험, 문헌 자료, 통계, 이미지, 생물학적 정보 등이 이에 해당하며, 이러한 데이터의 분석과 해석을 바탕으로 새로운 통찰력을 얻고 이론을 발전시킬 수 있다. 과학적 탐구 과정에서 사용되는 다양한 데이터의 종류를 조사하고, 지식의 창출 과정에서 데이터의 가치가 중요한 이유를 중심으로 글을 작성해 보자.

관련 학과 가정교육과, 과학교육과, 교육공학과, 교육학과, 기술교육과, 물리교육과, 생물교육과, 수학교육과, 지구과학교육과, 컴퓨터교육과, 화학교육과, 환경교육과

《지속가능한 미래를 위한 기후변화 데이터북》, 박훈, 사회평론아카데미(2024)

[12융탐01-04] • • •

인공지능을 포함한 디지털 탐구 도구나 기술의 활용 사례를 조사하고, 과학적 탐구 과정에서 디지털 탐구 도구와 기술 활용의 의의를 평가할 수 있다.

➡ 디지털 탐구는 과학적 발견과 연구에 혁신을 가져올 수 있다. 온라인 라이브러리와 데이터베이스를 통해 학술 자료에 손쉽게 접근하고, 빅데이터 분석 도구를 활용하여 방대한 데이터에서 통계적 패턴을 발견할 수 있다. 시뮬레이션과 모의실험 소프트웨어를 이용하여 복잡한 현상을 모델링하고 이해하는 것도 가능하다. 가상현실 기술은 현실적인 환경을 조성하여 학습과 실험을 강화하고, 온라인 협업 도구는 과학자들 간의 협업을 촉진한다. 생물정보학 도구는 유전체 분석과 단백질 상호작용 등을 연구하는 데 활용되며, 온라인 교육 자료와 플랫폼은 과학 지식을 보급하는 데 중요한 역할을 한다. 교육을 목적으로 사용할 수 있는 디지털 탐구 도구나 기술의 활용 사례를 조사하고 발표해 보자.

관련 학과 교육계열 전체

《디지털 교육 트렌드 리포트 2024》, 박기현 외 11명, 테크빌교육(2023)

단원명 | 융합과학 탐구의 과정

🔍 관찰, 경험, 데이터, 탐구 문제, 모형, 고안, 문제 해결, 탐구 도구, 데이터 수집, 타당성, 신뢰성, 시각 자료, 평균, 표준편차, 가설, 분석 결과, 결론 도출, 발표, 토론

[12융탐02-01] • • •

실생활에서 관찰이나 경험을 통해 직접 얻은 데이터나 공개된 데이터를 가공하여 융합적 탐구 문제를 스스로 발견할 수 있다.

➡ 과학 분야에서 자신만의 융합적 탐구 문제를 발견하는 방법의 하나는 일상생활에서 발견한 궁금증이나 현상을 조사하는 것이다. 예를 들어 동네 가게에서 파는 전구의 성능이나 에너지 효율에 관심이 있다면, 직접 실험을 통해 각 전구의 밝기, 전력 소비량 등을 측정하고 비교할 수 있다. 또 다른 예로, 정부의 공개된 데이터베이스에서 전국의 폐기물 처리 시설에 대한 정보를 찾아서 그 지역의 재활용 비율과 환경 영향을 탐구하는 활동도 가능하다. 이러한 관찰, 실험, 데이터 분석을 통해 직접 문제를 탐구하는 과정을 경험할 수 있다. 실생활에서

관찰이나 경험을 통해 직접 얻은 데이터나 공개된 데이터를 가공하여 융합적 탐구 문제를 스스로 발견하는 데이터 과학자들을 조사하고, 연구 방법이나 다양한 사례를 조사하여 발표해 보자.

관련 학과 가정교육과, 과학교육과, 교육공학과, 교육학과, 기술교육과, 물리교육과, 생물교육과, 수학교육과, 지구과학교육과, 컴퓨터교육과, 화학교육과, 환경교육과

《데이터 과학자의 일》, 박준석 외 10명, 휴머니스트(2021)

[12융탐02-02] ● ● ●

융합적 탐구 문제 해결을 위한 가설이나 모형을 고안하고, 문제를 해결할 수 있는 방법이나 절차 등을 설계할 수 있다.

➡ 도시를 중심으로 융합적 탐구 문제 해결을 위한 가설이나 모형을 고안하고, 도시 교통 혁신이라는 주제로 문제를 해결해 나갈 수 있다. 이 주제를 중심으로 학생들은 현재의 도시 교통 문제에 대해, 예를 들어 '도시 교통 혼잡은 환경 오염과 시간 낭비를 초래한다.'와 같은 가설을 제시하고 문제를 해결해 나갈 수 있다. 이에 대한 해결책으로는 대중교통 개선, 자율주행자동차 도입, 자전거도로 확장 등 다양하게 제시할 수 있다. 학생이 관심 있는 분야에서 융합적 탐구 문제 해결을 위한 가설이나 모형을 설정하고, 방법이나 절차를 설계하여 보고서를 작성해 보자.

관련 학과 교육계열 전체

《시그널 코리아 2024》, 이규연 외 14명, 광문각출판미디어(2023)

[12융탐02-03] ● ● ●

디지털 탐구 도구를 포함한 다양한 도구를 활용하여 데이터를 수집하고, 수집한 데이터의 타당성과 신뢰성을 평가할 수 있다.

➡ 과학에서 디지털 탐구 도구란 현대 과학 연구를 지원하는 데 사용되는 다양한 디지털 도구와 소프트웨어를 말한다. 이러한 도구들은 데이터 수집과 분석, 시각화, 시뮬레이션, 모델링, 실험 설계 및 협업을 향상시키는 데 사용된다. 과학자들은 이러한 도구들을 활용하여 데이터를 분석하고 모델을 개발하며 현상을 시뮬레이션하고, 현실 세계의 복잡한 문제에 대한 해결책을 찾는 데 도움을 받을 수 있다. 스프레드시트 프로그램을 사용하여 주변의 데이터를 수집하고, 수집한 데이터의 타당성과 신뢰성을 평가하여 발표해 보자.

관련 학과 가정교육과, 과학교육과, 교육공학과, 교육학과, 기술교육과, 물리교육과, 생물교육과, 수학교육과, 지구과학교육과, 컴퓨터교육과, 화학교육과, 환경교육과

《엑셀 데이터 분석 바이블》, 최준선, 한빛미디어(2021)

[12융탐02-04] ● ● ●

융합적 탐구 과정을 통해 얻은 데이터를 탐구 목적이나 맥락에 맞게 시각 자료로 표현할 수 있다.

➡ 융합적 탐구 과정을 통해 얻은 데이터를 탐구 목적이나 맥락에 맞게 시각화하여 표현하는 것은 데이터를 이해하고 전달하는 데 큰 도움이 된다. 데이터 시각화를 통해 탐구 결과를 명확하게 표현하고 효과적으로 전달할 수 있기 때문이다. 데이터 시각화를 위한 기본적인 방법으로는 그래프와 차트, 색상 활용, 레이아웃 및 자료의 배치, 시간축 시각화, 대화형 대시보드 등을 다양하게 활용하여 표현할 수 있다. 관심 있는 분야의 탐구 주제를 정하고 데이터를 수집한 후 시각 자료로 표현하여 과학실에 전시해 보자.

관련 학과 교육계열 전체

《엑셀 기초와 데이터 시각화》, 유현배, 홍릉(2023)

국어 교과군

영어 교과군

수학 교과군

도덕 교과군

사회 교과군

과학 교과군

[12융탐02-05]

평균, 표준편차 등을 바탕으로 데이터의 특성을 파악하고, 이를 토대로 가설이나 모형을 평가할 수 있다.

➡️ 자연과학 분야에서는 데이터의 특성을 파악하고 가설을 검증하기 위해 다양한 데이터세트를 수집하여 평균, 중앙값, 표준편차 등의 통계량을 계산한다. 이러한 분석을 통해 식물의 생장 변화나 화학 반응의 온도 의존성 같은 자연과학적 가설을 설정하고 검증한다. 또한 분석 결과를 바탕으로 모형의 적합성을 평가하고, 모형 개선 방법을 모색하며, 다양한 통계 기법을 학습하여 자연과학 문제 해결에 적용함으로써 통계적 사고능력을 키운다. 과학 교육 분야에서 사용되는 평균이나 표준편차를 조사하여 어떻게 활용되는지 표로 정리하여 발표해 보자.

관련 학과 가정교육과, 과학교육과, 교육공학과, 교육학과, 기술교육과, 물리교육과, 생물교육과, 수학교육과, 지구과학교육과, 컴퓨터교육과, 화학교육과, 환경교육과

《**통계학대백과사전**》, 이시이 도시아키, 안동현 역, 동양북스(2022)

[12융탐02-06]

데이터 분석 결과를 바탕으로 결론을 도출하고 평가할 수 있다.

➡️ 데이터 분석 결과를 바탕으로 결론을 도출하기 위해서는 자연과학 데이터세트를 수집하고 체계적으로 분석한다. 먼저 평균, 중앙값, 표준편차 등 기초 통계량을 계산하고 데이터 분포를 시각화하여 특성을 파악한다. 이후 특정 가설을 설정하고 이를 검증하기 위한 적절한 통계적 기법을 적용한다. 예를 들어 특정 식물종의 생장이 환경 조건에 따라 어떻게 변하는지 분석하거나, 화학 반응이 온도에 따라 어떤 영향을 받는지 평가하는 모형을 구축할 수 있다. 마지막으로, 분석 결과를 바탕으로 가설을 검증하고 결과의 신뢰성을 평가하여 결론을 도출한다. 이때 분석 과정에서 발생할 수 있는 오차와 한계를 고려하여 결과를 비판적으로 평가하고 개선 방안을 제시한다. 이를 통해 데이터 분석의 중요성을 이해하고, 통계적 사고와 문제 해결 능력을 기르며 실제 자연과학적 문제 해결에 적용 가능한 통찰력을 얻을 수 있다. 지속가능한 기술 개발을 주제로 탐구 활동을 진행하고, 다양한 시각 자료를 활용하여 인포그래픽을 작성한 후 교실 게시판에 전시해 보자.

관련학과 가정교육과, 과학교육과, 교육공학과, 교육학과, 기술교육과, 물리교육과, 생물교육과, 수학교육과, 지구과학교육과, 컴퓨터교육과, 화학교육과, 환경교육과

《**교과세특 탐구활동 솔루션**》, 한승배 외 2명, 캠퍼스멘토(2023)

[12융탐02-07]

다양한 표현 방법을 활용하여 융합적 탐구 문제, 과정, 결과, 결론 등을 효과적으로 발표하고 토론할 수 있다.

➡️ 도시와 관련된 융합적 탐구 문제를 해결하기 위해 '도시의 지속가능한 발전을 위한 스마트 도시 프로젝트의 영향 평가'를 주제로 탐구 문제, 탐구 과정, 탐구 결과, 결론 등을 설명할 수 있다. 탐구 과정에서는 교통 데이터, 에너지 사용량, 폐기물 처리 정보, 대기오염 데이터, 경제 활동과 인구 증가 등의 데이터를 수집하고 분석한 후 시각 자료를 제작하여 결론을 도출할 수 있다. 그리고 이러한 데이터 분석 결과를 토대로, 스마트 도시 프로젝트의 도입이 가져오는 에너지 효율 향상, 교통 체증 감소, 대기오염 감소, 경제 활동 증대 등의 영향을 분석하여 지속가능한 발전 목표를 달성하는 데 긍정적인 영향을 미치는 것으로 결론을 지을 수 있다. 관심 분야와 관련된 융합적 탐구 문제를 선정한 후 보고서를 작성하여 발표해 보자.

관련 학과 가정교육과, 과학교육과, 교육공학과, 교육학과, 기술교육과, 물리교육과, 생물교육과, 수학교육과, 지구과학교육과, 컴퓨터교육과, 화학교육과, 환경교육과

《**하루 한 권, 생활 속 열 과학**》, 가지카와 다케노부, 김현정 역, 드루(2023)

단원명 | 융합과학 탐구의 전망

국어 교과군

영어 교과군

수학 교과군

도덕 교과군

사회 교과군

부록 교과군

| 🔍 | 과학기술, 미래 사회, 융합과학 기술, 인류의 난제, 탐구 윤리, 윤리적 쟁점, 사회 문제 해결

[12융탐03-01] •••

과학기술의 변화와 발전을 고려하여 미래 사회에 등장할 새로운 융합과학 기술을 예측할 수 있다.

➡ 과학기술의 발전으로 새롭게 출현한 융합과학 기술의 예를 찾아보면, 3D 프린팅과 인공지능이 융합된 개인 맞춤형 의료기기 제조 기술이 있다. 나노기술과 의료 분야의 융합으로 인해 나노의학에서 보다 정밀한 진단 및 치료 기술이 발전하고 있다. 또한 에너지 저장 시스템에 태양광 및 전기자동차 충전 시스템을 연결하는 스마트 그리드 기술도 최근에 눈에 띄는 융합과학 기술 중 하나이다. 이러한 기술들은 기존 기술들을 결합하거나 혁신하여 새로운 분야나 산업을 개척하는 데 기여하고 있다. 관심 있는 자연과학 분야에서 연구개발 중인 융합과학 기술을 조사하여 보고서를 작성해 보자. 이를 바탕으로 융합과학 기술이 자연과학과 사회 전반에 미치는 영향을 종합적으로 분석한 후 PPT로 제작하여 발표해 보자.

관련 학과 가정교육과, 과학교육과, 교육공학과, 교육학과, 기술교육과, 물리교육과, 생물교육과, 수학교육과, 지구과학교육과, 컴퓨터교육과, 화학교육과, 환경교육과

《비전공자도 이해할 수 있는 AI 지식》, 박상길, 반니(2023)

[12융탐03-02] •••

오늘날 인류가 겪고 있는 난제를 융합과학 기술을 활용하여 해결할 수 있는 방안에 대해 토의할 수 있다.

➡ 오늘날 교육 분야는 다양한 도전에 직면해 있다. 예를 들어 교육의 디지털화와 이로 인한 교육 격차, 학습자의 다양성에 따른 맞춤형 학습, 지속가능한 교육 환경 조성, 그리고 인공지능과 자동화 기술을 이끌 미래 인재 양성 등이 있다. 이러한 문제들은 교육의 발전과 교육학적 연구에서 중요한 주제로 다루어진다. 융합과학 기술의 적용은 교육 격차를 줄이고, 맞춤형 학습 지원을 강화하며, 교육 환경을 개선하는 데 중요한 역할을 할 수 있다. 현재 교육계가 직면한 문제 중 하나를 선정하고, 융합과학 기술을 활용하여 해결할 수 있는 방안을 모색하고, 이를 통해 미래 교육이 나아가야 할 방향에 대해 논의해 보자.

관련 학과 가정교육과, 과학교육과, 교육공학과, 교육학과, 기술교육과, 물리교육과, 생물교육과, 수학교육과, 지구과학교육과, 컴퓨터교육과, 화학교육과, 환경교육과

《김범준의 이것저것의 물리학》, 김범준, 김영사(2023)

[12융탐03-03] •••

융합과학 탐구 과정에서 준수해야 할 윤리에 대해 알아보고, 과학기술의 발달에 따라 발생할 수 있는 윤리적 쟁점을 토론할 수 있다.

➡ 융합과학의 개념은 교육 분야에서도 중요한 의미를 갖는다. 여러 학문을 결합해 새로운 지식과 혁신을 창출하는 융합적 접근은 교육 문제 해결에도 효과적이다. 학문 간의 상호작용을 통해 창의적이고 참신한 아이디어를 도출하고, 교육 현장에서 발생하는 다양한 문제를 해결하는 데 활용될 수 있다. 융합 교육 연구 과정은 여러 단계로 이루어진다. 먼저 교육, 심리학, 기술 등 각 분야의 전문가들이 모여 교육 문제를 정의하고 접근 방식을 논의하며, 이후 각 분야의 지식을 융합해 새로운 교육 방법이나 정책을 개발한다. 이 과정에서 실험적 수업, 데이

터 분석, 교육 기술 도구 등이 활용되며, 문제 해결 후에는 결과를 평가하고 필요한 수정 과정을 거친다. 이러한 융합적 접근을 통해 교육 전문가들이 협력하고 지식을 공유함으로써 기존 교육 방식의 한계를 넘어서는 새로운 방법론과 기술 발전을 도모할 수 있다. 교육 기술의 발전에 따라 발생할 수 있는 윤리적 쟁점을 검토하고, 융합 교육 연구에서 준수해야 할 윤리적 기준과 책임에 대해 토의해 보자.

`관련 학과` 가정교육과, 과학교육과, 교육공학과, 교육학과, 기술교육과, 물리교육과, 생물교육과, 수학교육과, 지구과학교육과, 컴퓨터교육과, 화학교육과, 환경교육과

《원병묵 교수의 과학 논문 쓰는 법》, 원병묵, 세로북스(2021)

> **[12융탐03-04]** ●●●
>
> 융합과학 기술을 활용하여 사회 문제를 해결하는 과정에서 시민 참여가 문제 해결에 도움을 준 사례를 제시할 수 있다.

➡️ 스마트 그리드 시스템은 융합과학 기술을 활용하여 에너지 문제를 해결한 사례로, 정보 통신 기술을 전력망에 적용하여 에너지 효율을 극대화한다. 이와 같은 스마트 그리드의 개념은 교육 분야에서도 응용될 수 있다. 예를 들어 학습자의 학습 패턴을 실시간으로 모니터링하고 분석하는 '스마트 교육 시스템'을 통해 맞춤형 교육을 제공할 수 있다. 또한 학습 데이터를 기반으로 학생의 학습 습관과 성취도를 분석하여 개인별 학습 경로를 제안하고, 효율적인 학습 경험을 제공하는 시스템을 구축할 수 있다. 이처럼 융합과학 기술을 활용하여 교육 문제를 해결하는 과정에서 학생, 학부모, 교사의 참여가 문제 해결에 기여한 사례를 조사하여 발표해 보자.

`관련 학과` 가정교육과, 과학교육과, 교육공학과, 교육학과, 기술교육과, 물리교육과, 생물교육과, 수학교육과, 지구과학교육과, 컴퓨터교육과, 화학교육과, 환경교육과

《도시를 움직이는 모든 것들의 과학》, 로리 윙클리스, 이재경 역, 반니(2020)

2022 개정 교육과정 반영

| 나만의 진로 가이드 *Book*

직업을 알면 학과가 보인다! 최신 버전으로 돌아온 베스트 진로 도서!

[도서 살펴보기]

- 💬 7개 계열별 대표 20개 직업과
  20개 학과를 연결한 진로 도서

- 💬 직업과 학과에 대한 심층적인 이해를 돕는
  계열 소개 및 직업 커리어맵 제공

- 💬 2022 개정 교육과정 반영한 선택과목 정보 제공!

· 직업의 특성	· 취득 가능 자격증
· 하는 일	· 학과 주요 교과목
· 적성과 흥미	· 졸업 후 진출 가능 직업
· 진출 방법	· 진학에 도움이 되는 도서
· 미래 전망	· 진학에 도움이 되는 고등학교
· 직업 관련 자격증	선택과목
· 학과의 교육 목표	· 학교생활기록부 관리 TIP
· 학과 인재상	

● 인문 　● 사회 　● 자연 　● 공학
● 의약 　● 예체능 　● 교육

| 학과바이블 　**2022 개정 교육과정 반영**

전국 1,000개교 이상 구매!
학과 탐색 및 고교학점제 필수 활용서

[도서 살펴보기]

- 💬 7개 계열별 대표학과 + 계약·특성화학과까지
  총 330개 학과 정보 수록

- 💬 2022 개정 교육과정 반영한
  학과별 선택과목 가이드 제시

- 💬 학교생활기록부 Tip 등
  학과별 맞춤형 진로·진학 정보 제공

· 학과 소개	· 학과 주요 교과목
· 개설 대학	· 학과 인재상·자질
· 관련 학과	· 선택 과목
· 진출 분야	· 추천 도서
· 진출 직업	· 학교생활 TIP
· 취득 가능 자격증	

CampusMentor 캠퍼스멘토　　📞 도서문의) 02-333-5966

교과세특 탐구주제 바이블 _교육계열(2022 개정 교육과정 적용)

1판 1쇄 찍음   2025년 2월 3일

출판   (주)캠토
저자   강서희·김강석·한승배·서수환·유홍규·안병선·안준범·이남설·김래홍·허정욱·
            전소영·고재현·은동현

총괄기획   이사라 (lsr@camtor.co.kr)
디자인   Gem
R&D   오승훈·민하늘·박민아·최미화·강덕우·송지원·국희진·양채림·윤혜원·송나래·황건주
미디어사업 이동준
교육사업   문태준·박흥수·정훈모·송정민·변민혜
브랜드사업 윤영재·박선경·이경태·신숙진·이동훈·김지수·조용근·김연정
경영지원   김동욱·지재우·임철규·최영혜·이석기·노경희
발행인   안광배

주소   서울시 서초구 강남대로 557(잠원동, 성한빌딩) 9F
출판등록   제 2012-000207
구입문의   (02) 333-5966
팩스   (02) 3785-0901
홈페이지   www.campusmentor.co.kr (교구몰)

ISBN 979-11-92382-48-7
ISBN 979-11-92382-41-8(세트)

ⓒ 강서희·김강석·한승배·서수환·유홍규·안병선·안준범·이남설·김래홍·허정욱·전소영·
  고재현·은동현 2025

• 이 책은 ㈜캠토가 저작권자와의 계약에 따라 발행한 것이므로 본사의 서면 허락 없이는
  이 책의 일부 또는 전부를 무단 복제·전재·발췌할 수 없습니다.
• 잘못된 책은 구입하신 곳에서 바꾸어 드립니다.